杜威晚期著作

1925—1953

复旦大学杜威与美国哲学研究中心　组译

杜威全集

1930—1941年间的论文、书评和杂记

第十四卷

1939—1941

[美] 约翰·杜威　著

马　荣　王今一　李　石　马寅集　译

华东师范大学出版社

The Later Works of John Dewey，1925 – 1953

Volume Fourteen：1939 – 1941，Essays，Reviews，and Miscellany

By John Dewey

Edited by Jo Ann Boydston

Copyright © 1988 by Southern Illinois University Press

Published by agreement with Southern Illinois University Press, 1915 University Press Drive，SIUC

Mail Code 6806，Carbondale，IL 62901，USA

Simplified Chinese translation copyright © 2015 by East China Normal University Press

上海市版权局著作权合同登记　图字:09 – 2004 – 377 号

《杜威全集·晚期著作》(1925—1953)

第十四卷(1939—1941)

主　　编　乔·安·博伊兹顿(Jo Ann Boydston)

文本编辑　安妮·夏普(Anne Sharpe)

目　录

中文版序

　　《杜威全集》中文版终于由华东师范大学出版社出版了。作为这一项目的发起人,我当然为此高兴,但更关心它能否得到我国学界和广大读者的认可,并在相关的学术研究中起到预期作用。后者直接关涉到对杜威思想及其重要性的合理认识,这有赖专家们的研究。我愿借此机会,对杜威其人、其思想的基本倾向和影响,以及研究杜威哲学的意义等问题谈些看法,以期抛砖引玉。考虑到中国学界以往对杜威思想的消极方面谈论得很多,大家已非常熟悉,我在此就主要谈其积极方面,但这并非认为可以忽视其消极方面。

一、杜威其人

　　约翰·杜威(John Dewey,1859—1952)是美国哲学发展中最有代表性的人物。他不仅进一步阐释并发展了由皮尔士创立、由詹姆斯系统化的实用主义哲学的基本理论,而且将其运用于社会、政治、文化、教育、伦理、心理、逻辑、科学技术、艺术、宗教等众多人文和社会科学领域的研究,并在这些领域提出了重要创见。他在这些领域的不少论著,被西方各该领域的专家视为经典之作。这些论著不仅对促进这些领域的理论研究起到过重要的作用,在这些领域的实践中也产生过深刻的影响。杜威由此被认为是美国思想史上最具影响的学者,甚至被认为是美国的精神象征;在整个西方世界,他也被公认是20世纪少数几个最伟大的思想家之一。

　　杜威出生于佛蒙特州伯灵顿市一个杂货店商人家庭。他于1875年进佛蒙特大学,开始受到进化论的影响。1879年,他毕业后先后在一所中学和一所乡村学校教书。在这期间,他阅读了大量的哲学著作,深受当时美国圣路易黑格尔学派刊物《思辨哲学杂志》的影响。1882 年,他在该刊发表了《唯物主义的形而上学假定》和《斯宾诺莎的泛神论》两文,很受鼓舞,从此决定以哲学为业。同年,他成了约翰·霍普金斯大学的哲学研究生,在此听了皮尔士的逻辑讲座,不过当时对他影响最大的是黑格尔派哲学家莫里斯(George Sylvester Morris)和实验心理学家霍尔(G. Stanley Hall)。两年后,他以《康德的心理学》论文取得哲学博士学位。

1884 年,杜威到密歇根大学教哲学,在该校任职 10 年(其间,1888 年在明尼苏达大学)。初期,他的哲学观点大体上接近黑格尔主义。他对心理学研究很感兴趣,并使之融化于其哲学研究中。这种研究,促使他由黑格尔主义转向实用主义。在这方面,当时已出版并享有盛誉的詹姆斯的《心理学原理》对他产生了强烈的影响。杜威对心理学的研究,又促使他进一步去研究教育学。他主张用心理学观点去进行教学,并认为应当把教育实验当作哲学在实际生活中的运用的重要内容。

1894 年,杜威应聘到芝加哥大学,后曾任该校哲学系主任。他在此任教也是 10 年。1896 年,他在此创办了有名的实验学校。这个学校抛弃传统的教学法,不片面注重书本,而更为强调接触实际生活;不片面注重理论知识的传授,而更为强调实际技能的训练。杜威后来所一再倡导的"教育就是生活,而不是生活的准备"、"从做中学"等口号,就是对这种教学法的概括。杜威在芝加哥时期,已是美国思想界一位引人注目的人物。他团聚了一批志同道合者(包括在密歇根大学就与他共事的塔夫茨、米德),形成了美国实用主义运动中著名的芝加哥学派。杜威称他们共同撰写的《逻辑理论研究》(1903 年)一书是工具主义学派的"第一个宣言"。此书标志着杜威已从整体上由黑格尔主义转向了实用主义。

从 1905 年起,杜威转到纽约哥伦比亚大学任教,直到 1930 年以荣誉教授退休。他以后的活动也仍以该校为中心。这一时期不仅是他的学术活动的鼎盛期(他的大部分有代表性的论著都是在这一时期问世的),也是他参与各种社会和政治活动最频繁且声望最卓著的时期。他把两者有机地结合在一起。他对各种社会现实问题的评论和讲演,往往成为他的学术活动的重要组成部分。从 1919 年起,杜威开始了一系列国外讲学旅行,到过日本、墨西哥、俄罗斯、土耳其等国。"五四"前夕,他到了中国,在北京、南京、上海、广州等十多个城市作过系列讲演,于 1921 年 7 月返美。

杜威一生出版了40种著作,发表了700多篇论文,内容涉及哲学、社会、政治、教育、伦理、心理、逻辑、文化、艺术、宗教等多个方面。其主要论著有:《学校与社会》(1899年)、《伦理学》(1908年与塔夫茨合著,1932年修订)、《达尔文主义对哲学的影响》(1910年)、《我们如何思维》(1910年)、《实验逻辑论文集》(1910年)、《哲学的改造》(1920年)、《人性与行为》(1922年)、《经验与自然》(1925年)、《公众及其问题》(1927年)、《确定性的寻求》(1929年)、《新旧个人主义》(1930年)、《作为经验的艺术》(1934年)、《共同的信仰》(1934年)、《逻辑:探究的理论》(1938年)、《经验与教育》(1938年)、《自由与文化》(1939年)、《评价理论》(1939年)、《人的问题》(1946年)、《认知与所知》(1949年与本特雷合著)等等。

二、杜威哲学的基本倾向

杜威在各个领域的思想都与他的哲学密切相关,这不只是他的哲学的具体运用,有时甚至就是他的哲学的直接体现。我们在此不拟具体介绍他的思想的各个方面和他的哲学的各个部分,仅概略地揭示他的哲学的基本倾向。杜威哲学的各个部分,以及他的思想的各个方面,大体上都可从他的哲学的基本倾向中得到解释。这种基本倾向从其积极意义上说,主要表现为如下三点。

第一,杜威把对现实生活和实践的关注当作哲学的根本意义所在。

在现代西方各派哲学中,杜威哲学最为反对以抽象、独断、脱离实际等为特征的传统形而上学,最为肯定哲学应当面向人的现实生活和实践。如何通过人本身的行为、行动、实践(即他所谓的以生活和历史为双重内容的经验)来妥善处理人与其所面对的现实世界(自然和社会环境),以及人与人之间的关系,是杜威哲学最为关注的根本问题。杜威哲学从不同的角度来说有着不同的名称,例如,当他强调实验和探究的方法在其哲学中的重要意义时,称其哲学为实验主义(experimentalism);当他谈到思想、观念的真理性在于它们能充当引起人们的行动的工具时,称其哲学为工具主义(Instrumentalism);当他谈到经验的存在论意义,而经验就是作为有机体的人与其自然环境的相互作用时,称其哲学为经验自然主义(empirical naturalism)。贯彻于所有这些称呼的概念是行动、行为、实践。杜威哲学的各个方面,都在于从实践出发并引向实践。这并不意味着实践就是一切。实践的目的是改善经验,即改善人与其自然和社会环境的关系,一句话,改善人的生活和生存条件。

杜威对实践的解释当然有片面性。例如,他没有看到人类的物质生产活动在人的实践中的基础作用,更没有科学地说明实践的社会性;但他把实践看作是全部哲学研究的核心,认为存在论、认识论、方法论等问题的研究都不能脱离实践,都具有实践的意义,且在一定意义上是合理的。

值得一提的是:与胡塞尔、海德格尔等人通过曲折的道路返回生活世界不同,与只关注逻辑和语言意义分析的分析哲学家也不同,杜威的哲学直接面向现实生活和实践。杜威一生在哲学上所关注的,不是去建构庞大的体系,而是满腔热情地从哲学上探究人在现实生活和实践各个领域所面临的各种问题及其解决办法。在杜威的全部论著中,关于政治、社会、文化、教育、心理、道德、价值、科学技术、审美和宗教等多个领域的具体问题的论述占了绝大部分。他的哲学的精粹和生命力,大多是在这些论述中表现出来的。

第二,杜威的哲学改造适应和引领了西方哲学由近代到现代转向的潮流。

19 世纪中期以来,西方哲学发展出现了根本性的变更,以建构无所不包的体系为特征的近代哲学受到了广泛的批判,以超越传统的实体性形而上学和二元论为特征的现代哲学开始出现,并越来越占主导地位。多数哲学流派各以特有的方式,力图使哲学研究在不同程度上从抽象化的自在的自然界或绝对化的观念世界返回到人的现实生活世界,企图以此摆脱近代哲学所陷入的种种困境,为哲学的发展开辟新道路。西方哲学由近代到现代的这种转折,不能简单归结为由唯物主义转向唯心主义、由进步转向反动,而是包含了哲学思维方式上一次具有划时代意义的转型。它标志着西方哲学发展到了一个新的、更高的阶段。杜威在哲学上的改造,不仅适应了而且在一定意义上引领了这一转型的潮流。

杜威曾像康德那样,把他在哲学上的改造称为“哥白尼革命”(Copernican revolution)。但他认为康德对人的理智的能动性过分强调,以致使它脱离了作为其存在背景的自然。而在他看来,人只有在其与自然的相互作用中才有能动作用,甚至才能存在。哲学上的真正的哥白尼革命,正在于肯定这种交互作用。如果说康德的中心是心灵,那么杜威的新的中心是自然进程中所发生的人与自然的交互作用。正如地球或太阳并不是绝对的中心一样,自我或世界、心灵或自然都不是这样的中心。一切中心都存在于交互作用之中,都只具有相对的意义。可见,杜威所谓哲学中的哥白尼革命,就是以他所主张的心物、主客、经验自然等的交互作用,或者说人的现实生活和实践来既取代客体中心论,也取代主体中心论。他也是在这种意义上,既反对忽视主体的能动性的旧的唯物主义,又反对忽视自然作为存在的根据和作用的旧的唯心主义。

不是把先验的主体或自在的客体,而是把主客的相互作用当作哲学的出发点;不是局限于建构实体性的、无所不包的体系,而是通过行动、实践来超越这样的体系;不是转向纯粹的意识世界或脱离了人的纯粹的自然界,而是转向与人和自然界、精神和物质、理性和非理性等等都有着无限牵涉的生活世界,这大体上就是杜威哲学改造的主要意义;而这在一定程度上,也正是多数西方哲学由近代到现代转向的主要意义。杜威由此体现和引领了这种转向。

第三,杜威的哲学改造与马克思在哲学上的革命变更存在某些相通之处。

西方哲学从近代到现代的转向与马克思在哲学上的革命变更的政治背景大不相同,二者必然存在原则性区别;但二者发生于大致相同的历史时代,具有共同的历史和文化背景,因而又必然存在相通之处。如果我们能够肯定杜威的哲学改造适应并引领了西方哲学从近代到现代转向的潮流,那就必须肯定杜威的哲学改造与马克思在哲学上的革命变更必然同样既有原则区别,又有相通之处。后者突出地表现在,二者都把实践当作哲学的根本意义而加以强调。马克思正是通过这种强调而得以超越旧唯物主义和唯心主义辩证法的界限,把唯物主义和辩证法有机地统一起来,建立了唯物辩证法。杜威在这些方面与马克思相距甚远。但是,他毕竟用实践来解释经验而使他的经验自然主义超越了纯粹自然主义和思辨唯心主义的界限,并由此提出了一系列超越近代哲学范围的思想。

杜威的经验自然主义并不否定自然界在人类经验以外自在地存在,不否定在人类出现以前地球和宇宙早已存在,而只是认为人的对象世界只能是人所遭遇到(经验到)的世界,这在一定程度上类似于马克思所指的与纯粹自然主义的自在世界不同的人化世界,即现实生活世界。杜威否定唯物主义,但他只是在把唯物主义归结为纯粹自然主义的唯物主义的意义上去否定唯物主义。杜威强调经验的能动性,但他不把经验看作可以离开自然(环境)而独立存在的精神实体或精神力量,而强调经验总是处于与自然、环境的统一之中,并与自然、环境发生相互作用。这与传统的唯心主义经验论也是不同的,倒是与马克思关于主客观的统一和相互作用的观点虽有原则区别,却又有相通之处。

杜威是在黑格尔影响下开始哲学活动的。他在转向实用主义以后,虽然抛弃了黑格尔的绝对唯心主义,甚至也拒绝了黑格尔的辩证法,但是在他的理论中又保留着某些辩证法的要素。例如,他把经验、自然和社会等都看作是统一整体,其间都存在着多种多样的联系;他在达尔文进化论的影响下,明确肯定世界(人类社会和自然界)处于不断进化和发展的过程之中。他所强调的连续性(如经验与自然的连续、人与世界的连续、身心的连续、个人与社会的连续等等)概念,在一定程度上就是统一整体的概念、进化和发展的概念。这种概念虽与马克思的辩证法不能相提并论,但毕竟也有相通之处。

三、杜威哲学的积极影响

杜威实用主义哲学对现实生活和实践的强调,对西方哲学从近代到现代转向的潮流的适应和引领,特别是它在一些重要方面与马克思哲学的相通,说明它在一定程度上体现了时代精神发展的要求。正因为如此,它必然是一种在一定范围内能发生积极影响的哲学。

实用主义在美国的积极影响,可以用美国人民在不长的历史时期里几乎从空地上把美国建设成为世界的超级大国来说明。实用主义当然不是美国唯一的哲学,但它却是美国最有代表性的哲学。实用主义产生以前的许多美国思想家(特别是富兰克林、杰斐逊等启蒙思想家),大多已具有实用主义的某些特征,这在一定意义上为实用主义的正式形成作了思想准备。实用主义产生以后,传入美国的欧洲各国哲学虽然能在美国哲学中占有一席之地,其中分析哲学在较长时期甚至能在哲学讲坛上占有支配地位;但是,它们几乎都毫无例外地迟早被实用主义同化,成为整个实用主义运动的组成部分。当代美国实用主义者莫利斯说:逻辑经验主义、英国语言分析哲学、现象学、存在主义同实用主义"在性质上是协同一致的",它们"每一种所强调的,实际上是实用主义运动作为一个整体范围之内的中心问题之一"。[1] 就实际影响来说,实用主义在美国哲学中始终占有优势地位。桑塔亚那等一些美国思想家也承认,美国人不管其口头上拥护的是什么样的哲学,但是从他们的内心和生活来说都是实用主义者。只有实用主义,才是美国建国以来长期形成的一种民族精神的象征。而实用主义的最大特色,就是把哲学从玄虚的抽象王国转向人所面对的现实生活世界。实用主义的主旨

---

[1] Morris, Charles W. *The Pragmatic Movement in American Philosophy*. New York: George Braziller, 1970, p. 148.

就在指引人们如何去面对现实生活世界,解决他们所面临的各种疑虑和困扰。实用主义当然具有各种局限性,人们也可以而且应当从各种角度去批判它,马克思主义者更应当划清与实用主义的界限;但从思想理论根源上说,正是实用主义促使美国能够在许多方面取得成功,这大概是一个不争的事实。

在美国以外,实用主义同样能发生重要的影响。与杜威等人的哲学同时代的欧洲哲学尽管不称为实用主义,但正如莫利斯说的那样,它们同实用主义"在性质上是协同一致的"。如果说它们各自在某些特定方面、在一定程度上体现了现代西方社会的时代特征,实用主义则较为综合地体现了这些特征。换言之,就体现时代特征来说,被欧洲各个哲学流派特殊地体现的,为实用主义所一般地体现了。正因为如此,实用主义能较其他现代西方哲学流派发生更为广泛的影响。

杜威的实用主义在中国也发生过重要的影响。早在"五四"时期,杜威就成了在中国最具影响的西方思想家。从外在原因上说,这是由于胡适、蒋梦麟、陶行知等他在中国的著名弟子对他作了广泛的宣扬;杜威本人在"五四"时期也来华讲学,遍访了中国东西南北十多个城市。这使他的思想为中国广大知识界所熟知。然而,更重要的原因是:他在理论中所包含的科学和民主精神,正好与"五四"时期中国先进知识分子倡导科学和民主的潮流相一致。另外,他的讲演不局限于纯哲学的思辨而尤其关注现实问题,这也与中国先进分子的社会改革的现实要求相一致。正是这种一致,使杜威的理论受到了投入"五四"新文化运动和社会改革的各阶层人士的普遍欢迎,从而使他在中国各地的讲演往往引起某种程度的轰动效应。杜威本人也由此受到很大鼓舞,原本只是一次短期的顺道访华也因此被延长到两年多。胡适在杜威起程回国时写的《杜威先生与中国》一文中曾谈到:"我们可以说,自从中国与西方文化接触以来,没有一个外国学者在中国思想界的影响有杜威先生这样大的。我们还可以说,在最近的将来几十年中,也未必有别个西洋学者在中国的影响可以比杜威先生还大的。"[①]作为杜威的信徒,胡适所作的评价可能偏高。但就其对中国社会的现实层面的影响来说,除了马克思主义者以外,也许的确没有其他现代西方思想家可以与杜威相比。

尽管杜威的实用主义与马克思主义有原则区别,但"五四"时期中国马克思主义者对杜威及其实用主义并未简单否定。陈独秀那时就肯定了实用主义的某

---

① 引自《胡适哲学思想资料选》(上),上海:华东师范大学出版社,1981年,第181页。

些观点,甚至还成为杜威在广州讲学活动的主持人。1919 年,李大钊和胡适关于"问题与主义"的著名论战,固然表现了马克思主义与实用主义的原则分歧,但李大钊既批评了胡适的片面性,又指出自己的观点有的和胡适"完全相同",有的"稍有差异"。他们当时的争论并未越出新文化运动统一战线这个总的范围,在倡导科学和民主精神上毋宁说大体一致。毛泽东在其青年时代也推崇胡适和杜威。

"五四"以后,随着国内形势的重大变化,上述统一战线趋向分裂。20 世纪 30 年代后期,由于受到苏联对杜威态度骤变的影响,中国马克思主义者对杜威也近乎于全盘否定了。20 世纪 50 年代中期,为了确立马克思主义在思想文化领域的主导地位,从上而下发动了一场对实用主义全盘否定的大规模批判运动。它在一定程度上达到了预期的政治目的,但在理论上却存在着很大的片面性。当时多数批判论著脱离了杜威等人的理论实际,形成了一种对西方思潮"左"的批判模式,并在中国学术界起着支配作用。从此以后,人们在对杜威等现代西方思想家、对实用主义等现代西方思潮的评判中,往往是政治标准取代了学术标准,简单否定取代了具体分析。杜威等西方学者及其理论的真实面貌就因此而被扭曲了。

对杜威等西方思想家及其理论的简单否定,势必造成多方面的消极后果。其中最突出的有两点:一是使马克思主义及其指导下的思想理论领域在一定程度上与当代世界及其思想文化的发展脱节,使前者处于封闭状态,从而妨碍其得到更大的丰富和发展;二是由于扭曲了马克思主义哲学和现代西方哲学的关系,忽视了二者在某些方面存在的共通之处,在批判杜威哲学等现代西方哲学的名义下扭曲了马克思主义哲学一些最重要的学说,例如关于真理的实践检验、关于主客观统一、关于个人与社会的关系等学说都存在这种情况。这种理论上的混乱导致实践方向上的混乱,甚至在一定程度上导致实践上的挫折。

需要说明的是:肯定杜威实用主义的积极作用并不意味着否定其消极作用,也不意味着简单否定中国学界以往对实用主义的批判。以往被作为市侩哲学、庸人哲学、极端个人主义哲学的实用主义不仅是存在的,而且在一些人群中一直发生着重要的影响。资产阶级庸人、投机商、政客以及各种形式的机会主义者所奉行的哲学,正是这样的实用主义。对这样的实用主义进行坚定的批判,是完全正当的。但是,如果对杜威的哲学作具体研究,就会发觉他的理论与这样的实用主义毕竟有着重大的区别。杜威自己就一再批判了这类庸俗习气和极端个人主义。如果简单地把杜威哲学归结为这样的实用主义,那在很大程度上就是把杜威所批判的哲学当作是他自己的哲学。

四、杜威哲学研究在当代中国的积极意义

改革开放以来,中国政治和思想文化上的"左"的路线得到纠正,哲学研究出现了求真务实的新气象,包括杜威实用主义在内的现代西方哲学研究得到了恢复和发展。以 1988 年全国实用主义学术讨论会为转折点,对杜威等人的实用主义的全盘否定倾向得到了克服,如何重新评价其在中国思想文化建设中的作用的问题也越来越受到学界的关注,对杜威等人的实用主义的研究由此进入了一个新阶段。"五四"时期,由于杜威的学说正好与当时中国的新文化运动相契合,起过重要的积极作用;今天的中国学界,由于对马克思主义哲学和现代西方哲学都已有了更为全面和深刻的理解,对杜威的思想的研究也会更加深入和具体,更能区别其中的精华和糟粕,这对促进中国的思想文化建设会产生更为积极的作用。

对杜威哲学的重新研究在当代中国的积极意义,至少包括如下三个方面:

第一,有利于对马克思主义哲学有更为全面和深刻的理解。

这是因为,杜威哲学和马克思的哲学虽有原则性区别,但二者在一些重要方面有相通之处。这主要表现在二者都批判和超越了以抽象、思辨、脱离实际等为特征的传统形而上学;都强调对现实生活和实践的关注在哲学中的决定性作用;都肯定任何观念和理论的真理性的标准是它们是否经得起实践的检验;都认为科学真理的获得是一个不断提出假设、又不断进行实验的发展过程;都认为社会历史同样是一个不断发展的过程,社会应当不断地进行改造,使之越来越能符合满足人的需要和人的全面发展的目标;都认为每一个人的自由是一切人取得自由的条件,同时个人又应当对社会负责,私利应当服从公益;都提出了使所有人共同幸福的社会理想,等等。在这些方面将马克思主义与杜威的实用主义作比较研究,既能更好地揭示它们作为不同阶级的哲学的差异,又能更好地发现二者作为同时代的哲学的共性,从而使人们既能更好地划清马克思主义和实用主义的界限,又能通过批判地借鉴后者可能包含的积极成果来丰富和发展马克思主义。

第二,有利于对中国传统文化的批判继承。

杜威哲学和中国传统文化有着两种不同的联系。以儒家为代表的中国传统文化是一种前资本主义文化,没有西方资本主义文化的理性主义特质,不会具有因把理性绝对化而导致的绝对理性主义和思辨形而上学等弊端;但未充分经理性思维的熏陶又是中国传统文化的缺陷,不利于自然科学的发展,更不利于人的个性的发展和自由民主等意识的形成。正因为如此,以儒家为代表的中国传统文化往往被历代封建统治阶级神圣化和神秘化,成为他们的意识形态,后者阻碍了中国科学技术的发展、人民的觉醒和社会历史的进步。"五四"新文化运动的主要矛头就是针对儒家文化作为封建意识形态的方面,以此来为以民主和科学精神为特征的新文化开辟道路。杜威哲学正是以倡导民主和科学为重要特征的。杜威来到中国时,正好碰上"五四"新文化运动,他成了这一运动的支持者。他的学说对于批判作为封建意识形态的儒学,自然也起了促进作用。

但是,儒家文化并不等于封建文化;孔子提出的以"仁"为核心的儒学本身并不是统治阶级的意识形态。直到汉武帝实行"罢黜百家,独尊儒术"的政策以后,儒学才取得了独特的官方地位,由此被历代封建帝王当作维护其统治的精神工具。即使如此,也不能否定儒学在学理上的意义。它既可以被封建统治阶级所利用,又能为广大民众所接受,成为他们的生活信念和道德准则。历代学者对儒学的发挥,也都具有这种二重性。正因为如此,儒学除了被封建统治阶级利用外,还能不断发扬光大,成为中华民族宝贵的思想文化遗产。儒学所强调的"以人为本"、"经世致用"、"公而忘私"、"以和为贵"、"己所不欲,勿施于人"等观念,具有超越时代和阶级的普世意义。新文化运动的代表人物并不反对这些观念,而这些观念与杜威哲学的某些观念在一定程度上是相通的。杜威哲学在"五四"时期之所以能为中国广大知识分子接受,在一定程度上正是因为中国文化传统中已有与杜威哲学相通的成分。正因为如此,研究杜威的实用主义思想,对于更清晰地理解儒家思想,特别是分清其中具有普世价值的成分与被神圣化和神秘化的成分,发扬前者,拒斥后者,能起到促进作用。

第三,有利于促进对各门社会人文学科的研究。

杜威的哲学活动的一个突出特点,是他非常自觉地超越纯粹哲学思辨的范围而扩及各门社会人文学科。我们上面曾谈到,在杜威的全部论著中,关于政治、社会、文化、教育、道德、心理、逻辑、科学技术、审美和宗教等各个领域的具体问题的论述占了绝大部分。他不只是把他的哲学观点运用于这些学科的研究，而且是通过对这些学科的研究更明确和更透彻地把他的哲学观点阐释出来。反过来说，他对这些学科的研究都不是孤立地进行的，而是通过其基本哲学观点的具体运用而与其他相关学科联系起来，从而把对这些学科的研究形成为一个有机整体，并由此使他对这些学科的研究可能具有某些独创意义。

例如，杜威极其关注教育问题并在这方面作了大量论述，除了贯彻他对现实生活和实践的重视这个基本哲学倾向、由此强调在实践中学习在整个教学过程中的决定作用以外，他还把教育与心理、道德、社会、政治等因素紧密地结合在一起，从而使教育的内容更加丰富、全面。他的教育思想也由此得到了更为广泛的认同，被公认为是当代西方最具影响的教育学家。值得一提的是：无论在中国还是在苏联，杜威在教育上的影响几乎经久不衰。即使是在政治和意识形态影响极为深刻的年代，杜威提出的许多教育思想依然能不同程度地被人肯定。陶行知的教育思想在中国就一直得到肯定，而陶行知的教育思想被公认为主要来源于杜威。

我们这样说，并不是全盘肯定杜威。无论是在哲学和教育或其他方面，杜威都有很大的局限性，需要我们通过具体研究加以识别。但与其他现代西方哲学家相比，杜威是最善于把哲学的一般理论与其他人文社会学科密切结合起来、使之相互渗透和相互促进的哲学家，这大概是不可否认的事实。在这方面，很是值得我们借鉴。

五、关于《杜威全集》中文版的翻译和出版

要在中国开展对杜威思想的研究，一个重要的条件是有完备的和翻译准确的杜威论著。中国学者早在"五四"时期就开始从事这方面的工作。当时杜威在华的讲演，为许多报刊广泛译载并汇集成册出版。"五四"以后，杜威的新著的翻译出版仍在继续。即使是杜威在中国受到严厉批判的年代，他的一些主要论著也作为供批判的材料公开或内部出版。杜威部分重要著作的英文原版，在中国一些大的图书馆里也可以找到。从对杜威哲学的一般性研究来说，材料问题不是主要障碍。但是，如果想要对杜威作全面研究或某些专题研究，特别是对他所涉及的人文和社会广泛领域的研究，这些材料就显得不足了。加上杜威论著的原有中译本出现于不同的历史年代，标准不一，有的译本存在不准确或疏漏之

处,难以为据。更为重要的是,在杜威的论著中,论文(包括书评、杂录、教学大纲等)占大部分,它们极少译成中文,原文也很难找到。为了进一步开展对杜威的研究,就需要进一步解决材料问题。

2003 年,在复旦大学举行的一次大型实用主义国际学术讨论会上,我建议在复旦大学建立杜威研究中心并由该中心来主持翻译《杜威全集》,得到与会专家的赞许,复旦大学的有关领导也明确表示支持。2004 年初,复旦大学正式批准以哲学学院外国哲学学科为基础,建立杜威与美国哲学研究中心,挂靠哲学学院。研究中心立即策划《杜威全集》的翻译。华东师范大学出版社朱杰人社长对出版《杜威全集》中文版表示了极大的兴趣,希望由该社出版。经过多次协商,我们与华东师范大学出版社达成了翻译出版协议,由此开始了我们后来的合作。

《杜威全集》(*Collected works of John Dewey*)由美国杜威研究中心(设在南伊利诺伊大学)组织全美研究杜威最著名的专家,经 30 年(1961—1991)的努力,集体编辑而成,乔·安·博伊兹顿(Jo Ann Boydston)任主编。全集分早、中、晚三期,共 37 卷。早期 5 卷,为 1882—1898 年的论著;中期 15 卷,为 1899—1924 年的论著;晚期 17 卷,为 1925—1953 年的论著。各卷前面都有一篇导言,分别由在这方面最有声望的美国学者撰写。另外,还出了一卷索引。这样共为 38 卷。尽管杜威的思想清晰明确,但文字表达相当晦涩古奥,又涉及人文、社会等众多学科;要将其准确流畅地翻译出来,是一项极其庞大和困难的任务,必须争取国内同行专家来共同完成。我们旋即与中国社会科学院哲学研究所、北京大学、清华大学、中国人民大学、北京师范大学、南京大学、浙江大学、武汉大学、北京外国语大学,以及华东师范大学和上海社会科学院哲学研究所等兄弟单位的专家联系,得到了他们参与翻译的承诺,这给了我们很大的鼓舞。

《杜威全集》英文版分精装和平装两种版本,两者的正文(包括页码)完全相同。平装本略去了精装本中的"文本的校勘原则和程序"等部分编辑技术性内容。为了力求全面,我们按照精装本翻译。由于《杜威全集》篇幅浩繁,有一千多万字,参加翻译的专家有几十人。尽管我们向大家提出在译名等各方面尽可能统一,但各人见解不一,很难做到完全统一。为了便于读者查阅,我们在索引卷中把同一词不同的译名都列出,读者通过查阅边码即原文页码不难找到原词。为了确保译文质量,特别是不出明显的差错,我们一般要求每一卷都由两人以上参与,互校译文。译者译完以后,由复旦大学杜威与美国哲学研究中心初审。如无明显的差错,交由出版社聘请译校人员逐字逐句校对,并请较有经验的专家抽查,提出意见,退回译者复核。经出版社按照编辑流程加工处理后,再由研究中心终审定稿。尽管采取了一系列较为严密的措施,但很难完全避免缺点和错误,我们衷心地希望专家和读者提出意见。

复旦大学杜威与美国哲学研究中心的工作是在哲学学院和国外马克思主义与国外思潮创新基地的支持下进行的,学院和基地的不少成员参与了《杜威全集》的翻译。为了使研究中心更好地开展工作,校领导还确定研究中心与美国研究创新基地挂钩,由该基地给予必要的支持。《杜威全集》中文版编委会由参与翻译的复旦大学和各个兄弟单位的专家共同组成,他们都一直关心着研究中心的工作。俞吾金教授和童世骏教授作为编委会副主编,对《杜威全集》的翻译工作作出了重要的贡献。汪堂家教授作为常务副主编,更是为《杜威全集》的翻译工作尽心尽力,承担了大量具体的组织和审校工作。华东师范大学出版社与我们有着良好的合作,编辑们怀着高度的责任心在组织与审校等方面做了大量的工作,在此一并表示衷心的感谢。

刘放桐

2010 年 6 月 11 日

导　言

R·W·斯利珀（R. W. Sleeper）

本卷收录的皆是杜威晚年的佳作，内容涉及理论与实践的诸多问题，它们显示了杜威在步入 90 岁高龄时理智能力所至的顶点。由于杜威已经完成了他的主要经典著作，人们以为他会从处理上世纪以来文化危机的紧张中松懈下来。然而，杜威没有放松，这是他的本性使然。我们发现，他带着同样的创造力和热情，同样恢宏的眼光——这些使他的思想与实践超越于同时代人——接受了新的挑战。

威廉·詹姆斯（William James）告诉我们，什么是一个思想家最重要的特质。"我重申一遍，"他说，"一个人最重要的是他的眼光。"贯穿于本书的 40 来篇论文、评论及杂记中的，正是这样的敏锐眼光。不管面对的是和平与战争这样的大事，还是批评者抱怨这样的小事，杜威始终怀着一个目的，立足于一个视角。当别人还在继续纠缠于旧哲学的争论时，杜威已经在处理新的问题，并提出了新的解决方案；旧的分歧已经被他抛在脑后，眼前的视野一片开阔。毫无疑问，从一开始，改良社会就是杜威哲学的中心议题。

本书收录的是杜威在 1939—1941 年间的零散作品，但令人印象深刻的是：它们展示了其事业的一贯性。它们使我们认识到，杜威如何竭尽全力地将其事业进行到底；使我们看到，他"把不同问题、不同假设整合起来"的做法如何形成一个连贯的"体系"（第 141 页①）。杜威告诉我们：这是一个完整的体系，因为它

---

① 这里的页码为本卷的边码。全书同。——译者

是从同一个确定的视角出发所形成的。正是这种视角赋予了杜威全部的思想以一致性,使他的体系与他的前辈——从柏拉图到皮尔士(Charles Peirce)——截然区别开来。它不是一种关于宇宙如何形成和构造的世界观,也不是为世界秩序奠定基础的第一哲学。我们一眼就能看出,杜威对思想或存在的范畴毫无兴趣——而这些恰恰是其他哲学体系的基本要素;我们也可以看到,他的体系与这些体系如何不同。无论是查尔斯·皮尔士作为其连续论中心的司各特式实在(reals),还是威廉·詹姆斯在其《心理学原理》(Principles of Psychology)最后章节提出的必要真理(necessary truths),这些在杜威那里毫无用处。杜威的体系完全是原初的,处于过程、运动、变化之中,就像自然本身那样,并且不断地生长、兴起和进化。

这个体系是发展着的,如同他在《作为经验的艺术》(Art as Experience)中所告诉我们的"活的生物体",它牵涉到连续的重构,而重构的方式就是他在《哲学的改造》(Reconstruction in Philosophy)中所勾勒的。在《经验与自然》(Experience and Nature)一书中,他告诉我们事物如何在经验中产生、变化和消失。他说,这是一些我们把它们转变为客体的、暂时固定在我们共同的谈论中的事件。在《确定性的寻求》(The Quest for Certainty)一书中,他又一次提示:存在是多么不稳定。他说,我们以充满风险的(认知)活动来应对它们,仅仅是为了减少我们自己生存的危险。在《逻辑:探究的理论》(Logic:The Theory of Inquiry)一书中,他告诉我们最好该怎么办。在这里,他集中注意力来考察事物的一般属性,使得我们把握事件,并帮助我们一旦找到适当的方法就控制它们。

这是本卷收录的论文——《经验中的自然》(Nature in Experience)的中心议题,也是他终身研究的主题。在《时间与个体性》(Time and Individuality)一文中,他回到《经验与自然》的中心议题——质性的个体。从 1903 年的《逻辑理论研究》(Studies in Logical Theory)到 1938 年的《逻辑:探究的理论》,还有实践性更强的论文集《人性与行为》(Human Nature and Conduct)和《新老个人主义》(Individualism, Old and New),这个主题得到了充分的发展。为针锋相对地回应罗素对自己逻辑思想的惊人误解,杜威在论文——《命题、有理由的断言与真理》(Propositions, Warranted Assertibility, and Truth)一文中,用他自己的逻辑

语言把这些主题综合起来。上面提到的三篇论文展示了杜威思想体系的广度和内在一致性,令人印象深刻。它们提醒我们:把杜威思想作为一个整体来理解多

么重要，否则，我们会像许多批评者那样忽略了整个要点。

不幸的是，本卷最不成功的收录也是大家最为熟悉的内容，很多批评者在这儿抓到了杜威的小辫子。它就是《经验、知识和价值：一个回复》（Experience, Knowledge and Value：A Rejoinder），首次发表在保罗·阿瑟·席尔普（Paul Arthur Schilpp）主编的《在世哲学家文库》第一卷。这篇论文是席尔普为庆祝杜威80岁生日而要求杜威完成的任务；在他的催促之下，杜威竭尽全力地赶制而成。预料到在这种条件下写就的文章会引起争论，杜威决定不参加纽约的庆祝活动而去女儿的牧场，并留下一篇题为"我们面对的任务——创造性民主"的致辞。尽管"回复"体现了杜威面对席尔普催稿和对手批评的耐心，却全然没有他在生日致辞中的思想新意和深刻见解，甚至没有展示出他的思想作为一个完整体系的特点和原创性。杜威把他的精力完全集中在本卷中所包含的否定性批评上了，非常琐屑地处理那些对其著作最严重的误解，却没有利用这个机会展示贯穿自己著作的中心主题。虽然罗素曾经触及杜威进入"问题境遇"时所具有的"整体性"特点，但这个问题很快就被忽视了，好像杜威现在不愿意在现存的语境中讨论他的计划所具有的这个微妙难懂的特点，抑或在罗素不熟练的用语中，杜威没有识别出几乎从一开始就是自己思想的中心主题。

在最早关于逻辑理论的论文中，杜威反复抨击密尔（Mill）①及其追随者的经验主义逻辑和康德式超验主义者逻辑中的所谓"分离思想"。杜威想要保留黑格尔逻辑学中，拒绝在理论和事实之间划分一个明确的界限这一特点。对杜威来说，"分离思想"意味着把理性从自然中分割出来，以及在逻辑上区分"分析"和"综合"。它同时也意味着心身二元论。在1896年的标志性论文《心理学中的反射弧概念》（The Reflex Arc Concept in Psychology）中，他力图克服这种二元论，并首次引入探究中所包含的反射"圆圈"（reflex circuit）的概念。这种"整体性"主题，在1903年杜威贡献给"芝加哥十年文集"的《逻辑理论研究》的论文中得到进一步的阐述；在1916年《实验逻辑论文集》（*Essays in Experimental Logic*）中，被反复地强调；在1938年的《逻辑》中，得到最为详尽的阐释。正是在这里，罗素发现，它是杜威关于科学方法概念的一个本质特点。

不过，幸运的是，本卷收录了杜威的另一篇论文——《经验中的自然》，它阐

①亦译穆尔。——译者

述了杜威"整体性"视野的全部问题。在席尔普的"文库"中，无论是批评，还是杜威对批评的回应，无不支离破碎；相比之下，《经验中的自然》堪称是清晰与敏锐回应的典范。杜威耐心地把科恩（Cohen）和威廉·欧内斯特·霍金（William Ernest Hocking）的批评（这些批评收在本卷的附录中）合并在一起回复，用简洁的语言解释什么是自己的"第一哲学"，以及"整体论"意味着什么。这也许是他关于下述问题最清晰的说明：为什么形而上学在他的体系中，不像通常在他的前辈那里扮演着基础的角色。因为我们只能在经验中与自然相遇，在经验之前或在超越经验的存在中寻找哲学的基础注定无果。我们必须关注经验自身的逻辑及其结构和特点，以及它所揭示的存在的特点。杜威希望我们看到，经验如何清楚地展示了所有的动荡、稳定和质性的个体的特点。在《经验与自然》中，他认为，这些特点属于所有存在物。他希望我们看到，经验是如何被我们的历史（作为一系列以发展和生长为标志的变化）所构成的，因为一旦认识到经验的连续性就是变化，便会抛弃我们的教条观念和陈词滥调。在我们把握到过程的真正的连续性时所发生的变化是多么深刻！杜威希望我们通过对此进行估价，从令人窒息的传统中清理出创造性的智慧来。

xiii 罗素抱怨说："在事物被探究之前，我们对它们的本性所知甚少。"而这正是杜威"整体论"所关涉的全部内容①。它也说明为什么杜威"第一哲学"的大部分内容来自自然科学。不是因为杜威要把一切事物归于科学——过去有些批评者似乎这么认为，现在有些批评者也这么认为——而是因为，我们需要从科学中学习的东西太多。他说："古代科学向现代科学的转变，迫使我们必须相对地、多元地去解释目的，因为目的是特定的历史过程的界限。"（第146页）在这个意义上，杜威的体系是历史主义的、相对主义的和多元主义的，正如本文所暗示的。但是，杜威的计划与大多数可以应用这些标签的其他体系中典型的还原论是截然相反的。我们通常用还原论形容那些信奉"科学主义"的哲学，它们相信科学方法给我们提供了解决一切问题的万能钥匙。杜威绝不是这种意义上的还原论者。但是，他的确坚持我们应该关注那促成科学之成功的把握事物之方法，以及

---

① 罗素：《杜威的新逻辑》（Dewey's New Logic），保罗·阿瑟·席尔普主编，《约翰·杜威的哲学》（*The Philosophy of John Dewey*），《在世哲学家文库》（Library of Living Philosophers），埃文斯顿和芝加哥：西北大学出版社，1939年，第1卷，第139页。

引起失败的方法。不仅关注科学方法,杜威还关心科学对于我们自身和我们生活在其中的环境的认识。我们必须努力寻找方法,把这些科学知识运用于我们的文化行动中,运用于我们个体的道德生活方式中。他说:"我甚至把人文科学、实践科学落后的原因,一部分归结于物理科学的长期落后,一部分归结于道德学家和社会学家拒绝利用他们可以把握的物理学(尤其是生物学)材料。"(第148页)

这里,杜威反对科恩的批评所预设的那种繁琐实在主义,就如他一直反对皮尔士所宣扬的那种高度衰弱的"经院"实在主义一样。但他完全支持运用皮尔士的"可误论"(fallibilism)。他把它应用于形而上的存在背景上,也把它应用于经验和探究的前景上。这暗示了他自己体系的循环性特点。杜威说,我们从实践中获得原则,但只有实践才能检验我们的原则。"这个循环的存在是得到人们承认的,但并没有被接受。人们也承认它不是恶性循环;它不是逻辑的,而是存在的、历史的。"(第143页)这儿所包含的实在主义与有些哲学家眼中的实在主义不同(他们认为有一个在先的真实世界,其存在独立于我们的经验和知识),它是一种关于客体和种类的实在主义。它是零零碎碎拼凑起来的实在主义,与过去"批发式"的实在主义截然不同。它是存在的和历史的实在主义,但并不朝向霍金和皮尔士所说的"客观唯心主义",也不朝向黑格尔的"绝对唯心主义"。

传统的实在主义和唯心主义都是错误的,因为它们的本体论都来自它们的逻辑学。它们都是从杜威所称之为"分离思想"(杜威反复指责它为"哲学的谬误")开始而产生的结果。在他看来,这种谬误恰恰是罗素哲学的基础,它削弱了逻辑经验主义和实证主义的努力。戈特洛布·弗雷格(Gottlob Frege)曾认为,"逻辑规律是关于自然规律的规律",他的继承者也作如是观,尤其是鲁道夫·卡尔纳普(Rudolf Carnap)的《世界的逻辑构造》(*Der Logische Aufbau der Welt*)和"可能世界"的形式逻辑。形成鲜明对比的是:杜威是从现实世界的本体论中得到他的逻辑学的。他说,我们应该通过科学认识到,归纳规则不是从严格蕴涵的原则外推出来的。也就是说,不是正确的经验推论形式来自演绎逻辑,而是我们从实践中抽象出演绎原则。正如他经常说的,你能从逻辑中抽取出的仅仅是你一开始放进去的。

在这种颠倒中,杜威反对从弗雷格到卡尔纳普的整个逻辑哲学主流。在罗素的外在世界的"问题"和通达"确定摹状词"的道路的"问题"中,杜威已经看到并批评了这个主流。但是,人们通常以为,杜威的《逻辑:探究的理论》没有使用

《数学原理》(*Principia Mathematica*)发表后流行起来的符号体系,这说明他没有触及当时逻辑哲学和数学理论的前沿问题。这种假设毫无根据。杜威具有非凡的先见之明,他已经意识到,当时的主流方向——已经导致逻辑实证主义的出现——不可能找到一个可接受的科学哲学,"认识论事业"必将破产。依杜威看来,这种失败不可避免,因为它缺乏关于语言、关于用符号表达出来的概念和关系的完备理论。

在批评自身的逻辑实证主义时,威拉德·奎因(Willard Quine)指出,杜威早在维也纳学派形成之初就提出过自己的批评意见。在弗雷格的影响之下,罗素推广了下述信条:命题的意义决定它的指称,真理就是命题的形式结构和命题指称物之间的相符。这个信条在罗素那儿引出了他本人和摩尔(G. E. Moore)渴望解答的外在世界"问题",在维特根斯坦(Wittgenstein)那儿促使他开始写作《逻辑哲学论》(*Tractatus Logic-Philosophicus*)。它稍稍改头换面就成了这个信念——没有指称便没有意义,从而促使艾尔(A. J. Ayer)在 1936 年的《语言、真理和逻辑》(*Language,Truth and Logic*)一书中提出著名的"意义证实原则"。杜威一直反对这个信条,认为它是"分离思想"的一个典型,《数学原理》不过是新瓶装旧酒而已。

杜威在 1903 年《逻辑理论研究》的论文中指出,意义是指称的功能,是由使用规定的。在 1916 年《关于实验逻辑的文章》中批评罗素的观点时,他反复申明这个主张。到 1922 年,这成为他的卡鲁斯讲座的中心观点。在这些文章和讲演中,他反对意义是一种"精神存在",认为这是罗素的观点(之前,他把罗素的"逻辑客体"称之为逻辑理论的"迷失的灵魂")。他说,意义产生于共同的语言交谈,"首先是行为的一种属性"。奎因提醒我们注意当时的情形,他说:"当杜威以这种自然主义的风格写作时,维特根斯坦仍旧固守着自己的语言摹仿理论。"①

在《命题、有理由的断言与真理》中讨论罗素的知识符合论时,杜威又一次批评了"分离思想"。语言不是像罗素想象的那样,与世界处于外在的联系中,而是向前伸展,不断地与世界相交涉。语言-世界之关系内在于经验中的自然。不是

---

① 威拉德·奎因:《本体论的相对性》(Ontological Relativity),在他的《本体论的相对性和其他论文》(*Qntological Relativity and Other Essays*)中,纽约:哥伦比亚大学出版社,1969 年,第 27 页。

说词汇把它们自己附着于事物之上,而是说我们在与事物的交往中把词汇附着到上面的。杜威说:"我很好奇,如何断定经验之中的某物符合依据定义是在经验之外的某物(根据认识论学说,这是认识的唯一手段)。这使我开始怀疑整个认识论事业。"(第179页)在"功能和行为"意义上(唯一的"可以称得上是真理的符合论"的观点),杜威早就接受了命题具有意义如同命题具有手段一样这个观点。命题是我们处理事物的手段。在《逻辑:探究的理论》中,他把这种交往式的符合称之为"配对"关系。

对杜威命题学说的解释在"工具主义"和"功能主义"之间摇摆,但这篇论文显示,它既不属于前者,也不属于后者,或者二者都是。杜威对纳尔逊·古德曼(Nelson Goodman)在1946年一篇论文中提出的"反事实条件句问题"给出了解决方案。他对他更愿意称之为"如果-那么"命题的解释是:这些命题是计划,我们接受还是拒绝,取决于它们在实践中如何发挥作用。这些计划,和古德曼所说的"制造世界的方式"一样,是获得确定性的手段。杜威的探究过程,如古德曼所说的"加固"过程,为最终更正确而非错误的行为和选择提供了理由。在1916年的《实验逻辑论文集》中,杜威这么说:"推论是发展到未知的进步,是使用已建立的东西来赢取虚无中的新世界。"①

在《逻辑:探究的理论》前言中,杜威在谈到"需要发展一种形式和质料不再分离的一般语言理论"时,提到这样的事实:"一套完整的符号,取决于首先建立关于符号化的概念和关系的正确观念。"他接着警告过分形式主义的危险:"不满足这个条件,形式上的符号化只会使现有的错误永远继续下去,并且因为貌似提供了科学支撑而巩固这些错误(就如目前经常发生的事一样)。"不过,在历史上具有讽刺意味的是:这种对于当时主流逻辑哲学的有力批判,竟被看作不属于逻辑而被轻率地忽略了。罗素认为它属于心理学,刘易斯(C. I. Lewis)希望杜威不要把逻辑看得"非常宽泛"。但是,逻辑的确是心理学的一部分,而且非常宽泛。在《逻辑》中,杜威已经提出他在序言中呼吁的理论,这是一种形式和质料不

---

① 《逻辑思维的几个阶段》(Some Stages of Logical Thought),载于《实验逻辑论文集》,芝加哥:芝加哥大学出版社,1916年,第215页(《杜威中期著作》,乔·安·博伊兹顿主编,南伊利诺伊大学出版社,1976年,第1卷,第171页)。参见希拉里·普特南对维特根斯坦、杜威和古德曼的比较,见古德曼《事实、虚构和预言》(Fact, Fiction, and Forecast)的序言部分(剑桥:哈佛大学出版社,1983年),第8—15页。

导言　7

再分离的一般语言理论;他还分析了构成逻辑理论的主题的概念和关系。

理查德·罗蒂(Richard Rorty)指出:"杜威等在分析哲学思辨之旅的终点。"①而本卷收录的论文显示,杜威准备在起点就堵住这条道路。分析哲学通过维特根斯坦、古德曼、奎因等不同哲学家获得的意义概念——从功能和行为的角度理解,一直就是杜威思想的一部分。杜威不否认形式分析的重要性,但他希望我们看到:把形式分析凌驾于自然语言之上,是多么荒谬!他并不反对科学获得形式逻辑的规范和标准。他完全不是这个意义上的反形式主义者。他只是想让我们认识到,形式分析的规范和标准如何依赖于它们的生物和文化母体,而不是依赖于"分离思想"。

杜威认为,指望从自明原则、公理或严格蕴涵规则中得出归纳推理原则,这注定无果。这是本末倒置,开端在另一条路上。杜威希望我们看到:我们的自然言说如何取决于我们的创造性才智,它如何反映了我们经验的逻辑结构。他认为,我们的语言以及表现语言的逻辑是人工产物,值得惊叹。在 1922 年一篇很受欢迎的论文《事件与意义》(Events and Meanings)中,他这样说道:"通过充分的预备性的交谈,你能避免一场灾难。……离开了交谈,离开了话语和交流,就不存在思想,也不存在意义,而只是哑默的、荒谬的、毁灭性的事件。"(《杜威中期著作》,第 13 卷,第 279、280 页)在《经验与自然》中,他说得更加明确:

> 在一切事情中,沟通是最为奇特的了。事物能够从外在的推和拉的活动转向人类因而也是自己揭示自己,以及交往的结果是共同参与、共同分享。这是一个可以与衰落的圣餐变体论相媲美的奇迹。(《杜威晚期著作》,第 1 卷,第 132 页)

杜威并没有宣称自己缔造了今天所说的语言的社会理论,但他的确在这种理论中看到了"希望的基础"(第 249—251 页)。

斯蒂芬·图尔明(Stephen Toulmin)为收在《杜威晚期著作》中的《确定性的

---

① 罗蒂:《实用主义的结果》(Consequences of Pragmatism),明尼阿波利斯:明尼苏达大学出版社,1982 年,第 18 页。

寻求》写了一篇精彩的导言,他指出,与詹姆斯和皮尔士的方法、论述和目的相比,杜威的哲学看上去如此不同,"而把他们都聚拢在同一个'实用主义者'学派的名下",是多么容易产生误解。他说,杜威的作品富于远见,理解深刻,充满新意,其重要性在他生前以至于现在都很少有人认识到。图尔明接着建议,我们或许可以通过比较杜威和比他年轻的同时代人,如维特根斯坦和海德格尔来了解他(《杜威晚期著作》,第 4 卷,第 ix 页)。他希望我们看到,杜威在吉福德讲座中表达的批判思想的锋芒,预示了维特根斯坦和海德格尔在动摇笛卡尔和洛克的认识论基础时所关心的问题。杜威的建设性思想和维特根斯坦的"语言游戏",以及海德格尔关于我们如何构建理解对象的见解,是有关联的。 xix

这些比较充分地反映了杜威和他的实用主义前辈的某些不同,另一些不同也值得重视,即他的哲学概念既不同于前辈,也不同于"年轻的同时代人"。因为杜威的哲学概念总是包含在他对文化的重建中,他批评的方式是其他人的思想中所没有的。不是说这些人没有为他们诊断出的病症开出药方,而是说他们把药方的使用留给了他人。他们没有投身杜威一直投身其中的那个过程。

杜威的哲学概念不仅包含批判的要素,而且包含转变性的推进。哲学不能仅仅反映和回应它的文化环境及其发生的变化过程,还必须参与并作用于这些过程。哲学通过参加对话,参加决定所要采取的方向的公共言说来实现这些目标。这样的哲学概念,我们在圣奥古斯丁(St. Augustine)、马克思(Karl Marx)、萨特(Jean-Paul Sartre)、蒂利希(Paul Tillich)这些气质迥异的哲学家那儿碰到过。有时候,我们认为,这个哲学概念是苏格拉底对哲学的永恒贡献。它是杜威哲学概念的中心内容,这一点被他的众多作品清楚地证明,从刊登在《国会记录》(Congressional Record)上的《我们的艺术遗产》,到《纽约时报》(New York Times)上批评哥伦比亚大学校长尼古拉斯·默里·巴特勒(Nicholas Murray Butler)的《关于学术自由的声明》。杜威终身反抗教育机构的僵化,致力于教育改革。人们认为,这是他社会改革策略的一部分,社会改革是《教育:1800—1939》(Education:1800 - 1939)和《为了新教育》(For a New Education)的写作背景。这些文章与他的社会实践构成一个整体:1920 年,他在第五大道领导争取妇女参政权的游行;1937 年,他主持调查委员会,听取托洛茨基反对斯大林所定罪名的辩护。很难想象杜威"年轻的同时代人"处在这样的角色上,除了我们偶尔会想到的罗素之外。 xx

杜威和罗素的关系极不寻常。他们缺乏共同的情愫,有明显的哲学分歧,但两人不止一次在某个道德问题上站在同一边。虽然两人在 1914 年对和平主义的看法不同,但罗素在写给奥托琳(Ottoline)夫人的信中曾这样形容对杜威的初次印象:"我惊觉自己非常喜欢他。他心智开阔、平和,非常经验主义,也很坦诚,带着某种与生俱来的泰然自若和不偏不倚。"①1920 年,他们在中国相遇,罗素对杜威思想的欣赏也推及杜威夫人。当时,杜威夫妇应胡适和其他曾就读哥伦比亚大学的学生邀请而访问中国,他们在那儿度过了两年的美好时光。杜威大部分时间在国立北京大学讲学,但当罗素和秘书多拉·布莱克(Dora Black)小姐到达湖南时,他前去相见。罗素这样描述他们的相会:"我第一次遇见教授和杜威夫人是在长沙一位督军举办的宴会上。晚饭之后的谈话中,杜威夫人建议督军:湖南必须实行男女同校。督军作了一个很政治性的回答,说他很重视这件事,但恐怕湖南的时机还不成熟。"②

事实上,罗素当时和一个还不是他妻子的女性一道旅行,在英国和北京的洋人圈中引起了轩然大波。乔治·戴奎真(George Dykhuizen)说:"这使杜威夫人很震惊,感到极不公平。如果罗素被社会认可,多拉·布莱克也应该这样。最后,尽管朋友们反对,她还是同时邀请布莱克小姐和罗素到家里做客。"据说,在北京,当罗素罹患肺炎、人们以为他难以活下去的时候,杜威守候在病榻旁,记下了他最后的愿望和遗言。伦敦的报纸报道罗素在 1921 年 3 月 28 日逝世,《曼彻斯特卫报》(*Manchester Guardian*)发表了极尽恭维的讣告,而这些却促使罗素奇迹般地康复起来。③

本卷中的《社会现实和治安法庭虚构》(Social Realities *Versus* Police Court Fictions)一文所描述的事件,以及杜威对它们的态度,并不是没有先例的。然而,杜威的态度远不是这儿记录的这些。"罗素案"宣判之后,罗素的上诉被拒,经济窘迫。杜威为他在宾夕法尼亚州马里昂的巴恩斯基金会谋得职位,解了罗素的燃眉之急。尽管无论从基金会的角度还是罗素本人的角度来看,这个职位

---

① 奥托琳信件,♯1008,22.3.14,人文研究中心,奥斯汀:得克萨斯大学。转引自《杜威中期著作》,第 7 卷,第 496 页。

② 转引自乔治·戴奎真:《约翰·杜威的生平和思想》(*The Life and Mind of John Dewey*),卡本代尔和爱德华兹维尔:南伊利诺伊大学出版社,1973 年,第 198 页。

③ 同上书,第 198—199 页。

并非完全合适，而且因为随之而来的诉讼很快被终止了，但杜威在这件事中所表现出来的慷慨大度，毋庸置疑。这件事和杜威捍卫罗素在城市大学的任职、捍卫学校有责任立即提供这一职位一样，只是一系列检验杜威付诸实践的原则的事件之一——杜威的实践昭示着他的原则。多年前，当马克西姆·高尔基（Maxim Gorki）访问纽约、希望为当时的俄国革命寻求支持却被旅馆拒之门外时，杜威邀请高尔基和他的情人住在自己的家里。当舆论为之哗然，甚至马克·吐温（Mark Twain）也抱怨杜威过分时（因为"法律可以逃避，刑罚可以躲过，但公然蔑视习俗必受惩治"），杜威却兀自岿然不动。①约翰·麦克德谟特（John McDermott）注意到，"这个事件引起的公众反应是不同寻常的，但这个事件中所体现的杜威的热情却是寻常的，因为杜威夫妇经常为逃亡或革命人士提供临时住处，不管是爱尔兰人，还是中国人"。

xxii

自 1893 年开始，法律和习俗的关系问题一直是杜威的中心议题。当时，他已经在他的《论习惯法》（The Common Law）中评论了奥利弗·温德尔·霍姆斯（Oliver Wendell Holmes）对这个问题的处理。早在论文《人类学和法学》（Anthropology and Law；《杜威早期著作》，第 4 卷，第 37—41 页）中，杜威就表达了他在《我的法哲学》（My Philosophy of Law）中反复强调的中心思想，即法律和习俗的关系就如同理论和事实的关系。我们既要用实验的方法对待理论，也要用同样的方法对待法律。我们从循环模式中撤退出来的理由，与我们在探究逻辑中进入"分离思想"的理由是一样的。我们想要一种不受多样的实际经验影响的标准。因此，我们假定法律的"源头"在实际经验之外，法律的"目的"超越现实生活状况。杜威认为，"自然法"理论的历史证实了这一点，它的内容与变化着的需要和实践无关；与之适成对照，"习惯法"来自习俗，"通过自然选择机制而得到保留和修正"。（《杜威早期著作》，第 4 卷，第 40 页）

正如杜威早就反对"自然法"，他也反对"自然法"最流行的对手——由杰里米·边沁（Jeremy Bentham）和同事约翰·奥斯汀（John Austin）倡导的"实证法"。后者与前者的路数完全相反，把法律归结为"主权者的命令"（sovereign

---

① 约翰·麦克德谟特（John McDermott）主编，《杜威的哲学》（The Philosophy of John Dewey），纽约：G·P·普特南出版公司，第 21 页。

commands)，希望以此对抗法律源于"神圣意志"或自然规律的论调。边沁认为，为法律权利寻找一种超越的合法性依据，阻碍了他的法律改革事业——把权利授予个体的"主权者"。边沁写道，自然权利的学说"毫无意义：自然的不可侵犯的权利，这是空洞的修辞，毫无意义"。[①] 杜威反对这种主权概念中所暗含的极端个人主义，理由是它没有考虑到卢梭在他的"公意"概念中所考虑到的社会现实。至于"主权"，杜威在 1894 年《奥斯汀的主权论》（Austin's Theory of Sovereignty）一文中说，它必须"把主权置于社会的一个部分之中，使政府本身成为其操作全是命令的一个实体"（《杜威早期著作》，第 4 卷，第 90 页）。

xxiii　　在这些早期论文中，杜威开辟了一条不同于"自然法"和"法律实证主义"的道路，而且此后一直坚守这个方向，尽管之后他关于司法和立法等法律问题的作品不是很多。他不断地重复在早期论文中提出的三个问题：法律的来源；目的；运用。这些问题构成论文《我的法哲学》的概念核心，这篇论文的立场是："法律完全是一种社会现象，在来源、目的和运用上都具有社会性。"（第 117 页）

　　杜威在 1914 年关于法律理性的论文《法律中的自然和理性》（Nature and Reason in Law；《杜威中期著作》，第 7 卷，第 56—63 页）、1926 年论文《公司法律人格的历史背景》（The Historic Background of Corporate Iegal Personality；《杜威晚期著作》，第 2 卷，第 22—43 页）中讨论了这些问题以及对它们的回答。但最能体现杜威的法哲学与其逻辑哲学一脉相承的例子，也许是 1924 年的论文《逻辑方法与法律》（Logical Method and Law；《杜威中期著作》，第 15 卷，第 65—77 页）。该文最早发表于《哲学评论》（Philosophical Review），很快又被《康奈尔法律季刊》（Cornell Law Quarterly）采用。彼时，杜威已经被公认是"法律现实主义"学派——总部设在哥伦比亚法学院——的代表人物。杜威自上世纪末开始一直致力于批评传统逻辑理论，该文试图展示这个批评在法律推理上的结果。他希望读者认识到逻辑学必须重新定义，它是一项经验的事业，必须考察解决问题的方法，而不是为了发现某项方法、某种形式规律或某个放之四海而皆准的普遍法则，比如三段论之类的。我们从一个令人困惑的境遇开始，而不是从一套整齐排列的假设开始。杜威说："可以把思考定义为对假设的发展，或者对结论的

---

① 约翰·鲍林（John Bowring）主编，《杰里米·边沁著作集》（The Works of Jeremy Bentham），纽约：拉塞尔出版公司，1962 年，第 501 页。

发展；它是一种功能，所以不同于假设或结论。"他重申这一过程的"循环性"，认为它既适用支持法律的律师，也适用通过制造法律而发现法律的法官。

在《我的法哲学》中，杜威也谈到"法律实在主义"这条中间道路如何深刻地影响从霍姆斯大法官到道格拉斯大法官的美国司法实践，它使社会科学研究开始影响沃伦法庭的法律——最著名的例子也许是"布朗诉教育委员会案"和对学校种族隔离的废除。杜威说："根据我的观点，标准在结果中，在正在进行的社会活动的功能中。如果这个观点被普遍接受，那么可以肯定，对法律制度的具体评价将引入大量的理性因素。"（第122页）这个观点不久前被杰罗姆·弗兰克（Jerome Frank）、卡尔·卢埃林（Karl Llewellyn）等法律学者采纳，罗纳德·德沃金（Ronald Dworkin）和哈特（H. L. A. Hart）的不同思想似乎也在这个观点上形成交汇，即基于权利的正义理论和基于目的的正义理论的交汇。亚伯拉罕·埃德尔（Abraham Edel）这样描述它："一般而言，法律理论的终极母体是全部社会经验以及对这些经验的反思。法律生活不是逻辑，不是观看法律的抽象方法，也不是经验。它是对经验的反思，是为了更好地指导未来的经验。不能为了维护某种模式而妨碍这个过程。"①

xxiv

全面反思经验以进一步指导未来的经验，这是杜威哲学概念的核心。杜威关于宪法的看法和他对托马斯·杰斐逊（Thomas Jefferson）的介绍，他针对治安法庭的"虚构"为罗素所作的辩护，他对考德里（Cowdry）《老龄化问题》（*Problems of Ageing*）的理解，以及他随卡尔·曼海姆（Karl Mannheim）的社会重构概念而来的哲学改造概念，都由这个核心线索串联起来。它表明，杜威抓住的"问题和假设"是如何交织在一起的，是如何有助于"创造更加自由、更为人性的经验——这个经验人人分享，人人贡献"（第230页）。这个洞见是把握杜威的关键，它是传达其哲学和视野原初性的"决定性观点"。②

————————

① 埃德尔：《法哲学-社会哲学文汇》（*Archiv fiir Rechts-und Sozialphilosophie，Supplementa*）增刊，第1卷，第1部分，《现代法律概念》（Contemporary Conception of Law），第9届世界大会，巴塞尔，瑞士，1979年8月27日—9月1日，第96页。
② 本卷收录的论文涉及三个中心议题：形而上学、语言和逻辑。它们在斯利珀的《实用主义的必然性：杜威的哲学概念》（The Necessity of Pragmatism：John Dewey's Conception of Philosophy，纽黑文：耶鲁大学出版社，1986年）中有更详尽的讨论。

论　文

经验、知识和价值：一个回复①

既要感谢那些花了很多精力来研究和批评本人观点的作者，又要对反对意 3
见作出回应，把二者结合起来并不是件易事。我相信这些作者们，还有读者们，
他们能理解这种困难。我承认，在终止争论的可能性上，我没有在系列文集(本
卷只是其一部分)的声明中所体现出来的那种乐观。正如哲学论争的历史表明，
在反驳一个观点、廓清一个误解时所说的话，极有可能引发别的问题。不过，这
个声明中也说，只要这个过程为友好的批评和敌对的批评双方都提供解释的机
会，那么，它就为"心灵的汇聚"创造了便利。这样，无论某个作者关于哲学的观
点和学说(在这里是指我的)发生了什么，哲学探索这项更大的持续的事业总是
能得到推进。

我想说说我采用的论文编排的方式，这也许有助于理解后面的评论和答复。
我一开始考虑把批评者分开，逐一答复他们每一位提出的重要意见。但随即发
现，这样需要从自己和批评者那里引用大量的原文，还有对原文或多或少的解
释——众所周知，这与其说是平息争论，不如说是开启争论。诚如派亚特(Piatt)
先生在其文章中所说："对意义的澄清越是频繁，越是不能澄清，就越是重复了最
初的难题。"从具有一个中心和某种秩序的一个概念体系，转移到另一个有着不
同中心和安排的概念体系，这怎么说都不是件容易的事儿。无论我，还是我的批 4
评者，都不应该为下述事实负责：我们使用的每一个哲学词汇，依其重要程度不

① 首次发表于《约翰·杜威的哲学》，《在世哲学家文库》，保罗·阿瑟·席尔普编，埃文斯顿和芝加
哥：西北大学出版社，1939 年，第 1 卷，第 517—608 页。

同,都充满了由几个世纪的争论所导致的歧义。此外,前面提到的那种方法容易遮蔽讨论的中心问题,因为它在问题之上覆盖了太多的细枝末节,以至于只见树木而不见森林。后来,我进行了相反的尝试:去讨论大量的一般议题;不同的论文皆显示它们需要进一步的阐释,同时附带提及相关的批评者。然而我的尝试的经验证明,这样做有危险:我的答复太宽泛,不能紧扣相关批评的核心;而且,我要面对要点的多变性,以及提出这些问题的哲学视角的多样性,这构成了严重的障碍。为此,我采用了一种折中的策略,希望(没有十足的把握)它最终能证明自己没有集中上述两种方法的最大缺陷。我挑选了一些主要议题,在这些议题之中,我将针对有关我的哲学基本原则的批评来重申自己的观点。然后,在每一个议题之中,我试着针对各种特殊的批评进行具体的评论。①

我想对评论者的文章作一个大概的分类,希望有助于大家把握文路和理解篇幅分配。拉特纳(Ratner)、盖格(Geiger)、蔡尔兹(Childs)和基尔帕特里克(Kilpatrick)等博士是我在哥伦比亚大学时的学生,有几位还一直是同事,就和兰德尔(Randall)博士一样。如果他们在理解我的著作的内涵时,竟不比那些只能求教于兰德尔博士的人更能获得一个恰当的理解,这个责任全在于我。派亚特博士曾就学于芝加哥大学,其时我已经离开那里;他有幸师从塔夫茨(Tufts)、米德(Mead)和摩尔教授。正是因为我对上面这几个人负有很大的义务,我很少说到他们的文章,远远少于下面提到的第三组文章。他们的文章在许多方面回应了那些批评我的人,远比我自己所能说的更加有效。虽然学生对老师的忠诚是允许的——经常过于忠诚,但我还是要表达自己的谢意。他们以自己的方式发现并记录了我思想发展的路径,知道我在做什么和要什么。在此,我不作过多的评论,只希望他们接受我的谢意,感谢他们让所有关注我的读者知道我的真实想法。

第二组文章,其作者讨论的问题在某些或许多方面基本正确,尽管其中伴随一些与我的结论不同的分歧。我感谢这些作者,他们对我不是很熟悉,却努力地研究我的作品,如实地说出自己的看法。奥尔波特(Allport)博士就是这样一位心理学专家,他一直关注着我这样一个早就停止对高度专业的心理学进行研究的人。帕洛迪(Parodi)博士仔细地解释了我理论中知识与行动的关系,这启发

① 在回应这些批评时,我假定大家都熟悉这些文本,因为篇幅有限,不可能重复论述的细节。

了我对其他批评者的回复,使我能够提前指出这些批评者在讨论这一问题时提出的错误概念。萨弗里(Savery)博士提供了一个有益的补充说明,把我的观点放在与皮尔士和詹姆斯的历史联系中来考察;同时,他对多元主义、连续性和偶然性简要而中肯的解释,也纠正了一些常见的误解。怀特海(Whitehead)教授则一直以他特有的宽广胸怀在写作。

第三组文章是那些明确持相反意见的——其中,瑞彻巴赫(Reichenbach)和佩珀(Pepper)博士是部分地反对,罗素、墨菲(Murphy)、桑塔亚那(Santayana)、斯图尔特(Stuart)和肖布(Schaub)几乎是完全反对。现在大家可以理解,为什么我给了他们更多的篇幅,而不是那些赞成或更准确地阐释了本人观点的人。我对第三组成员的感谢与前两组不同:我感谢他们的批评带给我的挑战和刺激,感谢他们提供了这样的机会,使我在某些问题上更加坚定;而在此之前,我显然既没有给出令人信服的解释,更为重要的是,也没有明确自己的实际立场。

A. 序言

作为对主导观点的引入:经验、与经验相关的知识、伦理(这些问题构成了我的回复的主导线索),我想说一说那些主导着我哲学思考的问题。这一程序对一个强调问题在研究中的重要地位的人来说,几乎是必然要做的。在这个方面,我特别感谢拉特纳和兰德尔博士。从1903年收录在《逻辑理论研究》中的论文算起,在过去的35年里,我通过出版了的著作,一直在发展现在持有的哲学观点。这期间有矛盾和转变的地方,但可以确定的是:我非常坚定地朝着一个方向迈进。拉特纳博士注意到了我的著作中的主要"转变"。这种转变影响的不仅是哲学的特殊问题,而且有更为普遍性的知识问题。我在很多地方说过,从经验自然主义的角度看,"心灵"和"理智"的外延指涉是意义赋予,这种赋予既是过去探索或求知的产物,也是充实和控制随后的经验内容的手段。充实和控制的功能是这样实现的:在过往经验中获得的态度和习惯参与到与环境的互动中,为后来的经验创造出更清楚、更有序、更充分或更丰富的材料。这个过程可以无限延续。拉特纳博士非常正确地指出,"理智"(intelligence)一词比"知识"(knowledge)一词更好地代表了我的基本观点,它避免了求知(knowing)、探究(inquiry)和获得的知识(attained knowledge)之间的混淆,而这种混淆使得某些批评者在转述我的立场时发生误解。我被冠之以"工具主义"。现在读了相关的批评后,我明白我应该在一开始就作一个系统的区分：知识——作为某项探究（因为问题的存在）的结果；理智——这些探究中达成的连续的意义赋予之产物和表达。不过，我早期的著作有很多地方提示了这种区分和它的作用，也涉及作为物理动力（这种动力可以使知识与理智相互转化）的有机体习惯的原则。我援引两段文字："知识的功能就是让一个经验能自由地被运用于其他经验。'自由地'一词划分出知识原则和习惯原则之间的界限。"而下面一段话表明，这种不同最终不是习惯和理智之间的不同，而是日常习惯和理智习惯之间的不同。① 这段有代表性的话选自我后来的著作，不是最新的。

> 人类进步的历史就是从无知无识的动作（如无生物的交互作用）转变成知其所为的行动的过程，即从在外在条件控制之下的行动转变成在有意指导之下的行动——这种行动已经洞察到它们将要发生的后果。而原来盲目的行动之所以能够具有智慧的性质，其唯一途径就是教导、见闻和知识。②

我没有把自己的观点视作一种完成了的现成学说。它通过与其他哲学问题和学说的碰撞得到发展。19 世纪 90 年代初期，英语世界所有重要的哲学思想无不受到新康德主义和黑格尔唯心主义的影响。实用主义和所有版本的实在主义是后来发展的产物。1905 年，我从芝加哥搬到纽约，这使我直接接触到伍德布里奇（Woodbridge）的亚里士多德的实在主义和蒙特奇（Montague）的一元论实在主义。这是一个新的挑战，也是一个新的刺激。也许很自然，我不应该认同墨菲博士对我的判断。他说，我对一些重要问题的讨论"无法理解，除非我们回溯到与其发展相关的那些唯心主义和实在主义哲学"。但是，我很乐意承认我的哲学观点不是凭空发展出来的，我认真地对待了那些有影响的哲学学说。我思考这些学说提出的问题，毫无疑问，这影响了我自己哲学方法和思想的发展。通过吸收其他学说的长处，尽力回避我认为的短处，我发展了自己的学说，我是受益者。

---

① 《民主与教育》（*Democracy and Education*），1916 年，第 395 页（《杜威中期著作》，第 9 卷，第 349 页）。关于方法、主题和认识理论这些话题的全部讨论都是与此相关的。
② 《确定性的寻求》，第 245 页（《杜威晚期著作》，第 4 卷，第 196 页）。

但是，如随后要表明的，我的问题不是唯心主义和实在主义之间的对决，而是这些理论(还有更早期的哲学传统)对我关注的两个主要问题的影响。认真对待那些在历史上有影响的思想体系，我个人觉得没有必要为这一习惯辩护；重要甚至必要的是，要认识到是哪个思想阶段深入参与了一位哲学家思想观点的确立。为此，我对兰德尔博士的论述中所强调的两点深表感激。第一，他充分意识到，我把一个阶段的哲学看作是一个更为宽广深远的文化成就、需要、冲突和问题的反映。第二，用他自己的话说，"存在一个基本的冲突，这一事实是理解全部西方哲学的关键。它就是科学知识技术的创造力与已经制度化、固定化的习惯和信仰所产生的阻挠势力之间的斗争"。由于这种斗争占据中心位置以及它所设定的重新调整的问题，我一直认为，用兰德尔的话说，"我们的文化遗产是对传统的批评性重构者"，这样，"他总是用人类过往的经验和理念来接受现在经验的检验"。不管我的这种态度正确与否，无论我是否夸大了重大的文化问题决定重要的哲学问题的程度，现在集中精力关注对传统(各种制度、习俗、信仰)的反思，使它们与目前的科学技术之潜能相适应，这才是我要讨论的主要问题产生的背景。

这个潜在的社会-文化问题，在我的哲学体系中体现为两个问题。在我看来，这两个问题支配了近代思想发展的主要进程[1]："在人类对目前生活世界的信仰和对支配着他的行为的价值与目的的信仰之间如何恢复统一和合作的问题，是近代生活中最深刻的一个问题。凡不是和人生隔绝开来的哲学，都要研究这个问题。"[2]"关于世界的信念"一词所指，在下一页中有说明："哲学的中心问题是：由自然科学所产生的关于事物本性的信仰和我们关于价值的信仰之间存在着什么关系(在这里，所谓"价值"一词是指一切被认为在指导行为中具有正当权威的东西)。"[3]另一个主要问题听起来更具技术色彩，它就是"物理科学与日常经验事物之间的关系问题"。[4]

9

---

[1] 在近代思想的发展中，也存在大量的技术性问题，有些与我下面所提的问题关系密切，有些关联不大。我的分析技术直接从那些有历史影响的哲学学说的问题和方法中发展出来。除此之外，我不知道一个胜任的技术的形成还有其他任何方式；尽管有时候，我也有可能过于强调获得技术技能的重要性。至少，如果要我批评自己的著述，我宁愿指责它把技术性分析看得太重要，而不是像有些批评者所批评的那样指责它的松散。

[2]《确定性的寻求》，第 255 页(《杜威晚期著作》，第 4 卷，第 204 页)。

[3] 同上书，第 256 页(《杜威晚期著作》，第 4 卷，第 204 页)。

[4] 同上书，第 252 页(《杜威晚期著作》，第 4 卷，第 201 页)。

后一个问题与前一个问题密切相联,因为人们喜欢的或不喜欢的事物恰恰属于日常经验事物的范围;而且,它们为价值判断提供了原材料。不过,这里面存在一些特殊的问题,它们与前实验前技术时代的有闲阶层的传统有关。根据这种传统,知识的对象与那些构成大量"日常经验"的非认知经验的对象不同,前者具有一种特殊的地位,它们对应于最终的实在。构成近代认识论主要问题的大部分二元论,就来源于产生上述两个问题的那些假设。但是,如果科学的生物学和文化的人类学的视角和结论得到认可,实验方法在认识中的重要性得到认可,并且关于经验的哲学理论跟得上这个发展,那么,随着人们认识到它们依赖于传统遗留下来的、现在证实是错误的假设,这些问题将不复存在。被摒弃的二元主义包括那些客观与主观、本质与现象、精神与物质、科学的对象与感觉的对象、经验的事物与藏在经验之后的事物自身(经验被认为是一层不能穿透的纱幕,阻止人们认识自然事物)等二分理论。①

我一直认为,这些二元主义的根源在于把认知经验及其对象和其他形式的经验及其对象割裂开来。这种割裂必然导致对日常经验事物——美学、道德和实践领域——的轻视,导致"贬低我们通过爱情、欲望、希望、恐惧、意欲所经验到的事物,以及个人所特有的特性"②——或者,为了证明个人的特性,竭力断定一个超科学、超经验的超验领域。这些问题并不是我创造出来的。不过,我发现,它们经常隐蔽而非公开地主宰着哲学的发展方向,因而也决定了最后达到的结论。如果这些问题的紧迫性被忽略或轻视(在哲学上是紧迫的,因为对现实文化的分析是紧迫的),那么,我大部分著作的语境也将被忽视或误解。这样一来,我所说的似乎就是一场十分怪异的思想冒险,而得到的承认(如果有的话)也仅仅因为其中存在的某些技术性技巧罢了。我关于历史的思想体系的讨论——从关于知识的唯心主义和实在主义理论开始,再到源自希腊传至我们的古典传统,始终贯穿这样一种信念:它们都认为认知经验具有一种优越性和优先性,因而把所有非认知经验的事物置于一个低等的地位,而产生这种学说的所有文化、科学、政治和经济的原因已经不再适用。相反,我相信当前的文化、科学、技术和社会

---

① 参见桑塔亚那对我的批评。由于不假思索地假设二元对立是每一个"正直的"思想家都会承认的普通常识,他的批评力度大打折扣。
②《确定性的寻求》,第219页(《杜威晚期著作》,第4卷,第175页)。

形势造成了这样一种局面,即哲学理论实际上(虽然不是有意地)是前科学前技术条件下(主要是有闲阶级的条件)的产物,现在不仅是没有必要的而且是绊脚石。

把认知经验和日常经验(主要是非认知经验)割裂开来,断定前者的对象具有绝对的真实性,这样的理论实际上毫不负责。但我发现,对于我的这个看法,我的批评者并不太在意。当这些观念统治着哲学(一种独特的知识模式)时,就产生了这样的观念:哲学的任务是叙述自然科学无法表述的"最终实在",如此一来,最终,哲学与科学脱离开来,并与日常经验事物相对立。这里,我并不是暗示批评者必须首先注意我的哲学观点的基本背景或语境,否则不可能对某个具体问题作出正确的陈述和有效的批评。不过,对我的观点的叙述以及以此为基础的批评对我来说,确实没有考虑语境问题——而我的观点的意义恰恰由此决定,这个忽视尤其体现在墨菲博士的情况中(后面将会展示),尽管他声称自己对语境主义原则十分尊重。

由于生物学和文化人类学已经有力地改变了传统心理学观点,这个时代因素可以使我们抛开上述那些既缺乏现实支持,也缺乏现实关联的问题。在这种关联中,需要注意的一点是:旧的"主观主义"心理学和新的行为主义心理学对哲学上的经验概念有各自不同的影响。对我来说,一个十分古怪的事实是:某些批评者把某种心灵主义经验观当作理所当然的,因此,当我谈论经验时,他们立即就把我划入心灵主义的阵营。除此之外,他们也在很大程度上忽略了自身主观主义的固有困难。对于这些困难,桑塔亚那注意到了,但也把他逼入彻底的怀疑主义,只不过因为他突然直接地跳入对自然事物的纯粹信仰中,从而缓和了这一点。这种主观武断的实用主义,是我竭力回避的。在我看来,它和有时归于康德的实用主义并无二致,只不过一个用动物的信念代替了道德的信念,另一个用自然世界代替了本体世界。无论在一般意义上还是在具体问题上,生物学-人类学理解经验的方式都使经验脱离了心灵主义的泥沼,赋予经验一种行为主义的解释。在同样的必然性和相关性下面,它使人们摆脱了经验内在的就是认知的以及认知是进入自然世界的唯一途径这两个观念。想必任何一个接受社会-生物学观点的人迟早会提出我在《逻辑理论研究》中提出的问题,即占主要地位的美学、道德、情感的经验模式及其对象和认知经验模式及其对象的关系问题。我知道如何考虑这个问题而不必导致"工具主义"的结论。但我相信,任何严肃的分

11

12

析都会把认知模式放在中间位置，一边是更原始的、凌乱的、复杂的、断续的经验对象，另一边是更整齐、清晰、自由、丰富、可控的经验对象。

另一个基本的考虑来自对现代科学方法（与希腊和中世纪关于认知的理论和实践形成鲜明比较）的研究。当然，这就是对实验方法的强调。在这种关联中，假如我强调物理知识，并非因为它是唯一的一种知识（我多次强调这一点），而是因为作为一种知识它的相对成熟性显著地证明了实验活动的必要性和作用；但是，在道德和社会研究领域，人们获取信念时仍然极少地考虑使用实验方法。

我深知，现在，实验方法的价值已是一个众所周知的常识，没有必要再在其意义上纠缠。把它与直接认识对立起来，无异于杀死一个死人，纯属多余。希望如此。果真如此，我会感到我设定的目标已经完成了大半，哲学自此之后将脱离认识论主义的阶段。但是我发现，对直接知识的信念仍然盛行。同时我也发现，像伯特兰·罗素先生这样的作者，竟然把我的知识理论中实验（行动和制作）在知识中的地位首先和一个工业主义和集体企业的时代联系起来，尤其是和这个时代的典型代表——美国联系起来，认为我的哲学完全是美国所特有的。这个观点不过是重复他很久之前的一个立场。1922 年，罗素说，他发现"在美国，商业主义——实用主义是其哲学上的表达——遮蔽了对真理的热爱"。对此，我认为，这种说法与下述说法如出一辙：英国的新实在论是英国人贵族式势利的一个反映；法国思想的二元论倾向是除了一个妻子外还有一个情人的所谓高卢气质的表达。① 而且，我还认为，罗素先生这么笃定地把实用主义的认识理论同美国工业主义那些令人反感的方面联系起来，而不是与获取知识的实验方法联系起来，这就好比我把他的哲学与英国土地贵族的利益联系起来，而不是与他对数学的浓厚兴趣联系起来。

同样的，当有人认为我回避某些问题不谈，是因为"我的目的是实践性的"。当此时我深知我所说的全部——前前后后许许多多加起来，无非是要表明，我的实用主义强调行为涉及（知识），而不是知识屈服于行为或实践——都只是白费口舌，就像我对实验方法的强调即使被严肃对待时也难起到作用一样。如果我关于结果的观点被放在实验的语境中来理解，那我就无须在后面专门留出篇幅

① 《人物与事件》（*Characters and Events*），第 2 卷，第 543 页（《杜威中期著作》，第 13 卷，第 307 页）。

来讨论真理这一主题。由假设所引导的操作是唯一的语境,在其中,我理论中的结果与真理是相关的。如果这一点被认识到的话,那我也无须再次重申:我并不坚持知识是行为的工具,真理是满足个人需要的手段;我一直坚持的是:知识,一旦获得,是通往更多可控知识的唯一媒介,是控制随后的质性的非认知经验的唯一媒介。不过,我感到还是有必要引用下面的这段话:

> 许多批评家认为"工具的"认识论意味着:认识的价值乃是对于认识者具有工具的作用。在个别的情况之下也许是这么一回事,但是在许多情况中,科学的追求好像其他的身体运动一样,当然是为了它本身的满足而进行的一种身体运动。但是,"工具主义"并不是关于个人在认识中的倾向和满足的理论,而是关于科学适当的对象的理论,而所谓"适当的"乃是按照物理学的界说而言的。①

还有一段: *14*

> 如果说知识作为理智活动所产生的果实本身就是一个终结(目的),那么,这就是说,它对某些人来说,是美感上和道德上真的东西,但这丝毫也没有论及知识的结构,而且它甚至没有暗示说:它的对象并不具有工具作用。这些问题,只有通过对有关事物的考察才能得到解决。

在同一段落的前边,我说:"从这种活动及其对象的重要性来看,当它变成一种内在的乐趣时,就是一个无价的收获。"我还指出,人们越强调这种可能性,就越需要解释下述社会问题:为什么只有少数人享有这种特权(获得知识)?② 总之,我认为,我始终合理而忠实地遵循随后声明的原则:"真正的智力完整性,是在经验性的认知中被找到的。在这一点被充分理解之前,从经验中分离出知识或是从

---

① 《经验与自然》,第 151 页(《杜威晚期著作》,第 1 卷,第 121 页)。
② 同上书,第 203 页(《杜威晚期著作》,第 1 卷,第 158 页)。在我看来,相信认识理论在根子上是一种有闲阶级的理论,这种认识有利于证明为什么在某种社会状态下只有一小部分人享有这种特权,并有利于长久地维护这种社会状态。这个观点是我全部理论的一个部分。如果这也是商业主义的话,那我真不知道人道主义会是什么样的。

经验中分离出实验都是不安全的。"①如果有一天,我所说的这些话变得多余,我将再高兴不过了。

B. 经验和哲学的经验方法

序言之后,我想谈谈我在答复派亚特博士中所涉及的三个主题中的第一个主题,以便把我的一些主要观点放置于相应的背景中。派亚特博士在其论文中宣称,如果多关注我的自然主义,少关注我的经验主义,将有助于理解我的观点。对此,我完全赞同,不过要加上一个附文,即我的经验观以及经验的方法观都是自然主义的。我已经说过,生物学和人类学知识潜在的效果能够改变原有的心理学和哲学的经验观。这些改变被一些批评者注意到了:罗素先生认为我的哲学是整体主义的,我的经验主义导致了主观主义;佩珀先生对我使用的一些词汇,如一致性、整合、全体等给予了解释;桑塔亚那先生批评说,由于我的经验理论把每一个事物当作"直接的前景",没有给作为背景的自然留下空间。还有瑞彻巴赫先生的一些批评,也与这种改变间接相关。在本节中,我将回复这些批评,并在结尾处援引奥尔波特在仔细研究我的心理学观点后提出的一些建议作为结论。

Ⅰ. 多年以来,我一直——可以说坚持——认为,哲学的经验理论,其关键在于从一开始就把经验与生物科学所揭示的生命的过程和功能联系起来。依据这个观点,我认为(与桑塔亚那齐步),经验无非是生命体与它们所处的环境之间的互动而产生的事情;因为人受文化的影响,包括受使用一些固定的交往手段的影响,人的经验才是这样的或那样的;用人类学的术语来说,人是适应文化的有机体(acculturated organisms)。因此,当我发现桑塔亚那先生的解释完全背离我的观点时,不免有些吃惊。他是这样表述的:"每一位自然主义者都知晓,这种白日梦(事物的直接经验)其存在、性质、强度和持续时间依赖于生命体内的隐秘过程,依赖于生命体与环境互动中的隐秘过程,这种过程可以一直回溯到地球生命的最初起源。"在某些基本方面,这种经验观看上去,正是我一直秉持的那种。他使用的"互戏"(interplay)和我使用的"互动"(interaction)也是同义词。然而"白日梦"(waking dream)的说法划清了二者的界限,而且从常识来看,我的观点显

① 《实验逻辑论文集》,第74页(《杜威中期著作》,第10卷,第365页)。

然具有优势。

　　不过,在桑塔亚那的话里有一些含糊之处,这也许可以解释为什么他认为经验不过是一个醒着的似是而非的梦。含糊的地方在这个表述上——"生命体内的隐秘过程"。如果这些隐秘过程与有机体的活动相隔绝——正是有机体活动16与环境的互动构成了生命,那么,经验对有机体内的隐秘过程的依赖必然割裂了经验与环境条件的内在联系,使经验成为仅仅寄生在一个私己的身体上的附着物。然而,这样解读这句话以说明为什么桑塔亚那把经验看作一个梦,一个似是而非、徒有其表的东西,一个存在于我们和自然之间的纱幕,那只是一种推测。更安全的做法是:假设他从英国心理学的传统"心灵主义"观点出发,然后把大量有关生物学事实的知识和处于与环境互动中的有机体结合起来。这种结合——把洛克的心理学和对有机体的指涉结合起来——产生了这样一种观点:经验是一个梦,而这个梦是有机体和环境互动的产物。

　　与之相反,在我这儿,经验一开始就是有机体和环境互动的体现,所以梦和醒着的生活不过是两种不同的互动模式,因此把二者都称为"梦"毫无意义。总之,正是因为桑塔亚那把他自己关于经验的观点加之于我——这个观点在我看来,完全抛弃了他所宣称的自然主义立场,所以他从这个所谓"我的"观点出发得出了他的结论。①

　　因为桑塔亚那先生自己的经验观和他的下述观念,即理智的人所具有的经验观念就是正统英国"心灵主义"所提出的那种观念,所以他把"只有直接经验是真实的"这一怪异的观点归于我。明摆着,这个观念与经验是有机体与环境的互动这一观念相冲突。当桑塔亚那发现后者事实上贯穿于我的全部著述这一点17时,他断定,除了绝对的主观主义以外,我还坚持一种外在的行为主义——它主张没有任何直接或完满的事物,坚持经验就是惯例。这种种相互矛盾的主张聚合在一起(如果它们代表了我的哲学的话),赋予我的思想一种不同寻常的特征,尽管不是值得羡慕的那种。是桑塔亚那的假设,而不是我的,把经验变成了直接

---

① 桑塔亚那的这篇论文几乎是他于 1925 年发表在《哲学杂志》(*Journal of Philosophy*)上的一篇文章的重印。不过,他没有提及我于 1927 年发表在同一本杂志上的对他的回复的一篇文章。我感到有必要让读者知道我的那篇文章,其中详细讨论了这儿没有展开的很多问题。见《半心半意的自然主义》(*Half-Hearted Naturalism*),《哲学杂志》第 22 期 (1927 年 1 月 3 日),第 57—64 页(《杜威晚期著作》,第 3 卷,第 73—81 页)。

的、似是而非的、虚幻的东西，自然完全被它们遮蔽。这样一来，唯一可能的自然主义只能盲目地把自然作为纯粹的信仰对象而顶礼膜拜。

不过，为避免留下这样的印象，我的答复仅从个人偏好出发；对两个观点的比较厚此薄彼，我想说几句更具普遍性的话。如果经验在有机体和环境的互动中产生了，如我的理论所示，那么作为自然的前景，它们不是横亘在自然和我们之间的神秘屏障。再者，有机体——自我，行为的主体——是内在于经验的因素，而不是外在于经验，好像自我的私人财产附加在它上面一样。在我看来，把经验的某个方面、某个阶段或某个因素说成是我的经验①，这不是关于经验直接存在的一个描述，而是为了达到某个特定目的、解决某个特定问题而对经验所作的一个描述，需要给予特别的说明。② 关于所谓的主观主义，就说这么多吧。不过，我还是忍不住再问一次：那些坚持绝对的主观主义经验观念的人，如何提供跳出这个迷人的圆圈的手段？至少，桑塔亚那先生看到了需要这样一种手段，并提出"动物信仰"作为"经验"的支撑（否则，经验就会很无助）。

还有一些说明。我反复强调我的理论中一个不可或缺的部分是：互动之经验由行动-经受-行动……之间的联系构成；当这种联系被注意到并被规定时，由此产生特别的认知经验，即对既是中介了的又是中介着的关系的知觉。有人因为经验的存在是直接的，或者经验就是直接的是其所是而不是其他什么，从而推测经验的对象（subject-matter）一定是直接的。这种推测是错误的。我关于认知经验与其他经验模式的关系理论，以下述事实为基础：行动-经受这样的联系存在于最为直接的非认知经验中，当这些被经验的情境出现问题时，行动-经受联系就发展成知识的特有对象，或者是常识的，或者是科学的。③ 经验作为前景的意义在于，这个前景具有这样的性质，它包含材料内容，如果这些内容处理得当，它会提供线索，指引我们直接进入自然的背景和作为背景的自然中。如果哲学学者们（只有他们能够）忘记了他们对经验作心灵主义式的心理学解释的主导性前景的话，那么，从原始人就拥有的那种经验中所产生的科学的实验性发展的历

18

---

① 英文原版书中的斜体字，在中文版中均为楷体。——译者
② 尽管"特别的说明"在这里不是重点，我仍然要指出：我已经几次提示关涉"我"的或关涉"你"的特殊经验产生于需要承担责任的社会互动中。
③ 很久之前，我从詹姆斯那儿知道，连接词和前置词在语言上表达了行为-经历相联的直接经验。我自己的学说，无非是对这一事实所涉及问题的概括和普遍化。

程,将足以证明经验确实是如此的。从以往所有的经验中总会发展出一个新的经验,这个新的经验包含着更为合理、更为深刻的关于我们生活世界的真知灼见并以此作为基础。如果我们注意到这其中发生的事情的话,上面的证明将得到进一步巩固。

有些批评者认为,我的哲学对于环境世界——当经验处于认知状态时所发现的——说的太少。我希望这种说法是正确的,尽管他们是作为一种批评提出来的。因为在我看来,构成科学的天文学(astronomy)、考古学(archaeology)、植物学(botany),直到以字母 Z 开头的动物学(zoology,贯穿了所有的字母)等实际的探究,都在告诉我们关于环境世界的事;它们之所以能够告诉我们,是因为它们把握了已有经验中展现的那些线索。哲学(逻辑论或知识论)的任务不是提供一个与之竞争的关于自然环境的解释,而是从起源和功能上去分析并报告这些研究在经验的背景中如何进行以及取得了什么样的效果。这里,我引述桑塔亚那一段奇特的文字:"假如我说'每一个理念的事物都来自一个自然的事物'。杜威会同意的,他的理解是每一个遥远的事物都来自一个直接的事物。但我的意思是:每一个直接的事物都来自一个生物学意义上的事物。"如果去掉"发射或散发"(emanate)一词所附着的神秘光环,最后一句话所表达的观点也是我的观点。但是,坦率地讲,我知道这其中包含着循环运动:与环境的互动所产生的经验本身就包含这样一些关系线索,如果这些线索顺利地展开,它们会告诉我们生物学的背景以及进一步的天文学、地理学方面的背景。换句话说,是关于自然的知识而不是自然本身"发自"直接经验。这一事实表明,这就是在这个星球上的动物或人的经验发展史的实际情况——与这个结论唯一不同的结论是:除了经验作为我们信仰的来源和检验之外,我们拥有某种神奇的直觉可以洞穿遥远的星系和地质年代。在后一种情形中,非常奇怪,天文学家和地理学家必须十分卖力地工作,以首先获取直接的确定的观察经验,然后再获取其他的经验,依靠后者来解释和检测观察到的经验的证据性价值。我不得不说,我和一些批评者的主要分歧在于:是否依靠传统的"主观主义"经验观来观察研究某些事实。我已经从这种束缚中解脱了出来,而我的批评者仍然把一种未经批判的心理学的经验观奉为观察事实的唯一手段。

Ⅱ. 现在来看瑞彻巴赫先生的论文,我发现,我们在一些基本问题上的意见是一致的。我们都认同经验主义。在反对早期的逻辑实证主义者和罗素先生这一点上，他也同意我（至少在某个时期）的意见。他也认为经验不能被简化为感觉材料，因为经验中的直接的现实"由事物构成，而不是由'性质'构成"。在一定程度上，我们之间的分歧与词语的使用有关。为一些词赋予不同的含义，比如他对"主观的"解释（如果我的理解正确的话）是这样的：在某个方面或能力上受到有机体行为的影响；而我赋予这个词一种形而上和认识论上的贬义。不过，既然瑞彻巴赫先生同时又认为这个词与"显现的"(*apparent*)意思相近，而与"客观的"(*objective*)、"真实的"(*real*)意思相反，那么，我们之间的分歧就不全是语言上的，尽管他也公开地批判这些词语的传统形而上学内涵。不管怎样，瑞彻巴赫先生使用这些词语，其根据是用来针对我的关于科学特有对象与感官经验主题之间关系的看法的。很清楚，对后一点的专门讨论是必要的。

瑞彻巴赫先生对我的批评基于下述理由：他坚定地相信，我把科学的对象等同于关系，而不是某种非关系的现实事物；正是这种等同，使我持一种科学对象的"非实在性"学说。这个问题如此重要，我要感谢瑞彻巴赫先生提供这样的机会来讨论它。因为我确实从来没有有意地说一些话，直接或间接地导致别人相信"我对科学的概念持有一种非实在主义的解释"。相反，如前所示，在直接的经验的内容中的关联（被规定了就是关系），其实际的操作性呈现是我关于经验的观念的一个固有的部分。所以，我只有得出这样的结论：瑞彻巴赫博士如此地执守传统的特殊主义的经验主义（根据这种观点，"关系"不像事物和属性具有经验上的实在性），以至于他把这种观点加之于我；在逻辑上推论，我也认为关系的对象不是实在的。之所以有这种解释，是因为瑞彻巴赫先生谈到"从抽象到具体"的"唯名论的还原"，他以为这是我们两人共有的经验主义所包含的内容。但是，这儿恰恰是我的经验观——经验是适应文化的有机体和环境之间互动的显现——与传统经验主义的分歧所在。在我看来，瑞彻巴赫先生在这一点上超越了传统的心理学经验主义，即承认事物是直接经验的材料，而不是分离的属性的材料。但是，他没有进一步承认行为和行为模式也包含在直接经验之中。如果一个人从生物-文化的进路考察经验理论，先天和后天习得的（比如习惯）一般行为方式的呈现是其无法回避的问题。①

① 皮尔士的实用经验主义在这个问题上十分明确。詹姆斯有时候有些摇摆，但他强调连续性，强调运动因素，这使他的理论毫无疑问地脱离了特殊主义的或唯名论的经验主义。

瑞彻巴赫先生引用了我的一段话以证实他所说的：我否认科学对象的实在性。这段话是这样的："科学定义的自然物体不是可以被复制的一个真实的物体，而是对关系的陈述（在质性的对象的系列变化和其他事物中的变化之间的关系）。"尽管"复制"这个词带有一点其他的意味，但这段话读起来还像是肯定科学的对象不是"真实的"，这是该段话的引人误解之处。当时的语境是：我正在讨论序言中提到的两个近代哲学的中心问题之一，即物理学的"概念性"对象与日常感知事物的关系。我不能被指责创造了这个问题。更何况，对这个问题的解决已经成了这样一个主义，即为感觉的、"想象的"或科学的对象寻求与知识所关涉的"现实"同等的地位。我上面的那段话否认了这个观点的有效性，原因在于我相信，二者关联的问题不同。日常感性知识的对象所具有的特点，就人们的使用和享受而言，不仅合理，而且必要；而另一方面，科学的"概念性"对象在涉及科学探究的问题时也是合理而必要的。因此，双方不是争抢"真实"的认识之宝座的对手；不是一方以"真实"客观的方式复制另一方以表象主观的方式呈现的东西。① 或者，如我在别处所说，"是物理学程序本身，而不是任何形而上学或认识论的理论，它揭示了物理的对象不可能是个别的存在对象"②。"物理学程序"特指下述事实：牛顿-洛克主义学说中作为对象基本属性的体积、硬度、延展性等，现在被物理学家认为表达了对象之间的关系而非对象自身的性质。

22

我想提一提我的另一句话，瑞彻巴赫先生没有引用这句话，而我一直觉得它对有些读者来说是一个拦路虎。这也许有助于理解我所说的科学的对象不是感觉领域中的对象的对立者或复制者这个观点。这句话是这样的："我们所知觉和所利用的桌子才是唯一的桌子。"③因为使用了"唯一"这个词，这句话有可能被认为否认了科学对象的存在。如果这样读："我们所知觉和所利用的桌子才是唯一的桌子"，重点放在斜体字（中文版为楷体字——译者）上，也许会避免误解。因为这就表示，这句话否认的不是快速运动中的原子群（或电子群）的存在，而是

---

① 在对待科学的自然对象这一问题上，我的实用主义没有任何特别之处。事实上，像布罗德（Broad）这样的作者都会说："对科学来说重要的，不是物体的内在性质，而是它们相互之间的关系。"《科学思想》(*Scientific Thought*)，第39页。
② 《确定性的寻求》，第241页（《杜威晚期著作》，第4卷，第192页）。我希望这句话可以免除其他句子可能引起的误解——在这里，"个体的"(*individual*)与"处于关系(*relational*)之中的"相对。
③ 同上书，第240页（《杜威晚期著作》，第4卷，第191页）。

否认下述观念:这个原子群构成了某种幽灵般的桌子,而不是它以电子、氖核等形式表现出来的样子。一个人恐怕很难把书本或盘子放在后者之上,或者坐下来吃东西。桌子,作为感觉到的桌子,在一种语境中是知识的对象,就像物理的原子、分子在另一种相应的语境中是知识的对象一样,二者关涉的问题不同。这个观点,我已经花费了相当的篇幅来说明。①

　　这儿提出的关于科学对象性质的观点,并不是实用主义哲学家的发明。很久以前,人们就注意到,英国的物理学家倾向于追寻文字模型,而法国的物理学家通常喜欢用符号而不是文字解释物理对象。比如,杜海姆(Duhem)许多年前提出一个观点,其实质是说,科学的对象是用来连接日常经验事物的符号装置。还有人认为,科学的对象是为科学论断提供便利和指导的装置或工具。我的观点不像这些观点走得那么远,下面这个例子也许可以说明其意义。假设有一个人,具有超乎寻常的敏锐视觉(如同《格林童话》中常见的那种),他能通过感官感知看到一个物体,这个物体具有物理学家赋予原子的所有性质。他当然看到了某个东西,但是他能看到严格意义上的、作为自然科学对象的原子吗?我发现只有一种可能:"看情况。如果他受过科学训练,如果在感知那个物体时,他清楚地断定它具有原子结构理论所要求的所有关系型特点而没有与之不相容的特点,那么答案是肯定的。但是,如果他看这个物体,只是像一个眼力普通的人看一块石头,则答案是否定的。"换句话说,它不是单纯地被感知的事物,而成了这样的事物:它被放置于一个延展的概念或理论的语境中,在这样一个语境中,它发挥着独特的作用,成为自然科学研究的特有对象。

　　由于研讨的需要,我越过经验问题,一直在关注知识问题。对这个问题,我在后面的回复中还有更详细的讨论。现在回到我的理论中所存在的自然科学的对象和质性的经验情境二者的关系问题上。我的观点是这样的:当直接情境中存在的联系被发现并被阐明(这一过程涉及话语的阐明)时,科学研究的关系对象就产生了。但是,如果日常经验材料中的活动(它构成联系)的一般模式(它构成关联)的操作性呈现被忽略[在此,如果"事物"(thing)等同于拉丁语中的"物质"(res),就不会注意到一种行动的方式也是一个"事物"],则科学对象的普遍

_____

① 感觉到的物体并不是认知意义上的,这一观点并不与下述观点冲突:被感觉到的东西可被包含在科学探究中。

性和关系性特征一定会被一个自称的经验主义者否定。这种否定一直并且将继续为超验的理性主义的鼓吹者提供根据。①

我很抱歉，不能给予瑞彻巴赫先生提出的例子以应有的关注。关于他所说的看到水中弯曲的棍子，我要说，光线是弯曲的——这里没有假象或关于它的"现象"。不是科学的知识把光的弯曲——当它从一种介质到另一种介质时——换成了棍子的弯曲。因为感觉对象发生的转折或弯曲，是运动的适应性反应。我相信任何船夫都作出过正确的反应，之所以正确，是因为它带来了划桨这个动作所期望的结果。船夫从来不认为桨是弯的。用鱼叉的渔夫需要多尝试几次——不需要科学的帮忙——以形成一种习惯，这种习惯表现为有效的行为调整。② 科学所做的不是纠正日常经验的事物，拿另一个事物来代替它，而是解释前者。而且，被感知的物体也只有通过其"现象"充分地展开而得到解释。这种解释通常是关于介质密度的变化和光线折射率的变化之间的关系；这种关系就是自然科学的对象，如此一来，瑞彻巴赫先生提出的例子反倒证明了我的定义。③

在我看来，瑞彻巴赫先生提出的另一个例子在我这里才能得到最自然的解释，而不是在他那儿。这个例子就是刻度表上的指针，指针运动最经常被用来记录速度，或作为速度计。但是，指针可能会受到磁铁的影响而移动，但不会表现为空间上的运动。我看不出在这样的例子中区分实在和表象、客观和主观有什么切题之处。如果一个人已经养成了根据指针的变动来调整行为的习惯，当指针的移动十分怪异、完全不同于平常时，他还保持这习惯，则肯定是一种刺激-反应的失调。在过去一些一直很稳定的特定条件下形成的习惯，如果使习惯得

① 这也许是个绝佳的机会，我要声明：在派亚特所使用的"理性主义"的那个意义上，我的理论是理性主义的，尽管我更倾向于使用理智（intelligence）而不是理性（reason），因为后者带有很长的反经验传统。派亚特提到的，还有我的理论中也涉及的"假定的"、"先验的"（a priori）之类的词，与人们熟知的现有的先验的（a priori）完全不同，后者位于思想史上著名的心灵、理智、圣洁、努斯理性的固有本性之中，并受它们滋养。因此，在我看来，要么避免使用理性主义和先验的之类的词，要么在使用时加以限制说明。
② 在我看来，瑞彻巴赫先生关注的问题与过去心理学文献中讨论的一个问题在同一个层面：为什么我们看到事物是垂直的，但它们在视网膜上的"图像"却是颠倒的？只有在认知的语境中，而不是在刺激-反应的语境中考察一个现象时，才会出现这个问题。不是说，我们首先看见并"知道"图像是颠倒的，然后通过求助于科学知识来纠正它。我们学会作出有效的行为反应，当需要这种反应的时候，刺激物的性质对感觉经验来说是无关紧要的东西。
③ "解释"在这儿的意思是功能性的——把特定的系列事件与另一种不同的系列事件联系起来考察，从而使流畅的系统推论变得可能。

以形成的条件发生了变化,习惯就不能表现出来;尽管作为习惯,它仍然倾向于活动起来。这是一个非常普遍的错误根源——那就是:在行动中曲解事物。我看不出来,在这些例子中,有什么必要非得诉诸"主观"和"客观"、"真实"与"表象"这样的范畴,除了带来下述后果:传统心理学完全忽略了经验构成中那些运动的、活跃的要素,这使那些接受这种心理学的人失去了描述事物发生的自然的(或自然主义的)手段。

Ⅲ. 有人认为,我对直接经验事物的性质的实在性的热情,肯定在某种程度上导致瑞彻巴赫先生以为我否认或者怀疑科学对象的实在性。这种看法有一定的道理。就此而言,我同意瑞彻巴赫先生的建议,使用一个比"实在的"(reality)更加中立的词,即"存在的"(existential),效果也许会更好。不过,这种词语上的改变恐怕不足以消除我们之间的实际分歧。当我在下面这句瑞彻巴赫先生引用过的话中使用"实在的"这个词时,很不幸用了一个歧义迭出的词,所以必须部分地承担由此引起的任何误解:"梦、疯狂、幻想是自然的产物,像这世间的事物一样'实在'。"我现在意识到,不该指望给"实在的"一词加上引号就能避免产生误会,即便它与"自然的产物"这一词组相联系。这句话的意思可以被它前一页的一句话更为清楚地传达:所有的性质,包括自然界的和那些被称为"主观的","像颜色、声音、压力,所知觉的大小和远近一样,也都是这种自然作用的结果"。①这意味着,就体现了自然存在的有机体和现存环境之间的互动而言,所有经验的事物都处在同一层面上。但是,这并不意味着是否具有证据价值,是否能作为可依赖的标志或征兆,在这些方面,它们处于同一水平。相反,我一直坚持对直接给予的材料进行经验性控制,把这些材料分解为更加单一、更加基本的资料,这对于有效的推论和认知(当它介入时)十分必要。因此,如果说"实在"与"表象"、"主观"与"客观"这样的分际具有合理意义的话,那也只能是和经验材料发挥证据和标示的作用有关,而不是和它们最初自然的出现有关。正是因为这个原因,我不认为用"存在的"替换容易引起误会因此也容易让人厌弃的"实在的"(尽管前者在表达上是有进步的),就能消除我和瑞彻巴赫先生之间的本质差异。对我来说,如何使用原始经验材料,是通过反映还是认知,这种方法上的差异到瑞彻巴赫先生那儿,却变成了原始材料自身——是"表象的"还是"实在的"认

---

① 《确定性的寻求》,第239页(《杜威晚期著作》,第4卷,第191页)。

识材料之间的差异。①

因此,我完全同意这一点:"区分'表象'与'实在',这是构建有关日常世界——尤其是行为世界——的连贯图景的基本要求。"但是(除了希望这句话中少一些含糊之词),我也指出构建有关日常世界的连贯图景显然落在认识范畴以内,与原始的非认识的经验材料相比,它是第二性的、派生的。如果为图方便,我也许会说,就我目前所知,我的实用主义理论在这个问题上并没有什么特别之处。我一贯的立场,无非是直接遵循从彻底自然主义的角度来理解一般经验以及各种各样的经验。但是,我宁愿把自己的立场说清楚,然后让人去判定对错,而不是纠缠在与瑞彻巴赫先生的分歧之上。② 因此,我总结自己的立场,即通过推理过程的介入(由此而导致科学对象的产生),用其他物体代替直接经验的质性对象,其合理与否在于是否把日常经验事物中的调整性运动反应功能与科学认识经验中可控的系统的推理功能结合起来。

在进一步说明自己的立场时,我想指出,"主体"这个词如果一定要用的话,应当遵循它的含义所指明的规则。这个词关乎一个行为,而不是一个认识者、心灵、意识或其他什么。要把"主体"、"客体"设为对立,应该是在下述情形中:作为一个行为者的人、自我或有机体制定目标、计划,并去实现它们(它们的出现会受到现存环境的阻碍)。吉尔德斯利夫(Gildersleeve)教授很多年前就机智地指出,客体是这样一些物体,它们通常阻挠一个人实现其心中的计划——这儿的人包括约翰·史密斯(John Smith)和玛丽·琼斯(Mary Jones)这样的普通人。根据这个观点,一个人是世界中一个存在的事物,是与其他物体共存的一个"物体",其与众不同的特点要通过研究来认识,就像在现实生活中狗和猫的不同被认识那样。我觉得,如果把个人和非个人这样的词用在事物(在语言上被看作与事物

27

28

① 因为表象、实在、主观、客观这些词中堆积着太多形而上学和知识论的碎片,在我看来,要表示区分,用可靠的或不可靠的、相关的或不相关的、有效的或无效的、导向的或误引的等说法更好,它们是在一种特定功能的意义上被使用的。毫无疑问,有时,材料作为证据是不可靠的,因为有机体在参与环境互动中赋予它们过多的特质,比如愿意为自然发生的事物涂上万物有灵的色彩。不过,就我的认识而言,要去除这种错误的根源,其涉及的原则不是别的,而正是我们在每一次判定哪些经验材料合适有效时运用的原则。

② 但是,我还是忍不住要说[正如瑞彻巴赫的《经验与预言》(*Experience and Prediction*)清楚表明的那样]:对他来说,存在一个"外在的世界",它构成哲学的问题;而在我看来,这个问题是由我称之为认识论的假设人为造成的。当我们行动时,发现周围的事物与自己的愿望和努力完全相悖,环境外在于自我,这是直接经验的一个直接构成的内容。

等同的"对象")之前,而不是在奇怪的人造产物"主观的"和"客观的"之前,那么问题就会消除。

与瑞彻巴赫先生论文相关的这一部分,还有这样一个问题,即与评价问题联系在一起的"第三性质"问题。情感性质是自然造化的产物,是有机体与环境互动的产物,这毫无疑问是自然主义经验观的应有之义。这种观点还认为,这些直接的情感性质首先关涉生命过程的进展——只需举出一些心爱或恐惧的事物的性质即可说明。如果科学的对象作为真实的事物与仅仅作为表象的直接经验的事物相对,如果必须以前者——通过推理过程——来代替后者,那么明摆着,像渴望、爱慕、喜悦这样的事物,任何科学对象都代替不了它们。由此看来,作为一种知识形式的价值判断的科学有效的对象的可能性,在一开始就被排除了。但是,如果科学研究的是系列变化之间的一般持续性联系,在这种情况下,就不存在上面假设中提到的像渴望、爱慕、喜悦这样不可逾越的对象。构成愿望的条件的变化,和构成实行这些愿望所产生的结果的变化,这两者之间的关联,其地位和功能与物理客体在它们的领域中所具有的地位和功能是一样的。

要发展探究的方法去获取关于这些联系的结论,还有许多实际的困难需要克服。与瑞彻巴赫先生不同,在我的观点中,不存在任何通往未来的胜利的固有理论障碍。[①]

Ⅳ. 另外一些人批评我的经验理论,是因为我把经验叫做境遇(*situations*)。这种用法先于物理学理论中场(*field*)概念的引入,无论如何也是为了满足几乎同样的要求——研究主题的需要而非理论的需要。这两种情况尽管内容不同,却都要求寻找一种可以替换原子主义和绝对一元论的东西:原子主义逻辑地包含着对联系的否定;而一元论出于维护关系的实在性,没有给离散、多元、个体留下空间。在哲学中,还有一个要求,就是替换与经验材料有关的原子论特殊主义和与共相(罗素哲学中所宣称的)有关的柏拉图先验实在主义的混合物。根据自然主义的观点,每一个直接发生的经验都是一个有机体与环境的互动。它是被经验的某物与经验过程的交织融合。作为一个生命的功能(life-function),它比

---

① 对于这个问题,我说得很简短,因为有专著——《评价理论》(*Theory of Valution*)刚刚出版,见《国际统一科学百科全书》(*Internation Encyclopedia of Unified Science*),第 2 卷,第 4 部分,芝加哥:芝加哥大学出版社,1939 年(《杜威晚期著作》,第 13 卷,第 189—251 页)。

起简单的事物或性质,如石头或红色,在时间和空间上更具延展性,内在也更加复杂。因为如果生物的经验其范围、内容只是传统的特殊主义经验论所提供的那样,那么就没有生物可以存活,除了纯粹的偶然情况之外。另一方面,无法想象一个生物一下子应对整个宇宙。换句话说,直接遵循生物学-人类学视角的经验境遇理论,就其本性而言,是极端原子多元主义和闭塞的宇宙一元论的折中。我只能说,在自然主义的意义上,它确实是经验的。

但是,罗素先生却认为,我把境遇看作是经验的构成单元,这源于并直接导向黑格尔式的绝对主义。为证实自己的看法,他以三段论的形式提出了一个非直接的理由,即杜威先生承认自己曾经是个黑格尔主义者,而且黑格尔对他有终身的影响;黑格尔是个彻底的整体论者,因此,杜威是在整体论的意义上使用"境遇"一词。如果有人在别的场合作出上述推论,不知作为形式逻辑学家的罗素先生会作何反应。我把它交给罗素先生自己决定。我下面的话不仅仅是对罗素归纳推理观点的回应:英国哲学是分析性的;杜威不仅偏好大陆哲学的综合倾向,而且不遗余力地批评英国的分析哲学;因此,把经验等同于境遇表明他赞同"整体主义"。

现在来看一个更能说明问题的例子。对于我在其中使用了"境遇"一词的那 些段落,罗素的解释完全违背了我的基本原则赋予这个词的应有意思。① 这些段落不只是对这一基本原则的必要提示,而且反复强调了境遇所具有的多元化和个性化特征,尤其是这些特征与经验的连续性原则具有直接的相关性。试举一例:

> 情境是动荡而危险的,因为如果要维持生命的活动,就要有当前动作对未来动作所发生的那种影响。只有当我们所执行的动作使环境有利于后来的有机动作时,生命过程才得以延续下去。……一切所知觉的对象都是个别的。它们本身是一些完备自足的整体。任何直接所经验的东西,都是具

---

① 萨弗里先生在理解我的观点时没有出现像罗素先生那样的问题。他说:"关联主义是一元论和单子论的折中。它是多元主义唯一站得住脚的形式。"除非一个经验,不管其性质如何特殊或个体化,自身包含着指向别的经验的东西,用萨弗里先生的话说,除非经验与经验之间就它们的主题而言有"重合",否则不会有真正的连续性。

有独特性质的。①

我没有宣称这个具有分离性和连续性双重特点的环境是我发明出来的，也不曾谦虚地宣布是我发现了它。我所做的就是根据经验即生命-功能来解释这种双重特性。因为在生命的过程中，无论是完全沉浸于现在的情境，还是思考它对将来经验条件的影响，对于维持生命都同样必要。从某个角度讲，我所写的一切无非是注释下述事实：情境在它们直接的发生中是当下的；在构成生命经验的时间连续体中同时中介着和被中介着。

我说过，一个人不能把一个直接的经验传达给另一个人。他只能请那个人制造一些条件，通过这些条件，那个人自己拥有了相似的境遇。即便满足了这么苛刻的要求，也不能保证每一个人都能如此这般行为从而拥有相似的经验。被引到水边的马，不会被强迫去喝水。物理学研究中的实验主义者必须正视这个问题。然而，他会描述实验的结构、涉及的材料、使用的设备、采取的系列行动、最后的观察结果，然后发表得出的结论。但是，即便如此，对别的研究者来说，这个报告是否吸引他也去拥有某个特定经验的境遇，是否提供了如何获取这种境遇的指导，这得由他本人说了算。在真正的经验主义看来，在话语和原初经验之间的派生的关系之中，这个困难是固有的。如果一个人拒绝走出话语的世界（罗素先生显然如此），那么，他必定无从理解作为直接经验的主题"境遇"是什么。

一个这样的几乎是可笑的例子及其结果，发生在罗素身上。他说："在事物被探究之前，我们对它们的本性所知甚少。"如果我曾经说过或试图说哪怕一丁点关于先于对它们的探究的事物的本性，我就不仅完全背离了自己的立场，而且做了一些内在的很荒谬的事情。或者，如果罗素的这句话意思是说，即使对事物开始进行探究之后，我仍然没有在探究完全完成之前得知事物是什么样的，那么，我只能说，我一直以为这种得知是探究自己的特殊的事情。我承认下述罪过：没有把自己的哲学思想写成涵盖所有科学结论的大百科全书。不管罗素先生的这句话是什么意思，我的立场是：告知(i)属于话语范畴，(ii)所有的话语都来源于并可回溯至非话语的对事物的直接经验，所以，尽管可以告诉一个先天的盲人颜色是什么，但我们却无法通过话语给予他直接体验颜色才能拥有的东西。

---

① 《确定性的寻求》，第 234 页（《杜威晚期著作》，第 4 卷，第 187 页）。

我的全部立场，就是对这一众所周知的事实的一般性概括。

在上面那句话之后，罗素先生紧接着又说："然而，我们知道，事物，就像不诚实的政客，在有人观察时和没人注意时行为方式不一样。"我不觉得罗素先生这句话的本意是说，根据海森堡原理，高速运动的微小粒子像不诚实的政客一样活动。他指的是，在他看来从我的立场可以名正言顺推出的某种东西。既然这样，我最好再次声明自己的观点。科学知识通常作用于或影响那些以前直接经历但不认识的事物。我以为这是一个常识，不过，哲学家们却几乎没有留意它。举个例子，一般认为，疯癫的人在知道自己疯癫时和不知道自己疯癫时的行为举止不一样，一个饥饿的人在知道自己饥饿时和不知道自己饥饿时的反应不一样。对病情的了解属于同样的情况。因此，这种不同的反应实际上体现了先前非认知经验所关注主题的一个变化。尽管这些观点属于我们回复的第二部分的主题，即知识的讨论范围，不过，这儿我先加一句，以此表明我并没有犯自相矛盾的错误（偶尔有人这样指责我）。我并没有认为认识改变了知识的对象，不像罗素先生在提及有关太阳和行星的知识时所宣称的那样。被认知的行星和直接经验中发现的光斑是完全不同的事物，我以为，这是显而易见的；不过，埋头于解决那个虚假问题的哲学家们又一次忽略了一个常识。批评者们最容易忘记的事实是：行星或者岩石（随便什么他们所谓据我的观点会被认识改变的东西）已经是知识的对象，这个事实说明，在他们眼里，哲学理论的探究主题完全限定在话语的领域内。而一个经验主义者却认为，哲学阐释的主题必须指向直接经验的主题，并与后者结合起来。①

与之相关，罗素先生认为我持有"原始材料仍然不可认识"的信念。这一点充分证明了罗素先生还没有把握我在非认知经验的直接材料和认知经验的材料之间所作的区分，而不理解这个区分，就不能理解我的观点。非认知经验是什么意思？标准答案就蕴含在我三番五次作出的陈述中，这些陈述最终表明：认为认知经验无处不在，这将不可避免地导致通过爱、欲望、希望、恐惧或其他人类个性的特征而被经验到的事物。说这些材料是不可认识的，这不是我的观点。我的观点是：当这些材料存在其中的境遇出现问题时，这恰恰提供了需要通过探究

---

① 换一种说法：感觉、印象、复制的观念等等，这些传统经验主义处理的材料已经从直接经验的语境中脱离出来，被放置在话语材料的语境中，以满足话语的要求。

而被认识的对象。但是,罗素先生显然对下述理念情有独钟:在话语领域之外不存在经验的材料,因此,任何关于这种材料存在的断定都是把这个材料降到了"不可知的"地位。

接下来要说明的问题与我的知识理论而不是经验理论相关,但因为它直接关系到罗素先生从我使用的"境遇"一词中读出的"整体主义"的意思,所以我想现在就说说。罗素先生认定,我使用"境遇",说明我同意整个宇宙是知识的唯一"真实的"对象;因此在逻辑上,我也同意布拉德利(Bradley)表述的观点。然而,事实上,我曾经公开声明,我与布拉德利之间的本质不同。我引用下面一段话,因为它显示了罗素先生之所以误解我的观点(除非我搞错了),原因在于他对我所说的关于境遇的问题(它促成同时也控制着科学探究)完全心不在焉。

> (上面提到的)理论严重地误解了科学探究在反思阶段要达到的统一。在实际的探究中,存在着朝向统一的有秩序性的情境的运动。但是,这种统一总是构成个体性的有问题的情境的材料内容的统一。它不是普遍意义上的统一。

34   如果"统一的特征被普遍化,超出了它发生的范围,也即不再仅仅是对特定的某个问题境遇的解决方案,那么知识就意味着获得了一种终极的无所不包的统一,相当于宇宙——一个无条件的整体"。①

Ⅴ. 佩珀先生在评论我的美学理论时,以一致、全体、综合等字眼而非境遇作为批评我的依据。不过,既然他的"有机主义"指责和罗素的"整体主义"指责有类似之处,我不妨现在回复。我先说说有关美学理论的方法问题。佩珀先生提到,他一度尝试从"在面对有关事实时的一般实用主义态度的内涵"中推出一种美学理论(至少是纲要),并由此推测一个好的实用主义者在这个问题上会说什么。我不能批评佩珀先生,说他试图从与经验内容相脱离的一般性的预设推出(deduce)——这种方法与实用主义的经验主义相悖——美学理论。因为他用了"面对相关事实"这样的说辞,这使得他免受批评。不管怎样,我认为,他采取

---

① 《逻辑:探究的理论》,第531页(《杜威晚期著作》,第12卷,第523页)。这段话在书的末尾,所以可能逃脱了罗素先生的注意。

的这种方法是他批评我的根据。当他发现我的《作为经验的艺术》提出的观点和使用的词汇在他的框架中是预测不出来的，便认为我是一个折中者，在反实用主义和真正的实用主义之间摇摆不定。但在《作为经验的艺术》一书中，我明确地反对美学理论的主流思想和时新的美学观，因为它们不是建立在对感觉材料和审美经验的考察基础之上，而是认定后者必须从事先存在的概念推演而来。我是不会采纳这个观念的，因为它正是别人所采纳的而是我要批评的。

我希望这些话能够帮助厘清这个问题，即我在描述和分析美学主题时使用的词汇能够应用到这些内容的真正特点上面。它们中的一些词是否也被唯心主义(有机主义)的作家应用在美学上，这些词是否具有与自然主义和实用经验主义相一致的意思呢？① 关于这些问题，我请大家注意，我在早期著作中曾经指出，佩珀先生现在加之于我的那类哲学从历史上看，恰好发端于下述事实：希腊思想家选择那些适用艺术作品和符合他们审美知觉的范畴，并把这些范畴扩展至它们并不适用的整个宇宙。② 换句话说，我对审美经验的分析包含下述不可或缺的内容：与科学或道德经验的材料不同，审美经验的材料具有全体性、综合性等属性，这是它们的真实特征。如果我的美学理论是错误的，上述观点理应得到批评和否定。但是，佩珀先生对此不置一词。很显然，我对某些语词的使用足以让对主题内容(这是判断理论应用性的唯一标准)的讨论成为不必要。

35

在《确定性的寻求》中，我说：

> 在有些情境中，闭关自守的、分散的、个别的特征是占主导地位的。这些情境构成了美感经验的题材；而当经验是最后的而不再寻求其他经验的时候，这种经验就总是具有美感性质的。当这种完全的性质得到突出时，这种经验便被称为美感的。③

① 应该指出，一大批生物学家已经在实验科学的基础上得出了他们称之为"有机主义的"结论，它超越了先前的"细胞"概念——这个概念在生物学中的地位类似物理学中的原子主义旧说。不知佩珀先生是否会像指责我那样去指责他们，因为他们也非常自由地使用了全体、整合之类的字眼。恐怕佩珀先生也得摆出同样多的理由。

② 参见《经验与自然》，第三章(最近出版版的《逻辑：探究的理论》最后一章也有明确表述)："希腊思想家被经验物体的美学特征主宰，就如现代思想家被它们的科学和经济(或者关系)特征主宰。"

③《确定性的寻求》，第235页(《杜威晚期著作》，第4卷，第188页)。

如果一个人想要现在推测在接下来关于艺术和美学的更多讨论中我会说什么,上面这段话就是个起点。它提出的问题是一个事实问题。有这种经验吗?《作为经验的艺术》第三章以相当长的篇幅讨论了这个问题,给出的答案是每一个经验都具有这种特性。当然,这种经验只有通过话语才能获得和显现出来。不过,我也花了几页篇幅来加以说明:完整性的特征要从这些经验中去寻找,它们不同于那些一方面密闭紧缩、另一方面松散拖沓任意蔓延的经验。在随后的所有章节中,完整、全体、一致这样的字眼仅仅只是关涉这些个体化的完整的(在所指出来的意义上)经验的材料。①

唯一要提的问题是一个事实问题:与其他经验区分明显的美感经验的对象是否(在上文提示的特别意义上)具有全体、综合、完整这些词所指示的那些特征?——之所以是特别的意义,原因在于它属于美感经验而不是别的什么经验,当然也不属于认知经验的领域。

我相信,有了上述说明,我无须逐一回应佩珀先生提出的所有问题;因为在每种情况下,我只能指向美感经验的语境中所使用的词汇被赋予的特殊含义,然后提出下述问题:这些美感经验的主题是否使这些词汇在给定的意义上具有合法性。不过,我还是要简要地回答佩珀先生提出的三个问题。(i)我没有否认美感经验中冲突的重要性,相反却一直强调:这是它不可或缺的功用——这点可参见索引中 Resistance 条目下所录。我所做的是把导致分散和破裂的冲突类型(现代精神病学给出了很多这样的例子)和另外一些类型区分开来,在后者中,冲突和紧张被转化为增强对个体质性的经验材料进行圆满享受的手段。这个观点与一种"在绝对的伟大的宇宙性的和谐中达到顶峰的和谐理论"的距离如此之大,以至于给人造成下述印象:由于忽略了我所说的审美经验具有个体化、离散性特征,佩珀先生被引入了歧途。

(ii)我还有一个区分:一方是技艺作品的原始素材,它属于共有的世界,而不属于私人(因为它是共有的);另一方是对艺术家个体化的视野和创造行为(艺

_____

① 比如书中指出,认识经验的主题在认识的过程中,激发了对其他经验的探寻。但是,这种主动探寻得出的每一个结论却被作为一种发现探求对象的经验,因此具有一种审美性。

术家通过这些,把共有的材料转变为一件技艺作品)的个体性的反应。因为我说——至少这是我能发现的唯一原因——把原有的原始素材看作私人所有,只属于艺术家的自我意识,这使得我们进入"疯人的屋子"的状态中。佩珀先生在这段话中,发现了有机主义这样的特别东西。当时的语境清楚地显示,我正在区分前艺术素材和艺术作品的素材,前者为很多人的经验所有;而在后者中,这些常见的素材在一个艺术家的观照和创造活动中转化成个体的独特东西。① 文本中的讨论涉及技艺作品的"表现性"特征这个老问题;我的结论是:艺术作品的素材并不代表先前经验中存在的那些素材,它代表了日常经验素材因为一种新的个性化经验模式的输入而产生的变化。如果这个观点是错误的,受到批评的应该是它。②

佩珀先生为这个事实深感困扰:(iii)我在论述艺术形式时强调关系,甚至内在关系的一致性。可是"一致性"不是唯心主义知识理论的象征吗?"内在关系"不是这种理论的形而上标志吗?让我们来"看看原始记录"——我的文本。我用关系来界定形式,用"在一个给定的中介中关系的完整性"来界定审美形式,接着我说:

> 不过,"关系"是一个模棱两可的词。在哲学话语中,它被用来指称一种在思想中建构的联系。因此,它意味着某种间接的东西、某种纯粹是理智的甚至逻辑的东西。但是,"关系"在其习惯用语中则表示某种直接的和积极的东西、某种动态的和有力的东西。它把注意力固定于事物彼此影响的方式,即它们的冲突和联合,固定于它们彼此实现和阻扰、促进和延迟、刺激和抑制的方式。③

几乎无需再多说一致性和内在关系,因为它们的确就在我的理论中。作为

---

① 我也使用"universal",作为"common"的同义词。也许佩珀先生不能区分我的用法和唯心主义哲学中的"具体的宇宙的"(concrete universal)。

② 有意思的是,佩珀先生在这个问题上颠覆了自己先前的信条,即"情感的一致性对有机主义来说是中心,在实用主义那儿却是次要的、手段性的。性质是实用主义的中心,到有机主义那儿只是一种装饰"。之所以说他颠覆,因为当我说艺术作品的主题不是私人的情感的东西,而是普遍的共同的东西,如颜色、声音等性质时,佩珀先生却批评我放弃了实用主义而跑向有机主义。

③ 《作为经验的艺术》,第134页(《杜威晚期著作》,第10卷,第139页)。

本部分的结语,我要说我不相信有任何哪个哲学流派能垄断对"整体、全部、一致性、整合"等词汇的解释。我也确信客观唯心主义从审美经验那儿借用了这些特质(也在那里获得了应用),但却非法扩展了它们,使它们变成宇宙性的范畴,具有了普遍性的意涵。我不否认这个学派的人具有美学方面的真知灼见,正因为是真知灼见,所以,公正客观地对待它们,不作形而上学的夸大,乃是经验的实用主义美学的职责所在。

Ⅵ. 有关奥尔波特博士的论文——内容涉及我的心理学说,在这里很适合谈论(也许在任何地方都很适合)。首先我很感谢这位心理学领域的专家,他认真地研究了我那些不够专业的零散晚期作品,并给予可靠的说明。他对我的批评也是公正的。尤其是他指出,尽管我说过在目前这个节骨眼上,心理学是有效的哲学探讨不可或缺的内容,但我却没有系统化地建构支撑我学说的心理学原则。奥氏所言甚是。如果我提出了自己的社会-生物心理学理论,能够一方面(负面的)说明很多哲学观念如何以及为什么仍然把两个世纪之前形成的心理学理论奉为圭臬,不假思索的全盘接受;另一方面(正面的)解释我为什么或何以相信一种合理的心理学能为一种经验理论提供支撑基础,以及解释经验的不同模式和相互关系,那么,至少可以避免某些对我经验理论的批评。我错误地认为,那些处于当前哲学探讨中心的心理学问题只是偶然性的。我没有权利假定:哲学读者们对心理学理论的最新发展了然于胸,因此对它们的参考或引用几乎无需说明。现在我认识到,就算是威廉·詹姆斯提出的那些心理学基本原则,当代哲学从整体上看也远远没有借鉴和消化。

声称哲学完全独立于心理学的那些作者,经常恰恰就是不加批评地使用过时的心理学理论的人,仿佛这些理论天经地义,毋庸置疑。因为这个缘故,更需要申明一些问题。在出现了主观-客观、精神-物质这样概念的地方,在"感觉材料"(sense-data)之类的字眼被用来作为原来的心灵主义概念——感觉(sensations)一词的客观或自然的替代物的地方,这样的申明尤其必要。生物学发展之前的心理学,也影响了观念(ideas)和概念(conceptions)的意义。我在本文中一再声明,从生物-文化心理学的角度看,"主体"(还有相关的形容词形式)一词仅仅意指了某种现实存在,即:处于语言和别的文化工具影响下,一个生物变成了一个与他人交互作用的人。

在我的经验和经验的连续性理论中,这是理解主体(自我、个人或者别的字眼)的基本方式。尽管这儿涉及的心理学理论采取了行为主义的形式,它却与行为主义的一些理论有本质的不同。首先,它认为,行为不是发生在神经系统里或有机体的皮肤之下的事情,它永远是与环境条件的互动,直接的或间接的,明显的或通过一些中介环节。其次,受文化影响的其他人也参与了互动,包括那些在时空上相距遥远的人,因为他们也参与了对环境的塑造。如果我的批评者们意识到在直接经验中存在着遥远的环境影响(个人的和非个人的),也许会收回某些批评,尤其是以对"直接性"这个概念的思辨分析为基础的那些说辞。尽管远处的条件没有直接呈现在当下,但它们通过其作用或影响而显现,以至于这种作用或影响提供了线索、迹象、暗示之类的东西,使我们对不确定的遥远的条件进行探究获得了知识。

现在回到奥尔波特博士对我的批评,我必须承认他所说的一个完备的人格理论的缺乏。旧有的"心灵主义"理论强调个体自我(被认为是一种特别的实体性事物)的统一性和稳定性,我急于与这种理论的流毒划清界限,却没有解释自然条件如何为完整的潜在的就是平衡的人格-型式提供支撑。不过,这种潜能经常得不到实现,来自精神病学的证据充分证实了这一点。但是同样的证据也显示,形成完整人格的条件与那些造成病态人格的条件一样都是自然的,区别只在于人与条件的互动类型不同。这些证据同时也令人信服地表明,与他人的互动在决定一个人的人格是统一还是分裂中所起的作用。奥尔波特博士从社会人际关系心理学角度对我进行的批评尤其重要,因为我没有成功地揭示联合的人的共同体与那些基于利益和分工而形成的各种社会公共组织之间存在相容性。我承认,目前这个问题没有得到解决。我还要说,这是一个现实问题,是我们时代和世代的问题。从原子论的"自由主义"理论到极权主义,无不体现了解决这一现实问题的广泛的理论努力。但是我不认为,在自身内是完整的人类个体与群体生活(以代表不同利益的各种自发组织为标志)之间的矛盾是固有的。这种矛盾是历史的产物,其内容不断地变化。所以,它提出的问题总是需要在新的社会关系形式的架构中寻求答案。

C. 知识理论

Ⅰ. 在这一部分,我从墨菲博士的批评开始,因为它们直接关系到我的知识理论。如果有引用他的论文的地方,我必须再一次提醒读者:有必要回去看看原文。原因在于,尽管墨菲博士在讨论某些话题时引用了我的大量原文,但在论及我的关于知识的基本理论时,却既没有引用原文和相关注释来支持他的解释。有鉴于此,虽然我引用了相当篇幅的他对于我的理论的评析,但要求读者直接去看他的论文。他对我的批评是:"一位非哲学的读者,如果想从他的[我的]《逻辑》中学习'探寻'理论,或者从《经验与自然》中学习有关自然的理论,将不会找到自己有理由期待的内容。"这儿,我不知道墨菲在意指"非哲学读者"时其暗含的标准是什么,也不知道他经常提到的知识的"日常的认识理论"其标准是什么。假如这些说法只是表示墨菲博士具有某种未曾明确说明的偏好,那倒无关紧要。因为紧接着,墨菲博士向我们表明,他相信即便一位哲学读者也会有同样的困惑。他重申,虽然我名义上反对我称之为知识论的东西,但事实上,我的认知-探究理论却与前者纠缠不清,我远未提供一个可以理解的认识理论。这一所谓的事实,正是他全部批评的基础。

那么,在墨菲先生看来,我的认识理论是什么呢? 他宣称,我的理论程序"不是把我们导向某些具体的探寻,像它应该的那样,在实践中充当我们探究环境和环境之中人类行为后果的手段",而是"把我们带向一种关于观念的作用的理论,这些观念被用作工具来改变当前不确定的境遇,通过对在这个作用中已经证实了它们的工具性价值的程序的使用来保证一个可享受的未来经验的实现(这个未来经验是非认知的,依赖其本身而值得追求)"。

很遗憾,对于上述断言,墨菲先生没有指出其依据何在,因为我在《逻辑》中所做的恰恰是他宣称我没有做的事情——也就是说,"我将要已经知道"实际上等同于"我知道"。当然,我也完全辨识不出墨菲博士所转述的我的认识理论,它对于我来说不可理解,就像对于墨菲先生(我想,还有读者)一样不可理解。没有任何支撑性的注释或说明,墨菲重复了两次他对于我的认识本质的解释。他说,"日常的认识理论"(不管它是什么)被"观念对未来经验的指向所取代,被观念对改变目前的境遇稳定地获得一个好的预期中的未来的手段的指向所取代"。他又说,我们已经看到(大概指上面引用的话),他认为认识就是对作为将来可能发生的经验的征兆的观念和成功地转向这些经验的手段的运用。这些未来的经验,就它们终止了探究而言,不能算是"认识",认识是使用既有经验作为别的什么事的征兆。

很遗憾,我无法从上面的引文中看出任何我的认识理论的影子。事实上,在这些文句中,我也辨认不出任何连贯的可理解的理论。如果我知道这些话是谁写的,我一定会问著者他写这些到底要表达什么意思。由于无法在这里重述一整本《逻辑》,我就以概括的方式指明他所给予我的大量的特殊观点——墨菲先生对这些问题的理解在我看来,与它们的原意大相径庭。(1)我没有说过"观念是未来经验的征兆",我否认它们作为迹象或证据的作用。在我看来,只有那些被观察的事实或数据才具有这样的功能。(2)既然墨菲先生在专门解释我的认识理论时根本不曾提及后者,我提请大家注意下述事实:我没有说"既有经验是别的什么事的征兆"。我一直坚持的是:"既有的经验"必须经过试验分析,才能产生证据性的符号。(3)根据我的观点得出观念最终指涉未来经验,这一论断到底什么意思,我不知道。我说的是:观念与不同的观察材料严格配合,前者暗示一种可能的操作解决模式,后者圈定和界定一个问题,这样通过被观察内容与观念内容的互动作用,就能得到一个确定的境况。如果"最终指涉"是说仅仅观念本身不能规定一个存在的命题,那么前面的论断与我的观点一致——就像我还认为单单数据本身不能构成一个最后的完整的判断的对象。(4)墨菲先生的解释中提到未来经验是可预期的、被期待的、令人愉悦的,这显然意在申明我理论的核心。但是,这种提法过于宽泛,以致我不知道它们到底什么意思,所以也无从修正。因此,我只能简要地重述一下《逻辑》中已经重复了无数次的观点。

43

唯一一种可预期的或被期待的经验是面对境遇的操作性产物:在境遇中,探究中的问题得到解决,产生了有理由的断言。唯一一种相关的愉悦是一个人在欣赏一个已经解决了境遇中碰巧获得的——这个解决的境遇是指向它的探究的圆满结局。这种个体的愉悦与已经获得的确定境遇的逻辑和认知功能毫无关系;不过,事实是,问题的解决能够带来深刻的愉悦,这一事实为促成个体形成探究知识的倾向营造了十分有利的环境。(5)墨菲断言,根据我的认识理论,"未来的经验,就它们终止了探究而言,不能算是'认识'"。这个断言或者是同语反复:认识终止于它终止时;或者是指获得的知识与认识的过程不一样。后者全然与我的实际立场相悖,我认为,只有探究终止(满足了它自己的条件)其中的题材内容才是知识。在墨菲先生对于我的知识理论的说明中,没有一处提到(哪怕是偶然地)支配我全部观点的因素,即,一个问题性境遇具有规导和引发认识的功能。虽然这种遗漏所带来的严重后果已经明白无误地体现在上面提到的第三和第四点中,不过,现在若不置一词,则使我的观念论在其自身以及在对一个最终

44

结论的指称中变得没有意义。如果说在罗素先生的评论中没有遗漏这个支配性因素，我想，那是因为我不厌其烦地重复，反复强调这个因素在规定认识和认识所得的结论的充分性上的重要性，以至于它的调整功能不可能被忽略。

但是，墨菲先生忽略了它。这一失误实在令人惊讶，因为墨菲先生口口声声说他接受语境主义的原则。而问题性境遇就是这一语境，我所说的关于认识的一切正是需要放置于其中才能得以理解。它制约着"观念"的意义，而观念是墨菲先生描述我的观点时主要考虑的因素。它制约着我关于事实和数据的地位和功能的理论，墨菲先生对此却未置一词，尽管我认为必须把观念放在与被观察事实的联系中才能理解它们。它制约着那些"未来经验"的性质和功能，而这些在墨菲先生的说明中完全找不到。最后，它制约着使最后的结论"毫无悬念地发生"的操作所具有的含义。我一直认为，唯心主义和现实主义的认识论之所以有缺陷，是因为没有把认识放在这样一个问题性境遇中。因此，非常有可能的是：墨菲先生之所以认为我的认识理论是沉溺于这些认识论的观点的后果，是因为他忽视了（在宏观上和构成的细节上）那实际制约着我的理论的"语境"。

这一失误解释了为什么墨菲先生一次又一次地认为我的理论忽略了下述事实："在认识过程中所用的观念和所作的分析是手段和工具，用以寻找此项认识正在探查的东西。"这种不言自明的真理，恰恰是我全部理论的出发点。《逻辑》中用了更多的章节来说明当一个人探究时发生了什么，而不是其他主题，例如"某种未被察觉的在先的存在"，或者"一种假设的逻辑体系结构"，又或者一些过去的事件，比如"1921年纽约美国佬全体队员的平均击球率"，或"引起小儿麻痹的原因"（我自己的例子就是引起疟疾的原因）。因此，我很困惑，墨菲先生对我的批评是怎么得来的。他是不是认为，没有一种认识理论能越过下述事实：[1]当人们探究时，他们所做的事对于他们要探究的对象来说是工具性的？他是不是认为，探究是特殊的、多样的，因此别指望寻找任何共通的逻辑范式？他是不是说，有一种"日常的认识理论"，如此令人满意，广为人们接受，所以它就是判断任何其他理论的标准？我不知道这些问题的正确答案。我曾经以为，认识是多种多样的，有关于性质的认识、关于数量的认识、关于过去事件的认识、关于共存事

---

[1] 在我看来，墨菲先生所谓的"日常的认识理论"根本不是一种理论，而是认识理论研究的最显见的事实之一。

物的认识、关于数学主题的认识、关于社会事件的认识,等等,它们是所有科学的研究素材;而逻辑要做的就是把这些不同的探究和它们达到的结论结合起来考察,以形成一个一般的认识理论,这个一般的理论以这些特殊的认识为基础而同时被它们证明。如果墨菲先生认为,对于认识的这种一般化认识既无必要也不可能,那么,我就理解了他为什么认为我的理论多此一举。但是,我不能相信,他竟然认为一个一般化的逻辑理论之所以毫无必要,原因在于一个人可以罗列出大量具体认识的例子;而且,不仅存在大量不同的认识类型,也存在相当多的关于认识的理论。我认为,一个人在提出自己的观点时,应该适当地注意这些理论。我并没有像墨菲先生宣布的那样,把从柏拉图到洛克再到当代的思想家批得一无是处;相反,我一直认为,他们都抓住了认识的某些实际的构成要素,其过 46
失在于他们没有把认识放在它实际发生作用的语境中——这个问题,我在《逻辑》的最后一章用相当的篇幅讨论过。

有迹象表明,墨菲先生之所以没有注意到我的认识和其语境相联系的理论——这个语境在宏观和细节两个方面决定了认识的意义,其原因乃在于他把我所说的——知识在与其他非认知经验模式的关联中,作为一种经验模式起作用——挪入了他对于我的"认知就是过程中的探究"观点的描述中。例如,他十分赞同洛夫乔伊(Lovejoy)对我理论的评述,即"'我将要已经知道'实际上等同于'我知道'"。当然,在提到认识——作为过程中的认识时,我一直认为,它指涉的是一个还没有达到因而也是未来的对象。把仍然处在认识过程之中的这样一个对象移入已经获得的知识,这就好比是说,根据墨菲先生的观点,"'我正在探索的过程中'等同于'我已经知道了我正在探索什么'"。不言自明的是,当一个人在从事认识时,被认识的事物仍然属于未来。这个信念不是我的观点与其他观点相对立的特别之处。我的观点的特别之处,在于它对探究所追求的结论给出了这样一个定义,即它是对探究发生于其中的有问题的境遇的解决。

把我关于知识(已经获取的)功能的说法转到关于认识过程的所谓说明中,这也解释了墨菲先生的其他错误。例如,他说,认识过程只是用以发现某个特定的认识者在探寻什么的手段;紧接着,他又说,"知识提升人类存在的价值不同于它作为结论——基于证据和适当的方法——的价值"。两者当然不同,语境不同,种类不同。第一种情形是处在过程中的认识。我在《逻辑》中提出的认识理论,其显著的特点是展示了各种不同的事实命题和假设命题如何作为手段,以特

47 有的方式获得结论——基于证据/或适当方法的运用。我所说的存在于已获知识与非认知经验模式的功能性关系中的工具性价值是另一回事,与另一个哲学问题有关。对完美经验和具有内在价值的经验的发生和存在的控制,其可能性问题不是我发明的。如何通过阐明和深化这些经验所包含的意义来丰富它们,如何扩大分享这些价值的人群和组织,这个问题也不是我的创造。① 这些问题是每一个道德理论在其社会层面上要考虑的,也是每一个社会理论在其道德层面要考虑的。我的理论的独特之处仅仅在于它强调经验的知识模式,它被定义为成功地探究的结果,并完成了这些功能;我还特别强调,作为这种知识的果实的理智是我们解决问题的唯一可资利用的工具。参看下述理论观点:先验的原则、理性直觉、神启、对在国家与教会中建立起来的权威的忠诚、不可避免的社会革命,等等,这些被认为是保障、分享被经验到的价值的中介。我的观点与此适成对比。

我曾经以为,语境(它一方面关涉在探究过程中命题的工具性,涉及作为一个问题的有保证的解决方案的知识;另一方面关涉已获知识的工具性,关涉通过发展理智对未来经验加以丰富)可以防止把一种工具性和另一种工具性混淆起来。不过,也可能是我没有尽心尽力地描述清楚从一种工具性的讨论到另一种工具性讨论的转移。再者,两种手段具有某些相似性,这可能引起一些读者的混淆。比如,在认识过程中,作为以前获得的知识的产物,理智的行动一直发挥着

48 作用。探究的结束——和导向它的探究的程序相关联,意味着一个得以解决的问题境遇(这一境遇的原初状态和价值是认知性的)。但结束处的材料也是一个当下已有的境遇,因此它有理由把自己看成是一个得到了丰富的经验。很有可能,我没有总是清晰界定一个既定讨论的语境范围,而上面提到的相似性或重叠性却要求这样的清晰界定。拉特纳博士指出,我在早期的著述中使用"知识"一词,而在后期的著述中转而使用"理智"一词,这也说明了一些问题。如果我一以贯之地表明,获得的知识生成意义(meanings),这些意义能够与它们最初出现的特定知识场合相脱离;能够被整合变为习惯,并得到习惯的持续支持,从而形成心智(mind);能够在运用新的经验时形成理智(intelligence),那么,我的观点也

----

① "提升人的存在"只是刚刚提到的三种特定事物的笼统说法:扩大分享完美经验的人群范围,丰富它们的内容,增强对这些经验的发生控制。

许就不会遭到如此多的误解。作为经验模式的知识-经验的功能（通过在行动中提供理智，它是规范完美经验的产生和分配并给予它们不断深入的意义的唯一手段）就将凸显出来，不会引起任何误解。

我的意思不是说我没有经常性地把这个功能表述清楚，而是我的表述方式可能过于苛责读者，要求他们注意到二者的不同，以跟得上讨论语境的转变。以下引文即是典型：

> 经验情境是在两种不同的方式中产生的，因而有两种不同类型的经验情境：一类是在最低限度的控制之下和少有预见、准备和意愿的情况之下产生的；另一类部分地是由于事先采取了理智行为而发生的。这两类经验情境都是我们所占有的……第一类经验情境是没有被认知的，是没有被理解的……第二类经验情境，当我们经验到它们时，是具有意义的；而这种意义是我们以明确的连续性代替经验到的不连续性或由于孤立所产生的片面性时进行操作的丰富结果。①

一方面批评我的"实用主义"为实践而牺牲知识，另一方面批评我的"工具主义"过分地夸大知识的潜在功用，过分地夸大理智指导和丰富日常经验的潜在功能，当读到这两种批评的混合体时，我忍俊不禁。我的理论观点也许有值得商榷的地方，但是它的结构不会如此松垮，以至于论述的锋芒互相抵牾。

不光墨菲先生一人感到困惑：我为什么否认先在的条件构成知识的对象？如果我曾经十分笃定地写过类似的话：以前有过的类似的事物不可能被认识，实际上也没有被认识；如果用墨菲先生的语言，我曾经十分肯定这些事物"不可接

49

---

① 《确定性的寻求》，第 243 页（《杜威晚期著作》，第 4 卷，第 194 页）；又见第 250、259、245、218—222 页（《杜威晚期著作》，第 4 卷，第 199—200、206—207、195—196、174—177 页）。我从第 218 页（《杜威晚期著作》，第 4 卷，第 174 页——以下均为此书，只标出页码）引用了一段："离开了知识，我们通常经验的事物便是支离破碎、偶变无常、茫无目标、错误百出的。……但是，当我们从抽象的思想回到事物的经验时，便增加了事物的意义，增加了我们调节与事物关系的力量。反省的知识是进行调节的唯一手段。它作为工具用的价值是独特的。"又从讨论（第 175 页）的结论中（第 177 页）引用了另一段："把适当方法的反省结论称为科学，这倒是符合我们的习惯用语。但是，这样理解之下的科学并不是最后的东西。最后的东西是对直接经验的事物的欣赏与应用。当这些事物的内容和形式成为科学的结果时，它们就被认知了。但是，它们也不止是科学。这些事物是从丰富明确的个别形式所概括出来的关系和连续中所经验到的自然对象。"

近",那么任何人,包括我自己,都应该感到困惑。但是,这种困惑来自对作出论断的语境的混淆。对于一个既定的应用的或科学的研究来说,存在两个问题:一个是这个特定研究的认识目标是什么?另一个表现为逻辑理论的形式,即知识的对象或目标是什么,意味着什么?——这个问题不是我的发明。我并没有否认未被察觉的先在的条件最初是知识的目标。我非常明确地表示,任何现在的问题都必须通过探明以前没有察觉的先在条件而得以解决。同时我也指出,这样的对象并没有满足一个哲学逻辑理论提出的"知识的对象"这一范畴在一般意义上必须满足的条件。也就是说,如墨菲先生在其说明中引用但没有讨论的那句话,我说过这样的对象不是最终的和完整的,因为在哲学认识中,必须有一位适合担当知识对象的候选者来满足必须满足的条件。

50　　自早期的论文——它们首次发表于《逻辑理论研究》——开始,我就指出,认识所处理的素材经历了一系列不同的阶段;针对某个阶段素材的论述不适用另一个阶段的素材,否则会引起混乱。有一个和认知无关的初始阶段,认识在其中开始发展;有一个获得知识的结束阶段;还有一个中间阶段,在这个阶段,主题是什么,受到认识的条件制约(因此,它是试验性的、临时的、有条件的、有待完整的认识)。在最近的《逻辑》中,我有意使用了主题(subject-matter)、对象(object)和内容(content)这样的词,以从技术上区分经验素材的不同阶段。显然,这样的区分属于对认识的哲学-逻辑分析;对一个特定问题的研究不需要作出这样明确的区分,因为如我在早期论文中指出的那样,开展研究的紧迫要求阻止了研究者把属于某个阶段的素材所具有的属性赋予另一个阶段的素材。然而,认识论意义上的讨论恰恰充满了由此引发的混乱。因此,有必要阐明知识对象(object-of-knowledge)的确切含义是什么。如果否认一个特定认识的特定对象与哲学-逻辑意义上的知识对象的区别,那么,便不存在任何哲学问题或知识理论。在这方面,如果一个人有时间的话,他可以不假思索地罗列出所有特殊认识的例子。就我而言,在倒掉认识论的洗澡水时,从未打算把孩子也倒掉。

　　说到哲学意义上的知识对象,在有些情况下,我在它前面加了前缀词"真实的"。其中有两个例子被墨菲先生引用,经由他一解释,好像那儿的"真实"是指一个特定认识中被探明为真实的东西。在谈及某些矛盾的观点时,我说:"它们源于下述假设:'知识的真实和有效对象先于并独立于认识行为。'"这句话如果脱离开它的语境,有可能被认为是指一个特殊认识的对象,而不是其原本设想的哲学意义上的知识对象。① 如果参看上下文,很明显,"真实的对象"这一表述与一个哲学问题相关——只不过不是那种唯心主义-实在主义的问题。这个哲学问题在临近的段落中有表述,原文如下:

> 物理的对象(即物理学所导致的对象)宣称它们构成了世界真实的本性,这就把我们所喜欢和选择的价值对象置于一种极端不利的地位了。……实际的结果便产生了这样一种信仰:认为科学只存在于离开人类重要事务最远的事物之中,因而当我们研究社会道德问题时,就必然要放弃那种以真正知识为指导的希望,否则就只有牺牲一切显然具有人类特性的东西来换取科学的头衔和权威[《确定性的寻求》,第 195—196 页(《杜威晚期著作》,第 4 卷,第 156—157 页)]。

在本卷中,就有作者完全否认对价值可能拥有有效的认知的规定,结果把所有道德事务(个体的和社会的)统统降至为个人欲望的实现或者对强制性力量的运用。一个众所周知的事实是:另外一些人(本卷中没有其代表)否认在道德的探究中可以使用实际的和科学的认识活动中所使用的方法,他们最终坚持道德判断必须有非经验性的合法性证明。这些理论直接针对这样一种理论,即它认为得出日常实践结论或科学结论的认识方法,同样可以用来获得道德判断,道德判断因这样的证明而被纳入可证实的范围。

因此说"知识的真正对象在有指导的行为的结果中",这是在一个哲学的逻辑认识的语境中。这种探究的逻辑以在特定的探究中(如果它想获得有效的结论,就要从事实验活动,也就是有指导的行动)所发现的东西为基础。如果上述引文所在的语境没有明确传达出这个意思,我很高兴利用现在这个机会来说一说。(1)我所主张的知识的哲学逻辑理论,只能根据那属于已经获取的知识对象的特点来构建;(2)当自然科学对象作为这种理论构建的模型时,它们对实验(其实就是

---

① 我认为,形成一个关于知识的逻辑理论,只能根据这种知识对象——它通过批判地分析具体的认识事例而被人们确知。关于这点,我没有什么好道歉的。就我的理解,根据其特有的对象的性质来构建知识理论,这是替换下述认识论的唯一方案:这些理论宣称,通过分析"心灵"、"意识"、"感觉与理念"之类的心理状态等等,可以决定知识的性质。从下述事实开始:知识的对象与意见的对象或者恐惧、希望的对象不同,这是避免知识何以可能这一无聊问题的唯一出路。

先前经验材料的转化)的依赖充分证实:形成这种理论时,一定要考虑存在性的结果;(3)我没有否认先行条件是探究或认识可以通达的,相反,我认为,所有自然科学的对象都是在统计学意义上对这些先行条件的概括;但是(4)这些条件无论如何不是唯一的,不是认识过程中所要求的"最终的、全部的"条件。总结上述观点如下:

> 每当我们实际地认知时,我们便有知识;换言之,每当我们的探究所导致的结论解决了促使我们从事探究的问题时,我们便有知识。这个明白的道理是整个问题的终点——不过有一个条件,即我们必须按照实验的方法所提出的模式来构建我们的认识论。①

Ⅱ. 墨菲先生如何解释我所说的"观念",与罗素先生如何处理我所说的"把握"(apprehension),二者在方法上非常相似。两人都忽略了"观念"和"把握"关涉一个问题性境遇,关涉它们解决这个问题境遇的功能。如果读者愿意参看罗素的论文,他会发现,在罗素所引用的我的原文中,我明确地承认存在对对象的直接知觉,存在对意义和事物的直接把握。罗素先生还引用了我所说的,这样的例子依赖于因果条件,这是通过以前的同一对象的间接知识而形成的有机的机制。这儿的关键是:现在我们之所以把一本书当作一本书抓起来,把打印机当作打印机拿起来,那是因为有机的机制操作的结果,而这个有机的机制是通过一系列中介性的探究产生的(我们在先前通过这些探究识别和分辨这些事情的种类)。但是,罗素先生在引述我下面这段话之后,却只字未提我刚刚提到的关键要点。

> 但是,在当前的话题中,关键的一点是:要么有一个直接的公开反应出现,比如使用打字机或拿起书看(这些情况都并不是认知情境),要么那些被直接注意到的对象成为探究行为的一部分,进而指向作为有担保之断定的知识。就后者而言,事实上有了直接领悟,这并不能从逻辑上保证那个被直接领悟的对象或事件就是"案情事实"中被认为明显的部分。……换言之,

---

① 《确定性的寻求》,第198页(《杜威晚期著作》,第4卷,第158页)。原文中不是斜体字。考虑到批评者在评说我的问题境遇和问题观点时只字不提图何在,那么,大概也不用奇怪他们为什么极少提及实验科学在我的理论中所扮演的角色。

正如对于意义的直接理解或领会不能等同于所要求的那种逻辑意义上的知识，对于对象或事件的直接领悟也不同于那种知识。[《逻辑：探究的理论》，第143—144页(《杜威晚期著作》，第12卷，第146—147页)]

如果不多介绍一些上下文情况，上面这段话的意义有可能被忽视。所以我多解释几句，同时请有兴趣的读者去查看原文。上文中的"但是"，对"事关当前主题"——逻辑地解释何为直接理解——的重要方面和不重要方面进行对比。在这个对比中所说的不重要方面，就是指罗素先生所关注的有机的机制的性质和行为；重要的方面是指这样一个事实：如果有认识发生——不是对某个刺激直接机械的反应，那么被把握的事物就是认识别的事物的一种手段，或者是获得对其他事物的知识的一个中介因素。这里涉及的问题，是一个事实问题。有没有这种情况：一个被直接把握的对象，就是终结认识的最后的对象？如果不是，那么一个被直接理解的事物，和一个在既定情形中提供证据材料的事物就不能等同。对一个事物的把握和对一个意义的理解(comprehension)，二者在逻辑上的相似性说明了问题。一个人可能会马上理解"海洋毒蛇"(sea serpent)的意思，但这并不能证明海洋毒蛇存在这一命题是真的。同样地，一个人可能马上领会了一个长长的东西划过水面的情形，但这一领会并不能证明被领会的对象就是证据，它可以证实海洋毒蛇存在这个现有命题。在我看来，在科学研究中，错误与其说来自虚幻的感知，不如说来自把实际感知到的事物作为手头研究的可靠证据材料。这种情况，大家并不陌生。一个人可能看到了很多东西，但是搞不清到底哪个东西与最终的正确结论相关。

罗素先生没有讨论这一点，但它很重要，事关间接知识或不经认知导入的信念这样的问题。他讨论的是因果产物，而我认为这恰恰与当前的主题关系不大。如果我没有记错的话，罗素先生有时会指出因果问题不应该被逻辑问题替代。就因果条件而言，罗素先生的这种主张不会影响或改变我的论述，因为那些使我们一眼看出熟悉对象的习惯已经形成，这一点很确定。因此，我没有理由在这个问题上与罗素先生争吵。假如我秉持整体主义的立场，那么，罗素先生提到相互关联的因果链便是切中要害，但是我没有。在遇到因果问题时，我明确坚持顺序的多元性。因此，我只需要声明：罗素先生的考虑强化了我所说的问题的逻辑方面。因为一套既有的因果条件，或者一个既定的情况中运作的有机的机制，会产

54

生一个被直接理解的对象（就像在幻觉中一样明显），但这个对象并不是解决手头问题所需要的证据资料，因此不是"知识的最终的和完整的对象"。

如果我现在缩短讨论罗素先生对我的真理理论的批评，部分是因为到目前为止，我的讨论表明，问题境遇这一特定语境是评述我的观点时必须考虑的要素；部分是因为，之前我在这个问题上再三的重申和纠正都表明，无论我说什么，都改变不了某些批评者的错误观念。如果罗素先生稍微认真地读一读他从我的《逻辑》前言部分引用的那段话——很奇怪，罗素先生用这段话显然意在界定我的实用主义者身份，而不是理解我所接受了的实用主义理论中的"结果"所具有的含义。这段话是这样的：

> 我认为，"实用主义"这个词并不出现在文本中。也许这个词本身容易造成误解。无论如何，如此多的误解和无法消除的分歧汇集在一起，其结论是，不用它也许更为明智。但是，如果对"实用的"的解释正确（即看到，只要这些结果被操作性地构造出来因而去解决引发操作的特定问题，那么结果所发挥的功能就是命题有效性的必要的检测），那么这儿的文本是完全实用主义意义上的。

"只要"这个词在原文中是斜体字，我之所以指出这一点，是因为罗素先生毫不在意这样的附加说明，不在意这段话中说到的"误解和无法消除的分歧"。因此，他只是不断地重复很久之前就已经形成并经常发表的关于实用主义的看法，丝毫不管我早在三十年前就对这些看法明确地予以反驳。

什么样的结果能够检测命题的合理性，加上这样的附加条件是为了提醒读者，罗素先生对于我对结果使用的解释是不对的。这个附加说明明确地表示，有一点是必要的，即这些结果能够解决正在研究中的特定问题。而罗素先生的解释，把这些结果与个人的欲望联系起来。最终结果是，认为我把一般化的满怀期 望的思考当作真理的定义。① 罗素先生首先把一个问题境遇转换成一个个人的

---

① 下面这段话来自帕洛蒂（Parodi）。它显示，很久之前，那时我还没有写《逻辑》，已经有一些读者从我的其他著述中得出一个正确的观念："不是任何形式的满足都能证明真理，只有出自下面这种情况的满足：一个假设或实验方法适用于它所涉及的事实，并带来了一个更好的状态。在所有关于实用主义的工具逻辑的错误观念中，没有哪一个比仅仅把它作为达成实际目的的手段更为顽固的了。"

疑问,尽管我已经多次指出二者的不同。我已经明确地表明:一个个人的疑问如果不是对有问题情境的反应,那它就是病理性的。接着,罗素先生把疑问变成私人的不满,真理便是对这种不满的解除。而根据我的观点,进入这个过程的唯一欲望,是尽可能诚实、客观地解决其中所包含问题的欲望。"满足",是指问题所具有的条件被满足。如果一项工作,根据工作本身的要求,被圆满地完成,个人的满足感便会随之产生;但它无论如何不能参与对有效性的证明,因为它本身受制于后者。

在我的理论中,合理性和真理不是一回事。后者,我沿用皮尔士的定义,是永远持续的认识的理想界限。这个定义把真理界定为一个抽象的理念。它给罗素先生带来了很多麻烦,因为罗素先生没有注意到认识的连续性这一原则在皮尔士理论中所起的作用及相关论述——而这恰恰是我关注的。显然,罗素先生经常用皮尔士的定义来判定一个给定命题的真伪——而在我看来,在上面所阐明的有效性的意义上,其真伪是由一个问题解决了境遇(作为探究活动的特殊操作的结果)来规定的。罗素说:"我不理解,我们怎么能猜到将要相信什么,或者那些比我们聪明的人将会相信什么。"他这么说,好像这种对未来信念的猜测的特点以这样一种定义的方式被暗示了:作出猜测的不可能性,正是对这个定义的反驳。然而,实际情况恰好相反。根据定义,任何现有命题的"真实性"取决于连续的探究的成果。它的"真实性",如果必须用这个词的话,是暂时性的;它与真实性的距离由探究所达到的程度决定,由人们目前进行的探究所付出的努力和专注决定,而不是由一个人们将来相信什么的猜测决定。① 承认每一个现有的命题必然受制于将来的探究结果,这正是皮尔士所说的:"承认不准确与片面"是一个现有命题真实性的构成因素。换句话说,这样的人,比起那些骄傲地宣布自己接受的结论永远正确的人,离真理更近。

罗素先生对皮尔士偶尔所说的话的颠倒很可笑。比如,皮尔士用探究的理想界限来定义真理——目前还未获得,所以是理想的。罗素说:"如果严格地解释这个定义,任何一个无人探究的命题都是'真实的'。"这似乎是说一个严格的解释即在于提出一个给定命题的对立面。罗素先生对言说的全情投入,由他的

---

① 当然,这个定义与皮尔士有关无法获得明确知识的理论相关,与他强调所有命题的概率系数相关。

下述观点体现出来:命题是探究的主题。因为是在不知不觉中采纳了这个观点,罗素先生于是想当然地以为我和皮尔士也会采纳它。但是,根据我们的观点——根据任何彻底的经验主义者的观点,事情和事件是探究的素材和对象,命题是探究过程中的手段,因此作为给定的探究的结论,它们变成进一步探究的手段。像其他手段一样,它们在使用过程中被调整和改进。如果相信(1)命题从一开始就是认识的对象,(2)所有命题或者真实或者错误,这是它们固有的属性;并且(3)把这两种假设塞入那些反对这两种假设的理论——如我和皮尔士的理论,其结果只能是罗素先生所发现的我们学说上的混乱。

当然,从这点并不能顺理成章地认为我们的观点就是正确的。不过,它们毕竟是我们秉持的观点,要批评也是对它们进行批评。这儿几乎没有必要再作评论。但是,当罗素先生提到"最后活着的人"的观点时——仿佛这与皮尔士的真理定义有些关联,他又重复了自己的错误理解。他的看法是:从我们的定义可以推出,相对论的真实性将取决于希特勒的胜利或失败——他中断了认识。由此可以看出,当一个批评者不想根据一个观点的原意去理解它,甚至不愿把它看作一个独立的假设,而是坚持用自己的理论术语去解读它,这会造成怎样的意义错乱。从严格的形式逻辑的技术要求看,假设每一个命题本身非真即伪,这没有什么错。但是,对于一个经验主义者来说,这只是他可能接受的最后一个观点,因为他关心真伪是否具有实在的适用性,关心真伪是否通过对存在材料进行的探究来规定。因为在后一种情况中,命题的真伪问题正是需要被规定的。

Ⅲ. 我很遗憾,受制于篇幅,我可能无法联系瑞彻巴赫先生对他的观点的呈现来充分回应他对我的归纳理论的评论。但是,我倾向于认为,我们之间的分歧远没有到不可消除的地步。当我批评简单枚举的归纳理论时,我批评的是这种理论的传统表述方式。但是,瑞彻巴赫先生对这一理论的阐发与传统的方式有很大的不同。如果持有这个观点的人通过它所表达的意思,正是瑞彻巴赫先生所发现的,那肯定因为他们没有把观点说清楚。我强调的是:归纳过程的核心是实验性控制着的分析,通过这种分析,给定的事情就构成了具有代表性或典型性的例子(标本或样品)。它承认作为分析(是它最终产生代表性的例子)手段的其他观察到的事情的重要性。如果我直接去应对可能性的主题,将被迫承认:从理论上说,在对代表性的例子的规定中,这样的其他事情在数量上是无限多的。如果从这个特定角度来理解简单列举的归纳理论,我看不出在瑞彻巴赫先生和我之间有什么本质分歧,尽管毫无疑问存在一些细节上的差异。如果有这样的共识,那么,我就不必要消除因为"列举"这个词不能充分传达所列举事例的分析功能而给我们之间造成的误会。

Ⅳ. 我非常感谢萨弗里博士从历史角度对我的主要观点进行的阐释,他对我前后作品中存在的不一致也有同情的理解。如果不是因为节制可能暗示着对批评缺乏尊重,我倒很愿意先回复他的批评。我从证明开始。当关于事情某一方面的一个命题确实出现问题时,"直接面对"在我看来,是一个很好的描述证明性质的词汇。比如,如果我拿不准某座房子的外墙是白色还是褐色,直接去看看房子就可以解决问题。不过,对我来说,就一个假设命题的证明而言,情况可没这么简单。它包括直接面对,但这只是其中的一个要素。当假说是一个涉及相当大范围的理论时,这一点愈加明显。爱因斯坦相对论的某个部分被人们观察到的水星蚀而证实,我怀疑,除了说直接面对往往趋向肯定,人们还能说什么。一个相反的结果可能会否定先前被承认的理论,但是不会排除对它的修正。除非一系列的实例,正面的和反面的,相容的和排斥的,开始被考察,否则,我不知道如何说一个理论得到证明。如果这个观点是正确的,那么直接面对这些实例,正是因为发挥了作为实验性规定的结果的功能,才使它们具备了证明的能力。在我的《逻辑》中,这种功能被称为"观念或理论把特殊细节安排和组织为一个连贯整体的能力"——当然,必须明白,这种组织不是"心理的",而是受到合宜的实验运作的实际影响。刚刚引用的那句话,在原文中是为了反对下述观点:假设能够"被具有特殊性的特殊事物所证明"[第 157 页(《杜威晚期著作》,第 12 卷,第 159—160 页)]。这就是说,我认为直接面对具体事物是证明假设的必要但不充分条件。我对极端实证主义观点的评论,虽然在重要性上与上面的观点不能同日而语,但也传达了类似的意思。它们指出,假设和理论的首要价值在于它们能够引导人们去观察,去发现新的有待观察的事实,能够以如此这般的方式组织事实从而推进问题的解决。如果我说逻辑理论夸大了观念的证明功能,牺牲了观念的其他用途,有些人可能会因此说,这恰好证实了他们的看法:我轻视真理。但是就科学假设和理论而言,我很清楚,真理的不容置疑和至高无上的道德价值经常被不加批评地植入科学认识的领域中,植入观念和理论的逻辑价值中。一位科学家对其假设的要求是:它们能够卓有成效地指导他的观察和推理。如果碰到一件观察的事实与自己的假设不符合,那也一样欢迎——就像碰到一件与自己的假设相符的事实一样，因为它使这位科学家有机会修正自己的观点，从而使后者在将来的认识行为中更加有效。然而，如果是一个骗子碰到了与他以前所说矛盾的事情，他会百分之百地否认以前所说，不留任何商量的余地，因为这个相反的事例已经出现了。而在科学领域，发现一个例外，发现一个与既有理论主张相悖的事实，是进步的积极手段。它不仅受到人们的欢迎，而且被人们主动地追求。

如萨弗里博士所指，这种证明与更为宽泛的知识理论问题密切相关。因此，我请读者参看他在这个问题上的论述，尤其是关于与知识联系在一起的未来性的问题。这里涉及的未来性与之前讨论过的不同。比如，在讨论"所有知识都是关于未来的"这个容易产生歧义的说法时，他援引我的观点，即命题"这是红的"在逻辑上等同于"这从它原来所具有的性质中改变了颜色"。显然在这里，被认识的是已经发生的事情。如果我在关于知识的理论分析中指出未来性出现于其中的三种不同语境，这也许有助于厘清我的理论。第一种是前面已经提到的那个明显例子。当探究仍然在进行时，它的对象作为探究的结论，确实还在未来。第二种情况远远不是这么确定。刚刚提到的那个颜色的例子，即是证明。这里的关键是：人们发现，当一个现有命题被分析时，这个命题的材料主题是暂时性的。因为是暂时性的，它牵涉到一个事物从原来所是到将来所是（这个暂时是相对于过去所是的事物而言的，我们对它尚无所知）的变化。换句话说，任何存在着的变化都是从过去到现在——对过去来说，现在是未来。所以，现有命题中的"是"，其所指涉和"曾是"、"将是"一样，都是暂时性的。因此，变化是有时间界定的，如果脱离与未来（或者相对于"过去曾是"的"将要是"）的联系，它便毫无意义。第三种与知识有关的未来性是：有待于从探究中试验性操作的后果中获取的结果，服务于对已有的观念、假设和理论的检验。一个观念不是直接指涉这些将来的结果，而是观察的事实和数据。但是，它对任何既有事实的指涉是否合理，却是由将来的结果决定的，这些结果来自既有理念和既有事实在建构一个新的经验境遇中的功能性互动——这个观点清楚地显示，观念对事实的指涉已经作为一个条件存在。在分析探究中发生了什么的知识理论中，可以发现这三种与未来性的联系。已经获得的知识如何通过理智的行为对其后的非认知性的价值经验产生潜在影响，这个不属于知识理论的议题，而是属于关于经验的知识功能与经验的其他功能之关系的理论范围。

萨弗里先生提出的另一个重要问题与科学对象的存在性特点有关。我在回应瑞彻巴赫先生的批评时,部分地涉及这个问题。不过,萨弗里先生提出问题的方式有些不同,所以已经给出的答案——科学的对象是变化之间的统计性的标准化的关系——可能回答不了他提出的问题。但是那个回答也提示,我不能接受萨弗里先生以那种方式提出问题,即科学的对象是存在性的还是操作性的。在我看来,它们是存在性的,因为它们阐明了实际发生的操作。萨弗里先生引用我的那段话涉及"概念性"这个主题,对概念性的东西而言,描述性的特征是被否定的。因此,当他说"这种观点产生了纯粹实证主义"——这里的意思,我把它当作纯粹现象主义——他不明智地把关于理论的论述转移到知识上。

D. 伦理及相关问题

我的知识理论的批评者发现,先前条件的质性转变这一观念纯粹是个绊脚石。但有趣的是,如果不是令人惊异的话,斯图尔特博士,一位我的道德判断和道德行为理论的批评者,却发现恰恰是这个范畴——或其他相似概念——的缺失,导致了我的道德理论的缺陷。他非常清楚,控制给定条件的操作,或者只是使条件符合旧目的的操作,与那些重新调整习惯使之适合新目的的习惯和操作不一样,而我的理论却把前者扔得远远的。很正确的是,我认为,在科学和道德认识中存在一种共同的逻辑模式。但是,我没有首先接受传统的认识理论(根据这种理论,认识是自我和其信念对固定条件的一种适应)。我一直认为,科学认识涉及通过生动的观念对先前存在的条件所进行的刻意修正——这指出了在自然科学中用实验来证明的必要性。因为这个结论看上去和唯心主义理论——心灵构成客观世界——有某种程度的相似,所以,最初对我的观点的解释大多是这样的:它由一种随意修正出来的、只在字面上是新的唯心主义认识论构成的。我的理论的真正意义也许只有这样才能被发现:从道德判断所需的"性质"转变到日常和科学认识的"过程"上。因此,我相信,我和斯图尔特博士之间的分歧不在于他所说的地方,而在于下述事实:他的科学认识观迫使他在科学认识和道德认识之间建立了一个僵化的二元对立,而我认为他所说的专属于道德认识的特点体现在所有认识类型中(或者被所有认识类型涉及)。无论如何,对我的认识理论的批评,大多来源于我所坚持的在认识中对先前条件的转化、重构和调整;而所谓这些概念的缺失,又是斯图尔特先生批评我伦理思想的原因和依据。

62

63

瑞彻巴赫先生在一篇文章中说:"在重新构建作为知识之基础的日常生活世界过程之中,杜威不只是想为知识建立一种更好更可靠的形式,他更大的意图是在与知识体系相同的基础上和相似的形式上建构价值领域、人的欲望和目的领域。"这段话显示,瑞彻巴赫先生敏锐地注意到我的哲学中存在着一种重要的或基本的"指导倾向"。同时,它也证明瑞彻巴赫先生抓住了我思想发展的方向。它是一个标志,说明瑞彻巴赫先生意识到,我所说的现代哲学的中心问题——因为是现代生活的中心问题——在本人思想发展中所扮演的重要角色。

Ⅰ. 如果我是匿名回应对我的哲学的批判,这里应该就是我开始的地方。我会说,杜威坚持把情感和其他"第三"属性作为"自然事物"的真实性;接着他又在其认识理论中强调,如同科学与常识所昭示的,在实验活动中发生的转化、重构、控制和理论与实践的统一,与道德活动中所发生的那些是相似的。我不想再引述此类批评,然后针对这些批评为自己辩护。我只想表达对斯图尔特博士的感谢。我认为,科学判断和道德判断有相似的范式,对此可能会有人质疑。感谢斯图尔特的论文,提供了消除疑惑的机会。

既然是因为使用"自然主义"这个词来概括我的基本立场而导致斯图尔特先生的理解出现偏差,我再次提请各位注意下述事实:我并没有提出这种机械自然主义——它一定会否认道德所关注的价值的原始材料的"实有性"属性;相反,我一直坚持认为,我们的自然理论要充分认可这些属性,就像它们呈现的那样,这是建构自然理论的基础。没有哪种哲学能够垄断对于自然的意义阐释,自然主义提出的自然概念只对自身来说是决定性的。自然主义与唯心主义的精神主义相对立,也和超自然主义以及超自然主义的温和版本——它诉诸一个自然与经验之上的超验原则——相对立。把自然看作是完全机械性的,这只是一个特殊的形而上学;它的观念中所包含的必然性,不是在这个词的意义之上。在《自然与经验》中,我力求表明,尽管我相信自然具有机械性机制——否则,知识不可能作为控制的手段,但我不认为它可以被还原为一种机械主义。

斯图尔特先生的论文中有一些段落,似乎认为我一定是赋予了自然和自然主义某种意思,使它变成了机械主义或类似的东西。因为他仿佛说,我承认了道德的特定领域可以"勉强地作为生物学的附属物"。他相当关注《逻辑》中的一段话,这段话在他看来,把所有的思考都简化为一个生物现象——却全然不顾这段话所在的那一章"认识的生物场",之后的一章是"文化场",讨论生物条件和活动进入人类制度和交流的语境时所产生的巨大变化。而且,与刚刚提到的这段话紧密相关,他还声言,即便是在生物的层面,也不仅仅是恢复以前存在的条件,而是在有机体和环境中有新条件的产生。① 在斯图尔特先生的解释中,最令人惊讶的是他归于我的关于慎思的观点。他说,我无法从别的角度来认识它,所以只能把它归为一种纯粹"肌肉"现象。斯图尔特先生在其论文的开头部分引用了我的一些话,在这些引文中,我明确地区分了心理行为模式和其他模式,因为前者是对可疑事情的反应。令人惊奇的是,仅仅几页之后,斯图尔特先生就完全忘了这种区分,他如此明显地把慎思的行为和简单的肌肉行为区分开来。

不管怎么说,斯图尔特先生发现,在贯穿我晚期著作的自然主义主题中,隐含着一个作为"至高无上的方法"的自然概念;这个概念倒是离我的实际观点(我无法预见这个观点所有可能的解释,但我原来一直认为很清晰)要多远就有多远。因为他相信,我的自然主义表明,我的至高无上的方法观念与下述观点十分吻合:方法,作为实际认知者的程序,不参与认识论的探究,而是参与直接解决这位认知者经验中的直接问题,因此不是也不可能是"至高无上的"。不过,实际情况恰恰相反。我的全部要点正是:就直接解决经验中每一个直接的问题而言,方法是至高无上的,所以认识论的探究——用我的话说,就是逻辑的探究——其职责就是指明解决这些直接问题的至高无上的方法的特点。我曾经在关于《方法的至上性》这一章清楚地阐释过上述看法,但斯图尔特先生对它们的颠倒性理解,直接导致他对我的伦理观的误解,而这一误解是他全部批评的基础。

斯图尔特先生早前说过的一段话,可能有助于说明这个问题。他说,方法由它们的成功而被证实,"结果的任何价值并不来自带来这些结果的方法"。很显然,斯图尔特先生认为这个观点是不证自明的,所以我也有必要把它当成理所当然——尽管我不停地重复(像在《逻辑》第一章里那样)结论的科学价值仰赖于得出它们的方法,而一个探究者——他观察着由探究本身设定的条件——想要的唯一结果是对问题境遇的解决。斯图尔特,或任何科学程序的观察者,何以能

---

① 我反对瑞格纳诺,坚持认为是有机体和环境的关系得以恢复重建。这一点似乎未被斯图尔特先生注意。因为如果没有重建和谐关系或平衡关系,生命就不能继续。所以,构成有机体和环境的某些特定条件必须被适度修正,以恢复这样的关系。换句话说,变化具有一个自然的生物学基础。

说：对个体的探究者而言，"没有哪个方法是至高无上的"，因为"最终得以证明为合法的是他想要和期待的结果"，对此，我不能想象。如果这意味着对某些特定结果的获取控制着科学的探究，那么，这种说法是迄今所能发现的关于违背科学方法的最佳表述。①

66 斯图尔特先生把我有关方法的论述简化等同于"一套按需使用的技术程式"，并由此否定了方法的至上性。我应该想象得到，斯图尔特先生在这个过程中如何惊异我为什么使用了这么一个不合时宜的题目。再说一遍，在任何情况下，我的观点都是：认识物理对象的方法不是一套熟练操控的技术公式，要么使自我从属受制于事先存在的材料，要么使事先存在的材料从属于事先存在的自我的推动；它是对先前境遇的重构，在这种重构中，作为认识者的自我和环境都发生了变化。关于"方法的至上性"这一章，正是为讨论下一章"善的构建"做准备的。也就是说，正是因为我认为试验方法是理论和实践的统一，是理念和受理念引导的操作的统一，它比一个先前境遇更优越；所以，我才认为，这同一个方法可以用来规定物理的判断，也用来决定道德价值判断。最终我认为，人们享受或欲望的对象不是价值，而是构建或创造价值的问题材料。在科学认识中的试验方法出现之前，就已经存在科学认识和道德认识的二元对立。反映这种境况的科学认识理论——其实质是前科学的——把认识局限为对一个已经存有的现实的确定；不过，把认识看作是实验的理论却展示和证明了"方法的至上性"。如此一来，我这个招致其他人批评的认识理论观点在斯图尔特先生看来，在我的科学认识理论中是完全缺席的，以至于损害了我的道德理论。我肯定方法的至上性，与我肯定"理智行为是人类在一切领域的唯一最终依凭"完全一致。因为显现于

67 科学实验方法中的理智行为，尽管它承认发现先前条件的必要性，但只把这些条件作为手段，以构建一个新的和谐有序的境遇。或者，正如正在讨论的章节中所说："认识特殊条件和关系，有助于我们的行动，而这种行动又有助于产生增添意义和条理等性质的情境。"②就在同一章的结尾处，出现了下面一段话，起转折的

---

① 对我观点的颠倒，其典型例子出现在斯图尔特论文的最后部分。在那儿，他提到"事先已经决定的目的"。

② 《确定性的寻求》，第250页（《杜威晚期著作》，第4卷，第200页）。这儿讨论的意图体现在下述结论中，这个结论来自科学方法的推理转化能力，它包括消除自由和目的两个范畴之间的二元对立。根据旧有理论，正是这个二元对立，造成了科学认识和道德认识的相互隔绝。

作用,开启下一章"善的构建"的讨论。"自然科学对于自然力的控制指出,我们怎样可能改变当前在人类习俗和结社中的信仰和实践的内容?"①这段话显示了我和斯图尔特先生之间的真正差异。我认为,基于实验方法的认识哲学可以合理地利用科学的结论,使后者变成构建价值、丰富价值的有效手段。斯图尔特先生似乎转向康德关于科学认识和道德认识的本质区分,这个区分暗示了自然世界的科学发现与道德目的的形成和获得完全无关。道德价值被"孤悬起来",光辉灿烂,但无法实现。

我看得出来,斯图尔特先生坚信我是从两个独立的实体出发,即通常所说的认识主体和被认识客体;然后,他坚信我把认识看成是二者之间发生的交互行为。这看起来倒像是他的观点。他还进一步区分了自然科学知识和道德知识,前者涉及作为认识者的自我对待认识事物设置的条件的屈服,后者则相反,自我坚持使现有材料服从于自我所设定的目的。无论如何,他是这样阐述我的观点的:

> 如果碰到的条件不是"非常好",这是因为个体的现有目的受到这些条件的不利影响。在这种情况下,根据杜威教授的自然主义体系,"有机体"被**干扰或被中断的活动**具有一种努力向前推进的驱动力或习惯。它不断扩张,表现为相互连接的有意识的控制性行为;通过这些行为,环境被发现和重建。②

同样的观点也体现于他的下述言说:"一个境遇呈现给认识者的样子是可疑的"或危险的,好像我认为境遇外在于认识者;还有,"已经认识到的危险"为"认识者诉诸方法提供了场合和机会"。他还常常谈到一些"干扰",认为它们为认识者从事认知提供了机会。正是这样的背景,使斯图尔特先生认为我所说的方法的至上性,只是在一种非常琐屑的意义上——或者至少是次要的,据他的看法,

---

① 《确定性的寻求》,第 252 页(《杜威晚期著作》,第 4 卷,第 202 页)。
② 原文中不是斜体字。我强调它们,是为了表明斯图尔特先生如何把自我和客体、有机体和环境这样一种二元隔离塞入我的理论,并且认为引发认识的干扰是后者的某些变化带给前者的结果。这显然有悖于我的真实观点,即干扰是一种情境,有机体和环境在其中互动[看看第 305 页(席尔普)]。

它并不适用探寻解决经验中存在的直接问题的方案——而事实上，这正是它的作用所在。从这样的解释出发，仅仅从它的出发就可以得出下述结论：对我而言，认识，即便是在道德判断领域，无非就是使用一些熟练的技巧方法，把那些干扰、阻挠、妨碍自我和认识者的外在条件去除掉。

我立刻可以想到，斯图尔特博士也许已经提出了自己关于道德认识的观点，与上述所谓我的观点不同。而且我也能够明白，如果他认为自己的观点，还有关于科学认识的"日常理论"是正确的，那么，他会坚持科学认识与道德认识之间的严格对立。我不理解的是：他怎么可以把上述那个观点加之于我，既然它与我自己观点的对立面如此相似。除了他对自然主义观点成问题的简化之外，从他引用"方法的至上性"这一章开头部分的段落可以判断，他还极有可能把我的部分观点当成了全部。在那一章的前面部分，我从心理学的角度——即全部生命功能的有机要素的角度，非常简要地说明了情感、意志和认知的三种行为。在那里，我把心理现象解释为对可疑境遇的行为反应。但是，这个描述远不是在陈述探究的方法——具有合理的至上性。它有意从这样一些情况开始：一个完整的质性的现存境遇被从内部打破，如此一来，自我（有机体）以及环境中的条件在情境中不再是统一的了，实际上形成了对立。接着，它从刚刚提到的角度——即对可疑境遇的行为反应——描述了自我的特殊现象，因此也是刻意的。这个说明只是涉及了方法的一个方面，而远远不是全部内容。这一部分讨论为推出下述理论做了准备：它是关于通常称为精神的或心理的现象的理论，认为"自我"、"主体"、"心灵"或"认知者"等等不是一个本来就独立存在的、与物体和世界对立而言的实体。即便是从这个有意的片面的角度（因为是从一个特别的角度出发故而是片面的）出发，也不能证明引入"干扰"、"操控"这些概念的合法性。可疑的境遇不是一个干扰或阻挠，一个行为的反应之于可疑境遇所能做的最后一件事就是操控它。只有确定的机械化的东西，才能被技术规则所操控。我相信，培根的确认为技术规则可以制定出来，故而所有人都能通过培训达到相同的水平，就像人们可以通过学习熟练地使用锤子或刨子这样的工具一样。但是，当一个科学探究者面临一个问题境遇时，技术规则恰恰是被排除的东西，原因无他，就是因为这个境遇出现了严重的问题。

斯图尔特先生在一段文字中明确地指出，根据我的观点，像心灵、身体和外部世界这些规定出现在"作为一个整体的问题境遇"之中，并在其中发挥作用。

这段文字也许会使一个人惊异,为什么斯图尔特先生没有看到有机体和环境、认识者和被认识这样的区分也从问题境遇里产生,并在其中发挥作用——作为解决问题境遇的手段;通过这个过程,双方都得到某种程度的修正或重构。不过,他的前一句话解释了他为什么没有理解我的观点。这句话是这样的:"危险的环境要求主体必须积攒足够的坚韧和超脱来面对,并把它看作是整体上出了问题。"①这段话不仅证实斯图尔特先生从一开始就强加给我"认识者"和"被认识的"相互区分和对立的观点,而且表明是环境被认为出了问题——可是根据我的观点,是一个境遇出了问题,它先于任何的理解和领会;认识要做的第一件事是选择和分析整个境遇里的那些被观察的要素,从而锁定问题。

现在应该清楚了,我关于认识性质的观点,比斯图尔特先生为道德认识理论所制定的基本工作和基本计划要走得更远。这种理论与他在自己文章中提出的那种观念大致相同,与我的正好相反。他的理论设置了两种判断之间不可逾越的对立,而我的理论坚持二者的连续性,既涉及差异性,也涉及统一性。每一个真正的探究行为都会引发自我在某个方面或某种程度上的新生。在认识境遇,毫无疑问,重点落在通过环境条件所发生的变化解决境遇问题,而在道德境遇,重点落在自我的重构以作为独特的必要的手段。但是,二者的不同无论何时都只是强调重点的不同。有时候,为了使认识行为服从某种兴趣,问题会变成对参与探究的自我的重构。这通常发生在下述情形中:根据探究所引出的主题的需要而设定的条件,探究活动会要求探究者自愿地放弃深合己意的一种理论,自愿地舍弃他原本倾向的结论。另一方面,如果探究不把现有条件的重建考虑在内,自我重构的问题便无法解决。这说明,为了达到一个满足境遇需要的结果,科学知识的作用无可替代。

在提出自己的认识理论时,我一直坚持探究本身即包含对条件的满足。探究的自主性等于对探究的完整性的要求。正是这一事实,使得真理在理智或认知层面,被界定为对探究内在条件的满足。不过,维护探究内在完整性的意愿和倾向却是一个道德问题。在这方面,我一直坚持评价活动在任何时候都包含在认识中——包含在数据、假说、实验操作的选择中;无论何时,当探究者的现有习惯和性格对维护探究的完整性构成障碍时,评价活动就会变成道德性的。如此

① 参看第 294 页(席尔普);斜体字是我变的。

一来,重构一个在某些方面崭新的自我便不是偶然的,而是极其重要的。以前我曾提出,现在的证明理论和命题的认知真理(我称其为合理性)理论由于与真理的道德意义牵扯不清而备感痛苦。但是,无论何时,只要获取知识的探究中出现的直接问题涉及搜寻证据和对证据的慎重衡量而不是随意决定,以及克制对某种理论的偏好使它不影响达成的结论等等,道德意义上的真理范畴便是至上的。这也解释了,为什么否认具有合理基础的评价命题会在逻辑上导致科学认识的终结。这是一种逻辑上的解构,不会因为坚持命题内在的或是真或是假而有所改变。

　　我有一次偶然说过一句话,斯图尔特先生却拿它大做文章。现在,这句话也许有助于各位理解我的意思。"如果现有条件统统很好,有待实现的可能性这一观念就不会出现。"现在我认为,历史的共同经验和证据证实,问题境遇的出现——它使人们必须努力思考——经常被认为是坏的,令人讨厌的,除非探究的结果被发现是善的,依其自身便是善的。当探究被发现是好的,问题境遇的出现就会有助于拥有善而受到欢迎。在这句被引用的话中,我看不出任何被斯图尔特先生所把握到的不祥的意思。"如果现有条件统统很好"这句话设置了一个普遍化的十分宽泛的条件。它的范围不限于那些在特定时间呈现的条件。它适用于任何人的全部持续经验。任何人如果经历过不好的条件,那么,在表面看起来没有任何问题的情境中,他会意识到条件可能完全不好,这种意识的程度随个人学习能力的大小而变。正如这样的探究者会时刻关注问题一样,尽职尽责的人们也会时刻关注更好的事情的出现,而不是满足于固有的善。换句话说,我在《伦理学》(杜威和塔夫特合著)中关于尽职尽责的人们所说的和我刚刚提到的——"如果现有条件统统很好"所说的,这二者之间根本不存在斯图尔特先生所谓的矛盾。没有人生活在这样一个世界里:任何时候、任何事物皆完美无缺。如果他领会了这个事实,就已经学会对可能性保持警惕。潜在的更好将被认为是一个境遇的善,而且是唯一的善。这个判断适用科学探究,也适用道德探究。由于条件总是不好而形成的习惯和倾向,即便在条件表面看起来很好时也会发生作用,就像试验方法自身那样。

　　需要指出的是,到目前为止,我更多关注的是斯图尔特先生对我认识理论的批评,而不是对我伦理观点的批评。其中的原因在于,斯图尔特先生坚信我否认目的和价值之间的"不可通约性"和不对等性,由此把二者之间的冲突简化为可以通过掌握干扰因素而得到调和的差异;他的这种看法,正是他误解我的探究理论的产物。根据我的理论,任何问题境遇中所包含的冲突,只能通过性质上的变化得以解决。的确,在谈论道德问题时,尤其是从它们的社会属性来看时,我强调新的环境条件的产生是一个新的自我产生的先决条件。但是,这种强调不是贬低一个新自我的重要性,而是为了反对"主观主义的"道德,它把"良善意愿"等同于道德,由此否认改变原先条件的积极努力(就像实验在科学探究中所做的那样)的重要性。① 如果说在自我(作为目的)应该变成什么和是什么这样的基本道德问题上,我和斯图尔特先生存在分歧,那么分歧在于:我认为,上述问题和参照一个被接受的目的而调整手段这个问题之间的差异是相对的,而非绝对的。我引用《伦理学》中的一段话:"不顾大量的日常行为和少数有明确道德争议的行为之间的联系的人,是完全不可靠的人。"还有,"每一个行为都有潜在的道德意义,因此通过它的后果,②就成了更大的行为整体的一部分"。再有,

> 每一个选择都和自我有双重的联系。它揭示现在的自我,形成未来的自我。……塑造自我,在某种程度上使它成为一个新的自我。这个事实特别展现在关键时刻,但是在某种程度(无论多么轻微)上也展现在每一选择中。③

这个立场还是直接来自探究在获取检测知识时发挥的重构功能。这里,我不想推断说斯图尔特博士事实上作了一个明确的划分,一方是"经济的"境遇,其中的问题只是为了达到一个被人认可的、不受置疑的目的所采用的不同手段之间的冲突;另一方是"道德的"境遇,其中不可通约的目的之间的冲突提出了自我应该由什么规定的问题。我只想说,如果他坚持如此区分,那么在他指出的对真正的道德认识发展十分必要的方向上,我走在他前面。因为我只承认目的和手段之间的相对区分。故此,当我写社会哲学时遇到经济和政治问题时,我把这些问题统统看作道德意义上的评价问题。正是在这样的语境中,我把理智行为当

---

① 康德关于善良意志的困难不在于它对积极的倾向和坚定的性格的强调,而在于它把意志与欲望和目的的所有经验条件完全隔绝开来。

② 后果,据此形成习惯和自我。

③《伦理学》,第178、179、317页(《杜威晚期著作》,第7卷,第168、169、286—287页)。

作处理经济和政治问题唯一和至高的方法；并且把行为理智的可能性和通过使用物理科学特有的方法而获得的关于条件和结果的肯定性知识联系起来，以此赋予上述论述更大的真实性。这样，我们就被带回到已获知识只是一种手段的观点，而这个观点给我的一些批评者制造了很多麻烦。[①]

Ⅱ. 我欢迎盖革（Geiger）博士的论文，因为它看到在我的社会哲学中经济和政治问题所处的道德语境，这儿的道德被看成是基于评价的选择问题。他在论文结尾处提出的实践问题，其重要性不容忽视。我是这样理解这个问题的：在现今世界，科学试验方法在自然领域大量运用，在社会事务中却不见踪影，这种不相称的局面毫无指望改变吗？我不知道确切的答案。不过，这个问题只是个程度问题，不会要么全是，要么全非。毋庸置疑，试验方法被用来规定造成社会影响和变化的自然条件，却很少用以决定社会目的和价值，这种严重的失衡已经形成。人们也许会说，其他一些原则、习俗、外在的权威、武力，还有所谓的绝对理念和标准——因其绝对而超出了经验判断的范围，已经代替理智行为在社会事务领域扮演了主要的角色，这使运用理智行为的方法变得极端困难。尽管这一事实不能更改造成困难的情况，但对方法的运用可以从自身做起，像慈善可以从家中做起一样。是我们要运用这样的方法解决我们自己的经济和政治难题，而不是住在世界另一端的人们要做什么。[②] 与其漫无边际地想象其他国家和人民在使用这种方法时遇到的困难，不如把注意力集中在我们自己的问题上，这样的话，使用上的困难会大大减少。考虑最大范围内的世界状况，本身就是违反方法至上性的做法。因为我们都处在特定的社会和历史境遇中，这种境遇迫使我们根据评价作出选择。是我们，在面对我们自身的特殊问题时，必须形成价值判断，然后作出选择。

无论如何，问题并不是像有些批评者所说的那样，是与行动相对的理智或知

---

① 关于结果的作用和角色，我的相关看法也受到斯图尔特先生的批评，我对此还未曾作出任何回应。大体上，它们在道德中和在科学探究中起同样的作用。它们的重要性不是因为别的什么或自身，而是因为具有检测理念、原则和理论的功能。可能有些时候，为了反对武断的"直觉"和对绝对标准的拘泥，我过分强调结果的重要性，以至于使它们看上去自身很优越。如果是这样，那我就偏离了自己的合理观点，即它们的作用是检测规划的目的和理想。

② 我希望能借此机会表达我对兰德尔博士的完全赞同。他在论文中谈及发展技术的重要性时说，技术一旦产生，就会构成政治科技。我本人在这个问题上几乎无所作为，像他指出的；但这并不妨碍我认识到，这种科技的介入，实际上是政治事务中理智行为的中心问题。

识的问题,而是与其他行动相对的理智行动的问题——这些行为可能依赖武力独断、"辩证唯物主义的必然规律",或者人种、血统、民族以及超自然的启示等等。理智行为的试验方法之所以受到批评,是因为阶级利益非常强大,不允许使用它,所以唯一的方法就是阶级斗争,强者获胜。如果你只是指出持有这种观点的大部分人沉湎于语词游戏,而很少考虑这种暴力诉求会导致什么样的具体后果,那还不足以反驳这种观点。但是,当人们诉诸一些必然的历史进化的教条——即"规律"——时,问题不再是是否存在不同利益的冲突和矛盾,而是如何对付这些利益,应该采取哪种行为——也许包括在特定条件下使用武力。备选方案并不是崇尚无为的极端和平主义。基本分歧在于一个理论主张不可避免的阶级冲突和其中一个阶级的必然胜利,这种理论用一种机械化的批发式的方式处理问题;而理智行为的理论则坚持逐步分析过去和现在的每个具体情况,根据分析结果提出应该怎么做的假设,并且根据实施的结果来检测假设是否完备。这是一个选择的问题,是拘泥于教条的僵化程序,还是采用灵活的程序。它考察实际经历的问题,并在此基础上提出假设,而这些假设需要进一步接受实验的检测和修正。

回到盖革先生的论文,关于激进与渐进的问题,我有话要说。我并不认为这个区分很好地说明了问题。在每一个问题境遇中都有一个关键性的东西,它标志着质的变化,标志着一个转折,具有突变的特性而非达尔文意义上的渐变。当然,它们涉及的冲突问题在深度和广度上各有不同。不过,尽管有程度上的差异,其关键性是一致的。任何政策的施行(把变化指向一个结果而不是另一个结果),都是一个渐进的过程;危机越深刻,解决危机的计划和政策的施行越要一步一步来。认为危机的解决就像危机的发生一样,是旦夕之间的事,这是一种乌托邦式的错觉。一个革命事件是一个高强度的危机。不过,如果认为在某个日子突然爆发的革命,比如 1789 年或 1917—1918 年的革命,不是一个渐进过程的开端,这也是一个乌托邦式的自我欺骗。在革命发展的整个过程的每一步,都必须运用理智行为的方法。革命的最终结果不取决于最初革命的突然爆发,而取决于理智行为对革命过程的介入方式——所有历史表明,"必然性"总是在选择已经显现出自己的效果之后才建立起来。有些社会哲学以机械的必然性代替建立在理性评价基础之上的道德选择,对这些哲学来说,最糟糕的不是它们消除了选择,而是通过消除理性评价,赋予了任意武断的选择以一种优越性。

　　　　我很高兴借这个机会说说盖革先生论文中提出的另一个问题，即他所谓的终极价值。一直以来，我反对终极、最终之类的东西，因为我发现，它们总是表现为一些天生绝对、"自身即为目的"而不是在关系中互为目的的事物。它们之所以贵为绝对，原因就在于它们被抽离出一切时间语境。一个事物就它是一个既定的时间序列中的最后一个而言是最终的，这样一来，它就是这个序列的终极。也有事物是反思性评价中最后出现的，那么在此意义上，它也是终极的。盖革博士说，对我而言，理智行为的方法正是这样的终极价值。所言甚是。它是我们在关于探究的探究中所遇到的最后或结束之物。但是，由于它在探究的阶段性展示中所占据的地位并不是一个具有某种内在特性、与它物毫无关联的孤绝价值，它的绝对性体现在使用和功能上；并不因为一种使它成为神圣的先验的崇拜对象的绝对"内在性质"而宣称自己是终极的。

　　Ⅲ. 肖布博士提出的宗教问题和刚刚讨论的主题的联系不是很密切。不过，在这里评论他的论文比在任何别的地方看起来更加合适。我将采取肖布博士的做法，把我的宗教观和一般意义上的、内容更宽泛的哲学观分开，尽管我觉得如果从后者入手，我关于经验中的宗教方面的论述将得到更有成效的理解。实际上，肖布博士发现我早期的一篇文章预言了我后来明确的宗教立场。虽然他提到，我的这篇文章主要是谈在公立学校的学科设置中是否给宗教一个位置，但他似乎并没有注意到，他从中引用的那些文字与这个问题有多么直接甚至是唯一的关系。有人试图把宗教课程植入我们的公立学校课程（这个运动背离了整个美国的社会和教育传统），而有人反对。如果事关一个人对宗教的一般态度，显然这种反对意见不是我应该从中寻找支撑材料的地方。我也不认为肖布博士是在这种意义上批评我的观点，也不认为他是在论证把宗教教育变为受财政支持的公立教学体系的一个部分。但是，我仍然不能明白，为什么他如此重视那篇文章——它主要是面向英国读者，解释美国和英国在宗教是否应该进入公立教育这个问题上的差异。不过，既然肖布先生因为它的"预言"色彩而特别注意它，我也将从这个角度来解释它。

　　首先，在我写那篇文章的时候，我对教会宗教显著的宗派特征的衰落的确是满怀希望的，希望出现一种"更加宽广、更为宽容、更加本真的宗教精神"。我也许过于乐观了，因为直到现在，它们也远未实现。不过，我不能理解的是：怀揣这些希望如何就变成了我对宗教怀有敌意的标志？我几乎不敢相信，肖布博士是在含蓄地为延续一种狭隘的宗派精神辩护。我能想象的另一种解释是:把宗教与超自然界联系在一起,这种看法本身容易滋生武断和分裂的特性。对这个信念,我无怨无悔,而且我在肖布先生的论述中没有发现任何与那些几乎是历史的常识相违的东西。因为一个现有教会机构越坚持超自然的存在,就越要坚持某些必须遵循的律条——而不惜以牺牲人类不朽的灵魂为代价。当肖布博士援引我的话,关于"一种生活的宗教模式"的可能性,"它将是现代精神成就所开出的美丽花朵",他不可能把这作为我对一切与宗教相关的事务怀有敌意的证据。所以我想,他的问题可能也来自我所提到的"现代精神":它摒弃了人类不成熟状态下的超自然主义,依靠科学手段探求真理,诉诸一种民主的生活方式来培养一种更为人性、更为自由、更为宽容的宗教态度。

考虑到读者可能认为我在"预言"——也许只是一种过于强烈的愿望罢了,我从同一篇文章中再引用一些话,即从关于人类经验在解除超自然主义和教条主义的束缚后仍然潜在的宗教的层面。

> 科学与超自然主义具有同样的精神重要性;民主,像封建主义一样,也 *79*
> 能变为一种宗教态度;这只是一个稍稍改变措辞的问题,把旧的符号发展出
> 新的意义——诸如此类的看法证实了想象力的迟钝,而想象力的迟钝正是
> 教条主义的必然后果。

还有下述论述:"耐心而持续地努力阐明和发展隐含在民主与科学之中的积极的生活信条,这是人的工作。""就我们所知道的而言,完整的心灵,尽管它撒手不管这些事物(礼仪,与教条信仰相联的符号和理念),却比自己取而代之的这些事物更具宗教性。""就教育而言,那些相信宗教是人类经验中的一种自然表达的人,必须致力于发展蕴含在科学与民主(它们仍然在更新)之中的生活理念。"我还可以举出更多类似的例子,不过,这些已经足以说明问题。我能够理解为什么肖布博士反对这些话中对宗教的解释,因为我知道他的宗教观迥异于我,也许更接近我所反对的传统宗教的内容。不只如此,他还在同一篇文章中,发现了我对赋予经验中的宗教阶段以意义和价值这个行为具有敌意的态度。另一方面,他对我的解释却相当典型地体现了宗派色彩,即把所有关于宗教的不同观点全部定义为反宗教的恶意观点。

因此,对于肖布先生所说我的那篇文章是"预言式的",我需要说的是:它是为了阐明蕴含在科学精神——对以各种方式呈现出来的真理持有一种非教条性的敬重——之中的宗教价值,阐明蕴含在我们日常生活之中的宗教价值,尤其是蕴含在民主作为一种群居生活方式的道德性之中的宗教价值。肖布先生喜欢另一种宗教,这是他的个人权利。《共同的信仰》(*A Common Faith*)不是为那些满足传统看法的人而写的,在这些传统中,"形而上"实质上等同于"超自然"。它是为那些已经摒弃了超自然主义的人而写的,这些人因此被传统主义者斥为全盘抛弃与宗教相关的所有东西。那本书试图向这些人表明,他们在经验中仍然时时处处具有赋予宗教态度以价值的所有因素。它得到了这本书所特别针对的读者的热情回应,回应如此热诚,远远弥补了它在其他方面遭受的非议。

E. 一些"形而上"问题

不同的批评都涉及了一些通常称之为"形而上学"的问题;这儿的"形而上学"是在下述意义上使用的:一个经验的自然主义者会把这个术语用于他认为需要证明的关于自然的普遍化命题。帕罗迪(Parodi)先生在其文章中提出了这些"形而上"问题,萨弗里和墨菲的部分评论也有涉及。在回应帕罗迪先生的问题之前,我想首先感谢他抓住了我的哲学的主要目标:"在现实和自然过程的一般框架内重新整合人类知识和行为。"我不知还能找到哪句话比这句话更好地表达了最让我牵肠挂肚的问题。

Ⅰ. 帕罗迪先生特别指出的问题,正是我重新整合计划中的一个典型问题。如他所示,这个问题有两个方面:一方面,它是一个可能性的问题,即是否可能把我们的意识置于包括自然事件在内的指称框架之中;另一方面,从自愿行为的角度来看,它是同一个指称框架中从心理的内容向生理的和物理的运动转变的问题。第一个问题由物理振动、神经变化与感觉的关系说明。这个问题很大,这里难以面面俱到,我只能挑关键几点说说,以阐明我的立场。帕罗迪先生说,在生理、神经程序中,一个人无处可寻"被感觉到的事物,被称之为感觉或感知的东西——红色"。这句话显示了问题呈现于我和它呈现于帕罗迪先生时的差异。在我的理论中,它不是物理的或外在的东西与精神的或内在的东西之间的关系问题,而是直接性质与科学对象的关系问题。我希望之前的论述已经更为清楚地说明了这一点。根据我的解决方案,科学对象是直接性质的存在性的产生条件,而直接性质是这些条件的完全体现。正是在这样的语境中,我强调所有性质,甚至第三性和颜色都是"自然条件的产物"。如果一个人接受连续性是一个自然的范畴,那么关于性质的转变如何实现这个问题,恰恰与时间序列(其中,后面的阶段在性质上不同于前面的阶段)的问题属于同一类。出现性质的转变,如水的生成,这一普遍事实体现了自然的特点。它与其说设置了一个需要攻克的难题,不如说是有待接受的事物。这些问题是关于如何确定特定性质变化发生的特定条件,而不是追问为什么宇宙是这个样子。

因此,当我说帕罗迪先生是根据自己的哲学假设提出了这个问题,我的意思是说,他把一种性质,如红的,看作是某种被感觉到的内在的东西、一种自在的"感觉"。我的观点则很现实单纯。性质在原则上的确存在,像任何自然事件的发生是存在的一样,比如倾盆暴雨。没有从身体到精神、从外在世界到某种被感到的存在或精神意识本性的通道,只有从具有这些性质的物体到具有那些性质的物体的通道。不过,当一个性质被冠之以"感觉",或者明确地与一个感觉行为联系在一起,这说明发生了另外的事情。这个性质现在处于一个经过特殊甄选的联系之中,即与有机体或自我的联系中。假若一个探究的结果还没有完全呈现出来,则人们可能不知道一个性质,如红的,是属于环境中的这个物体还是那个;①而且也不会知道,这个性质是不是内在机体活动过程的产物,如脑袋挨了一拳顿时眼冒金星那样。换句话说,在我看来,性质的出现是一个纯粹的自然事件。相对来说,缺少性质特征的科学的物理研究对象是对变化之间的相互关系的选择,在其构成中,性质无关紧要。

把性质最终与内在的机体行为联系起来,也就是把它与自然世界里的一种物体联系起来。类似的,当我们解释某个原始部落成员信奉的奇异迷信时,我们不是把它与"意识"联系在一起,而是与特殊的自然条件联系在一起——这儿的自然条件包括传统和制度。根据我的观点,帕罗迪先生提出的问题只在第二位的东西(因为它在一个确定的认知境遇中产生)被当成是首要的东西时才会出现。这时,人们在认识论理论中——那里争议从未断过——发现的所有问题都

_82_

---

① 与之相关,我把某些行为模式如被称之为"心理的"行为模式看作对可疑事物的反应。这儿,与斯图尔特先生的论文有关,这些行为模式是衍生的,不是原生的;是次要的,不是首要的。当一个经验境遇有问题时,它们才出现。

会出现，即如果存在一个独立的意识或精神领域，如何使它进入"外在于"它的另一个世界？

有一个问题与下述观点密切相关：性质，与个体的、不可重复的事物一样，都是真实的自然存在。这个问题太大，这里没法展开，可以提一提。如果不是因为"出现"（emergence）这个概念的模糊性，倒是可以把它与这个问题联系起来的。如果科学定律和物体是我已经说过的那样，那么必要的是在产生质性对象中涉及的联系，而不是性质本身。这样就为偶然与新奇留下了空间，为潜能留下了空间。潜能的实现条件如此复杂，只有在漫长的发展过程中才会出现。当条件具备、新的性质出现之后，有可能形成对一致性的概括，并对未来出现的性质作出预言。但是，性质的最初出现可能完全无法预言。简言之，根据我关于有性质的事物与科学对象之关系的观点，自然世界充满了偶然性，而不是一个密闭的必然性盒子。在特定的条件下，这些偶然性表现为悬而未决的东西，如果要维持某种生命活动，它们就必须被明确。然后，某种反应性行为出现了，这些行为以被心灵主义者抽象地称为感觉、印象、理念等的性质为标志。我当然不认为这个说法能解决帕罗迪提出的问题。不过，我认为，毋庸置疑的是，如果自然世界是封闭的、机械的、必然的，而不是以偶然性——它为尚未实现的潜能留下了空间——为标志，那么，"精神"与自然世界的过程之间的关系问题必须得到不同的解释。因为，在前一种情况下，问题中的术语本身就会遭受反对，而在后一种情况下却不会。

Ⅱ．根据墨菲先生的观点，可以依照客观相对主义的原则来理解我关于经验与世界之关系的某些论述，这样可以避免分歧。不过，不幸的是，他所看到的我的学说之中的一个线索和方面，被我的认识理论中另一个更为前后一致的线索化为乌有——而这恰恰是我哲学思想的基本框架。

　　如果经验在自然世界中的地位是可理解的，那么它应该是什么样子；如果杜威的认识论是正确的，那么经验一定是什么样子。在这两种经验之间存在着令人不快的差异。在前一种情况下，"经验"是人与在人出现之前就已存在的世界之间的基本联系。在后者中，"经验"是所有认识的终点，因为我们的（原来如此！）认知要求最终停留在经验所表现出的"确定"状态，而不是别的。如果这个解释正确，所有关于一个外在于这些直接经验的自然环境的论断将仅仅是一种分析的手段,方便认知向这些令人愉快的直接经验转变,世界……"瓦解成直接性"。

遗憾的是,上面这段话也有含糊不清的地方。墨菲提到根据我的观点,认识终止于经验,这是不是表示,根据他的观点,对世界(在人出现之前就已存在)的认知指称并不关涉任何经验? 这是否意味着,关于世界的知识无论在任何意义上都不是一个经验? 这些问题显示,墨菲先生提出的、好像只针对我的问题其实是任何理论都必须以某种方式面对的。比如,如果墨菲先生说关于一个先于经验存在的世界的知识,其本身无论如何不是任何人的一个经验,那么,他的这一观点的确非同寻常。不过,如果他不是这个意思,那也一定认为这样的认识终止于经验——一个如此这般的时空世界之中的经验。如果他持有这个观点,那么,我持有同样的观点显然很难作为我的独特之处。如果他的批评是对的,这并不是因为我认为认识终止于经验,而是因为他根据我的理论提出的认识必须终止其上的某种经验。这个观点蕴含在"而不是别的"这个说法中,我猜想。既然他没有提供证据支持自己的下述观点:确定了的境遇(根据我的理论,它是知识的终止处)不能把存在于、独立于认知者的世界中的物体或事件作为自己的主题,别人几乎就不能知道如何去把握他的论证。尽管如此,他的意思显然体现在"经验将在一个'确定了'的状态中而不是其他的状态中显现自己"这句话中。不过,我不能从这句话中推断出什么合理的意思来。因为,如我所说,如果经验总是某种事物,即与环境相关的事物(尽管根据我的理论,经验作为一种认知模式,不必然是环境本身),那么不可能理解为什么所牵涉的环境条件在它们或者因为它们有了秩序而形成一个终结的确定的境遇时应该消失或瓦解。墨菲先生下结论说,我关于转变的解释——通过探究的试验运作,从一个现有的材料或悬而未决的境遇向一个确定境遇的有序物体的转变——暗示了这样的消失,但是他没有给出任何理由。如果问题是我们究竟怎样合法地从现有环境中的材料推断过去环境的条件——比如很久以前的地质年代,那么,这个问题的所有理论都必须面对。况且,我的《逻辑》一书专门有个章节讨论这个问题。

既然人们只能猜测墨菲先生批评的逻辑核心,其答案可能就在他提到的一点(根据我的观点):最终经验,即确定境遇,是"直接的"。前面我已经不止一次说过,每个经验的出现都是直接的。之所以说"直接的",只是要表明经验就是经验那个样子。不过,也有一种与间接的相对的直接的意思。但是从描述的角度或事实上看,作为终点的确定境遇不是间接的。不过,这种直接性与确定境遇的主题或客观指涉毫无关系。如果探究的最终结论或结果因为其最终性而不是间接性这个特点,而使它们的主题变得直接,那么,根据墨菲先生暗示的逻辑,任何理论的所有结论都会"瓦解成直接性"。显然,别的理论不会,我的理论也不会。

无论从哪个角度都无法解释墨菲先生何以从刚刚引用的那段话得出那样的结论,所以,我们很有理由假设他的结论依据在于别处。有鉴于他对已讨论过的工具性的两种含义的混淆,我们可以从这个方向入手来寻求一个解释,尤其是因为他提到的"令人愉快的直接经验"(如果不是用来解释他的这些结论的根据,就会显得多余)。我们发现,在他论文的前面一页有这样一段话:

> 基本的事实是:观念一方面是发现真理的工具,另一方面能促进因为其他理由而被认为重要的利益。这两种工具价值本应区分,却被混淆在一起。这样一来,任何有关真理的独立评估便没有依据了。

这个说法没人质疑。但是,作为一个事实上而不仅仅是名义上的情境主义者,我一直区分两种情境:一种是理念在其中作为获得知识(有理由的断言或真理)的手段;另一种是已获得的知识(由之前的程序而得到)在其中作为一个潜在的手段,以控制或丰富圆满的非认知经验的出现。我承认这个观念:在后一种能力中的事物经验总会被某种事物控制,除非实际世界中的实际条件从来没有对我出现过,因为我不相信奇迹。外在的环境条件是经验发生的唯一原因,这个事实解释了我的理论为什么强调:知识,通过理智行为的中介,是控制价值或圆满对象的经验存在的唯一手段。它也解释了为什么我的理论与多数社会的道德理论不同,即强调自然科学结论的重要潜在功能。我再次引用一个典型的表述:

> 对直接经验的评价和使用是最终的事情。这些经验能够被认识,因为它们的构成和形式是科学探究的结果。但是,它们还不只是科学。它们是在关系之中所经历的自然事物,是以丰富的确定的个体形式连缀而成的连续性。

直接经验是被认识的自然事物,而且不仅仅是科学的对象。这不是说,一个解决了的境遇,因为其处于终点的位置,便切断了同自然世界的所有联系。

Ⅲ. 最后一个"形而上学"问题与萨弗里先生提出的问题有关——自然主义还是唯物主义?我知道,情感的原因常常导致偏向这个词而不是那个词。因此,如果人们提出,我是不是因为不喜欢与唯物主义一词有关的内容,故而使用自然主义这个词来表述我的哲学观,这个问题也很合理。既然我认为所有经验的主题都有赖于自然条件,人们也许会问:为什么我不坦率一点,直接就用唯物主义这个词呢?我有两个方面的考虑。一是这种唯物主义的理论中包含一种关于实体(substance)的形而上学观点,它是我不能接受的;而且,我不明白,不把事物(matter)看成是一种实体,而且是唯一的实体——传统形而上学意义上的实体,这样的理论怎么能被称为唯物主义。另一个原因关系到从经验主义的角度理解刚刚所说的。在哲学中,唯物主义和物质的意义是在与作为精神的心灵、心理的对立中被规定的。当这种二元对立的观点被彻底摒弃后,我看不出"物质"、"唯物主义"这样的词汇对哲学还有什么意义。物质(*matter*)在物理科学中被赋予了确定的意思。它指那些可以用数学符号表达的事物,这些数学符号与表达能量的符号不同。不可能把这种物理科学中的物质的确切定义概括为一种哲学的观点——但唯物主义就是这样。这种企图在我看来,与某些人所表现出的热情如出一辙,当能量被认为是一种重要的科学属性时,尤其是当人们相信科学已经把"物质"分解为能量——在严格的物理学技术意义上,这些人便欢呼雀跃。把物理学的物质概念普遍化为一种唯物主义,和把物理学的能量概念普遍化为一种心灵主义的形而上学,在我看来,这二者之间没有本质的区别。当然,哲学必须接受科学上已经确定的物质的指称物。但是这种接受,如果真正理解了物质的价值,将不会导向形而上的唯物主义,而是把哲学从下述联系中解脱出来:在前科学时代,"物质"与另一个"更高级"的实体,即灵魂、心灵、精神或别的什么相对立,并根据这种对立获得意义。

如果给"物质"一个哲学的定义,这个定义高于它最近才获得的技术的科学含义,那么即"物体"(mass)。我相信,这个定义应该是去命名功能性的关系而不是去命名一个实体的。这样,万一需要一个称谓代表存在的条件——作为所有形式的社会生物活动和价值的条件,物质也会是一个合适的词。但是,认识到所有这些活动和价值受制于存在的条件——而不是凭空产生自一个叫做精神的独立物质,和建构具有形而上意味的唯物主义,远不是一回事。因为只有从经验中被经验的活动和价值出发,探究才能找到线索去发现它们的条件。否认经验的活动和价值是其自身,等于摧毁了确定其产生条件的可能性,这无疑是"唯物主义"的自戕之举。更为可能的是认识到,被经验的一切,无论多么理想与崇高,都有自身的规定性的条件,而不用进入那构成形而上学唯物主义的超越界限的普遍化中去。

88

总结我的答复,我知道其中有很多地方充满争议。这本书意在提供反对性的批评,也提供支持性的解释;当批评只引起争议而没有合理地呈现出来时,很难对它进行回复。关于我的答复,一个较为中肯的批评是:当我宣称批评者在一些基本问题上误解了我,这几乎就等于承认我以前的写作不够清晰。对此,我不予否认;在有些时候,确实如此,误解了的概念已经成为批评的根据。因此,我希望向这些批评者表达我的谢意,他们使我重新考虑自己使用的语言(这些词语因为是初次表达,在不同于主流的哲学思考的尝试中,尤其是变幻莫测的),还有语词背后的观点。就此而言,我对批评者比对支持者更加充满感激,尽管这种感激不是一种天然的个人的情感。如果有人说,我选择回答哪些问题,给予多少讨论空间,只取决于我自身的兴趣而非批评者的兴趣,我对此只能说,如果我相信这场讨论的一个主要任务就是弄清楚哪些问题对我的思想来说是中心的,哪些是附属的,这似乎也合情合理。换个语境,我也许会留意忽略的那些批评——因为它们在我看来是一些可以解决的分歧,是程度问题而非原则问题。①

无论如何,观点的冲突与武力冲突不同,是推进相互理解的必要条件;如果意见一致只是因为缺乏批评性的碰撞与比较,那么,这种一致也是虚假的表面现象。秉持这种信念令人快慰。我记得珍妮·卡莱尔(Jane Carlyle)说过,把毫不相干的事物混在一起是大恶。只要批评缺场,由这种混合而造成的混乱就会出现。由对问题的清晰感知而带来的分歧,则是正面的收获。它们是进步的条件,预示了思想前进的方向;同时也是我们自身的收获,因为它们拓宽了我们的视野。尽管我们的知识不是把视角作为主题,但被认识的事物总是落在某个视角内。任何一个诚实的探究者,其对思想的视角性安排总有些东西值得学习。

89

---

① 这个声明尤其适用兰德尔博士在其论文末尾提出的问题。我不愿意让人们认为,我利用他的论文中有利于我的阐述,却忽略其中的反对意见。

根据我的思路,在重要的哲学问题和我生活于其中的文化境况之间,也存在着紧密的联系。正是因为这个原因,我始终认为,在最严格的意义上,哲学不能解决重大的问题,只能解决那些起源于不同的语言习惯可以通过分析来澄清的问题。如果基本问题只能在它们产生的地方,即与我们生活相关的文化境况里得以解决;如果哲学本质上是一种批评,通过明确的阐述解释廓清这些问题;如果在阐述之后,哲学所能做的只是指出理智行为的方向——那么,任何哲学理论所能提供的最大功用无非就是深化对这些问题的认识。以讨论中的互相迁就为手段的批评,是辨析这些问题不可或缺的中介。讨论是一种交流,通过交流,思想观点被分享而成为共同的财富。

最后,与哲学和文化的关系相关,我们也许应该庆幸自己生活在这里,自由的讨论和批评仍然受到推崇,没有哪种权力可以践踏它们的价值,垄断我们的文化和精神生活。世界上很多国家的人民还无法进行思想的自由交流,通过这种对比,我们应该认识到自己享有的权利以及维护和扩展它的责任。我们应该认识到,对自由交流的压制会阻碍并最终摧毁自由的思想和探究。这样的交流,包含把每一个观点和信仰置于最严厉的批评之下的权利和责任。所有人都想法一致,倒不如每个人都能自由地探究、互相切磋,这样就可能获得我们要寻找的真理。如果说在这场讨论中有一件事比其他事更深地烙印于我,那就是我从别人思想中获得的巨大收益——不仅有我的老师、学生,过去和现在的同事,还包括一长串构建了哲学这一永无止境的事业的思想家。

90

我相信[①]

　　在写给《活着的哲学》(*Living Philosophies*)第一卷的论文中,我把对经验可能性的信念置于我的哲学的中心。我说:"个体永远是经验的中心和终点,但是个体在其生活经验中具体什么样取决于共同生活的性质和运转。"我对经验的信念以及对个体性是其中心和终点这个信念一直没有改变,只是侧重点有所不同。现在我比以前更愿意强调,个体最终决定共同生活的性质和运转。

　　造成这种侧重点转移的原因是这些年发生的事件。专制和集权国家的兴起、民主的衰落始终与这样的呼声交织在一起:只有国家,只有社会政治组织,才能保障个体。还有更为喧嚣的声音(也产生了巨大的现实效果):作为对这种保障的报答,个体的一切属于国家。

　　这个严峻的挑战迫使所有相信自由民主的人重新思考个体选择、信念、行为和制度之间的关系,反思哪种社会变革能使个体真正成为经验的中心和拥有者。

在集权国家兴起的背景下重新考虑这个问题,我想强调,只有通过个体自愿发起、自愿合作产生的社会制度,才能保护真实的个体性的发展所必须的自由。

　　这种侧重点的转移丝毫没有改变我的下述信念:个体发展真实个体性的能力与个体彼此联合起来的社会条件密切相关。但是,它特别强调个体活动对于决定其生活的社会条件至关重要。过去一些年来已经表明,民主制度并没有保

---

① 首次发表于《我相信:时代杰出人物的个人哲学》(*Believe:The Personal Philosoplies of Certain Eminent Men and Women of Our Time*),克利夫顿·法迪曼(Clifton Fadiman)编,纽约:西蒙-舒斯特出版公司,1939 年,第 347—354 页。

障民主个体的生存;反倒是珍视自己和他人自由的个体,在思想上和行动上都是民主的个体,成为民主制度存在和维持的唯一和最后的保障。

我相信个体在互相之间的自愿联合中的自愿活动是民主制度的唯一基础,但这并不意味着我退回到旧个人主义哲学——它是旧物理学类推的产物。个体在其中是中心,但没有领域;个体之间的关系机械而外在,就像牛顿力学中原子之间的关系;自由可以通过挣脱束缚自动获得;个体唯一需要的就是请勿打扰。

这种个人主义的消极和空洞帮了同样武断和片面的集体主义的忙,其结果就是新的政治专制主义的兴起。民主的衰落和集权国家的兴起——号称能为个体做到个体自己无论如何也做不到的事情,是一枚硬币的两面。

现在,政治集体主义在所有高度工业化的国家很突出,尽管还没有达到集权主义的极端状态。这是工业和金融领域私有资本集体主义发展的社会后果。因此,那些想返回去去修复这种体系的人注定要失败。因为国家社会主义和国家资本主义的趋势是经济集体主义的产物,后者表现为大规模生产和分配造成资本和劳动力的高度集中。这两种形式的集体主义本质上是一回事,只不过私有集体主义和公共集体主义的代表们吵吵嚷嚷,掩盖了这一点。双方都宣称代表个体利益,一个为了个体的创造性,另一个为了个体的安全。

因为宣传时依据不同社会群体的利益,这两种集体主义的互惠互利也就不易被人觉察。大致上,"拥有派"(haves)代表私人集体主义,"没有派"(have nots)代表国家集体主义。两派在政治领域的激烈斗争掩盖了这样的事实:双方都支持某种集体主义,在代表同一个整体图景时互为补充。

尽管斗争的双方都宣称为了个体自由,实际上,个体在其中几乎没有出场的机会;而双方的唇枪舌剑、激烈辩论,更使个体头晕目眩。事情都很宏大,他想与这些宏大为伍,他被告知必须在大工业金融或大政治国家之间作出选择。很长一段时间,政治力量在立法和司法上的表现支持私人资本集体主义的发展。我毫不怀疑,在未来,政治活动将转而支持那些因为工业金融的集中发展而陷于困顿的底层群体。接下来的危险是:为重新获得平衡,政治活动将转向国家社会主义。这些年发生的事件即是明证。

的确,很多人会问:除了直接控制甚至占有大型工业金融企业,政治活动还能如何恢复平衡?答案是:首先,政治活动可以积极维护公民的自由言论、自由出版、交流和集会权利;其次,政府也可以做很多工作,以鼓励和推动自愿性合作组织的大力发展。

它包括废止或彻底修改大量目前获得政治支持的制度,因为它们妨碍了自愿联合组织有效地实现社会目的。还有其他壁垒和垄断设施抑制了个人的创造性和自愿的合作。我们的土地占有制度和税收制度为了个人的利益对土地(包括所有自然资源)的持有征收费用,这有效地阻碍了个体获取自由的通道。还有对长期资本投资回报的政治保护,这种投资不伴随任何生产活动,因此是他人生产活动的直接负担,是对个体自由的极大束缚。

政治集体主义和私有集体主义的内在一致性还体现为:政府解决问题的方法一直是制造匮乏而不是提高生产力。很显然,无论以私人利益的名义还是公众救济的名义不断强化对生产力的限制,只能对个体自由造成灾难性的后果(或是直接的或是间接的)。不过,根据目前的情况,政府行为的唯一选择是废除对自愿行为的种种限制,这张废除清单很容易进行细化,内容众多。

而且,把政治行为限定在为自由个体的自愿联合提供政策支持,这样的原则并不意味着政府行为只是消极的。比如,政府提供由税收来支撑的道路、教育、消防等服务,就是积极的政治活动。毫无疑问,这类活动的扩展将提升而不是限制个体的自由。这里制定的原则并不会阻碍政治活动实施建议性措施,但它的确设定了据以判断每一项政治计划的标准:它是否确实提高了个体自愿自由的选择和行为的程度?

目前的危险是:为了摆脱私有经济集体主义的恶果,我们急于扎入政治经济集体主义的怀抱。危险是这样的严重,以至于前面的建议被看成是在荒野中狂呼的不切实际的声音。如果说轻视目前的国家社会主义倾向是脱离实际,那么忽视卷入国家社会主义的危险更是脱离实际。因为这些年发生的事件已经证明,国家资本主义导致苏联或法西斯集权国家。

现在我们可以说明两种社会运动的结果。早期事件证明私有经济集体主义造成社会无政府状态,一个寡头集团的控制使混乱事态有所减轻。最近一些事件表明,国家社会主义或公共集体主义导致对个体性代表的一切事物的压制。现在从这两个重要的历史运动中吸取教训,还不算晚。重要的是开启这样的运动:为个体的自愿合作尝试提供一切条件。在这个运动中,政治活动有一席之地,但只是次要角色,它主要为促进个体的自愿活动从各个方面提供条件(既有否定性的,也有肯定性的)。

不过，还有一种社会主义，不是国家社会主义，大概可以称之为功能社会主义，其性质由医疗的社会化运动可见一斑。我认为，这种社会化注定要来，但可能以两种截然不同的方式，一种是政治控制下的国家行为，另一种是医药行业努力了解自身社会功能和责任的结果。这个例子的意义无需我发挥，它适用于所有的有益于社会、属于生产性活动的行业。

近年来的技术统治论者看到，自治组织的自我指导的行为中，天然具有承担必要的社会功能的潜力。但是，当他们陷入威尔士(Wells)和肖(Shaw)的泥潭，执迷于一群高高在上的精英专家们制定的规则时——尽管根据他们自己的说法，工程师将是武士，但他们毁掉了这个洞见。N. I. R. A(National Industry Recovery Act)是一个自我管理的工业组织。该组织与现存的法律体系没有冲突，却支持现有的工业控制制度——只给"劳动"撒几片面包。所以，它再好也不可能走向行业团体的自由运作。马克思主义者支持行业自治，但他们认为，这是最终目标，要通过无产阶级一个阶级夺取政治权力来实现。他们设想的国家消亡也没有证据支持。相反，把夺取政权作为在功能性的职业团体中组织起来的个体获得最终目的的手段，这将导致一个更加专制国家的出现。

辩证法被认为有望解决政治权力的崛起和消亡之间的矛盾。它之所以引人瞩目，乃在于它的缺席——历来如此。法西斯主义者也赞成合作政府的理念，不过，它要依赖不受约束、不负责任的政治权力。它不是一个功能性组织的合作社会，而是处处充满对个体自愿联合组织的压制。

历史告诉我们：今天表现得非常显著的趋势已经预示未来的发展；而那些带来崭新社会制度的巨大社会变革，正是一开始不为人所觉察的边缘运动逐渐累积的结果。

例如，在扩张的竞争性的工业主义发展的高峰时期，人们曾经大胆地预测：在未来社会，自由的个体、自由的国家相互依赖，持久的和平将会实现——参见赫尔伯特·斯宾塞。如今，实际情况恰恰相反。又有人根据现在明显的趋势预测：国家对工业活动不断加强的控制，将引领我们进入一个繁荣安全的新时代。无论如何，不被当前的短暂景象所迷惑的人才能明白：恰恰在现存秩序的夹缝中进行的运动，最终塑造未来。就像我的一位朋友所说，封建城堡的主人最不可能料想到的是：社会的未来取决于卑贱的商人所代表的力量，而这位商人曾经在他的城墙下摆货摊。

　　　我并不十分乐观地相信个体的自愿联合将会迅速地逆转政治集体主义的趋势，尽管它们正在建立，并伴随一个摇摇欲坠的社会秩序的噼啪破碎声。但是，我坚信，摆脱目前社会僵局的最终出路在于这些个体自愿联合发起的运动。对自己和他人还没有丧失信心的个体，将越来越多地加入这些组织。他们迟早会找到摆脱目前困境的方法。这一天越早到来，混乱和灾难的时代就越早结束。

时间与个体性①

　　希腊有句谚语:"判定一个人是否幸福,只能等到他死后。"这句话提醒人们　98
注意人生的不确定性。没有人知道一年中甚至一天中会发生什么。健康的人一
病不起,富有的人一贫如洗,呼风唤雨者一蹶不振,鲜花荣誉转瞬化作流言蜚语。
人活在他所不能控制的力量的支配之下。对好运厄运的信念,对善恶的信念,是
人类最为广泛持久的信念之一。机遇已经被很多民族神化了。命运变成了就连
诸神也要顶礼膜拜的至高君主。虽然对幸运女神的信仰被虔诚的人士所不齿,
但他们相信神的眷顾,这证明了以下事实:没有人可以控制自己的命运。

　　人们通常把人生的不确定、人的最终结局和变化不定联系起来,而把不可预
见、不可控的变化与时间联系起来。时间是噬啮之齿,是破坏者;我们向死而生,
每一天都带我们离死亡更近一步。这种态度不局限于粗民鄙夫。有时,它被称
为追求永生的本能信仰的根基。一切都在时间中消亡,但人无法相信消亡就是
最终的事物。几个世纪以来,随时间而来的不确定一直是诗歌的主题——读读
莎士比亚的十四行诗吧。无物长存;生命如白驹过隙,所有事物皆转瞬即逝。

　　但是,这也不能成为形而上学的理由从而使传统哲学认为,变化和时间标志
着低等的现实,而真实绝对的现实永恒不变。人类的理性——完完全全是人类
的——催生了下述理念:在变化如海滨流沙的低等世界之上,还有一个不变的、　99

---

① 首次发表于《时间及其神秘性》(*Time and Its Mysteries*),第 2 部,纽约:纽约大学出版社,1940
　年,第 85—109 页。原文是杜威于 1938 年 4 月 21 日在纽约大学詹姆斯·阿瑟基金会(James
　Arthur Foundation)上的演讲稿。

完整的和完美的王国。哲学语言从技术上为这种信念提供了基础，但其深层原因还是人们渴望中止变化、争斗和不确定。永恒和永生是有限的人类追求确定性的最终目标。

如此一来，也就不奇怪了：为什么在其他方面争执不休的哲学家们却都认同终极的现实是固定不变的，尽管他们在终极现实的具体构成上的分歧可谓天壤之别。唯心主义者在理念世界里发现了它，唯物主义者在物质规律里发现了它。机械主义者则寄希望于永恒的原子和自身不会运动也不会被推动的空间。目的论者发现，所有的变化都服从于最终不变的目标，这些目标是宇宙中唯一坚固的东西，是它们赋予那些变化的事物以意义和价值。典型的现实主义者认为，不变的本质比其他存在物具有更高的真实性。现代现实主义数学家发现，他们一心渴望的稳定性就在免除变化的可能性王国中。古典理性主义者看不上经验和经验的事物，因为它们在不断变化。奇怪的是，传统感觉经验主义者也把时间降到一个次要的地位。感觉出现了，又消失了；但就它们的本性而言，它们像牛顿力学的原子一样固定不变，前者只是后者心理上的复制品。理念只是对感觉印象弱化了的复制，本身不具有前行的力量，不能应用。时间的推移又使它们变得模糊，甚至消失。因为它们屈服于时间之齿的噬啮，它们被剥夺了生产的能力。

在18世纪晚期和19世纪的大部分时期，首次出现了明显的文化转折——人们对待变化的态度变了。在永无止境的完美性、进步和进化的名义下，事物在宇宙中的运动以及宇宙本身的运动开始具有一种仁慈的而不是令人讨厌的意味。不是说每一个变化都被看作进步的标志，但是变化的大趋势，宇宙的和社会的被认为越来越好。除了基督教的太平盛世理念最终需要借助超自然的手段来实现，黄金时代在历史上头一次被放置在未来而不是开端；变化和时间被赋予了仁慈的角色。

尽管这种新的乐观主义并没有十分牢靠的根基，但是它的出现却有充足的理由，因为知识界发生了巨大的变化。17世纪新兴科学的发展统领了下一个世纪的文化发展。科学对普通民众的影响并不大，但深深影响了知识精英，即便是那些本身并不从事科学研究的人也折服于科学的威力。在欧洲最发达的三个国家的启蒙见证了一个广泛传播的信念：光明最终普照大地，扫除愚昧、迷信和妄见指日可待，理性必定所向披靡。在人们的心中，理性就是科学所揭示的自然规律的同义词。先是发现统治自然世界的规律，然后是发现主宰人类社会的规律。

一个无比完美的人类社会的美好前景在人们面前徐徐展开。这个前景在相信自动进化的乐观主义理论中扮演了重要的角色,后来人们在赫尔伯特·斯宾塞的哲学中看到了它的经典表述。这种信念也许有些可笑,但自有其可贵之处。

最终,时间被认为是站在善的一面,而不是一个破坏者。事物朝向一个美好的结果运动,尽管道路还很远。

然而,这种新哲学在事物构成中远未赋予时间一个内在的地位和功能。变化是站在人的一边起作用的,但这仅仅是因为那些支配所发生的变化的固有规律。变化中有希望,正是因为控制变化的规律不变。永恒之物的核心现在转移到了科学的自然规律上,但哲学家和知识分子的希望和信念仍然寄托于不变之物。"演变"就是进步,这一信条植根于对固定规律的信任;这些规律自动地发挥作用,使人类社会朝着一个自由、正义和友爱的终极目标迈进。这是理性统治的自然结果。

直到 19 世纪晚期,时间和变化服从于一个终极目的的信条才受到严重挑战。柏格森(Bergson)和威廉·詹姆斯(William James)出于不同的动机,采取不同的方法,将变化置于事物的正中心。柏格森认为,生命和意识具有优先性,二者处于众所周知的流变之中。他也吸纳了自然世界中绝对真实的概念,认为这些不变的事物是生命前进过程中的沉积物。从这个观点出发,他批评机械论和目的论理论从相反的角度犯了同样的错误。支配变化的固有规律和变化朝向的既定目标都是一个向回看的产物,它忽视了生命的向前运动。这些固有规律和既定目标仅仅适用于那些生命已经创造和遗留的东西。生命是一个生机勃勃的创造过程,这个过程之中的行为和结果无论从机械论角度还是目的论角度都无法预知。智识喜欢固定的东西,仅仅因为它们已经完成、已经结束;智识本身,与它喜欢熟知的那些事物一样,是生命走过后的沉积物。在生命的前行中,唯有直觉清晰凸现,唯有直觉把握着现实。

另一方面,激励詹姆斯的首先是道德和艺术上的考虑。这体现在他使用的一个批评性词汇——"块状宇宙"。在詹姆斯看来,机械主义和唯心主义的错误在于他们坚持一个封闭的宇宙,在这个宇宙中没有任何想象与冒险的余地。他们牺牲了个体性以及依附于其上的所有价值,道德的和审美的,因为根据绝对唯心主义和机械唯物主义,个体只是整体的一部分,并被整体决定。只有一种多元主义的哲学、一种真正的非决定论哲学、一种关于内在本质的变化的哲学,才会阐扬个体的意义。它本身即能证明创造活动中斗争的正当性,并为真实的新事物的出现创造条件。

不过,直到本世纪才形成一个系统的彻底的主张:现实是一个过程;规律和事物在这个永不停歇的变化过程中发展。阿尔弗雷德·怀特海(Alfred Whitehead)是现代版赫拉克利特,只是有点变化。根据后者的学说,尽管所有事物像河流那样变动不居,变化如此持续,以至于人不可能一次踏入同一条河流(因为在他抬脚的时候,河流已经变了),但无论如何仍然存在一个既定不变的秩序,它控制着宇宙的兴衰。

不过,我的主题不是历史梳理,也不是要维护哪一个时间学说。我刚刚简单地勾勒了这一学说发展的历史,是为了表明:时间和变化,现在已经因为它们自身的性质,变成了一个头等重要的哲学问题。我想谈谈作为一个问题的时间,其中一个方面是时间和个体性的联系,因为个体性在生命有机体尤其是人类这里表现得最为典型。

我们来看一个人的一生,不管是传记,还是自传。故事从出生开始,一个时间性的事件,并扩展至父母和祖先的时间性存在。故事没有随死亡结束,它会对其生平已被叙述的人的言语和行动产生进一步的影响。每一个被记录的事情都是一个历史的事件,它是某种时间性的东西。每一个有历史记载的个体,苏格拉底或者尼禄,圣·佛朗西斯或者亚伯拉罕·林肯,都是一个延伸着的事件;或者是由众多事件构成的一个过程,其中每个事件都对之前的事件有所吸纳并开启了之后的事件。传记作者的技巧和艺术体现在他的一种能力,即发现和展示一个事件从之前的事件生长出来、又进入下一个事件的微妙方式,这种方式连传主本人也难以觉察。个体本身就是一段历史、一段生涯;因为这个缘故,他的一生只能作为一个时间性事件来叙述。后面的解释了前面的,正如前面的解释了后面的。以林肯1岁、5岁、10岁和30岁为例,想象一下这几个阶段之间的一切都被抹去,尽管他在这四个时段的生活被详尽记录。不用说,我们并没有得到他的完整传记,只是一些其意义没有被揭示出来的片断。因为他所生活在其中的时间不是从外面环绕着他,时间就是他生活的核心。

时间的连续性恰恰是人类个体的本质。一个传记作家在写林肯的前三十年生涯时,不可能不考虑他后来的生活。林肯,作为一个个体,是一段历史;任何从这段历史中截取的事件,将不再是该个体人生的一部分。林肯是时间中的一个独特的发展历程,其他每一个人类个体也是。个体性是每一段历史、每一段生涯的唯一性和独特性,不是在一开始一次性给与、然后像一个松散的毛线球一样逐渐散开的那类东西。林肯创造了历史。同样真实的是,他在自己创造的历史里成就了作为个体的自己。

到目前为止,我一直在说人的个体性。现在,关于时间的一个重要问题是:适用人类个体的,好像并不适用自然个体。俗话说:"像一个豆荚中的两粒豌豆那样一模一样。"这实际上表示植物不会有像人类那样以个体性为标志的生活。的确,很难着眼于一段独特的历史和事业来考虑一个给定的豌豆的个体性;这种个体性,如它貌似拥有的,部分归结于它在空间上的独立,部分归结于外在因素造成的特殊性。这种情形也适用低等动物。大部分人认为自家的狗具备某种独特的个体性,但怀疑蠕虫、蛤蜊和蜜蜂是否具备。的确,在动物界寻找任何与一段独特生涯相关的个体性,这似乎是某个充满奇思妙想的小说家的专利。

谈到无生命元素,一个流行的观点是:时间和连续的变化对它们而言,是完全外在的和异质的。根据这种观点,这些事物没有过程;它们只是在空间中变换彼此的关系。我们必须考察一下经典的原子概念。例如,在牛顿学说中,原子移动和被移动,由此改变了它在空间中的位置,但它自身并没有任何变化。它总是与开始时——或者根本没有开始——一模一样,并永远如此。因为其他事物的撞击,它改变了运动方向和速度,从而改变了与这些事物的距离。但是,这一切被认为是外在于它的实质性存在。原子没有发展,没有历史,因为它没有潜能。它像上帝,昨天、今天、明天永远合为一体。时间没有进入它的存在,没有侵蚀它,也没有发展它。无论如何,作为一个终极的元素,原子被认为具有某种个体性,是它自己而不是别的什么。在物理学中,时间仅仅被用来测量在空间中发生的运动。

这种存在于人类个体和自然个体之间的显著差异,是时间问题的一个部分。一些哲学家很满意地注意到这种差异,并以此为根据,主张人与其他事物之间彻底的二元主义:人与自然事物不同,是精神存在。还有少数哲学家致力于消除这种不同,他们认为,人特有的个体性只是徒有其表,其实是众多物理分子合成作用的结果。这些物理分子构成人的存在,那些看上去像是真实时间上的变化与发展的东西,其实只是这些既定分子元素在数量与合成上的变化。后来,一些大胆的思想家提出时间和历史过程是所有事物的标志,原子也有个体性。

我从推出第三种观点的物理学角度来谈几个理由。第一个理由是,人们日益认识到科学的对象是纯粹关系性的,与个体性事物的内在特性没有关系。对此,它们什么也没说。这个叙述的含义在科学规律方面体现得最为明显。物理规律表示变化的相互关系或变化方式的相关性,这在今天已是常识。例如,地心引力规律表示物体在距离和质量方面存在的一种关系,明摆着距离表示一种关系。长期以来,质量被认为是终极的个体元素的内在性质。然而,即便是牛顿学说中的质量概念也必须承认,质量只能根据惯性来定义;而惯性只能一方面根据它对其他物体产生的阻力、另一方面根据它对这些物体施加的作用力来定义;阻力和作用力则根据与加速度有关的运动来计算。认为质量是产生惯性与动量的内在性质,这是一种旧的形而上学力学观的简单残留物。就科学发现而言,不受形而上学观念的干扰,质量是惯性-动量,这些都是严格的尺度和关系。当考察细小的物体时,研究人员发现质量随速度而改变;这一发现最终使人们放弃质量是终极的元素或个体的固定不变的性质这一观念,从而把时间作为它们的第四维度。

顺便提一下,认识到科学研究对象的关系特征,这彻底清除了一个旧的形而上学问题。现代科学发展带来的一个突出问题源于这个事实,即在科学定义和描述的语言框架内,完全没有性质的地位。性质完全是多余的。只要存在下述理念(它是希腊形而上学的遗产):认识是为了深入对象的内在,性质的存在(如颜色、声音)就会很尴尬。通常的解决方法是:宣称它们是主观的,只存在于个体认知者的意识里。如果考虑到旧的理念——认识(以科学为最佳代表)是为了深入现实的中心,揭示其"实"质,那么,这个结论就合乎逻辑。然而,科学知识的对象仅仅是关系性的,这一发现使上述问题变成一个假问题。它不需要答案,因而也就不构成一个问题,因为履行科学的功能和职责迫使人们放弃了性质。用旧的语言来讲,所谓的第一性质与所谓的第二性质,如气味、颜色、声音等一样,并不是终极对象的内在属性,因为前者也是关系性的;或者如洛克(Locke)所洞见,是对象处于与其他事物关系之中的"保留物"。因为绝对空间、绝对运动和绝对时间在经验上无法证明,也没有必要,它们是非科学的;这个发现给予传统理念——强度、质量、体积等是终极个体的内在属性——以致命的一击。

上述科学观念的革命合乎逻辑的发展。这是因为,人们认识到,物理学的方法,用它在质量、时间和空间等上面的基本计量单位,测量的是变化之间的关系,而不是个体本身。这种认识带来了另一个理念,尽管旧形而上学观点的捍卫者百般地抵触,但它仍然稳步地前进。这个理念就是:用于说明实际情况的规律是统计学意义上的,不同于所谓的动力学规律——它们是抽象的、数学的,是一些伪装的定义。人们认识到,物理规律的统计学性质首先在气体领域,因为很明显,关于成群分子行为的概括说明并不描述或预测任何单个分子的行为。单独一个分子不是也不可能是气体。如此一来,认为科学规律是关于气体的基本构成成分的,就显得很荒谬。它只是说明在特定的条件下,大量这样的基本成分彼此互动的情况。

统计性说明是一种关于可能性的表述。没有保险公司能预测一个具体的人什么时候或怎么死,或者一栋建筑什么时候或怎么样着火。保险的实行依据下述观察:在某个年龄的广大人群中,百分之几的人会多活一年,百分之几的人会多活两年,等等,并以这些预测性的描述调整保险费。以一群分子为例,评估的准确性依赖于是否有足够多数量的个体,这种知识研究的是某种事件在所有发生事件中的相对频率。没有统计性说明是关于个体所发生的事的。这样一来,统计学意义上的确定的可能性原则,就是已经申明的那个原则的逻辑结果:科学研究的对象或主题是关系,而非个体。因为这个原因,可以放心地断言统计学说将取得最终胜利。第三个科学方面的考虑是海森堡(Heisenberg)的不确定性或非决定性原则,它也许是已经申明的那些观念的总结。从形式上看,这个原则似乎在使用上有些限制。古典科学的基础性信条可以同时说明某个物体的位置和速度。延伸这一信条,则认识到已有物体的位置和速度能够使人们准确地预测全部物体的未来行为。海森堡的原则是:如果位置被确定,对速度只能是某种程度的可能性预测;同样的,如果速度被确定,那么对于与之相关的位置只能是一种可能性说明。二者不能同时被确定,由此必然得出:全体的未来不可能被事先得知,除非是以某种可能性程度得知。

因为位置和速度这样的概念在物理学中占据着基础的地位,海森堡的原则在适用范围上没有限制,相反,它具有极其广泛的意义。

拉普拉斯(Laplace)根据古典的位置和速度概念,推出了他的逻辑结论。他说:"我们可以把宇宙现在的状态看作它过去的结果和未来的起因。一个有知识的人在给定的一刻知道运动的自然中的所有力量和构成自然的存在的相互位置,他能把宇宙中最大物体的运动和最小原子的运动浓缩为一个公式。对于这样一位有知识的人来说,一切都是确定的,因为未来和过去永远在他的眼前。"没有比这更为彻底地陈述了:时间与自然世界完全无关,时间对个体而言完全不存在。然而,海森堡的不确定性原则颠覆了这一结论赖以推出的前提。这个原则承认了真实的时间和物理的存在的相关性。就个体而言,最可行的是关于未来的某种可能性说明。海森堡的原则被一些狂热的学说抓住,作为自己的基础。现在,关于任性的自由意志和完全自发行为的学说也得到了科学的证明。海森堡原则的力量和意义在于,它普遍化了下述观念,即个体是一个时间上的过程,其未来不能逻辑地从其过去推出。

只要科学知识被认为关乎个体的内在本质,就没有办法消除人类个体发展和自然个体发展之间的差异,除非人们认为变化和时间在人类个体生命历程中具有的根本性地位仅仅看上去如此,是表面上的。无可逃避的结论是:正如人类个体只能根据时间这一基本现实来理解,对于自然个体,时间不仅是测量它们相对位置中已经预定了的变化,而且深入它们的存在之中。规律不"统治"个体的活动,它只是说明大量相互作用的个体行为的频率分布。

这个声明既不意味着自然的个体性与人类的个体性相同,也不意味着对我们来说无生命事物具有生物体的显著特征。生物与非生物二者之间的区别不能轻易抹杀。但是,这个声明的确表明二者之间不存在一个固定不变的鸿沟。随之而来的自然结论(无需沉浸于不成熟的预测之中)是:发展这一原则适用所有自然中的事物,包括人类——他们出生,经历质性的变化,最后死去,让位于别的个体。应用到自然中的这一发展观念涉及形式和性质上的差异,这一点之确定,恰如它摒弃了连续中的绝对裂隙一样。即便我们接受物种有机演化的理论,阿米巴虫机体和人类机体之间的差异依然真实存在。的确,否认差异的实在性和差异的巨大意义,就是否认发展这一理念。因为拒绝彻底的断裂、拒绝对外在力量的介入的需要而抹煞这种差异,就是否认发展,正如断定这种差异只能依靠某种超自然的力量来弥合是否认发展一样。因此,我将就发展或者进化(有人更喜欢这个宏伟的字眼)来进一步谈谈时间问题。

这里涉及的问题也许是目前哲学中最基本的问题。世界正在发生的变化仅仅是某种已经事先存在的事物在空间上的再分配和再编排,还是它们的确是质的变化? 就如同有机体的生理发展中所明显发生的那些情况,从卵子和精子的结合到个体的成熟,或者就像个体的人生进程中所发生的明显变化? 当这个问题被提出的时候,首先需要消除一些误解。发展和进化在历史上一直是歌颂的对象。人们认为,它们是从低到高、从相对坏到相对好的必然进程。但是,这个属性是一种外在的道德或神学赋予。真正的问题是上面提到的:变化是已经存在的事物重新进行空间排列,还是它确实包含某些新东西? 从这个角度看,癌症既是生理上的发展,也是精力上的发展;罪犯和英雄一样,都是社会发展的产物;极权主义国家的出现也是从宪政国家中进化出来的,不管我们喜欢与否。

如果我们接受时间与个体性之间的内在联系,那么,变化就不会仅仅是已经事先存在的事物在空间上的再排列。

既然这个问题是我提出的,我将假定发生的变化是真正的变化,并思考这种变化的含义。首先,在消极的角度上,要排除下述理念:发展是事先已经暗含或潜在元素的一个展开过程(这一理念经常被认为与进化的基本含义合拍)。其次,在积极的意义上,它暗示潜能是一个存在范畴,只有个体在一定时间内拥有潜在的力量或能力,发展才能发生。但是,它也意味着,这些力量不是从内展开的,而是在与其他事物的相互作用中被唤起的。虽然有必要重新激活潜能——作为个体性之特征——这一范畴,但这种激活必须采取一种有别于传统的亚里士多德主义的方式。根据后者的观点,潜能与一个既定目的相联,这个目的个体依其本性或本质要努力实现,尽管能否成功取决于外在事物的合作,也因此目的的实现会受到外在环境中"意外事件"的干扰——正如不是每一粒橡子都能长成一棵橡树,只有少数橡子能成为标准的橡树。

一旦摒弃下述理念:发展是由于某个内在目的而这个目的控制着变化的过程,那么潜能必须根据与其他事物的互动结果来认识。因此,对潜能的认识必须在互动发生之后。在某个特定的时间里,个体没有实现其潜能,原因在于存在着其他事物,个体还没有与这些事物互动。举个例子,今天人们已经知道牛奶的潜能,而在一个世纪之前却没人知道,这是因为牛奶被带入了与非有机体事物的互动中,因此也就有了提供营养之外的其他结果。据有关预测,未来人们将穿着由玻璃制成的衣服,衣服被扔进高温炉子里进行清洁。这个特定的预测能否实现,不影响其作为例子的价值。每一项新的科学发现,都会带来某种过去没有的技术类型。新的程序把事物带入新的接触与互动中,由此产生新的结果;产生这些新结果的能力,被认为是这个事物的潜能。认为潜能是内在的,由一个既定的目的确定,这一理念是一个非常狭窄的技术类型的产物。因为这种限制,人们认识

109

110

到的潜能只能是那些符合既定文化习惯的结果,而这些结果也因此被认为是"自然的"。当牛奶的唯一用途被认为是一种食品时,人们很"自然地"推定牛奶具有服务于这一目的的天然倾向。随着牛奶被用作塑料,被用于这种或那种用途,没有人能说出新的技术——将牛奶置于新的互动——还会带来哪些新的结果。因此,唯一合理的结论是:潜能不是固定和内在的,而是属于个体可能与他物互动的不确定性范畴。

回到人类个体上。当提起林肯的职业生涯时——这是林肯的独特个体性所在,不可能把它同林肯所处的特殊环境分开来。例如,在当时存在着国家权利和奴隶制这些决定林肯发展的问题,但产生这些问题的环境或条件并不是林肯创造的。没有林肯与之互动的环境或条件,林肯作为个体会是什么样子的将无从猜测。这些环境或条件不是像蜡受外力而成型那样塑造林肯。互动不是单向的活动。有很多其他人也生活在同样的环境中,但他们的生活极为不同,因为环境作用于他们的方式和他们作用于环境的方式都是不同的。因此,关于林肯一生的描述,不可能不展示他与特定环境日复一日的互动,与父母、妻儿、邻里的互动,与其经济条件、学校设备、作为一名职业律师的易发事件等等的互动。其个体性的一生就是一系列互动,在这种互动中,他回应或处理面临事件的方式塑造了他自己。在这个过程中,既不能遗漏作为机遇的环境或条件,也不能遗漏个体回应这些环境或条件的独特方式。只有当一个事件能引发另一个特别事件时,它才是一个机遇;而对事件的回应并不是某个原因的必然结果,而是一种把这一事件变成正在形成的独特历史的一部分的方式。

作为时间性发展的个体性,具有不确定性和偶然性。个体性是世上所有不可预知的事物的根源。不确定性并不是违反规律意义上的变化,因为规律表示变化可能存在的相互关系,不管变化的原因何在,这种可能性总是存在。一个变化发生了,在它发生之后,它属于可被观察的世界,与其他变化相联系。林肯被提名为总统候选人,他的选举、他的解放宣言、他的被刺杀可以被认为与其他事件相关,也可以被认为与林肯自己的过去有某种联系。但上述事件的任何一种,其发生的环境或条件却不是林肯自己能够创造的。就林肯作为个体而言,这些事件具有偶然性;就环境或条件而言,他在特定时间中的行为也具有偶然性,或者如果你愿意,可以说是运气使然。

在某些节骨眼上,他的反应既不能从他的过去来推知,也不能根据周围环境的特点来预测,除非是作为一种可能性来推知。这么说不是要武断地把机遇引入世界中,而是要表明真实的个体性是存在的;这种个体性孕育着新的发展;时间是真实的。如果我们对莎士比亚的生平足够了解,可以毫不含糊地指出:当《哈姆雷特》写完之后,它与其他事情都相关。我们可以把它和原始传说联系起来,可以把它的基调与作者的某些经历联系起来,诸如此类。但是,即便是最熟知莎翁过去的人,也不可能预测这出戏。如果他们能预测,也就能写出它了。就算是莎翁本人,事先也说不出他要写什么——如果他是一个个体,不是已经事先存在的物质在空间中重新排列的一个节点的话。

时间的神秘性因此也是真实个体存在的神秘性。它是一个秘密,因为任何存在的事物为什么正好是它自己的那个样子是个秘密。我们坚持事物的因果关系,坚持事物的发生有其必然性,但我们却忘了事物如它们性质上所呈现的那样存在着。我们可以在与其他变化的联系中解释一种变化,但对于存在,我们可以如它所是那样接受它。考虑一个蝴蝶或者一场地震这样一个事件或变化,我们至少可以在理论上发现并声明它与其他变化的关系。但是,个体的蝴蝶或某次地震仍然保持着自己独特的存在。在解释它的发生时,我们忘记了下述一点:被解释的只是发生,而不是事物本身。我们忘了,在解释中,我们被迫面对的发生事件依赖于其他有其自身独特性质的个体性事物。为了解释现在的处境,我们往回退,愿意退多远就多远,但我们仍然遭遇到事物的存在这一神秘问题。

它们的发生、它们的表现形式可以根据其他的发生事件来说明,但它们自身存在的性质却是终极的、晦涩的。神秘性在于世界就是世界,它是所有欢乐与悲伤、希望与恐惧、进步与退化的源泉。时间所进入的这所有的偶然性是怜悯、喜剧和悲剧的源泉。真实的时间,不是对空间中运动的度量;它是个体作为个体的存在,是创造,是不可预知的新鲜事物的发生。所有与这个结论相反的事情只是一个提醒:一个个体可能丧失了个体性,因为个体被常规惯例所囚禁,跌落到机械的层次。于是,时间不再是其存在的构成要素。我们的行为变得可以预测,因为它只是以前发生的事情的外在的重新排列。

总之,我想指出在我看来水到渠成的两点结论,或者两条规则,如果你愿意这么用。前面我说过,传统进步或进化观念基于下述信念:宇宙稳固不变的结构是自动生成的。这种乐观和宿命论的观念现在已经大打折扣了。在当前世界形

势下,很容易否认进步理念的合理性,因为人类世界中发生的大多数事情倾向于
证明了人的堕落这一古老的神学教义。不过,真正的结论是:尽管进步不是必然
的,但正是作为个体的人带来了进步。变化无论如何会发生,问题是要控制变化
的方向。变化的方向和性质是个体性的事。使大多数个体屈从于某个被认为是
超人的个体,这反映了社会的倒退。独裁与集权国家,还有相信这种或那种结果
的必然性,都是以不同的方式否认时间的真实性和个体的创造性,虽然这听上去
很奇怪。思想的自由和表达的自由不仅仅是有待伸张的权利。它们深深地植根
于在时间中发展的个体的存在之中。对这些自由的否定和剥夺是对个体性的压
制,也在实质上否认了作为机遇的时间。

　　民主理念和实践的根基是相信个体的潜能,相信如果提供了合适的环境或
条件,个体具有积极发展的能力。最初为民主运动辩护的哲学的弱点是:它把个
体性作为某种给定的东西,也就是说,个体性从时间中抽象出来,不再是一种发
展能力了。

　　另一个结论是:艺术是科学的补充。科学,如前所述,全然关注关系,而非个
体。而艺术,通过对环境不拘前例的回应方式,不仅展示了艺术家的个体性,也
呈现了创造未来的个体性。在对可能但尚未成形的事物的洞见中,一些艺术家
成了自觉的反叛者。但是,有意识的反对和决裂不是艺术家在创造未来的劳动
中一定采取的形式。对事物现在样子的不满,通常表达了对它未来可能情形的
一种洞见或想象,而体现了个体性的艺术就是这种预言式的想象。统一管理艺
术家,使他们服务于某项特定的事业,这粗暴地扼杀了艺术创造的活力。不仅如
此,它还背弃了一个它要服务得更好的未来这一事业,因为它使艺术家的个体性
变成受支配的附属的东西,从而完全堵塞了创新的源泉。如果这种统治胜利,它
带来的未来仅仅是对过去的一种重新编排。

　　艺术家在实现自己的个体性时,展示了在他之前不曾实现的潜能。这种展
示激发别的个体也去实现潜能,因为激励人们进一步探索的,除了对事物现状的
不满,还有对未来可能发生之事的想象与洞见。使艺术家服务于某个特定事
业——无论其价值如何,不仅侵犯了艺术家本人,而且堵塞了通往一个崭新的更
好未来的源头活水。艺术不是少数受人追捧的作家、画家和音乐家的专利,它是
所有个体性的真实表达。那些具有创造性表达天分的人,在很大程度上,以一种
不同寻常的方式,向一些人揭示了另外一些人的个体性意义。通过参与艺术工

作,他们在自己的活动中变成了艺术家。他们了解在各种形式中出现的个体性,并给予其充分的尊重。创造性活动的源泉被发现,泉水喷涌而出。自由的个体性是艺术的源头,也是在时间中进行的创造性发展的最终源头。

我的法哲学[①]

　　如果根据不同学派以及它们之间的争论来考察法律的性质问题，就会发现这一问题至少可以分为三个不同但相关的问题，即法律的来源、目的和运用，最后一个问题还包括使得或能够使得法律有效的方法问题。

　　法律讨论中牵扯的哲学问题似乎来源于对一些用于证明或批评现存法律条文和实践的原则的需要。这种需要和动机最明显地体现在这些哲学中：它们明确区分所谓积极法和自然法，后者是前者必须实现的目的和恪守的标准。这种观点目前只在那些对中世纪时期形成的一般观念仍然信服的学派中流行，它们从 17 世纪开始持续影响着欧洲大陆的法学家。但是，区分特定时期中存在的事物和可能或应该存在的事物，并且需要后者提供一种组织、证明或反对和改革前者的原则，似乎落后于法哲学领域发生的所有运动。

　　从这个角度看，关于法律来源和目的的讨论可以合并为一个话题，即衡量现有法律条文和实践的标准是什么。法律是什么的问题也可以归结为法律条文和

实践应该是什么的问题。根据影响广泛的传统观点，对目的和标准的规定与对终极来源的规定密切相关，比如上帝的理性或意志，或者最高的自然法，被认为是法律的来源。把来源和目的、标准等同起来，其深层次原因是相信，除非找到比经验更高级更确定的来源，否则没有确凿证据来对现存法律进行真正的哲学

---

① 首次发表于《我的法哲学：16 位美国学者的信条》(*My Philosophy of Law：Credos of Sixteen American Scholars*)，朱利叶斯·罗森塔尔基金会(the Julius Rosenthal Foundation)，波士顿：法律图书出版公司，1941 年，第 73—85 页。

评价。这种对源泉的诉诸不同于在时间上追溯起源，因为最后一个过程把事情和经验联系起来，把事情和传统认为属于经验的所有缺陷联系起来。

这些预备性的说明有两方面目的。一方面，它们显示，在"法律哲学"的讨论中涉及真实而重要的问题，即能够对现实法律（包括法律条文、立法工作、法庭判决、行政实践）进行合理有效的评价的基础问题。另一方面，法律哲学实际上反映了而且必将继续反映它们所处的时代运动，因此不能和这些运动所代表的事物分开。

这后一个声明很笼统。对很多人来说，它似乎将法律哲学关注的所有重要问题一网打尽。不过，从旧体系的角度看，它意味着，要理解这些体系，必须把它们放在与当时文化社会运动的联系之中。这个声明还认为，当法律哲学体现了付诸实践的努力，它们具有更大的意义。因为纯粹从理论角度看，不同的法律哲学相互冲突，似乎暗示它们在尝试不可能的任务。实际上，它们和它们所反映的运动具有同样的重要性，它们之间的冲突反倒证明了一种至关重要的真实性。同样的，如果这本书中的学者立场不能相容，那是因为，针对应该做什么、怎么做最好这样的实践问题表达了不同的看法。不管在哪里，我必须说的都是以这种精神提出来的。其基本原则是：在行动中检验行动，而不是依据纯粹理论判断某物（这种判断超出对事实和逻辑一致性的断定）。

我的立场是：法律完全是一种社会现象，在来源、目的和运用上都具有社会性。人们当然知道"社会"和"社会的"歧义迭出，充满矛盾；所以他们可能反对我的立场，理由是以一个更模糊的"社会"概念来解释法律的本质，后者已经够模糊了。但是，就目前的主题而言，只需要说明"社会的"包含两层意思。我们假定，不管其他什么意义，首先，它应用在人类活动中；其次，它应用到作为行为形式、作为互动的活动中去。说社会事实或现象是活动，从否定方面来看，是说它们并非那种已经做完、已经实现、已经结束的事实；从肯定方面来看，则说它们是正在进行的过程。在要考虑社会事实的时候（即使是过去的社会事实），重要的也是认识到它们代表了具有延伸度的某段时间，往前可以涵盖初始条件，往后可以涵盖结果阶段，后者本身又是正在进行的过程。就法律而言，这个立场意味着法律不仅自身是一个社会过程，而且处于和其他活动过程的复杂交织中，而不是完成了的或者在某一时间中发生的事情。"社会的"，首先与人类活动关联，这意味着不能把法律看作一个孤立的存在实体，而必须根据法律产生和发挥实质作用的社会条件来讨论它。正是这个事实，使得"法律"作为一个单数的全称术语使用相当危险，必须说明它是一个概括用法，包括法律条文、立法和管理活动（只要后者对人类活动过程有影响）、法院判决等等。

　　"社会的"第二层意思说明，所谓的法律运用，不是发生在法律条文或规定确立之后，而是后者的必要部分——非常必要。事实上，我们只能通过观察法律如何运作、它对正在进行的人类活动有什么影响来确定法律是什么。出于特殊目的，"运用"的意思可能受到很多技术限定，但从哲学角度看，它的意思必须宽泛。一个既有的法律安排就是它在修正和维持正在进行的人类活动方面所做的事情。没有运用，只有碎片的条文和空泛之谈，谈不上法律。

　　看上去，"社会的"一词已经包含刚刚所说的社会活动是互动（inter-activities）这样的意思，因为"社会的"也意味着联合。我之所以特别强调这一点，是想表明，实际上（尽管不必然是原则上或道义上的），所有社会行为都是互惠互利的。行为不是由此及彼的单向路径，而是双向过程；既有作用，也有反作用。尽管把一些人作为行为主体，另一些人作为行为受体很方便，但这种区分完全是相对意义上的。没有哪个接受者同时不是一个反作用者，没有哪个主体同时不是一个接受者。不同的政治、法律哲学一致强调共识、合约或协议，这实际上等于承认社会现象的这个特点，只不过对它的表述过于理念化。

　　社会过程拥有稳定持续的条件，它们不像构成社会过程的特殊行为那样短暂多样。人们的某些确定行为成为习惯，习惯体现在互动行为中，就变成习俗。根据这样的观点，这些习俗是法律的来源。我们可以用河谷、河流、河床来作个比喻。处于与周围村庄相联系中的河谷，或者所谓"地理走势"，是首要事实。河流可用来和社会过程相比较，它的各种各样的波浪漩涡类似构成这个社会过程的特别行为。河床是稳定的持久的条件，它约束并规定着河流的方向，类似于习

俗。但是，河床的稳固只是相对于湍急的河流而言的，它并不是绝对静止的。考虑到地理走势，河流从高处向低处奔流不息，长此以往（在时间和空间上），其力量可以形成和改变自己的河床。社会习俗包括传统和制度等，与具体的行动和对形成过程的行动的系列安排相比更为稳定，但这只是相对意义上的。作为社会习俗的沉淀，法律规定也具有这种特点。它们迟早，或慢或快，要与进行中的社会过程发生摩擦。尽管它们规定了社会过程的结构，但它们本身也是在这个过程中产生和形成的，而不是外在的强加。

　　习惯和风俗为人类活动的构成引入了一些因素，早期自称自己是经验主义

者的哲学家们对这些因素没有注意到，而现在，它们深刻地改变了在时间外寻找法律起源的要求，改变了对超越或独立于经验的法律标准或规范的要求。关于第一点，早期经验主义哲学家在反对自称永恒不变、超越批评的普遍性原则时，常常损害了经验，把经验中所有普遍持久的因素全部还原到普遍性名下。但是，每个习惯和风俗都具有某种限度的普遍性。它产生于环境条件和人类需要兴趣的互动之中，前者变化缓慢；后者虽然稳定，但时间一长，也会有细微的变化。空间限制并不足以说明习惯和法律规则之间的关系特性。不过，有一点很清楚，将某个习俗设立为法律——不管是怎么设立的，强化和延伸了习俗相对持久稳定的特性，从而改变了它的普遍特性。

作为社会活动的结构性条件，习俗和法律的普遍性对法律哲学争议性问题的影响或许还不明朗。关键是，承认社会现象的这个特点，使人们不再需要在实践活动的基础上求助于一个外在的起源。从纯粹形而上学的理论出发，一个人可能还会轻视时间或受时间性条件的影响；但是从实践的角度看，承认社会活动中某些构成成分的缓慢变化，我们才能完成每一项有益的、能满足现实需要的任务。这些任务在过去，在别的文化环境中，曾构成下述事物的外在起源：中世纪理论中或格劳修斯及其追随者所说的上帝的意志或理性、自然法、卢梭的公意、康德的实践理性。 120

上面所述不能应用到法律起源的主权说。主权指代的事物至少具有社会事实的性质，在社会活动和关系中存在。如果我没记错，这个曾经深受政治法律学者追捧的观点如今风光不再。这个事实暗示，为什么关于它，一句简要的说明足矣。因为这个观点已经太陈旧了，以至于很难想象它曾经如此流行。不过，仔细地审视，它的流行有两个原因：其一，使法律摆脱外在的形而上来源，转而依赖能被经验证明的条件和活动；其二，主权是一个政治术语，主权说的流行正好吻合了在传统"政治"领域爆发的大量的立法活动。关于法律起源的奥斯汀理论，可以说，理性地认可了把法律的规则和安排带入审慎的目的性活动中这一过程（它牺牲了在司法决定中被解释为相对来说比较散漫的习俗）。不过，这个理论已经失去了它最初的吸引力，因为历史学、人类学、社会学和心理学等社会科学的发展常常使主权成为一种众多社会力量的合力表达，这是最好的解释；最坏的结果是，主权成为一个纯粹抽象的概念。法律起源的主权说表明，人们从接受外在于社会行为的起源转而接受内在起源，但这种转向只关注一个社会要素，而且把它 121

孤立起来。当人们发现被称为"君主"的特殊人群也要在社会习俗——在某种程度上,也是社会利益——面前俯首听耳时,主权说衰落了。人们越来越倾向于在解释政治活动时,把它们和在同一个方向起作用的经济因素联系起来加以考虑。

到目前为止,还没有讨论目的和标准问题。需要指出的是:如果接受关于法律的经验来源的论述,只会巩固法律目的和标准外在于现实社会活动的观点。因为人们会这样说,这种或那种习俗和法律的存在事实并不表明它们应该存在,也不证明它们的价值。总之,我们这里碰到的是"价值和事实"的重大关系问题,许多人认为二者截然分离,衡量存在事物的价值标准一定超越所有的经验领域。

在这个问题上,承认社会事实是持续性活动至关重要。如果认为社会事实是封闭的、已经完全结束的活动,则很有理论依据支持下述观点:衡量这些事实的标准外在于现实经验世界。但是,如果它们持续进行,就会产生结果;对结果的考量,将决定下一阶段活动是维持原状还是接受改变。

如果社会的事实不被看作连续性的,外在的目的和标准就是必需的。当我们说这个观点在理论上有很多有道理的地方时,这并不意味着偏爱这件事很有道理,即把这些标准应用到在定义上与它们没有什么关系的社会实际条件上。毋庸置疑,过去,人们在不同的时间地点使用不同乃至冲突的标准。冲突本身足以证明它们不是来源于一个先在的绝对标准。否认可以从现实社会活动中提取标准,实际上,是否认绝对标准具有任何作用或效果(即使存在的话)。因为有什么理由认为,源于非经验的绝对目的的标准比那些过去提出的标准命运更好呢?

解决这类困难的通常做法是:承认必须区分绝对的形式和历史相对的内容。这对绝对目的学说所要满足的所有条件来说,都至关重要。因为根据这种区分,所有具体评价必须以被承认是经验性、暂时性的事物为基础。

而根据我的观点,标准在结果中,在正在进行的社会活动的功能中。如果这个观点被普遍接受,那么可以肯定,对法律制度的具体评价将引入大量的理性因素。因为它要求使用理智、运用最好的科学方法和可用的一切材料,根据实际情况探究法律规定、法律决定、立法行为所产生的结果。目前的趋势是:在讨论法律问题时,把它们置于具体的社会环境内,而不是从相对空疏的彼此关系入手。这个趋势虽然还在初始阶段,但一定会得到系统的法律理论的支持。而且,当人们在实践中认识到社会事实是持续性活动,法律问题居于其中,那么,就有可能获得一种新知识,而这种新知识会影响永无止境的对判断标准的改进。

怀特海的哲学[①]

I.

长久以来,哲学家们喜欢把各自的学说建立在每个人偶然获得的"第一原理"之上,后者之为"前提"乃在于它的逻辑优先性。受亚里士多德主义的影响,这些原理被作为公理或自明的真理,没有它们,其他的真理就不能得到证明(而没有证明就没有"科学")。它们似乎是通过纯粹理智直接降下来的,出自理性的天空,与神毗邻而居,或者自己就在自己里面。尽管有时候人们也会从人的角度来看待它们,但可以确定的是:在它们之外或之上并不存在任何它们要依靠的东西。一个人也许会认为,星星(不是简单地对星星的看)有赖于梯子,因为有了它,人才能爬上去看到星星。同样,人们也会注意到"原理"形成的背景。当这个梯子被哲学家们称为公设(postulates)而不是前提(premises)时,他们同时获得了坦诚和知识。但是,这种变化本身并不能保证他们认识到公设产生的背景,以及这些背景如何决定公设的功能发挥。

甚至,也不能说一个哲学家会自然而然明确地留意到他所关注的问题的产生背景。这一方面是因为传统作祟——怀疑无污染的概念等于贬低哲学的纯粹性;另一方面是因为比起哲学家们从之获得动力的问题的产生背景来说,他显然

[①] 首次发表于《阿尔弗雷德·怀特海的哲学》(*The Philosophy of Alfred North Whitehead*),《在世哲学家文库》,保罗·阿瑟·席尔普编,埃文斯顿和芝加哥:西北大学出版社,1941 年,第 3 卷,第 643—661 页。

更明确地意识到摆在前面催促其前进的事物。而且，当我写这些话的时候，我也痛苦地意识到，"背景"一词不足以涵盖我的意思，"地方"或者"出发点"之类的词更是勉强，如果它们是指比旅行者由此出发的家或环境更为狭窄的场所的话。

在我看来，比起大多数哲学家，怀特海更为注意自己由之出发的背景的特点。正是因为这个原因，我才在一开始发表上述议论。我尤其会想到一个段落，他说，哲学"只能处理某种意义被经验到的事物"，他接着又说：

> 经验的活动器官是作为整体的活着的身体。身体任何部位的变化——化学的、物理的或者分子层面的(molar)，都会引起整个有机体的调整。人类的经验起源于这样的物理活动。对这种经验的合理解释是：它是一种自然活动，包含在高级有机体的功能之内。**自然现实正是对这一事实的解释。**
>
> 这种经验看上去与大脑活动尤为关联。不过，我们无法确定大脑和身体其他部位的细微界限。而且，我们也不知道身体与外部世界的细微界限。事实是，大脑与身体是连续的，身体与自然界的其他部分也是连续的。人的经验是一种自我缘起行为，它涵盖整个自然界，受制于关注的背景视角。它在身体之内，但并不必然总是与大脑的某个部分保持固定的联系。①

125 如果我有权假定读者已经熟悉我的著作，知道自然和经验的相互关系，以及这些关系如何影响哲学的问题和任务，那么，我要说，他们也一定知道我为什么引用这段话。因为我称之为背景或出发点的事物，对我们两人来说是一回事，不管它们后来产生了什么分歧。这种出发点的一致非常少见，以至于我一开始就安然居住其中而丝毫不觉得不适。无论如何，必须首先提醒读者：我相信上面那段话传递了非常重要的思想，这种笃信决定了我对怀特海哲学的整体把握。如果你说我不该赋予下述观点重要性，即经验是有机体的活力与能量体现，这些能量与自然的其他部分紧密相联，经验的特征为一般性的描述自然——怀特海认为，这是哲学的特殊任务——提供了线索，关于自然其他部分的发现（构成自然

---

① 《观念的历险》(*Adventures of Ideas*)，第 289—290 页（原文没有斜体）。接下来，我还要提到或引用怀特海的这本书。为什么只限于它，这一方面取决于文章的讨论内容；另一方面，由于怀特海学说的要旨在本书中已有清晰完整的表述，我认为，这个限制对于我的解释和评论没有什么要紧。

科学的结论)为分析和理解直接经验中模糊晦涩的问题提供了手段;如果你认为我在这方面是错误的,那么,我接下来再说什么都无关紧要。

怀特海当然知道,经过某些自诩的经验主义者或反对者的解释,"经验"常常限定在有机体的特定活动上,这个有机体被赋予某种特权,活动也是武断筛选的。如众所周知的,经验只是感觉器官(sense-organ)的活动——或者不如说,经验是其产物,被称作感觉过程(sensation),或者,说是感觉材料(sensa)。从文化史中可以找到这种解释的原因。不过,公允地说,这种局限性只能是人类思想犯下的最不寻常、最无必要的错误之一。尤其是,如果一个人真的由此出发,最后死守开始时的证明,那么,他甚至永远不会知道他还有感觉器官,不会知道感觉器官长在一个人身上,这个人生活在一个半是友好半是恶劣的环境中。怀特海直言不能把经验局限于感觉:

> 我们必须注意不同情况中的不同表征。没有任何东西可以省略:迷醉,*126*
> 镇定;躺下,醒了;昏昏欲睡,头脑清醒;意识自我,忘记自我;理智经验,物理
> 经验;信仰坚定,怀疑一切;紧张不安,轻松惬意;遥想未来,回望过去;心花怒
> 放,愁眉不展;情绪失控,自我克制;沐浴光明,笼罩黑暗;经历寻常,体会异常。①

那些宣称相信经验哲学的人,不可能不感激把他们从自我设置的枷锁中解放出来。艺术家、诗人和预言家可能被这样一种哲学所吸引:它认为,经验之丰富,无法穷尽;经验之微妙,人类智慧无法想象。

II.

我不确定怀特海早期著作中对"自然的分叉"(the bifurcation of nature)的否定,是否与他后期著作中深化扩展的经验观念有关。我设想,这一否认源于他对新科学的反思;他的宇宙论充斥着一种数学的张力。但是毫无疑问,这种否认的完整表达是:自然属性必须能说明人类经验的独特性,而后者也为扩展物理科学所发现的事物的意义提供线索。"中立一元论"否认自然经验和"精神"经验之间的差异。的确,彻底唯物主义和精神唯心主义总是否认这种差异。不过,只要牛

---

① 《观念的历险》,第290页。

顿物理学是关于自然构成的权威学说，上述理论听起来就很勉强。二元主义与其说是一种推论性结论，还不如说是对物理对象（牛顿的）和人类经验不同特点的坦白承认。怀特海的天才体现在他很早就注意到新数学物理学清除了原来设想的科学性根基，而后者对于区分物理对象和人类经验显然重要。有了最初的发现，后来的持续反思必然使怀特海发展出一种更少抽象、更多生动的关于经验的观点，即更少专门化和更多专门化的经验的基本统一。

不管在哪里，我们都听到怀特海这样说："所有最终的个体实现都具有经验条件的形而上特征。"理解这句话，要与下面的这个观点联系起来——"一个人现在的直接经验条件和他过去的直接经验条件之间的联系可以作为直接证据，证明自然之中所有条件的联系。"[1]如果这句话的意思还不是很清楚，那么下面这句话将解除疑问："包含人的精神活动的经验条件是构成自然的所有事物中的极端例子。"[2]我相信，这句话显示了下述命题的意义："把自然和人分开是错误的。人类是自然之中以最浓缩的方式展现自然的可塑性的那个要素。"[3]

在我看来，要把所有现实存在看作"经验的条件"，这个观点与我前面引用的关于经验深度和广度的命题，二者精神一致。人类经验的独特性只是所有自然事件中的特殊例子，这不仅要彻底否定在自然主题和心理主题之间存在不可逾越的鸿沟，而且更重要的，它使我们——作为致力于以普遍化形式描述自然的哲学家，有权利用直接经验的特点来解释我们对非人的无生命的自然的观察。它也使我们有权利用自然科学的结论，来解释和描述以"意识"为标志的人类经验的神秘特点。它使我们能够这样做，却不必陷入用牛顿物理学解释独特的人类经验时必然导致的僵化机械唯物主义。一旦消除物理和心理、物质和精神、客体和主体二元对立的形而上基础，就为自由地观察任何种类的经验所揭示和指向的东西开辟了道路——即，从任何先在概念的束缚中解放出来。

所有现实存在都是"经验的条件"，怀特海关于经验的这种普遍化观点有两个结果，二者互为补充。一方面，人类经验的特点可以用来指导对全部自然一般性特点的观察，因为它们是随处可见的自然条件和因素的浓缩体现和特别发展。

---

① 《观念的历险》，第284页。

② 同上书，第237页。

③ 同上书，第99页。

另一方面,自然科学得出的普遍性结论也可以用来分析和解释人类生活现象,个人的或社会的。给我的印象是:怀特海早期更愿意从自然角度出发,之后推出一个一般性的自然学说,没有明确关注从心理学角度看到的经验;但是后期,他采取了一个相反的路径,从自然经验中特有的人类经验推出一个综合的自然学说,补充深化自己以前的结论。他早期著述中的"事件",因此变成后期著述中"经验的条件"。这个印象是否准确并不重要,重要的是下述事实:怀特海的理论体系建立在这样的理解基石上——"经验中的世界与超越经验的世界是等同的,经验的条件在世界之中,而世界在条件之中。概念必须解释清楚事物联系的这个矛盾:存在许多事物,但里里外外只有一个世界。"①

我以这样的方式解释怀特海哲学,毫无疑问,是有意强调那些与我自己的哲学思路相通的地方。我不否认,他的哲学如此博大,一定有其他的解释方式,批评家、评论家认为比我的方式更有意义。不管怎样,不能否认的是:我所选择的路径在怀特海的著作中明确地提到,并且越来越直接,所以我的解释即使不是唯一的,起码也是合理的。如果合理,那么,我有权说出自己的个人看法,即怀特海哲学方法的一致和敏锐是他思想原创性和丰富性的源泉。因为我相信,只有借助于这样的自然观,哲学才能逃离它一直因循的道路,明摆着那条道路通往死胡同——学术技巧可能争奇斗艳,哲学思想却一片贫瘠。

III.

前面引用过一段话,大意为人类经验只是所有自然事件的极端例子,紧随其后的是这样一段话:

> 任何学说,如果拒绝把人类经验置于自然之外,一定会在描述人类经验时发现描述自然事件时也使用的因素。如果没有这些因素,说人类经验是自然之中的事实,就是一个谎言,依靠含糊的措辞,仅仅带来令人舒服的好感。我们应该或者承认二元主义——至少作为一种临时学说,或者指出联结人类经验和自然科学的相同要素。②

---

① 《观念的历险》,第 293 页。
② 同上书,第 237 页。

如果批评我对怀特海哲学的解释过于简单，那么，这种指责在下述意义上是成立的：简单化的解释展示的是有机体的骨骼，却没有涉及它行动时需要用到的血液和肌肉。但除了怀特海哲学体系的骨骼（甚至只是它的脊椎）以外，在这里，我并不打算要关注其他什么。任何头脑开明的读者无须提醒，也能注意到《科学与现代世界》(*Science and the Modern World*)、《观念的历险》这些著作所富含的深刻启示，以及它们涉及的广泛领域。我自己的主题使我只能满足于这种不确定地对它的内容的引用，这些引用不见得与我所把握到的他的思想的一般结构相关。因此，接下来，我将考虑怀特海对两个哲学历史问题的理解，并把自己限定在这些方面，即那个能证明我所认为的构成怀特海哲学的原创性程序原则的方面，以及能标志他为未来哲学所开创的方向方面（沿着他开辟的方向，随后的哲学思想才能稳获丰收）。

IV.

谈到怀特海认为人类经验和自然经验具有相同要素时，我引用了一句话，在这句话中，普遍的观点采取了一个特殊的具体的形式。它是这么说的：现在的有意识经验和刚过去的经验之间的联系，"可以妥当地用来提示出范畴（这个范畴可应用到自然中所有条件的联系中)"。我打算用这个论断说明接下来的主客关系问题、离散-连续问题，或个体性和相对性问题。也就是说，我希望简要地概括怀特海如何从显见的事实出发，即每一个当下的直接经验同时包含正在过去（很快就成为过去）和正到来（它自身既是当下，也是已经变成过去的正在过去）的要素，从这个事实推出这样的解释，即主客关系、个体性-连续性关系是所有自然现实的一般特点。

关于人类经验，他是这么说的："经验无时无刻不表明它在两个世界之间转化，转瞬即逝的过去和眨眼即到的未来。这是常识。而且，眨眼即到的未来带着几分确定性潜于现在之中。"在之前的章节里，在提到"过去的条件在相对而言未来的条件中是潜在的"后，怀特海接着说：

> 毫无疑问，将来是为着现在的。这个事实由人类最为熟悉的习惯证实。法律合约、对各种事件的社会理解、雄心、焦虑、铁路时刻表如果不是因为现在在它实现的构成中与超越它的未来保持着联系，它们便只是意识的毫无

意义的表示。割裂将来,现在不复存在。直接存在要求在现在的裂隙中插入将来。①

同样的,现在包含过去,这也是一个显见的事实。否则,我们将总是重新开始,也永远达不到任何地方。生命将是无休止的中断,与任何事物都无涉。正如怀特海敏锐地注意到的,为了获得即便是表面上的合理性,休谟也被迫承认习惯和预期具有连续累积的力量,以平衡自己的极端原子论。如果过去没有呈现在当下之中,那就无法追踪我们的所为所想,也无力选择并调整实现计划(在现在中的未来)的手段。要加上一句的是:我们甚至不会知道被称为"意识"的东西也在流变之中,除非过去以这种或那种方式在当下延滞,使我们看到了变化和对比。

新物理学关于时空、相对性、矢量、世界线、能量通道的理论,其影响在于把现实的实体等同于过程(怀特海断定其存在的东西),这个做法与通常归属于赫拉克利特之河的全部事物是不同的。我认为,这一点经常被怀特海的批评者忽略。我们虽然不能两次踏进同一条河流,但只要对一个对象作出描述时,就可以踏入两次——甚至多次,因为河流或过程内在就含有时间。不过,即便新物理学孕育了这个看法,如果没有确切观察直接经验的事实,"前见"(prehension)观念不会取得今天这样广泛的影响。怀特海关于主客结构的解释就是这种"前见"的基本例子,过去和将来呈现在每一个当下的直接经验中。

他同意现代哲学的观点,即主客体关系"是经验的基本结构模式,但不是在主体-客体即认识者-被认识对象的意义上说的"。把主客关系等同于认识者和被认识对象,这个观点主宰着现代认识论,以至于不可能出现其他不同的观点。接下来的这句话暗示了怀特海为什么反对这种等同:"我同意纯粹知识的概念是一种高度抽象,意识的区分是一个变化着的因素,只出现在经验境遇的更为精巧的例子中。"②然而,接下来这句话却是:"经验的基础是情感的。"从上下文可以看出,怀特海的主要兴趣在于表明实际条件的基本联系是情感式的,是一种事物之间相互"关心"的联系。这将决定他关于时间内在性的解释:这种内在性就是

———————————
① 《观念的历险》,第 246 页。
② 同上书,第 225 页。

通过保持和期望而对现在的经验加以规定中体现出来的。这一点在怀特海解释主客关系时频频涉及，所以我现在集中讨论，把他对情感的优先强调放到后面再说。不过，这里可以简单地透露一下后面讨论的要点，在我看来，怀特海强调情感，是他没有一以贯之地采用和推行对"积极能量"的解释所致。因为这个过程可能已经导致对"相同要素"的功能性解释，如果是这样的话，怀特海似乎也退回到内容的一致上。

133　　怀特海论述经验之主客结构的语言不是很好懂，因为它孤立于那个赋予这些词以技术性意义的体系之外。尽管如此，我还是要引用一段话，并尝试给出我的解读。

　　　　经验的出现是一种活动，可以解析为若干功能模式。这些模式共同构成了经验的生成过程。每一种经验模式都可以理解为作为（一个）积极主体的完整经验，可以理解为某项活动关注的事物或客体。……客体是任何扮演着材料的角色的东西，它引发问题境遇的某项活动。这样的主体和客体是相对的术语。经验的出现是在特殊活动中关涉客体的主体；任何事物就它引发主体中的特定活动而言，都是一个客体。[①]

　　如果一个人记着某种关系二元论，那么理解这段话的困难就会大大降低，虽然不能完全消除。我们从下述事实开始：每一个境遇或实际存在都是一个时间的过程。当我们不带有任何先在观念，观察这个过程的生成时，我们看到它是由别的积极而真实的境遇引起的。在这个意义上，后者是客体，前者（过程）是主体，这一过程从开始到发展为某种特别的活动，只能通过另一个过程的刺激来实现。作为主体的过程，不单单经历客体。它作为某个特别过程的自我实现，也受制于它所接受的刺激。

　　然而，如果就解释到这儿，还是有缺憾的。因为在刚刚给出的解释中，过程构成主体，这样一来，到最后，它也成为引发别的事物的特别活动的积极因素。

134换句话说，境遇从它们是已经给予的事物来说，是客体，它能引发规定其他作为

[①]《观念的历险》，第 226 页。这段话本身即能证明可以用积极能量的联接来解释怀特海的学说，或者我刚刚所说的功能性解释。

主体过程的特别活动；但它们也是主体，相对于另一些过程或既有客体而言，它们具有属于自己的直接存在特性。的确，过程可以获得独特的活动形式，从而变成完全意义上的主体；同时又作为客体，与相对自己而言的其他主体过程处于互动之中。从相互性角度看，作为主体的过程（从一开始所提的那点出发），随着过程往前推移，引发别的过程的特殊能量，它实际上具备了用来定义客体的功能。这就是我所说的主客结构中的二重性——当然不是僵化的二元主义。于是可以得到：审慎的知识中的主客关系，只是组建过程（现实的实体）的能量相互联系的一般形式中的一个特定情况。

在讨论主客关系时，我们已经且必然涉及与分散-连续、个体-联合关系的意义的规定有关系的问题。实际上，很多时候，我怀疑后面这些问题是激发怀特海思想独特性的首要因素。任何时候，当迫于相对论和量子学说的压力，需要重新构造关于独立的牛顿原子的学说时，（原子的）孤立性和连续性的问题就会凸显出来。它和主客问题密切相关，其密切性体现在下面这句话中："主体是一个现实的实体的名称，这个实体在它的自我实现的直接性中只凸显自身。"[1]在物理经验中，它是原子性，就像在人类经验中，它代表我们称之为个体性的东西。在人类经验中，我们发现，既有独特的个体性，也有以"个体的同一"为形式的连续性；同理，在自然际遇中，"我们也应该期待一种量子学说，认为所有际遇的个体性是相关的；期待一种连续性学说，其中主观形式的共形转化（conformal transference）是主导性的事实"。[2]

最后一句话不是很好理解，需要找到"共形转化"这一用法的出处及解释。不过，就目前的主题而言，这样理解它足矣：过去内在于现在之中，因此，尽管现在相对来说是新事物，它仍然从属于自身之中的过去。整句话的意思可以转述为：自我实现的过程是持续的，也是展延的——因为它依靠已有的"客体"。与其说它指称作为整体的过程，还不如说它指称过程中的"决定性时刻"。尽管在某种意义上，自我产生的字面意思不是自我实现，因为后者涉及连续性问题。当特定活动相对完成时，主体（注意，功能性术语）具备作为客体的功能，然后为别的境遇指引方向。这些境遇，如同这个主体自己一样，如果没有来自外面的客体的

135

---

① 《观念的历险》，第227页。
② 同上书，第239页。

指引，终将只是没有实现的潜能。因此，个体性的直接性和最终性的自我实现只是一个连续过程中的一段，尽管是关键和特殊的一段。用怀特海的话来说，"境遇中的个体直接性是主观形式的最终统一体，是作为绝对现实的境遇。这种直接性是纯粹个体性的环节，二者都受基本相对性的限制"。①

V.

我想起，我的讨论集中在我认为重要的论述上，它们可以提供进入怀特海思想体系的最直接线索，如果提到其他问题那也是为了说明主题。对新物理学普遍意义——与牛顿宇宙论相比——的深刻思考，促使新的哲学转向，也就是我已经说过的，它把人类经验作为所揭示的自然特征的一个特殊化。这使得人们有

136可能并且有必要在解释物理性条件中作出改变而使用这些特殊化的特征。我认为，这个过程恰恰解释了为什么怀特海思想在当今哲学发展的关键环节具有强大的吸引力和指导性的力量。因为这个认识，我的讨论也集中于此，而忽略了其他众多怀特海发表的深思卓见的问题。接下来说的问题，怀特海对它们的处理引起了质疑和焦虑。首先是：他眼中的哲学任务到底是什么？如果在说明这个问题时，我引用的段落似乎暗示了两种不同的答案，那么，这并非为了暴露怀特海思想的矛盾这个肤浅的目的——无论如何，矛盾可能只是表面的，而考虑到这两种所谓不同的观点可能会影响后面要讨论的一个问题。

怀特海说，哲学的任务是制定"描述性的普遍化命题"（这个陈述本身对我提的问题来说，是中立的），接着他又说普遍化命题应该是这样的，它形成"一个连贯的、逻辑的、必然的普遍观念体系，可以据此解释人类经验的每一个要素。这儿'解释'意味着每一个要素都具有作为整体架构之特例的特点"。② 有人认为，这段话表达了怀特海关于哲学任务的正式观点。斜体字表达的是纯数学中展示的那种结构。这段话好像不单单是这样一个陈述：任何哲学体系的不同部分必须结合在一起（没有例外）。如果我的理解是对的，它还是一个断言：自然的构成物必须在其和属于其自身。这种关于自然和哲学任务的看法符合传统观念，后者认为哲学是这样一种理论，它以合乎知识本身的理论形式讲述宇宙的形而上

---

① 《观念的历险》，第 227 页。原文不是斜体字。
② 同上书，第 285 页；《过程与实在》（*Process and Reality*）。原文不是斜体字。

或本体论终极结构。怀特海经常提及"柏拉图七观念",①他明确地说,哲学无非是"一种努力,通过修订这些观念获得一个连贯的体系"。而且,"自然秩序表达真实事物的特性,这些真实事物共同构成自然内的存在。当我们理解这些事物的本质时,我们也因而知道它们之间的相互关系"。②

137

认为一般特征和本质具有本体论上的优先性,高于并制约在自然中实际观察到的存在和所有的现象,这不仅是柏拉图式的观点,而且把哲学主题(自然的构成)和数学理论的主题混同起来。因此有必要来看看下面这段话:

> 数学要从特殊关系(relata)和特殊联系模式中发现抽象的联系范式。……忽略事物之间的基本联系,总会造成一些问题。这就是彻底的相对性学说,这种相对性影响宇宙,使事物整体成为一个统一所有发生的事情的容器。③

这段话似乎也是为了传达相似的意思,即哲学的任务是建构一个体系,其中"每一个要素都具有作为整体架构之特例的特点"。这样,它们似乎证实了这个结论:一般特征或本质构成自然存在,这个说法是从字面上理解的。也许是我在理解中的不足,导致了我的这个信念:思想的全部问题是以抽象的逻辑联系取代具体真实的时间性联系,并以此为基础解释怀特海的思想体系。无论如何,这已经足以让我思考:在作那样的解释时,我是否走在正确的道路上。

不过,还有其他段落提供了一种更为自由宽泛的关于哲学任务的观点。这些段落强调"哲学的才智体现在洞见和远见上,体现在对生命价值的理解上,一句话,它是对激励所有文明行动的重要事物的理解",最后它还说,"哲学努力尝试廓清那些基本信仰(与恐惧、希望、价值判断相关),它们最终规定了作为性格之基础的注意的偏重处"。④

138

在我看来,一种经验哲学,如果对经验的理解彻底而系统,那么,它也会把哲学本身理解为一种经验。它会认为,这个陈述不仅适用于别人提出的哲学,也适

---

① 《观念的历险》,第171—172、188、203、241—242、354、366页。
② 同上书,第142页。原文不是斜体字。
③ 同上书,第197页。
④ 同上书,第125、203—204页。

用于一个人正在参与的哲学。它会认为,包括自身在内的众多哲学学说并不外在于对经验(是完整的,在其自身中完成)主题的理智描述;当哲学在知识(极其广泛和精确的)基础上发挥作用时,哲学是一种实验性努力,它对已经经历过的事物要素进行净化、连缀和扩展(这些经验的事物被批判性的判断赞扬为是有价值的)。这种经验哲学必然关心实验线索和实验手段,但它不把自身界定为一种知识。它要做的,不是前后一贯地报告和解释过去经验中那些合理的事物。它关注的是这些事物产生的条件,这种关注是为了更好地提出强化了的和扩展了的计划。就此而言,它是对于经验的生成性描述。当一种新的经验模式或经验物体被预见或真实出现时,它立刻会追问其结果。它是关于经验的功能性说明。即使是以最系统的方式报告主题和内容,报告最一般最本质的特征也要服从随结果而来的对事物的规定——并最终服从具体的存在发挥善恶的方式。

好像我抛开了怀特海的哲学,在发表自己的哲学观。实际上,我只是想表达我对怀特海先生所走的道路不是很确定(当所有的都被说了和做了的时候)。不过,有一件事我很肯定。他为后来的哲学开启了一条富有成果的新路子,也作出了自己的贡献:把观察自然经验和观察人类经验结合起来。这对于所有研究都具有无可比拟的启发性——只要心灵不对新的启发紧闭大门。但是我有点怀疑,当他使自己的结论屈服于各种考虑的混杂时(他试图把数学和他对自己从之受益很多的前辈哲学家的过分虔敬结合在一起),他是否阻碍或偏离了自己开辟的事业。

因为怀特海所用的术语而批评他,我对此大多不能认同。相反,我完全同意他的观点:我们继承来的语言,对新思想的发展有限制。而且,我认为,任何不愿意只是稍稍改头换面重述旧观念的人一定会同情怀特海的努力:寻找词汇,以表达传统表达方式中不会出现的观念。如果我批评他在描述自然现象时使用一些心灵主义的词汇,如感情、快乐等等,那仅仅是因为,在我看来,这种使用和他的哲学的某些方面有关。在这里,他认为,对现存事物的认知性描述比从尚未实现的经验可能性角度作出的发生-功能性说明好。

在我看来,认识到自然科学材料和人类经验中出现的情绪、观念、情感、欢乐等材料有类似之处,这是一个巨大的进步。但是,出于发现更好的可能性和批评现实的目的,最需要的只是二者功能的相似性。我相信,对内容一致性的坚持,导致了重要的哲学问题被遮蔽了。一个人可能完全认同怀特海,比如他说,"'物理科学是一种抽象',光这个说法就是承认哲学的失败。理性思想的任务是描述产生这种抽象的更为具体的事实"。但是,他也会非常遗憾地读到前面的这句话:"必须认识到,作为物理学的基础,物理能量这个概念是对复杂能量的抽象,复杂能量是情感性目的性的,内含于每一个际遇在其中完成自身的最终综合的主观形式之中。"①这个声明看上去与他自己的理论矛盾:一个主观形式的获得不是最终的,它只标志着一个持续过程的某个特定时刻,但这种矛盾只是一件技术上的事情。从上面引用的话可以看出,怀特海又一次把道德唯心主义、行为唯心主义转化为本体论的唯心主义或"唯心论"。思想史已经表明,这个转化是柏拉图和亚里士多德奠基的哲学事业的致命缺陷。确实,诚如怀特海先生所说,反对历史上如此多的哲学所具有的教条和体系化,导致了一些思想家不恰当地忽略那种重要的思想体系。但是,根据数学模式定义体系化而带来的抽象形式化,并没有排除这种体系的可能性,在其中,关于自然(包括物理和人类)的知识将影响人们对现存事物(因此也是能够被认知的)的理智批判,以及对其他选项和可能性的建构(而自由的批判性理智显示这种可能性更具价值)。我发现,怀特海思想体系的实质属于后者,而他的正式陈述经常偏向于前一种方向。

①《观念的历险》,第 239 页。原文不是斜体。

经验中的自然①

对这次会议议题有两种解释。一开始听到议题时，我以为会议要探讨经验理论和自然理论之间的关系。但是，当我收到刚刚宣读的两篇论文时，我意识到自己原来的想法很片面。不过，有一点很清楚：对议题的解释可能是非常宽泛的，我关于经验或自然的所有著述都能纳入议论之列。我得决定该怎样作出回复，我决定选择前一种理解。这可以使我集中笔墨，否则得涉及多个内容。但这样做也有局限：忽略或没有充分回应一些非常重要的批评，也不能深刻地阐释这些批评赖以成立的基础。

在这种矛盾中，最终的决定性考虑是：使得我能够引进更多统一性和组织性的道路，也能够使我集中注意力应对那些所有学派都必须面对的、要处理的核心哲学问题。我们很乐意听的卡罗斯讲座的主题，使我们注意到视角这个范畴的重要性，而视角问题在自然与经验的联系中是基础性的。我发现，从一个确定的
视角出发，把不同问题、不同假设整合起来，就有了一个体系。如此一来，我必须撤回过去关于哲学对体系的需要所作出的贬义性的评论。

一个哲学观点及其所建构的视角的特别重要性，这一点被下述事实强化：在哲学史上已经出现了大量观点，它们是人们据以理解世界的方式或主要范畴。在几乎每一个体系中重复出现的词汇和观念，其含义会逐渐变得固定；人们除了

---

① 首次发表于《哲学评论》(*Philosophical Review*)，第 49 期(1940 年 3 月)，第 244—258 页。1939年 12 月 28 日，美国哲学协会为纪念杜威 80 岁生日，在哥伦比亚大学举办了题为"杜威的经验与自然概念"研讨会。本文是杜威在研讨会上的发言，是对莫里斯·科恩和威廉·欧内斯特·霍金发言(见本卷附录 1 和附录 2)的回应。

接受某个哲学观点赋予它们的内涵（及其所附带的问题），似乎再无其他选择。一种哲学意味着与旧观点和旧视角的告别，就此而言，新哲学的创立者和他的听众都发现自己面临困难。前者必须使用一些词汇，其意义由一些多少陌生的观点来规定和固化；而后者，必须参与某种想象性的转译。

这个一般性的说明——与当前的主题相关——必须首先解释"经验"一词及另一个关联词"经验主义"。经验主义在哲学史上具有久远的传统；大体而言，这一传统在逻辑和本体论上是特殊主义和唯名论，如果不是明显的感觉论的话。当经验主义想要逃避其限制的时候，它总是使人类的经验变得破碎，但仍是上升到绝对经验的有用阶梯，这里通向了某种形式的宇宙论唯心主义。要陈述一个关于经验的观点，这种观点把经验与自然、与宇宙联系起来考察，但却不是依据自然科学的结论。你会发现很难找到这样的表达方式，使它不坠入历史上那些已经被认可的视角之中。

在理解经验与自然的关系时，存在一种观点循环。一方面，对自然的分析和解释依赖于自然科学的结论，尤其是生物学的研究结论（这个生物学依赖于物理学和化学）。当我说"依赖"时，我的意思是说，理解经验客体的特殊新材料的理智工具和媒介由自然科学提供，而不是说被经验的事物必须根据物理学中的物质术语来解释。后者导致一种否认经验具有特殊意义的自然主义，并最终把自然主义和机械唯物主义等同起来。

这个循环的另一方面表现为：人们认为，经验本身（包括日常的宏观经验）包含这样一些材料、过程和运作，如果它们被正确地持有和运用，会得出自然科学的方法和结论，这个结论正好为形成一种经验理论提供了手段。这个循环的存在是得到人们承认的，但没有被接受。人们也承认它不是恶性循环；它不是逻辑的，而是存在的、历史的。当我们观察人类历史，尤其是自然科学的发展史时，我们发现相对原始经验而来的进步，当时人们对自然和自然事件的看法与今天科学的权威解释完全不同。同时我们也发现，后者能使我们形成一种经验理论，根据这种理论，我们可以说明从粗糙的原始经验到高度精确的科学结论的发展是如何发生的。

在上述循环问题的基础上，我现在回应一些批评性观点。最全面的批评来自我的朋友科恩。他的论文题目用了"人类中心的"（Anthropocentric）这一表述，意思是说我对人类经验的执迷阻碍了我制定一种非人类的或关于物质自然的完备理论。简而言之,它认为,经验包含人的因素这一事实(没有被否认为是事实)形成了这样的哲学——认为经验先于人类活动,并以经验作为唯一的研究对象;因此,它不承认关于这样一些事情的讨论,如生命在地球中的起源、地理的年龄先于人类因此也必然先于人类经验等问题。

144 这儿有一个任何经验哲学都会遇到的问题;回避挑战,只能带来危险。然而问题不限于经验主义;经验的存在是一个事实,凭借经验的器官——身体、神经系统、手、眼、肌肉等,我们才能通向物质世界,这是毋庸置疑的事实。如果一种哲学认为被经历的事情和过程不可能成为我们进入自然世界的路径,那么,这种哲学显然为一种更为深层的观点支撑——在自然与人、自然与人类经验之间存在着断裂。无论如何,这里提出了一个基本问题:经验本身是自然的吗? 是自然的活动或者表现形式吗? 或者,在真实的意义上,它是超自然的——在自然之下、之上,或者外在于自然与自然异质的东西? 我将在这样一个语境下回应对我的重要批评。

(1) 在经验的事物中,尤其是那些典型的、明显的人类经验中所存在的特点和关系,并不出现在物理科学的对象之中,例如直接性、价值、目的等。那么,这些事物对于一种关于自然的哲学理论来说,是不是天然相关和重要的呢? 我一直认为,哲学的经验主义对此必须采取肯定的立场。我曾写道(如科恩所引):"原子在时间中,在关系的不断复杂化之下,产生悲伤和甜蜜、痛苦和美丽等性质,这些都是原子真实存在的一部分,正如原子在某个时刻拥有广延、质量和重量一样。"现在,姑且不论这个说法是否正确,它仅仅表明了任何理论如果从经验与自然的统一这个视角来看问题必须是怎么样的。[①]

我还认为,人类受欲望和幻想主宰,这一点与哲学的自然理论相关,正如它与数学物理学相关。如果从经验与自然的连贯看,这一点也毋庸置疑。自然,下

145 述说法也丝毫不构成威胁:"为理解自然在时空中的一般过程,人的欲望和幻想显然不如数学物理学的考虑更有解释力。"因为我的全部要点在于说明,对于自然哲学来说,被经验的事物的特性——对理解自然科学中的自然并不是毫无贡

---

① "产生"(give rise to)这个词并不暗示因果决定论这样特定的理论,原子"atom"这个词只是用来作为例证。如果将来某一天,自然科学摒弃了原子理论,而以其他东西代替原子,这里的论述依然适用。

献,与那些最具启发性的数学物理学的东西一样重要。这一观点为任何认为经验与自然连贯的理论必然秉持。

这点具有十分重要的哲学意义,因为事物的特性与价值——它们与那些现在确定为自然科学研究的对象所具有的性质是不同的——曾经与科学的材料完全混淆在一起。传统的宇宙观或自然理论正是在此基础上形成。是自然科学自身的发展,破坏了这种宇宙观。现代哲学史证实,这种破坏导致的危机,直接体现为主观与客观、心灵与物质、经验与自然的二元对立。这其中涉及的问题没有哪种哲学可以回避。任何一个观点,比如我刚刚提出的,只能从另外的理论角度才能对之进行合理的批评;但是,二元理论自身存在一些困难和问题,现代哲学史已经充分证实这一点。① 认为经验与自然相一致也有自身的难题,但无论对这个连续性理论的把握,还是对它的反驳,都不能通过下述方式进行,即把这种理论解释为:经验中人的因素的存在,阻碍了从经验通向非人类世界或物理世界。

(2)上面关于原子"真实存在"的引文包含一个明显的对比,即一个短的时间跨度里或时间截面上的自然和一个长的时间跨度里的自然(长得足以覆盖人类的出现和人类经验)。为方便理解,我所说的关于起源与功能、前提与结果必须被放置于这样一种视角下,这种视角强调有必要制定一种自然理论、一种以时间连续性为基础的人在自然中(而不是与自然相对)的关系理论。*146*

这里涉及的一个基本问题是:有些变化——比如那些在人类经验中结束的变化——形成了历史,或者成为一套被标志为发展或进步的变化。以前人们争论,在制定自然理论时是前提重要还是目的重要;当发展、进步、历史被提到首要位置时,这种争论自然不复存在。起源与目的同样重要,只是它们的内涵变成了限定历史因而可以对历史进行描述的界限。关于原子的那句话之前有一句话——"对知识来说,'原因'和'结果'的存在是局部的、被删剪了的"。整个一段话是要批评下述观点:原因和结果都是实在,但前者比后者更高级。有人认为,

---

① 尽管科恩似乎有些夸大了我与希腊和中世纪哲学的对立,不过,正是发生在自然科学方法与结论上的巨大变化这一事实,成为我坚持自然理论和知识论上要激烈变革的理由。就此而言,与其说是我,不如说是科恩没有赋予自然科学与哲学的关系以足够的重要性。尊重传统思想是一种美德;但是,自然科学的变革要求相应的宇宙学说的变化,正如研究方法上的变化要求逻辑上的重构。

这种流行的观点是由于把原因的作用实体化而造成的：原因本来只是控制结果的条件或手段（最终说来，也是唯一的控制手段），但现在却变成了一个本体论意义上的存在。而且，那段话所在的章节也是要表明：尽管作为过程和历史的存在包含着"目的"，但古代科学向现代科学转变，迫使我们必须相对地、多元地去解释目的，因为目的是特定历史过程的界限。

在我的关于经验和自然关系的理论（它自身也是一个历史的产物或"目的"）中，这是一个基本的看法，它包含了众多的特殊要点。在这儿，我只应对其中的一个。我的批评者认为，在说到意义时，我不恰当地强调了结果的重要性；而说起希腊哲学的背景时（讨论某一个特定问题），我又片面强调了起源的重要性。但是，在讨论某个历史时期的某个问题时，重点放在结果上；而讨论另一个历史时期的另一个问题时，重点放在起因上，这二者之间并不存在矛盾。就结果在其与意义和合理性的关系而言，我一直公开地坚守下述事实：我们只能通过探索起因而得知结果，因此前者是必要的，但在功能上却从属于后者。①

（3）从自然与经验的连贯出发，另一个问题是理论与实践目的的关系，尤其是物理科学与道德的关系。如果我没有说错的话，科恩的批评主要集中在此，他从另一个视角解释了那些他的批评以之为基础的段落，而不是从这些段落被提出时的视角。我一贯坚持认为——在这一点上，我很执著，探究应该遵循它的主题或问题的指导，②而不应该受制于任何外来目的或动机。然而更为重要的是，任何别的观点都会背离我的主旨——当涉及（i）自然科学在人类生活目的与价值的形成中的地位，（ii）作为研究人类活动的科学，或者社会和道德科学的典范的自然科学的实验方法的重要性。

关于形容词"自然的"（physical）所修饰的那类事物的特点，我的观点是：尽

---

① 我使用复合词"生成的功能的"（genetic-functional）是要表明，我所认为的正确的哲学方法与连续时间的视角或立场直接相关。

② 而我想请大家注意《确定性的寻求》第 67—68 页上的一段文字（《杜威晚期著作》，第 4 卷，第 55、182 页）。其中表达了"理论的"一词模糊的本质，这种模糊是误解的来源，是把研究者的态度和被研究问题的特性混淆起来的根源。这段文字明确地表示，探究者的态度必须是理论的、认知的，清除一切个人的欲望和好恶，愿意以探究的主题或问题为导向。同时文中也表示，只有探究自身才能决定主题是否包含实践的条件和性质。从探究者动机的严格的理论特点，从不偏不倚的好奇探索的必要性，到探究对象的特性，如果这是一种"人类中心主义"，那么，我对此不感到愧疚。

管它们是人类通过遵循实验路径认识的,但它们本身却构成了经验的所有性质、终极价值和圆满终结所依存的条件。因此,自然事物是把握价值和性质的唯一手段。把一些其他东西附加给它们,以这种或那种方式来干扰对它们的探究的完整性,这等于取消了"自然的"这一术语所界定的功能。我甚至把人文科学、实践科学落后的原因,一部分归结于物理科学的长期落后,一部分归结于道德学家和社会学家拒绝利用他们可以把握的物理学(尤其是生物学)材料。

(4) 这些考虑引出了我关于哲学性质与功能的看法。它们对于解释(或批评)科恩关注的那些段落十分重要,正是根据这些段落,科恩认为我使研究、反思、科学系统地服务于外在的实践目的。说到哲学(而不是科学),我始终坚持认为,既然它自身包含着价值考虑(这对与科学区分开来的哲学来说,是必不可少的),必然具有实践或道德的功能;既然这个特点是哲学内在具有的,那么,正是因为各种哲学学说没有认识到这一点并将其呈现出来,他们就把不好的特性带入哲学之中,从而导致了:一方面,这些哲学宣称自己是纯粹认知,从而使自己变成科学的对手;另一方面,它们忽视了自己本该大放异彩的领域,即在价值领域对人类行为进行指导。

下面这段话典型地表达了我的看法:"如果哲学从整体上停止处理现实问题和认识问题,那么,它的作用将何在? 实际上,它的功能将是促进我们的认知信念与我们关于价值、目的和目标的实践信念之间富有成效的互动,前者仰赖于最为可靠的探究方法,后者在对人类具有重大意义的活动中指导人的行为。"现在,不管这个与典型的科学探究不一样的哲学的本性的观点是否正确,其中牵涉的几点必须考虑,否则便不能理解这个观点。(1)它是由经验事物的不同模式(在这儿是科学与道德)交互而成的经验连续体这一普遍立场的一个方面;(2)它赋予哲学一个研究主题,这一主题不同于科学研究主题,但又内在地与后者相联,也就是说,科学(探究最可依赖的方法)所得到的结论会影响人类行为中包含的价值因素;(3)不使知识的结果从属于任何预设的价值构架或先在的实践目的(例如,界定"改革"的通常意义),而是强调对现有目的和价值(这些目的和价值代表了更加广泛自由的人类活动)的重建。

现在,姑且不论这种哲学观点是否正确(我的批评者对于他所认为的哲学主题和功能——与科学相比较而言——未置一词),如果把它套用于科学或一般性反思,最终会招致同样的批评。① 不过,有意义的也许是科恩本人事实上认识到哲学中人和道德因素的存在(不同于科学)。因为"顺从"——科恩发现,这是关于自然的一个正确理论教会人类的——确乎属于人和道德的因素。这点不会改变,即便我过于强调勇敢和主动担当这样一些品质——我这么做,是因为顺从和哲学的纯粹慰藉功用在历史上已经得到过多的关注。但是,我也指出,传统或天主教观点认为,仅仅被动顺从是不够的,还必须辅以一个神圣的机构,它承担着引导大众的积极功能;而这个情境中的实际逻辑是和教会相关的,而与传统哲学(哲学减弱了制度的支持和辅助)无关。在我看来,问题是两种理论之间的区别:一种是关于自然之中的经验的理论,这个理论认为,被经验的事物和活动毫无作为;另一种理论寻找和利用经验中的事物,这些事物能够持续提供人们所需要的支持和方向。② 最后,我非常感谢科恩对我个人的自由主义立场的赞许。不过,我必须得说:这种自由主义恰恰植根于科恩所忽视的那种哲学;而且在我看来,任何关于社会或道德活动的理论,自由主义的也好,其他的也好,如果没有一个宽广的哲学根基,只能是个人主观妄断的投射。

接下来,我将回应另一位友好的批评者欧内斯特·霍金。如果我的理解是正确的,霍金对我的批评并没有涉及在科恩的批评中所发现的那个假设:把经验和自然分开,他的批评涉及类似于我的一个出发点。如此看来,科恩的批评针对的不仅是我,也是霍金。在霍金看来,我的问题在于对经验的解释,首要问题是没有在与知识和现实世界相关的思想中给予它应有的地位和分量。我很感谢霍金认识到在我的知识理论中思想与理论所享有的地位,认识到在我的理论中"科学过程被最大限度地理智化了"。他的结论是:就像我已经做出的,从逻辑上

① 另外,我在一个规定的语境中关于某个特定哲学体系类型所说的话,经常被科恩不加限定地绝对化。比如,如果读者参看含有"奢华的"、"烦心的"等字眼的段落[见《达尔文的影响》(The Influence of Darwin),第298—299页(《杜威晚期著作》,第5卷,第21页),就会看到它不是指涉一般意义上的哲学,或者某个哲学史上的学派(更不会是无偏见的探究),它被一连串的"如果"(ifs)所限定。《创造性智慧》(Greative Intelligence)第60页(《杜威中期著作》,第10卷,第42页)上说:哲学因为"给行动提供指导"而被证明。当时的上下文是分析普通大众和专业人士接受实用主义的不同理由,而不是陈述我的观点,尽管哲学是爱智而不是爱知、哲学是人生导师这些既非新观念亦非实用主义的观念的产物。
② 由于读者不可能看到我的全部引文,我补充一下:关于人有能力塑造自己的命运这句话出现在下述段落中,这个段落讨论18世纪出现的关于人的无限完美性的思潮。我自己的观点有更大的可信性。

讲,我应该走得更远,应该采取下述立场:思想越多,实在越多。这种观点与我的立场有相关性,这是其他批评所没有的——那些批评认为我对传统唯名论经验主义所特有的思想、理论和抽象是鄙视的。

(1) 但是,尽管我批评感觉经验主义和唯经验主义,坚持认为思想和理论在决定科学研究对象时具有不可取代的作用,却没有否定观察材料和观察过程不可替代的作用。相反,我批评传统理性主义,不是因为它们指出了思想的必要作用,而是因为它们没有认识到观察的基本功能,即观察产生了一些材料或手段,通过它们,思想的对象被检验、得到证实或证伪,从而不再只是一个假设状态。下面我引用霍金谈论原子和电子的话:"杜威不会说我观察它们,只会说我思考它们。我同意这一点。但是,原子因此就没有椅子那么真实吗?"我完整地表述自己的观点:在目前,原子和电子与其说是观察对象,不如说是思考对象。但是,我没有否认观察材料的必要性,没有否认观察在科学的意义上是原子的那个对象的可能性。我认为,原子的理论价值在于(作为一种假设或思想)能够实验性地指引观察活动,并整合这些观察的结果。假如一位物理学家直接观察到某种叫原子的东西,当且仅当他的观察符合一套系统的推理所得出的定义的要求,也就是说,符合"思想"这一名词被赋予的功能的要求,他的观察才称得上是对作为科学对象的原子的观察。把原子表述为一种科学理论和假设的研究对象,微分方程式在其中的作用不容否认。但是就原子作为存在者而言(区别于它们的功用——促进和导引进一步的结论),这些方程式表达了需要通过观察的材料来满足的条件(如果它们肯定性地被断定为是原子的话)。

(2) 对这些要满足的条件的规定采取一个形式,它描述了在建立和解释观察中要执行的操作。这一事实引发我们思考霍金关于操作的想法。如果思想和思想的对象与被观察的事物没有任何联系,是完整的、最终的,如霍金所持,则关于科学对象的操作性观点将没有根据,无物支撑。像霍金那样把对微分方程式的实体的兴趣和对操作的兴趣对立起来,在我看来,这将遗漏操作主义的基本观点,即就物理学(包括数学物理学)而言,这些实体(如果它称得上是某种科学对象的话,如原子、电子或其他什么)是对操作的规定,而这些操作是在获取特定的观察材料中,以及在规定这些材料是否回答或满足某些特定的、加于其上的条件中被执行的。如我经常说的,一位科学工作者也许完全专注于问题的数学方面,对这门科学的历史发展贡献卓著;但是,这一事实本身并不能决定数学材料的实际位置和功能。

（3）现在来看霍金的另一个批评，关于他说的"思想越多，实在越多"的"实在"部分。到目前为止，我对霍金批评的回应还只停留在这句话的前半部分。在我看来，尽管他没有斩断经验与自然之间的连续性，却把经验的一个方面，即思想和经验的另一个方面——知觉——分裂开来。这种人为的分裂所导致的后果，体现在他关于"实在"的论述中。的确，如他所说，实在的一种意思是"其他事物所依赖的独立存在"；他发现这个独立存在"属于真实判断的内容"。这一说法在我看来，公开表达了一种经验模式及其材料和其他经验模式及其材料的区分或隔绝。因为他接着说，自然，作为真实判断的内容或完美思想的对象（能够衡量知识），是独立的实在，而经验是依赖于实在的衍生物。

恐怕实在不仅仅是一个具有双重意思的单词。其模糊性和多变性超过了霍金提到的两个含义（这两个含义影响了霍金观点中对"独立"和"依赖"的解释）。因为"依赖"和"衍生"有确定的实际含义，它会影响"实在"这个所有哲学词汇中最危险的单词的含义。认识的对象一旦获得，就会发挥控制其他材料的作用。因此，这些材料的地位和价值取决于认识的对象。以太的概念被放弃，因为它不再发挥任何控制探究的功能。而量子概念因为在对探究的控制中的高效和多产，其地位不断提升。但是，这种对"依赖"（dependena）的解释完全是功能性的。它不是先把认识或判断的对象分离出来，然后把它孤立来衡量其他事物的"实在"，而是把科学的对象，无论在起源上，还是在功能上，与其他事物联系起来（不认为后者较少实在性）。

（4）有鉴于此，我将评论霍金论文的第四点。我确实强调探究在时间上的连续性，因而也强调在一特定的时间内通过之前研究的方法和结果而得到的结论的依赖性，以及这些结论在接下来的探究中的可修正性。但是，就我的理解而言，认为这个观点延迟了对稳定对象的拥有和享受，使其服从无穷演进的目的，这种看法更适合霍金的立场，而不是我的。也就是说，如果我认为思想是接近"实在"唯一的正确方式，以及实在是一个完美判断的内容，那么，我应该深受下述问题的困扰：从实在的角度看，我目前所有的结论是否还有价值？

不过，我认为，在我自己的视域中，这个问题不会产生。因为我的观点是：不存在孤立的认识对象，它与其他形式的经验之事物处于连续互动中；前者的价值（或"实在"）取决于它对非认知经验之事物的控制，以及由此带来的意义的丰富。

即便从知识自身的角度看,探究带来了越来越多的确定性和稳定性,以至于未来的修正这一可能只是一个附加的价值,正如在其他的生活和事物中,那些能开启新的前景和可能性的成就有了这种附加的价值,得到的是促进而不是阻碍。然而更为重要的是,从不同模式经验事物持续互动的角度看,最终检验"判断内容"的价值,不在于它们与某种最终判断的内容——在一个无穷演进的终点才会取得——的关系,而在于它们当下做了什么,是否赋予其他事物更为丰富的意义,是否增强了我们对这些事物的把控。

回到我一开始说的关于主题的选择。我想重申我只回应了那些有关自然与经验之关系问题的批评,这种限定不是一种故意逃避,也不表示我对其他没有提到的批评缺少尊重。我过去并非像好朋友霍金幽默提示的那样,一直对批评不在意。相反,如果如我所愿,我的观点有所进步、更为清晰或适用范围更广,这主要归功于对我的批评和我对批评的反思。假如有一个观点,它决定了一个视角以及从这个视角看到的自然和事物的秩序,那么,在我看来,这个观点是最没有价值的。实际上,除非旧的观点发生变化,它将永远不会被看到。

批评是一种手段,通过它,一个人能够提出一个新观点——至少可以在想象中,并借此重新审视和修正自己原来的视域。如果今天对别人来说,我使自己的观点比以前更加明晰,那是因为,我的批评者使他们自己的意思对我来说更加明晰了。为此,我感谢他们,一如我要深深地感谢协会和我的朋友科恩和霍金,感谢他们为我的著作所花费的时间和精力。

詹姆斯心理学中消失的主体[①]

詹姆斯的《心理学原理》(*Principles of Psychology*)存在一个矛盾。一方面它是对认识论意义上的二元论的公开接受。根据这个观点,心理科学以一个"精神的"主体为中心,正如物理学以一个物质的对象为中心。然而,詹姆斯对于某些议题的分析却往往把主体推向消失的境地,主体被认为就是有机体,而后者只有通过与外界环境的互动来存在。根据后一个线索,主体与客体并不代表存在的不同层面或样式,它至多代表在经验领域之内为了一个确定目的而作的某种区分。

詹姆斯在下述论述中明确地表达了第一个观点:

> 心理学家对于认知的态度最终如此重要,以至于我们不能把它搁置起来,必须说清楚。这是一种彻底的二元主义。它假设了两个要素——可知的精神与被知的事物,并认为二者不能被还原……它们在共同的世界中相对而立,一方仅仅去知,另一方被知,是前者的对立物。这种单一的关系不能被表达得更浅显,也不能被表达得更复杂……即使在一个简单的感觉印象中,也必然发生通过内部的建构而针对客体的复制……主-客二元论以及它们之间先在的和谐是这些心理学家的理论预设,不管他们本身——作为有权利成为形而上学家的个体——可能秉持的一元论哲学如何隐秘。[②]

---

① 首次发表于《哲学杂志》,第 37 期(1940 年 10 月 24 日),第 589—599 页。
② 《心理学原理》,第 1 卷,第 218—220 页。

《心理学原理》于 1890 年出版,而书中的大部分内容写于数年之前。有关"意识流"的重要章节,也可以说是全书在字面上最主观的部分,在 1884 年的《心灵》(Mind)杂志上已经发表①。1904 年,詹姆斯在其文章《"意识"存在吗?》(Does "Consciousness" Exist?)中援引的话被认为是《心理学原理》一书的基础和来源,即意识"仅仅是遭遇哲学气流而消失的'灵魂'所留下的回音或微弱谣传"。对于本文的主旨颇为关键的是:作为认知者的独立主体,甚至在《心理学原理》中已经有消失的趋势。詹姆斯接着说:"在过去二十年里,我把'意识'错误地看作一个实体;在过去的七八年间,我对学生说它不是一个实存。"②"二十年"恰好回到了他的《心理学原理》部分内容发表的时期。适度地对心理分析的描述,可能会使一个人认为,明确表达出二元论预设,对于心理学家十分必要,这意味着他接受了对二元论立场最终正确性的怀疑。

詹姆斯后来并没有比《心理学原理》走得更远,这一点并不奇怪,如果我们考虑到他写作本书时主体的状况。尤其是考虑到下述事实:詹姆斯同时攻击了当时心理学领域存在的仅有的两种流派,即联想心理学和"理性"心理学,我们就会理解为什么詹姆斯犹犹豫豫,不把他的怀疑主义推向彻底。因为当时可以替换上述两种观点的唯一选择是:一种教条的唯物主义和它关于心理学现象的"自动"理论。不管詹姆斯在"灵魂"这一主题上多么仁慈,他仍然认为不存在对实质灵魂或永恒心灵的科学需要;他走得如此之远,以至于对人格同一性作了完全经验性的说明。③

他把"主体"还原为一个"正要过去的思想",这本身足以证明他正在消减认知主体。特别值得注意的是:在一节直接涉及自我的论述中,他甚至怀疑独立"思想"或作为认知者的任何精神状态是否存在。他说,也许我们应该这样认为,"一位思想者的存在与其说是对精神活动——我们自然地认为我们拥有它——

---

① 我说"字面上",是因为把"意识流"翻译成"经验过程",并保留那一章的实质内容是非常可能的。

② 《彻底经验主义论文集》(Essays in Radical Empiricism),第 2、3 页。

③ 关于詹姆斯的仁慈,见《心理学原理》,第 1 卷,第 181 页。他说:"事实是,鄙视信念中伟大的传统的对象,没人可以承受得起。"至于实质灵魂和永恒心灵,见第 1 卷,第 346 页,他说:"作为心理学家,我们完全不必形而上。现象已经足够,正在经历过程中的思想本身是唯一可证实的思想者,它与大脑过程的经验性联系是已知的最终规律。"关于个体身份,作为一个持久的、实质性的主体或自我的证据,詹姆斯受到最近发现的分裂人格事实的影响,他说:"个体意识的封闭性也许是多个条件的平均统计结果,而不是一个基本的事实。"(第 1 卷,第 350 页)

的直接内在感知,不如说是一个逻辑假定"。[①] 然而,尽管这是他的分析的直接结果,但詹姆斯把它当成是思辨的而消解了这一结论。他说:那个思辨结果"与任何哲学派别的基本假设相冲突。唯心论者、先验论者,还有经验论者,都承认我们具有对实际存在的思维活动连续而直接的认知。然而,在何种程度上把我们的思想看作一种存在而不会引来怀疑主义,在这个问题上,他们充满分歧"(第304—305页)。不过,詹姆斯在脚注中加了一段声明,考虑到刚刚提及的1904年的文章《"意识"存在吗?》,这个声明具有特别的意义。因为他说,他关于所有哲学派别所作的描述有一个例外,即苏里奥(M. Souriau)的一篇重要文章,其结论是"意识并不存在"。詹姆斯否认意识存在,这种否认包含对其早期公开服膺的二元论的彻底背离。这一点在他后来的一篇论文中表述无疑,在那儿,他说,被否定的是"存在的某种原初材料和性质,它与物质对象由以生成的东西不同,与我们的思想由以生成的东西不同"。

在详细讨论詹姆斯如何在《心理学原理》一书中消解精神或心理的主体前,我想对一个观点作些说明。这个观点如果得到积极详细的发挥,它会从一开始就认为完全没有必要提及"正要过去的思想"(这仍然来自传统的实体性主体)。这个观点在上面的引文中已经有所体现,在那儿,詹姆斯说,头脑运作过程是"最终的可被认知的法则"。詹姆斯是从与预备医学教育相关的生理学这个基础转向心理学研究的。他的自然主义线索,以及这种线索和他服膺的认识二元论之间的冲突,都源于此。如果它得到一以贯之的发挥,其结果将是从生物学角度对心理现象进行行为主义的解释。在詹姆斯第一次表达对"理性"心理学和"联想"心理学的反对时,他说,两种理论的缺陷来源于它们没有考虑明显存在的生理学事实,这一事实要求承认有机体和神经系统的作用。他接着说,斯宾塞的理论——生理现象和心理现象在本质上是一回事,都是"内在"相对于"外在"关系的一种调整适应——尽管不是很明晰,却比传统的理性心理学丰富得多,因为"它充分考虑了下述事实:精神栖息于环境之中,后者影响前者,前者反过来又作用于后者"。[②] 在这个方面,詹姆斯的基本观点是:心理现象(他称作精神生活)是连接有机体从外界环境接受来的印象和有机体对环境作出的回应性调整的中

①《心理学原理》,第1卷,第304页。
② 同上书,第1卷,第6页。

间阶段。如果这个观点中包含的东西得到很好的维持，那么存在于斯宾塞中的两种"内外"关系的二元论将被克服。有机体或个体，而不是"精神"，将被说成是"栖息于环境之中"。当詹姆斯发表下述看法时，他持有的正是这种行为主义的立场："追求未来的目标，选择实现目标的手段，这是一个现象中精神在场的标志和标准。"这句话暗示，精神的全部意义在于刚才提到的那种可被客观观察的事实。不过，由于这一立场最终被放弃，詹姆斯是否愿意更进一步，而不是仅仅说追求与选择是某种叫做精神的东西的外在标志，这一点值得怀疑。因为他限制了这一观点的适用范围，按照他的说法，这一观点被作为界定《心理学原理》研讨主题的标准，尤其是当行为也进入了研讨内容时。① 斜体字意味着詹姆斯认为现象的存在本质上是"心理或精神"的，以至于行为无法进入它们。与此同时，詹姆斯的立场也使他免于后面"行为主义"的缺陷，这种行为主义把行为和心理现象置于有机体内部。他说，神经系统的功能是"使每一个部分与另外一个部分和谐合作"，从而可能对从外界环境得来的感官印象进行加工。②

159

　　既然生物学方法对随后的分析产生影响的程度没有像导论中所引起人们期望的那样，那么，我们值得考察一些生物学方法确实发挥重要影响的例子。其中之一，关乎习惯和实践的效果。习惯被当作生物性因素，其基础在事物的构成中，是观念联想因而也是记忆和想象的"发生原因"。③ 它的内涵（尽管没有被发挥出来）中更加意味深长的是：詹姆斯说，"关注与努力在某种程度上似乎服从于习惯的法则，即一种物质的法则"。④ 而实践的操作被理解为动力活动，在辨别活动中处于中心位置。"当区别没有实际的动力，当我们在分析构成一个复合物的某个部分时一无所获，我们开始习惯于把它放置一边，不予理睬。"⑤詹姆斯在很大程度上采纳了赫尔姆霍茨（Helmholtz）的观点，即我们关注"感觉"，不是因为其本身，而是因为"它能使我们正确地判断我们周围的世界；我们对感觉的区分辨识这一实践活动，通常只是为了达到这一目的"（第 517 页）。感觉，一方面作为严格的生理学传入结构中的一个过程，另一方面作为物体的可感知的性质，

① 《心理学原理》，第 1 卷，第 8、11 页。
② 同上书，第 1 卷，第 12 页。
③ 同上书，第 1 卷，第 566、653 页，以及第 2 卷，第 44 页。
④ 同上书，第 1 卷，第 126 页。
⑤ 同上书，第 1 卷，第 515—516 页。

二者很难截然区分。这种模糊性影响了詹姆斯,他似乎认为感觉一直都在,只不过有时被注意到,有时没有——这个立场很是让人吃惊,因为他本人严厉地批评"无意识的精神状态"这样的理论。他说:"赫尔姆霍茨的法则是,我们搁置那些不能帮助我们辨识事物、因而毫无价值的感觉印象。这些感觉印象至多与它们的对象合起来形成一个集合体。"只有顽固的二元论的影响,才会使詹姆斯把感觉过程叫做"印象"。

詹姆斯后期的实用主义体现在他对反思或推理的论述中。"我的思考完全是为了行动,而且我一次只能做一件事情。""在认识(理解或解释)事情时,不存在更为真实的方式,仅仅是哪种方式更为重要、更为常用。"[①]最终,与通行的认知理论不同,詹姆斯给出了一个完全生物学和行为学的解释。

> 我们的确不应该重复心理学家的话,认为认知是一些不同心理实体的组合,也即一些当下的感觉加上许多过去的印象,所有这些以一种无法描述的方式"整合"在一起。

一种简单而自然的表述是:

> 在感觉器官中进行的过程分为不同的路径,习惯在大脑半球中把这些路径组织了起来。我们拥有的那种意识(认知)不是与简单的感觉过程相关,而是与更为复杂的过程相关。[②]

当我们追问詹姆斯为什么没有沿着上述论述所体现的方向发展其观点时,便看到了经久不衰的形而上二元论的影响。只要这种二元论被预设,神经系统(包括大脑)与心理现象之间的联系就是"神秘的";联系的证据越详细越完整,神秘性便越强。二元论的影响如此强烈,以至于詹姆斯没有将其理论蕴含贯彻到

---

① 《心理学原理》,第 1 卷,第 333—336 页。我们读到:"事物的本质在于,它的一个性质对我的兴趣来说如此重要,以至于和它相比,其他的性质被忽视了。"在詹姆斯描述心理现象的整个框架中,兴趣的角色是重要的,这一点是众所周知的。一般来说,他假定兴趣是心理的。他关于兴趣所说的话,当着眼于行为中的动力因素所实施的选择来说,最容易被理解。

② 同上书,第 1 卷,第 79、80 页;同上书,第 1 卷,第 103—104 页。

底,即大脑(神经系统)是在有机体与环境交互作用的行为中发挥功用的器官。最终,他并没有运用这个观点去解释每一种被观察到的心理现象,没有详尽地说明这一观点如何与关于作为环境和有机体的有效作用工具的神经系统的功能的一般学说联系在一起,而是表达了对所有"神秘"理论中最不可思议的理论的执著,即生理与心理之间的平行或预定和谐。

确实有一个问题,但它可以从许多方面来考察。这不是一个完全的形而上学问题,而是一个类似科学探究的特殊问题,即探索心理现象的发生条件。某些被经验的情境发生,其中一些涉及情感的性质,另一些涉及对这个或那个事物的知识。这些被经验的情境如何产生,这一问题非常重要,因为对条件的了解是进行控制的前提。拥有想要的经历,免却不想要的经历,如果我们想要把这一切掌控在己,对有机体的认识就必然是我们需要获取的知识的一部分,而对环境的认识是我们需要获取的知识的另一部分。对神经系统和大脑运作过程的认识是我们对有机体认识的重要部分,尽管远不是唯一的部分。然而,探究一个虚幻的或真实的感知发生时的大脑环境和探究水的产生的化学条件,原则上并没有区别,其区别只在于复杂的程度。而我们对于一些情境(就是经验的过程)的具体发生条件的忽视,并不会导出"神秘的"结论。

现在我要讨论下述问题,即詹姆斯认为"内在结构"对被经验事物的复制不是被观察到的事实,而只是一个后来的理论解释。在本文开头关于二元主义的引文中,詹姆斯说,即便只是在"感觉印象"中,这种复制也是需要的。在论述感觉的章节中,他说:

> 一个纯粹的感觉是一个抽象;当我们成年人说到"感觉"时,意味着两种东西中的一种:或者是指某种客体,具有某种特质或属性,如坚硬、热、痛等;或者是指我们的思想,熟悉这些客体并非意味着我们知道它们与其他事物之间的关系。①

这段话的后半部分暗示,内在"思想"可以认识其外在对应物。但是,詹姆斯对经验事实的理解使他认为,在对作为客体的性质的实际经验中,在内在感觉中是找

----
① 《心理学原理》,第 2 卷,第 3 页。

不到复制的。因为紧接着,他说:

> 婴儿自己得到的第一个感觉是宇宙。……婴儿所遇到的对象(尽管是在纯粹感觉中被给与的)包含了理解的所有范畴。……在此,年轻的认知者(婴儿,而不是一个心理状态)遇到并欢迎他的世界。(第8页)

詹姆斯关于感觉属性的这种观点,符合他所采取的客观立场(受证据引导而进入他要应付的特定问题)。① 以下论述便是代表:

> 以一个从未有过的经验为例,比如咽喉中感到一种新的味道。它是一种主观感受,还是一种被我们感觉到的客观性质?在那个时候,你绝不会问这样的问题。是这个味道,就这么简单!但是如果一位医生听了你的描述,说:"哈,现在你知道胃灼热(*heart burn*)是什么了吧?"那么,它就变成了一种已经存在的心理属性,你碰上了并有所认知。儿童关于时间、空间、事物和属性的第一次经历,可能就是以这样一种绝对的方式出现的,像第一次胃灼热,只是存在物,既不在思想之内,也不在思想之外。②

这一观点也许催生了他后来的"中立实体"理论。当正确的行为指导要求我们说明一个声音或颜色是一个环境中客体的标志还是主体内某种过程的标志时,主观与客观的区分便会出现,而中立的直接的经验意义是指对这种区分漠不关心。遗憾的是,詹姆斯后来的著作给人的印象是:这些中立实体是产生主观与客观区分的源泉——而不是区分某个属性指涉哪种客体。如果采取后一立场,那么,心理学家的一个问题是确定这种指涉出现的条件。这个问题与我们探寻一个声音来自枪击还是汽车发动机故障,属于一类。

詹姆斯又一次说:"经验在一开始就为我们展示了具体的客体,这些客体与包裹在时空中的其他事物大致是连续的,内在可分为不同的要素和部分。"

---

① 关于红、热、痛这些方面并没有什么内在地感觉的东西。它们之所以有这样的名称,是因为经验已显示出作为中介的有机器具的重要性。颜色可以看到,声音可以听到,这是一个知识项目。这项知识是由于对这种性质发生的条件的研究所获得的;它不是这个性质的一部分。

② 同上书,第1卷,第272页。

这句话适用于初级经验,也适用于高级经验。因为在同一个语境中,他说:"全部可感物体通过区别性的注意而被划分。"① 在另一个地方,他写道:"不存在单一的感觉。自我们诞生之日起,意识(经验)就是大量物体和关系的复杂混合体。我们称作简单感觉或属性的仅仅是区别性注意的结果,这种区别性注意通常被推向很高的程度。"② 的确,这些话的言外之意恰恰也是下述表述所要传达的:儿童的初次感觉(经验)对他来说,就是整个宇宙,"他后来逐渐认识的宇宙只是他初次感觉或经验的不断扩大"。③ 认为与此同时在思想和感觉里存在着内在的再复制,这在詹姆斯看来,是心理学家的谬误。心理学家在其专门研究中,认为原初经验中有推导性的结论——然而,这是一个错误的推理结果。

来到问题的核心——詹姆斯如何理解自我的本性和我们关于自我的意识。在他的理解中,认识论中的二元论意义上的主体消失了,它被一个经验的行为的自我所取代。在谈及自爱或自我主义的性质时,詹姆斯说:

> 我(ME),或者自我(SELF)这个词,就它们唤起了情感,从而蕴含有情感价值而言,可以说是客观性(OBJECTLVE)的标示,指在意识之流中具有激发某种特定兴奋的能力的所有事物(AIL THE THINGS)。④

詹姆斯之前论及生理、物质和社会的自我时,详细地说明了这一观点。其理论要点是:

> 为了拥有一个我能关照的自我,自然首先必须呈现给我某些事物,这些事物本身足够有趣,使我本能地想要因其本身而拥有它们。
> 发生在我们身体上的,比发生在其他领域更能激发我们行动的情感和

---

① 《心理学原理》,第 1 卷,第 487 页。
② 同上书,第 1 卷,第 224 页。
③ 同上书,第 2 卷,第 8 页。
④ 同上书,第 1 卷,第 319 页。在提到"意识流"时,这种二元论在字面上还被保留着。当我们用"经验事物的持续过程"这个词来代替时,所要说明的东西不会产生变化。除开这个事实,自我和个人这里是用客观的术语明确定义的。大写字母在原文中就有。

意愿——更为积极、更加符合惯例地行动。

我对社会自我的关注，对他人眼中的自我形象的兴趣，其实是对一套外在于我的思想客体的兴趣。[①]

165

不过，除了物质和社会的自我，詹姆斯也曾假定一个"精神"自我。看上去，这个似乎包含选择、赞成、拒绝等行动，拥有恐惧、希望等情感的精神自我，仍然是那个内在自我、一个直接观察研究无法攻克的对象。事实上，詹姆斯正是通过这个精神自我，提出了他最为鲜明、最为详尽的生物学解释。他说，他的直接的和经验的观察表明，"这一种自我主要表现为大脑或从头部到咽喉之间的部位的运动"。在文中，"这些运动"是指"眼球中压力、交汇、分散和调节的不断变化"，是"随着下颌肌肉的收缩和胸部的起伏而来的喉咙的一开一合"。[②] 这些身体运动，作为自我的最内核部分、自我的隐秘港湾被直接体验，表达了"连续的促进与阻碍、制止与释放，以及随欲望而动的趋势和其他的运动趋势"。下面这段话鲜明地体现了其理论表述：

> 自我的核心部分应该是一个行为集，这些行为从生理学角度看，与那些外显的行为没有本质区别。如果我们把所有可能的生理行为分为调整和执行，核心自我就是那些被整体来考虑的调整行为，而外缘自我，很活跃，经常变化，是那些执行的行为。

詹姆斯接着说，因为调整的行为"根本不重要，完全没意思，除非通过它们能促进或抑制其他事物或行为的出现"，它们被普遍忽视也就毫不奇怪了。然而，事实上，除了那些完全例行公事和"自动化"的活动，调整的行为参与了所有与外界环境或条件的交互作用活动。这使它们具有一种特殊的地位，因为"它们永远是转向（turnings-towards）和转自（turnings-from）的核心，是产生和抑制的核心，自

---

① 《心理学原理》，第1卷，第319—321页。同页接下来的是："事实仍然是……一些特殊种类的事物原本就拥有这种兴趣，并且形成了自然的我。但是，所有这些事物都是客观物体。"（第325页）对自我主义这个特殊话题的探讨，是早期陈述的一个扩大。那里说到，人的自我是"所有他称之为他的东西的总和"，是所有他通过积极的兴趣这个中介而加以关注的客观物体。

② 同上书，第1卷，第301页。

然看上去就是中心的和内在的"。①

　　詹姆斯关于人格同一性的论述,也与其上述行为学的解释相一致。思想"与其说适合它自己,不如说更适合当前客体中感受最亲密的部分,即身体和伴随着头脑中的思考的中央调控行动"。② 而且,詹姆斯对自我同一性的信念是经验性的,正如他对任何物体的同一性所持有的信念,"我们对人格同一性的感觉与我们对现象世界中同一性的感觉完全一样"③。无论如何,二元主义又出现了,因为他仍旧假定有一个"正在过去的思想"(passing thought)必须作为认知的主体。因此,在回到这个观点("正在消失的思想脉动"是认知者)之后,詹姆斯看上去作了一个非同寻常的妥协,在思想的脉动(I)和经验意义上的人(Me)之间。④

　　如果这样做很重要,那么应该援引更多的证据来说明在詹姆斯的心理学中存在两个不可调和的线索。在自我这一问题上,它们的冲突最为尖锐。但也有证据表明,从经验的角度看,需要一个对自我进行行为学解释的理论。抛弃认知的思想或意识这一观念——它只是一个过去了的精神的回音而已,詹姆斯在1904年的言说只是明确地(没有犹豫和模糊)表达了他在《心理学原理》一书中提出的观点。"在经验中包含一种基本行为,⋯⋯它可以被进一步分为两类,一类与'我们的'相关,一类与客体相关。"詹姆斯接着说:

　　　　前者是我们经历的世界的一部分。这一被经历的世界任何时候都以我们的身体为中心,是视觉中心、行为中心、兴趣中心⋯⋯身体是风暴的中心、协调的起源处、经验列车上永远充满紧张的地方⋯⋯因此,"我"首先是一个方位名词,像"这个"、"这儿"一样。⑤

　　然而,正如我已经表明的,詹姆斯没有重新加工他的《心理学原理》,以使心理现象的所有阶段和方面都从这个角度来观察和叙述。结果,心理学理论仍然固守着这样的假设:心灵和世界相互分离,相互独立。这个观念一开始是从哲学

①《心理学原理》,第1卷,第302页。
② 同上书,第1卷,第341页。
③ 同上书,第1卷,第334页。
④ 同上书,第1卷,第371页。
⑤《彻底经验主义论文集》,第169—170页。

来到心理学中的。但是,哲学家们现在提出它却有了心理学的支持,具有一种实证科学的权威性。只有心理学在整体上和一些特殊论题上清除传统二元主义的残余,哲学才能解放出来,完成它自己的任务。这种清除需要的不仅是从活动的有机体角度作出的名义上的声明,而且要把这个声明运用到身体的区分上去(这种区分起源于把心灵或意识看作独特实体的信念)。只要现象是完全从有机体角度来描述而不是从有机体和环境互动的功能和种类这个角度来描述的,那么,这种二元论就是难以避免的。

命题、有理由的断言与真理①

在这篇文章中,我打算重申一些理论特征;这些理论特征,我在之前论及相关主题时已经提出。我将以罗素先生的——《对意义和真理的探究》(*An Inquiry into meaning and Truth*)中对我观点的归纳和批评为基础。我完全同意他的声明,即"他(杜威)的观点和我的观点之间存在着重要差异,只有我们相互理解,这个差异才会被引出来"。② 我认为,这个声明可以这样解读:"我们不可能相互理解,除非我们之间的这些重要差异被摆出来并被谨记于心。"因此,我将把重点放在这样一些差异上,尤其是事关命题的性质和功能、前提和结果的不同作用,以及试验或证明。还有经验问题,它也许是所有差异中最重要的,是其他差异的基础。为了相互理解,我将作些对比,以便使我自己的观点比以前更加明晰。这样做时,我将不得不把某些观点归于罗素先生,同时也希望避免把不是他的观点强加于他。

I.

罗素先生说我的理论是"以有理由的断言替代真理"。③ 在某些特殊情况 下,我没有理由反驳这种解释。但是,上下文是缺席的;这种"替代"的观点不同于定义甚至与定义是相反的,有可能导致对我的理论在一些重要问题上的严重

---

① 首次发表于《哲学杂志》,第 38 期(1941 年 3 月 27 日),第 169—186 页。
② 《对意义和真理的探究》,第 401 页。
③ 同上书,第 362 页。罗素在该书 401 页重复了这个解释,只不过换了个说法。

误解。因此，首先我要说明，我的"有理由的断言"是对知识一个充满敬意的定义，根据这个定义，只有真实的信念才是知识。之所以有"替代"一说，与我的用词有关。在《逻辑：探究的理论》中，我就写道："上文有助于解释为什么我使用'有理由的断言'而不是'信念'和'知识'，这样可以避免后者的模糊性。"①既然这样，就需要在后面进一步分析断言和合理性的性质。

这个问题本身并不特别重要，但它对于理解我的其他观点（罗素对它们作了评论）有重大的意义。比如，罗素先生说："我们之间的一个重要分歧源于杜威博士关心理论和假设，而我关心对一些特定事实的断言。"②我的看法是：如果存在对特定事实作出有理由的断言，必然要求一种理论或假设的秩序，而这种秩序在实际的情况下被看作可能的意义。这个看法，毫无疑问，赋予理念（理论和假设）一种重要性；而根据罗素先生的观点，它们显然并不具备。但是，这个看法也不反对关于特定事实的断言，因为根据我的观点，它说明了我们在什么条件下作出关于特定事实的断言。③

170我的观点的这一部分没有什么特别"实用主义"的东西，它只是认为，对任何想跻身知识或真理行列的断言来说，观念（作为现存事物的可能的意义）的在场是必须的。我的观点与其他理论不同之处在于：它坚持这种"在场"需要借助于存在性的操作。罗素先生的观点与我的观点不同，他认为存在着因其本身的直接呈现而被知道的命题，比如"红存在"（There is red），或者他更喜欢的说法"这儿的红"（Redness-here）。我将指出他的观点存在一些问题，以此作为比较来说明我自己的立场。

（i）我不理解"这儿"（here）如何具有完备独立且自我肯定的意思。在我看来，它除了与"那儿"（*there*）有所区别，没别的意思；而"那儿"似乎是个复数，有多个方面的"那儿"（theres）。我相信，这些区别涉及一些规定，而这些规定超越了直接被给予的或能被直接呈现的事物。甚至我要说，而且不打算证明这种说法，

---

① 《逻辑：探究的理论》，第 9 页（《杜威晚期著作》，第 12 卷，第 16 页）。模糊性问题之前讨论过。关于信念，主要的问题是：它是一种心灵状态，还是被相信的主题？至于知识，问题在于：它是"有控制的成功探究的结果"，还是"具备自身的意义，与探究无关"？
② 《对意义和真理的探究》，第 408 页。
③ 如下文所示，这个问题直接关系到对结果问题的正确解释，它也与功能这样的基础性问题相联，而罗素先生很少提到这些。

在简单的断言"这儿的红"中涉及了一种对所谓"空间"的规定或定义。而且,既然对任何所涉及的特定事实的完整声明就是"此刻这儿的红",那么,针对"此刻这儿的红"而作的充分有保证的断言就涉及关于时空的科学理论。

(ii) 如果我没有误解罗素先生,他认为基本命题的终极性和纯粹性与下述事实相关,或者由后者保证,即"这儿的红"这样的内容本性上就是知觉经验,感知材料被简化为一个可直接感觉到的呈现物、一个感觉材料(sensum)。比如,他说:"理论上,我们可以区分涉及'那是红的'这个判断的两种情况;一种由被断言的事物引起,另一种由词汇和形象引起。前者一定真实,后者可能出错。"但是,他接着又问:"当我们说一个知觉对象'引起'一个词汇或句子,这意味着什么? 从表面判断,我们必须设想大脑中一个相当复杂的过程,它把视觉中枢与运动中枢联系起来,因此,这个因果关系决不是直接的。"①如此看来,根据罗素先生的观点,在任何情况下都会有一个精致的生理学理论来保证"这儿的红"是一个真实的断定。我再啰嗦地加一句:这里也直接涉及因果理论。

用更简单更少争议的话来说,我想问一问:"可感知的存在"、"感觉材料"这些说法所指涉的东西是不是本来就包含在罗素先生的观点中呢? 为了把"这儿的红"和命题诸如"这条丝带是红的"或者"这儿的骏鹰"区分开来,弄清这些指涉看来十分必要。如果需要指涉感觉材料,那么也就必须指涉身体感觉器官;有了这个中介,一个给定的性质才成为感觉材料。我不认为这种知识属于直接"在此"的资料,更可能的解释是:历史上有很长一段时期,人们并没有建立起颜色与视觉器官、声音和听觉器官之间的联系;或者,这样的联系只是人们从他们闭上眼睛、堵住耳朵的后果中推断出来的。

对某些性质是"可感觉的"信念是人们推断的结果,其可能性被下述事实所增强,即罗素先生本人没有提到身体发动因素——它们肯定介入了"这儿的红"中,这个忽略是我和他之间一个相当重要的分歧。有鉴于此,如果有人认为一切复杂的命题要作为知识,必须依赖其本性被罗素描述了的先验的原子命题(prior atomic propositions),那么在我看来,这种认识为彻底的怀疑主义提供了最充足的理由。

我的观点是:所有的知识,或者有理由的断言,依赖于探究;而探究总是牵涉

---

① 《对意义和真理的探究》,第 200 页。

成问题的东西（被追问的东西），牵涉怀疑的因素，用皮尔士先生的话说，就是"可误主义"（fallibilism）。但是，探究也为可能性提供支撑，决定可能性的大小，拒绝所有宣称自己不证自明的独断声明。对于那些赋予一些命题自足性、自有性以及自明性的做法来说，唯一的替代就是根据结果来寻找检验和标志的理论。

172

我希望，这是可以接受的观点。任何时候评价我的观点，这个立场需要牢记。

II.

在书的前面部分，罗素先生归纳了一些"工具主义"观点，并指出这些观点（根据他的设想和表述而来）明显存在的一些错误。他没有提到我的名字和观点。但我一直称自己关于命题的观点是"工具性的"（我是从特定的技术意义上来定义命题的），所以评论他的看法，可能有助于说明我的真实观点。他是这么说的：

> 有一些哲学流派，著名的如黑格尔主义和工具主义，完全否认材料和推论的分际。他们认为，在我们的知识中，有一种推论要素；知识是一个有机整体；检测真理的标准是一致性而非与"事实"吻合。我不否认这种观点有正确之处，但如果认为它完全正确，那么知觉在知识中所起的作用就无法解释。很明显，每一个知觉经验，如果我有意注意它，或者给我带来新的以前未曾得出的知识，或者至少带来更大的确定性，超过先前通过推论得到的。对此，工具主义的回答是：任何由知觉获得的新知识总是基于已有理论的一种解释，如果这些理论后来证明不合适，那么，这些新知识也要随之修正。①

173

我从所谓的工具主义观点——"在我们的知识中，有一种推论要素"开始。在我看来，这个声明模糊不清；而且，其中有一个意思不对。所以，有必要先作个区分。如果它是说，像它明摆着的，推论的要素是独立出现的，这便不对。因为根据我的观点（如果我可以把它作为工具主义观点的一个样本），尽管要得出一

---

① 《对意义和真理的探究》，第154页。为说明引文中讨论的观点，也为了缩短我的评论，我补充一些直言声明，许多涉及"工具主义"的著作可以证实它们。工具主义者不相信"知识是一个有机整体"；事实上，这个观念对工具主义毫无意义。工具主义者也不相信真理的检测标准是一致性；他们持一种功能意义上的符合论，这一点后面还要说到。

个有理由的断言,推理是必要的,但这些被推理的东西不会出现在后者中,即知识中。被推理资料必须被检查和测试。如果要赋予一个推理要素知识而非假想的称号,就必须进行测试。测试的手段就是通过观察(只有通过观察)提供的材料。而且,我在《逻辑》一书中经常声明,观察提供的材料必须是新的,或者不同于那些最初提示过推理要素的材料,如果它们还想在获取知识的过程中体现任何价值的话。重要的是这些材料通过无数不同的条件获得,正因为如此,它们才可以互补。推理和观察既区分又合作,这种必然性是分析科学探究的产物,也是我的理论——知识是有理由的断言——的核心。后面我会详谈这一点。

现在应该清楚了,工具主义者不会作出罗素先生加之于他的那种"答复"。他反对"已经接受的理论"始终是解释人们在感觉经验中最新获得的东西的基础,也和别人一样指出这种解释方式是许多错误结论常见的重要原因,它导致教条主义,束缚知识的发展。在《逻辑》中,我清楚地说过,为什么引进试验方法意味着自然科学的一个重大变革,一个主要原因是它们提供的材料在细节和种类上都是新的。因此,引进它们要求新的推理、新的主题、新型的理论——除了提供更为精确的检测旧理论的手段之外。针对罗素所谓的工具主义观点,我倒要建议:指出其中包含的矛盾,也许更简便、更有效。一方面是工具主义者无法发现已经接受的理论需要进一步修正,另一方面是已经接受的理论又(可能)不合适。一边是"任何由感觉获得的新知识总是基于已有理论的一种解释",一边是这些理论如果证实"不合适",新知识也要随之修正,这难道不是明显的自相矛盾吗? 根据罗素所谓的工具主义者的答复,一个理论何以能够既被接受又被证实不合适?

我在《逻辑》中多次重复强调区分推理要素和观察资料的必要性(之所以必要,是因为舍此没有别的途径获得有理由的断言),但不幸的是,我必须提出假设来解释人们怎么以及为什么会认为我否认了这个区别。我能做的最好假设是:我的关于原初材料(来源于实验的观察,与任何推理因素无关)的必要性的声明未受重视,因为人们以为,根据我的理论,这些材料自身代表或呈现了某种知识,所以它们一定包含推理要素。不管这是不是罗素先生反对我的缘由,它至少表明我们之间的一个重大分歧。罗素认为,如果我理解的没错的话,关于观察资料的命题有些时候也是知识,而且这些情形(作为基本命题)提供了真理理论形成的模板。而在我看来,它们不是知识,尽管形成关于它们的命题是知识的一个必要(但不是充分的)条件。

我能理解,我的实际观点比起错误地加之于我的那个观点,会激起批评者更大的反对。但是,为了理解,也为了中肯的批评,把这个立场以及它所涉及的观点认为是本人理论的基础部分,这一点不可或缺。这牵扯到在我的理论中,命题的工具特性意味着什么。因此,我会推迟讨论所谓我的观点,即如果命题是成功行为的工具或手段,它们就是真的,直到我解释清楚在我的理论中命题是什么。这个归之于我的观点是这样的:"探究利用'断言'作为工具;如果断言产生期望的结果,它们就是有理由的。"[1]我引自己的一段话作对比:

> 判断可以作为探究的确定结果。它所关注的是那些从探究中出现、属于结论性的最终对象。这种意义上的判断,不同于命题。后者的内容是居间性的、表征性的,由符号所承载;而判断是最后才作出的。断言(*affirmation*)和断定(*assertion*)这两个词是互换使用的。但是,在关于导致何物方面,作为手段的居间性主题与准备作为终结性主题之间存在一种逻辑地位上的差别,应该在语言上体现出来。所以,我将用"断定"来表示后者的逻辑地位,用断言来表示前者的逻辑地位。……然而,重要的并非在语词上,而是在于不同主题所特有的逻辑属性。[2]

根据这个观点,命题是被确定但未断定的东西。它们是手段和工具,因为通过它们这种操作性中介,人们获得了具有充分理由的、作为探究目标的信念。我前面说过,这个观点比起强加于我的那个观点,可能更难接受。但不管怎样,作为获得一个有理由的信念的手段的命题的工具性,和作为达成某种"期望结果"的手段信念的工具性,二者之间的差异相当明显。这与是否接受我的观点无关。

除非批评者愿意以假设的方式相信下述观点,否则,我不知道如何说明自己的观点:(i)知识(在其褒义中)任何时候都与探究相关;(ii)探究的结论或结果必须与那些探究借以获得有理由、得到证实的结论的中间手段区分开来;(iii)中间

---

[1]《对意义和真理的探究》,第401—402页。

[2]《逻辑:探究的理论》,第120页(《杜威晚期著作》,第12卷,第123页)。这儿出现的"逻辑"一词,当然应该按照书中所赋予它的意思去理解。它和探究的功能有关,这种关联决定了它的意义。问题的存在引发探究,问题的条件制约着探究,既然"目标"就是解决激发探究的问题。

手段在辩论中形成,表现为命题,作为手段,它们具有相应的关联性、功效性和经济性。如果上述观点被接受,即便是在最为思辨的推测意义上,它自己就将表明真理和错误只是探究(只有通过它,才有真理和错误)的终点处或结尾处所具有的内容的性质。资料命题和推理要素(意义、观念、假设)命题,借以建构它们的操作性程序的性质决定了正确与错误的区分。作为手段,锤子、织布机以及染色、炼矿等化学过程具有合适有效(或相反)的属性而不具有正确错误的属性。无论如何,我无法想象说这样话的人被看作说出的不是一个常识。

III.

关于命题的性质,我的观点与罗素先生不同。在评论我如何解释探究过程中假设的变化时,罗素先生有一段话也许能进一步表明我们之间的不同。他说:"我要说,作为规律,探究从一个复杂的模糊的断言开始,并逐渐以一组更为清晰、更多确定的断言代替前者。"[1]顺便地说,罗素先生先前所作的这种观察,使我误解了他的观点,以为他假设"命题是探究的主题";如果不是他现在明确否 *177* 认,我的这一印象还会被下述说法强化:"当我们开始探究的时候,我们假设正在探究的命题或者正确或者错误。"[2]我不准备重复罗素先生所否认的意见,我要说的是:根据我的观点,"命题不是我们所探究的";如果我们发现的确有必要或应该去探究它们(这在探究过程中几乎必然发生),我们探究的不是它们的真或假,而是它们的主题之于我们手头问题的相关性和功效性。我还想顺便说,罗素先生的声明似乎服从严格的关于命题的二元价值理论,承认命题具有模糊-明确、复杂-单纯的性质。但是,我想象,罗素先生的回应可能是:后面这些性质是派生的;第一个命题是模糊而复杂的,因为它混合了可真可假的命题。尽管这个答复在字面上说明了一些问题,它似乎并不符合下述过程的实际情况:把一个命题分析成更简单更确定的众命题。因为这种分析并不是把一开始就混在一起的或真或假的命题区分开来,而是始终涉及原有命题术语(意义)的修正或改变。

现在来到问题的核心。我认为,我们用以解决任何困难问题的第一命题的确可能过于模糊粗糙,所以不那么有效,就像在其他手段或工具的发明过程中,

---

① 《对意义和真理的探究》,第 403 页。

② 同上书,第 361 页。

最初的形式总是相对粗笨、浪费和低效。这些作为手段的命题必然被后来更高效的形式取代。当命题没有充分界定问题，因而也没有暗示相关的解决方案时，它们是模糊的。更不必说，当不了解我们寻求解决的问题的构成条件时，我们的努力最多也只是摸索性的、漫无头绪的。材料可以检验任何一个提示自身的观念或假设，这种能力要求材料必须确定。但是，在我看来，我们所要求的确定性、单纯性或基础性，其程度和性质由引发和控制探究的问题决定。然而，在知识论中，也许存在这样的情况（作为一个问题，它产生于一个先验的假设：知识一定是认识主体和客体之间的一种关系），如果一种观点认为认识（探究）就是它所发现的，那么根据这种观点，单纯性和基础性是命题的内在性质（而与命题在探究中的地位和功用无关）的观念便毫无意义。如果我的理解不错，罗素先生对命题单纯性和确定性的检测，毫无例外地适用于所有命题，因而对任何特殊命题都不具有提示或检验的效力。

我同意罗素先生的声明：他"的问题始终是事件和命题之间的关系"，也为自己把"命题是探究的主题"这样的观点加之于他而感到歉意。但我想指出他关于事件和命题关系的看法所存在的模糊之处，指出对这个区分的需要：一般意义上的事件和命题之间的关系问题，以及某个特定命题和它涉及的特定事件之间的关系问题。罗素先生认为，某些命题是某些事件的直接结果，因此，它们只能是真的。对此，我可以理解。但是，这个观点并没有回答下述问题：我们如何知道在一个既定的情形中，这种直接的关系是真实存在的？我觉得他的理论并没有超越对一般情况的说明，即作为原因的事件和作为结果的命题之间的关系赋予命题一种真实性。但是，除非我们有办法辨别哪些命题是与问题相关的，否则看不出我们有什么收获。

前面引用的"这儿的红"，罗素先生断定：如果它由一个简单的原子事件引起，它就是真的。但是，我们怎么知道在既定情形中，它就是被这样一个事件引起的呢？或者，如果他认为，它是由这样一个事件引起的，这个事件是它的充分的证实者，那么，它就一定是真的吗？那么，我必须问一问：这一点又是如何知道的呢？这些评论意在显示我秉持一种真理的"符合"理论，也表明了我在哪种意义上秉持它——它使我可以避免罗素先生的真理观不能克服或回避的基本困难。根据他的观点，要认识的事件是命题产生的原因，也是它的证明者，尽管命题是认识事件的唯一手段！这种观点，像任何典型的知识论观点那样，预设了一种神秘且无法证明的预定和谐。一个事件如何成为(i)要被认识的东西,因此根据描述应是未知的;同时(ii)只能通过命题这个中介被认识,反过来(iii)这个命题为了成为知识或是真的,又必须符合要被认识的东西,对我来说,这是知识论的奇迹! 因为它宣称,当命题符合只有通过自身才能被认识的事物的时,它就是真的。

与此适成对照,我是在一种操作性意义上理解符合的,这种意义适用所有的情形,除了认识论所特有的"主体"、"客体"关系之外。回应(answering)的含义就像钥匙回应锁所设定的条件那样,或者像两个通信者的互相回答,又或者是对问题或批评的充分回应——总之,是回应问题之要求的方案。符合的双方是公开坦诚的,不存在一方永远在经验之外,而另一方作为感觉对象总在经验之内。我很好奇,如何断定经验之中的某物符合依据定义是在经验之外的某物(根据认识论学说,这是认识的唯一手段)。这使我开始怀疑整个认识论事业。①

如果符合是在功能和行为意义上使用(这个意思在日常经验中有明确的对应物),我认为,我的理论是唯一称得上真理符合论这个叫法的。

IV.

本来我高兴地以为,关于"结果"的特性和功能上面的所述已经足够明确和清晰,没必要再在这个话题上逗留。但是,对于罗素先生的有些批评,如果我不说点什么,反倒像在逃避。他说,他问过我几次探究的目的是什么,但是没有得到答案。② 这件事与我用别的东西代替"真理"有关,所以在罗素先生看来,真理不是探究的目标,一定还有别的目标。如此推理有一定的道理。如果看《逻辑:探究的理论》的索引,人们会发现下面的条目:断言、有理由的、探究的目的。差

---

① 罗素先生指出,我的真理观倚重结果(就像他的倚重前提,尽管其自身并不在经验中),还包含一种因果律。他总结道:"这些因果律,如果要服务于它们的目的,就必须是真的,而且恰恰是在杜威博士摒弃的意义上。"(《对意义和真理的探究》,第408页)从我的角度讲,如果我期望自己关于真理的一般理论能够适合特定的情况,包括因果律的真实性这个情境,这似乎并不过分。但如果期望人们如此理解我的真理观不太合理的话,那么,我很高兴有这个机会来证实的确如此。我并没有秉持一种我在别处"摒弃"的观点,而是运用了我在别处提出的一般观点。很少有什么事情能比手段和结果的关系中所涉及的经验和检验还要多,因为后者包含在所有职业、技术和事业的细节中。在因果关系中有理由的断言是一个可能性问题,这个特征是与其他有理由的断言共享的;当然,罗素先生否认任何不确定的东西,或者没有最终停留在某种绝对确定性上的东西,具有知识的名义。
② 《对意义和真理的探究》,第404页。

不多 14 段正文的章节涉及这个条目。除非目的(end)和目标(goal)之间存在我没有意识到的差别,否则下面这段话应该给出了罗素先生忽略的答案:

> 此外,即使在关系到检验时,推论在逻辑上也并非是终结和完满的。本书的全部理论,其核心在于:不确定情境的化解乃是目标(end)所在,而且是在"目标"意味着"期待的目标"(end-in-view)的意义上,也是在"目标"意味着结束(close)的意义上说的。[①]

181 　　如果放在上下文中来理解,这段话的含义很清楚:探究从一个悬而未决的情境开始,不仅由此开始,而且受后者特性的制约。[②] 探究是一套操作,凭借它,一个悬而未决的情境被解决或变得确定;探究必须发现和解释手头的问题形成的条件。因为它们是有待"满足"的条件,是"成功"的决定因素;因为这些条件实际存在,只能通过观察的操作来确定它们,观察的操作性清晰地体现在对材料所作的科学规定的试验性中(如果是一个非科学水准的探究,它体现在这样的事实中:我们看并看到,听并听到,或者用普通的术语来说,就是在任何知觉经验中都涉及运动肌肉的因素和感觉因素)。据此,由操作性观察而发现的条件构成了问题的条件,这个问题是进一步的探究要解决的。因此,根据这种观点,材料是针对特定问题的材料,因此对探究来说不是现成的,而是在探究中由探究来规定的(前面说过,关于材料的命题不是知识,而是获取知识的手段,这个要点显然是上述观点的一部分,在此无须赘言)。通过不断的观察,问题逐渐获得日益确定的形式,可能的解决方案也逐渐浮现出来。这些可能方案实际上(就理论上说)是观察所规定的材料的可能意义。推理的过程就是对方案的详细说明。当运用观察材料来检测它们时,就构成了推理命题的主题。推理命题是获得知识(有理由的断言)的手段,而不是知识的范例。它们在本性上是操作性的,因为建构了新的试验性观察。观察的主题不仅为旧假说提供检验,也为新假说或者至少是对
182 先前方案的修改提供了起点。如此这般,直到建立一个确定的情境。

---

① 《逻辑:探究的理论》,第 157—158 页(《杜威晚期著作》,第 12 卷,第 160 页)。
② 同上书,第 105 页(《杜威晚期著作》,第 12 卷,第 109 页)。"一种独特的怀疑"不仅引发了探究,而且"控制着"探究。为避免不必要的误会,我再引一句话:"任何完全不确定的情境都没有可能转化为一个具有明确构件的问题。"[同上书,第 108 页(《杜威晚期著作》,第 12 卷,第112 页)]。

这个简要的声明如果根据其自身术语来理解,而不是首先根据某种它在逻辑上并不认同的理论来解释,那么,这会使对罗素先生加之于我的那个观念的讨论变得不必要。这个观念是这样的:"一个'信念'是'有理由的',如果作为工具,它在一些行动中是有用的。也就是说,如果它导向了对欲望的满足";而且,"成功的探究的唯一重要结果就是成功的行为"。①

出于相互理解,我将对罗素先生的一段话作些评论。如果我的解释没错,这段话表明了罗素先生如何误解了我,也提示了我们观点之间的本质差异。

> 如果存在"信念"这样的东西——这似乎不可否认,那么问题是:可否把它们分为真假两个阵营? 如果不能,可否这样来分析它们,即它们的构成部分可以分为真假两类? 如果对两个问题中任何一个有肯定性的回答,那么,是真是假由信念之结果的成功或失败决定,还是由它们与相关事件的关系决定?②

根据前面罗素先生其他的引文,我有理由认为,他把"是真是假由信念之结果的成功或失败决定"这个观点塞给了我。我已经说了这么多,希望这足以指明根据我的观点:真假问题无关信念的结果,因为我的全部理论尝试在于解释什么样的探究条件和操作赋予一个信念以理由,或者证明其断言为真;这样一来,命题远非信念,而是用以获得有理由的信念的手段;其工具价值取决于是否集中高效地满足问题——人们运用命题所要解决的问题——所设置的严苛条件。

然而,讨论到目前阶段,上述引文展示了罗素先生对我的误解,但我更感兴趣的是:它提示了我们之间的差异。③ 我坚信,真假要由作为探究手段的命题与相关事件的关系决定。我们之间的分歧涉及一个问题(我根据罗素先生的解释而看到的):什么样的事件是相关的? 希望以后无需再重复:根据我的理论,相关事件是那些存在着的结果,从被现实地执行的操作来看,它们满足或达到了构成

183

---

① 《对意义和真理的探究》,第404—405页。
② 同上书,第405页。
③ 需要声明的是:文章中有意使用了"正确"(right)、"错误"(wrong),而非"真"(true)、"假"(false)。因为在我看来,理解和误解、观念和误念、正解和曲解事关命题,命题本身不是终点,而是达到目的——解决问题——的手段;问题的解决——作为探究的结束和结论,可以用"真"、"假"来形容。

问题的事件所设置的条件。接下来，我谈谈最后一点。

V.

在早前一篇文章中——罗素先生也引用过其中一段，我提出自己的结论：罗素先生之所以根据个人欲望的满足、根据为满足欲望而采取的成功行为来解释我的观点，原因在于他没有注意到在我的理论中不确定的或有问题的情境的存在的重要性，它们不仅是探究的源泉，也是探究的控制者。其中有一段话是这么说的：

> 罗素先生首先把一个可疑情境变成一个个人疑问……然后，把疑问变成一个私人不满，真理于是等同于（根据我的观点）对这种不满的消除……[但是]"满足"只是对问题所设定条件的满足。

184　　同样地，在前言中，我也说过（鉴于人们之前对我立场的误解），"只要这些结果是被操作性地建构起来的"，[①]它们就只能被用来检验合理性。

这两个清晰表达出的条件支配结果的意义和功能，罗素先生所作的两个评论涉及它们。其中一个涉及结果"是被操作性地建构起来的"。不过，对相互理解来说，遗憾的是：评论只有一句话，且"意思不甚清楚"。可喜的是：对另一个条件，即可疑或有问题是客观境遇而非个人或主体的特点，罗素先生的评论则要长得多。

> 杜威博士好像认为，离开怀疑者的人，一个可疑境遇也能存在。我不觉得他是这个意思；比如，他不会说，在生命出现之前的天地宇宙中就存在可疑境遇。我能作出的唯一解释是：对他来说，"一个可疑境遇"引起了怀疑的境遇，不仅在某个个体中，而且在任何普通人中，或者在任何渴望获得一定结果的人中，或者在任何受过科学训练、正在考察这一境遇的观察者中。可

---

① 原文见《在世哲学家文库》，第1卷，第571页。同时，我在这里提出了另外的条件，即结果"必须解决引发运作的特别问题"。

疑境遇的概念包含着某种目的,也即某种欲望。①

如果把"可疑境遇"这个术语放在我的整个经验理论中来理解,我的确是说离开怀疑者,可疑境遇可以存在。而且,"凡是未由某实存情境唤起或与某实存情境无关的个人怀疑状态都是病态的;当它们走向极端时,就构成了怀疑癖……对待怀疑,好似它属于我们自己,而非我们受困和纠缠于其中的实存情境,这种习惯是主观主义心理学的残余"。② 这个立场与我的整个经验理论——经验是行动的(不是这个词被假定的在技术上所具有的那种"行为主义"的意思),是有机体与环境的互动——密切联系,如果要证明我刚才引述的观点,只有重申已在别处详述的主张。这里我只说一点。在有机体和环境的互动中存在规律性重现的失衡状态,这里是情境的不确定性的源头和原型。以饥饿为例,这种状态不是一种"饥饿感",而是表现为有机体的一种行为方式:身体不适,寻找食物等。因为不能把这个篇幅用来重申我的经验观——不确定的、有问题的境遇的存在特点只是其中一个方面(是前者逻辑地包含和要求的一个方面),我只作些简要的评论,意在使我和罗素先生的分歧更加明朗。(1)经验是有机体和环境的互动,可疑或问题境遇也不例外。在一个特定的互动活动(它们构成了问题境遇,或者就是问题境遇本身)中所涉及的有机体的能量,正是那些日常生活过程涉及的东西。它们不是那些被怀疑的东西。怀疑可以合理地归因于有机体,但只能以一种派生的或从属的方式。(2)"每一种这样的交互性都是时间过程,而非瞬间的横截面事件。因此,它所发生于其中的情境就成果而言,是不确定的。……即便实存条件本身是确定的(未经证明的),它们在涵义上也是不确定的,即它们表示和预示着与有机体进行什么样的交互,这一点是不确定的。"③这句话应该说明了这个意思:一个有机体被牵连或包含在一个境遇里,与环境条件互动。根据我的观点,一个"普通人"现身的唯一方式是在一个问题出现时,他开始探究。(3)天地宇宙是某个问题境遇的实际组成部分,这是必然的。关于这些时代,我无须做什么宇宙学方面的说明,因为关于它们的命题,其性质就是本特利(A. F.

---

① 《对意义和真理的探究》,第 407 页。

② 《逻辑:探究的理论》,第 106—107 页(《杜威晚期著作》,第 12 卷,第 109—110 页)。

③ 同上书,第 107 页(《杜威晚期著作》,第 12 卷,第 110 页)。

Bentley)先生所说的"推断"（extrapolation）。这个词用得好，在某些条件下，如果理解得当，推断完全合理，但不管怎样，它仍是一个推断。[①]

关于天地宇宙的问题境遇的宇宙学说明事关我的理论，或者我的理论与它相关，因此，如果认可人是自然的一部分，那么也会认可这一事实（人是自然的一部分）始终规定着人的"经验"。下述观点自然也就成立：一旦经验被理解为客观的互动行为，而不是一个加在与它完全不同的某物上的私人幻想，那么，人类经验的不确定性便证明了人类赖以生存的自然过程的不确定性。当然，如果一个人坚持（罗素先生似乎就是这样）一个独立主体是一个可疑或问题性境遇的原因，那么，他其实是以这样的观点证实了我的看法：我们之间的分歧根源在于对经验性质的不同认识，这反过来又牵扯到我们对人与自然关系的不同理解。罗素先生没有看到，可能还有另外一种经验理论，可以同时替代黑格尔和密尔的前达尔文主义经验概念。

结果必须是操作性建构成的，这样的规定当然也是我全部探究理论的紧密

187 构成部分。毫不奇怪，罗素先生发现某段话"有些费解"，因为他没有把这段话和我的经验、探究和知识理论的中心立场联系起来。下面这句话显示了我的这部分理论和刚刚提到的问题情境在探究中的作用这一点之间的内在联系："混乱可疑或困惑费解的情境不可能通过控制我们的个人心态而得以改正、澄清和整理。"[②]消极地理解这个立场，它的意思是：现实的操作（作为行为的运作，做什么事，完成什么事，总之是一种变化了的互动状态），是产生那影响着有理由的断言结果的唯一途径。

总结刚才的讨论，我专心地描述那些令我困惑的东西，那些东西不仅与罗素先生的观点相关，也与广泛接受的那些观点相关。（i）我困惑于这样的事实：系统地从事问题探究的人，如哲学家，对问题的存在和性质如此漠不关心。（ii）如果"主体"形容一种关系的这一端，客体（事件）形容这种关系的另一端；如果怀疑只是一种主体的状态，那么，为什么知识不只是主体的一种精神状态呢？（iii）还

[①] 《行为、知识和事实》（*Behavior，Knowledge，Fact*），1935 年，第 19 章"经验与事实"（Experience and Fact），第 172—179 页。这段话应该结合第 27 章"行为的时空"来读。对我关于人类之前、有机体之前的事件的观点感兴趣的人，我很乐意提示他们关注本特利先生的论述，但本特利先生显然无需为我的其他观点负责。

[②] 《逻辑：探究的理论》，第 106 页（《杜威晚期著作》，第 12 卷，第 109—110 页）。

有已经提到的困惑的事情：人们在同时面对一个客体（事件）和关于它的命题时，如何判断双方是否对应？如果一个人能够直接看到事件自身，为什么还需要一个复制的命题（有的理论中是理念或观念）呢？是它方便了与他人的交流吗？

在本文快结束时，我想说，我一直努力照罗素先生所强调的精神开展讨论，尽可能避免误解；同时认为，讨论所涉及的问题非但没有和我说明自己的观点发生矛盾，反倒与后者相一致。在这个过程中，我认识到他的下述评论的深刻影响："因为分歧很深，所以很难找到双方都能接受、用以清楚声明问题的词汇。"考虑到分歧的深度，我对完全解决这一难题几乎不抱任何指望。但至少，我一直关心使自己的观点更好理解，而不是反驳罗素先生的观点。这样的话，我所作的有争议的评论，其根源乃在于我相信：要使任何观点的轮廓更为清晰、内容更加确定，与其他观点进行对比是一个重要的，也许是必不可少的手段。188

我要感谢罗素先生花了这么多篇幅来讨论我的观点，这也给了我一个机会重新阐释它们。如果我这篇答复的篇幅与罗素先生在他的书中质疑我的篇幅不成比例，这仅仅是因为，我相信那本书很重要。我相信罗素先生的分析技术十分娴熟，他把一个广泛接受的立场简化还原到它的终极要素上，这样就清除了当前观点中那些模糊费解的东西。尤其是我相信他所采取的立场，关于事件和命题的因果关系首次成功地解释了通行的现实主义认识论中"符合"概念应该具有的含义。在我看来，事件和命题之间具有因果关系，这种观点剔除了许多无用的材料，这些材料阻碍人们得出有关"认识论"关系的日常看法。我也相信，罗素先生在这本著作中揭示了知识符合论（与实验-行为的解释相对）的基本缺陷，这一点读者自会明了。不过，问题至少得到了很大程度上的廓清，而且被放在一个较之我和罗素先生的观点分歧更为宽阔的语境中。

现代哲学的客观主义与主观主义^①

I.

189　　怀特海在《观念的历险》中说："人们习惯于把古希腊哲学的客观路径和现代哲学的主观路径作对比……但不管我们是古人还是今人，都只能应对被经验的事物。"^②我完全赞同这样的看法，只想补充一句：它反对这样的观点，即经验的路径事实上是主观的。怀特海还有一个声明，我希望利用它来说明自己的某些观点，就像传教士援引圣经。他说："古代人与现代人的差异在于前者追问我们经历了什么，后者追问我们能够经历什么。"^③我打算进一步发展对"已经经历的"和"能够经历的"的区分来说明古代哲学和现代哲学的差异。这种方式，怀特海不曾尝试；实际上，它的方向与怀特海接下来的论述背道而驰。因为这个原因，我感到更有必要说明他对"已经经历的"和"能够经历的"某些解释——在他设定的范围内，我完全赞同。因为他主要想展示某些现代人为判断"能够经历什么"而设定的标准如何限制了经验概念。毫无疑问，这种标准是存在的，而且造成了限制性的后果。

190　　如怀特海所示，限制源于两个错误。"第一个，假设了与外部世界的确定的沟通渠道，比如五个感觉器官。这导致下述预设：资料的探寻被缩减为这个问

---

① 首次发表于《哲学杂志》，第 38 期（1941 年 9 月 25 日），第 533—542 页。
② 同上书，第 287 页。
③ 同上书，第 288 页。

题:感觉器官的活动直接提供了哪些资料……第二个错误,预设了检查经验的唯一方式是有意识的内省的分析行为。"①把这些话应用于洛克、休谟,还有康德,再正确不过了。其后果是明确地(在我看来是灾难性地)限制了经验的领域。表面上看,我将要阐述的观点似乎与事实相悖。因为我想说的是:古代哲学是限制性的,因为它不能冒险越过经验事物中已经完成的东西——"事物"被用来指活动、制度,还有物体;而现代的经验是扩展性的,它总是关注尚未实现的经验中的潜能,比如经验对发明发现的兴趣。这样一来,"能够经历的"比"已经经历的"范围更为宽广,内容更为自由。

II.

承认怀特海正确地指出了"能够经历的"这一概念如何缩小了经验领域,承认我这里所采用的立场,会涉及一种不可否认的分歧。就那些现代经验主义哲学家或先验学派所表达的关于经验的观点而言,我无意通过解释来消除这种分歧。我想指出的是:现代哲学的精神和方向完全是另外一种,因为它一直致力于清除顽固的障碍,沉浸于以前不曾料想的新奇、辽阔、生发和潜能。一句话,它面 191 对一个开放无限的世界,不像希腊哲学面对一个封闭有限的世界。如果这种看法对现代哲学的一般发展和潜在意图不适用,则我们面临一个较之刚刚提到的那个分歧更为严重的分歧:现代经验的实际发展趋势和依据这种经验产生的哲学之间的分歧。

因此,我认为,我无须解释现代哲学家名义上所采取的"能够经历什么"的观点。同时,我不相信矛盾有它表面看上去那么严重。现代哲学关注经验的条件,这些条件超出过去已经经历的事物的范围,这个事实使现代哲学对于影响接受和实现这些条件的一些障碍格外敏感;这些障碍是过去文化的产物,又获得了反映这种文化的哲学的支持。为了维护自己的立场(对扩展的兴趣),这些哲学家被迫攻击那些产生阻碍的信仰和习惯。他们需要一种标准和方法来展开斗争。简言之,现代哲学的积极面——我称之为它的精神和发展方向——在于它赋予不得不做的否定性工作以重要意义。解构性的批评是最现成的手段,它使合法

---

① 《哲学杂志》,第289—290页。也可参看第269页的一句话:"错误表现为总是把感觉行为作为所有经验行为的基础。"

的信念就是那些经验——被简化为直接观察的材料,即简单的概念、印象或感觉材料——授权的信念。这种简化还原和激发现代哲学家的积极信仰之间的不协调性被隐藏了,因为这些哲学家强烈地相信:一旦来自过去的障碍被清除,经验内在的力量就会引领人类前进。比起有关经验的既有明确论述,更加富于启示的是关于"经验"和"理性"的外观所发生的变革。在古代哲学中,经验代表习惯和技术,人们通过重复某些能获得成功的活动来获得这些习惯和技术。它是有限制的,而理性,关于原因的洞见,却能消除这些获得性习惯造成的局限。培根和他的经验主义继承者恰恰采取相反的观点。对他们来说,"理性"如果与个人经验分离,便是死气沉沉的二手货。个人经验,不考虑任何技术上的定义,是进入生动现实的途径,是踏入富饶新鲜的生活牧场的唯一保证。经验主义和自由主义是同盟;成长与发展的可能性作为进步的变化,所有这一切都和对经验的笃信相关,不管其方式是对是错。从技术上看,或者遵从严格的形式逻辑,心灵有待"外在"印象书写的白板说导致了这样的结论:人是被动的傀儡。但实际上,下述感受却更为通行:如果障碍性或限制性的传统和制度被清除,直接经验将确保人类前进。

III.

如果用分析方法来考察希腊思想,我们不得不承认:从它自身的角度来看,它不能称作客观的。使用这个术语,是从我们现在的角度,也就是说,把希腊思想和现代哲学的主观主义倾向相比照。然而,如果宇宙的和心理的、客观的和主观的之间没有被有意区分开来并开始流行,那么,这种主观主义的倾向不可能如此界定。希腊思想中恰恰没有出现这种区分。"存在"(being)与变化(becoming)相对,后者包含不存在(non-being)或不完美的因素;永恒不变与短暂相对,暂时的摹像与原型相对。和主观、客观这种现代划分最为接近的是自然(*nature*)生成的和由制度或习俗(*institution or convention*)而来的之间的区分。

与现代哲学相对,关于古代哲学,也许正确的说法是它很淳朴,使用的术语指向的条件不会造成主观、客观的区分。既然"淳朴"暗示着路径的新鲜和直接,没有人为的复杂,把它用于希腊哲学就有赞美的意味。关于希腊的态度,我们可以这么说,它融合了我们现在要区分的性质;只是这种融合不会暗示先验的划分,它缺的就是这种先验区分。在每一个希腊天才富有特色的表述中,我们称之为情感的、意志的因而属于人类的那些特质，被用来装点我们称之为物质的或缺乏上述特质的事物。原子主义是个例外。不过，一个人只需读一读卢克莱修（或者今天的桑塔亚那），想一想德谟克利特，就会看到他们对宇宙的兴趣出于道德角度而非现代意义上的科学角度。在通行的古代宇宙论中，自然（物质）世界具有已经被现代物理学家剥除的性质和目的论特征。正是这种剥除，为生物和无生物、人和非人、主观和客观的尖锐对立提供了依据。至于根据普遍的宇宙属性来解释人的特征，柏拉图、亚里士多德和德谟克利特如出一辙。

　　上述讨论还涉及一个重要的问题。希腊哲学在直接经验的事物、材料中生存发展，它是一个人们在其中行动、承受和享受的世界。说他们的态度是万物有灵论没什么意思，好像他们首先区分出一些精神心理属性，然后把它们注入一个全然外在物质的世界中。在批评泰勒、斯宾塞和朗（Lang）这些学者青睐万物有灵论时，一位当代学者这样写道：

　　　　我们今天的行为（behavior）二元论分为两种：一种针对事物，随之而来的是严格的因果序列；另一种针对人，包揽了从爱到操控的全部行为。……有灵论者眼中的行为无非是这个；确切地说，它只是一种精神状态的表达，这种精神状态没有像我们这样区分对人的行为和对物的行为，而是统为一个部分，以从同类交往中学到的方式来对待整个外部世界。① 194

　　哲学家精炼和系统化了这种习惯性态度所涉及的东西，这一事实并不妨碍另一事实，即他们完好无损地保留了其中基本的道德和规定性意涵。在我们称之为现代的物理学建立之前，哲学除了根据直接经验材料的基本性质来描述世界，还有什么选择？如果今天的物理学也没为我们提供一个新的立足点，我们应该也是"自然地"根据目的论和规定性术语来描述世界，其他做法只能让我们感到虚妄武断。最近，我在读一本书时强烈地意识到这个事实。书的作者深受古典希腊哲学精神的浸濡，在提到"经验哲学"时一律口气轻蔑。但是，他的自然理论也一律使用道德和诗歌术语，这只与经验中呈现的自然相宜，与物理学中向

---

① 鲁思·本尼迪克特（Ruth Benedict）关于万物有灵论的文章，载于《社会科学百科全书》（*Encyclopedia of the Social Science*），第2卷，第66页。斜体字"行为"是我改变的，为突出重点。

我们揭示的自然不相宜。

IV.

考虑到这篇文章的目的,前面的讨论旨在表明有必要区分直接经验之事物和其他事物。这儿的直接经验也可以叫做日常经验,如果后者也包括诗人、道德先知们相对不同寻常的经验的话。但是,其他事物怎么个叫法呢?可以根据物理学提供的材料,叫做物理的内容,但这个叫法只会使问题更加突出,却提供不了答案。这儿,我想起怀特海的说法:"不管我们是古人还是今人,我们只能应对被经验的事物。"从这个角度看,问题便是:着眼于事情的被经验的状态,去发现物质主题和日常经验中常识物体之间的关系。人们的行为、享受、苦痛所依赖的条件构成直接经验,对这些条件的关注也是这种直接经验的有机部分,它最典型地体现在对它自身的无限扩展的可能性的信仰上。这儿的假设是:物质主题以其自身特性,代表着直接经验中事物存在变化的条件。除了深入直接经验所依存的条件,还能想象以哪种方式超出或外在于直接经验之事物呢?

常识认为,控制特定事件出现——产生或是阻止——的唯一方法是认识它们之间的联系。另外一个常识认为,与古代科学不同的现代科学关注如何确定这些条件,随之而来的各种发明创造了各种技术;通过这些技术,经验的和可经验的事物领域得以无限扩展。学习哲学的人都知道,希腊哲学认为关于事物"有用的"原因的解释,从属于关于这些事物"形式"或"最终"原因的解释。也就是说,希腊哲学借助于定义和分类,意在说明事物是什么、为什么如此(根据它们服务的目的),却并不关心它们如何形成,后者是个相对从属的问题。把哲学史和哲学思想从中产生的文化状态隔绝,这个习惯解释了为什么这一无可否认的事实没有被联系到下述事实:产生或阻止特定事件的技术当时并不存在;至少不外在于某些技艺和手工艺,这些技艺是过去经验的产物,或者是已经经历过的事物的结果,而不是科学洞见的产物。在这种情况下,一些聪明人就要尽量地把特性、本性、本质等说成是"使某物之为某物"的东西,也即他们所谓的非关系性的、事物内在固有的规定性。现代科学中如此重要的时空运动关系只可能具有附属意义,除非使用这些关系有可能控制一个经验这一事实在经验中被证实。

众所周知,"物体"(object)这个词的意思十分模糊,可以指代日常经验中的棍棒、石头、猫狗、桌椅,指代物理学中的原子和电子,还可以指代任何拥有逻辑生存力的"实体",如数学中的那些。无视这种公认的模糊,现代认识论的一个完整分支还是依据下述假设发展起来:至少在前两种情形中,"物体"的一般意思相同。否则,物理学主题和日常经验事物不会作为对手现身,哲学也不会感到有义务区分谁是"真的"、谁是"表象",或者至少有义务提出和解双方的方案。不管怎样,"科学物体"与"常识物体"的关系问题在现代哲学中所占据的位置,证明了古代哲学闻所未闻的主客区分十分盛行。这说明,至少就知道一个经常存在的问题而言,现代哲学不只是主观的,它是"主客观的"。我认为,如果不用"物体"这个词,转而用一个中性词"科学的主题"来称呼自然科学的特有材料,问题的真实性质将得到很大的澄清。问题本身还没有解决,但至少我们应该摆脱那阻止获得答案的暗示。我们应该试着从优点方面来考虑一下这里提出来的假设,即科学的主题代表着直接经验拥有或失去事物的条件。

真正彻底的经验哲学要求从经验角度去规定物质主题和直接感觉、使用和享受等事物之间的关系。历史上的经验主义,因为执著于感觉论,没有满足这个要求;而满足要求显而易见的方式是明确地承认直接经验包括大量可能的物体,后者是前者的重要成分。直接经验概念和这种经验尚未实现的物体概念之间没有矛盾。因为这些物体被直接体验为可能性。是的,每个计划、预言、预测和预期都是一个经验,某个没有直接经历的物体作为一个可能性,被直接经历。而且,如前所示,现代经验的特点表现为:直接感觉、享受或承受的物体在很大程度上被看作还未经历事物的征兆或暗示,或者被看作实现可能性经验的手段。历史上的经验哲学没有认识到这一事实,因此便不能解释科学方法和科学结论最令人瞩目的特征之一——如此专注于普遍性。

因为科学方法和科学主题把理论或抽象思考与当下的具体感觉材料高度结合起来,最后结论的普遍性直接依赖于是否有这类理论或抽象思考。如今在现代哲学中,因为科学物体与直接经验物体相对立,由此设置了现代哲学本体论问题(哪里去找"实在"的问题)的背景。于是,把经验要素只作为认识方法的两种要素之一,就造成了现代哲学的认识论问题:概念与知觉、感觉与理解的关系问题。而根据我们的假设,这两个方面的区别和联系以这样的事实为基础:(已经)经历的东西对于认识能够经历的东西很重要,因为它可以作为预言的证据、征兆或检测;而另一方面,除了运用已经经历的感觉材料,没有其他办法可以合法地确定可能的经验。预言、预测和预期就在于把"已有的"(已经确定无疑经历过的)看作是征兆,或展望未来的参考。这是一种投机性的操作、对未来的赌注。不过,赌注受制于一些技术控制。尽管每一个可能经验的设计超出了已经经历的,因此带有冒险的性质,但这并不意味着每一个可能性设计或理念具有相同的主张权利。一方面是观察的技术,另一方面是算计考虑(广义上的),双方一直在发展,以便高效地合作。两个要素的互动,构成科学方法。如果不是因为习惯的惰性,很难想象经验主义者很久之前没有看到直接感觉材料有限制,而且在人与人之间、代与代之间基本保持不变。即便考虑到人造工具提供的其他感觉材料,这部分材料与不断发生的科学主题的扩张也是不成比例的。如果不是因为"理性主义"知识论在解释科学知识的崛起(科学知识在现代的最鲜明特征)时捉襟见肘,苍白乏力的感觉论经验主义早就退出历史舞台了。

V.

我首先呈现的是我的立场和论述中较为复杂的一面。我认为,几乎没有人会轻率地否认,对一个确定事物的实际经验取决于那些与物理的材料区别开来的因素的作用。关于后者,首先指出它们包括什么,而不是用"主观的"去形容,这样会更好一些。从这个角度看,没人会否认关于光的经验涉及一个光学器官,而不仅仅是某种物理震动和量子的存在,声音、温度、硬度等的经验也是一样。就"客观性"的逻辑而言,这些有机条件和物理学中描述的条件一样客观。有机体是"物体"中的一个。但是,有机要素的功能如此特别,必须区别对待。它和那种物理要素如此不同,以至于要求一个特殊的名字。作为候选的名字,"主观"有一个很大的劣势,人们通常用它来命名那些心理的或精神的存在物。但另一方面,它具有下述优势:提醒人们注意功能实现的特别中介——一个有机体,它受文化影响,知道自己是一个社会性的主体和中介。

无论如何,功能方面的差异是一个重要的问题。物理的材料由可能性经验之可能的条件组成。它自身并不说明任何实际经验。它是一般的和遥远的。直接经验的物体都在当下,且独一无二。"主观"要素(指一个受文化影响的有机体的行动)和"客观"要素(物理材料)一样,都是经验的条件。但是,把这类物体(作为类,代表着一般的可能性)的条件变成这个物体,正需要那个条件。既然每个实际或直接经验都是当下的、特别的,这就要求必须区分这个条件和某类"客观"材料的条件。希腊思想没有认识到这种"主观"要素的存在是积极控制的条件,只把它看作是武断的怀疑主义的基础。或者,人们之所以认为习俗和制度比"自然"更重要,如某个希腊学派的观点,乃是因为他们认为自然如此粗糙野蛮,无论怎么逃离它都好过服从于它。没有充分提示的是:个人和社会在经验事物的产生中发挥不同的作用,这种区分现在已经变成控制经验物体出现的技术之一,加之行为心理学的进一步发展,它的重要性将日益提高。彻底怀疑主义的常用事物,即梦想、幻觉、幻想、机体缺陷的后果、地方信仰的影响等,实际上都是管理经验的有效资源。

我希望上面的讨论至少能够解释这篇文章的题目。的确,现代哲学是"主观的",正如古代哲学不是。

现代哲学关注"能够经历的"是否已经被经历,因此系统地考量了特定的个人-社会因素的作用。但同样正确的是,现代哲学在某种程度上达到了古代哲学做不到的"客观"。除非全面认识这个事实,否则不可能说明一直缠绕现代哲学 *200* 的问题。现代哲学的突出缺陷,是这些问题都表现为两种互相对立的情形。要理解这个事实,必须了解一些早期哲学遗产是如何进入现代处境中的,那些哲学产生自并反映着一种不同的文化状态。哲学将是现代的,只要其中涉及的"客观主义-主观主义"被认为是两类不同条件的合作性互动;这样一来,为了有意识地引导这种互动,要求人们认识它们各自的特点。没有这种知识,理智必然不可避免地降为对经验的事物进行机械排列组合的技术,人类的创新完全系出偶然。事实再清楚不过:人能够区分某些经验条件是物质的、某些是社会-心理的,但这种能力所蕴含的威力仍然有待认识。这个事实预示着今天哲学的特殊任务。

关于托马斯·杰斐逊[①]

201　　从出生和早期的成长环境看,托马斯·杰斐逊(Thomas Jefferson)很幸运,他是贵族政治时代和西部拓荒时代结合的产物。他很幸运,拥有广泛的接触面和丰富的经验。美国很幸运:托马斯拥有这些。他担任政府要职这一事实本身没有什么好说的,尤其是作为外交使节和总统。重要的是,他利用这些职位做了什么,其中不仅包括由他督促和贯彻的政治政策,更有他的观察以及这些观察带来的反思。比如,他在巴黎的工作很少,也不重要,只是"接受合适的鲸油、咸鱼和腌肉"。但是,当时爆发了法国革命,他是革命热情而敏锐的观察者。他为自己写的墓志铭中没有提及担任的职务,这是他的典型风格。他希望人们记住:他是"《独立宣言》的作者,是弗吉尼亚宗教自由法令的起草者,是弗吉尼亚大学的创立者"。

　　公共领域的活动为他提供了孕育和砥砺自己思想的机会和经验。他的共和信念在早年就已形成,并融入在以后西进运动的生活之中。在他只有22岁时,因为听了帕特里克·亨利(Patrick Henry)反对英国印花税法案的演讲,共和的信念看来已然明确。在那以后,他是每一场争取自由和独立运动的领导人,经常

202　走在其他"造反者"之前。他的言论在当时不被允许,后来才获得认可。随着经验的累积,他的责任也在增加,但始终朝着一个方向。出于政治上的权宜之计,

---

① 首次发表于《托马斯·杰斐逊的思想》(*The living Thoughts of Thomas Jefferson*),见《在世思想丛书》(Living Thoughts Library),阿尔弗雷德·曼德尔(Alfred Mendel)编,纽约:郎曼-格林出版公司,1940年,第1—30页。

他有时会暂时偏离,不过,政治领域中很少有人事业如此始终如一。天生的同情心、实际的经验、理性的原则结合起来,塑造出一个独特坚定而富有魅力的个性。

还有两天就要从总统的位子上退下时,托马斯·杰斐逊写信给他的法国朋友内穆尔(nemours):"从本性讲,我愿意追求平静的科学事业,它们带给我至高无上的快乐。但我所生活在其中的时代的艰巨课题,迫使我不得不放弃它们。"后来,这位"蒙蒂塞洛的隐士",他有时这么自称,在一段话中罕见地充满诗意地表白:"我的血液不再因时代的骚动而动。它指引我在家庭中、在亲人的爱中找寻幸福,在邻里社团和书本中找寻幸福,在我的农场和个人事务中找寻幸福。对每一个初放蓓蕾的兴趣和热爱,每一个环绕自己的气息,完全自由地休息、活动和思想,这些都是幸福的源泉。我的时间和行为只对自己负责。"

引用这段话,不是为了证明杰斐逊的真诚。他曾经饱受质疑,因为声称要过乡村绅士的退隐生活;实际上,他却是所有维护共和制度、反对分解势力的政策和运动的中心人物。引用这段话,是要说明如何理解我国第一位民主党人的著作和性格,其关键是:他的态度和笃信如此自然地结合在一起,以至于它们变成一种叫做本能的东西,并结出丰富多样的经验硕果。持续的理智活动,他的"至高无上的快乐",加强了这种结合。但是,在更为传统的意义上,他是政治领域里少有的人、一位理想主义者。极其广泛多样的实践经验,不断发展、检验和证实着他最初的信念。我猜想,一个非常真诚的、和谐的自然之人,如此幸运地拥有丰富的观察和反思的机会,这样的情形并不多见。如果他给事件过程印上了自己理想主义的印章,那是因为,这种经验为他的天然倾向增添了现实主义的实质。他曾经对亚当斯(Adams)说:"辉格党和保守党既是自然的术语,也是历史的术语。"如果这是真的,那么,人类历史的篇章中可以找到另一个人:天生气质使他拥护自由的事业,人生经历又为他提供了用言行清晰地表达自己天生气质的机会。

因为美国存在不同的政党,关于汉密尔顿(Hamilton)和杰斐逊的政治哲学谁对谁错也存在争议。如果杰斐逊是对的,那么,他们之间分歧的根源在于对人性的不同态度。但是,如果党派分歧竟然被用来把两人的教导等同于党派斗争,以至于不能欣赏我们共同拥有的美国伟大的传统,那是非常遗憾的。我们应当庆幸自己如此好运,拥有两位非凡的人物,为我们阐明了划分人群的基本原则。只有这样,我们才能宣布停止党派纷争。

203

考虑到 150 年、120 年前美国的人口很少，我们也许会惊讶，也会感激：塑造美国政治传统的人具有如此非凡的理性和道德视野。华盛顿在军事和道德上的声誉，尽管不是理智上的，已经使他成为美国传统的一部分。还有杰斐逊、汉密尔顿、麦迪逊(Madison)，他们之后是富兰克林(Fanklin)和约翰·亚当斯，再往后有门罗(Monroe)这些时代巨子。对共和国缔造者充满党派偏见，抑或对他们不问青红皂白地盲目吹捧，都将使我们看不到他们对美国制度的贡献，看不到我们仍然需要向他们学习。这就不仅仅是遗憾了。我们中的有些人仍然固执地青睐过去时代的政治哲学家，而这些哲学家们其实达不到今天这个时代政治思想家的高度，更别说他们距离今天的环境非常遥远。

在重点阐述杰斐逊的社会道德哲学之前，我想先说说杰斐逊兴趣的广度和深度。无关乎谁的政治观点正确，杰斐逊无疑是他的美国和欧洲同代人中最全能的一个。我们还不能自豪地说他是典型的美国人或美国人的代表，因为他远远超出了美国人的平均水平。但是我们可以说，他的身上集中体现了通常散见的美国特征。他的好奇心永不满足。泰伦斯(Terence)的话，人们常常引用，已经毫无新意，但他却能化腐朽为神奇。杰斐逊对新发明的兴趣至少与富兰克林相似，但他的言谈却没有后者思考人生时的那种骄矜。他几乎涉猎过美国所有的公共领域，无一不体现出他的特殊才能和对新事物的适应能力。

一个人读杰斐逊的信件或其他记载越多，越会惊奇这个人何以有时间和精力发展如此广泛的兴趣。当农夫时，他了解植物学、农学理论和实践的每一项进步。他的法国和意大利旅行笔记中包括对土壤、庄稼、家畜、农业工具和耕种方法的详细的观察纪录。他对一种新的犁壁设计很感兴趣，因为它把机械阻力降至最低。就在从总统位子上退下来之前，他还高兴地提到法国发明了一种犁，已被测力计证明了效率可能得到提高。他忙于与欧洲的组织和个人通信，以交换种子。他把橄榄树和旱稻引入南卡罗莱纳州和乔治亚州，他说："对一个地区最好的服务就是增加一种有用的植物，尤其是可以做成面包的庄稼，其次是植物油。"

就我所知，他在弗吉尼亚大学设立农业学教授席位，这在高等教育中是首次承认农业这个学科。他认为，农业学教授和政治学教授同样重要。他勾勒的农业学涉及今天构成农学院研究的绝大多数主题，除了市场问题。他注意以实践经验来检验理论，希望研究"不同的耕作方法，好的和坏的"，然后推广好的，避免坏的，"从而使整个耕种过程臻于完善"。

杰斐逊对自然科学没有如同富兰克林对电学那样的贡献。但是，杰斐逊相信科学进步是大众启蒙和社会进步的手段，这个信仰一直支撑着他对别人的发明深感兴趣。在帮助孙子学习数学时，他写信给一位朋友说，他又重回贪婪的学习状态中，这是他最喜欢的事情；这儿没有理论，没有未知，只有"证实和满足"。在另一封信中，他注意到法国数学在当时最先进，因为他们的分析方法很发达。他也表达了自己的高兴：英国数学正在吸纳它们，但同时又抛弃了微积分中的流数法。杰斐逊最大的兴趣在自然科学。他生活的时代是现代化学的奠基时代。普里斯特利(Priestley)是与杰斐逊保持密切的思想交流的朋友之一。杰斐逊很遗憾化学家们没有追随富兰克林，使科学朝向"对个人生活有用"的目标，这里显示了他的"功利主义"的兴趣。他希望化学可以广泛地用于"酿造、发酵、蒸馏，还有制作面包、黄油、奶酪、肥皂、孵蛋等等"。他对没有观察证据支持的理论充满怀疑，认为他所熟悉的法国哲学家们太沉迷于无法证实的推测。在一封信中，他这样说："我本人的自然哲学是经验的，我的信仰不会超越于我得到的事实。但是，我也很高兴地看到假设推想的作用，因为不同假设的相互碰撞，最后使真理浮现、科学进步。"

杰斐逊相信理论和经验——或实践——的统一，因为后者可以提供证据。在写给一位医师的信中，他解释了为什么送孙子去费城学习生物学、自然历史、解剖学，或者手术，而不是医学。他表达了自己对医学的看法，这里很值得引一段："我看到霍夫曼(Hoffmann)、布尔哈弗(Boerhaave)、斯泰尔(Stahl)、库伦(Cullen)、布朗(Brown)的弟子走马灯般的你方唱罢我登场，他们的想象，如每年巴黎的时尚，从一开始只是个别人的奇思异想变成时代的流行，同时又给下一个奇思异想以短暂的影响。……对这种医学，我希望看到改革，摒弃假想，注重事实。首要价值赋予临床观察，最后才是理论设想。……医学的唯一根本是精确地认识人体，观察药物对人体的作用。"在信的结尾，杰斐逊这样说——符合他的典型风格："无论如何，研究主题允许我可以暂时脱离沉闷无聊的政治，投身我所生活的令我印象深刻的时代，徜徉于丰富的自然世界。如果根据天生倾向和喜好，我应该是服务自然世界的志愿者。"

不过，如果以为杰斐逊对科学的兴趣仅仅局限在实用性上，那就错了。他也关注天文学的进展：他观察日全食，为了记录准确的时间，还找了一个特别精密

206

的计时器;他建议,望远镜的镜片要使用铂金。他对决定经线的新方法也很感兴趣,希望用它来改进用普通测绘方法制成的地图。他关于重量和量度的信件很多。他支持十进制米制,但反对法国选择它作为基础。他花了很多的才智发明了一种标准的钟摆,以作为一种更自然的基础;波拿巴战败之后,它似乎有望取代法国的体系。化石的存在,从猛犸的骨头到在海拔几千米的地方发现的贝壳,点燃了他的地理兴趣。关于这个主题,他反对当时提出的所有理论,认为形成一个完备的理论需要更多的证据。他对矿物学的兴趣,主要来自实用角度。对于

"热月学"和"水成学"的争论,他认为毫无意义。他遗憾气象学的落后,自己记录天气变化,督促别人也这么做。

"科学"在杰斐逊那儿是"知识"的同义词,这是他那个时代的习惯用法。它包括我们今天所说的学问和科学。杰斐逊对语言充满理论和实践上的兴趣。他研究现代希腊语发音——在巴黎时,他熟悉了这门语言——和古希腊语发音的关系。他汇集了五十个不同印第安部落的词汇,这是他计划写一本印第安史的一个部分,是出于文化的兴趣而不是他特有的实用态度。30 年的时间里,他利用一切机会从朋友那里收集了一张大约 250 个单词的列表,是每个部落关于一些事物和行为的不同称呼。他比较这些称呼和俄国出版的东欧民族词汇,因为他深信"语言源流是研究民族源流的最好途径"。他对盎格鲁-撒克逊语有巨大且持久的兴趣,无疑来自一种政治上的偏见。他认为,英国政体的自由要素源于盎格鲁-撒克逊语,而诺曼语带有"保守"要素。他说,"人们在学习语言的同时也将吸收他们的自由治理原则",这也是他把盎格鲁-撒克逊语首次纳入弗吉尼亚大学课程的原因。

最后,富于启示的是(如果不是特别重要的话)他对英语发展的态度;他对这个问题的看法,与他的哲学整体思想完全一致。他说,他是纯粹主义的敌人,是新词的朋友,因为语言是通过对新词的引用和试验而发展的。接着,他又说:"字典无非是汇集了已经合理使用的单词。社会是锻造新词的车间。当一个人使用一个新词时,如果形式内容不好,会被拒绝;如果好,会被采用,再过一段时间就登堂入室,列入字典。如果在这个塑造新词的过程中,大洋彼岸的兄弟们没有选择陪伴我们,那么,我们可能是第二个爱奥尼亚人,通过改造原始语言发展起殖

民地方言。"这里表达的原则现在已被广泛接受,但是我怀疑,在杰斐逊如此表达的时候,这个国家有几个人敢如此认为。

用在旧世界中比在新世界中更先进的事物来检验有用性,作为是否引进一种事物的标准,这种习惯限制了杰斐逊对于艺术的看法。只有在建筑、园艺和音乐领域,他才允许自己的个人口味自由地展示。而在其他领域,实用的动机也掺入进来。不过,这是他终身的理论和实践考虑。关于音乐,他说,这是一个引诱他违背了圣经中关于贪婪的戒律的法国事物。在文学领域中,他只青睐古典文学,认为它们是高贵的奢侈品。他最喜欢"荷马的语言",以至于说他要跪谢上帝,让他在小时候就能"拥有这种快乐的源泉"。关于现代诗歌,就我所知,他说过:"蒲柏(Pope)、德莱顿(Dryden)、汤姆森(Thomson)、莎士比亚(Shakspeare),还有法国的莫里哀(Molière)、拉辛(Racine)、高乃依(Corneilles),读起来让人快乐并有收获感。"在他心中,有"收获感"的东西多如牛毛,而"奢侈品"专属希腊拉丁作者。对于小说,他认为几乎就是"一堆垃圾,滋生虚浮的幻想、病态的判断和对真实生活的厌倦",只有那些"以有趣有效的方式传达道德"的小说是例外。尽管如此,他还是把埃奇沃斯(Edgeworth)小姐的作品归为后一类,把最高荣誉授予斯特尼(Sterne)。不管怎样,外在证据证实了他的断言(在给亚当斯的一封信中):"没有书活不下去。"在巴黎时,他"每天下午去逛书店,翻阅每一本书,买下与美国相关的每一本书,还有各类珍贵的科学书籍",逐渐建立了一个藏书室。他计划免征外国书籍的税费,以公共预算建立图书馆,让每个乡村有一个流动图书馆。他和亚当斯在通信中自由地引经据典,今天有哪个公众人物能够做到?

尽管杰斐逊关于艺术的看法,如同他关于科学的看法,反映了富兰克林和一般美国人的实用倾向,但他的实用性标准却是大众整体的利益,而不是个人或某个阶级的好处。我曾经引用过他写给亚当斯信中的一句话:美国为世界贡献了"人身自由",将来还会贡献"道德解放"。就在离开法国之前,他在接受哈佛大学授予的法律博士时说:"我们把最好的年华用来为年轻的一代争取宝贵的自由,让他们用最好的年华来证实自由是科学和美德之源。"杰斐逊并不像上面一些引文所暗示的那样受到很多限制,他在闲暇时允许个人兴趣的自由发挥。这些引文无关乎他的个人兴趣,倒是反映了在他看来一个尚不稳定的新国家面临的当务之急。如果表述他的行为原则,那将是:"必需的事物优先考虑,享受的事物适时考虑。"

杰斐逊相信,民众是自治制度的基础和最终保障,民众的启蒙是他鼓励科学发展的目的。在给一位法国朋友的信中,他说,他为法国的福祉祈祷,法国未来的治理不在于"科学的状态——不管它在少数启蒙阶层中如何高端,而在于普通人的精神状态"。这里暗含的意思,也在其他的信件中明确地表达出来。法国革命爆发初期,杰斐逊对革命抱着深切的同情,但随着专制和拿破仑战争的出现,他开始越来越怀疑一小撮启蒙人士——如法国哲学家——的社会影响力。他的极端反应出现在给亚当斯的信中:"至于法国和英国,这两位科学技术的佼佼者,一个是贼窝,一个是匪窟。如果除了专制、谋杀、掠夺、国民道德败坏,科学结不出更好的果实,那么,我宁愿我们的国家像我们毗邻的土著人一样——无知、诚实、值得尊重。"在 1811 年的一封信中(在这封信中,他认可了法国革命历史中的原则),他的表达则较为温和:"理智永远游戏于无用而有趣的物理科学之中,沉浸于其中,不为人的权利和专制者的错误提供坚实的思考,可以吗? 行不通。"同时,他用"科学的第一个女儿"这样的说法来形容自由。杰斐逊强调科学研究与学习实际的服务能力的关系,有两方面的原因:一方面是他的国家刚刚成立,他坚信应该先满足最迫切的需要。政治自由,或者人身自由,是第一位的,需要某种程度的物质保障来巩固这种自由。这些实现之后,他相信教育的推广、普遍的启蒙将会弥补精致文化中的不足,这些才是他的个人所爱。杰斐逊是西部拓荒运动和 18 世纪启蒙运动结合的产物,而 18 世纪在他和亚当斯的心中,开启了人类新的纪元。

杰斐逊认为,科学艺术服务于社会效用的另一方面原因来自他的欧洲经历。科学无论如何发达,如果只是局限于少数人,就不能阻止大规模的穷困与压迫。尽管与当时巴黎著名的知识分子私交很好,但他最同情的还是社会底层的民众。他去过他们住的地方,吃过他们的食物。对"人民"(人民的福利是所有社会制度的最终目标)的热爱及其信念(人民的意志是所有政治安排的合法基础),使杰斐逊越来越怀疑把人民大众留在悲惨和落后状态的知识和艺术的进步是否有意义。

杰斐逊关于大众福利和更高层次的艺术科学培养的平衡关系的思想,完美地体现在他的教育计划中。小学教育的普及不仅使大多数人读书识字,也有筛选的功能,即使优秀的学生能够脱颖而出,继续接受中学教育。通过中学教育,理智和个性上的"天生贵族"(natural aristocracy)被筛选出来,进入大学。州立大学将杰斐逊关于继续教育的理念进行下去,密歇根州立大学就直接受到杰斐逊的影响。但是,在某些方面,已经取得的成绩与这个计划相比仍有距离。

杰斐逊在法国的经历促使人们认为:他的政治哲学是在法国思想的影响下

形成的。因此,很容易理解为什么他的政敌会以此来指责他。因为法国革命的过分所导致的反动的结果,使极端分子说他是高卢无神思想、放荡行为和无政府主义的参与者。但是,学者们为什么也持有这种观点,不是用它来反对杰斐逊,而是用它来证明美国社会理论和法国启蒙思想的紧密联系,目前还不是非常清楚。杰斐逊的所有政治理念(也许只有一个例外),在他去法国之前已经阐明。也有可能,他对古典作家中伊壁鸠鲁道德思想的偏好源于他在巴黎的朋友,但这既没有影响他的政治观念,更没有影响他的劳动伦理观。他甚至没有提到过卢梭,只是泛泛地注意到温和的《法国权利宪章》(一个实践性的文件),毫不经意地提及《人权》。

实际上(正如文本中选择的文章所清楚展示的),杰斐逊认为,这个思想运动和实践运动肇始于美国,然后再到法国和欧洲,而不是相反。上面所暗示的一个可能例外是:杰斐逊强调,通过把债务或不可变更的制度强加给下一代人的方式来约束他们,这是一种道德无能。他断定"从使用权上看,地球属于生者;死者面对它既无能力,也无权利"。这是一个普遍的原则。他的论证(在从巴黎写来的信中)以此结束:这个事实对"每个国家来说都很重要,特别是法国"。因为如他所看到的,如果新政府不能废除土地世袭制、收回教会占有的土地、废除封建领主和教会特权、废除永久性垄断,那么,政府改革甫一开始便告失败。

法国对杰斐逊真正无可否认的影响由下面这封信可见一斑。这封信表达了 ²¹² 他回到纽约发现君主思想十分盛行时的震惊。"刚刚沐浴了还在发展初期的纯洁的法国革命,我自己的共和主义原则却遭受挫折。"法国对他的影响这个问题的真正意义,体现在一件更为重要的事情上。在信中,杰斐逊接下来以相当的篇幅,叙述了他在《独立宣言》中表达的理念的来源。杰斐逊否认它们受某位作者的启发,我相信,他这样做不是为了宣布自己是原创;相反,他的目的仅仅是"用坚定而简单的语言表达美国精神,以获得认同"。"政府权力的正当性来源于民众的同意",这个理念没有任何新奇之处,也不是洛克首先提出的——只不过杰斐逊认为,在洛克那里,它"几近完美"。即便是下述理念也有很长的传统,可以远远追溯至洛克之前:当一个政府开始破坏民众天生的道德权利时,民众有权"改变或推翻"它。

尽管如此,《独立宣言》还是有一些原创的东西。当然,它们没有亚里士多德和西塞罗的思想、普芬道夫(Pufendorf)的民法和教父的政治哲学那么古老。但是,独特之处在于:它们被提出来,作为美国精神的表达,美国人准备照此行动。杰斐逊深深相信,行动作为一种现实"试验"——谈到自治制度时,他喜欢用这个词——的创造性,正如他相信理念仅仅作为理论的保守性。现实尝试的创造性只有脱离理论原则的束缚,才能充分释放。

在肯定人的"自然权利"(它们是政府的基础,政府是否有合法性依赖于对它的遵守)时,杰斐逊使用的是当时的语言。现在的问题是:每当杰斐逊使用"自然的"(natural)谈论法律和权利时,是否可以用"道德的"(moral)代替,这样既不改变原意,也让现代读者更加清楚? 他不仅说,"我深信人没有与其社会义务相悖的自然权利","人注定是社会性的",而且说,"自然权利和人的道德感和理性相一致"。在写给法国朋友内穆尔的信中,杰斐逊阐释了自己的道德和政治哲学,区分"政府结构和道德原则",以此作为政府管理的基础。他说,"我们美利坚有意选择民主制度",然后从道德角度进行解释。人天生想往社会,并且有能力实现这种愿望,与他人共处。人通过建构社会来满足那个愿望,社会是这样一种产物,一个人有权与"所有一起实现这种社会共处愿望的人共同"管理它,"存在着独立于力量的权利","正义是社会的基本原则"。

关于政府的道德基础和目标就说这些。政府的结构涉及人们共同行使控制权的特殊方式。杰斐逊熟悉历史,也参与制造历史。他不可能不知道政府必须照应到民众的生活方式和习惯。如果一个社会人口众多,分布广泛,不可能直接管理,就要通过自己选举出来的代表(这些人被社会授权)间接管理。"政府或多或少是共和制,因为它们的构成或多或少具有大众选举和控制的要素。"1816年,他说,用这样的标准来衡量,美国还不是它应该达到的共和制。问题何在? 他认为是来自大城市的法律制定者对民众心怀戒备,并把自己的恐惧不公平地传给了"独立、快乐因而秩序井然的美国公民"。只要从这个道德原则出发,再加上另一条:"设立政府的唯一合法目的,是保证政府治理之下大众的最大幸福。"任何人都会毫不费力地推出杰斐逊政治思想的更多原则。

民众意愿是政府的道德基础,民众幸福是政府治理的目标,这些认识在杰斐逊那儿如此根深蒂固。不用说,舍弃共和立场的唯一理由只能是害怕民众,而不是信任他们。有了这种恐惧,就可以推出(根据数学的必然性):民众不仅不能广泛地参与政府事务,还被政府在道德或(和)身体上控制,从而诉诸政府所提供的特殊利益;而这种诉诸在杰斐逊看来,必然意味着使用一些腐化民众的手段。杰斐逊相信民众,有时候相信他们的常识,有时相信他们的理性。他们可能会被暂时地愚弄和误导,但给他们理智,从长远看,他们的徘徊事实上描绘的是一条向前的直路。

相信民众,相信他们对恰当呈现出来的启蒙的响应,这种深刻的信念是杰斐逊能够力排众议,推行"1800 年革命"的重要因素。我这么说,不是低估杰斐逊作为一位务实政治家的实干才能。这种信念是杰斐逊留给美国传统的重要财富。

杰斐逊认为,必须严格限制政府官员的权力,这既有一般的原因,也有特殊的历史原因。法国革命的爆发难道不是因为一帮政府官员篡夺权力?在杰斐逊看来,如果没有共和主义者的反对,人们会因为羡慕英国政制而希望在美国也建立一个"强势的"政府,这摆脱不了对腐败手段的使用。这个政府自身不是目的,而是取得民众效忠的手段,这种手段比直接强迫更有效更经济。就一般规律而言,杰斐逊知道,拥有非同寻常、无需负责的权力使人堕落,毕竟官员也是人,无法逃脱人性的弱点,"他们是来自同一车间的器具,用同一材料制成"。因此,他们始终需要被观察和检验,需要赋予他们权力时在制度上加以限制。

但是,在两个重要的问题上,对杰斐逊民主观的通俗解释经常出错。其中一个涉及民众意愿的基础意义,它与制定法律——宪法或普通法——的权力相关。毫无疑问,杰斐逊强烈赞成在宪法中明确地规定行政、立法和司法官员能够行使的权力,然后经由严格的程序,使相关的官员掌握规定的权力。不过,他也相信,"每个民族都有自己的习惯、思维方式和生活方式,它们伴随着人们成长,融入这个民族的性格中,意在使人民幸福的规定必须照应到这一点"。在另一个地方,他这样表述:"优秀的政府善于适应被管理者的实际情况。"在这个问题上,杰斐逊的理论尤其受到实践经验的调和。

杰斐逊的理想主义是一种道德理想主义,不是虚幻的乌托邦主义。他知道,过往人类历史的结论与美洲大陆上正在进行的成功试验相悖。他确信,拉美国家能够成功地摆脱西班牙和葡萄牙的殖民统治,但非常怀疑它们的自治能力,担心它们在未来很长一段时间里受军事专制主义的轮番宰制。他很清楚,美国试验之所以取得巨大的成功,有赖于一些条件,这些条件也许是幸运的偶然事件,也许是神的眷顾:宽阔的海洋,保护美国免受欧洲的剥削统治;盎格鲁-撒克逊的自由传统;甚至宗教派别的嫉妒也阻止了把任何一门教派立为国教,从而保护了宗教自由;广袤的自由土地,丰富的自然资源以及人口的自由流动;西部拓荒所孕育的独立自强精神,等等。尽管如此,他还是担心国家的未来到了城市化和工业化的时候怎么样。不过,总体而言,他天生倾向于充满希望而不是充满担忧。

与上述看法直接相关,他还认为,有必要定期修订宪法,每二十年一次;现在的普通修订过程被搞得太困难。杰斐逊相信,人民有权利以自己的方式自治,并且他们有能力行使好这种权利——只要他们受到教育,通过自由探讨而获得启蒙。他对这个原则的坚信程度,超过了其他的政治原则——只有一个例外,即有关宪法修订的原则。杰斐逊坚决主张政府的形成要合法,并为此巧妙地进行斗争。但是,他的态度也受到自己性格和实际政策的调和影响。历史学家批评他在"1800 年革命"之后,没有继续努力推行之前他一直力促的改革;他对亚当斯的反对,与这些改革没有关系。毫无疑问,他被政治上的权宜考虑改变了。但是,也没有理由怀疑他说话的真诚性,他表示愿意让自己的政策接受人民的检验。对民众的信任,已经融入他的血液。

无论如何,他不是那种对宪法顶礼膜拜的人。他相信《独立宣言》中表达的观点:人们更倾向于忍受邪恶,而不是废除他们已经习惯了的形式而改正这些邪恶。因此,更重要的是认识到,"法律和制度必须与人类精神的进步同行","新的发明、发现,看法和习惯的改变"会改变环境,制度也必须随之改变。如果杰斐逊还活着,他一定会痛斥某些人缺失民主信念;这些人以所谓的民主名义,宣称"神圣的盟约不可碰触"。他认为,对基本法的定期修订,可以避免历史循环——"压迫、反抗、变革、压迫……"——所带来的动荡。只有一件事情是不变的,那就是"人天生的不可剥夺的权利"。

下面这一点也是杰斐逊的思想经常被片面解读的地方。他认为,州政府"是我们自由的真正障碍",对华盛顿中央政府心怀担忧。他确实拥有这样强烈的信念和担忧,但他所补充的观点没有得到应有的注意。在接下来的文本中,有大量的材料显示,他非常看重规模比州甚至比郡县更小的共同体的自治。他对于新英格兰乡镇会议的高效印象深刻(理论上和实践上),希望美国的治理过程也有类似部分。他首次提出:在每一个郡县中划分不同的区,再和初级教育体系的安排结合在一起。从早年在弗吉尼亚立法部门工作开始,一直到生命的最后几年,他一直在竭力推行这些计划;并且相信,总有一天,它们会被采用。1816 年,年过古稀的他写信说:"加图每次讲演以'迦太基必灭'结尾,我的每一个看法以'分郡为区'结束。"这里说的是他四十多年前提出来的一项议案,当时他的其他议案,如废除土地继承权、废除长子继承权,都被采纳了。

尽管把郡县划分为更小的地方组织最初是为了普及初级教育,但在杰斐逊的心中,其最终目的远远超过了上述功能——是使"每一个区就是一个小的共和国。每个区设区长,他关心众人的福利,在众人的监督之下,其管理可以比大的郡县或州更到位"。他们关心"穷人、公路、警察、选举、陪审员提名,以及审理小的案件,训练民兵组织"。总之,他们将根据自己的事务直接发挥政府所有的民政和军事功能。此外,如果要决定重大的事件,所有区必须在同一天集合开会;这样,全体民众的集体意志就会被体现出来。这个计划没有被采用,然而它是杰斐逊政治哲学的精华。如果不把这个计划考虑进去,"州权利"的学说无论是理论,还是实践,都是不全面的。"共和区,共和郡,共和州,联邦共和国,构成不同层次的权威。"每一个人日常每一天都能参与政府事务(不仅仅是在选举那一天)。1813 年在写给亚当斯的信中,杰斐逊说他仍然对这个计划被采用抱以很 218大的希望,它将是"我们政府治理的关键"。正是因为这个原因,我才说杰斐逊的自治观没有被全面认识。通常,它被认为是反对联邦政府拥护州政府,甚至被认为在理论上反对一切政府,把政府看成是必要的恶。而我们发现,杰斐逊政治哲学的核心,恰恰在于他千方百计地要使这些小的行政和立法单元成为治理的关键。

如前所示,现在的人们看不到杰斐逊政治哲学的基本道德属性,因为表达道德观念的语言已经发生了变化。人生而平等,拥有不可剥夺的权利,这些"自明真理"在今天具有法律意义而不是道德意义。除此之外,自然法、自然权利这些法律理论的思想基础也已经被历史和哲学批判地破坏了。杰斐逊认为,词汇具有明确的伦理意味,这和他的上帝观念、自然观念密切相关。《独立宣言》的序言清楚地体现了这种联系。他说,美国人民"拥有独立而平等的身份,这是自然法和上帝的旨意赋予他们的"。

这样表达不是玩文字游戏,也不是出于使它们在人民中流行起来的权宜考虑。杰斐逊是一位真诚的有神论者。因为反对超自然主义,反对教会的权威和教义,他被当作无神论者而饱受抨击。尽管如此,基于自然和理性的理由,他深信存在一位神圣正义的造物主,它的目的体现在世界的构造中,尤其是社会的结构和人的意识中。所有人天生平等,这不是心理上的,也不是法律上的,而是道德上的。它是所有人与他们的创造者处于相同的道德关系的反映——一样的道 219德权利,一样的道德责任。制定法——或者用杰斐逊的术语,地方法——和政治制度因此既有了道德基础，也有了道德标准或尺度。

这样一来，关于人民的意愿、人民控制政治制度和政策的权利，杰斐逊的态度如此坚定，用"信仰"（faith）这个词来形容再恰当不过了；而且，它也的确具有宗教色彩。政府和法律的形式，包括宪法的形式，可能改变，也应该改变。但是，人天生的不可剥夺的权利永远不变，因为它们表达了体现在社会结构和良心中的正义的造物主的意志。杰斐逊不是英国放任自由主义派的"个人主义者"。每一个个体"从自然之手那里接受生存的自治权利"。杰斐逊是 18 世纪的自然神论者，在他的思想中，自然和自然之神浑然一体，不可分离。他说："我唯一的担忧是，我们实验的结果是证明人可以在没有主人的情况下自治。如果它的反面被证明了，那么，我的结论是：要么没有上帝，要么是个坏心肠的上帝。"如果一个人希望理解杰斐逊的民主信仰，这些话要从字面而不是从修辞上来理解。他甚至还构造了下面的三段论："人天生喜欢社会交往；如果缺乏正义感，社会交往无法维持；因此，人一定天生具有正义感。"把正义或公正，与权利义务的平等联系在一起，在基督教道德传统中很常见。杰斐逊对待这个传统很认真。杰斐逊去世前不久说过的话，再次证实了他关于《独立宣言》起源的声明。他说："我们不可能去搜索发霉的记录，猎取高贵的羊皮纸文稿，或者调查处于半野蛮状态的先人的法律和制度。我们求助于自然，发现它们已经烙在我们的心上。"

时代不同，用词和看法也不同。杰斐逊表达他的下述信念时所使用的术语现在不流行了：评判所有的政治制度有道德标准；共和制是道德上唯一合法的制度。但是，值得怀疑的是：捍卫民主是否不需要像杰斐逊那样诉诸它的道德基础和目的，即使我们不得不发明另一套词汇来解释民主服务的道德理想？恢复对普遍人性的信仰，相信它的潜能，尤其是对理性和真理的响应能力，可以有效地防御极权主义。这比展示物质上的成功或者虔诚地信仰特定的法律和政治形式更有保证。

220

杰斐逊不写格式固定的论文。有人建议他写写自己时代的历史，他说："工作时没有时间，退休了时间已过。"如果有人建议他写一写政府原则，恐怕他也是类似答复，只不过语气会更加断然。指出自己做了哪些事，对他来说就够了。但他是一位不知疲倦的写信人，70 岁以后还每天写信直到中午，有时候从日出一直写到下午一两点钟。80 岁那年，他说：数了数前一年的信件，有 1 267 封，"许多需要详细研究答复"。1816 年第一个月出版的信件字数达一万两千之多。本书的素材来自他的信件和公共文件。我相信,它们在真实性和真诚性上弥补了体系的欠缺。信件的选择比信件的整理容易,因为很显然,长达六十个年头——活跃而充实——的通信材料没有事先设定的逻辑顺序。不同的编排有不同的道理。我遵循的是:把他更为理论化的表述和记录自己观察的文字段落结合起来,以说明杰斐逊的伟大之处——原则与实践相结合。

杰斐逊的生活分为公共事业和私人家庭活动两个部分。关于前者,也许是个性使然,杰斐逊喜欢让他做过的事自己说话;至于后者,他说和当时其他美国 221 公民没有两样。如此一来,尽管有一些自传性质的笔记,但是关于他个人,材料却少得可怜。我们只知道他是一位有教养的绅士,很有个人魅力。从他的画像[斯图尔特(Stuart)、皮尔(Peale)、戴斯洛斯(Desnoyers)、萨利(Sully)等人画的]和塑像[鲍尔斯(Powers)和安杰斯(Angers)制作的]可以看出,他很英俊。他强烈反对公共事务中的铺张浪费和举债,个人从不欠债。在修建、拆卸以及重修自己在蒙蒂塞洛的家,以及试验弗吉尼亚大学的建筑时,他花了一小部分财富。作为学校的建筑师和监督人,他通过化学试验来亲自决定垒墙用的水泥成分。

杰斐逊的父亲是一位西部拓荒运动的先驱,最早到弗吉尼亚西部边界冒险的人之一。他比较幸运,上过学,不过仍然"渴望知识",愿意提高自己。他后来成为一名娴熟的测绘员,和一位数学教授一起划分了弗吉尼亚和北加利福尼亚的边界。他坚持给儿子当时美国最好的传统教育。毫无疑问,正是因为父亲,因为拓荒的环境——它迫使人们无所不通。托马斯·杰斐逊培养了对所有机械发明和装置的终身兴趣,对个人产业和手工作坊的长久尊重。刚从法国回来时,他写信给一位法国朋友说:他的农场状况很糟,必须寻找新的收入来源。"我的制钉生意在这个国家中,对我来说,就像是欧洲的一个高贵头衔或一枚荣誉徽章。"拓荒经历可能也解释了杰斐逊的美国疆域扩张意识,这样的推测不无道理。当时的政治人物中,只有杰斐逊具有这种意识,后来购买路易斯安那,还有对待弗罗里达和古巴的态度都是这种意识的体现。

我们知道,杰斐逊在将近而立之年结婚。妻子是一个 23 岁的寡妇,她的父 222 亲是一个成功的地方律师。他们在一起幸福地生活了十年,直到妻子去世,杰斐逊没有再婚。同样的,杰斐逊很少谈到妻子及其和妻子在一起的生活,除了在一封给法国朋友的信中提到，"一直把未来的幸福寄托在家庭和写作上，只有一件事抹去了我的所有计划，留给我一片空白"。妻子的死，造成了这片空白。杰斐逊表示，这是他愿意出任驻法国大使，接替而不是"代替"本杰明·富兰克林的主要原因。他说，富兰克林是"他生活的时代和国家最伟大的人，是时代和国家的骄傲"。杰斐逊在十年的婚姻生活中，生养了五个女儿和一个儿子。儿子没有满月便夭折；两个女儿的丈夫与他保持着频繁的通信联系，即便和他们，杰斐逊讨论的也是思想和公共事务，而不涉及个人家庭。

杰斐逊一方面对自己的政治生涯有一种客观的自豪，另一方面又经常表示向往退休生活，这样可以全身心地管理家产，读书写作，从事科学观察和研究，享受家庭幸福。当通信者们向他索取写作传记的素材时，他的答复就体现了这种结合，其主要意思无非是"判断一个人最准确的证据是他的行动"，其他的都是次要的，有待甄别；除了公共事务，他的生活没有什么值得记录。成为国家德高望重的人物之后，他甚至拒绝说出自己的生日，其理由是他希望记住的唯一生日是"我的祖国的自由日"。

尽管厌倦公共职务，但作为一位实际的政治家，杰斐逊却又非常娴熟和成功。这两者的结合，为他招来了矛盾和虚伪的指责。这些指责既不可能获得支持，也不可能予以反驳，因为事情已经过去很久了，所以指责也没有什么意义。但是，杰斐逊不喜欢争议，惯于调和与妥协，这是不争的事实。与汉密尔顿，还有马歇尔（Marshall）大法官的争论是个例外，这些例外是为了证明一个规则。这一类型的典型例子和特征是：与约翰·亚当斯绝交时，杰斐逊深感痛苦；重归于好后，他心花怒放。他在法国的法院为富兰克林的行动所作的陈述，几乎可以作为对自己所遭受指责的辩护："他性格和蔼中庸，做事理智，从不要求不可能的事情，关心他人的困难。他的敌人认为是屈从的地方，我所看到的却是一种理性。"对杰斐逊的指责倒不是屈从，而是他所说的原则和实际行为不一致。无论如何，如果人们熟知杰斐逊的政治理念、公共行为，而不是他这个人，这恰恰是杰斐逊所希望的。考虑到时代，考虑到他在其中扮演的重要而艰巨的角色，杰斐逊仍然是一位宽宏大量、精神昂扬的公共绅士，完全投身于他所热爱的祖国的康宁大业。我不理解，如果把杰斐逊的未来声誉与他所献身的民主理念的未来进行比较，人们怎么可能怀疑他不关心自己将来的声誉？另一方面，我也不理解，下述这一点又有什么好怀疑的：只要这些理念安然无恙，他就不必担心自己的声誉。

创造性的民主——我们面对的任务①

在目前的环境下,我不想隐瞒这样的事实:我已经活到了 80 岁。提到这个, *224*
也许你会注意到一个更为重要的事实:对这个国家的命运至关重要的事件发生
在过去的 80 年间,超过一半以上的现有国家生活形式出现在这个时期。我不准
备概括这些事件,即使是那些更重要的事件,原因是明显的。提到它们,是因为
它们与这个国家在成立之初承诺的事情有关——创造民主。这件事在今天和在
150 年前一样紧迫;当时,这个国家最富经验、最具智慧的人们汇聚在一起考察
现状,以创建一个自治社会的政治结构。

这些年发生的重要变化是:生活方式和制度过去是在幸运的条件下的自然
产物或必然产物,现在却是有意识的坚定努力的结果。80 年前不是整个国家都
在先驱拓荒运动之中,但它仍然非常接近美国生活的先驱拓荒阶段;除了几个大
城市之外,先驱拓荒的传统在出生于其中的人的思想和信仰的形成上起了积极
的作用。至少在想象中,国家的疆域仍然是开放的,谁都可以开发利用。这是一
个充满机会和吸引力的国家。尽管如此,这个新国家的成立远远不是因为集合
了许多优越的物质条件,而是因为还有一群拥有卓越政治创造力的人,能够调整 *225*
旧的制度和观念,使其重新适应新情况。

现在,边界具有道德意味,而非物理意味。土地似乎无边无际,谁开垦谁拥

---

① 首次发表于《约翰·杜威与美国的承诺》(*John Dewey and the Promise of America*),《进步教育
小册子》(Progressive Education Booklet),第 14 期,俄亥俄,哥伦布:美国教育出版社,1939 年,第
12—17 页。原文是杜威于 1939 年 10 月 20 日在纽约市纪念杜威 80 生日晚宴上的致辞,由霍
拉斯·M·卡伦(Horace M. Kallen)代为宣读。

有;然而,这样的时代一去不复返了。未开发的资源现在是人而不是物质。成年人找不到工作,年轻人失去了曾经有的机会,这是资源的浪费。现在我们同样面临150年前促使社会政治创新的危机,只不过它对人的创造性要求更高。

无论如何,这就是我的意思:当时我说,现在我们必须有准备有决心重新创造民主,而150年前的民主雏形在很大程度上是人和环境结合的幸运产物。很长时间以来,我们一直依靠这种在早期人和环境幸运的结合而带来的遗产。现在的世界局势不仅是一个提醒:我们必须更加努力地证明这些遗产的价值;而且是一个挑战:我们如何回应今天复杂棘手的局面,如同前辈们回应相对单纯的局面一样。

如果我强调这个任务只能通过创新性努力和创造性活动来完成,部分原因在于,目前的严重危机在相当程度上归结于下述事实:很长一段时间,我们这样行动,仿佛我们的民主自动永存,仿佛祖先成功地建造了一台一劳永逸地解决所有政治问题的机器,仿佛民主发生在华盛顿、奥尔巴尼或其他州府城市,由每年一次民主投票推动。不客气地说,我们已经习惯于把民主看作一种政治机械。只要市民忠实、理性地履行政治义务,它就能正常地运转。

226近年来,我们越来越听到人们说:这样理解民主不全面,民主还是一种生活方式。这种说法可谓触及要害。但是,我不能确定旧观念的外在性会不会也渗入这种新的更好的认识中。我们只有在思想和行为上都意识到民主是独立主体的个人生活方式,它意味着拥有并持续运用某些态度,形成个人性格,确定生活各个方面的期望和目的;只有意识到这些,我们才能脱离旧的外在的思维方式。与其认为我们的性格和习惯适应某些制度,不如把后者看作个人习惯性态度的表达、投射和延伸。

民主作为个人生活方式并无新鲜的内容,它不过赋予旧观念一种新的现实意义。它意味着,只有通过每个个体的创造活动,才能成功地应对目前民主的劲敌。它还意味着,我们必须克服这样的习惯性思维,即认为民主与构成个体性格的稳固的个体态度相分离,维护民主只能通过军事或市政这样的外在手段。

民主是一种生活方式,这种生活方式由对人性可能性的生动信仰所支配。相信普通人,这是民主信条中为人所熟知的内容。它所理解的人性体现在每一个人身上,与种族、肤色、性别、出身、物质或精神财富无关。这种信念也可以明文规定,但除非在日常生活所有的事件和关系中,人们彼此的交往态度体现了这种信念,否则,这些规定就是一纸空文。如果在与他人的日常交往中,触动我们的是种族、肤色或其他阶级偏见,而不是对人性潜能的真诚信仰——它使我们感到必须为这些潜能的实现提供条件,那么,嘴上抨击纳粹的狭隘、残忍、制造仇恨,无异于助长虚伪。民主的平等信念认为,每一个人,不管天赋如何,都拥有与所有其他人同样的发展天赋的机会。民主对领导原则的信念是真诚的、普遍的。 227
它相信,如果具备适当的条件,每一个人都有能力过自己的生活,不受他人的干涉或强制。

除了相信人性,还相信人们在适当条件下有能力理性地判断和行为,这些信念共同决定着作为一种个人生活方式的民主。我不止一次被对手批评过于相信理性以及与理性相关的教育,甚至被认为是空想。但这种信念并非是我的发明,而是我现在的环境和那些曾受民主精神鼓舞的环境赋予我这种信念。最终形成公众意见的咨询、研讨、说服、讨论,其作用从长期来看,就是自我修正。在这个过程中,除了相信普通人的理性能力,相信他们能够合理地回应自由发生和表达的事实和观念——自由探究、集会和交流有效地保证了这一点,民主还能相信什么?就让那些集权政府的左派和右派鼓吹者认为,相信人的理性能力是一种空想好了。这种信念如此深植于民主固有的方法,如果一位自诩的民主人士竟然否认这种信念,那他便是背叛了自己的事业。

想到许多国家人们的生活境况——间谍的身影无处不在,私人聚会交谈时时面临危险,我愿意相信民主的核心和最终保证在于:人们能在街道附近随意聚集,畅谈不受管制的报纸新闻;朋友能自由地走动,聚会的话题天马行空,无拘无束。人们因为不同的宗教、政治或商业见解,不同的种族、肤色、财富或文化程度而产生的偏见和伤害、谩骂,是对民主生活方式的背叛。阻止自由充分地交流,其实是把人们隔离起来,变成互相敌对的双方,这会损害民主生活方式的基础。 228
如果在日常生活中,观念、事实和经验的自由交流被互相怀疑、偏见、恐惧和仇恨堵塞,那么仅在法律上明确信仰、表达和集会的自由权利没什么用。这些东西比起公开的强制更能破坏民主生活方式的基本条件,后者只有在成功地给人们灌输仇恨、怀疑、不宽容之后才有效。集权国家的例子证明了这一点。

最后,除了上面说到的两点,民主的决定因素还包括相信人们之间的日常合作。它相信,尽管每个个体的需要和目的不同,但友好合作——包括竞争(如在体育、较量和竞争中)——的习惯是丰富生活的无价之宝。把起源于(一定是源于)力量和暴力气氛中的冲突尽可能地转变成讨论和理性活动的手段,这就如同把那些和我们有(深刻)分歧的人看作我们可以学习的朋友一样。民主的信仰相信,分歧、争论和冲突能够变成这样一种合作:对立双方可以给予对方表达自己的机会,并从中受益。不是一方依靠强力压制另一方,比如使用一些嘲弄、侮辱、胁迫等心理手段,虽然不是公然的囚禁和集中营,但毫无疑问也是一种暴力。给对手展示自己的机会,因为表达不同见解不仅是别人的权利,而且是丰富自己生活经历的手段。通过这种方式合作,是民主生活方式的题中之义。

如果上面所说被人批评是一套道德上的老生常谈,我的回答是:这恰恰是我这么说的意义。因为去除从制度和外在角度理解民主的思维方式,形成把民主看作一种个人生活方式的习惯,这就意识到,民主是一个道德理想;如果它变成事实,也是一个道德事实。人们应该意识到,民主只有成为生活常识,才意味着民主成为现实。

因为我长期研究哲学,请允许我从哲学角度简要地概括民主信仰。可以这样来表达:民主相信人类经验能够生发目标和方法,凭借它们未来的经验得以丰富发展。而其他社会道德信仰的基础是:认为经验在某些时候受制于某种外在控制,受制于据说外在于经验过程的某个"权威"。民主相信经验的过程比任何特定的结果更重要,只有当这些结果可以丰富和处理正在进行的经验时,它才具有最终价值。既然经验过程具有教育意义,相信民主,也就是相信经验和教育。任何脱离经验过程的目的和价值,都是呆板停滞的。它们试图固化所获的结果,而不是利用它们开启新经验的大门,指出通向更好经验的路径。

如果有人问这里经验的意思,我的答案是:个体与周围环境尤其是人文环境的自由互动,通过增加人们对客观事物的认识,促进和满足人们的需要和愿望。对环境的客观认识,是人们之间交流分享的唯一的坚实基础,其他交流则意味着某些人受制于其他人的个人看法、需要和愿望(目的和方向从中产生)。它们超出现存的事物,超出知识,也超出科学,不断地开启通往未知明天的方向。

与其他生活方式相比,只有民主全心全意地相信经验过程既是手段也是目的,相信经验过程能产生科学,而科学是唯一可信赖的指明未来经验方向的权威,科学释放了人们呼唤新事物的情感、需要和愿望。而没有民主的生活方式限

制了经验的接触、交流、沟通和互动,没有这些,经验无法稳定,也不能扩张和丰 230
富。这种释放和丰富的任务是每天都要做的。既然这项工作没有终点,除非经
验自身走到终点,那么,民主的任务就是不断地创造更加自由、更为人性的经
验——这个经验人人分享,人人贡献。

伯特兰·罗素案件[①]

　　为伯特兰·罗素担任纽约城市大学哲学教授的辩护,一直非常正确地集中在两个问题上:一是法庭否决根据纽约州法律成立的管理委员会的任命是否合法;二是作者针对成人的讨论重大社会问题的著作,能否被用来作为剥夺作者在大学课堂里教授另一个完全不同的专业课程的权力的依据。如果法庭有权这么做,那么,公立学校的任职(也许还有私立学校)在被法庭批准之前将不再具有确定性,同时教育管理机构也被剥夺责任和权力。如果赞成麦吉基汉(McGeehan)法官在第二个问题上的做法,其结果必然是钳制大学老师在与自己教授专业没有直接关联的主题上的自由言论。

　　还有一个问题不应忽视。原告律师和法官口若悬河,大力抨击罗素先生的著作带有令人厌恶的风格,很多原本头脑清晰的人可能被他的话误导。公众对性道德讨论的兴趣——如避孕方式、家庭稳定、儿童性教育(直接的和间接的)、人口问题、优生等等,超过了对罗素先生所受不公正待遇的兴趣。这提出了下述问题:罗素先生到底说了什么? 以什么样的态度说的? 这两个问题如果断章取

义,不结合罗素先生的上下文,就不可能理解,更别说是回答了。

　　首先,需要提几个关于道德理论的事实。这个道德理论对于那些没有事先投入超自然和神学伦理框架中的现代学者来说,是基本常识。一个是,道德的基础和约束力要从人际关系中、从它们对人类福祉的影响中寻找。另一个是,再没有比专家的结论和大众想法之间存在的矛盾更能说明文化的滞后。人类学、医

---

① 首次发表于《国家》(*Nation*),第 150 期(1940 年 6 月 15 日),第 732—733 页。

学、心理学等领域的专家关于伦理理论，不仅仅是性伦理有一套结论；而大众信仰没有受到刻板的学院理论的塑造，它们通常来自旧传统的残渣碎片。因为这种矛盾，任何公开讨论——以科学研究结果为基础、但使用没有受过专业训练的人也能读懂的语言来表达的——注定让人费解，甚至使人震惊。这个事实在涉及性道德时尤其重要，因为在这个领域里，社会实践和传统观念之间的矛盾最严重，而这个事实很容易被那些相信神学伦理的人利用。除非牢记这个事实，否则既不可能理解某些人攻击罗素的意图，也不可能理解从他的著作中断章取义给那些没有攻击意图的人带来的影响。

罗素先生在著作中谈到需要一种新的性伦理。他的成功表述给人一种错觉：好像他反对所有其他的性伦理。他依据大量事实，指出现有的性伦理（在语言上比在事实上更受推崇）完全过时了，它包含很多原始的迷信因素，作为其基础的社会实践因政治经济的变化而已失去功效。但是，他的这种论述完全被忽略了。许多善良的人被旧有的性伦理已经破裂的说法刺痛。这样一来，罗素先生的遭遇作为对科学态度和流行意见之间的鸿沟的证明，相比其他事情来说，意义更为重大。而且，问题的关键不是罗素先生的观点是否正确，而是是否要阻止他弥合鸿沟的努力，或者是否应通过侮辱用通俗的语言参加公众讨论的人来打击这种努力。

罗素先生对待讨论主题的态度很重要。对学习社会心理学的人来说，人们热衷于小说中轻率的性讨论，却对现实中严肃的性讨论大感骇异，这不稀奇。罗素先生的讨论是严肃的，尽管偶尔言语刻薄。下面几段话值得多次引用："我不认为新体系比旧体系更加俯首帖耳地臣服于冲动，但我认为，抑制冲动的前提和这么做的原因必须与以往不同。""我提倡的学说不是某种许可证，它和传统学说包含同样多的自制。""比起商业、体育、科学研究或其他的人类活动，性更不能离开伦理。"他接受这样的观点（这个观点现在已被很多出色的学者接受了）：性冲动应该被引导而不是被压抑。他认为，很多道德学者痛心疾首的恶（他自己也一样痛心疾首），其实可以归结于误导冲动和欲望的条件的存在。如此一来，来自这样一些人的攻击便显得颇具讽刺意味；这些人认为，人的所有自然倾向都是恶的，所有的性冲动不但应该抑制，就连提到它们也不允许。

关于为合理的性伦理提供标准的原则，罗素这样写道：

233

性道德必须来源于某些普遍原则,这些原则要取得相当广泛的共识,尽管对原则的派生结果可能存在广泛的分歧。首先要保证在男女之间存在深厚、严肃的爱情,它使双方拥抱对方的全部,并导向一种双方都能被丰富和提高的融合。第二点,对孩子充足的关爱,生理的和心理的。

如罗素先生所示,不是所有接受这些原则的人,不是所有试图根据最新知识从这些原则得出结果的人,都会同意他的全部结论。对我个人来说,可能有些赞成,有些反对。我不同意罗素的地方在于:他在讨论社会道德问题时采用一种逻辑,这是一种从一套单纯前提出发的单向推理,显然更适合数学问题。但是,这种结论上的分歧不仅不能成为惩罚一个严肃讨论问题的学者的理由,反倒可能成为让问题公开讨论的理由,使问题获得不同的解释。唯一要排除的,是禁止讨论的教条主义和不宽容。

无论如何,如果有人想在罗素先生的著作中查寻色情的内容,那他要失望了。而一些人对罗素先生肆无忌惮的道德诽谤,却使人相信:如果这些人拥有权力,他们会采取一切手段,禁止人们议论他们强制推行的信仰和实践;这就是他们的"独裁主义"道德观。

社会现实和治安法庭虚构^①

1929 年,纽约出版了一本书。该书从婚姻和家庭的角度探讨社会和个体伦理。从家庭角度,尤其与孩子的利益有关,也包括家庭作为经济单元的经济功能。当时,这本书很受欢迎,有几篇《纽约时报》的书评摘要可以证明。一位评论家说,"作者几乎涉及现代社会学和心理学中所有关于性的问题",他尤其提到书的厚重度。另一篇评论干脆说,它"是近来最人性化、最具说服力的关于婚姻的读物"。第三篇评论说,这本书"很重要,因为它清楚地解释了基础的问题,毫无偏见,令人信服";作者是"一位人道主义者,为反对道德偏见、捍卫人的幸福而写作"。

在这本书出版前几年,一位信仰罗马天主教的作家在《天主教世界》(*Catholic World*)中提到当时已经声名鹊起的作者,说他是"一位无神论者"。尽管这位作家不能接受无神论观点,但他认为作者"取得了很高的思想成就,目标无疑也是诚实的","是我们时代最清醒最深刻的思想家之一,无论我们是否赞同他的理想,他毫无疑问是一位理想主义者"。在另外一处,这位天主教作家直接谈到作者后来作品的主题,他说:"在《社会重构原则》(*Principles of Social Reconstruction*)有关'婚姻'的章节中,我们看到:因为宗教主宰着旧的婚姻形式,

它也必定主宰新的形式。罗素先生能如此清楚地看到,法律规定自身不能解决两性问题,而只能依靠宗教。这点很好。"关于作者的一般立场,这位天主教作家援引了一段有代表性的文字:"如果生命完全属于人,它一定服务于某个生命之

---

① 首次发表于《伯特兰·罗素案件》(*The Bertrand Russe Case*),约翰·杜威和霍拉斯·M·卡伦编,纽约:维京出版社,1941 年,第 55—74 页。

外的目的,非个人的、超越人类的目的,比如上帝、真理或美。""这就是罗素先生的宗教见证,非常重要,因为它来自我们这个时代最敏锐的一位知识分子(他是自然主义的支持者)。"

11 年之后,这本 1929 年好评如潮的书的作者却被一位律师在法庭上这样形容:"淫荡,猥亵,好色,贪欲,放纵,色情,无神论,亵渎神灵,心胸狭隘,虚伪,毫无道德感……他是一个诡辩家,通过巧妙的设计和诡计,提出错误的观点……他自诩为哲学的东西不过是些廉价、低俗、陈旧、东拼西凑、误导人民的垃圾。"审判法官说,这是一本教给人"不道德淫秽学说"的书,证据充分;书中充斥着污秽;"学术自由是幌子,真实意图是在青少年中推广刑法禁止的行为";作者的生活和教学背离了"所有美国人珍视、美国宪法和州法律保护、美国公民以鲜血捍卫的原则";他"教授和实践不道德的内容,鼓励和承认违背纽约州刑法的行为"。

这本被如此诽谤的书就是《婚姻与道德》(*Marriage and Morals*),这位被如此污蔑的作者就是伯特兰·罗素。对读者来说,这不是什么秘密。

完整的故事在本卷的其他地方也有叙述,法庭决定对公立学校和私立学校的影响也在充分讨论之中。但这些不是我今天要涉及的。我不想议论那位律师怎么会熟悉如此大的"淫秽"词汇量,也不想说那位"正义的法官"竟然能听凭案件以这样的语言陈述。如果不是因为法律立场的保护,明摆着就是诽谤,尽管这位法官也是利用了同样的法律立场,拒绝给予罗素先生出场和申辩的机会。我很高兴,这位律师和法官已经为自己在历史上赢得了"不朽的"声名。

我更不会提出这样重要的社会问题:为什么(何以)短短 11 年之内社会变得如此偏狭固执?在如实记录和提出抗议的这本书中,我的任务是指出下面两者之间的巨大差异:在这个案件中,罗素先生关于婚姻和性的过去的、现在的以及可能的伦理所实际说过的话,与律师和法庭所表达的带有很大误解的观点之间。允许法庭的意见通过,但是不给罗素先生倾听的机会,他向高一级法院申诉的权利也被与案件是非曲直无关的技术给否定了。作为美国人,我们只能为"公平游戏"上的这个伤疤感到羞耻和脸红。

但是,也许可以问一问:不管如何评价法庭的解释,法庭引用的段落难道不是书里的吗?是的,确实如此。但是,如果采用法庭使用的手段,我也能证实罗素先生的意见与最传统的观点基本一致。引用一段话时,从不提及上下文,不提及论述的目的,这种手段很低劣。

比如,下面这段话就比较有代表性,比法庭武断的摘要更能说明讨论的目的和庄重-淫秽问题。"婚姻是比两个人彼此为伴的愉悦更严肃的事;它是一个组织,通过生养孩子,成为社会亲密关系的一部分,其重要性远远超出丈夫和妻子的私密感情。""我相信,婚姻是两个人之间可能存在的最好最重要的关系。""习俗应该抵制离婚,除了某些极端的例子。"238

关于婚姻就说到这里。至于性和性行为,我援引下面这些段落:"周全的性伦理不能只把性看作自然欲求。性与人类生活中一些最大的善联系在一起,比如爱、婚姻幸福和艺术。""两性关系中越多体现个性,爱的价值和分量就越多。""我想重点强调,不正常地沉迷于性是一种罪恶。""最危险的错误之一,是把性简化为性行为。""我们认为偷吃食物是错误的……同样的,在性上有所节制也是基本的,只是后者更复杂,涉及更多的自我克制。"罗素先生批评小说家"把性行为仅仅看作生理排泄",他认为"爱具有自己的理想和内在的道德标准"。

我还可以援引更多意思相似的段落,但是如果孤立地看它们,就不能公正理解这本书的目的和精神。尽管这些引文具有代表性,尽管麦克基汉法官的概括歪曲了原意,但它们都出现在对传统性伦理婚姻伦理的批判过程中。在罗素看来,正是这种伦理背离了爱的理想特征,把性行为贬低为某种没有内在价值的事物,甚至在圣保罗(St. Paul)和许多主教的眼里,它根本就是下流的。这种伦理观的流行,是禁止对青年进行适当性教育的主要原因。的确,关于麦克基汉法官最仁慈的说法,只能是因为他所受的教育和成长的环境,使他完全赞同传统的伦理,认为任何关于性的讨论在骨子里都是下流的。

罗素先生毫不留情地批判传统的性观念和婚姻观,这些观念已经深刻地影响到法律和公共意见。他的书呼吁一种新的观念、新的司法机构、新的社会习俗和新的舆论。在他的深思熟虑中,这些能够体现一种人性的伦理,更好地为社会的普遍福利服务。罗素先生并不认为他的立场无可指摘,但他希望批评基于理性的考察,而不受传统盲信的影响;而且应当根据大众幸福的道德标准,他自己的观念正是以这些为基础的。他并不是不知道某些传统卫道士、传教士,还有乔治·哈维·奎尼(Gerge Harvey Queen)这样的权威人士,以及爱尔兰古老秩序的各种维护者,对自己观点的解释。他在书中说:"谈论性话题的作者经常面临被指责的危险,对方会认为这样的主题不应该涉及,而作者过多地沉浸到这个主239

题中了。人们会认为，除非他对这一主题的兴趣与该主题的重要性完全不成比例，否则，他会冒被拘谨的人和放荡的人同时谴责的风险。……我完全同意教会的观点：过分沉迷于性话题是一种罪恶，但什么是避免这种罪恶的最佳方式，我与教会是有分歧的。"

我知道，那些真诚、大体而言高尚的人也深受这些性禁忌的影响，因为这种教育从年少时就开始了。所以，即使没有看过罗素先生的书，他们中的多数人也会强烈反对该书及其作者。但是真正高尚真诚的人，即使自己秉持传统的观点，也会承认一位学者、一位关注社会价值的人可能持有不同的观点，而且是基于确凿的道德理由。如果他们相信自由思想和探究的价值，便会承认别人也具有检验和议论的权利，只要这些检验和议论在理智上是胜任的、在道德上是严肃的。

这带来一个重要的问题，涉及社会现实与法庭虚构的矛盾，即罗素先生的伦理观是什么？他的解释很明白："性道德必须来源于某些普遍原则，这些原则要取得相当广泛的共识，尽管对原则的派生结果可能存在广泛的分歧。首先要保证在男女之间存在深厚、严肃的爱情，它使双方拥抱对方的全部，并导向一种双方都能被丰富和提高的融合。第二点，对孩子充足的关爱，生理的和心理的。"奇怪的是，最初的抱怨者、凯（Kay）女士以及她的律师古德斯坦（Goldstein）先生，还有法官麦吉基汉，这些所谓的专家（假设他们读过这本书，不过这不太可能），何以能在上面这段话中发现"淫荡、猥亵、好色等等"的东西。下面这段话体现了罗素先生所说的对立，他从这些原则得出的结论和那些来自广泛接受的观点的结论之间的对立："性是罪恶的，这条教义一直暗暗地伤害着个体的性格——从孩童开始，持续终身。传统道德禁锢性爱，同样也禁锢其他形式的友好感情，使人畏葸，麻木，更加自以为是，更加残忍。不管最终接受什么样的性伦理，它必须不受迷信影响，必须具有可理解可解释的支持理由。"他还说："比起商业、体育、科学研究或任何其他的人类活动，性更不能离开伦理。但是，性可以摒弃那仅仅以古代社会蒙昧之人提出的禁忌为基础的伦理。在性领域，正如在经济和政治领域，我们的伦理观仍然被非理性的恐惧主宰……确实，像所有的转变一样，从旧体系向新体系转变有困难……我提倡的道德并不是简单地对成人或年轻人说：'跟着冲动走，做你喜欢的。'生活具有连续性，一定有一些指向目的的持续的努力，它们的效果不是立竿见影，不是每时每秒激动人心；需要顾及他人；需要某种正直的标准……要公正地评判一种新道德，必须在早期教育中运用它。"①

在评价这本书时，还有另一点需要考虑。讨论的语气和特征应当与提倡的基本道德原则合拍，应当严肃庄重，这是基本要求。尤其是在一些重要的问题上，当一本书的观点与流行的信仰相反时，它的论述就格外要严肃和坦诚。就此而言，我从书中所引用的片段不具有决定性意义。但是，任何诚实的、读过整本书的人，不管是否同意作者的论述，他都知道这本书是写给成年人的——假设这些成年人对这个主题怀着严肃的道德兴趣，并且能够在事实和合理推论的基础上得出自己的结论。这本书包含人类学、历史学、社会学和心理学方面的资料，来源于相关领域的权威研究。认为书是给青少年看的——比如可以用于大学课堂，这是错误的；同样错误的，还有人认为，如果这本书被青少年阅读，它会鼓动行为放纵——从传统的标准判断。事实上，这本书始终鼓励公众改变看法，形成新的个人的和社会的性伦理和道德习惯。在罗素看来，它们比现有的道德伦理更高级。不可能把这本书里的任何其他看法概括为别的什么（除非有意歪曲），即便是在所谓的正义法庭上。

现在来看看法庭指责罗素先生的依据，法庭也据此取消了高等教育委员会对罗素先生的委任。罗素先生对通行的处理手淫的方式的不当之处发表了一些评论。这些评论不过是一些医学讨论的常识。在这个问题上真正重要的不是他 的评论，因为它们有经验和医学观点的支持；重要的是法庭使用的手段，使它可以为自己制造一起案件的立场提供充分的证据，而无需涉及事实。法庭的意图是将罗素先生置于教唆手淫的境地。于是，它忽略罗素先生明明白白说过的话，比如他建议在努力制止手淫时采取一些程序而不是直接的禁止，后者伴有可怕的后果（比如精神错乱等）。如果采用被建议的这些程序，会降低孩子们沉湎手淫的可能性。当然，如果这些话被引用，它们自己便足以反驳法庭的结论：罗素先生在怂恿手淫。

罗素先生关于孩子和大人裸体的看法也被法庭摘录，成为他道德败坏、不能承担教职的证据。罗素是这么说的："孩子们看到彼此的裸体，或父母的裸体，没什么不合适，只要这是自然发生的。"不必对此大惊小怪。但这个观点对麦吉基

---

① 我只能引用个大概，因为这本饱受污蔑的书已经停止印刷，通过常规的贸易渠道买不到。这真是一个讽刺！

汉法官来说是恐怖的,他引用这句话证明任用罗素就是设立一个"下流的教席"。这是麦吉基汉法官特有的伎俩,完全不提罗素先生得出这一结论的原因:相反的行为会"让孩子感觉很神秘,有了这种感觉,孩子们会变得好色下流"。这是罗素先生批判传统观念和实践的一个原因:给性蒙上了一层神秘的面纱,这样反倒引起和鼓励了名义上谴责的色情行为。在我们国家,成千上万明智的、受尊敬的父母已经通过自己的经验,得出了相似的结论。在裸体与孩子的问题上,罗素提倡的态度早已成为标准。

243　　至于成人,罗素说:"有很多重要的健康理由,支持在合适的环境中裸体,比如晴朗的户外。"这种卫生学常识被法官用来作为支持凯女士、反对罗素先生的理由:他个人曾组织过一个裸体社区。当然,罗素为什么这么说、这么做,法官觉得太荒唐而不愿深究。曾几何时,现在在这个国家的海滩上随处可见的泳装,穿它的人会被逮捕;如果这样的案子由麦吉基汉审理,我们从他怎么处理罗素,便可以推断出他会以什么样的兴趣和热情来应对这件事。确实,大众态度的改变也证实了罗素先生的看法:只要某些习俗改变,与这些习俗相关的不洁感、污秽感就会消失。

　　刚刚提到的事情属于麦吉基汉法官自称没有理由干涉的范围。这是该法庭离奇的意见的离奇特点之一:超过一半以上的意见是攻击罗素先生在某些事情上的观点和行为,但这些事情就连法官自己也承认完全超出他的司法权限。用他自己的话说:"至于这些行为,本法庭无权过问,因为法律把权力授予了高等教育委员会。"在法庭无权过问的事情上责难罗素先生,这本身足以证实在整个事件背后隐藏着某种敌意。

　　一边说有些事情无权处理,一边又自认为有权否决高等教育委员会的任命,法庭的意见如此混乱,即便根据麦吉基汉法官的理由,也很难说清到底罗素先生的什么观点在"帮助、教唆、鼓动"违反刑法,以至于委员会的任命行为已经是"教唆和鼓励违反刑法"。这是因为,法官用他一贯的趣味所引用的关于引诱和强奸
244　的刑法条文,即使他自己也没有且不可能以此控告罗素先生。法官宣称有权处理的依据,可能是罗素先生关于婚外关系、年轻男女尤其是大学生的婚前性关系和同性恋的观点。除了法庭对这些问题的处理细节,还有一个特点可以概括法庭的所有言论:尊敬的法官从不提及罗素先生为什么提出自己的观点,倒是时时处处认为罗素的论述赞成公众意见的改变并最终导致习俗和法律的改变,好像

罗素先生就是在鼓励人们从事背离传统观念和现行法律的实践。

先来说说同性恋。在《婚姻与道德》中,罗素先生认为,惩治淫秽的法律是失策的。他认为,不能制定法律来压制公共讨论和禁止文学出版物(它们有权出现)。在论述过程中,罗素先生提醒读者注意:在英国法律中,不仅"小说中涉及同性恋是违法的",而且"很难为改变法律(从而使淫秽不是不合法的)提供论证"。根据英国法律,"男人之间(不是女人之间)的同性恋是非法的"。所以,罗素先生说,这条关于淫秽的法律,其作用无非是使自己一直保留在法律书籍里;每一个认真思考同性恋问题的人都会认为,它是野蛮无知的迷信。麦克基汉法官没有引用这句话,因为这句话本身(假如他一贯对语境忽略的话)足以表明改变现行法律是讨论的目的。但是,他从罗素早期的一本书《教育与现代世界》(*Education and the Modern World*)中引用了一句:"也许男孩之间的同性恋危害不大,如果他们被容忍,但即便这样也有危险,它会影响他们日后的正常性生活。"这条关于"可能性"的假定陈述,伴随对同性恋的反对性论证而不是支持,在法官眼里,却变成了对同性恋这种"该死的罪孽"的鼓吹。不知面对比罗素先生说得更直接的医生(他们的著作也许还在罗素先生前面),尊敬的法官大人会怎么反应,这只有留待想象了。我希望下面这段引自里斯(J. R. Rees)博士撰写的《儿童精神病调查》(*A Survey of Child Psychiatry*,1939 年)的论述不会给作者带来麻烦,或者被解释为我赞成男孩之间的同性恋。"同性恋可以被看作两性发展的一个正常阶段。……假如承认孩子通常的情感状况就是那样,从这一阶段会自然发展到异性恋。"①

罗素先生关于未婚男女性关系以及婚外情的看法,对传统道德的捍卫者来说,无疑是一颗炸弹。就算是通常认为在性和婚姻上与罗素看法相似的人,罗素的观点也会引起他们不同程度的非议。至于麦克基汉法官处理罗素的手段和他对罗素的概括(我再重复一遍,如果不是有法庭特权庇护,这就是诽谤),重要的不是罗素的观点是否正确或富有智慧,而是对性与婚姻的公开讨论是不是以一种科学的方式,是不是怀着严肃的道德兴趣进行的? 任何头脑清醒、读过罗素完整文本的人都会发现,罗素论述自己观点——不管是对是错——的方式完全满

245

---

① 对作者公平起见,应当说明一下:"同性恋"在弗洛伊德学派中使用得非常宽泛,包括"对同性之人的情感兴趣",其涵盖的内容远远超出"性"这个词通常限定的、在精神病学领域之外的外显行为。

足这两个要求。这样的读者还会发现，罗素非常关注道德习俗中的恶，不可否认，这些恶已经存在于未婚青年和已婚成人中。读者们还会发现，正是出于改变公共意见、习俗和法律规定的兴趣，罗素先生才倡议一种新的伦理。①

　　根据最近发表的一篇关于罗素先生的访谈，罗素已经找到了修正自己以前观点的理由。现在他认为，离婚是平息一段失败婚姻的更可行方法。这种变化体现了罗素的科学方法和严肃的道德感。它们和下述事实密切联系：在他的作品中，没有任何观点宣称是绝对的，没有任何观点不是为了最终推进——通过科学讨论——比现存伦理更好的伦理。

　　在这本书中，也有人读到案件的法律问题以及它与教育政策的关系。我已经说过，我之所以不得不说，是因为确信：法庭关于学校和教育的决定除了会产生恶劣的影响之外，还有其他两个应受指责的理由。一是对一位绅士、一位学者的公然诽谤。急着攻击罗素先生、支持麦吉基汉法官的不同组织的成员中，可能不到千分之一的人读过罗素先生的书，大概只听过法官的断章取义和媒体幸灾乐祸的重复。而成千上万的其他人，对罗素先生所教授的内容一无所知，受到这样的引导，开始带着怀疑和厌恶的态度轻视罗素先生。在这种情况下，我要公开地表达我的坚定看法：罗素被冤枉了。这是我的个人特权。

　　另一个促成我写这篇文章的理由更加重要，或者说，我相信，对罗素先生来说更重要。尽管遭到披着司法行动外衣的不公正待遇，罗素先生却认为，这不那么重要，重要的是社会道德问题——在这个领域里，传统禁忌非常强势——是否由一些具备科学能力的人公开讨论。许多人认为，现在的道德实践和习俗没有达到它们应有的标准，其中一个原因是禁止讨论性话题，禁止对青年人进行适当的性教育。他们可能无法说自己想说的、做自己愿做的，以创造一个更好的道德实践环境，因为他们不想经历罗素先生遭遇的那种肆无忌惮的污蔑。尤其是当他们知道，他们最普通最平常的自我辩护权利也有可能被剥夺时，他们退缩了。所以，麦吉基汉法官判决的效果只能是延续在实践中盛行的低下的标准，维护了这个传统：如果现存习惯没有被公开讨论，它们就不存在。判决加固了这样的看

----

① 法庭的虚伪直接体现在它关于"同居"的看法上。因为在这个问题上，很显然，讨论旨在改变现行法律，而且改变的论证是基于一些正统的理由，如合法化的同居将会减少年轻人中随意的、偷偷摸摸的性关系，培育严肃而持久的恋爱关系，这恰恰与现在年轻人中常见的受性欲驱使而同居形成对比。

法:不管现存习惯如何不堪,它们不能被公开议论,因为人性就是这样——不可改变。这种看法在那些"尊贵的"人中更加流行,尽管我们不愿承认。麦吉基汉法官的行为从后果看已经够恶劣了,但更恶劣的是律师协会拒绝案件上诉的态度;还有一位"改革"市长在对伯特兰·罗素说了一通难听的话后,彬彬有礼地啜饮沃克酒。

社会伦理以科学上可知的社会现实为基础,指向公正人性的社会目的。对这种伦理感兴趣的有识之士至少会同意:黑暗总是企图压制公开讨论的可能性,它使恶的习俗更容易维持和膨胀。我不会用法律尺度去责难舞台上和出版物中大量呈现的与性有关的东西。人们一方面以此为乐,一方面又很容易集体反对关于性的严肃讨论,辱骂那些相信这样的讨论会催生一个更好的社会伦理的人。面对这样的公共意见状况,还能说什么呢? 对那些相信会有一个更文明更诚实的公共道德的人来说,公共意见的伪善,不管有意识的,还是无意识的,都是最让人泄气的东西之一。

罗素的遭遇激起了、加剧了、巩固了这种伪善。这个事件使得讨论罗素先生提倡的改变是否明智已经不再重要。如果他的观点不明智,根据罗素先生运用的自由探究和科学知识,公共讨论自然会得出更为明智的观点。但是,另一方面,法庭的行为,还有支持纵容法庭行为的其他组织势力,往往也以理性和知识为理由打断讨论,尽管讨论本身足以暴露罗素先生的提议可能存在的问题。这样,对一个更好的、更为真诚的、更加合理的社会道德和教育的希望被中止了。

不过,情况还有救。希望在于有多少以及什么样的学者、科学工作者、具有公共精神的市民,还有教育者,站出来捍卫罗素先生所代表的科学自由。我的力量虽然绵薄,但很荣幸是其中的一分子。

希望的基础[①]

对于当前战争结果的预测，我存有犹疑。我的犹豫不是担心自己沉湎于盲目乐观的预期——仅仅为抵消已经习惯了的可怕预期，而是被另外一些事触动。我相信，无论悲观的还是乐观的预期都可能以旧的资料信息为基础，但是世界正在经历一场危机，它极有可能使这些旧资料和先例对评估未来毫无帮助。如果过去的事件是预言的充分依据，那么，我很容易在两种预言之间摇摆：一个是欧洲或世界将陷落于另一场三十年战争，文明遭受更大的损坏；另一个是欧洲至少已经踏上联邦的光明路途，最终出现的将是一个欧洲合众国。

我心中怀有的关于未来的最确切希望与战争的外在政治经济结果无关，却涉及人们态度发生的变化——它最终影响外在的结果。也许到这篇文章发表的时候，关于针对平民而发动的破坏性战争的所有早期预测都已经成为现实了，除了一般性预测之外。即便如此，国内外可靠的迹象表明，对战争和纯粹武力促成必要的社会变革的信念已经大大萎缩了。甚至有可能，到战争结束时，对战争是达成这种目的之手段的信念将受到致命打击。在这种情况下，如果人们仍然诉诸毁灭性的战争，那仅仅是因为他们彻底回归野蛮，而不是把战争作为推进文明

和文化的手段。换句话说，我以为，人们有理由相信，世界已经从主观的和平主义转向一种基于科学技术的现实态度。对于这一点，外交、政治领导在作决策时必须考虑到。

除了股票投机者，工商人员也改变了他们对于战争的态度。总体而言（当然

---

① 首发于《常识》（*Common Sense*），第 8 期（1939 年 11 月），第 9—10 页。

不是绝对的），原有的社会主义的抨击——资本主义和军事冒险具有内在联系——不再正确。这种变化似乎会影响到帝国主义的趋势。但是，我还是相信，现在的战争局面强化了已经过于高昂的民族主义情绪。天主教的保守派人士正在和共产主义者争夺代表美国的旗帜。

另一个在态度和道德上有希望发生变化的标志，与苏联和纳粹德国的结盟相关。人们必须明白这种联盟给世界带来的危险。不过，就人们的态度（最终决定政策）而言，我相信，让双方公开他们所共同拥有的隐蔽的方法原则，其结果将证明是一个鼓舞人心的有益行动。

在过去十几年间，因为布尔什维克革命而声名大振的意识形态，使真正的自由主义被抑制或偏离，而它才是美国人民必须依靠的。前者表面上的成功如催眠一般，影响了这个国家的很多人，他们对通过民主方式来解决严重经济危机的缓慢过程变得不耐烦。即使不相信所有针对布尔什维克共产主义的特定批评，这一点仍然是真实的：在这个国家中，它使得人们的注意力和热情从那些与美国习惯相谐和的方法中转移开来了。

现在，催眠的符咒破除了。我愿意作一个预言，就是说，对万能药和一锤子解决方案的迷信深受打击，不会再轻易复苏了。现在我们更加意识到，必须依靠智慧的人民，他们有组织地合作，运用自己的知识和技能处理面临的问题。随着这种认识的提高，民主将焕发出新的生命力，呈现出新的意义。至少就我国而言，我不认为这种前景是一种乌托邦。我深信目前的战争这一重要的事件，还有两个集权国家的联合已经为改变提供了基础。只要认识到试图进行彻底的社会变革和专制方式之间的内在联系，我们就愿意真正地使用比以往更系统更理智的民主方式。

"自由主义"的含义①

252　　用于道德态度和热情的词汇一般意思宽泛,试图定义这类词汇通常面临两种相反的危险。一种是约束,这样一来,词语的意思不仅变得狭隘机械,而且必定中规中矩,或排斥异己。为避免这样的错误,人们又可能陷入完全的模糊之中:词语不具有特别的适用性。人们只是说出一个词所唤起他的以及他希望也能唤起别人的那种情感。

　　名词"自由主义"尤其面临这样的尴尬。一方面,它是某个政党、某个经济理论和实践流派的战斗口号。如果一个人想根据这个词特有的历史用法来精确地定义它,那么,他会相信这个意思是唯一合法的。然后,他会以自己对某个政治经济运动的态度为基础,赞成或谴责自由主义。另一方面,如果忽略历史用法,一个人只能说说他自己理解的自由主义是什么意思;这样,他会发现,自己只是根据个人的偏向在定义"自由主义"。

　　不过,历史本身提供了某些指导。在美国,这个词从未和自由放任的(laissez-faire)经济和放手不管的政府联系在一起,像它在英国和欧洲大陆那样。它的使用,一直与一种叫做向前看的进步态度联系在一起,而与那种往后看的保守甚至反动的态度是相反的。

253　　"自由的"在专业领域里的最初意思与学校和学习相关,指教育应适应自由人的性格和需要,不同于那种强制、刻板、使人驯服机械的训练。自由主义和自由的联系,仍然是取之不尽的宝藏。除此之外,这个词的历史意涵也和大度、慷

---

① 首次发表于《民主前沿》(*Frontiers of Democracy*),第 6 卷(1940 年 2 月 15 日),第 135 页。

慨——尤其在心灵和性格方面——相关。它指向一个开放的心灵，不固步自封，不囿于偏见。

我之所以提到上面这些熟悉的用法，这是因为，尽管它们使我相信这个词的定义必须包含一种道德态度和理想，但我不希望下面表达的仅仅是一种个人的选择。每一个道德问题都必然包含选择；但这里的选择，只是挑选并强调过去的用法中的一个，它不是专断的、私人的。

那么，自由主义指向的道德态度是什么呢？从一个即使范围很小的政治运动的方面来看，我们在自由主义对权利法案和公民自由的强调中发现了一个线索。它关注思想和信仰的自由，以及与之相连的表达和交流的权利，这些自由和权利只受到对反社会的犯罪后果所要承担的责任的限制。这些最为基本的自由权利，因为教会和国家这些强势组织的存在而获得具体内容。教会否认信仰自由，而国家迫使所有政治和社会见识化为铁板一块。

这个意思具有广泛甚至普遍的效力，因为反对自由探究、自由交流和自由信仰的势力顽固存在。这些敌对势力来自国内和国外。像我们这样的国家——拥有民主制度的衡量标准，内部敌人比外部敌人更危险，因为只有当一个反自由的心灵存在时，外部的敌人才有长期的危险。

为了达到自由主义的历史目的，人们极有可能以一种反自由主义的精神积极行事。如今，这种背叛自由主义的做法十分普遍，也非常有害。树立某种政治经济目标，然后以一种最教条、最不自由的方式为之努力。如此一来，真正的自由主义不仅受到极端保守主义者的攻击，还有来自这帮人的攻击。

自由主义的意思包含对真理从容而耐心的追求，愿意向各方面学习。自由主义是谦恭和执著的，也是强健和积极的。它相信，自由心灵的交流总是带来愈来愈明的真理。

254

我们的艺术遗产[1]

在经济大萧条初期，有一次我坐船横穿大西洋，与一位同船的旅客有过一番交谈。那是一位优雅的白发女士，她说，由于银行破产和股票失利，她损失了大量的金钱，现在要为自己买一些谁也拿不走的东西。她要去雅典看看卫城和帕台农神庙。

她具备绝大多数人没有的智慧，知道投资易逝的物质与投资永久性的东西是不同的，前者受制于外在的偶然事件，后者丰富个人的生命，成为自我的一部分。不过，这个例子还有另一面，它与我们今晚齐聚于此的原因有关。因为希腊的艺术，这位女士才踏上朝圣之路，正如欧洲的教堂、公共建筑、绘画、雕塑和文学吸引无数美国人前往。艺术，丰富了这位女士的个人生活，也使希腊在众多国家中独放异彩。从来没有哪个人因为获取物质财富本身而在人类记忆中和人类历史上占有一席之地。

正是因为科学和哲学所创造的无形财富，尤其是艺术的创造，国家和共同体才能为自己求得永生，即便物质财富已经化为灰烬。别的国家如此，我们亦然。
创造而不是获取，是衡量一个国家水平的标准。它是一个国家在人类美好记忆中葆有永恒地位的唯一途径。

为什么科学艺术成就最终决定一个国家在文明史上的地位呢？有一个很好

---

[1] 首次发表于《国会记录》(*Congressional Record*)，第 76 届国会，第三次会议，1940 年 4 月 29 日，第 15 部分，第 2477—2478 页。原文是杜威于 1940 年 4 月 25 日在 WMAL(一档广播节目)作的广播演讲。

的理由，即物质的拥有是排他的，这个人拥有就意味着别人不能拥有、使用和享受；而艺术的无形性，其情形恰恰相反。艺术越繁荣，越属于所有人，这无关贫富、出身、种族或信仰。艺术越发展，私人拥有越少，大众欣赏越多。这就是我们所说的艺术是普遍的意思——比其他那些没有物质外形的成就更普遍，比如科学，因为艺术语言更贴近每个人的情感和想象。因此，不管我们是否喜欢，甚至不管我们是否相信，在艺术作为其杰出代表的无形事物上，我们做了什么，我们如何理解和欣赏，这将最终决定我们国家是地方性的还是普遍性的。因此，我深感荣幸有这个机会。今晚在这儿，我不仅要尽我所能表达作为一位公民的谢意，感谢爱德华·布鲁斯（Edward Bruce）在联邦工作机构公共房产管理局发起建立艺术部门；同时，我还要阐发这项工作对于美国文明发展的重大意义。

这项工作既是一种标志，也是一种真实的力量，对于激发和指引人们的活动影响深远。随着时间的推移，其意义将远远超越邮局或其他公共部门所做的工作。它标志着官方承认——通过政府高官热情地鼓励——发展艺术、发展欣赏艺术品的能力对我国很重要。爱德华·布鲁斯曾经给我看过一位小镇邮局局长的信，说邮局的墙上挂了壁画。局长热忱地感谢为他们小镇所做的一切，他说的一句话几乎可以作为整个项目的口号："没有艺术的地方，何以造就优秀的公民？"离开艺术创造和鉴赏的发展——政府对此义不容辞，何谈发展素质全面的国民？

我们的公共建筑会成为内在优雅（即民主精神）的外在体现，但与此同时，尤其是市政厅和乡村法庭连卫生还没有搞好。 257

这项由艺术部门负责的工作服务于民主，作为一个标志，它非常重要，即使现在规模还十分有限。如果工作失利或停止，则意味着民主的失败，和实际战场上的输赢一样真实。同样原因，这个政府行为不仅仅是一个标志。在这片广袤的土地上，数十万人民现在有机会欣赏他们以往不曾看到的艺术作品。他们天生就有的艺术种子，以前没有土壤萌芽，现在终于可以破土成长了。

如果从博物馆退役的艺术作品被公开展示，成为普通人经常光顾的东西或经常聊起的内容，因此也就成为一个民主民族的共享财产，那么，这一切在很大程度上归功于这个属于普通人的、他们每天在那里聚集的政府艺术部门的激励作用。

旧世界的一些国家通过荣誉和财富的庇护发展艺术。但是，它们在我国的

论　文　**185**

健康发展有赖于普通公民意识的积极响应。为此，在结束时，我想提一个事实，我愿意你们知道这个事实，只要电视听任我指挥。如果在从北到南、从东到西的公共建筑上，你们能看到大量的壁画，那么，你们将看到绘画把艺术价值和我们过去的历史成就结合在一起，前者滋养了人的精神，后者增强了每一个人"我是美国公民"的自豪感。摩根索（morgenthau）部长、卡蒙迪（Carmody）先生，还有布鲁斯先生，祝贺你们的事业取得更大的胜利！

"背离人性" [①]

对于带来社会变化的计划,反对者有一堆运用自如的反对手法。其中一个　258
最常见、也是最懒惰的手法,就是断言这些计划背离人性。不唯如此,还有一种
常见的说法:人性的构成不可改变,计划必定失败,因此连试一下都没有必要。
理性地看,从一个纯粹抽象的观念出发反对一个实践运动,是很危险的。往轻了
说,这个过程会使人们从需要注意的事情上转移视线,即放下对计划实际价值的
批评性考察,转而关注一个距离实际情况极其遥远、不能被实践检验的事情。往
重了说,这种做法无非表达了一个强烈的偏见,只是为了显得郑重其事,它披了
一件理念的外衣。

用人性不变来反对某些政治经济改革计划属于后者。新的计划违背了当时
人性的某些特点,这是肯定的。因为提出这个计划,明摆着就是为了改变;它自
然会违背某些习惯,形成这些习惯的条件恰恰是新的计划要改变的。

考虑到人类历史就是人的习惯改变的历史,考虑到从远古到现代每一项带
来重大改变的计划无不是计划的受益者在为之奋斗,考虑到每一个进步无不是　259
在克服既得利益者的习惯和反对中取得,以人性不变为基础的论证看起来毫无
说服力。

但这种论证仍有人相信,这一点意味深长。尽管这种论证不能证明人性的
永恒,但它证明了已形成的习惯的惰性。人们常说:"习惯是第二天性。"如果一
个人注意观察周围,他会发现,最常见的事情之一,是习得之性和先天之性的混

---

① 首次发表于《民主前沿》(*Frontiers of Democracy*),第 6 期(1940 年 5 月 15 日),第 234—235 页。

淆。人们划分自然与不自然的日常标准，是由人们已经习惯的东西提供的。从这个角度看，固守人性不变的观念，反对社会改革政策，这种倾向说明很多问题。它证实了人的思想和行为落入习惯桎梏的程度。当这种倾向在那些从现存习惯中获得单方面好处的人身上体现最为明显的时候，它已经强烈地抑制了那些因为现存习惯而处于不利位置的大多数人。

论证采取"背离人性"的形式，这其中也能找到一些正面的令人鼓舞的启示。过去，基本习俗制度的变化一直受到反对，理由是它们违背了自然（普遍意义上的），因此也违背了作为自然创立者——上帝的意志和理性。只要回头看看反对废除奴隶制的那些论述，就能明白这是怎么回事。最近，许多反对妇女解放的人提出，给予妇女选举权违背了自然和自然神法。这些事实说明，人们多么习惯于利用固定习惯作为区分自然和不自然的标准。即使像希腊人这样富于智慧的民族，今天我们习以为常的制度当年也被认为是背离自然的内在秩序；亚里士多德这样的哲学家，也会把一项提案过去从来没有存在过作为反对这项提案的最可靠理由。

260　　虽然人性不变的论证只是把现有习惯——包括偏见和已经制度化了的单方利益——"理性化"，倡导社会改革的人还是能从中学到一些东西。首先要重视人的行为习惯，一旦确立之后，它不容易改变。倡导改革的人如果忽视或轻视习惯的力量（它的惰性和推动力），就会犯重大的实践或理论错误。"革命"从来不会像设想的那样深刻彻底；完成一项革命需要时间，通常是很长时间，需要经历一系列局部变化，因为革命的完成意味着建立新习惯，它将会像被取代的旧习惯一样牢固和"自然"。如果认识到习惯在人性中的地位，认识到没有任何社会改革可以仅凭自身取得热情的改革者所期望的成果，那么几乎不会出现幻灭的自由主义者和激进分子。承认这一点没什么好沮丧的，因为它可以免却未来的失望。热心改革的人因此能够集中精力，避免无用功。

人性不变的论证对于推广社会改革计划，还有另一个更积极更具建设性的启示。人性中某些基本的东西相对稳定，这种稳定性比起习俗的稳定性更少人为色彩，后者从某个历史时期延续至今，多多少少带有偶然性。人性中最稳定的构成是需要。比如，所有人终身需要食物，因为没有食物，人会死掉。

我用了一个极端的例子。人对食物的需求显而易见，无法否认。如果观察其他需要时，就会发现，从最一般的需要到变化着的表面的需要，层次深浅各有不同。不过,无论哪种情况,如果倡导社会改革计划的人能首先考虑需要是人性的中心内容和最恒定的内容,然后考虑当时哪种方式可以最大限度地满足需要,他们一定会受益良多。如此理解的人性有助于推动所期望的社会变革,而不是像过去的理解那样,成为改革的绊脚石。

如果把这种理念用于改变现有经济习惯的计划,它的意思就更清楚了。经济制度如果要满足人性的持续性要求,必须首先能够满足健康生活的要求。有人认为,现在的资本主义制度(显然,它是特定历史条件的产物)是唯一能够实现这个结果的制度,就像有些部落或家庭相信,只有那些他们已经吃习惯了的食物才适合人类享用,二者所犯的错误相同,只是范围有大有小。

但是,食物需要不是孤立存在的,"人不是光有面包就行的"。衡量一项经济制度的改革方案是否有价值,还必须考虑它对其他需求的影响,许多需求不像食物需求那么明显。比如,必须分析它对友谊、自由选择、竞争、安全等等的影响。当然,比起只用一个概念作为接受推广某项政策的充足标准,这种方式使问题更加复杂。但是,所有的历史和经验表明,将一些活跃有效的情况或条件置之不理的简单化做法最终只会失败。

在人类历史上,我们头一次开始有把握如何在两个领域里有所突破:其一,什么需要是人性中最中心最活跃的内容;其二,什么是满足这些要求的系统的努力手段,它要承认每一个人的主张,而不是牺牲一部分人来满足另一部分人。我不认为这样说有什么过分。关于人性与社会政策之间的关系问题,一种理智的态度可以给社会改革的尝试一个新的起点。

工业民主联盟欢迎演说[①]

262 我很荣幸,有这个机会面对这样的听众在这样的场合致辞。一般认为,35
年一代人。所以,今天我们要庆祝工业民主联盟第一代人完成了他们的使命。
我不准备报告他们的成就,也不想回忆过去。但是,关于它的历史,有两点我忍
不住想说一说。这是罗伯特·摩斯·洛维特(Robert Morss Lovett)不再担任联
盟主席的第一年。我知道,你们和我一样,对这位不遗余力地推进人类自由和友
爱事业的人士充满敬意。而且,我想,你们已经猜到我要说什么以表达对哈里·
莱德勒(Harry Laidler)的感谢,感谢他这些年对联盟的贡献,感谢他为联盟取得
的杰出成就。"政治学学者"这个称谓恐怕不够完整;如果它有更多的含义,我会
毫不犹豫地认为我的朋友、我们所有人的朋友,这位联盟的执行官是政治公共教
育领域的"绅士和学者"。

　　尽管工业民主联盟是一个教育而非政治组织,但在民主社会中,政治和教育
密不可分。的确,即便今天的集权国家也有别于历史上的专制国家,因为前者知
263 道在现有情况下,就算专制也需要有广泛的支持,而这只有某种教育才能提供。
民主社会的显著特点在于它所建立的教育和民主的结合,其目的是为了人民教
导官员,而不是少数官员管制其他人的思想和情感。评判我们的立法机构——
上至参议院,下至村委会——的最终标准,是看它们的作为对公民的观念和情感

[①] 原文是杜威于 1940 年 11 月 28 日在工业民主联盟成立 35 周年纪念晚宴上的致辞,首次发表于
《教育先锋的 35 年——以及展望》(*Thirty-Five Years of Educational Pioneering—and a Look
Ahead*),纽约:工业民主联盟,1941 年,第 3—6 页。

产生了什么影响。

关于民主就说这么多,否则就该离题了。不过,说到工业民主联盟,我认为,提醒大家知道民主首先是一种教育事业,并非不合时宜。这项事业相信公众意见,相信随着民主的推进,公众意见会变得越来越高效、理智和诚实。志愿组织在这项事业中必须扮演角色,履行义务。因为联盟最初成立时的条件(而不是仅仅因为我在大学教育中终身占据教职),在这儿首先说说它在大学生中所做的工作是适合的。人们可能都知道,德国大学是希特勒登上权力顶峰的思想温床。在美国,我们无需担心这个。但是,年轻人就业和未来职业发展的不确定性,使得他们对民主生活方式缺乏信心,愿意膜拜各路神仙。规避这些危险需要教育,教育年轻人认识到民主是动态的、发展的,它的可能性远远没有穷尽,现在要把它扩展到工业领域。这正是工业民主联盟的特殊任务。年轻人最需要的是一种将要打开新天地但还没实现的可能性感觉,这会激发他们的创造力。联盟的工作正是让年轻的学子注意到民主生活方式的这个阶段——尚未实现的,从而赋予他们生活以美好感和意义感。

不过,和一般公众接触时,我们也面临同样的任务。现在哪个方面都在说自264卫战争。自卫是公共场合最受瞩目的话题,没有哪项宣传不提及自卫。有一天,我在高速路上看到一则广告,鼓励大家去看电影,说这是全民自卫的手段。现在,单纯的自卫是一个消极的目标,听起来太像是远离一些事情,与它们保持距离。进攻是最好的防御,这样的军事格言可以有一种社会的对应物,如果我们把进攻性的(agressive)解释为积极的、建设性的。长久来看,维护民主的唯一保证是争取在各个领域扩大民主。

最近,我读了一本德国人写的书,作者因为抗议纳粹的残忍和压迫流亡国外。不管个人经历让他如何恐怖,他说,西方民主的重大危险是认为在欧洲极权国家发生的一切只是暂时的混乱症状,实际上,它们标志着社会结构的深刻变化。这种危险对于我们尤其严重,因为我们远离那种动荡混乱的场景。这也解释了人们为什么认同自卫是武装起来免受外来侵略的消极防御。不过,关于当前的世界局势,可以确定的是:不管战场上发生了什么,它都将不同于我们以往熟悉的世界。

历史上有这样的时期:过去缓慢聚集的力量到达顶点,带来突然的巨大变化。我们现在生活在一个非常危险的时期,这样的时期纵观人类历史只有三四个(除非所有的标志都是无效的)。如果这听上去有些悲观,这是因为,我们假设了变化必定是朝着坏的方向的。当然,也有可能,在历经痛苦之后,变化朝向一个更好的社会,所有人更加自由安全地生活。只要我们的自卫表现为创造性的行动,使民主生活方式比以前更深入更广泛,这个美好的前景就一定能实现。150年前,我们是当之无愧的领跑者,向世界展示了一种更为公平(因为更自由)的治理方式。以存在时间衡量,我们仍然是一个年轻的国家。但是,如果我们不能再次为其他国家走上自由、合作、和平的道路作出表率,我们就在精神上垂垂老矣。

265

　　未来的任务很艰巨,需要各方合作努力才能慢慢地完成。工业民主联盟不只是其中的一支力量(这是非常幸运的),它要开垦的是一个特殊的领域,接触的是特殊的听众。即使这些听众的范围相对有限,即使联盟的工作在宏大的历史剧情中只是一个不起眼的场景,我们也要做好这个工作。欢迎各位宾客出席今天这个晚宴,庆祝联盟成立35周年。同时,我也热烈欢迎各位参与构建民主社会秩序的创造性活动,这种活动就可能性而言令人鼓舞,尽管目前的世界局势就现状而言令人沮丧。我们不禁要问:我们要去哪里?唯一的答案只能是向前,而不是退后,不管千难万险,不管战时积聚的反动势力多么强大。我们当然有很多东西要学,不过,我们可以在携手创造一种在我们日常生活的方方面面都能成为生动现实的民主的过程中,知道我们需要学习什么。

教育：1800—1939[①]

这所大学除了有一位担得起创建者称谓的人，还有一系列的先驱。今天这266个日子，很适合回忆他们。他们包括所有为大学的发展作出贡献的人：物质捐助者提供了金钱，教师和管理者提供了思想、计划和梦想（它们赋予建筑和设备以灵魂），甚至包括那些从来没有与这所大学有过任何个人联系的教育家、政治家和思想家，因为他们的言行激发和引导过这儿的人。艾拉·艾伦(Ira Allen)从精神上的父辈那里继承了创建大学的愿望和动力，我们受惠于他，他受惠于别人。

每一项有生命力的制度都是合作性的创造活动，只要制度在，创造性的合作工作就不会停止。大学像家庭和民族一样，其生命在于不断重生。重生意味着不断推出新的想法和行动，永远处于改变之中。我从这儿毕业已经60年了，这么说不是怀旧，也不是暗示今天的年轻人去怀念我们这些老人年轻时欢享的东西。这60年来，教育方面发生的事情提供了一个尺度，我们可以据此评价教育界发生的全面变化。尽管60年还不到这所大学的一半生命，但这期间发生的变267化不仅比之前发生的重大，而且比这片土地上最古老的大学250年历史上发生的变化都重要。

当然，我的意见不是说早期就没有发展。学生和老师的数量增多了，新课程增加了。但是，发展受到当时高等教育目的很大的制约。而过去五六十年的变

---

① 首次发表于《佛蒙特怀疑者》(*Vermont Cynic*)，1939年5月1日，第7页。原文是杜威在佛蒙特大学第46届年度创始人纪念典礼上的讲话。

化,却是稳步地朝向旧式教育不曾注意的目的。以前的教育目的和理想是古典式的,不仅因为古代语言在课程中的位置,而且因为教育旨在传承文化遗产。换句话说,学生看着过去而不是未来。他们为之努力的职业只是三门公认的学问,即便这样,他们也只是间接地做了准备。虽然很多毕业生去教书,但是除了专业知识,他们并没有别的准备。即使在自然科学已经长驱直入学校课程时,自然科学的授课方式仍然非常学术化,即通过课本和讲座传授已有的知识,学生几乎不参与获得这些知识的过程。我之所以提到过去半个世纪以来这所大学所发生的变化,因为它反映了我们国家高等教育经历的变化,反映了制约着新课程、新研究和新方法的教育目的的变化。在我们入校之前,佛蒙特大学已经和州立农业大学联姻。名义上,学校已经制定了新的目标,承担起新的责任。但那时,大学没有农场,没有实验站,没有有组织的拓展工作,也没有农学建筑。当时还有一个很好的医学院,但它的学期设置并不符合一个完整的学年,像任何当时其他同类学院在培训医师一样,它被一群医师运作,成了一个半私人化的机构。直到30年前,大学理事才把它的控制权和管理权完全收回,10年之后,在聘用老师时,才要求两年的学院工作经历。在这些事情上,学校并不输于其他高校。同样的,尽管佛蒙特大学在国内大学中最早引进土木工程课程,但是程度有限:没有工程学院,没有独立的教学楼,一个老师包揽了所有的教学活动。获得学位(甚至包括艺术学士)要求修自然科学课程,但学校没有设施完善的科学楼,只有少量学生能做实验。没有今天丰富的博物馆资源,那时只有一些出于老师个人兴趣的收藏。

到目前为止,我说的都是以前已经有过相当积累的领域发生的变化。你会注意到它们都指向一个方向:是为那些从事各种职业的人而进行的特殊教育,并且注意这些职业的科学基础。但是,另一些完全新奇的领域也取得了发展。当时没有培训高中老师的特别课程,在大学培训小学老师更是闻所未闻。不仅没有今天商学院的课程,在整个经济理论领域只有一门课,大四一个学期上完。没有音乐课,尽管哲学课中有一门关于审美理论的讲座——这已经不一般,任何艺术形式的实际训练仍然被认为不在大学教育的范畴之内。最终,在这所大学里,没有研究生毕业论文这一说。学生只需要度过三年,如果他愿意,付一小笔钱就可以获得"课程"硕士。直到70年代,研究生毕业论文才在全国系统推行。以前有这种愿望的学生,只能去欧洲,尤其是德国。

我援引这些事实,不是为已知的事情添加历史资料,当然也不是暗示那时我们的教育多么贫乏,而是为了证明教育目的的发生的变化,而教育目的影响教育主题和教育方式。在教育主题和方式上,值得注意的是我们没有任何选修课程。我们经历了一门又一门课程,甚至没有意识到它们是被设立的,仿佛历来如此。如果我的目的就是怀旧——其实不是,那么回忆与老师们——他们是各个领域的杰出学者——充满启发的交往是一件令人愉快的事。但是,列举这些变化的目的是证明大学机构在历史中发生的变化(今天在这里的我们,对此最为熟悉),以表明过去半个世纪教育理想和目的所经历的变化。这种变化,与高校历史相比,是革命性的。那么,这种伟大的转折意味着什么? 它为什么发生? 未来如何?

这些问题太大,这里不好回答。但是关于变化的原因,有些事情很突出。发生变化不是因为大学管理层的主观意愿,而是因为社会变化创造了新的需要和机会。大学如果要与现实力量保持联系,就必须承认这些需要和机会。第一个变化创造了对受过特别训练的不同行业人才的需求,旧的教育不涉及这些行业,如教学、商业、艺术、农业、工程和技术。从单纯的农耕生活转向城市、工业生活,环境改变的压力要求人们具备特殊的才能和知识,这些才能和知识以前并不必要。变化的结果不只是增加了专业和学校的数量,而且存在一个退回到所谓一般教育和文化教育的明确趋势。教育变成或多或少为职业做准备的课程,对学习的安排存在这样一个趋势,即它们帮助大量学生为以后将从事的职业,如医学、教学、工程等等打下相当确定的基础。

第二,科学已经进入这样的发展阶段:在提高人的理性实践能力和职业准备方面,科学发挥着、也一定会继续发挥更为重要的作用。曾有一段时期,不久之前,那时在农场生活是成为农夫的最好准备,尤其是,这时候,关于化肥化学的知识和挑选种子的原则都很容易获取,而用不着在农业学校里度过漫长的岁月。不管是职业,还是科学的状况,都没有表明在农场和专业培训之间有什么紧要的联系。对一个农夫来说,只要附近有市场,无需与其他较远地方的农夫竞争,农业经济学对他就没有特别意义。我不是农夫,即使我是,也看不出一篇需要具有特殊科学知识才能写成的论文对我有什么用处。条件的变化如此明显,农夫这个职业是当时所有行业发生变化的一个缩影。现代工业完全依靠对科学的应用。如果一个人不是以盲目的、常规的方式来从事众多现代生产或分配形式中的任何一种的话,他必须具有已经创造了现代的生产和交通技术的科学知识和技能。这是一个蒸汽时代、电力时代、化学创造奇迹的时代,它要求进入这个复杂局面的人们接受不同于传统的学徒训练的教育。

高等教育的未来在哪里?在一个社会变化迅速、各个教育机构的试验层出不穷、局势动荡的时代,谁也不能定论我国高校未来会发生什么。不过,我前面列举的那些因回应现实条件和社会需要而出现的变化已经发生了,这一事实足以证明:将来不会有普遍的倒退行动。教育不得不面对的社会变化以极快的速度发生着,过去 50 年或 75 年发生的变化,其深、广的程度远远地超过了以前所有世纪的相加。教育中存在着困惑和冲突,因为社会生活中存在着困惑和冲突,这几乎是不可避免的。但是,回到过去存在的知识和实践、脑力生活和自然科学的截然分离,不过是一些人的幻想,他们理解不了现在的教育体系为什么、何以能从先前的条件中脱颖而出。目前,各种类型的大学机构还有这样的空间,以至于在某些点上,各种试验和变化还是很受欢迎的。如果将来有些人的经济条件允许他们脱离有用的工作,这些人要求有适应自己的教育,那么没有理由不在一两所大学开设以阅读和讨论文学名著为主的课程;中世纪大学的语法、修辞和逻辑三门课对于他们过自己想要的生活,已经足够了。不过,把这种教育作为解决所有教育困惑和冲突的出路,只有这样一些人可能做,他们不承认社会变化的现实,不承认这种变化与教育必然经历的变化之间的联系。出路会找到的,只要我们在理论和实践、科学和行为、文化和专业之间建立起更为紧密有机的联系,而不是把它们各自封闭起来。

在一开始,我说,我们的大学像其他任何有生命力的机构一样,是合作创造的产物。现在,创造仍在继续,它将和大学相始终。传统向前看,也往后看。把今天的能量和成就传给未来,就像把过去的传给今天一样重要。的确,我们越了解自己是未来的建设者,就越可能明智地看待过去以及过去留下的财富。当我们纪念过去的创建者时——我们正在享用他们的成果,我们恰恰应该好好想一想:今天我们所做的,正是后来者建设的基础。我们是继往开来者。

在社会生活和学术领域,对这些创建者最好的纪念就是努力改善我们自己的条件,就像他们当时尽力改善他们的条件一样。政治经济活动、教育活动必须适应变化了的条件。每一代人必须不断地争取民主斗争的胜利。民主不能停滞不前,一旦它不再发展以满足新的生活条件的要求,就会退化直至最终死亡。在社会生活上，我们不能依靠过去，就像在我们的肉体生活上不能依靠过去一样。两者都一样，生活是一个不断更新的过程，需要努力和斗争。对在教育机构中接受了大量过去人的辛勤成果的学生来说，情况尤其是如此。今天在这里的以及在这片土地上像你们一样的年轻人，有机会有责任在一个困难重重的世界中帮助建立起民主社会；在这样的社会中，自由、和平、安全将变成所有人的共享财富。

高等教育和战争[①]

273 　　回想最近战争中发生的事件,不得不承认我们的高等教育机构也没有免于战争的歇斯底里。这些事件告诉我们:战争创造的气氛能使某些党派利用这种歇斯底里达到自己的目的,方法是压制自由探究和自由表达。我们完全有理由希望,也有很多理由相信,我们不应该直接卷入这场战争。虽然某些情感上和知识上的卷入无可避免,但对于大学所服务和代表的知识利益来说,这种卷入是危险的。

　　最好的保护就是提前准备。这个准备的关键是认识到:无论我们对在欧洲战争中岌岌可危的事业怀有什么样的感情、偏好和忠诚,我们的首要义务和压倒一切的责任仍然是维护探究和交流的自由和客观。这是大学要代表的,也是我们作为大学成员的道德承诺。

　　过去的经验表明,不要想当然,以为我们的大学学者一定怀揣这份赤诚。已经有迹象显示,有些学者热衷于分析这国那国参战的对与错,超过了对学术自由和科学中立这一事业的兴趣。不是说我认为大学老师应该心如止水,不要爱憎。

274 他们也是人,情感反应不可避免。但是,那些宣称代表学术精神和科学态度的人负有更重大的责任。如果这种兴趣屈从于其他兴趣,那就是软弱和背叛的表现。

　　有很多人和组织现身,为不同的民族、政治、经济和意识形态利益呼号。而我们的任务是:至少带着同样的活力和热情捍卫精神的自由和客观,这是我们的

[①] 原文是《美国高校教授协会公告》(*Bulletin of the American Association of University Professors*),第 25 号(1939 年 12 月)的编辑语,第 613—614 页。

职业决定的。这些要求听起来,似乎远离了现实世界的实际需要。但是,这些要求所指向的东西与这个感觉正好相反,因为它们来自这样的信念:作为老师和学者,像战场上的士兵一样,我们也是为事业而战的勇士。这项事业属于我们,也属于卷入战争的欧洲各国。

今天,人们习惯于把许多的世界问题归结于《凡尔赛和约》的缺陷。但是,这些缺陷有其原因。受过教育的人们,包括那些大学里的老师,他们的失败是其中一个原因。让我们确保不再犯这样的错误,尤其是对我们而言,这种错误意味着对最高目的的背叛,性质比其他人更加严重。

我相信,我们的协会有能力维护和激发职业团体精神,使教育家和学者对他们自己的事业保持忠诚。现在就开始,无需再酝酿情绪,拖延时间。

民主的基本价值和忠诚[①]

　　价值和忠诚须臾不离。如果想知道一个人的价值观，不用问他。无论一个人的理解力多强，也难以一眼看到指导某人行为的价值。而长期观察一个人的行为便足以看出他行为的倾向，知道他的忠诚所在。然后，你才能知道激励和指导他行为的目的，也就是说，实际上的价值，而不仅仅是名义上的。如果说一开始我就强调长期观察行为的方向很重要，不要仅凭语言判断，那是因为，历史上没有哪个时期像今天这样，语言的意涵如此之少。

　　集权主义造成的最大危害之一，是彻底摧毁了语言的诚实。人们常说："不容易找到分界线区分什么是教育、什么是宣传。"这话有一定的道理。但是，苏联、意大利、德国和日本的宣传很容易辨认，因为在每个重要关口，他们的说辞只能反着读。这些词语在被挑选权衡时，只考虑它们对别人的影响。但是，评判是否偏离事实的标准掌握在每一个理性的成年人手中，因为经验使他们能够判断可能性。不过，完全颠倒真理却会产生可怕的混乱，肇事者会趁着混乱局面持续、黑暗仍在蔓延时实现自己的意愿。

　　总之，当前要传达的是对民主的一种首要的忠诚（可能就是这一种首要的忠诚）。不容否认，美国的民主在言论、出版、集会自由上说得多，做得少。但不管怎样，因为公开性已经是一个稳固的习惯，所以民主精神仍然是鲜活积极的。这使许多愚蠢错误的事情有表达的机会。但是，经验巩固了这样的信念：愚蠢的事情多种多样，一段时期之后，它们互相抵消；经验验证了错误，就像水和肥皂洗去

---

① 首次发表于《美国教师》（*American Teacher*），第 25 期（1941 年 5 月），第 8—9 页。

脏污。

自由是民主的精髓，自由首先是发展理性的自由。理性包括判断哪些事实和行为相关、如何相关，以及相应地寻求这些事实的机敏。我们相信理性，相信它与自由沟通（通过会议、磋商、讨论等形式，众多经验汇集、净化）的内在联系。集权主义的威胁，使我们更加忠诚于这些信念，这将最终决定我们的民主程度。有人说，"说话"是廉价的。但是，数千万人被迫害、被残杀、在集中营里腐烂了，这证明"说话"也是代价高昂的。民主必须把自由地说话奉为至宝。

美国的民主人士看到同胞口口声声地说民主，却支持苏联国内压制言论、出版和宗教自由，民主信念如此淡薄，不禁深感失望。他们可能以为，在这种时刻，任何一个美国人的骨子里都洋溢着充沛的民主精神，光是压制本身就能让他们对这个国家的政策作出判断，无论它在其他方面如何为自己辩解。这一点警示我们：我们必须比过去付出更多的精力和毅力来培育对民主的忠诚——从家庭和学校开始。

既然在这儿不可能面面俱到，我只讨论在当代集权主义衬比下显得更突出的、用来定义民主生活方式的那些价值。理论上，民主宣称相信每一个人的潜能，强调为实现这些潜能提供条件。如果我们没有看到、没有强烈地感到这个信念现在必须扩展和深化，那么便错过了当前世界局势给我们上的第二堂极其重要的课。当这个信念没有在日常生活中系统地付诸实践之时，它变得令人伤感。宗教有神圣人格的说法。但是，流利地诵读字面的教义，并不能消除势利、偏狭和对他人的利用。黑人奴隶制所带来的反民主的遗产，使我们习惯于狭隘地对待有色人种，这与我们宣称的民主信仰不符。宗教教义被用于鼓动反犹太主义。仍然有许多人，太多的人，毫无顾忌地种植和表达种族偏见，仿佛这是他们的权利；却意识不到这种狭隘的态度污染了民主所拥有的基本仁爱之心（basic humanities），离开它，民主只是一个空洞的说法。在德国，这种污染就是致命的。

面临危险的是人性和人文精神，而不是有时候所说的"个人"，因为后者是指潜在人性的价值，不是某种分离的原子式的存在。试图把民主等同于经济个人主义，把这个看作自由行动的本质，已经损害了现实民主，并且还将造成更大的伤害。

最后，我想说，忠诚于民主的第三点，表现为愿意变消极的宽容为积极的合作。法国革命提出的第三个民主信条"博爱"，从来没有大范围实现过。民族主义,在我国表现为"美国第一",这是导致集权主义的有利因素之一。有人只是说了说要消除民族主义,就已经引发一些被误导的人开始同情纳粹。博爱是愿意一起工作,它是合作的本质。它从来没有广泛实现过,这是造成当今世界局势的重要原因。让我们期待博爱,而不是集权压迫所带来的平等变成"未来的浪潮"。

为了新教育①

从来没有哪个时候像今天这样,"新教育"和"联谊会"(Fellowship)获得如此重要的意义,不管这两个词是分开用还是一起用。如果让旧的教育体系来为当前的世界局势负责,这对在逆境中仍然尽力而为的学校和数百万教师来说,是不公平的。但是公平地说,旧式教育是旧的社会秩序的一部分,这个秩序的瓦解是当前历史时期的一个内容。必须建立新的社会秩序,必须设计出新型的教育,作为这个包罗一切的人类秩序建构的一个内在的部分。一个所谓的宣传家说,抛弃旧教育是引发当前混乱和冲突的原因。这可能是当前危机中最可笑的说法。集权专制的第一个行动就是关闭所有的新式学校,关闭所有加入新教育联谊会的学校,这足以说明问题。

当前的世界局势也证实,任何理想的新教育必须表达和创造联谊。它不只是战争、仇恨、狭隘的对立面。它能提供唯一确定持续的保障,使这些罪恶不再横行人世。新教育要与正在自我毁灭的世界形成鲜明的对比,要做到这一点:教育必须在联谊中进行,通过联谊发展,为了更深广的联谊,其目的在于建立一个合作的社会。

实施新教育的学校所致力的自由,具有新的更深的意义。过去,它被作为权 利来强调。现在,迫切需要以合作代替敌视,以联谊代替压迫,这凸现了自由是一种责任。它包含着义务。它只能存在于这样的社会中:人们彼此尊重,并以友

---

① 首次发表于《家庭和学校的新纪元》(*New Era in Home and Shcool*),第 22 期(1941 年 6 月),第 134—135 页。

好的行为和交往显示他们的互相尊重。集权主义的某些做法是对孤立个人主义的反动，实事求是地讲，这是不可避免的倒退。只有善，才能克服这种恶或其他恶。唯有表达了联谊的社会团结，才能取代作为武力产物的社会团结。

评《途中的美国》[①]

《途中的美国》(*America in Midpassage*),第 3 卷

查尔斯·A·比尔德(Charles A. Beard)和玛丽·R·比尔德
(Mary R. Beard)著

纽约:麦克米兰出版公司,1939 年

除了比尔德夫妇外,没有任何人能够在不到 1 000 页的篇幅中为我们呈现 283
出一个范围广阔、内容丰富、细节准确、计划周密、极具文采的 1924—1938 年间
的美国当代历史,这就是《途中的美国》一书。将此书评价为一本有价值的类似
《美国文明的兴起》(*Rise of American Civilization*)的书还不够。这是因为,这
本书意图实现一个更加困难的任务。它是对一个运动的描述,这个运动仍在进
行,我们所有的人都或好或坏地置身于其中。比尔德夫妇对过去十四年未完成
的运动所作的描述,其首要特征就是客观性,而要达到这种客观性,就需要对事
件进行密切的现实主义观察,这种密切性是过去的其他著作所没有的。

如果有人问我此书达成如此成就的原因,我将回答说是彻底的学术态
度——显然,这是一个必要条件,线索来自标题中的"途中"(midpassage)这个
词。"途中"的意思,是指一个未完成的转变过程;意思是说,没有人能够对我们
正在经历的事件有完全的把握,这一思想体现在每一章节当中。不同的作者对
于选择什么样的议题,有自己的偏好。但是,他们对置身其中的、正在进行的历

[①] 首次发表于"太平洋书架"(Atlantic Bookshelf),《太平洋月刊》(*Atlantic Monthly*),第 164 期
(1939 年 7 月)。

史过程的持久感觉,阻碍了他们把它选出来作为阐释的方法和判断的标准。在我看来,在对美国对外政策发展过程的阐述中,作者的偏好相比其他主题,得到了更多的强调。但是,在论述四个相互竞争的政策之后,文中提到,"正像在所有这些情况中一样,未来的历史将会评判这些互相竞争的观念"。我相信,在另一相关处所使用的词语——"即将展现的历史结果和命运先兆",表达了此书的精神;而且其作者,尽管表示了温和的确信,却没有试图侵占命运所占据的位置。

此书涉及的范围是极为广泛的,包括的政治事件从库利奇政府的"常态之制高点,以及永久和平和繁荣的高原"到胡佛政府的"解体",以及接下来的金融和工业"爆炸"、新政的颁行、1936 年的大选和随后两年的政策、保持政治和经济的持续联盟的措施,等等。这些都可以在过去的作家的叙述中被找到。从查尔斯·比尔德过去的写作中,我们得以了解到他对最高法院的历史的兴趣,也就不会惊讶于书中用一章的篇幅来讨论"法院、国会和总统的相互作用"。如果说题为"经济发展中的农村和城市劳动"一章不像其他章节那样有统一的形式,其责任,如果有的话,可能在于劳动本身令人困惑的、不确定的意义,而不在于作者。

在较早的关于《美国文明》的卷册中,关于政治经济的记录以记录完整的娱乐艺术作品为补充,包括广播和电影的出现,文学、绘画和音乐,以及科学和"社会思想的框架"。全书大概有五分之二的篇幅在谈论 1924 年以来这类作品的发展。毫无疑问,人们对选出来作为重点强调的男人和女人的重要性会有不同的看法,但对于这些记录的广度是完全没有分歧的。

这一卷以标题为"为了民主的重建"的章节结束,指出这些事件如何迫使人道的民主复苏,并且迫使人们对人道的民主这一观念作仔细的考察。这一章对罗斯福总统在推进人道的民主这一传统(这是美国生活中自殖民时代以来的重要动力)中的角色,进行了总结。前言落款的日期是"1938 年冬天",故而对去年发展迅速的反应性运动缺乏完整的叙述。但是我相信,人道的民主这一美国理想在将来的几年中会发展得很好,如果每一个编辑作者、每一个广播评论员、每一个立法者,以及美国的每一个行政人员,在自己手边经常翻阅比尔德夫妇所阐发的关于我们未完成的过程的理论的话。此文也可以采用这样的副标题——"免得我们忘记"。

评《社会宗教》[①]

《社会宗教》(*Social Religion*)

道格拉斯·克莱德·麦金托什

(Douglas Clyde Macintosh)著

纽约：查尔斯·斯克里布纳之子出版公司，1939 年

考虑到本书完全强调基督教的社会层面，若要公平地对待作者，我们必须注意前言中所提到的一点，即本书是一部关于《宗教的今天和明天》(*Religion Today and Tomorrow*)作品的第一部分，其他部分论述个人宗教和神学。然而，从侧重宗教的社会效应的观点来看，作者向最后一个主题（即神学）的转向，要等待那些对宗教哲学感兴趣的人来关注。毫无疑问，目前对"社会"的兴趣有一个相应的形而上学观点，但这一观点在哲学著作中仍然没有得到充分的论述。而且这一卷中的立场，似乎告诉我们：当它的作者着手一个神学的论文时，他才发展了这一形而上学的立场。

虽然本书的标题是一般性的，但是可能我们没有理由惊讶这本书只讨论了一种宗教，这就是基督教。我相信，麦金托什教授不会否认历史上其他宗教传统的社会效应同样值得考察，虽然它们并不在本书的讨论范围以内。不管怎样，读者应该为他在处理每一个基督信徒要面对的问题时所展示的坦率和彻底而感激他——这些信徒坚持基督信仰内在就包含了社会的信息，而这种坚持和《新约》(New Testament)中记载的耶稣基督的教诲之间存在着联系。

麦金托什先生的书分为两部分。第二部分论述的是一些当代西方社会所面临的社会问题，作者认为，基督教的福音书对这些问题有特殊的重要意义。这些问题包括反战、消灭贫困、保卫公民自由，以及政府和政治的改革等等。毫无疑

---

① 首次发表于《宗教评论》(*Review of Religion*)，第 4 期(1940 年 3 月)，第 359—361 页。

问,对于许多人来说,麦金托什先生针对基督信仰对这些具体问题的影响所说的话,将被证明是书中最紧要、最有趣的部分;而且,这些评论者不会减少它们的意义。但是不管怎样,本书的作者是神学院的神学教授,如果我们不注意到他关于实际问题的看法是他在第一章理论部分的结论的话,本书的目的很容易被误读。

书的第一部分"社会宗教的原理"是考察上帝的王国这一观念的意义。这一观念出现在《新约》当中,被当作基督信仰的中心和决定性的原则。但不论得出怎样的结论——基督神学家和非基督徒在这一问题上会有分歧——作者讨论这一论题时所具有的公正性和完整性,是得到一致认可的。这是因为,作者的阅读非常广泛,但却没有掉书袋。书中不仅包括英语和其他文字解释基督福音的社会特质的文献,还包括反对这些观点的文献。对于第一点,他提到了约 20 个曾经传授过耶稣教诲的作者。但是,他接下来以完全的坦率来考查所有主要的不同意见和相反的解释,至少是那些新教和非基督教的学者曾经提出过的反驳。

书中对这样一些作者给予了特别关注:他们认为,耶稣的道德教化深深地被他对当时流行的观点(存在着的世界正在迅速地终结)的接收所影响,以至于他的道德原则倾向于(根据一些评论者的观点)或者指出在现存秩序灾难性的毁灭之后一个即将到来的王国,或者(根据另一些批评论者的观点)指出在他的教授和一个超自然秩序的到来之间的短暂的中间时段。

正像目前的作者能判断的那样,麦金托什先生在来世论对耶稣影响的问题上是完全公正的。他也接受许多来自当时被称作"较高的批评"的结论,这些"较高的批评"与对记录的添加有关,与根据对后来的事件而对解释耶稣所做的贡献有关。但是他坚持,即使耶稣的表达方式受到来世论观念的影响,他所阐述的伦理规则其追求也是普遍适用的。这一立场得到了对耶稣非常熟悉的《旧约》(Old Testament)的社会内容的考察,以及对他的授课记录,尤其是对寓言细致考察的支持。麦金托什先生持续地批判这样的观点:道德原则无可否认的理想性质仅仅和对超自然的干预的信仰相一致(通过这个超自然的干预,这些道德原则才能在实践活动中被应用)。他坚持认为,道德原则的理想性质和(且仅仅和)指导并激发现世生活的原则是一致的。他关于财富与和平主义的记录的段落,尤其与这一观点相关。

毫无疑问,许多基督神学家会觉得麦金托什先生过于强调对耶稣教诲的字面理解。他们将继续倾向于一个更加深奥的解释,而这将使得宣称自己为基督徒的人的责任变得更轻。非基督徒可能会觉得，作者对《新约》中所设定的严格的道德理想的强调更像是自然主义的文化道德立场，而不像是给予基督宗教独特的位置；或者这样说，麦金托什先生既然已经在"自由主义"的道路上走了这么远，那么应该走得更远一些。但是，任何坦率的、与作者相争论的读者，都会被书中每一段落体现出来的真诚和勇气所感动。也许，我没有必要敦促每一个读者从前言开始阅读，从那里，我们能体会到激励麦金托什先生写完本书的令人熟悉的人道态度。

评《人类的事业》①

《人类的事业：将哲学和日常生活联系起来的愿望》(*The Human Enterprise*：*An Attempt to Relate Philosophy to Daily Life*)

马克斯·C·奥托(Max C. Otto)著

纽约：克罗夫茨出版公司，1940 年

289　　　　这本书中所讨论的人类的历险，一方面参照了目前的人类困境，另一方面论述了哲学在这个关键口的作用和责任。奥托博士论述道，一个历史时期正在结束，而另一个即将到来；但是这个新时期的面貌怎样仍然有待规定，而哲学的特殊任务就是将自己和那些能使人性中的潜力得到更好地实现的力量联系起来。哲学的义务更加艰巨了，因为随着旧历史时期的结束，"所出现的最珍贵的东西——人的唯一性——正处在危险之中"。作者清楚地知道，他关于哲学的性质和任务的观点与古典的上流社会传统是相矛盾的。而且，本书的大部分内容（在现在这个环境下是不成比例的）是对后者的批评。

　　　　本书明确的哲学核心是建立在（除非我弄错了）其对"经验"、"现实"以及"人"的处理和论述上的，其中后一主题的论述是建立在分析前两个主题所得出的结论的基础上的。关于"经验"和"现实"的理论，使本书和古典哲学传统的这一部分相矛盾，即发现和把握经验（此处的经验仅限于表象和"现象"）背后最终的现实。奥托先生从一个极为不同的关于经验和现实的观点出发，表述了一番雄辩的，甚至是诗意的请求：应该在合理的基础上发展这样一种哲学，使其在这个充满变化和不确定性的时代发挥宗教曾经起到过的作用，宗教由于不再寻求290　　理智的支持而失去了这样的功能。在我看来，这本书与众不同的特征在于它通

---

① 首次发表于《哲学杂志》，第 37 期(1940 年 5 月 23 日)，第 303—305 页。

过哲学中合法化的术语——而不是通过那些传统的术语——解释了人的潜能和经验,它把价值安置在人的基础上而不是像历史上的哲学那样,把价值安置在宇宙的基础之上(这个做法已经瓦解了)。由旧基础的动荡所引发的危机感,以及在人类经验的条件内为人类的事业找到方向的必要性,遍及全书并且起了决定性的作用。

因此,对一些读者来说,这本书存在一种两头不讨好的危险。职业哲学家会怀念那些使他们与认识论和形而上学的问题相接近的语言,同时意识到对传统哲学的批评——因为传统哲学无力帮助人们度过此次危机。他们可能相应地误解此书的主旨,甚至将其误认为是一本教化大众的书。另一方面,所谓的普通读者可能会发现,书中有太多真正的哲学内容,无法真正赞同此书的副标题——"将哲学和日常生活联系起来的愿望"。更进一步说,那些将科学作为独立于人的欲望和情感的纯粹抽象追求并从中寻求拯救的人,可能会被奥托先生对限制科学的强调所困扰,虽然他完全接受科学对宗教和过去哲学的批判性影响。

不管怎么说,我将利用这个可能,对有关"现实"和"经验"的哲学说几句话,这一哲学为本书的结论奠定基础。这就是"现实理想主义"。这几个词语的组合没有任何新意,但是使用它们的作者却有某种道德上的而非知识论的指向。一个贯穿全书的特征是:彻底的自然主义与对理想的现实性和潜能的信念的结合。这一结合是通过关于"经验"和"现实"的哲学表现出来的。经验不仅仅是一种和原始物理力量的相互作用过程。作为人的创造性产物的世界,也进入经验的结构和内容中。在影响目前过程的人类状况上面,比物理科学更重要的是这一事 *291* 实——"商人、发明家、企业家以及科学家一起工作,创造了资本主义的工业机器文明。他们致力于在人类和自然界之间建立一个世界"(第79页)。即使是经验哲学家,也尽力将经验作为一个理论抽象,并且无视它的实际内容和它所创造的问题。我认为,这样说与本书的精神相协调:目前强烈的、广泛存在的对人的"唯一性"的挑战,不是任何个人或国家的恶意的结果,而是这样一个事实的表达,即工业生活已经以剥夺独特的人类价值得以实现的条件的方式进入人类经验。在关于《现实》的一章中,我们也可以得到相似的结论。我无法总结整个论证,但是其要旨可以通过这句话体现出来:"一些人将现实的词义限制为某种抽象的、独立于人并且永远存在的东西……我们的现实包括的是那些被经验的东西,以及那些将人类的和非人类的因素交织在一起的现实。"(第190页)从这里可以得出实践性的结论，"一些现实是由人类维持的，它们可以被富有想象的理智所抛弃或被使用"(第 191 页)。

我们可以从对上帝的信仰的处理中，看到这一实践性结论一个特别的影响。因为作者区分了宇宙无神论(当他达到他所说的"对上帝不存在的肯定性信念"时就已经拒绝了)和道德无神论(否认理想、目的和价值是人类经验也即是"现实"的真实成分)。因为接受了后者，宇宙"非神论者(nontheist)在面对我们时代的两种命令性声音时(商业大步前进的声音和科学骄傲的声音)承诺了一个不寻常的道德独立。他称赞超越现实要求和躲避理智公式的心灵和头脑"(第 340—341 页)。对我来说，这本书一个独特的贡献是一种经验哲学，这种经验是物理科学所描述的世界和欲望、目的相互作用——在这种相互作用中，人类的因素为自然和现实作出了贡献(这对于哲学和人类事业来说，是非常重要的)。作者是第一个承认这一基本观念并非新鲜的人。但是，我不知道有哪本书能像这本书一样，将人道的自然主义应用得如此连续和丰富。

292

评《重建时代的人和社会》①

《重建时代的人和社会》(*Man and Society in an Age of Reconstruction*)

卡尔·曼海姆(Karl Mannheim)著

纽约:哈考特-布雷斯出版公司,1940 年

曼海姆博士有在危机中曾在德国和英国居住过的优势。他受到了完整的德293国式训练,他的头脑又很灵活,能够应对新的环境。该书展现了一个通晓所有社会理论的专家在两个国家所拥有的经历。他有一个开明的头脑,并且能够看到作为同一个世界的不同部分的两个非常不同国家的情况。

从魏玛共和国的遭遇和纳粹的上台中,曼海姆博士认识到:现存的文明"面对的不是短暂的动荡,而是重大的结构变化"。他得出这样的结论:除非能理解社会瓦解的原因,否则,没有完全经历过危机冲击的那些国家,将无力"通过民主计划控制事态的走向,从而避免独裁、服从和野蛮"。生活在一个"其民主功能几乎不受干扰的国家",他开始考虑传统的自由秩序以新的方式重新适应整个现代世界,从而发现自己置身于危机之中。在德国,他得出这样的观点——政治的民主已经过时了;然而在英格兰,他又转向如下的信念:如果旧的社会秩序的解体被承认了,人们掌握了它的原因,而且创造了民主的技术,那么,重建就是可能达到的,而不必通过极权主义的方式。

曼海姆博士很清楚,处于像美国这样国家中的人,可能倾向于相信是地方性的原因导致了专制在欧洲的兴起,倾向于假设整个社会秩序正处于转型之中的这种观点只不过是神经的一次颤动。他看待问题的方式,正是其危险所在。这294

---

① 首次发表于《星期六文学评论》(*Saturday Review*),第 22 期(1940 年 8 月 31 日),第 10 页。

将使民主国家的人们重复陈旧的社会信念来论证和支持一个无论如何注定要过时的社会秩序。

当他谈到如果要维持正义和自由的话,科学分析、实验以及计划被要求用来发展新的技术时,他可能仅仅在传达每一时刻都在发出来的声音。但是我认为,每一个仔细阅读此书的人都会发现,书中处处在描述(作者用自己的话所表述的)从自由主义民主向大众民主转变的原因,以及如何和为什么这些原因倾向于以大众民主名义创造一个独裁的秩序。为了维护自由而实施计划,他的意思不是指所谓的计划社会,也不是指"计划经济体制"。他指的是策略,这些策略由谨慎发展的技术构成;通过这一技术,一个民主的共同体得以维持其自身,成为一个自由的共同体——而不仅仅是那些时常受到大众的强大力量支配的自我寻求的人的集合。

曼海姆首先是一个社会心理学家,他认为,制度、历史运动和情感的以及道德的态度处在持续的相互作用之中。从该书应有的影响来看,该书的弱点在于:作者努力在同一部著作中,将对适合研究社会的方式的展现和对这一方法高明而令人信服的——对该书的作者来说——应用(即将其应用到把欧洲带入当下境况的原因的研究中)结合起来。由此,我担忧那些在政治、工业以及理智生活上占据重要地位的读者将拒斥该书的学术性;并且当曼海姆用这一方法来解释实际的事件时,他们无法领会他所明确表达的意思。曼海姆的书不是教条主义的,不是废话连篇的,也不是充满陈词滥调的。总之,该书充分展示了自己所教导的东西,展示了对一个新视野下的研究的需要。

评《乔治·桑塔亚那的哲学》[①]

《乔治·桑塔亚那的哲学》(*The Philosophy of George Santayana*)
《在世哲学家文库》,第 2 卷
保罗·阿瑟·席尔普主编
伊万斯顿和芝加哥:西北大学,1940 年

根据丛书的总体编撰计划,本书是该丛书的第二卷。该书以被讨论的哲学 ⟨295⟩
对象的话作为开头和结尾。第一部分被冠以一个一般性标题——"一个总体的
忏悔",包括两个相互完美补充的部分。首先是一种思想自传,以前曾以"我的意
见的简史"的标题发表过;然后是一个回顾性的总结,这是从作者的一部选集的
前言中重印的。最后一百页的标题是"向您辩解"(Apologia Pro Mente Sua),重
申桑塔亚那的哲学理论,并且回应了此卷中其他哲学家所提出的激烈批评,扫清
了对其理论的误读,并且重新阐明了哲学家自己的原则。书中共收录了 18 个评
论者和批评者的文章,他们的文章几乎覆盖了桑塔亚那哲学的每一个领域;即使
是他的诗歌和小说,也没有被排除在外。

面对一本内容如此丰富的书,对于一个评论者来说似乎有一些困难。其任
务几乎就是这样:围绕这样一个人旋转,他在一篇文章中涵盖了 19 个哲学家关
于世界一般状态所表达的观点,名义上的主题(不论是哲学家还是世界)仍然以
原来的方式继续,而所有的一切都被说了、被做了。然而,在该卷当中,存在着某
种并非名义上的统一性。

这个统一性的性质也许能通过如下的判断而得到表达:该书没有承诺要实
现编辑从席勒(F. C. S. Schiller)的总序中所引用的期望。这个期望是:如果一

---

① 首次发表于《心灵》(*Mind*),第 50 期(1941 年 10 月),第 374—385 页。

个活着的哲学家可以被其他活着的哲学家追问，那么，冗长的争议就会被避免。但是，正像哲学家关于世界性质的不同评论会最终以某种方式加深其余的人对世界的意义的理解，此卷中展示的评价和议论对我们来说，比结束争议更有价值。我们会看到桑塔亚那丰富的哲学理论，而且以评论和批评为媒介，我们会获得那些意义重大的言论的精华，不管它们与桑塔亚那的主题是否相关。然而，不同于那些仅仅以过去的固定系统为基础的论证，该书在总体上来说是十分自由的。作者们讨论了桑塔亚那所关注的问题，而不是在其中强调自己的理论。

书中所呈现出来的阐释的多样性，很有可能具有讽刺性地强调了桑塔亚那哲学的一个方面——他对彻底相对性的信念。在这一特殊例子中，他完全不喜欢展示这一点，这个事实表明了他的立场所隐含的困难。多样性和相对性提醒我们：任何一个表达自己回应的评论者，都主动地预设了另一个人的立场。因此，为了在一开始就廓清我自己的观点，我应该说：我发现，这一卷的第一篇文章，也就是布劳内尔先生（Brownell）的文章，该文在最完全以及最敏感的意义上引发了我对他的哲学的积极方面和消极方面在理智上的同情。布劳内尔先生说到，桑塔亚那"以其敏锐的洞察力，将事物展现在你的面前；这是他的灵感；他不会用他的目的来刺激你"。在哈佛的时候，他曾经是桑塔亚那班上的学生；显然，他还是他老师的作品的学生，而且他将自己沉浸在他所归之于其老师的方法之中。对于桑塔亚那哲学那巨大的丰富性，他论述道："与其说这是一种客观性（通常归之于他的），还不如说这是对所有形式和存在的多样性的宇宙性同情。"这种同情，在桑塔亚那思想的鲜明的文本特征中得到了表达：他对前后相连的情境的性质（contextual quality）感兴趣，并把诗歌和辩证法结合起来。

在布劳内尔看来，所谓"对前后相连的情境的性质感兴趣"，就是指桑塔亚那哲学中的宇宙所展现的独特颜色。因为后者眼中的宇宙，"其上下整体温暖而具有光芒"，他们是"文学的宇宙，而不是数学的宇宙"；他们不像数学的宇宙那样，是"从虚无"中附加上去的。由于"上下文的文采和含义伴随着每一次呼吸而变换，就像大海的表面那样颤动并泛着微光，从其中升起的万物都是短暂的"。这一论断和桑塔亚那始终如一的结论——宇宙是永恒的，并不相矛盾。因为这一宇宙由布劳内尔一直在阐述的"精神"所领会，而桑塔亚那的支配性的兴趣正是处于这种关联中的宇宙。这一精神的无忧无虑——桑塔亚那也是如此——消解了一种本质而接受了另一种本质，正是"解脱"的一部分，而解脱是精神生活的善和快乐。对于这种精神来说，一些本质是理想，而理想在桑塔亚那看来是目的，但不是在已完成的作品的意义上的目的，而是"在想象和情感中已完成作品中所拥有的善，它可以在心灵中被唤醒，而心灵在某些崇高的时刻可以最充分地理解它"。而且，"他清楚地谈到，这一与欣赏相对的道德理想性可能发生，也可能消逝"。

我相信布劳内尔这样思考的观点是正确的，即他认为，桑塔亚那主要关注的是"思想的色彩和诗意"，这个事实是难以"抓住"其思想内涵的主要原因；如果它从属于"抓住"这一粗鲁的行为的话。它是被一种移情（empathy）所感受到的。在这一直接的性质中，每一个哲学家都有一些新的、不同的东西要表达。但是，桑塔亚那是运用这种手法的顶峰。在布劳内尔看来，正是在这一点上，桑塔亚那对于将自己的诗歌张力和辩证法融合起来感到困难。或者说，因为使它们同处一屋包含了太多的困难，所以融合就是不可期望的。因为诗歌是类似于自然的，在桑塔亚那看来是物质性的、存在性的，而辩证法却被看作是关于非存在的，与非物质的本质相关。根据这一评论，诗歌和自然"从生活中密集的无法控制的经验中得来。它们无可抵挡地压过来，是具体的或者多面的、顽固的，在其自身当中是完整的……这两者都是充满热情的，它们是我们生活中无需理由的、自发的歌唱。本质和辩证法与此是不同的"。在他的"总体的忏悔"中，桑塔亚那论述道，"我的哲学的意向是达到这样宽广的直觉（如果可能的话），欢呼那充满心灵的感情"——在这句话中，"这样"一词指的是"直觉取代了惯例，经验被综合并在它的范围（in its sweep）和真理中被带到精神的面前"的时刻——真理与其说是字面上的，不如说是在存在中的本质的肉身化。

桑塔亚那反对将"美学的"这一词语应用到自己的哲学中，我相信，这个词对于他来说，散发着会引起反对的"唯美主义"的气味。但是，我不认为他会反对将自己的观点称作诗意的，尤其是如果"宗教的"被理解为与诗意相联系的话。我相信他的哲学的这个方面，给众多的读者带来了我从中所获得的东西：教导、极富价值的建议、丰富的见解，以及某种使人们能更加快乐地面对生活条件的"灵感"。我相信，他的天才也正是在这一直接的领域里，而不是在他后期的作品中的技术性领域里找到了合适的表达。再次引用布劳内尔的话："桑塔亚那的哲学主要是对道德的兴趣并且关注生活的条件、价值的显现和幸福的可能性……桑

298

塔亚那并不像科学家或者科学家所认为的那样，因自然本身的原因而对其感兴趣，而是对自然所施加的对人获取知识和幸福的可能性的影响感兴趣。"我不能将这一论述当作一种批评。因为对于我来说，它表达了哲学和科学之间的目的和性质上的差异，前者的目标是爱智慧，而后者的目标则是爱知识。

桑塔亚那思想中存在的困难，并不是从这里产生的。我认为，布劳内尔指出了这些困难。他说，桑塔亚那的哲学可以被看作是一个"真诚地顺服事实的自然主义，但却遭受遗存的经院哲学的折磨而使其面目难以辨清"。我发现，这一句子包含了所有可能针对桑塔亚那的严肃批评的要点。然而为了印证这一点，我们必须拓宽"经院哲学"这一词的范围。我们必须考虑他自己的洞见和特点对大量的历史上的哲学体系的臣服其本质是什么（对我来说，看上去是什么）。在桑塔亚那关于本质的系统中，有对柏拉图的回顾（经过了审慎地排除）；在他关于物质的学说中，有亚里士多德的影子（至少，在名义上，我怀疑亚里士多德是否会从桑塔亚那可塑的、潜在的并且是完全偶然的"物质"当中，辨认出他不变的、永恒的存在）；在他的"唯物主义"中，还有德谟克利特和卢克莱修的影响。斯宾诺莎的影响很明显地表现在他的心理物理的平行论中——虽然这里又存在这一解释历史的准确性可能受到质疑的问题——以及他的道德相对主义当中。洛克以及洛克的心理学上的继承者影响了他关于直接经验的观点，导向了他所谓的超验主义。这一记忆是他的"瞬间唯我论"，因此也是将"物质"作为一个纯粹的、然而必要的"前提"的必要性的根源。这个记忆的强度，正是他所假设的彻底怀疑主义的根源。虽然，如果他曾经对现代认识论心理学这个插曲的有效性有所怀疑的话，那么，他的整个怀疑主义其自身也将会被怀疑性地审视。

这些影响的复杂性，规定了桑塔亚那自己的那些原本是精致的、自由的、敏锐的洞见。其结果是，他没有从它们自身的方向去发展它们。我并不是说学究的知识不是哲学构建的一个必要部分，而是说在他的情况下，这种知识更多的是阻碍而非起到促进作用，而那种发展本来是内在于他的人本自然主义中的。桑塔亚那的思想中有这样一些部分，它们以诗的色彩和深度表达了他的直接经验，反映了他个人对生活的观察；也有这样一些部分，它们为他的体系提供了形式骨架（这些骨架突出地体现在他后来的作品中）。着眼于这两部分的比较和冲突，布劳内尔对"折磨"（tortured）这个词的使用看上去并不过分。然而，今天的哲学几乎全部由老的系统的残余拼凑起来，所以我们得感谢桑塔亚那，他在自己的著作中给我们展现了如此之多。同时，正是这个礼物，也使人们遗憾地意识到其他因素的刺眼的存在。

我花了如此多的篇幅来介绍布劳内尔的文章，对于其他的作者是不公平的（至少表面上如此）。但是，我有理由这样做，因为事实上，我对他的引用几乎在其他所有文章中（不论是同情的，还是反对的）都有回音。实际上，没有一个作家会不提及桑塔亚那系统中复杂的组成成分。实际上，这是不可避免的。第二篇文章的作者沙利文（Sullivan）先生在《桑塔亚那的哲学遗产》（Santayana's Philosophical Inheritance）一文中，注意到了这一点。他以这样的语句结束："我已经对桑塔亚那哲学的三个传统进行了简短的总结：他的柏拉图主义、唯物主义和怀疑主义。"在后面的文章中，博厄斯（Boas）在他准确的、富有启发性的《桑塔亚那和艺术》（Santayana and the Arts）的文章中写道："桑塔亚那作为批评家和哲学家的魅力，来源于他的哲学的三重属性。较少有人会像桑塔亚那那样感觉到对于物质、本质和精神世界的'和解'的必要性。他会将其中的两个还原为第三个，从而留给我们一个如此整洁有序的宇宙，使得我们生活的世界变得无法理解。"这段话以及他的较早的评论都说得很好，"每一个领域都被证明是不完全的，不能在其自身当中给出一个完整的宇宙图景"。然而，除了将其中两个世界还原为第三个以外，我们还有另一条途径。在较少被限制的潜在的自然主义中，生活和心灵都会直接地呈现自己，自然内在的潜能在其中得以表达。对这一可能性的探索，可能已经为三个领域找到了共同的来源。与人为的干净和整洁不相适应的多样的显现，也将会出现。

在整个文章系列中咬文嚼字地追寻这一主题，将是令人乏味的。然而，赖斯（Rice）的《作为诗人和批评者的哲学家》（The Philosopher as Poet and Critic）的文章坚持认为，桑塔亚那的散文比他的诗篇更加富于诗意。他将桑塔亚那在《三个哲学诗人》（Three Philosophical Poets）中所讨论的三个诗人和上文提及的三个历史传统对应起来。注意到这一点，与一个中心的主题是相关的，即作为前理性的、理性的和后理性的道德。他引用桑塔亚那一个突出的段落，说明一个完整的诗人会将被讨论的三个人的不同因素联合起来，也就是哥德（Goethe）的直接经验，卢克莱修（Lucretius）的自然主义以及但丁的精神性。因为他"应该生活在经验的连续展现中，并且尊重它；同时，他应该理解自然——经验的基础；而且，他应该对他自己热情的理想回声以及他可能的幸福的所有颜色有细腻的感觉"。

看上去，在这一完整的作品中，三种线索似乎并不是在不同的"领域"中并列存在的，而是相互间有着紧密的联系，这种联系从源头和滋养的融合而来。

和其他文章的作者相比，科里(Cory)先生似乎更像是桑塔亚那的一个信徒，而不仅仅是学生。而且值得注意的是，在涉及前理性、理性、精神（或后理性的）的关系这一关键问题时，他发现，称得上是《理性的生活》的传记的早期著作沾染一种道德气息，因而以《怀疑主义和动物信念》(Scepticism and Animal Faith)开头的这一系列著作更具哲学上的优先性，因为后者没有这一道德气息。据说，这一沾染是美国环境的产物，其中起支配地位的是加尔文清教主义，它融合了对先定论的迷信和对世俗成功和财富的追求。桑塔亚那由此而期望呈现更快乐、更人性的道德。这一点至少在他对批评的回答中是有意义的，桑塔亚那将他哈佛的同行［詹姆斯(James)和罗伊斯(Royce)］的敌意归结为他们的"道德主义"立场，并且认为，这一点继续成为"我所遭遇的几乎所有敌意的潜在的以及永久的来源"，包括"本书加之于我的更加严酷的责难"。

任何自然主义的哲学都将关注前人类(pre-human)和前道德(pre-moral)的基础与在人们生活中占重要部分的道德兴趣之间的关系，这似乎是无法避免的。一个自然主义的哲学似乎必须面对这一与道德关怀无关的问题。用非道德的术语来表达，现代思想的中心话题是：物理学和生物学的材料与所有人类经验的阶段（包括认识）之间的关系问题。毫无疑问，这一卷中的"严厉的挑战"来自穆尼茨(Munitz)、埃德曼(Edman)和维瓦斯(Vivas)的批评，他们以这样或那样的方式，直接关涉到桑塔亚那哲学中所宣称的自然主义基础和他对道德的以及科学的人类经验的处理方法之间的分离。[①]

这三位评论家从不同的路径得到同一结论：桑塔亚那在自然主义和人类经验（科学的、艺术的以及道德方面）之间最终所作的区分，并不是内在于自然主义的，而是他的思想中专断因素的产物。埃德曼指出，即使是在《理性的生活》一书中，也有两个重要的原则，它们预示了其后的重要学说。但是，他的主要目的是

---

① 令人遗憾的是：在桑塔亚那对前两个批评的回答中，他唯一一次放弃了自己的文雅，即使在他最具讽刺意味的批评中也没有这样过。他将他们的态度归于"政治的和种族的热情"，这是没有必要也没有理由的。如果内心的愤怒缓和了的话，桑塔亚那可能会感觉到穆尼茨所发现的相互不太连贯的段落不是"个人仇恨"的产物，而是沉迷于穆尼茨指出的一个极具重要的问题的结果（无论其对错）。

展现后期的桑塔亚那放弃了他开创并在大部分时间遵循的道路。

这个事实是一个预兆性的标志：归之于思想的实践性是匹克威克(Pickwickian)式的，理想社会不是以人与人之间的关系来定义的，而是以人类（只能被想象成孤立的）与理想形象（晚期思想的本质）的关联来定义的。但是在早先的卷册中，"艺术是这样一种行动，它重造生活的自然条件，因此能够更加适合并更能表达理想的兴趣。科学是有效控制的工具，宗教是道德表达和有意义的隐喻或神话的艺术。精神性用来标示这样一种生活：它着眼于一种全面的理想，即所谓的和谐"。埃德曼的文章的实质在于表达了后一系列中这三种思想的融合。

穆尼茨的立场也是大同小异，但是他仔细考察了在《理性的生活》中所给出的科学的目的和功能与科学所要面对的激烈的挑战〔在他看来，这是以《怀疑主义和动物信念》(Scepticism and Animal Faith)开头的系列著作所具有的特征〕之间的冲突。着眼于作者的观点，这个讨论包含了对怀疑主义的适当功能的描述，以及桑塔亚那对这个职能的转化（他把它转变成某种整体的东西，这个转化是形而上学的，在逻辑上是不必要的）。相比其他那些作者，维瓦斯对桑塔亚那在《理性的生活》一书中的观点批评得更严厉。他认为，桑塔亚那观点的内在就是连续的信念，这可能是使桑塔亚那感到他比其他两位批评者较少地误解自己的原因之一。

303

桑塔亚那对维瓦斯的回答没有触及后者的建议：《理性的生活》中的道德理论受到了"当时流行的生物学路径"的坏影响，所以忽视并且错误地设想了文化和社会的角色。然而，维瓦斯所说的一些东西，使桑塔亚那能够将他在副现象论(epiphenomenalism)中所肯定的和所否定的东西给出清晰的陈述；使他否认作为意识和精神的思想的功效，虽然在某些段落中，反思和推理被赋予了功效。在后面的段落中，桑塔亚那说，反思是"动态物质世界"整体的一部分。感觉、情感和思想因其是物质的而具有物质性的功效。这里并不是要否认，一个有思想的人，其行动方式与没有思想的人是不同的。然而，是拥有身体的人或作为身体的人而不是实体意识或精神在行动。与哲学家不同的一般人，对理智的功效是否抱有其他观点，这一点值得思考。不管怎样，在这个特殊点上，它证实了桑塔亚那的断言：他的哲学表达了常识的内容。但是，从桑塔亚那系统的立场来看，他的副现象论不过是重申了存在并且只有存在在行动，而本质从不行动。

这一讨论触及桑塔亚那哲学两个最重要的内容：他的关于自然存在的唯物主义和关于意识与观念的唯心主义（在认识论的意义上）；用他自己的话来说，后者是这一信念的结果："我们一定会在一个激进的先验主义（被坦率地还原成现存时刻的唯我主义）和作为传统的理性之前提的唯物主义之间摇摆。"丹尼斯（Dennes）的文章——《桑塔亚那的唯物主义》（Santayana's Materialism），是对桑塔亚那作品中所展现的物质性质进行细致研究的文献。他毫不费力地显示了"物质"被用作"存在"的名称，以及存在既是持久的，而且在其持续的过程中是有力的，所以会不断地变化。物质是富于弹性的，因为它是潜在的。变化和存在所具有的永久性两者的统一是理性，显然，桑塔亚那将"实体"这一名称应用到存在之中。我认为，在对实体这一范畴的使用上，他跟从了康德，而不是亚里士多德或者斯宾诺莎。我认为，存在被称作物质，有两个原因。它是在物理科学中被研究的对象，独立于任何精神的或心理的东西，并且是它们的原因。暂且把这个关于名称的问题放置一边（偶尔也乐于如此），桑塔亚那在这里的立场似乎是明确表述的常识立场。在他对丹尼斯文章的评价中，桑塔亚那对于作为存在的精神作出了廓清。他论述道，它作为"可能性在其中得以实现的清晰性的终极阶段"而存在。他问道："这一存在的道德现实性为什么比物理潜在性较少存在性呢？"如果桑塔亚那将他所有的哲学都与这一论断保持和谐，而不是否认这一主要原则的存在的话，那将是非常有趣的。

丹尼斯的困难不在于桑塔亚那所提出的关于实体性存在的本性的观点。在这一点上，他倾向于在桑塔亚那的理论中发现一种自然主义，这个自然主义是当代哲学家，"通常叫做自然主义者、经验主义者，或者实证主义者（他们是最有批判性的、最细心的），在最近几十年中非常辛苦地获得的道路……它们从基本的范畴例如物质、运动、感觉、机能，转变到相对中性化的范畴上，例如事件、质量以及关系"。这一陈述，是散见于书中的许多有意义的评论之一。正是这句话，使这本书变得重要，无论其主题是什么。然而，丹尼斯发现，在桑塔亚那的观点和自从他开始写作以来经验自然主义一直朝向的观点之间的潜在的相似性中，存在着一个突出的例外。这一例外就是桑塔亚那的教条——"没有任何被给予的东西存在"，接下来就是对"存在是可以被认知的"这一点的否定。这个断言，经过彻底的分析，可以发现它是被预设的。

在我看来，桑塔亚那哲学中的这一根本的不同并不是一个意外。我应该将它作为一个证据来说明桑塔亚那没有作出，也没有预测丹尼斯所发现的（非常恰当）那种作为当代哲学标志的转变。

在接下来的一个段落中，桑塔亚那表现出他完好地保留了早先的"内在特征"和"因果性"的范畴；而且，他还展现了这种保留对他关于精神生活和材料的观念性的想法所产生的影响。他问道："有机体中被唤起的感觉（也就是那些由'物质'所产生的东西）应该如何展现周围事物的内在（intrinsic）特点呢？显然，它们将仅仅转录那些事物在有机体上的影响。"（"内在"在原文中是斜体字，而"影响"和"在……上"不是。）性质（haracter）的非关联性的特点，以及前历史的前连续的与结果连在一起的原因概念的存活，解释了他对于材料的非存在特征，以及通过信仰行动来假设物质必要性的信念。后一个理论提示了（如其所展示的）所有经验事物的一个现象性质，康德以这个为基础，通过一个道德信仰行动而达到事物本身。桑塔亚那似乎在与康德竞争，他通过动物的信仰来为日常的事物立法，正如康德通过道德信仰为本体对象立法一样。

在我看来，桑塔亚那在这方面的观点与丹尼斯把它们与流行的自然主义的融合不相符合。这对我来说，确证了布劳内尔的这个感觉：桑塔亚那苦于将实际上不兼容的旧的信念和新的理念联合起来。维瓦斯也作出了同样的判断；实际上，他引用了桑塔亚那的一段话。他说，桑塔亚那想要"在一个全异的以及复杂的基础上建立一个哲学系统，'在逻辑允许的范围内将它们结合起来而不否认任何事情'"。相应的，我们有更多的理由感到遗憾，因为没有一个作者批判性地考察桑塔亚那不加批判地默默接受的所谓"先验主义"（有点奇怪的称呼），或者是他关于动物信念的观点。仅从文字来看，桑塔亚那时常放弃信仰这一观念，并求助于行动。在后面的段落中，显然是与没有成见的观察相一致的，没有必要用信仰的行动来解释对自然事件（这些自然事件是心理存在的条件）的经验，就像没有必要去解释这个事实一样：蔬菜能够与非蔬菜的存在相互作用，比如空气、光和土壤。因为只有与环境相互作用，人类才能生存。所以，这样的说法是很奇怪的：对环境的存在的信仰，是人们能够行动和经验的前提。

我知道，孤立地从上下文中引用存在着巨大的危险性，所以在引用下面两段话时，并不是为了证明我刚才所说的话，而是引起学者对其整个上下文进行反思。从目前这一卷的回答中，我引用下面这一段："因为我们行动，所以我们相

306

信,而不是因为我们相信然后才行动。"①从一篇早期的文章《悲剧哲学》(Tragic Philosophy)中,我引用了以下段落:"有心灵的地方就有灵感。常识所依赖的感性的图像和思想的范畴,其自身是诗意化的,而且在形式上完全是原创性的,是动物有机体中一种灵感的产品。但是,它们在意义和应用上受到行动领域中的实验控制。"——请注意,这段话是关于行动,而不是行动后面的信念。

正像在上述评论中所暗示的那样,道德的问题在解读桑塔亚那的思想中处于中心地位。这在佩珀(Pepper)的文章——《桑塔亚那的价值理论》(Santayana's Theory of Value)和兰普雷克特(Lamprecht)的文章——《动物信念和直觉的艺术》(Animal Faith and the Art of Intuition)中引起了注意,而且还体现在席尔普、肖布和罗素的文章中。只要涉及价值的问题,都与之相关。然而,当我说"道德的问题",我指的并不是道德的真正性质,而是桑塔亚那的哲学对待道德的态度。用最简短的语言来说,即桑塔亚那的系统是否在本质上是一个道德的系统。许多作者所称的他的哲学中的形而上学(在这里对这个词的使用,其含义不同于他否认他有任何形而上学中的"形而上学"的意思)是不是他的道德哲学最基本的一部分,或者说它独立于后者。而且,这种"独立"使得形而上学非常重要,以至于表面上很重要的道德的理论在整个系统中是相对次要的。我的意图不是要回答刚才所提的问题。除了指出在名义上是关于不同主题的文章中这个问题反复出现之外,我只是想对这个问题为什么以及如何成为理解桑塔亚那哲学的一个基本问题(就我所看到的而言)说几句话。

桑塔亚那从弗里斯(Friess)和罗森塔尔(Rosenthal)的文章——《宗教中的理性和被解放的精神》(Reason in Religion and the Emanipated Spirit)中引用了两个句子。他说,事实上,这篇文章对他的理论中最重要的部分给予了同情性的理解,而不是误解。这一段是这样的:"难道不是同样的基础,唯物主义服务于他的理智和精神的解放?我认为,这一观点不仅是他批判信仰的基础,也是他面对自由和面对世界的基础,正像他所说的那样,'好战的……拥有勇气和好心情,而

---

① 下面引自介绍性的"忏悔"的内容可以与这一评论相比较:"这一信仰的对象是在行动中所遇到的实质的能量性事物";还有第 512、518、531 页,"在产生知识的过程中,我完全信仰行动、意愿和环境"。我很明白,将这些段落翻译成桑塔亚那的哲学在思辨上是容易的。我引用它们来暗示敏感的读者,如果这些段落所说的在其各自的术语中发展而不是预先接受一个其必然结论是"即刻唯我论"(solipsism of the moment)的心理学教条,将发生什么。

不是哀求和恐惧'。"桑塔亚那评论道:"非常准确,一针见血,但是我认为,钉子还可以被钉得更紧些。"他接着重述了关于直接经验的"先验主义",描述了他关于精神生活的观点,并且增加了:他的"唯物主义只是简单的日常知觉,由其冲动性的信任而支撑,并且在其释放中受到批评"。在我看来,只要这一线索被看作是至关重要的,那么,我所谓的道德在桑塔亚那哲学中的位置问题就能这样得到解决:认为它是第二位的、从属的。而这一观点似乎是与占据了大部分内容的"精神生活"中的"释放"(deliverance)唯一契合的观点。宗教似乎是"暂不规矩一次"(take a moral holiday),比最初使用这个词的人所意指的意义更深刻。另一方面,为了回答提出的问题和一些作者提出的批评(而且如果我没弄错的话,也是他不时问自己的问题),桑塔亚那似乎认为精神生活被给予最高位置是由于它是最高的善。虽然它是一个后理性道德的例子,然而,理性道德必须在自己的筹划中为它提供一个位置。甚至存在这样一个暗示,它是在前理性道德中最高冲动的完美展现。然而在一个更加适合的场合,从思辨的角度来考虑这些完全不同的观念是合适的,提出这一事情的原因是非思辨的。它就是,桑塔亚那哲学的这一方面,如果把它看作表达了一个问题的话,它典型地反映了现代哲学的支配性问题:科学(物理学的、生物学的和人类学的)所关注的元素,与人类生活的道德(在"道德"一词最宽泛的意义上)性质相互之间的关系(或者是没关系)。

308

不论读者从桑塔亚那的哲学的角度来理解本卷,还是把它作为一个解释各种当代哲学思考的文献,它都是非常有益的。在一定程度上,我为在阐释中没有提及哈茨霍恩(Hartshorne)、斯特朗(Strong)和班菲(Banfi)的文章,而且对于其他的作者也只提到三四个而感到遗憾。比如伯特兰·罗素对桑塔亚那整个哲学的所有系列观点进行了一个有趣的评价,还指出研究者们观点之间的相互影响。所幸的是,这本书就像是一个世界,是开放而可接近的;而且,每个人都可以根据自己的能力从中得到自己想要的东西。在结束本文之际,我想说,这些文章具有非同寻常的文学特质。这一特征确实该归功于这些文章所讨论的主题诗意的、有说服力的表达。每一个作家都提到了桑塔亚那在这一方面的力量,不仅如此,情况似乎是:写作关于他的东西,这是一个激励的因素,甚至在某种程度上是一种灵感。

演讲

给约翰·杜威劳动研究基金朋友们的话[①]

今晚,你们聚集在这里庆祝你们的成立,而我却不能和你们在一起,不能表达我对激励你们来到这里的精神的深深的欣赏,因此感到非常遗憾。我很荣幸得到这一计划的信任,正是在它的资助下,才会有今晚的活动。这一计划在愉快的实践中结合了三个理念——劳动、教育和科学。这三者的结合,是我长久以来所相信的。回顾悠久的历史,展望在许多方面还不确定的未来,我坚信,这三个理念的成果丰硕的相互作用和合作必将带来一个自由、繁荣和富有创造力的文化:劳动,代表着所有进步力量的团结;教育,是行动所必要的启蒙;科学,提供了扩展知识的界限,以及使行动知性化和有效的手段。

如果我能到场的话,我还应该向来自明尼苏达州的费城的范斯坦(S. Feinstone)先生表达我诚挚的谢意,是他的慷慨使整个计划成为可能。我同样要感谢演员表中的所有成员,他们为观众带来了如此多的乐趣。看了这一表演,想想他们为观众所提供的愉悦,我同样要祝贺观众们:你们有机会观看一场在纽约的舞台上出现的最有趣的戏剧。最后,如果我没有对花费大量精力和时间而使这一活动成功举办的委员会表示最衷心的感谢,那么,我确实感到愧疚。

[①] 未发表的打字稿,来自卡本代尔:南伊利诺伊大学,莫里斯图书馆,胡克/杜威文集,第1盒,第6文件夹,特别收藏。该文于1939年2月6日在"什么样的人生(What a Life)!"的义演上被朗读,在纽约市曼斯菲尔德剧院。

战争的教训——从哲学的角度看①

1. 打字稿

如果说目前的文明世界随同它的军队、社会政策、政治形式、观念和理想所带来的冲突，能够给予未来的哲学什么教益的话，那就是：过去的哲学一定为培育导致当今灾难的条件做了些什么。如果是这样的话，对于当前世界的充分讨论，要求对至少是最近两个或三个世纪主要的思想趋势作一个批判性的考察。由于这超出了范围，我将重点讨论我认为重要的几个要点。

首先，我认为，特别是对于那些职业知识分子阶层来说，很容易夸大理智思考(包括哲学)的作用。而主要的影响正好相反。首先是一些事件、社会运动对人们产生的影响，接下来是反思性的分析和系统的报道。这些经常要很迟才会对事件作出反应。有时当它们作出反应时，事态已经改变了。然而，不管怎么说，整体上而言，哲学思考有两个功能。思想可能先于行动，而那些非常敏感的人们可能在一些运动还处于萌芽状态时，就预料到未来的巨大发展。对实践的社会运动的系统思考，为人们正在做以及没有做的事情提供了理由，使他们更深入地了解自己置身其中的实践。现代每一次重要的社会运动都有自己的意识形
态，意识形态为人们要完成的事情作出理性的辩护；或者是作为武器来反对与之

---

① 本文第一部分来自一份未发表的打字稿；第二部分来自一盒磁带，该磁带录制的是杜威 1941 年 12 月 7 日在纽约市库珀联合会(Cooper Union)的一篇演讲。这两部分都来自杜威文集，特别收藏，拉特格斯大学图书馆，新布鲁斯克：新泽西州。

为敌的运动。间接的手段则是指已经形成的习惯、已经和某些理念相结合的制度，以及曾经只是理智的建议而后来成为文化的一个支撑部分的教育。

粗略地说，现代哲学的发展有两个突出的倾向。一直以来，有人全力地在理智的基础上，通过一个合理的方式，证明那些对旧时期的信念和制度有负面影响的新趋势；更确切地说，是从中世纪以来。他们代表着（至少间接地代表了）宗教、道德、政治、经济以及物理科学中新的变化。暂且不论传统主义者对传统的辩护，一直也有一些哲学流派认为，他们可以通过语言的变化和对经典的哲学传统中术语的细微调整，对新的或者现代运动中他们所认为的有用的东西作最好的辩护。

同样是粗略地说，首先被命名的哲学流派是经验主义和自由主义。当我说，一个充分的考察必须注意到过去的体系在培育那些在目前的剧变中展现自身的条件方面所做的事情，我想到的是这样的事实：在历史上的自由的经验主义中，一定有一些缺点和歪曲；正是它们，培育了现在存在的条件。它们中一定有一些东西导致了绝对主义和极权主义哲学大规模的发展。比如说，如果我们强调黑格尔和其他德国哲学家对布尔什维克和纳粹极权主义的影响，我们千万不能忘记：是英国和法国的经验派和自由主义哲学家以一种反动的方式，唤起了德国的运动。比如在 19 世纪，英国思想家希望同早期英国经验主义和放任自由主义中的破坏因素作战，他们手边除了从德国哲学的军火库中借来的哲学以外，没有其他的理智武器。即使那样，他们用它们在一个基本是民主的社会中奠定一个更加坚固的基础。

我现在对今天的话题进行一个更加直接的讨论。经常阅读杂志的朋友对这一点很清楚：对目前的麻烦和罪恶的各种诊断，充斥在各种报刊当中。我们被告知：其来源是我们过于关注生活中"物质的"层面，而其解决方案是回到"精神"层面。这里对于战争能教会哲学什么，有一个既定的答案。如果我能接受神学家、文学批评家和社会学家的演说，这将毫无疑问，会简化我今天的任务。然而，我发现，对于"物质"和"精神"的划分，如果太过模糊，会导致问题；而如果清晰，就过于反动，会招致抗议。

当我们排除了这样的模糊时，用"物质的"指所有被认为是低级的东西，而"精神的"指被看作较高层面的、优越的以及高贵的东西。下面的问题就浮出水面了：具体什么是我们一直在不恰当地追求的物质的事物？在这一点上，为了判断我们过于执著的关注以什么样的方式导致使我们受苦的罪恶,我们需要这些个别事物的具体清单。有了这些信息后,我们开始问第二个问题:为什么通常当人们追求那些低贱的东西时,会变得很专注?最后就是,"精神"具体意味着什么,以及人们如何才能进入那样的"精神"的状态?按照通常的说法,这是摆脱目前困境唯一的出路。

有一些人的态度、信仰和实践并不存在不清晰的问题。他们专注于导致当前世界的原因和补救办法。我们已经放弃了超自然的哲学,而且放弃了代表神圣的智慧、善和力量的机构——教堂。在这一点上,战争给我们的教训可能会向我们发出回归的指令。尽管如此,还有其他一些人,他们认为有必要回到关于终极实在的第一和终极真理上去(就像它们在希腊哲学中被规定,然后在中世纪经院哲学中被发展那样);但是,他们还没有将这些真理和超自然的权威等同起来,也没有在特殊的制度中找到避难所。他们声称,当前的许多困惑和矛盾都是依赖于这样的哲学的结果:用软弱的经验来寻找理智的和道德的向导;这样的观点,使他们自己感到满足。然而,他们没有断言对必然真理的抛弃是罪恶的异端。他们甚至似乎多次建议教育和其他世俗事务的进步将把我们带回到正确的路径——我担心,这样的观点会被那些属于教会体制的哲学信念当作异端。这后一种人,不是孤立无援的。在他们的背后,有过去巧妙地思辨出来的系统信念提供的便利,也有在特殊社会机构中实现这些信念的便利。另一方面,从其他一些人的立场来看,他们不相信自然科学中的现代运动,即自然主义和世俗主义,是由于深思熟虑或意志上的违抗(带来的结果),因无法倒转时间之轮而感到痛苦。

所以,代替在这里不能进行的历史考察,我的建议是:过去的哲学通过授权和忽视这样的行动,为在今天的世界中表现出来的理智和道德上的不安全、混乱和冲突作出了"贡献"。它们这样做,是因为处于新旧交替之间。这些哲学在很大程度上是不兼容的、相互冲突的理念和价值的混合。这带来的最终结果是:它赋予哲学一个当下的策略性的优势,而这一哲学是从旧的已经与制度融合在一起的信念中构造出来的。

但是对于其他人来说,战争可以教给哲学的是我们应该朝前继续走,而不是回头;而所谓朝前走的路,就是要去除我们传统中的因素,对现代的态度、兴趣、运动进行清晰的、连贯的理性表述,这些因素起着阻碍、拖累、歪曲作用。这里所涉及的话题至少会清晰地连接在一起而不会造成混乱。如果说美国除了在地理的意义上，还在任何其他意义上可以被称作新世界的话，那似乎是特别正确的：在这个国家中，哲学应该以彻底而完整的方式，全力以赴地把握和表达现代运动中的潜能，并且比现在更加清晰地阐明：要实现这些潜能，现代运动必须走的方向。

从古希腊和中世纪继承下来的哲学中的一些基本因素，和使任何将道德和理智联系起来的努力都必然会导致混乱和冲突的现代的支配性特征，断言这两者之间不相容的命题影响广泛。从那些一直以来代表旧的哲学的人的角度来看，这一命题得到了如下事实的支持，即他们将具有现代特点的几乎所有的趋势看作对真理和神圣的偏离。希腊哲学和科学形成于一个前科学的时代。然而，从思想内容上来看，希腊哲学的探究不受任何外在权威（政治的或教会的）的控制，并且建立在对人们运用理性就能发现真理的信任的基础之上。在中世纪，希腊科学中所使用的这种方法被忽略了，其结论也被固定住或僵化了。希腊文化中最重要的、也是最感人的部分，被排除掉了。和希腊的天才有着亲密关系的自然世界被当作腐朽的和没有价值的，因为人的堕落使其腐朽。人类理性最多被要求通过超自然的启示，对每一个事情进行肯定和拓展。

如果构成古代前科学时代之核心的信念和原则只被一小群人（他们称自己为哲学家）所占有，那么，他们的影响可能很小。但是由于与宗教信念的形成相结合，这些信念和原则变成了通常理智的一部分，而且构成了西方世界的道德维度。它们进入了基督世界的社会记忆和想象中，成为传统的理所当然的一部分，还决定着人们视野的边界。在这些情境下，这就不奇怪了：现代运动在找到他们自己的含义的合适表达方面困难重重；而且，现代哲学被其自身将根本不兼容的事物结合起来的企图削弱了，变得混乱不堪。

现代自然科学与古代科学之间的鲜明对照所反映出来的特点，也存在于现代生活其他显著的特征当中：政治和工业革命及其对人们之间的关系、活动和价值所产生的影响。在雅典，有一些被称作民主的东西，但是那时候的民主和现代的民主运动几乎没有任何共同之处。那时的经济条件和现在的经济条件也很不一样。这些学说是我们从中世纪继承下来的遗产，我们应该不时记起其政治和经济哲学是在封建时代形成的，而且对于处理当今严重的政治和工业问题很难给予任何指导。

所以说,现代哲学是从过去和现代文化相互之间不契合的元素中得来的原理、标准以及方法的一个混合体,不适合用来应付现代社会的问题。社会憎恨真空,甚至自然对真空的憎恨更加深刻。被独裁的权力所激发的革命巨变,其背后的哲学是这样两个东西的结合体:从过去哲学中继承来的绝对主义的标准及方法和对现代科学及现代工业技术成果的有组织的使用,这满足了侵略性的现代政治民族主义的要求。正是由于这个原因,我认为,哲学必须吸取的教训是对具有现代特点的科学的、工业的、政治的运动进行彻底、积极的理智分析和记录。它需要这样一种哲学:它的结论建立在现代的力量和倾向的基础上,没有由于陌生因素的介入而导致混淆和争斗。我并不是说这样的哲学发展将解决我们所遭遇的危机,而是说整个的理智观点和态度无论起到什么样积极的方向性作用,它都要依靠刚才所指出的那种哲学的改革和建设性的发展。

我现在将阐述在当今世界所面对的问题中可以找到实际对应物的三个带有哲学性的问题。其中之一,至少可以从我们在前面关于"物质"和"精神"之间的冲突所说的话中预料到。第二个问题与绝对的和实验的经验之间的矛盾相关。第三个问题涉及感情、欲望和知识、思想之间的划分。

物质是天生低等的,对所有"较高"理想的兴趣和努力所追求的东西漠不关心(如果不是反对的话)。这个古代的观念一直存在着,并且企图阻碍和扭转现代科学和技术可能赋予我们的东西。将物质和心灵、物理的和理想的完全分割开的哲学,是前科学的古希腊物理学、中世纪对自然世界极度腐败的信念,以及现代物理科学发现自己要去追寻的必要性(它可以不需要考虑道德和宗教的干涉所带来的控制而发挥作用)三者的融合。由于对关于物质和精神各自特征的早期哲学观念的坚持,这一划分已经阻碍、分裂和混淆了物理科学的方法和结果在这些方面所能产生的作用:从否定性的角度来看,它可以为一个更加自由、更加平等有序的社会生活排除障碍;从肯定性角度来看,它提供了展望未来、预测结果从而指引我们的手段。

我们没有能够使科学革命中所包含的潜力得以实现的真实原因,同样包含在工业革命中;工业革命实际上是对自然能量进行控制的结果,科学革命使这变得可能。因此,因前科学和前工业时代的信念和态度的介入所带来的麻烦和罪恶,往往被归咎于我们对科学与工业的信任(至多是部分地信任)。它们被用来论证,我们应该系统地回归到在现代力量和资源面前已名声扫地的权威上去。

我们给予某样东西一个坏名称,就不能再期望有什么好的东西会从它里面产生出来。古代哲学的遗产在中世纪的宗教中得到应用和肯定,并且系统地责骂现代科学的操作和方法,以此为根据:它们只关心被古代哲学和中世纪神学诅咒为"物质"的事物。

我并不是说,自然科学的方法和结论或者工业的技术过程自身会带来积极的社会效益。只有当它们与人类习惯和努力相互作用的时候,才会产生出各种类型的实践的和社会的影响——好的、坏的,以及不好不坏的。从人类这一方面来看,在决定科学知识和工业体制所实际产生的后果时,其贡献至少是一个平等的参与者(如果不是多于一半的话)。我所说的是:关于物质的旧的信念和态度的存续,已经进入人们活动动力的构成成分之中,并且导致了社会生活的失败和偏转。

由于其在工业领域的结果,物理科学得到人们的称赞,这一点众所周知。由于在工业上应用的显著成效,以及在公共卫生中的应用而使瘟疫和流行性疾病减少,物理科学获得了现在的声誉。但是,基于这一点的称赞经常沉迷于这样的信念中:认为它们的实践应用仅仅限于物质和肉体的层面。目前在作为一门科学的经济学中所流行的观点是:经济学关注的社会现象,是以满足人类的"物质需要"为中心的。但是,这一陈述毫无意义,除非物质需要与其他需要是相对的,并且其他需要和经济学完全无关。

我并不是在建议将关于对和错的道德判断引入经济理论的研究和结论之中。这并不是必要的。没有人会怀疑这样一个事实,即工业和经济的条件和动力在影响人类结成的具体关系的所有力量中,是最有效的。同时,这一力量还决定了人们有效地分享构成一种文明生活的审美的、理智的和其他社会价值的机会。如果探究者没有被这个态度压垮(大部分是无意识的),即把物质的和其他的人类需要的区分看作必然的,那么,他们能够科学地追寻在工业和经济制度的具体条件与人类社会结果之间的因果关系。他们还可能在纯粹科学的基础上,假设不同的经济安排以及这一安排可能产生的后果。

对科学和工业技术与社会结构之间的联系的系统性忽视所留下的真空,影响着人类的福利和痛苦,是使得目前的极权主义哲学具有力量的一个因素。当我们批评马克思和马克思主义者所持的对社会现象的物质主义决定论时,应该公正地认识到,马克思并没有创造这个观念:经济现象在本质上就是物质的。他所发现的那一思想，在他之前，在那些宣称代表着理想和精神的兴趣和目的的哲学中已经存在了。他在自己的理论发展中所做的一切，就是将这一思想和工业革命所释放的力量对人们之间结成关系的影响结合起来。像布尔什维克俄国这样一个极权政治实体，努力地将理论付诸实践，而其建构性作用还不及其毁灭性作用，这并不令人惊讶。另外，我们也不应为此而惊讶：德国的极权主义（它被德国人的组织和服从能力所支撑）从字面上抓住了物理科学的纯粹物质特性，然后系统地运用所有的物理力量所带来的资源，使它们受到技术的支配（技术被看作纯粹物质的，被用来实践它的侵略性的民族主义社会哲学）。民族主义的社会目的是非常有限的，它要求其他民族社会群体的瓦解。但是，至少有一些社会目标被树立起来，这填补了科学和工业技术对其社会结果完全的忽视所造成的真空。

对于上个星期在这里从人类学的立场所阐发的观点，我表示同意。那些尊重自由、平等和博爱的民主国家没有注意到社会科学所指示的能够完成这些目标的方法，这种忽视会引来反民主的国家以自己的目的使用技术。我要补充一点，这一观点不仅限于社会科学。同样地，它也能解释：在物理科学的结果如何被用来增进它们所称赞的"价值"这一问题中，民主国家也未能扮演积极的角色。显然，新的资源未能被用来服务于现代的自由主义，这创造了一个社会真空。在这一真空中，这些资源被用来支持一种新的专制。通过去除与物质的联系而增进理想和精神因素这一哲学遗产，在一定程度上为纳粹的理想和实践创造了某种条件和可能性。

321以上所说与我对核心命题的第二个解释有直接的关系，我将对后者作一个更加简短的处理。尊重那些从经验中学习到的东西，尤其是那些在经验中起重要作用的试验方法，这促进了自然科学和制造发明的发展，对商品和服务的生产和分配也产生了革命性的影响。在早期人类文明中形成的态度和习惯所带来的遗产，限制了试验态度在物理世界（与道德理想的兴趣和领域是不同的，甚至是相对的）中的应用。后者（道德理想的兴趣和领域）是静态的而前者已经改变了。

几年以前，我偶然读到一段具有代表性的中世纪绝对主义哲学的陈述：如果道德舍弃了绝对标准的教条，"我们将只有与现在物理学和化学一样的确定性"。一些人不喜欢教条具有的绝对性和最终真理所带来的那种确定性，而喜欢这种方法所带来的确定性：它可以持续地检查现存的错误，用启蒙代替无知，能不断地发现之前不知道的事实和真理。以经验为基础的哲学与宣称世界、自然、人和人类的命运具有另外的基础的哲学之间的冲突所涉及的问题,围绕着这一点。宣称拥有绝对真理以及最终不变的基础,这可能在实践上是无害的,甚至可以被构想为一种恩惠,如果每一个人有同样的绝对真理和标准,或者存在一种使分歧化解、使人们达成一致的方法的话。绝对原则的支持者经常忘记他们潜在的假设的弱点,那就是他们所阐发的这些绝对原则并不是所有人都接受的。

简短来说,宣称占有第一和最终真理的主张,要求以强力进行最终的仲裁。因为当宣称拥有生活应受其指导的真理就是断言其起源在实际的经验之外时,当这个宣称被断定为不能通过经验中的任何东西得到检验时,不同的体系就会被当作拥有了最终的真理,没有一种合理的实际的方法能够调和它们之间的差别。刻板的、绝对的对立和冲突笼罩了整个局面。唯一的出路只有诉诸强力,其结果是拥有至上强力的一方有能力使其理论被接受,至少在其拥有至上强力的时期内。

322

在结束目前所讨论的主题之前,我将特别指出一点。在整个 19 世纪,德国是"唯心主义"的哲学系统和形而上学的家园。一个民族在唯心主义中成长,受到传统的民族哲学的教导而在物理科学和理想的绝对命令之间划清界限,最后却普遍接受了纳粹哲学,这是如何可能的啊? 当然,有许多具体的事件导致了希特勒上台。但是,我并不想用一种哲学理论的影响来代替那些具体的历史事件。我所想的是这样一个问题,即从唯心主义到给人一种宣扬暴力的印象的哲学,其转变是如何发生的,其原因是什么。

对这一问题的回答是:上述转变并不像看起来那样的尖锐。对于许多人来说,以下这种说法似乎是令人震惊的,或者可能是荒谬的:在德国流行的唯心主义体系,使它自身产生了在上述特定的具体事件发生时就会出现的转变。但是,这里所讨论的理念(ideal)在起源和检验上都是高于经验的。我们找不到任何内在的理由,将和某种制度相联系的经验置于特定的理想之下,就像没有理由将其置于其他理想之下一样。而且,纳粹的解读者犯了一个重大的错误,他们假设成千上万纳粹的追随者并没有在唯心主义的价值体系中发现使用武力的正当性。从一种唯心主义到另一种自认为是唯心主义的社会理论体系的转变,更多的是出于两个因素的促进。实践的因素是:在一个进步了的让位给自然主义、经验主义以及自由主义民主的世界中,德国人民认为自己是绝对的和最终的理想原则的源泉和主要代表。这一信念可以用来为武力的应用辩护,以此为理由:武力的

使用是使低等种族接受高级唯心主义的手段。甚至在这个国家中,中世纪的绝
对主义的代表公开表示说,相比那些教授自然主义和经验主义的人来说,希特勒
323 对这个国家的威胁更小。另一个因素是更加理论化的。德国哲学的唯心主义者
在现实的重压下被迫认识到,终极理念的存在自身并不能保证这些理念在历史
过程中所获得的那种内容。这种看法为纳粹的体系把自己看作适合当前历史关
头的具体承担者留下了空间。

我的第三个说明关注的是,将人类本性分解为一定数量的独立的相互不交
流的部分这一做法。据说,其中的一部分包括理性和所有理智的因素和能力,由
此知识和有效的思想得以确立。另一部分包括爱好、冲动、欲望、愿望,那些属于
感情生活这一宽泛的概念之下的所有内容。过去的哲学(弥漫到自称是科学的
心理学中)建立了这一划分,对它的接受导致了从技术的观点来看可能是目前哲
学主要问题的形成:事实与价值之间的关系。

然而,这一技术性的问题是对最紧迫的教育问题(在其最深刻和宽泛的意义
上)一种苍白无力的反思:培育良好的行动态度和倾向。因为从长远来看,所形
成的习惯通过长时间的积累,会决定在社会中流行的习俗和制度。将思想和知
识从感情中分离出来,造成了一种无法忍受的真空。当我们真切地感受到,在极
权主义国家中,年轻人将他们丰富的激情献身于这些国家的政策时,我们可以很
可靠地得到这样的结论:这种真空是存在的,而且在德国和俄国都有极权主义哲
学,在一定程度上成功地将理智信念和丰富的感情结合在一起,以至于填补了那
深切感受到的渴望(正如为新事物作广告一样)。

至于考虑当前的结果,我们可以合理地说,战争所给予哲学的主要教训在
324 于:处理人类的理智与情感的关系这个问题是重要的。说欲望和感情是我们活
动的动力(只要这些活动不是自动的机械的),说观念只有在情感的激发下才转
化为行动,这些现在都是常识。如果被承认为决定行动的因素和那些体现在我
们的知识和证实了观点之中的因素,这两者的区分被看作最终的、固定的,就像
强调理性的哲学、知识和科学所宣称的那样,那么,它们之间任何时候的特殊联
系都是外在的,对所有实践目的来说是偶然性的。如果在人性中有任何合理的
根基,使我们能够相信这样的观点:深刻的观点(我们一般称作为理智),在任何规
模的人类事务的管理中都是有效的,那么,就可以从生物学、人类学和心理学的
事实中找到证据来证明分离理论的错误,并暗示情感和已得到证明的知识可以

相互合作,为人类行为设定模式提供内容。

我说过战争给我们的教训在于情感和知识的关系问题,在于重要的欲望和观念之间的关系问题。我说的不是对这个问题的特定解决即教训本身。历史上的体系从未面对过这一议题。有一些历史因素使得哲学躲避这些主题,其中主要的一个因素可能是这个事实:在任何情况下,新观念都会造成不安,而哲学家和科学工作者已经找到了获得安全与和平的最好道路,在这里,在他们特殊的职业中,所谓有效的工作就是否认他们所发现的东西对重要的社会问题有什么影响。就目前而言,存在着大量对于哲学的纯粹形式方面的强调。这一观点坚持有效的哲学主要是和数学相联系,而数学不与人类或自然中的任何实际存在有关。哲学家的这一自我否认的诫令,部分是通过坚持过去哲学家提出的夸大之言而达到的。但是,实际存在着对社会议题的逃避(如果不是有意的话)。所以,我们对这一哲学流派与语言学的研究者结成联盟并不感到惊讶,那些语言学研究者认为,如果我们在使用的文字中去除所有的情感因素和影响,因而也去除了与我们所做的和必须做的事情之间的任何联系,那么,社会科学就前进了一大步。一个困难而紧迫的问题,即没有保证的感情是否可能被追求最好知识的欲望所代替,这个问题被回避了。然而,这是一个我们必须面对的问题,如果我们问这个问题的话,即人类行为是否能够被除以下手段之外的力量所指引:超级的强力、外在的权威、不受批判的社会习俗,或者不受真实观念所控制的纯粹的情感流露?

在这里,我并没有任何要贬低当代哲学中语言研究的重要性的意图。恰恰相反,交流,作为语言的规定性的特征,是核心的社会现实。语言的双重关系——一方面与观念和情感相联系,另一方面和社会过程相联系——为哲学当前的基本问题关注人类的情感和理智的关系提供了另一个原因。

显然,我的观点是从经验主义和实验哲学的立场上来阐发的,后者强调的是关系和联系,而不是绝对的和孤立的东西。但是,这并不意味,历史中的经验哲学与从过去继承下来的观念没有纠缠;也没有否认,历史上的经验主义中所发现的混合物,不需要对现存的混乱和矛盾负责。支持我的观点的,是这样一种信念:我们现在的知识和社会经验,在其自身当中包含了创造这样一种哲学的手段,这种哲学应该与现代意义上的运动、利益和价值保持一致;但是,这个世界一团乱麻的现状对于创造这种哲学来说,是一个挑战。

2. 演讲

主席先生、女士们、先生们：当我被安排发言时，前些天我根本想象不出在将要说话的这个晚上我会说什么。我没有，不曾有，现在也没有任何与战争直接相关的话要说。我的评论从性质上来说是哲学性的，在哲学层面上，而哲学是有点抽象的，恐怕有时候是相当枯燥的。我首先要说，我们很容易夸大哲学和社会团体运动、社会活动甚至是重大社会运动之间的联系。我认为，尤其是对知识阶层来说，夸大他们的观念、反省对社会事件的影响是很容易的。哲学，一般意义上的理智操作，似乎都是跟随在具体事件后面的；作为一种事后的事业，经常是当哲学形成时，事态已经有了很大的变化，而原先的观点已经不再适用了。然而，恰当地说，我认为，历史显示哲学做了一些与重要的社会运动有联系的事情。在某种程度上说，哲学——即使看起来非常遥远抽象——所做的事情，使人类意识到他们正在做什么，他们努力地在做什么，他们努力地在避免什么。当然，所有的语言都起到这样的作用：对事物的命名，使我们对事物有了理解。当我们将某种东西语言化，将其放在命题中，我们能够在我们自身之外得到它，这样就可以更好地注视它。

（录音中断）两种方式。世界上有一些人对于势态发展的方向尤其敏感。他们不一定能准确地预言或预测，但对于即将发生的事物有一种感觉，因为他们对事态发展的方向有敏感的反应，所以能够帮助人们看清正在发展的事态的可能性。他们预见到在何种程度上将要发生什么，于是促进、鼓励其发生。哲学（历史上的哲学）所做的另一件事是：通过努力，为正在发生的事件辩护，使人们对正在做的事情认识得更加清晰——也许被神学家称作"护教学"，或者被心理分析称作"合理化"。他们给出人们没有考虑过的原因，尤其是在他们完成了许多事情之后，回顾这些事情并寻找好的理由来继续这些事情的时候。

现在你可能说，第一种哲学是自由主义的。我指的是：其兴趣在于将来，在于那些将要发生的事情，并且更像是对过去持一种不赞赏的眼光、一种批评的态度（从理智上说）。另一种哲学在事物中发现意义，并且使人们了解那些意义，它们为事物提供意义，而这充当了一种辩护。现在没有哪一种哲学是完全站在这一边或那一边的，但总体上说，哲学是偏向——其重点偏向——这一边或者另一边，或者向前看努力促进变化，或者引导人们思考那些他们并不十分清楚的目的、价值，或者更加强调对制度的辩护。

现代哲学因其在现代世界中产生而为现代，所谓现代世界意味着一个变化很快的世界。怀特海先生曾说过，在过去的 50 年中，我们看到了知识以及以此为基础的行动的许多变化，超过了前面几千年的变化；总体上看，从中世纪以来，世界变化得很快。

现在，我关于哲学应该吸取的教训（当然，不是从战争中，或者在任何军事的意义上，而是必须从导致战争的各种条件中吸取教训：现代社会的困惑以及持续的不确定性、不安全和矛盾冲突）就是：我们的哲学，即使我们将其称为现代哲学，也只是一半现代的。正如古代的条件和制度把它自身投射到现代生活中并永久化，因此，很自然的，古代的思想、观念、理想和标准以及看待事物的方式已经把其自身投射到那些自认为是相当现代的哲学中，从而取得了对现代事件和运动的认识（录音中断）。世界是不相容的事物的结合、聚集，它努力统一不相容的事物。而且，目前的战争不只是一个军事意义上的战争，它在所有的人类可能性中是一个根本性冲突的标志，是人类文明历史中的一个转折点，这是因为，现代的事情已经不堪重负，已经被前现代投射到现代上面的原则、行动方式、习惯、风俗和制度弄得偏离而混乱了。或者换一种说法，你可能会说，目前的战争给予我们的教训是：我们或者应该以一种更加系统和统一的方式回到过去的原则和标准，或者应该面对现代生活中真正具有现代意义的事态，以我们的能力把它们从旧的和不兼容的制度的负担中解放出来；那些制度使世界不堪重负，阻碍了事态的发展，并且制造了许多不确定性、混淆和矛盾。

当然，现在有些人视目前的情况为恶和麻烦，视其为放弃和逃避过去的哲学、理论、信念、信仰、宗教信念的结果，并且将这种恶作为我们应该往回看以及我们的观念和原则应该回到过去的一种标志。现在看来，这是一种理智的、明确的立场。而且正像我所看到的，另一种明确的、与此相对的立场是：只有当我们更加坦率、更加完整、更加有勇气地——如果任何人想这么说的话——处理现代的力量时，我们才能消除潜在的矛盾。

现在，如果你阅读期刊、书籍，或者诗歌以及一些布道词，或者一些讲座，你就会清楚地发现：对于我们现在从战争中显明其自身的条件中必须了解的这一问题（或者说，是哲学必须学习的），有一个现成的答案，神学家、布道者、社会学家[哈佛的索罗金（Sorokin）新近写了一本《看不见的词》（*Indiscernible Word*）的书],像凡·怀克·布鲁克(Van Wyck Brook)这样的文学批评家也对这一主题发表了一些言论。他们说,麻烦在于我们已经将自己献给了物质的东西,而唯一的出路就是将我们的头脑、思想和心灵重新放回精神性的事物中去。作为一个总结性的论断,这似乎在所有事件中都是合乎情理的。可能被提出的问题就是:这是否有一些模糊,是否意味着我们说我们已经将自己太多地投入低等的事物中,而现在应该关注较高等的事物之外还有更多的东西。(录音中断)具体来说,它们是什么?以及为什么人类在一个宽泛的意义上,对这个问题如此全神贯注、如此集中注意力呢?为什么他们应该放弃较高级的东西,系统地培育低级的东西?而且具体来说,什么是精神的和理想的东西,以及人们如何被引诱放弃了对它们的必要注意,如果他们知道它们是什么的话?

329　　　　现在,我首先想说,我提出这一观点的主要原因,是由于我认为所谓"任何物质性的东西都是低等的和卑鄙的"这个观点,是过去的原则、信念和标准留下的遗产;这些东西介入到我们的现实中来,阻碍了我们原本可以从现代的东西中获取的价值、功用。作为一个事实,我假设没有人会否认现代世界两个最突出的特征,即物理科学的兴起(换句话说,也就是科学革命。这在较早的时候就有了种子和苗头,在大范围上可以追溯到 17 世纪,或者说 16 世纪晚期,在伽利略和其他天文学家的时代,如艾萨克·牛顿先生的时代)以及随后作为科学革命的结果而发生的工业革命。之所以没人否认这两个特点,是因为古代的科学没有能够增强人们的能力——他们把它叫做科学,但它不是那样一种使人们得以控制自然力量的知识。当人们发现了热、光和电、化学变化的时候,接着发生的是他们发明了相关的技术,现代工业的革命通过这些技术而发生。

　　　　现在,我刚才所阐述的这样一个普遍的观点有其具体的影响,这体现在这样的事实当中:自然科学和我们所有的工业技术,这整个领域以及经济的效率,都与古代哲学所诅咒的东西相关,他们将其称作"物质"、"物质的",而且认为与较高的理想的和精神的东西相比,物质其本性就是低级和鄙俗的。现在,我所说的是这样:由于没有尽可能地从自然科学和我们所有新的工业技术、方法中吸取进步的因素(这是因为,过去继承下来的哲学诅咒物质——至少是贬低)(录音中断),现代世界没有能够像它可能的那样推进一个更正义、更公平、更仁慈、更友好以及更加迅速发展的生活和社会。这些事情一定被看成是低级的,如果它们是物质的,因为物质被置于被称作理性和精神的事物的对立面(录音中断)。过去赋予它的声望是非常大的。在人民的心灵中有一个非常强的感觉（比我们所认识到的过去哲学的倾向还要强），即物理科学毕竟只是对于纯粹物质的、物理的事物来说，才是非常重要的，而这些与生活中更加严肃的价值没有多大的关系，虽然它们与那些价值并不对立。

我注意到两个星期以前，发言人在谈到从人类学的角度看，我们必须从战争中吸取什么样的教训时说到一件事。在她的观点中，这是一件非常根本的事情，即极权主义国家已经认识到社会科学创造的技术所具有的力量，它们——当然，德国以其强大的组织能力而成为这类国家的一个典型例子——使用了所有的社会科学资源来发展和促进它们独特的理念，而其他的国家、那些我们称为民主的国家，从未将它们的头脑、注意力集中在社会科学所提供的技术能够如何促进民主国家所代表的观念、目标以及价值这个问题上。我认为，这不仅是正确的，而且应该进一步引申。极权主义的国家不仅意识到将社会科学用于推动某一特定的社会目标（也就是这些国家中的国家主义和种族主义目标），而且意识到物理科学及其技术也可以用于此目的。

现在，我们的另一些哲学家、我们的自由主义哲学家采取了一种放任的态度，不仅仅在经济领域，而且在科学领域。现在，我不是说所谓的正确或错误的道德判断应该被引入物理的以及社会的科学中。我的意思是：通过发明和新技术，以及对自然能量的控制，工业处理的是那些被称作物质的东西，但它没有重视这个力量；事实上，这个力量与世界上任何其他的事物相比，对人类间的相互关系具有更大的社会影响和更深远的后果。现在，无论我们怎么看待极权主义国家，以及我们如何看待它们的政策，至少有一个认识，即控制物理和社会科学的结论，将其组织起来，为一些社会目标服务，这是有可能的。而且我们认为，我们必须学习的是：如果我们不喜欢——假设我们不喜欢——那些国家组织和利用科学的目的，那种哲学——我现在所称的"这种哲学"，指的是所有理智的和有思想的人们都会考虑的东西、（这里由于录音中断而导致语句不连贯）一些属于革命的东西。我对此理解是：我们生产了所有的科学知识，所用的方法是古代世界甚至是古希腊、中世纪一无所知的，现在必须面对这样的问题，即如何将这些知识系统地组织起来，将其用来服务人类。为了达到这个目的，正像我所建议的，我们必须大量消灭、清洗、批判过去的观念，这些观念使得我们仅仅因为其处理的是被称作"物质"和"物质化的"的事物而忽视了自然科学的结论和工业过程。

　　现在,另一个与这同一件事紧密相连的方面是:由于习惯、制度以及传统的持续而导致的过去的观念对现在的影响。我想说,我们称作人类理想的事物所具有的力量已经受到削弱,因为所谓理想的、精神的事物被放置到一个属于自身的世界中,在大多数人的心目中,它被认为是超自然的,具有超自然的权威,是超越于自然事物以及我们可以从经验中学到的东西之上的。我认为,有许多人,包括许多从德国等极权主义国家来到这里避难的知识分子,会对这个想法感到十分震惊,即唯心主义——专业的、哲学意义上的唯心主义——为纳粹的上台做了大量的事情。表面上看,说唯心主义、哲学的唯心主义、高度精神化的哲学和给人的印象是完全依赖强力来统治其邻国或世界的团体获得政权有关联,是非常荒谬的。但是,我们必须记住:德国,至少在整个 19 世纪,从康德开始,这个国家就是哲学的、唯心主义理论的坚强堡垒。这样一个国家,既是现代形而上学唯心主义、精神主义理论的发源地和堡垒,又是最彻底地转向使用目前方法的国家,
₃₃₂这是怎么发生的呢? 而且在问这个问题的时候,我们必须记住:大量理想主义的情绪,大量的热情,对事业燃烧般的激情,被纳粹的政策所激发,尤其是在德国的青年当中。不论从外部来看是怎么回事,从他们的立场来看,他们认为有值得自己献身的理想;他们觉得怀着这样的理想,自己不仅有权利,而且对这个世界有责任(录音中断)。而且如果他们不能(录音中断),通过武力,那为什么在很长的时间段来看,将武力强加于他们不是一件好事呢? 现在看起来,可能有些极端。但是一年多以前,在芝加哥大学,有一个哲学老师说,希特勒、纳粹主义并不比那些大学里教授自然主义和经验主义的专业哲学教授对这个国家更是一种威胁,因为他们放弃了过去所有的标准。于是,如果现在每一个美国人都这样想的话,那么,德国人就完全有理由认为,作为理想主义的伟大代表,他们有责任以此(如果需要的话,甚至是使用武力)引起走上对低级事物感兴趣的邪道的人们的注意。一直以来有一句谚语,这在自然科学中不一定正确——“自然害怕真空”。总之,人类害怕真空,社会害怕真空;而且,如果理想没有在那些我们知道的具体生活和实际制度中,以及在我们周围的事件中,变得具体的话,那么,这样的真空将以一种不幸的方式被填满。

　　第三种解释——因为这些总的说来,当然,仅仅是我可以给出的解释——是现代哲学和心理学(当然,在这样做的时候,他们并没有发明这些东西,而只是通

过语言反思、映射以及构造这些东西)在人性中造成了这一分裂。回到我前面已经涉及的一个问题,比如经济学(或政治经济学或经济科学)的官方定义是它考察与人的物质需要的满足相关的社会现象。除非一个人的物质需求被看作与某种较高的、更理想的精神性特质相对立,如此,"满足一个人的物质需求"这样的论断才会有意义。我们不仅塑造了这个区分,在人类本性的结构中制造出分裂; 而且在科学、知识、具有理智特征的观念、与我们获得知识和具体的观念有关的每一样事物,和我们的感情、冲动和欲望中所包含的每一样事物,也就是古人通常所说的"激情"(这个词不像今天那样包含"卑鄙"的意思)之间造成了深深的鸿沟。现在,这已成为一个常识,即我们的行动是被——在所有不是纯粹机械性的和惯例性的行动中——欲望、冲动和感情驱使着。精神分析师使"无意识"这个概念变得流行起来,我认为,这是一个很糟糕的名字,但确实代表了某种驱使我们行动的重要东西,某种不属于严格的理性的、理智的东西。没有欲望,没有感情生活,人们是不会行动的。现在,如果再有分裂(录音中断),我们所有关于目的和价值的观念,那些我们看作好的或坏的事物,或者仅仅代表了一种感情喷发、一种喊叫——"噢,我喜欢! 这不是很可爱吗?"或者"我不喜欢!"——是一种没有理智基础的、纯粹的、武断的情感性反应,或者这些仅仅是说给别人听的伪装起来的命令(尤其是指长官说给属下听)。换句话说,我说"这很好"(尤其父母对孩子这样说的时候),那就意味着你最好照我说的去做,否则会碰上麻烦;而如果我说"这样不好",表达的是我不想你那样做。而从这里出发的我们所有的道德观念,都只是我们感情生活的一种表达,是欲望的表达,缺乏任何理智和权威。

　　现在,从某些方面来说,我认为,驱使我们行动的事物和我们所储备用以达到这个行动的知识、观念以及方法之间的关系,无论这些事物是否相互合作,或者相互隔离,在某种程度上来说,这是现代生活最重要的问题,所以也是哲学最重要的问题,是人们必须面对的问题。它是一个问题,因为它被思考得很少,没有任何现成的解决办法。不幸的是,目前的许多哲学正在逃避这一问题。有时,似乎是一种深思熟虑的逃避。现在,在我们的大学和学院的哲学界有一个非常流行的观点,即数学是与哲学关系最直接和最接近的知识,而且数学是与任何在自然当中或在人们的头脑当中存在的事物不相关的科学。而且通过将自身专注于纯形式的论断和形式的分析,哲学或者说哲学家,已经找到了逃避严肃问题的方法。

333

334

我想从柯林伍德(Collingwood)先生的学术自传中引用一些句子,他是牛津大学的一位哲学教师。这些论断是极端的,它们比较犀利。有时候,某些比较夸张的表述反而能够更好地阐发某个观点。当谈到他在牛津的一些同事的哲学时——他明显不喜欢他们,或是不喜欢他们的教学内容——他说:"他们对于能够从如此肮脏的功利事物(utility)中想出如此纯粹的哲学而感到非常自豪,他们应该摸着自己的心口说:这种哲学一点用都没有,这种哲学如此科学,以至于那些不是过一种纯粹的研究生活的人无法理解它;而且,这种哲学又是如此的深奥,只有全职的研究者,而且必须非常聪明,才能理解哲学。他们对傻瓜和业余人士是鄙视的。如果他们在这些方面与其他人不同,那是因为,他们的理智很弱或者对其他人的动机不佳。"接着,他重新提及他所在学校中的某一群体、他的同事们,"如果这些人想要将一代英国男人和女人训练成潜在的受各种道德和政治或者贸易和宗教的冒险家愚弄的对象(这些冒险家们吸引他们的感情,并且向他们承诺那些他们既不可能获得也不打算去获得的东西),没有比这更好的办法了"。正像我所说的,那些言论可能带有一些强烈的个人感情色彩。

　　(录音中断)是年轻人,他们将某些特定的目的、目标强加给年轻人,使他们很兴奋,并且正像我在前面说到的那样,他们利用所拥有的知识和技术来实现这些目标。所以撇开所有其他的观点,我想说的是:哲学必须从战争中学到东西,至少是面对这个问题的重要性,即获得某种将人类的观念和情感、知识和欲望统一起来并使其相互合作的方式,而不是或者将之导向完全的分裂或者借助外在的强力将其捏合在一起。

杂　记

《与教师谈心理学》导言^①

现在距詹姆斯第一次作讲座［后来结集成《与教师们的谈话》（*Talks to Teachers*）一书（以下简称《谈话》——译者）］已经快要半个世纪了，而距此书的付梓也有四十年了。在这些年中，对于心理学的研究，已经有了很大的发展；出现了新的研究方法；之前处于科学研究以外的主题，也被带入心理学的视野中来；一些过去处于萌芽阶段的心理学分支，逐渐发展成熟了。教育心理学已经成为所有师范学校教授的一门课程，这一领域的研究者正在教育的每一个实践阶段展开独立的研究。

由于这些原因，有人可能会假设：詹姆斯在三十多年以前所发表的意见只具有历史意义，而不再具有现实意义。我们深信，实际情况恰恰相反，这也是重印这本书的原因。对于遍布全国的学校中的实践的调查显示，教师们还远没有理解詹姆斯的教导中所包含的深刻的东西；然而对于心理科学的进展所作的调查却显示，除了技术的进步以外，今天的教师已经能够从书本中获得比最初读到这些书时更多的效益。

詹姆斯所拥有的艺术家魅力，是为大家所公认的。他用生动流行（因为很人性化）的语言阐述科学理论的能力，是他的写作直到今天仍然鲜活的原因。正像他在前言中所说的那样，教师对于分析的方法是最没有兴趣的，而对于具体的和

---

① 首次发表于《与教师谈心理学》（*Talks to Teacher on Psychology*），新版本，威廉·詹姆斯，纽约：亨利·霍尔特出版公司，1939 年，第 iii—viii 页。该文与威廉·赫德·基尔帕特里克（William Heard Kilparick）合写。

实践的应用最为关心。詹姆斯写作的杰出特点是：他表述的一般原则剔除了一切与实际教学无关的东西，即那些对于观察和理解人类个体的发展没有任何帮助的东西。正像詹姆斯所说的，心理学只是因为教师富于感性、机智和对其他人类个体生命过程的同情力量而对教师有用。他自己的这些特点，也是其能够具有持久影响的重要原因。同样地，他写道，许多教师由于没有从他们抱以极大希望的心理学的研究中得到直接的帮助而感到失望。他所使用的呈现方法，可以抵制这一失望。

詹姆斯低估了在这些《谈话》中，他对当时的教师所必须说的话的意义。他感到，在他的浅薄的意见中，没有一种被称作新心理学的东西。至于理解他为什么这样说，这并不困难。他对于过去有广泛的知识，对过去的大思想家的贡献有深刻的理解。我们可以想象，现代作品偶尔显露出自以为有所创新的骄傲，并因而轻视过去的伟大著作，这一点让詹姆斯十分厌恶。尽管实际上在任何科学中都不可能出现完全新的东西，但在他写作的年代，心理学中确实出现了一些新的思想，而这些新思想在他的写作中得到了生动、积极的体现。

这些新思想和他今天为教师们所写的书的价值有直接的联系。这就是他强调积极性以及动力的原因；是他强调表达和印象间的关键联系，以及反对将学生的身体和其正在进行的心理过程截然分开的原因。这为他要求教师将他们的学生想象成"行为有机体"提供了基础；正像在前几章中所论述的，这个原则包含了后来被称作"行为主义"的合理内容（不包含它的夸张成分）。这正是关于习惯那一章具有持久的影响的原因；也是他对注意力和兴趣的论述具有活力的原因，以及他强调积极的和建设性的而不是抑制的和消极的道德教育的原因——仅仅这一讨论，就足以证实这本书值得今天的老师认真地对待。

这里所谈到的关于《谈话》对今天的教师来说是有用的每一个说法，对那些准备开始教学的教师来说，其作用更加紧迫。詹姆斯以动人的语言所阐发的深刻洞见，正是那些未来的教师在构建和年轻人相处的指导原则时最需要的。能够得到威廉·詹姆斯如此强有力的指导——这不仅体现在其洞见之中，而且体现在他的热情之中——这些刚刚开始教学的老师应该感到非常幸福。

然而在这里，我们还应该提出一点警告。詹姆斯写道，一种新的教育才刚刚开始显露出来。他说，"手工训练学校"（现在是一个过时的词）的引入所包含的"最伟大的进步"，不是由于它们所传授的特殊技术，而是"因为它们给予我们公民一种完全不同的理智构造"。詹姆斯对这一新趋势是称赞的(也许称赞地过分了点)。正是詹姆斯和其他人的工作,为后来的教育者大踏步地推进所预示的新教育奠定了基础。

但是,当詹姆斯称赞这一有前途的新教育模式时,他是在说他那个时代的学校教育。他认为,学校一定是这样一个地方,它的许多工作(如果不是大部分工作)一定是枯燥的和令人厌倦的。实际上,他清楚地论述道,这些事情是"不可避免的,就让老师们做他们愿意做的"。为了完成这一困难的工作,他认为教师必须用"外在的方式"。正是与这一点相一致,他谈到"语词记忆的极大价值"(虽然他的讨论显示他所寻求的是作为概念承担者的语词)。在他关于运用分数和奖励的谈论中,也有同样的观点。在所有这些事情当中,我认为,詹姆斯是向后看的而不是向前看的。他反对那"使事情变得有趣"的"温和的教育",因为过去的教育和现在的教育正是如此,他这么说是对的。但是,当他以为学校从本性来说就是他所知道的那种,学习和研究一定是令人厌恶的,这是错误的。在这一问题上,有辨别力的读者必须将稻谷和谷壳分开,旧的事物应该在新生事物形成的过程中死去。我们会在其中发现有价值的东西,而巨大的财富还没有被完全实现。

在结束本文之时,我们呼应一下本文开始的地方。在这本小书中,詹姆斯以如此清晰而充满活力的语言向我们展示了如此多的真理,以至于我们一旦知道 *340* 这些思想,就不会甘心地让它们躺在图书馆的书架上。希望这些思想能够为我们国家更多的教师学习和研究。他们的收获以及由此而对年轻人进行好的教育,正是我们所期待的。

《老龄化问题》导言[①]

341 根据通常的经验,对于一类问题的解决往往会牵涉到一些新的不曾预料到的问题;而对这些新问题的解决,又需要从与以前非常不同的途径入手。对于需要应用特殊技术予以应付的问题尤其如此。比如,工业革命的第一步只是要制造更加便宜的大量羊毛制品。这一问题看似是一个纯粹的技术问题,完全可以通过缝纫机械技术的进步得以解决。然而没有预见到、也不可能预见到的,对于社会产生的最后结果是:类似的办法在所有生产领域中得到应用。然而,它们所引发的事态,比任何其他事情都更深地植根于我们所有国内的和国外的政治和社会问题之中。

表面上看来,拯救更多的生命是一个类似的特殊问题。这肯定是一个医学问题,它与人们在医疗保健、菜谱以及对公共健康的检测方面的进步相关。正如更有效的制造方法是新的物理科学知识的结果,个人的与公共的健康的进步是新的生理化学知识的结果。现在,我们正越来越清楚地发现:在降低婴儿死亡率和延长度过婴儿艰难期的人的寿命方面的变化,对于社会有了重要的影响,因此,342 使文明得以面对最严峻的问题的社会条件已经具备了。在相当一段时期内,大概直到本世纪的开端,新的工业方法和保护病人及公共健康的方法实际上是重合在一起的,其结果就是所有发达的工业国家人口的激增。新的经济机会激

---

① 首次发表于《老龄化问题:生物和医学视角》(*Problems of Ageing: Biological and Medical Aspects*),埃德蒙·文森特·考德里(Edmund Vincent Cowdry)编,巴尔的摩:威廉姆斯-威尔金斯出版公司,1939 年,第 xxvi—xxxii 页。

发了生育率的增加；更多的儿童存活下来；慈善的热情与新的医学知识和技术的热情合作，使那些原本可能因饥饿而死的人存活了下来；而巴斯德的划时代的发现所代表的生物学的新知识，大大地减少了瘟疫和感染性疾病的数量。所有这些变化的结果，正是生物统计学家所说的人口金字塔；因为人口的年龄分布由一个金字塔的图来表示，儿童形成一个较宽的底座，往上慢慢地变细，直至一个由人数较少的年长者所构成的狭窄的顶点。

这些年发生了一个重大的变化。目前以年龄为根据的人口分布，至少在整个西方世界将更类似一个从一端切开的鸡蛋的形状，而不是金字塔的形状。婴儿死亡率的减少，仍在快速地进行。但是，生育率稳步地降低，所以存活下来的婴儿数量增加，并没有使人口比例中年轻人多于老年人；与此同时，与年轻人的人数减少相对应的，是人们的寿命在戏剧性地增长。更好的医学护理和更充足的营养，已经促使一直比较巨大的老年人口的生命延续。与先前的金字塔形状相比，我们现在的图示的底座较小；较宽的是中年人群；而在图示顶端，是一个大大扩张的老年人群。

正像本书章节中清楚地展现的那样，目前的欧洲社会和美国社会正在接近一个稳定的甚至是逐步下降的总人口，其中老年人口占有巨大的比例（绝对的和相对的），比世界上过去任何其他国家都更甚。在美国，由于生育率的降低和对移民的限制（主要是健壮的年轻人），我们现在面临一个前所未有的局面，即超过三分之一的总人口将马上超过 50 岁；到 1980 年，超过 65 岁的人将是今天人数的两倍。

这带来最明显的社会问题是在经济方面。50 岁以上的人很难再找到工作，这是个常识。甚至是 40 岁以上，就已经不能免遭工业发展的影响。后者青睐于年轻力壮，而对于年老者的经验却并不看重。当这一变化成为一种常识，而不仅仅是一个统计学上的数据时，对于后者的记录有可能因其典型而被注意到。对于将近 50 万领救济金的人口的调查显示，25 岁和 35 岁之间的人能够被重新聘用，并且不用靠领取救济金生活；而那些年纪较大的人，即使是 35 岁到 45 岁之间的人，被重新聘用的人数只占前者的一半。

这一经济转变有其政治效应，一方面是老年人争取养老金的运动，另一方面是对限制使用童工在法律上的努力，这样才能使大量的工作向中等年龄的人敞开。考虑到总人口中较年轻的和较年长的群体，即使是个人的合法权利，也需要

343

在年龄的基础上进行重新规定。在考虑特殊条件的过程中进行重新定义,并不意味最终将导致新的社会标准和理想的自觉的呈现。实际上,目前的经济危机已经阻止了年轻人正常地进入工业和专业的职位,使年轻人的问题成为一个在教育和经济方面显著的社会问题。对于老年人群在政治方面的后果,应该注意到的是:在现存的文化条件下,也许在某种未知的生物学的程度上,随着年龄的增加,人会越来越偏向于保守主义。所以,随着老年人在政治上不断表达自己,我们就有了一个有趣而又让人哭笑不得的处境:当我们需要社会变革时,却出现了越来越多其思考和行动的习惯倾向于抵制社会变革的老年人群。

上述评论,使我们自然地考虑一些比经济问题稍抽象一些的新社会问题。因为无论如何,在经济上,由于年龄而被困扰的人群并不仅仅是一个统计的事情。这包括个人,每一个人都有他或她自己过去的职业,他或她自己的性情、个人需要和欲望,以及他或她与其他人的特殊关系,尤其是他或她的家庭群体以及他或她所生存的共同体(虽然是间接的)的关系。这一新的社会问题在心理、教育和道德上的分化是无穷无尽的,而且是很微妙的——很少被理解。许多年前,弗洛伦丝·凯利(Florence Kelly)小姐问我,能否推荐一些有关老龄化的心理学和社会学方面的材料。当我被迫承认自己的无知时,她评论道:"这很奇怪,一个每个人都预料到的事情,居然任何人都没有准备。"这一情形在今天并没有多少好转,只是这个问题的重要性现在被认识到了(在 30 多年以前,没有被认识到)。

目前,这本书是对老龄化问题重要性的一个新认识。任何有过反思并了解情况的人,都不会质疑所有对老龄化问题的严肃思考,以及对这一问题的处理方法其基础是生物学和相关的化学知识。无论人类会是什么其他的样子,他们是生物体,他们的心理过程正常或不正常,都只能通过充分的物理和化学知识的方式来理解。本书对这一性质的研究,是对这一问题更加隐蔽的心理学和社会学方面进行挖掘的基础。它们提供了必要的基本标准,因为它们揭露了在任何条件下都必须考虑的基本条件。当它们继续发展时,它们将揭示一些这样的方法;通过这些方法,可以从原因上而不是从简单的征兆上处理现存的混乱。

为了进行目前的讨论,这些研究可以被解读为:在我们面前展示了一个迫使我们对每一种人类关系进行探究的问题,即关于生物和文化的关系问题。以随着年龄的增长而日益突出的保守主义特征为例,当对一个科学性质的特定研究不够充分的时候,这一日益增加的保守主义可能会被当作一种公共知识。在一般意义上来说,生物因素在其中起了一定的作用,这是一种合理的推理。因为物理能量的降低可能会被预期到,在理论上,这会减少人们接受新的活动的动力和意愿。过去的许多经验,总体上会使人们对于创新和"改革"的价值越来越怀疑。当我们这么断言时,就为文化的事物奠定了生物的基础。

这是因为,没有更好的方式能够将这一类的保守主义和任何生物学的内在过程联系起来。我们不知道在何种程度上,人们对新生事物和变化日益增长的反感是过去的经验性质的产物,而不是面向单纯的经验现实的产物;也不知道在多大程度上,那个性质是由于社会环境(而且,这个社会条件是可以进行修改的)所提供的条件促成的,而不是来源于事物的内在本性。对于观念和信念随着年龄的增长而固定这一规则,当然存在例外。首先要承认,在这些事例中,有一些特定的个体的条件,它们对可塑性与增长(这些是年轻人的特征)保持着兴趣;然后,重要的问题是教育和其他文化影响应扮演的角色。

上面所提及的日益增长的保守主义,只是对一个总问题的一种解读。有一些老年人喜欢抱怨而且爱发牢骚,所以使他们的家庭和小圈子的生活变得很困难;他们生活在过去,而且通过回忆过去的好时光而得到快乐。但是,也有一些老年人具有恰恰相反的特征。没有人知道这两类老年人确切数目的比例。但是,这两种老年人的存在,使我们有强有力的理由相信:差异的来源不是完全生物的和固定的,而可能是社会的和文化的,所以应该是可以改变的,社会和教育的条件应该为其变化提供条件。

前面所指出的雇佣者对年轻人的偏爱,不完全是由于他们有更大的活力、耐力和速度;还因为在工业化的条件下,过去的经验在机器操作中价值很小,机器操作在很短的时间内就可以精通。与之相反,在过去的手工工业中,经验的长度是一项有用的资产,意味着判断、技术和品位的提高。换句话说,社会条件起到了作用。现在将这一点推广到这个常识的信念之上,即个人随着年龄的增长,倾向于墨守成规,失去了适应新环境的能力。如果我们承认这一趋势是有生物学基础的,就会得到一个非常悲观的结论,因为这意味着成熟既是一种祝福,也是一种诅咒。

一个结论是悲观的,其自身并不构成拒绝接受它的理由。但是,我们有理由更深入地研究:为什么现在年龄的增加倾向于使个人变得不灵活而且适应性减

345

346

弱,伴随着的是由这个缺陷而导致的所有个人和社会的损失？对永久年轻(仅仅是身体上的)的古老追求是失败的。如果我们将这一追求转到另外的方向,可能会得到较好的结果。教育的条件和方法与适应变化了的条件的能力的保持和失去有关,这一点不应被否认。现在我们还不知道在多大程度上相关,而且除非我们应用每一种可能的试验手段,否则无从发现其具体相关的程度。当我说"教育"时,我指的不仅仅是学校教育,虽然我认为可以证明,现行的大部分学校教育自动地倾向于培养人为的习惯,而这些习惯束缚了发展,产生了在调整和重建方面的无能。

当代教育体制强调对技术的机械形式的生产和对信息的机械复制,这自身就是对社会条件的一种反映。在目前的文化中,人们对经济的兴趣在整体上是支配性的,而且对这一兴趣的成功追求是以大量的人进行机械操作为条件的。这一工作强调重复操作中的精确性和速度。在这一过程中,不仅不允许有一点点的个人创造和判断,而且其所带来的精神和身体的压力创造了在非工作时间进行人为的消遣和刺激的需要:就像在一个机械运转的学校中的孩子,当他们走出学校院墙之外,就倾向于走向另外一个极端。因为一些活动中包含着张力,与正规的生物需求相反,所以补充性的活动就被激活了。

347　　　当这一点被应用于年纪较大的人,有两点需要指出。首先是现在通常的经验中存在的失败:很难培养在其后的岁月中将带来成果和幸福的兴趣和能力。另一个是这一问题积极的一面:去研究如何确定和发展某一活动(通过这种活动,人口中的年纪较大者能够使他们自己满意并且为共同体创造价值)的需要。我不认为指出这整个领域在实践上目前是一个空白的说法,是过分的。处处都有许多人在努力寻找解决的办法,但是在我看来,这些都只是幸运的个人气质和幸运的环境的结合。他们不是由于任何为这一好的结果提供条件的一般性社会政策而存在的。当年龄大的人口数目相对较小时,这一问题可能还不太紧迫。当我们预期超过三分之一的人口将在50岁以上时,这一问题就变得非常紧迫了。

被放置到架子上,发现自己在社会上是无用的,不被社会所需要,即使家庭中的其他成员是善良体贴的,仍然背离了正常的生物条件。从社会的角度来看,它意味着,经验的积累不再被认为是一种社会财富。我把这一点看成是肖的《回到玛土撒拉》(*Back to Methuselah*)中的道德,即获得和使用经验的过程现在经常被死亡打断，以至于人类没有获得成功所必要的智慧。那种认为智慧会随着生命长度的扩展而积累和被应用的观念，与目前的情境形成了讽刺性的对比。如此构造出来的东西，已经超越了古人的格言——"正如年轻人仅仅知道，老年人却能够"。因为现在没有了老年人可以凭借的社会性组织手段，也就不再拥有（或者至少猜测其有）与社会生活条件相关的知识，更别说有应用它们的机会了。

在我看来，这背后的问题（既是科学的，也是哲学的），是老龄化与成熟的关系问题。我们现在或多或少在一种不快乐的、不合逻辑的条件下赞美成熟而藐视老龄化。在这两者之间有某种联系，这似乎是明显的，不需要论证。我们不能将成熟过程从老龄过程中分离出来，即使这两个过程并不是等同的。两者之间存在着的分裂，在个人的活动和幸福以及社会的用途两个方面将表现为社会和文化的产物，而不是出自生物的本能。在老年人中，身体和精神的能量将会逐步地降低，这在生物基础上是可以明显地推断出来的。说在某一特定的年龄，成熟转变为无法应对各个方面的持续发展，这是一个非常不同的命题。我们也许不赞同诗人的判断：

> 随着我变老
> 最好的得以永存

但是，如果我们不得不承认，在某个特定的时期之后，因为老龄化而无法在个人和社会的各个方面取得进展，那么，这种承认有一些反常的东西。

在前面的讨论中，我已经在改进和管理老年人这笔财富的社会性措施问题，以及由人口中年纪较大的人所带来的心理和道德问题之间作了一个划分。然而，我并不是说，这两件事是相互独立的。我认为，我们可以可靠地预测养老金的增长，以及年轻人的增多，这会使年纪大的人从目前的负担中解放出来。我不认为这只是不适当的想象：可以预计这样一个时代，即对老年人有组织的关爱，不仅扩展到医院治疗和老年之家、特殊护理和特殊形式的医疗关怀（包括精神的关怀），而且扩展到特殊的生活条件上面，可能包括舒适的生活空间和特制的娱乐设施的供应。

但是，这些重要和必需的设施是减轻性质的而不是建设性的，除非伴随着它们而来的是文化社会的变化，不仅给老年人群带来物质生活上的安全，而且有道德意义和社会价值上的安全状态。对老年人的态度，在所有历史时期都能反映一般社会形式。今天，这在很大程度上是当今社会经济和教育方式的体现。外在的物质改善可以在不超出现存社会形式的范围内获得。但是，我看不出如果没有社会变化的话，基本的人性问题如何能得到解决。这个社会变化，首先为每一个个人保证了能够不断获得意义丰富的经验的机会；其次，通过这种经验获得的成熟和智慧在社会上有了用武之地。

通过我刚才所说的，读者们可能已经比较清楚了。我深信，现在许多由人类的老年问题带来的令人困惑的问题，都有其社会心理的来源。但是，这些介绍性文字的主要目的，在于引起人们对这一在人类历史上规模空前的问题的注意。生物的过程是这些问题的根源，也是解决问题的办法的根源，然而这一生物过程是在经济的、政治的和文化的语境下发生的。它们与许多因素交织在一起，所以当我们对其中之一作出反应时，也就对其他因素作出了反应。我们需要知道社会因素通过何种途径对生物的过程产生反作用，也需要知道生物过程如何决定社会生活。这正是应该引起注意的问题。

对这一问题严重性的认识，以及对我们所掌握的知识的应用，受到传统观念、理智习惯和制度习俗的阻碍。我们急需一种以当前知识为基础来表达个人和制度生活的哲学。生物科学为形成一种新的生活方式的理论和实践作出了重大的贡献，而且提供了一些特殊的技术。作为一门科学的生物学，我们注意到了生长的意义，而其背后的物理科学没有做到这一点。老龄化问题的特殊技术问题和生长过程联系在一起，除此之外，我们关于所有生活和社会关系的哲学还要求在生长的基础上，以之作为根本范畴对传统信念进行重建。当我们从能否为持续的生长作出贡献的角度来看社会关系和制度时，当我们能够批评那些阻碍

扭曲生长过程的事物和方法时，我们可能会找到对人类老龄化带来的道德、心理问题的解决。在发现正常生长的过程以及那些促进生长的制度和条件方面，科学和哲学的兴趣找到了共同的根基。

《行动中的社区学校》序言[①]

从这本书以及它所代表的作品的观点来看,我在序言中的文字是多余的,完全体现了"自说自话"这句老话。然而,我很荣幸能说几句话。因为阅读此书,使我回忆起与作者许多富有启发性的谈话,在其中,我们曾谈论到两所学校,而且还非常高兴地访问了其中在阿瑟戴勒(Arthurdale)的那一所。但是,如果我所说的话能够促进教育的发展,引起其他人注意到本书所报道的教育的重要意义的话,我将更感到荣幸。教育本身就是一个连续的过程。管理人员和教师会通过这些学校的工作来改善自身所从事的教育,因此更大规模的教育过程就被提升了。我很高兴有机会在接下来的过程中成为一个促进者,虽然是偶然的。

如果我说本书是对社区教育领域内一个有重大意义的事业的记录,那么,这听起来仿佛是说学校还有其他的功能。实际上,它们没有。克拉普(Clapp)小姐评论说:"将学校称为'社团学校',我们已经说得够多了。"如果学校真的做到了这一点,那什么都不用再说了。目前这本书描绘了一个功能齐全的学校。这一描绘是非常全面的,我在这里只需要强调其中的几点。我们已经对学校的社会功能说了很多;说得比做得多。在这本书中,我们描述了那些做的事情,以及它们是如何完成的。也许它给我们的第一个教训是:学校只有在社区中,为了社区的目的而起作用时,才具有社会功能。社区是地方性的、现成的,而且相互靠得很近;而"社会"总的来说,则距离较远,是很模糊的东西。关于学校的社会功能,

---

① 首次发表于《行动中的社区学校》(*Community Schools in Action*),埃尔西·里普利·克拉普(Elsie Ripley Clapp)著,纽约:维京出版社,1939 年,第 vii—x 页。

人们更多的是说，是写，而不是做；究其原因，我相信，是因为"社会"被看作一种社会学的和学术的实体，而不是我们周围的男人、女人和男孩、女孩的生活。在这个环境下，对社会的描述是苍白的、肤浅的，是用毫不相干的语言进行的抽象。邻里是一个最原初的社区；为了在学校里接受教育的孩子和年轻人，它一定是这样；为了管理者和教师，它一定也是这样——如果关于学校的社会功能的理念得以实现的话。如果地方社团的学校能够很好地利用所拥有的机会的话，那么，我们就不用担心地方社团的学校不能为人们提供向更广阔的人际关系发展的道路。

这就是我将重点阐述的一个观点。这里有一个关于我国少数学校的报道，这些学校把学校的社会功能理论变成了现实。它们是通过创立一个适合用林肯关于民主政府的话来实现这一点的：学校不仅是为了社区，而且是由社区组成，并通过社区得以实现；老师是一切活动中的领导者，他们自身就和社区相等同。

这一论点的一个重要方面是：那些学校中的老师以最切近的方式成为社区的一名公民，以此为他们的工作奠定基础。他们通过成为邻里的一部分和自己的邻居熟识。他们和其他成员以面对面的方式交往。他们在那里的所有时间，都坚持根据社区的需要和资源来对自己进行教育；他们认识到，只有通过这种方式，才能推进社区的教育。他们不是"检查"社区；而是他们就属于其中。这一结果证明了社区教育不可度量的价值。这不是一个"放学"之后（这是许多教师责任的一部分）的问题。从文字上说，几乎不存在任何晚上或白天的时间可以被说成在学校工作之外——也就是说，教育工作——被完成了。除了时间和精力的投入，没有人会觉得这样的学校教育像通常的那样，是一件千篇一律的苦差事。这是一种连续的经验，鲜活而丰富，其中发现和成长的乐趣从未中断过。

教学内容的选择方式，以及教学方法直接从关于社会条件的知识生长出来的方式，在书中得到了详细的论述，我就不在这里强调了。然而，我想从个人的知识出发来补充一点：社区的成员（年轻的或年老的）对作为他们生活中心的学校的关键性反应，在书中接下来的叙述中不是被夸张，而是强调得还不够。我相信，与这一反应的热情程度紧密相连的是这样一个事实，即所谓的社区是一个乡村的社区。因为我确信，学校组织和活动方面的进步主要应该发生在城市中，尤其在大城市中，这一看法是错误的。从真实的社区教育的观点出发，乡村的区域将提供最大的机遇和最紧迫的需求——即使不是最深刻的，也是最响亮的。

学校活动和校外活动之间的联系在城市中是间接的。然而，在乡村中，在那些有花园、商店和各种满足家庭所需的家务活动中，这样的联系唾手可得。首先是与大自然的熟悉，这是科学研究的基础，而这在城市里很难得到。在乡村的社区中，当然存在着这样的机会，只是很少用来为教育服务。在阿瑟戴勒学校中，对科学的研究就是对社区的研究，这种完备性意义巨大，对它的记录值得研究（当然，这肯定不是学校唯一有意义的贡献）。而且，当谈论到乡村社区时，我们首先想到的是它们的需要。两个学校的报告都指出了在传统、历史、民间传记和音乐，以及使艺术得以健康成长的所有条件中的资源和它们的积极价值。

甚至当冒险阐述显然的事情时，我想指出，在任何一个社区中，健康、娱乐和职业等问题是如何的重要；当这些问题变成直接的个人问题时，在乡村的社区中又是如何重要。但是我想指出，这本书向我们证明了：当生活的基本利益在教育中变得根本时，学校和社区将得到促进。我可能也会说，令人惊讶的是，有多少所谓的教学问题如"纪律和自由、动机"等等；当学校成为社区的一个活的部分时，这些问题或者消失了，或者被大大地削减了。我不认为将教育的社会功能只是看作学校可以并且应该为社区服务，会有很大的危险。但是，如果确实有什么危险的话，这里所报告的学校的情况说明：这是一个两方面的问题。它们证明了社区能为学校做的事情，当后者实际上是社区生活的中心时。这里有一些案例，社区通过其生活中心的学校来发展它们自己。其结果，下面报告的所有细节都是值得研究的。这个报告通过实践，证明了教育在建立民主生活中所具有的作用。

《以平民作伪装的战神》序言①

绝大多数美国公民都反对这个国家参与对外的战争。这一反对既是真心实意的，也是根深蒂固的。然而，军事家们不顾这一反战立场，利用人们在战争时期的害怕和不安全感，将我们的军队扩大到闻所未闻的规模。公共资金应该用于保护勤劳而富裕的公民的和平。但是，他们的兴趣转向了战争。

约翰逊先生所举出的事实引发了这样一个问题：联邦政府的学生飞行训练计划是否实际上是一个军国主义计划的伪装？我们为什么认为，必须在平民计划的伪装之下把军事运动加给美国人民？难道这不是事实吗？由于这些伎俩的使用，目前的整个军事计划已经受到了怀疑。这一事件中所用的方法愈发增强了人们的这个信念：美国人民的反战立场已经被利益集团用来使美国介入战争。他们打着防卫的幌子建议，除非美国人民准备介入战争，否则，那些设施就没有任何意义。既然几乎每一个美国人都反对战争，所以必须蒙蔽他们的眼睛，以便将他们导向战争。

这本小册子中所讨论的计划，对于我们的高等教育的权威施加了特别的压力。他们想要的，是不是一个为战争做准备的高等教育呢？他们是否希望这一计划在平民的名义下进行呢？如果那些掌握学院和大学的人赞同这一计划，那么，那些抱着反战立场而被卷入战争中的美国人民会怎样想那些学院和大学呢？

---

① 首次发表于《以平民作伪装的战神》(*Mars in Civilian Disguise*)，埃德温·C·约翰逊(Edwin C. Johnson)著，纽约：教育中关于军国主义的委员会，1939年，第2页。

《伯特兰·罗素案件》序言^①

我应该首先介绍一下本书的来源。在勃兰特·罗素应聘纽约城市大学哲学系主任[阿尔伯特·巴恩斯(Albert C. Barnes)曾经雇用他在宾夕法尼亚州梅里奥的巴恩斯基金工作了几年]的案例中,我们看到,反动、固执和政治怯懦的巨大力量已经到了足以阻碍公平竞争和理智自由的程度。罗素的讲师职位现在成功地获得了,而且一切考虑都得到了满足。没有人,尽管麦吉基汉法官持相反观点,认为发生了"可诅咒的重罪"。而且,这可能确实值得怀疑:法官是否真的相信那些如果罗素先生被聘为城市大学的系主任会发生的事情。

但是,巴恩斯博士对于这一代表宗教宽容和理智自由的行动并不满意。他觉得,这一案件的社会重要性要求对其中所涉及的问题作一个客观的记录。这本书就是这一建议的结果。公平地说(对他和所收录的文章的作者们),这些文章的作者不是由他选出来的,而是由一群文化自由委员会的委员们选出来的;这一组织是第一个在谴责罗素事件所涉及的教育文化方面采取积极行动的组织。而且,巴恩斯博士也没有对文章的作者可能以及应该作出什么样的贡献,给出任何建议、意见和指导。

本书中不同的文章代表了不同的哲学和社会学立场。它们在一点上是一致的,即具备相应能力的人以理智的、科学的方式进行的诚实的讨论,肯定是必要的。因为他们知道,如果不是这样的话,就将带有极权主义的特征。这一点可能

---

① 首次发表于《伯特兰·罗素案件》(*The Bertrand Russell Case*),约翰·杜威和霍拉斯·M·卡伦编,纽约:维京出版社,1941年,第7—10页。

是正确的:由于极权主义势力所发动的战争来临了,所以当注意力从罗素事件转移开时,那些反对民主讨论的黑暗势力就更容易逃脱。但是,如果对国外极权主义的抗议反而成为国内极权主义资源得到促进因素的话,那会变得很荒谬。

这些作者还一致认为,当前事件的社会重要性远远超过了加之于罗素先生个人的不正义;而且远远不止是他所表达的观点的优劣问题。支持这一信念的原因,在后面的文章中将详细论述。必须承担对道德和理智自由进行攻击(攻击的对象不在场)的责任的市长,稍后就有机会抗议了,当法官(他接受了正当组织起来的公众机构的任命)在一个拥有公共交通事务权威的公众委员会的案件中做了同样事情的时候。在后一情况下,法官的行为被看作篡夺权力。有些人相信,公众获取知识和思想的途径与获得交通便利的途径是同样重要的。但是,坚定地阻碍上诉、阻碍罗素先生行使假设的自我辩护的基本权利的法官,他的行动在这一方面只是一个潜在的努力的技术性展示,这个努力就是:应用流行的大声疾呼的私刑办法去解决一个问题(与此相对的,是没有政治或神学意图的胜任的教育者的理性判断)。

从法律上说,本书所处理的特殊事件是一个已经结束了的案件。但是,正像德雷德·斯科特(Dred Scott)事件所涉及的奴隶制问题一样,这一事件所涉及的问题还没有得到解决。有一些事件不仅仅告诉我们:某一特定时刻,风正往哪边吹。这些事件还起着某种轴心的作用,一种关键的、极为重要的作用。它们可能变成后续类似事件的先例。在一开始,与弧相对的角的变化会渐渐地涵盖一个大的空间。或者同样的事件会引起抗议,也可能激起最后转变成冷漠的力量。只要是涉及高等教育的公共体制和不受约束的、对社会和道德议题的公共讨论,罗素事件就将是这类关键的事件。为了暂时赢得对反动和不宽容的司法胜利而使用浮夸的花言巧语和不诚实的诽谤,可能会导致我们理智生活一个长期的黑暗时代。但是,这一对公平竞争及自由的嘲笑和反应越极端,越有助于我们扫清嘲笑的空气,以此帮助理智发出更明亮的光芒。

正像我前面所说的,基于科学方法和公共责任感而对道德问题进行公共讨论的社会重要性这一信念,使本书所收集的文章的作者们得以联合起来。这一信念还伴随着这样的希望:本书还能为人类精神的自由和民主的生活方式这两个终极目的作出同样的贡献。

《教育的趋势》序言①

事件的阐释者和批评者实际上在对这一点的确信上达成了一致：世界正处在改变发展方向的一个历史的关键时刻。在我们自己的国家，在欧洲以及东方世界，这一趋势的标志是很明显的。没有人可以基于理性，断言这一变化的性质将是怎样的。起作用的力量太强大了，也太不稳定了，所以我们不能教条地对未来作出判断。我们只知道世界事务的枢纽似乎正在旋转，但是却不知道会转向哪个方向。

这一情况对于严肃的思考和那些有责任用行动影响思想的人们，是一个挑战。如果将这一挑战理解成对于哲学家和教育家尤为重要，这一落入俗套的评论可能会得到更加具体的意义。除非结构上有弱点，否则的话，结构不会有断裂和崩溃的危险。如果这样的软弱存在，那么，这单纯的事实，即结构是用于为服务一个好的目的而建立的，将不能保护这些结构。如果我们的宗教、我们的教育、我们的民族主义、我们的政治、我们的民主是我们愿意去相信的样子，那么，世界就不会处于目前的状况。

不安全感和害怕驱使人们努力地寻找一些安全的避难所。由于这样或那样的原因，人们经常从过去的世界中寻找安全的堡垒。反动的趋势在时间中变得强烈，就像现在一样。情感上的骚动导致一种理智上不经意的退却，无法对脆弱和失败的原因进行一种理智的探寻。有智慧、有职业爱好的哲学家对这一倾向，并不是免疫的。那些对这一诱惑不让步的人，可能会对一个几乎是同样没有思

---

① 首次发表于《教育的趋势》(*Educational Trends*)，第 7 期(1939 年 11—12 月)，第 5 页。

想的辩护作出反应,并且认为他们是新的,具有发展性的。

像那些交战的欧洲国家的民族,他们因处在危机之中而必须行动。他们没有余地——空间——也没有时间来思考。但是,我们所在的国家并非处在那样的境况之下。我们被召唤进行思考、询问、检查、掂量,而不是决定,或者至少是在决定之前应该是这样。毫无疑问,在过去的某些时期,这一召唤是命令式的;而其回答的结果,遭遇重大的失败。但是,我不相信,这会在当今世界所有人的生命中发生。有必要重新检查我们的习惯和我们所宣称的原则,这个需要适合所有的哲学学派,尽管这些学派之间有许多差别,也应该联合起来以反对那些在目前的危机中还没有感知到对批判性反思的紧急需要的人们。

教育家——我在广义上应用这一术语,不仅仅指校长,而且是那些用系统的工作实现他们思想的人,他们把思想具体化为影响人们行动的性格和态度。他们也被当前世界的形势所召唤,对他们的实践,以及他们的信念和观念(人们的行动受这些观念无意的控制)进行总结。我不会低估教育家在这个国家中所作出的贡献,也不会藐视他们所掌握的工具的价值。但是,我不认为在这个国家的历史上,曾经有一个时期弄清楚教育的内容以及所使用的工具是什么,是根本必要的。为了回答编辑善良的询问,我在当前议题的讨论出版之前发表几句言论。我一向认为,强调对思考的需要可能比以任何方式预期思考的可能或应该有的结果更加重要。紧急情况、危机一定会发生,但最后的意义取决于它们是否会激发全面而真实的反思。

《美国经济学与社会学杂志》导言①

政治经济不能从社会学中分离开来,这一思想并没有什么新鲜的。很久以 362
前,奥古斯特·孔德(Auguste Comte)曾经批评英国古典经济学家企图在理论中
尝试一种在实践上不可能的分裂,而这种分裂如果应用到实践上,会导致混乱和
瓦解。政治经济学和政治学的联系,从其名称就能体现出来。虽然这一领域许
多新晋的作者尝试使用一个中性的名称——"经济学",但他们同时强调经济学
是社会科学的一种。事实上,只有相对少数的作者冒险承认经济学和政治学与
作为社会科学的伦理学有着内在的联系,这证明了现行的"社会科学"一词是如
何的空洞和口语化。正像现在通常所使用的那样,它仅仅是一个词。当在实际
上而不是在许多话语中,人们认为,在这些不同的科目(伦理学、政治学、经济学、
社会学)中,没有必要发生内在联系时,把它们称作社会科学,其意义是什么呢?
这就和某人宣称了物理科学的重要性,接着继续假设在天文学、物理学、化学等
学科的事实与原则之间没有任何内在的联系一样。当前世界的状态不能进入许
多学者所执持和宣称的那种分裂之中。它的原因更深。但可以肯定的是:混乱
的、分裂的、敌对的世界状态,以及在所谓的"社会科学"中所建立的理智划分,都
是对同样根本的原因的反思和表达。所以,打碎分裂所带来的障碍(是一些被建
立起来的非自然的障碍)的努力,是通向任何较高的社会合作运动的一个必要部
分。寻求综合的努力应该受到所有具有这种信仰的人的欢迎:关心和谐关系的 363

---

① 首次发表于《美国经济学与社会学杂志》(*American Journal of Economics and Sociology*),第 1 期
   (1941 年 10 月),第 i—ii 页。

实现,正在逐渐地成为补救文明崩溃的唯一办法。虽然《美国经济学与社会学杂志》并不推崇任何一个大师,但可以肯定的是:美国在社会领域的综合所作出的努力,应当高扬亨利·乔治(Henry George)的著作。因为在我看来,没有任何人能够像他那样,将人类关系、经济、政治、文化、道德方面的相互依存如此突出、充满感情地表达出来。

"无论发生什么——置之度外" [①]

我很少发现自己会和赫伯特·胡佛（Herbert Hoover）有一致的看法。但是，当我读到他的预测，即如果美国介入下一次战争，在这个国家中，我们在实际上（如果不是名义上）将有一个法西斯政府；我相信，他在这一点上是完全正确的。在 20 世纪早期、世界大战之后发生的可怕的反应，与即将发生的事情相比，还算是温和的。这可能较早就会开始，将会更加严峻，也没有人知道会持续多长时间。我们忘记了，在上一次战争之前，正是这个国家一种强大真实的进步主义发展的时期，而且如果这一过程没有被打断的话，我们早就应该以更少的代价实现新政。

我们能够想象，在下一次战争之后，在这个国家中，我们会拥有半军事化、半金融的独裁政府。这将巩固这个国家中的阶级划分，不知会持续多少年。在任何情况下，我们都会以战争的借口而镇压所有的民主价值。

令人气馁的事情是：几年前非常肯定他们不会允许自己同意我们进入另一场大战的人们，以及利用宣传迷惑我们进入上一场战争的那些人，现在正在思考并谈论着，好像再次介入战争是不可避免的。这一态度，是绝无必要的事件的先声。如果我们下定决心，没有什么是不可避免的；如果我们现在深思熟虑地认为，无论发生什么，我们都会置之事外，那么，我们将把这个国家从可能引致毁灭的最严重的灾难中拯救出来，使社会化民主得以建立的所有基础免遭破坏。同时，我们也会避免成为欧洲自杀的工具。

---

① 首次发表于《常识》，第 8 期（1939 年 3 月），第 11 页。

文化自由委员会①

365　　先生：5 月 31 日的《新共和》的社论包括以下的文字："文化自由委员会(The Committee for Cultural Freedom)宣称，在美国，我们实际上拥有完全的自由；而在德国、意大利或者俄国，没有任何自由。"我所引的这句话是完全错误的。委员会的宣言以其最大的篇幅，描述了这个国家中的文化自由所面临的危机。文化自由在美国受到的威胁，正是成立这一委员会的原因。宣言的开篇段落中，关于极权主义在其他国家兴起的描述是为了指出：这一趋势正漫延到其他国家，并明确地提到美国，分析了它在美国出现的几个特殊例子。

　　《新共和》没有公布这一宣言，它"实际上"可能是意义重大的吗？如果它这样做了，即使是偶尔阅读的读者，也会看到宣言中所陈述的和文章作者所归之于它的观点之间的差别。

　　文章的作者还有一些和刚才所说比起来不是那么重要的其他论断，也需要进行修正。他说，委员会"显然暗示法西斯主义和共产主义都是完全不能保证个人自由的"，并且继续论证，"这一论断对于社会主义共和国理论显然是不成立的"。由委员会所签署的宣言，并不包含这一谴责（即使以最含蓄的方式）。如果主编看到了签署者名单的话，他肯定会注意到在他们中间有一些著名的社会主义者，包括上一届美国总统的候选人。以为著名的社会主义者诺曼·托马斯(Norman Thomas)（更不用说其他大量的签名者）会把他的名字写在这样的文件中366：这个文件认为（甚至以牵强的方式），社会主义共和国与个体的自由是不相容

---

① 首次发表于《新共和》(New Republic)，第 99 期(1939 年 6 月 14 日)，第 161—162 页。

的。这个看法会因太疯狂而不值得注意,如果不是编辑提出来的话。

文章的作者在最后给委员会的建议中用破折号指出,其中的一些成员"被广泛地看成是反自由主义的托洛茨基的追随者"。没有暗示他是否分享了这个假设,通过此,他把自己以某种方式与那些进行直接指责的斯大林主义者的媒体相区别。由于无法判断作者是否在双重意义上指责那些文件的签署者,或者强调事情正是"这样",我将阐明:在他们中间,没有"托洛茨基主义者"。

最后,文章的作者承认我们有拥抱法西斯主义的危险,虽然可能会将其称为反法西斯主义。我个人同意这一陈述。它是对文化自由委员会的信念的一个强有力的论证,这个信念是:仅仅指责法西斯主义是不够的,仅仅成为一个反法西斯主义者也是不够的,我们需要一个积极的、有战斗力的队伍来反对这个国家中的各种极权主义的影响。

约翰·杜威,主席
文化自由委员会

"民主的目的需要
通过民主的手段才能实现"①

367　　没有意料到的、来自镇里的任务，使我不能参加在市政大厅举行的会议。对这一会议，我是期待已久的。我为文化自由委员会的工作，以及它为文化和理智生活的整体性而作的辩护，感到骄傲。

　　当听到不同国家中极权主义恐怖对文化自由的压制时，我们一定要记住：我们的主要问题在自己的文化之中。在现代世界中，每一个国家在某些情况下都会变成狂热的斗争、不宽容和种族压迫等这类因素的沃土。

　　在我们的国家对待黑人、天主教徒和犹太人的方面正盛行着这种态度，它在精神上与别的国家中民主的破坏趋势是一致的。

　　自由和极权主义之间在方法上的矛盾，在我们接受历史所赋予我们的民主观念的过程中，是内在于我们自己的制度和态度之中的。只有通过民主方法的应用，即在创造我们的政治、工业、教育（一般意义上的文化）中的协商、说服、谈判等合作性理智的方法，我们才能赢得这场斗争。

　　求助于军事力量，是我们正在放弃追求民主生活的一个首要标志。而且，旧世界在道德上以及在地理上都获得了胜利。

368　　如果我们能从人类经验中正确无误地得出什么观点的话，这就是：民主的目的需要通过民主的方式才能实现。权威主义的方法以新的伪装出现在我们面前；他们向我们宣称，通过迅速的、暂时的镇压技术为自由这个终极目的服务。

---

① 首次发表于《新领袖》（*New Leader*），第 22 期（1939 年 10 月 21 日），第 3 页。它所出自的文章在 1939 年 10 月 13 日纽约唐大厅（Towm Hall）召开的文化自由委员会第一次公开会议上被朗读。

或者,他们建议采用一种极权形式的政权,以对抗极权主义。不管他们以什么形式呈现自身,他们之所以获得吸引人的力量,都是因为他们宣称为了理想的目的而服务。

我们的第一个辩护是:要实现民主,只能通过在我们的日常生活中日复一日缓慢的应用和传播性的扩散来实现,这与民主的目标是一致的。

文化生活中没有理智和诚实的替代物。任何其他的事情都是对人类自由的背叛,无论它以什么样的伪装出现。

美国民主只有在它自身的行动中,证明多数的、部分的、实验的方法有助于保证和维持人类本性力量的持续释放,有助于为一种合作的自由和自愿的合作提供服务时,才能有利于这个世界。

我们不能满足于盲目自大的乐观主义。历史不会替我们完成任务,但也不该惊慌失措和陷入悲观主义。

我们,文化自由委员会的成员和朋友们,必须坚决地完成保护和扩大文化自由的任务,随时睁大眼睛,警惕威胁它的危险。我们必须牢记,目的和手段的关系是这样的:最终的结果,也是今天、明天、下一天、一天接一天,在年代的连续中得到的结果。

只有这样,我们才能警惕那些通过描述一个玫瑰色的遥遥无期的未来来掩盖其盗取我们现存的自由的企图。只有这样,我们才能确实面对一个个细致的问题,并且倾注合作性行动中所有的集体智慧。

罗素——一个道德问题[①]

致《纽约先驱论坛报》：

我要为贵报在本期中对"罗素判决"冷静的、充满智慧的讨论而感谢其编辑。这与对罗素进行歇斯底里的攻击形成鲜明的对照,是非常令人愉快的。

约翰·杜威

1940 年 4 月 1 日,纽约

[①] 首次发表于《纽约先驱论坛报》(*Now York Herala Tribune*),1940 年 4 月 3 日,第 22 页。

教育调查[①]

对公共教育隐蔽的攻击,目前以各种"调查"的形式表现出来,这必然会激发遍布全国的进步教育家们产生新的警惕,以防过去 40 年中的努力被当代那些并非致力于发展自由教育的人们毁之于一旦。

在纽约,州长莱曼(Lehman)通过了一项对美国公立学校系统进行耗资 3 万美元的合法研究的决议。在华盛顿,研究非美国活动的白宫委员会主席马丁·戴斯(Martin Dies)先生承诺对教科书编写者的政治和社会关系进行研究。

这两个告示表面上是支持公共利益的。但是,对所有经验丰富的观察者来说,这其中所包含的模糊性自然令他们不安。当然,对于一个研究来说,肯定不会有反对。不论对于纽约学校系统,还是对于教科书的作者进行研究,肯定都不会有什么反对;只要这一研究具有明确的目标,研究者自身是胜任的,不带有偏见和偏好,与最好的教育实践相一致。

在一个民主的社会中,被选举出来的任何团体都有权利视察被公共税收支持的学校中所使用的方法和实践。对作者们所编的课本进行详细的审查,不会被认为是对权利的不合法的侵犯。由托马斯·J·沃尔什(Thomas J. Walsh)和乔治·W·诺里斯(George W. Norris)所领导的少数参议员,迫使联邦贸易委员

[①] 首次发表于《纽约时报》(*New York Times*),1940 年 5 月 6 日,第 16 页;《纽约先驱论坛报》,1940 年 5 月 6 日,第 18 页。莫温·K·哈特(Mewin Kimball Hart)对这封信的回复,见本卷附录 3;杜威的回应,见本卷第 373 页。

会在 1928 年开展对公共事业公司的调查,这对于暴露无可容忍的权力集团的滥用职权是极其有价值的;这一集团毫不犹豫地为了自己的反社会的目的而买通教授为其摇旗呐喊。

然而,今天激发那些进行这项研究的人们的,似乎是一个不同的动机。今天的要求指向"颠覆性的"活动和"颠覆性的"教科书;而且这一问题变成了确定什么是"颠覆性的",以及什么不是。有能力辨认出两者之间的区别,对于任何进行教育方法和材料探究的人来说,是至关重要的。这一信念毫无疑问渗透到许多方面:任何呈现由卡尔·马克思、尼古拉·列宁或者列夫·托洛茨基所倡导的国家和革命理论的教科书,事实上都是"颠覆性的"。如果这一信念得以广泛流行的话,将会使美国的教育系统陷入极权主义国家如意大利、德国和苏联那里所存在的束缚中。

"颠覆性的"这一术语被不加限制地滥用,可能很容易地转变成那些进行理智审查的人的武器,这实际上是对最重要的公共利益的颠覆。

渐渐的,人们的努力只是用来对我们的第一流教科书作者进行审查,因为他们是最开明的公民,他们看到了我们目前的社会如果要生存下去,就必须变化和进步。就在上个月,社会科学教科书的一个作者、哥伦比亚大学教师学院的哈罗德·鲁格(Harold Rugg)教授被认为具有"颠覆性",并且在州经济委员会主席莫温·K·哈特先生的鼓动下,被纽约宾汉姆顿的公共学校开除。这一行动,使多年来被其他群体所激起的、通过在学校禁止阅读鲁格先生的书而不让他发出声音的兴奋达到了高潮。鲁格先生的事件并不是孤立的。前不久,卡尔·L·贝克尔(Carl L. Becker)教授、大卫·塞维尔·马齐(David Saville Muzzey)、罗伊·哈奇(Roy Hatch),以及后来的德福雷斯特·斯塔尔(Deforest Stull),都是这一迫害的牺牲者。

从这个词的真实意义来说,这些人的作品都不是颠覆性的;恰恰相反,这些著作易于引起不受阻碍的思考,与未加思考的老一套相反,那些老一套没有指出摆脱困境的方法而只诉诸暴力和武器。同样的探究自由,也是伯特兰·罗素作品的特点。

对美国教育所进行的旨在发展有思想的、理智的以及具有批判精神的学生和公民的任何研究,我们都是欢迎的;我们欢迎这样的证据:外国政府的代理者,正在利用学校教育来破坏对作为一种生活方式的民主的自信。但是,我们照旧反对那些通过宣传偏见、固执以及无知来抵制自由教育系统的人；而且，我们将竭力抵制压力集团通过寻求什么应该教以及什么不应该教而获得对公共教育的控制的任何企图。

不受欢迎的审查制度[①]

373 致《纽约时报》的编辑：

莫温·K·哈特先生在 5 月 9 日《纽约时报》所刊登的一封信中，明确地表示：要允许一本书出版（不论是不是教科书），就必须接受书中的理论。这是一个非常普遍的错误认识，如果大家都接受这个观点的话，那么，所有不同的意见都将不被考虑。哈特先生是否会让我们效仿日本的例子，以死亡的痛苦来禁止"危险思想"的登陆？

与一个有智慧的教师在教室里对各种意见（非正统的或是正统的意见）进行讨论，是学校防止学生被肆无忌惮的宣传所误导而能够提供的最好的保护。对我们的年轻人来说，在教室这样一个开放空间中，讨论富有争议的问题肯定要比在一些阴暗的、不健康的角落寻找那些被禁止的东西要好一些。没有比被禁止的思想更可怕的思想了。

而且我认为，我们可以毫不怀疑地说：一个鼓吹极权主义和纳粹主义道德的老师根本就不需要课本，也不会认为最正统的课本会对其目的是一种障碍。而且也没有证据证明：阴谋推翻美国政府的革命领导们，是在公共学校中学习如何革命的。

如果对像鲁格先生这样的作者的攻击是从教育家那里来的，那么，它们可能更具合理性。哈特先生可能会同意这一审查制度在西班牙流行；但是，这个

---

① 本文最先发表于《纽约时报》，1940 年 5 月 14 日，第 22 页。这是为了反驳莫温·K·哈特的信，见本卷附录 3；杜威针对这一辩论的第一封信，见本卷第 370—372 页。

国家中理智的公民从未将任何极权主义国家的教育系统当作美国应该仿效的对象。

约翰·杜威

纽约,1940 年 5 月 11 日

论学术自由[①]

374 对于大学功能的陈述，没有人能够像巴特勒（Butler）校长总结得那么好：大学应该对"分析和理解当前战争中的经济、社会和政治问题"作出贡献，而且应该不带感情，而带有"冷静、理性的判断和完整的知识"。这是一个无可指摘的陈述。

由于同意这一陈述，我无法理解在同一演讲中的其他论述。比如说，我假设，学生参与到分析和理解过程中，这一点是非常重要的。所以，我无法理解他对学生的学术自由的否定。

接下来，巴特勒校长似乎在教师教学的自由和大学追求自己理想的较高的自由之间作出区分。他要求教师将自己的自由置于大学较高的自由之下，这似乎和原初的陈述是不一致的。我不知道，离开了学生和教师的大学，将会是什么样子。

我很难相信巴特勒校长企图将大学置于如此崇高的地位，凌驾于其学生和教师之上，而且有权利控制他们的信念，就像教会为成员规定必须信奉的信仰那样。这一观点照其发展趋势，似乎与极权主义思想是一致的。但是，巴特勒校长又是反对后者的，那么，我只有得出如下的结论：他的话并没有表达他的真实意思。

---

① 首次发表于《纽约时报》，1940 年 10 月 5 日，第 7 页。

杜威问候教师联合会①

从来没有哪一个行动能够给予我这样多的快乐,而且也只有很少的行动曾经给予我与出席这次纪念会和庆祝会同样多的快乐——因为近来所经历的困难时期,这个快乐更大一些。如果可以的话,我特别想以个人的身份问候那些与我相熟的老朋友,以及那些从未放弃为教师、为与教师相关的劳动运动、为联合的自由免遭外国政治影响而战的人们。现在,第一个 25 年过去了,而美国劳动联盟中的教师联盟已经经受住了考验。此刻,我们应该在牢记过去奋斗和成就的同时面向未来。我们必须联合所有具有社会洞见以及以己身推动公共学校和其他学校实现这个洞见的老师们。如果我们将那些对社会和教育的感受与我们联盟的理想相一致的人们团结在一起,就不需要担心社会上会出现枯燥和冷漠。一个由于共同的缘由而联合起来的主动积极的教师联盟,将取得巨大的成就;在树立希望和雄心壮志上面,我们不应该谦虚,而应该付出所有的精力跟上它们。祝贺美国教师联合会,祝愿它在下一个 25 年中以及以后的时间中蓬勃发展。

---

① 首次发表于《美国教师》,第 26 期(1941 年 10 月),第 31 页。本文来自杜威于 1941 年 8 月 23 日在美国教师联合会 25 周年纪念晚宴上宣读的讲稿。

附　　录

1.

杜威人本自然主义中的一些困境^①

莫里斯·R·科恩著

对于那些审慎而又敏锐的人来说,哲学和其他严肃的人类工作一样,会带来一些令人感到苦恼而又沮丧的困难。有很多次,我们在追求的那个真理令人迷惑,而且引诱我们放弃对那未曾被标明的制高点的努力攀登,回到腓力斯(Philistia)那洋洋自得的低地上去。因此,通过那些能够坚定地奉献并具有英雄气概的著名榜样来加强我们的信念,是有益的。而目前没有人对哲学的贡献能像杜威那样长久丰富而又卓越。57 年来,他一直在各种不同的领域里发表他的哲学研究成果。在人类精神领域的工作中,带着这种孜孜不倦的精神以及敏锐的眼光,他对他所看到的东西的描绘总是具有穿透力,即使在那些没有得到完全确信的描述中,他所提供的成果也能引起反思。对我来说,描述他在美国人生活中产生的积极影响,这是一件令人愉快的事情。我从没听说过其他人在保持自由文明的基本理念方面,比他做得更多。对我个人来说,我深深感谢他的写作,以及从 1899 年我少年时期就开始与他对话所带给我的诸多启发与激励。他的心理学教科书以及他早年关于莱布尼茨的著述,是引领我进入哲学的早年读本的一部分。而最近几年,我在他关于社会政治问题,关于教育,尤其是关于艺术的丰富的著作中,也汲取了大量营养。他与塔夫茨(Tufts)教授合著的伦理学书籍在我看来,让那个领域变成了对实际问题的生动研究,取代了美国大学中曾有的那种传统的说教训练。

在法哲学领域以及对所有社会制度的研究中,杜威竭力地支持那古老而又时刻 需要的真理,即安息日(Sabbath)是为人类设立的,而不是人类为安息日设立。但是,

---

① 其中一部分在美国哲学协会 1939 年 12 月 28 日的会议中宣读。首次发表于《哲学评论》,第 49 期（1940 年 3 月）,第 196—228 页。杜威的回应,见本卷第 141—154 页。

这里我的主题是关于他的自然哲学;并且很遗憾,我在这里并不准备追随他的脚步。

我遇到的一些难题,毫无疑问,来源于我自己的兴趣和性格的局限性。对我来说,哲学的中心问题是那些被反复提及的关于我们生在其中并迟早也要离开它的这个世界的本性问题;如果你愿意,也可称之为传统的本体论问题。所以当我发现了那些被遗忘的,或者仅仅在相当复杂的(对我来说,总是令人迷惑的)关于人类思想和行动的心理学的片言只语中才会被处理的宇宙基本问题时,我感到困惑。我与杜威的很多不同,可能就在于我们的侧重点不同。而就像在音乐中一样,在哲学中,侧重点体现了本质。在一般意义上,我同意杜威对超自然主义的拒斥和他关于艺术与道德的人文主义理论。但是,哲学虽然对我来说已不是以神为中心的神学,却也不会是杜威呈现给我的那种人类中心论。

除了这些我自己主观产生的难题,我很确定,除我之外的其他人要理解杜威的思想,也存在许多客观上的困难。在他漫长而又活跃的职业生涯中,甚至当他离开芝加哥的时候,他的想法无疑都在发展。然而,不论他自己是否意识到这些改变,还是由于他无意去建立体系,他并没有按照规则,明确地指出自己早期思想中哪些已不能充分代表他的观点了。此外,他经常不按照词语通常的意义来使用它们,例如实践的(practical)、经验(exprience)、经验的(empirical)、知识(knowledge)、想法(ideas),但却没有同时指出它们与通常意义的区别。由于这些以及其他的原因,我极度怀疑:以我的能力,能否对他在庞杂的著作中想表达的观点作一个精准的综合性阐述。所以一开始,我婉拒了项目委员会的善意邀请,他们本想让我积极参与到这些令人愉快的事件中。我越来越确信,与否定他人那些我们无法感同身受的洞见相比,我们往往在陈述自身所见时做得更好。不过,杜威最为提倡的自由主义认为,对差异的表达自身(哪怕是建立在误解的基础上)有助于哲学的发展。我的这些意见相左的论述,也许会为他和他那些著名的学生们提供进一步的机会来厘清他的立场。我那些甚至可能有点武断(由于时间非常紧迫)的陈述,可以防止对一些论题的讨论过早结束。

杜威将他的哲学称为人本的自然主义。目前,关于"人本"(humanism)这个词的应用,有很多种(其中有一种,杜威的整个哲学对它来说,是非常不能适应的),似乎应该把杜威的哲学叫做人类中心(anthropocentric)的自然主义更合适。在这种哲学中,毫无疑问,扮演主要角色的并不是物理宇宙论,而是社会人类学或者是关于人类经验的学说。它并不提供超越人类视角的自然图景,对于我们的太阳系或我们地球上的生命的起源和未来,以及甚至可能引起人类物种灭亡的自然条件等一些问题也漠不关心。依照这种观点，现在对一个哲学家来说，最正当的事情是随便找个位置来试着对整个存在领域作出审视（就好像它是从那个立场里出现的）。但是，人类很难（如果不是不可能的话）逃脱因强调周边事物而带来的偏见。因此，人类不仅会轻视那些因距离遥远而缩小的事物，而且会忽视甚至否认那些本来存在却从未进入他们兴趣范围的东西。更有甚者，人们会试图否认（即使只是暗示性的）：除了自己之外的其他人的观点和视角具有合理性。我想，这或多或少正是人类的普遍天性，那么，如果说杜威是例外的话，就很奇怪了。他的视角，实质上是一种在人文主义传统中游弋的伦理学家的视角。我曾听说，他将哲学定义为被伦理旨趣所支配的反思活动。并且在他对其他哲学家的频繁批评中，他经常强调，耗费了人类如此多的思想的伦理思考可以被用来为人类谋福利。这导致形而上学变成了伦理思考的附属品，在我而言，这对于二者都是有害的。

因此，我的评论自然会分为两部分，首先会处理一般意义上的哲学困境，之后阐述它们对道德理论以及社会学的意义。

I.

在伟大的霍布斯（Hobbes）通过对数学和物理学的艰难冒险来考证那些不确定 ³⁸² 的信息之后，洛克谨慎地为哲学开辟了一条新的道路，他把哲学变成了对我们的观念和理解行动所进行的心理学描述。而康德紧随其后，他将认识论视为形而上学的前提条件，就好像一种关于认识的理论，可以不需要关于认识者和认识发生于其中的宇宙的本体论假设就成立。杜威用一种关于积极经验的理论代替了关于感觉及其联接的心理学，除开这个重要事实，他毫无疑问属于洛克那种从哲学中摒弃宇宙论旨趣的传统。有时，这可能是对古老神学体系的反抗；但在这一点上，它与后者又是一致的：他认为，人是世界的中心，一切其他事物都是关乎人以及人在人间乐园（如果不是在天堂中的话）中的拯救。

霍金教授将对杜威关于经验的理论作一些讨论。我目前的目标是想充分地表明，在杜威对"现代哲学"这一神圣词汇的使用中，像其他人一样，将之限制在一种关于人类以及能像人类一样活动的动物中发生了什么的范围内。没有人会说，一个死人或者毫无生命力的躯体有什么经验；并且，我们同样不会把经验当作人类出现之前地球上的海洋、岩石或者太阳所具有的东西。所以，经验当然是发生在自然中的一种事件，但却不是它的全部。那么，杜威就不能像主观唯心主义者那样，把对象的存在和我们对它的经验等同起来。他承认，在人类登场之前，世界就已经存在了；但是，他谴责那种将微不足道的人类与宏大的星际宇宙所进行的比较。[1] 不管这种比较是不是"一种廉价的智力消遣",我将极力否认,这种比较是一种逻辑悖谬。人类的存在在时间和空间上都是渺小的,以星际宇宙为基础的力量可以创造或毁灭人类,但反过来却不是真实的。并且,如果客体或事件的意义并不是纯粹主观的,而要在它们的客观结果中寻找,那么,星际宇宙的意义与我们对其意义的理解并不相同,除了在专业的心理学家那里以外,人类的情绪和思维无法穷尽它。

杜威那么急切地想证明人类的任何事都是自然的,以至于有时候,他似乎游离到一种相反的视角,即认为所有的自然或存在物都可以被人类经验的范畴所描述,比如需求、不确定性、不稳定性等等。[2] 这后一种态度可能主要是受到某种信念的强力影响,即社会生活的范畴比那些物理科学中的范畴要丰富许多[3],给我们更多的"现实性"。但是,我们不能令人满意地将整个宇宙用人类的术语描述出来,除非我们相信彻底的万物有灵论,这甚至是杜威在他关于自然目的的理论中也无法承认的。那么,我可以看到,他对于实在论者的攻击[4]是无力的,因为他们坚持在我看来是再明白不过的真理。也就是说,研究、探究、无知等等是属于个人以及心理学领域的,并不是全部存在者的特质。尽管经验是个人的,但并非所有客观事物都是这样的。更进一步说,那些问题里的范畴甚至对所有的有机体都不是完全适用的。杜威声称:"原子在时间中,由于关系的不断复杂化而产生了苦和甜、痛和美等性质;同时在时间的横切面,它们还有广延、质量或重量等,这些都同样是原子真实存在的一部分。"现在可以看出,关于原子引起人类对于美的感受的假设,并不是什么在经验中呈现出来的东西。它实际上是一个物理决定论原则下的推论,实在论的理性主义者承认这种理论,而杜威在没有提出任何困难的条件下(这些困难,我将在下一个段落中提到)不能完全接受它。不管怎样,如果物理事物引起了人类的疼痛或者对美的激动,那么反过来,是不真实的。例如,某种食物很难吃,那是一个基于特定化学因素的事实,然而化学现象不会以同样的方式依赖我们的味觉。一般来说,人类的痛觉和对于美的感受存在于一个宇宙历史过去了的片段之中,并且永远也不会再重复它自身,而延展和质量是原子一直具有的特性。此外,我认为,当杜威说"对于自然的哲学理论来说,由想

---

① 《第16届国际哲学大会会议记录》(*Proceedings of the Sixth International Congress of Philosophy*),第538页。

② 《经验与自然》,第64、69、253、351页,尤其是第413页。

③ 《哲学与文明》,第77—92页。

④ 《经验与自然》,第69页。

象和欲望所支配的人,与数学、物理学一样的重要"①时,他忽视了精确量化思维的必要性,而这种思维已经为推进物理研究作了很多贡献。没有人怀疑人类的想象是一种自然事件,但它绝不是科学用来解释现象的、自然所拥有的控制性力量之一。对于理解处于时空中的自然的一般过程来说,人类的想象和欲望比起数学、物理学的思考来说,不具有那么大的启发性。它照亮了人类的处境,让我们理解了使得人们拒绝接受哥白尼天文学的欲望,但它对我们理解行星的运动却没有什么启发。对人类问题的解决,取决于生理学、化学以及无机物理学的知识,反之则无法成立。

杜威可以全心全意地接受物理决定论的原则吗?首先,很难看出一个具有普遍必然性的原则如何与一个严格的经验哲学相融,因为它无法在任何单一或者若干有限的现象或实验中得到最后的确证。然而更重要的一个原因是:为了允许人类的看法能够改变世界,世界必须被设想为不完全的或者没有被决定的(其实不是)。但是,物理决定论意味着一个如同尔格(ergs)那样可测量的数量的封闭系统,很难设想这样的判断如何被表达出来。当然,我们可以放弃物理决定论的绝对性,甚至声称支持海森堡(Heisenberg)那被广泛滥用的测不准原理。但是,这并没有留下余地,让人们自信地去设想在原子和人类的美感之间,有一个未被破坏的链条;而且,这也损害了把所有可能的超自然的影响从人类发展中绝对排除出去的基础。

的确,尽管杜威坚持将他自己的观点和那些他斥责为暗藏超自然主义踪迹的观点作了尖锐的区分,但他却从没有明确地定义过自然与超自然的不同之处。他似乎认为,对于持续性原理的诉求可以解决问题。但是,杜威意义上的这种在新奇的、多元的世界中的持续性,对我来说非常晦涩。有时,他口中的这种持续性就好像一个纯逻辑的原则,如果否定它就可能陷入自相矛盾之中。但是,这与他自己关于逻辑和存在的区别不相符。在《达尔文的影响》(Influence of Darwin)这篇论文中,他论证的似乎是对一些(不是全部)物种在时间的进程中会发生改变的发现,驳斥了亚里士多德的逻辑,以及那种认为世界是由根本不同种类的事物构成的观点。但是,除非我们也诉诸相反的关于间断性的原则,否则持续性将与杜威所斥责的东西(也就是说,所有的存在都是一,都来自一个单独的概念)无法区别开来。

杜威对于社会心理学中"比较粗笨的"范畴的偏好,与他倾向于对经验的笼统分析方法紧密相关;而这种经验分析的方法,总的来说,与将现实的经验解释为简单元素的综合的传统方法相反。对于后一种方法的滥用,是理智生活长久以来的丑闻。

385

---

① 《经验与自然》,第 6 页。

但是,分析的方法不会轻易地屈服于这种局限性。应该分析什么以及怎样分析,极大地取决于我们在开始假设时所持的观点。达尔文很早以前就指出,相比错误的理论,一种错误的观察是科学进程更大的阻碍。并且杜威自己声称,一个被给定情况中的事实,是在探究的结局处而非开始处出现的。那么,现在毫无疑问,在物理学里规定相关因素,要比在精神和社会领域容易得多。不仅仅因为前者本身更加简单(因为社会的东西包含了物理的东西),而且因为物理学拥有多得多的工具和方法去排除错误的观察。这使得一致性(或者是对不同意见的排除)在社会领域很难做到。所以,一种以观察人类经验为起点的哲学一定具有不确定性,会引起争论性的分歧,而这些东西在我们所谓的社会科学(出于礼貌才这么称呼)中是大量存在的。

反对所有形式上的二元论,是杜威哲学中的主题之一。在这里,他依赖了流行的进化论哲学,然而他的脑海中可能还存在一些生理心理学的迹象。但是,尽管他拒斥了关于意识存在和非意识存在的二元论,却没有设定任何泛灵论来解释在一个非意识世界中意识为什么会出现。实际上,他在论证过程中建立了自己的二元论,例如知识与知觉;在这里,一个进化论者可能希望寻找一个从后者到前者的连续发展过程。在战争中,界限应该被清晰地勾画出来。如果你承认任何地方都是圣地而且异教徒秉持着一部分真理,你就无法鼓动十字军从异教徒的理性主义者那里解放经验中的锡安。所以,尽管他拒绝了那种激进主义——把过去视为琐碎的有害的,《哲学的改造》中的主要部分却描述了一个所谓现代的思想和旧观点之间尖锐的对立面。他相当彻底地拒斥了后者所有的观点,而不是把它们整合为一个更加宽广的视野。我将在之后来处理他对于现代哲学和古代哲学的夸张对比。

杜威所继承并加以发展的一种二元论,是在具体事物的存在与逻辑和数学实体或关系的纯粹的程序性质之间的。

"程序"或"方法"这个术语是现代哲学中最模糊的概念之一,其模糊性接近于"实在"和"经验",其精确意义最需要被严格地审视。它从来不会被用在精密的科学中,除非附有精确的说明。所以彭家勒(Poincaré)评论说,当物理学家讨论他们的成果时,社会学领域的同事讨论他们的方法,这并没有什么不合适。不管怎样,杜威自己意识到了,方法是不能完全和主题分割开的。然而他还是采取了形式主义的绝对二元论的立场,即逻辑或数学的主题"不仅仅是可以直接指涉的非存在",而且"摆脱了任何最间接的最隐秘的存在性指涉"。①

---

① 《逻辑》,第 396 页;《经验与自然》,第 148—149 页。

数学的逻辑发展是"数学主题所有本体论指涉中解放出来的历程。"①但是如果符号和声音，如二加二等于四，没有涉及任何超越它们自身的东西，它们可能什么意义也没有。数学家所使用的标志，如果象征不了任何在它们直接对象之外的某种东西的话，就不再是符号了。诚然，数学的对象比物理学的对象要广泛，因为我们可以合理地谈论非物理的事物。但是，如果没有任何种类的对象，就没有可供理解的讨论了。这样就不可能有讨论的世界或者空间，只能涉及一些来自实际事物的变异。

如果逻辑和数学的关系不是自然事物的一部分，那么就只有某种自然之外的或者预先设立的和谐，才可以解释它们为何能引导物理学的探索产生丰硕的成果。在实用主义的基础上，杜威没有理由不拒斥分离的具体事物，以及抽象的或分离的普遍性。一个客观事物的关系，难道不会像它独一无二的独特性那样进入我们对它的经验中吗？普遍性和特殊性实际上是存在的两极，每一极都必不可少；而缺少它们中的任何一个，则会不够充分。并且杜威时常明确地承认，自然拥有关系也拥有关系的项。实际上，他内心里还是一个亚里士多德的追随者；他坚持认为，离开普遍特性的个体部分不能成为认识的对象。② 但是就像皮尔士所抱怨的那样③，对理性主义的过度恐惧，经常将他导向唯名论或观念主义④。说普遍性是一个习惯，并没有揭示它的意义，而只是给心理学一个定位。只有对一个观念的意义、含义的理解，才是在人的一生中发生一定次数的事件，它是人们联合或相互作用的产物。我们所理解的数学和逻辑的关系，比如一个圆的圆周和半径的比率，并不是人类的活动或者习惯。它们是物理自然的不可变的特征，而忽视它会带来危险（也的确因忽视而带来了危险）。

一则原理如何在人脑中出现这个问题，以及对其含义的分析或研究，并不相同。我们不能通过人类的联合或交流来提出任何关于其他命题的逻辑结果的命题。我们可以改变我们给予事物的名称，但任何命题集合（如欧几里得的公理）的逻辑结果，并不取决于我们。如果从任何命题集合中，我们能得出任何我们乐于得出的命题，那么就不会真正存在所谓被证明了的东西。

如果"意义像普遍性一样，是一种客观对象"⑤，那么至少可以认为，一些普遍性

387

388

---

① 《逻辑》，第 397 页。
② 《经验与自然》，第 85、86 页。
③ 《哲学杂志》，1916 年。皮尔士的实用主义允许纯粹的思维实验，这一点是值得注意的。"可想象的结果"，如果杜威顺着他的反对者走到精神与物理的一般区分之处的话，他是不能接受的。
④ 《哲学的改造》，第 152 页。
⑤ 《经验与自然》，第 188 页。

是客观对象。而它们是阐释性的或工具性的这个事实,不能证明它们就不是构成性的。

经验主义的传统,即对普遍性和抽象性的不信任,经常使杜威对数学所扮演的角色缺乏充分的了解。比如下面这段的文字:"当人们坚决主张通过将天文现象直接融入已经建立的几何真理体系来对其作出判断时,他们并不拥有天文学,而只是拥有一个私人的美学体系。只有当人们相信他们已在那不确定的事件之海中起程航行并愿意被具体的变化所引导时,他们才拥有天文学。"①但是历史显示,在天文学产生之前,人们通过星星的光来航海或引导他们的骆驼。只有现象被置于几何学的规律之下,科学才得以开始。

作为一位主要对人们思考以及获得知识的方式感兴趣的心理学家,杜威是从人的探究的视角来看待逻辑的。这是一个重要的研究领域,对我来说,在他所取得的成就上再添加点什么,是没有必要的。但是,我在他的观点里发现了两个困难:第一,他忽视甚或否认逻辑程序的本体论基础;第二,他否认可以从知识的角度来定义科学探究。

杜威像实证主义者一样,反对逻辑规定了我们的思考方式这个观点②(这对我来说,正是逻辑的意图,如果我们愿意避免一些误解的话),认为这个很荒谬。相反,他给我们提供的观点是:逻辑是对那些成功的探究方法的描述。但什么是探究方法?科学拥有确证的方法,但并没有关于发现的方法。如果有这种东西,所有我们所需要的就会被发现,而我们也不用去等待那些罕见的天才了。现在,用以描述人类实际的思考的"方法"这个术语的模糊性,根本没有因为"成功"这个词的引进而得到澄清。当一种探究成功的时候,什么可以用来检验这一点呢? 肯定不是这个词在日常意义上的任何实际的东西;因为在实际的事务中,我们一般通过与逻辑规律没有关系的好运带来的所有偶然事件来得到令人满意的信息。即使在科学工作中,人们也经常通过错误的逻辑推理到达真理,像伽利略(Galileo)在他的论证中那样:一个掉落中的物体所获得的速率,并不随着它所穿过的空间而直接发生改变。

我们能够说,在长期的实践中,那些给我们最多真理的方法一定会被某种适者生存法则选择出来吗?只有这种实践的时间足够长,我们才会得到逻辑的检验,但没人知道这应该有多长。但是,不管怎样,这种观点将是一种历史的概括,我希望能看到

①《人性与行为》,第 242—243 页。

②《哲学的改造》,第 136 页。

更多的证据。希腊科学的衰落中，确实有大量的反面证据。的确，偏见、迷信以及逻辑谬误一直在持续；并且杜威自己至少有一次发现，对一种特定的哲学观念进行轻蔑的心理发生学考察，或者进行糟糕的血统分析，相比一种逻辑辩驳来说，是反驳这个观念更加有效的论证。[①] 在实践中遵循逻辑的规律，对我们来说是有益的，但它们的效用并不依赖于人们是怎样实际行动的。

杜威自身也拒斥某些自相矛盾的教条。这种拒斥当然不是建立在这个假设上：思考或表达矛盾是不可能的，因为这种假设恰恰是这些教条的持有者才会作出的。这里所反对的真正的东西是：不可能存在任何被这些自相矛盾的原理所指涉的客观事物。因此，矛盾律所维护的是关乎存在的东西，而不仅仅关乎思维或逻辑的畸变，即语言除了意指它自身之外，不指称任何其他东西。这样一来，逻辑似乎可以被看作本体论中最简单的一章，是对所有存在的最彻底的可能性的研究。它的规则不再起源于我们的意向，而是表达这样的事实：对特定的存在来说，某些组合是可能的，而其他组合是不可能的。一个万物皆可能、没有什么不可能的世界，将会成为一片混沌；而如果没有这样一个假设，即在一个世界中确切的或者说决定性的关系能够被发现，那么，科学和一般实践就无法进行。我们无法从逻辑规律中推断出任何具体事物的事实；然而，如果没有逻辑与存在紧密相连的假设，那么就无法开始探究，更不用说得出结论了。逻辑所指明的是关于经验性存在的必要而非充分的决定因素。

我的第二个困惑是杜威认为知识被探究的过程所定义的东西，而不是相反。在这里，正如其他实例一样，杜威的肯定性论断对我来说似乎是完美合理的，但是我没有看到对它的否定的证明；杜威也没有将之始终如一地贯彻下来。除非假设知识已经被拥有，以及认识到什么样的答案可能会与我们的问题相关，否则，有意义的或者科学的探究是无法发生的。不论我们想探索何种事物，首先要知道我们所要寻找的东西是什么。想要理解我们所观察的事物，关于自然的先在的知识是必须的。当我将杜威关于知识的独特观点，即"后果而不是前因提供了意义和确证"，加诸那些他自己在很多场合下都认识到的观察时，我的困惑就加深了。

一个命题的逻辑结果是它意义的本质，这对我来说，似乎是一种重要的洞见。我们可以将之归于从苏格拉底到皮尔士的许多思想家。然而，一个如此将重点放在心理发生学或者我们观念的起源上面的人却说，命题的前提条件不能"提供意义和确证"，这似乎看起来令人惊讶。无论如何，对于可能性的判断（作为有节制的经验主义

390

---

① 《哲学的改造》，第 24 页。

者的主要食粮），缺少能够构成前提的先在证据，是没有意义的。杜威坚持，先在的知识服从于对它的使用，并且服务于发现活动（只有以知识为前提，这些发现活动才得以可能），因此需要根据后者调整，而不是后者根据它来调整。在这里，就像杜威著作中大量其他的段落一样，他似乎在可靠的断言上加上了轻率的否定。最需要强调的是：过去的普遍性必须随着新的实际发现来作出调整，这是真的。然而新的科学发现必须朝向过去的知识而作出调整，这同样是真实的。而经验主义者们至少应该承认一个历史事实，即科学发现一般不是由愚昧无知的人作出的，这些人决定效仿培根的方法，排除所有关于自然的先见，而从一个自由的或者空空如也的心灵起步。科学发现，只能由那些实实在在拥有知识并热情思考手中所持的主题的人作出。科学发现是对观察的解释，而这些解释包含了对于我们的手段的性质的假设，以及对于被观察的事物与其他自然现象之间的恒定关系的假设。当拉瓦锡（Lavoisier）点燃特定的物体并发现它们的重量有所增加时，并不是仅靠它自身就推翻了燃素说。这个结果的获得，仅仅是因为化学的其他先在真理，使依照氧化理论来进行的解释变成了最简单的一种。当一种新的发现颠覆了古老的原理时，只是因为，古老的原理由此被证明为与其他已知的真理无法保持融贯了。只有当光线的弯曲被看作迄今为止光学中已被接受的原理的结果时，光线的弯曲才能推翻牛顿关于引力规律的公式。如果不接受这些古老的原理，牛顿的引力公式也不可能被新的事实所驳倒。

杜威的哲学也许会被视作从休谟（Hume）开始，将物理科学的实验方法引进哲学以及道德主题的诸多努力之一。这些尝试一般是基于某种天真的假设，即以前从没有这样做的原因，仅仅是人们根本就没有思考过它，或者说被纯粹的偏见抑或亚里士多德的教条给阻止了。毫无疑问，在人类的价值被强烈地感受到的地方，我们中的大部分人并不愿意追寻那超然的科学客观性。但是，人类的领域同样具有内在的复杂性以及难解性。即使不是不可能，想在某个时刻改变其中的一个变量，是非常困难的，虽然我们可以在无机物领域做到这一点。甚至当我们考虑人类物种的时候，对于生物遗传学问题的解决会变得更加棘手。这里的困难使我们无法像在氢气或豚鼠那里一样，自由地在人类身上做实验。我曾经听说，T·H·摩根（Morgan）建议雷蒙德·佩尔（Raymond Pearl）不要将果蝇当作可怜的生物学样本。此外，即使尝试做了社会学实验，对真理的实际检验或者对经验的诉求，还不能成为基本原则。对于一则信条是否令人满意地产生效用，这可以通过对它的信念自身来决定。所以，基督教的信条和伊斯兰教的信条在很多地方是截然相反的。而很多处于亚洲、非洲以及东欧的人民，已经从前者的信仰变为后者。但是大抵说来，每个教派都认为，13 个世纪以来的经验证明了它是对的。天主教和新教的情况与此类似。并且在我们现在这个时代,民主、法西斯主义以及共产主义的信徒都确信,实际的经验道路证明他们自己的观点是唯一正确的。而这种事态可能会永远持续下去,就像在宗教领域那样。

那些追随培根(Bacon)的信徒希望通过经验科学的模型来重建哲学,一种约定俗成但却并不真实的历史支持了这种希望,而这种历史之所以貌似真实,只是因为古代以及中世纪的科学因为语言的缘故而不能被大众所了解。杜威曾经坚持,古老的科学是证明性的,而当代科学的生命是探索性的。现在我主张,这既不具有历史性的真实,以后也永远不可能。数学,这个科学里最具有证明性的学科,是随着成功的探索而成长的;而且它甚至在物理学的探索中,也是最有用的工具。数学的以及逻辑的关系就像行星运转的速率那样,可以作为客观事物来研究。大多数历史学家和那些离开了他们的实验室偶尔从事一下哲学思考的科学家宣称,古希腊人并不借助实验,这不是真实的。希波克拉底(Hippocrates)、阿基米德(Archimedes)、海多(Hero)、希巴克斯(Hipparchus),以及伊拉特斯提尼斯(Eratosthenes)的工作就是反例。甚至连毕达哥拉斯(Pythagoras)都需要借助实验来探索音乐和谐的规律。测定饮食、锻炼以及气候对健康与疾病的影响,也需要实验。选择像本轮说或多圆心运转说这种有争议性的理论来决定春秋分的岁差,或者我们的地球 1 纬度的实际长度也需要精确的方法(这本质上也就是精确的实验)。还有,哥白尼、开普勒、伽利略以及牛顿的著作,并不能为 16、17 世纪的科学对待旧科学的态度是革命的这个流行传说作出什么证明。假设现代科学是这样产生的:它突然出现在某些人的头脑中,并让他们抛弃了亚里士多德的权威而从自身来观察自然,那么,这个猜测是个神话。这就是那位律师、奉承者以及文学艺术家弗朗西斯·培根的聪明想法,而正是这种想法,使他在实际科学领域中并没留下身影。的确,这使他忽视甚至反对他那个时代最具意义的科学成就,例如哥白尼的天文学、物理机械论,他的私人医生哈维(Harvey)的生理学发现,以及他信赖其著作的吉尔伯特(Gilbert)那先行性的研究。如果我们阅读了哥白尼的著作,可以发现,他只是重建了毕达哥拉斯的天文学。他接受了托勒密的方法,毕竟这种方法依然是数理物理学的方法;而他那所谓的革命,终究只是通过减少托勒密的本轮数量而作出的一种简化罢了。开普勒不仅仅深受新柏拉图主义的影响,而且其最主要的著作之一是对中世纪神学家威特罗(Vitello)的光学理论进行评述。对伽利略和牛顿来说,欧几里得和其他古希腊数学家是所有物理科学的奠基者。所有这些人,几乎没有做过什么物理实验,并且受这样一种观点的影响如此巨大,即自然这本大书是用数学术语来写的,所以科学的目标就是寻找这种单纯而又潜在的数学模式,这着

393

实令人惊异。任何重复过伽利略在倾斜的平面上滚小球这个实验的人,都可以轻易地发现:如果没有先行的关于自然规律的简洁性的信念,伽利略的实际结果可能什么都证明不了。在他的实验条件下,是不可能获得那种所必需的精确度的。甚至从比萨斜塔扔下两个重物的假设,也是这种情况。为了证明那些一般来说假设已经被证明的东西,可能有必要排除塔和地球之间的空气来制造一个完美的真空环境。在任何一种像空气或水这样的媒介中,一个掉落的物体遇到的阻力和它自身的阻力的确取决于它的质量。卢克莱修在古籍中明确地指出这一点,任何人可以自己观察到这一点——如果他没有被流行的反亚里士多德的神话所迷惑的话。要注意,我并没有否定实验在现代科学或古代科学中的重要性,也没有否认那么多人(尤其是在美国)目前都在实验室中忙碌。但是,我认为,应当注意一下数学或理论发展在实验工作中所扮演的本质角色,这不仅能解释科学(无论现代还是古代科学)的发展,而且能够移除实验和理性决定论之间错误的二元论。

394 　　现代科学并没有抛弃古希腊那种在流动的现象中存在恒久不变的规则、规律或关系的基本观念,也没有接受对于没有极限的无穷性的狂热崇拜,更没有接受对缺乏实体承载的功能(那仿佛是没有猫却有猫的咧嘴而笑的情形)的幻觉。而"变化已经取代恒定而成为'现实'或者存在的能量的衡量尺度"①,很显然是不对的。根据相对论的原则,在这个世界上有多少运动和变化,就有多少静止和持久;其中任何一方范畴的设立如果离开另一方,就不具有任何物理学意义。而且甚至在旧的物理学里,潜在的能量即势能,和活跃的能量同样真实。在物理学里,说其中一个是另一个的附属,就像说北极是南极的附属一样外行。

当我读亚里士多德的《政治学》(Politics)或生物学的论著,甚至像中世纪的经院学者巴斯的阿德拉德(Adelard of Bath)、阿尔伯图斯·马格努斯(Albertus Magnus)以及迈蒙尼德(Maimonides)等人的著作时,找不到任何诉求于经验的完全新奇的东西。而在杜威对理性和经验之间的任何二元论的拒斥立场中②,我无法理解他在经验主义和理性主义之间所作的那种尖锐的对比。他说,前者在于展示或者指出或者挑选那些被讨论的事物,而后者假设了逻辑思维和已发现的东西的首要性和根本性。我看不到这两种态度基于什么而无法相容,因为杜威自己也承认推论或者支配推论

---

① 《哲学的改造》,第 61 页。
② 同上书,第 100 页。

的逻辑是那些指出的、被发现的和被展示出的东西之一。① 事实上，并不是经验派的哲学家们，而是数学中为寻求逻辑精确的运动最先清晰并中肯地提出了从纯粹形式中推导出材料命题在逻辑上的不可能性；并且对不证自明的前提的不信任，可追溯到伟大的理性主义者莱布尼茨(Leibniz)那里。就连杜威很少为其说好话的康德，也坚持没有感知的概念是空的，就像没有概念的感知是盲目的一样。尽管杜威拒斥了古老的官能心理学，但他接受了知觉和概念的相互依存性或互为对立物的性质，接受了在每一个具体的探究中，实验思考和先验思考是不可分割地联系在一起的。对于这一点，我赞同的程度如同他对康德所做的那样。但是我认为，在经验和理性之间的那种绝对二元论(对前者相当崇拜)，应该让位于一种更加精确的分析；这种分析是对一边即历史、另一边即逻辑或纯数学进行区分的。

395

　　杜威对科学历史的描述，支持了他的哲学。② 为了挑战这一点，我绝不承认这样做的合理性，即他经常把一个主义的出生证明作为引向其真理的向导。几何学从测量学中产生的事实，并不决定在它之内的任何定理的正确或错误。但是在这里，我并不准备讨论从年代顺序到逻辑顺序的通路(这是对黑格尔的无批判接受，而且浪漫主义演化论已经让它如此流行)的普遍效力。然而，有一点值得注意。杜威反驳了一种关于单一的终极至善的信仰，认为这是一种已经消失的封建体制在理智上的产物。③现在，我不该承认，任何原则，比如政府代议制，它是糟糕的，因为它源于一种已经消失了的社会系统。任何原则现在的价值，应该从它自身依照目前的条件所创造出的功绩来检验。但是那种断言，即关于单一的终极至善的信条立足于封建制度，显然是不正确的。在不曾生活在封建制度下的古代和现代思想家那里，也可以找到这种信条。

　　由于在新教传统中长大，杜威认为，圣托马斯的天主教哲学是过时的。"那已经是晦暗、褪色并遥不可及的。"但是对数百万和我们一样聪明的人来说，它仍然是一种唯一为真的哲学。我自己并不接受天主教哲学，而且我的人民对于宗教法庭没有什么美好的记忆。但是，哲学议题在理智的竞技场中必然要碰到，而且我认为，圣托马斯和邓斯·司各脱(Duns Scotus)比我们很多同时代次要的人更加值得注意。忽视并不是一种哲学意义上的反驳。

_____

① 《经验与自然》，第 10 页。
② 《确定性的寻求》，第 92 页；《哲学的改造》，第 3 章。
③ 《哲学的改造》，第 162 页。

在这里,对杜威所看到的经验和民主之间的紧密联系,可能要加一句话。也许有人对他在政治和社会生活中对民主热忱而富有情感的奉献感同身受,却不承认这和科学以及哲学的关系。

396 　拉瓦锡、高斯(Gauss)以及其他很多人并不生活在民主制度之下。我也不能承认目前那种把普通人看成是那些从来没有做过充分考察的议题的最终判定者的合理性。的确,按照杜威的理论,如果普通人的观点足够令人满意,那么,为什么还需要哲学来作为一种批判性的反思呢? 如果普通人具有足够的判断力,或者说拥有谦逊的智慧,那么,他就能认识到自己的局限性,并且愿意从比他在哲学上付出更多时间和精力的人那里学习。

杜威对科学在人类或道德领域所能起的作用的充分关注,以及他对于旁观者或关于知识的沉思式理论的辩驳,引发出三个典型的工具主义教条,即知识和反思的出现只是为了让我们从麻烦中挣脱出来;①科学脱胎于日常的实践需要;哲学是文明对它自身所处时代的反映,并且能够对同时代的社会问题有所启发。这些教条在我看来,只有部分是对的,它们的片面性容易产生误导作用,需要认真地加以修正。这不仅仅是为了获得更加精确的真理,而且是为了处于杜威那整个理智努力的核心的人道自由主义。

对于第一点,毫无疑问,哲学家和学者倾向于夸大知识在通常经验中所扮演的角色。但是不能因此而断定,知识不是它自身的目的或根据。求知的欲望源自它自身,是对随心所欲的好奇心的满足,这是人性的事实。儿童如此,成人亦然,哪怕没有受过教育或对此不感到羞愧。普通男人和好女人喜欢了解棒球或足球比分,或者某些著名的政治家、电影明星甚至我们那并不突出的邻居们的一言一行。我们一般并不是为了应用,才阅读日报、传记、历史或者哲学著作。而持续的反思或者研究更可能发生在我们空余的时候,而不是当我们陷于实践的困境的时候。实际上,后者反而会给持续性的智性研究造成障碍。

397 　科学中的发明和进展要以一定的闲余时间为前提,以脱离经济上或追寻必需品的压力为前提。无私的好奇心在那些引导人们走向科学并促成进步的力量,即使不是最重要的,也肯定是重要的因素之一。许多科学分支的历史,例如,从泰勒斯(Thales)时代到吉尔伯特(Gilbert)和法拉第(Faraday)时代的电磁学,或者从色诺芬尼(Xenophanes)到我们今天的古生物学,显示了它们在起源上与技术的兴趣是多么

---

① 《论文集》(*Essays*),第 20,73 页;《哲学的改造》,第 23,30,53 页;《经验与自然》,第 51,76 页。

遥远。我并没有否认许多数学问题以及理论物理确实被实践需求所影响,并且被很好地投入应用;而只是否认那种认为它们全都是这样的普遍命题。此外,甚至在医药科学(例如病理学)中,人们都不仅仅因为迫切想减轻人类所遭受的痛苦而作出发现的。除非我们将注意力完全集中在过程的规定性因素本身上,否则无法解决病理学或者与疾病有关的化学中的问题。在研究中,对结果的人类价值的思考是无关痛痒的,甚至会成为障碍。甚至说人们应该选择他们认为会对人类福利作出贡献的问题,也是不真实的。人们对某些数学、物理、化学或生物问题感兴趣,与一些人对谜语、填字游戏、猜字游戏或可探索的奥秘感兴趣,是一样的。这其中的巨大区别在于科学中的主题和程序更加丰富,会引起更持久的兴趣。诚然,今天的科学已经变成了专业的职业。但并没有否定那些对科学作出伟大贡献的人,例如牛顿、拉瓦锡、卡文迪许(Cavendish),或者威拉德·吉布斯(Willard Gibbs),他们被一种内在的驱力所牵动,这种驱力就像驱使人们作曲的那种力量一样。近来对医药科学作出重大贡献的人——西奥博尔德·史密斯(Theobald Smith)曾经声称,尽管他有良好的官方职位,但他曾经做的所有研究都是偷偷地进行的。对科学的献身是一种痴迷和热爱,无法用外部的结果来衡量。

少部分科学分支具有实际应用性,这一点不能太过强调。在许多领域中,比如素数理论或者类似费玛定理的证明,很难想象它们怎样能够具有实用性。一位伟大的数学家曾说过,当他发表一个著名数学问题的解决方式时,有人问他这有什么用,他随即回答道:"谢天谢地,它没有任何用处。"据说有位伟大的美国物理学家,当他发现关于放射性的研究在医学上可以实际应用的时候,他放弃了研究。我无法担保这些例子是否真实。在许多投入纯科学中的人们中,这些事情是典型的;这些人对他们所处的时代的社会需要抱有最仁慈的态度,但他们仍然在应用科学的领域中感受到不适:在这个领域里急切的、实践的以及粗略的近似,取代了严格精确的理想性而成为最主要的特性。在一些人例如爱因斯坦那里,对科学的追求受一种被叫做宇宙情感的动力驱使,这种情感有点类似某些宗教情绪,而且是非常个体性的,根本不具有社会性。

根据先前的思考,对哲学历史的叙述,如果忽视了对宇宙问题的好奇心(或者说亚里士多德式的惊奇)在它的起源和持续中所扮演的角色,就是行不通的。而当杜威说出"哲学并不是起源于理智的东西,而是起源于社会和情感的东西"①时,我认为他

①《哲学的改造》,第25页。

歪曲了事实。古希腊哲学的起源当然与对抽象数学和宇宙论的兴趣相关联，这与其他任何技术或社会的应用有所区别。泰勒斯和其他爱奥尼亚派的思想家无疑怀有对政治和经济的兴趣。但是，没有证据能够证明这控制了他们的哲学的方向，或者能证明他们的思想被一种通过将现存的制度与实际的知识相调和的方式来为其辩护的卑微意图所左右，就像杜威在他的《哲学的改造》第一章中所谓恶意描述中所具有的那种意图一样。麦里梭（Melissus）是一位成功的将军；但是，他的哲学源自巴门尼德（Parmenides）和芝诺（Zeno），而这两位沉浸在自己的形而上学思索中，对人类事务不闻不问。此外，亚里士多德和柏拉图也都明确地宣称纯理论的崇高性。只有在哲学开始衰败的时候，在希腊晚期和罗马的年代，哲学才几乎完全变成了引导人类前行的东西。

　　我认为，有必要在这里来反驳一种从黑格尔那里开始流行的观点，即不管任何时期的哲学，都是各个哲学家所生活于其中的文明面貌的反映。对于数目、时间、空间、精神、物质以及知识的本性的反思，并不随着政治和经济观点的变化而改变。最明显的事实是：在每个时代都存在着只有很少人才对其感兴趣的哲学，而在这些哲学中，各种最不相同的观点盛行着，就像我们今天的唯心主义者、实在论者和工具主义者那样，更不用提怀疑论者、神秘主义者、独裁主义者以及其他人了。在某个时期中的人们生活于其下的公共制度，并不能成为他们不共享的东西的充分理由。从另一方面来说，不同国家和时代的伟大思想者的共同元素对哲学来说，似乎比那些与反对自己或忽视自己的同时代人所共享的因素要远为重要。伟大的哲学家朝向所有的时代；只有那些渺小的人，才会变得陈旧。很少有哪个时代的人对柏拉图对希腊民主的选举机构所进行的批评感兴趣；但是，他关于理念的信条长久以来激发着人们的精神，或好或坏。康德与柏拉图有很多共识，这比与菲特烈大帝（Frederick the Great）的还多；霍布斯与德谟克利特的共识多于迪格比（Digby）；而布拉德雷（Bradley）与巴门尼德（Parmenides）或斯宾诺莎（Spinoza）显得更加亲切，而不是赫伯特·斯宾塞或者威廉·詹姆斯。将古代和现代的怀疑论者、唯物主义者或唯心主义者，或者说印度人、希腊人、犹太人、阿拉伯人和基督教神秘主义者联合起来的东西，比那些生活在同一时代而具有的外在的相似性的东西，对哲学来说具有更重要的意义。有很多哲学家经常读古代的著作，而不是他们同时代人的著作；而且在所有的时代，总有一些气质的不同，如软心肠的和硬心肠的。因此，很多人投入哲学工作，恰恰就是因为他不喜欢他的那些沉迷于时代中眼前事务的邻居甚至兄弟。杜威因为这一点而谴责他们时，也承认这一点；杜威的谴责，在他们看来，正是对他们真实的智慧的献礼。

注意到这一点是有意思的:在一个具体情况中,即在罗素的哲学和他自己的哲学的区别上,他强烈地反对从英国贵族和美国民主的角度来进行解释,反对诉诸不同的理智兴趣——罗素对数学感兴趣,而他自己对获得知识的实验方法感兴趣。黑格尔关于国家的观点,所受到的影响主要来自对亚里士多德和路德(Luther)的阅读,而不 400 是他自己很晚的时候才有所接触的普鲁士国家。

在这里我必须承认,我没有能力去遵从那个奇怪的教条,即"哲学追寻意义而不是真理"。这种论点让伟大的哲学体系中的真理变得不再重要①,而我发现,很难将这种论点与他为反驳它们所作的努力相调和。当然,他对它们的反驳,并不是说他们所说的毫无意义,既然作为哲学,它们被承认是有重要意义的;而且不论何种情况,毫无意义的东西是不能被反驳的。他的论点实质上是试图证明先前的哲学断定了不正确的东西,例如,知觉是知识的一种形式。如果健全的哲学方法就是科学的话,那么,正确和错误间的区别就是一个根本问题。即使让真理在哲学中变成一个消极的角色,困难也并没有消除。诚然,任何一种没有受到桑塔亚那所谓短视的忠诚的坏影响的哲学,都必须扩展它的视野,超越具体科学那已被证实的结果。但是,关于科学过程的假设,或者甚至想象中的预感,都是非对即错的。我无法理解,对可能性的真实没有任何设定的意义怎样成为最具思辨性的哲学(更不用提经验哲学了)的内容。当我们说到古希腊文明的意义时,我们指出希腊制度更宽泛的历史前件和结果。但是,这样的历史联系发生或者没发生,关于它们的断言以及关于哲学史的断言也会因此而正确或者错误。那么,作为哲学主题的关于更宽广的世界的断言,当然也是这样。

II.

现在我们来面对理论科学和思辨哲学的道德价值问题,这些学科只为其自身而并不关心其在人类事物中的应用。东正教教徒、清教徒道德家们以及具有效率意识的哲学家们,会一致将之视为无用的废物;而将哲学看作一种关起门来的游戏,则通 401 常被视为对它的批评。这与杜威的人道伦理学完全相反。他已经令人印象深刻地(在我看来,也令人信服地)强调了游戏、玩耍和艺术对于道德心智的重要性。② 他频繁并恰当地坚持说,他并不将实践解释成为维持生计的一种狭隘目的。而在最近,他否认了要将知识从属于行动的意图。但是我认为,将一位作者有意识的意图(对此,

---

① 《第16届国际哲学大会会议记录》,第537、540页。
② 《人性与行为》,第161页。

他是唯一的评判者)与他确实说过什么区别开来是公正的,后者属于客观的社会事务。这是因为,语言,就像箭矢,并不总是和射出它们的弓手想达到的效果相一致。而我看不出,任何一个读杜威著作的人,怎能不去寻找那些明确的或暗示性的关于理论知识对实践的道德目标的从属关系。以下的段落看起来就非常典型。"在一个其中包含不稳定价值的经验中,与强调和评价的原则无关的理智(仅仅是为了知识而去定义、描述并分类的理智),是糊涂事和灾祸的根源。"①对于认识是为了其自身这种理论的旨趣,被定性为"一种奢侈品,因此是一种公害和妨碍"。② 他反对新实在论的一种观点,即思考"是一种对于客观事物的认识的工具",并且坚持它是"一种控制环境的工具"。③ 自然科学"并不是靠技术和专业化了的方法来追寻自在真理的东西,而是体现为对社会的影响,体现为理智的必不可少性。它的技术性只在于它为社会的和道德的工程提供技术"。④ 实际上,他的整个《哲学的改造》以及《哲学复兴的需要》(Recovery of Philosophy)的论文都致力于这样一个主题,即哲学应该是"一种理解并矫正具体社会疾病的方法"。⑤ 他将自己的嘲讽洒向了那些针对存在的冥思审视,洒向了僧侣的超然于世,洒向了那些满足于关心过去的和已完成的事物的观察者。"哲学只有像日常认识和像科学那样才是重要的,它应该给行动提供指导。"⑥为了其自身的目的,对历史的研究或对过去进行沉思,被指责为"用对古老时代的怀念代替了有效性的智慧"。⑦ 对知识的一种旁观视角,则被指责为不负责任的唯美主义,是"一种纯粹补偿性的教条"、一种对那些"因为缺乏让他们的知识成为事件发生过程中的决定因素的勇气而造成的退缩"⑧的安慰。如果我们采用罗素那聪明的论点,我们可能会说,杜威从定义上排除了沉思性知识的可能性,它的出现被看作恶的。但是,这样的话不仅会不公平,而且会丢失我所看到的一种潜在动机;这种动机是哲学家一种强烈的社会责任感,它使哲学本身更加富有生气并内容充实。我并不想否认,社会问题可以提供真实的哲学议题;我自己也在这个方向做了一些尝试,但我不同意这是哲学反思唯一适合的领域。从字面上来看,或者从他的准确表达看,杜威的

402

---

① 《达尔文的影响》,第 44 页。

② 同上书,第 298—299 页。

③ 《关于实验逻辑的文章》,第 30 页。

④ 《哲学的改造》,第 173 页。

⑤ 同上书,第 124 页。

⑥ 《创造性智慧》,第 60 页。

⑦ 同上书,第 14 页。

⑧ 《哲学的改造》,第 117 页。

态度在原则上不仅会指责还没找到且可能永远找不到任何实际应用的纯数学和所有的理论科学,而且会指责所有没有投身于影响社会事件进程的音乐和美术。

人类生活的这种贫乏显而易见,与他如此致力于自由主义传统的意图相去甚远。然而,对于知识的旁观者理论的反对,以及对于社会改良的热情,和那种所谓反亚里士多德的复合体(不带有冒犯之意)聚在一起,使杜威果断地作出了如前面所说的那样狭隘的表达。我不会假设他可能会指责为了观赏我们在顶峰可以看到的远景而爬山这一行为。那么,为什么他会谴责在理智上与其类似的或者是它的延伸的亚里士多德式的沉思或理论视野,而这些是奔放的人类精力的释放,并且通过自身的超凡脱俗而为人类生活添加了广为需要的宁静美妙和贵族式的愉悦呢? 哲学家、科学家或 403 艺术家的想法必须服从他所生活于其中的共同体的福祉,这不仅是越来越多极权国家的党派的要求,而且是我们以及其他民主国家的主流意见。例如,在流行的教育中,历史的真理将服务于爱国主义的需要。这样一来,那些对智力生活的价值感兴趣的人就必须抵抗大多数人,后者总是为了一些微小的眼前利益而时刻准备牺牲哲学、纯科学和其他非功利的研究方式。无论何时何地,处于某个时代的社会冲突中的斗士总是蔑视那些中立者。而哲学家只要秉持理智的诚实,并且认识到任何一方都没有证实自身的主张,他自己也没有充足的信息来判断议题中所有的问题,那么就必须在思想上保持中立。在我们的社会冲突中,各种各样的党派通常并不要求哲学来启蒙(这可能会对斗争中的热情浇上一盆冷水),而是希望其提供一种偏袒性的支持;而一旦哲学家这么做了,他对他的党派只给予一点点的援助,却对他的哲学产生了巨大的伤害。这并不是说,我们不能带着一种社会性的计划加入任何教派或政治党派或其他活跃的组织。成为一名哲学家,并不比成为一名数学家、音乐家或牧师意味着更多地从一般的家务、市政以及政治义务中解脱出来。但是,哲学家的特殊使命是将对真理的追寻放在首位,无论与他相伴的市民对此是否感兴趣;而这就要求一种伦理上的中立,或者对现时代的一些问题保持冷静。对所交往的人的需求和问题保持敏感可能是好的,但这并不意味着我们必须向非哲学的问题屈服,认为它们是最重要的问题。我们也是人,而我们必须认识到市场并不穷尽我们生活的全部意义。

当反对杜威对哲学家参与(其他)人类问题的强调的时候,我认为,有必要对哲学的社会责任的观念,以及人类理智能够面对自然阻碍的乐观主义观念,采取一个更富批判性的态度。尤其是,我们必须明白社会哲学中的原子式经验主义所存在的局限性。

没有一个敏感的心灵可以不被杜威那具有感染力的请求所打动,即为了一个更好的世界,我们应该在艰苦的斗争中帮助我们的同胞。但是关于这一点,哲学能够做什么呢? 一个不会游泳的人必须跳进漩涡去营救一个溺水的人吗? 作为一个哲学家的责任,当然不是在缺乏关于什么是更好的世界以及究竟什么能带来更好的世界的充足知识的时候,就跳进社会事务的巨大漩涡中去。对于我们的同胞,目前的那些关于好以及更好的东西的态度的无条件接受,绝对不是拯救他们的道路。可以肯定的是:一个经验哲学家没有理由感到,他可以轻而易举地获得足够的知识来解决那些困扰了人类几千年的政治问题、经济问题、公共卫生问题,以及其他的难题。杜威知道这一点,却大胆地声称:"对哲学来说,与其保持一种置身事外的、僧侣式的无罪性,不如因积极参与它所处的时代中的富有活力的斗争与问题而犯错。"①我无法赞同这种观点。在我看来,让哲学故意选择跌入谬误非常愚蠢;而这个谬误,哲学是可以避免的,只要它意识到——作出选择的实际需要不能排除我们的无知——从而悬置判断。智慧要求我们不被那些戏谑的称呼所吓倒,比如僧侣、象牙塔、避世主义者。离开一间充满令人窒息的烟雾的房间,是一种智慧。在黑暗时代,修道院生活保存了文明的遗迹。而且我认为,对哲学和社会性心智来说,僧侣式的无罪性比起给我们的同胞所认为的重要问题中已经存在的一大堆谬误上面再增加谬误,要好得多。

根据杜威的意思,哲学"必须拒绝和抛弃那种无用的、只进行观看的理智,这种理智使用一种遥远的和外在的中介,对自然和生命进行记录"。② 我冒险地断言,很少有敏感而善于反思的心灵在经历这个世界时,没有在它恶臭的空气中感到陌生而想逃离到稀少而高远的大气中停留一会。"我的王国不属于这个世界"——是一种真实人类生活中的重要元素,是一种从死气沉沉的世俗中所得到的拯救。而很多人为了全神贯注地从事那些在嘈杂的人群中无法进行的工作,在他们的研究中需要一种准僧侣式的条件。谦逊的智慧要求哲学家不过分地提升他那特殊职业的重要性。但是,他也不该妒忌那些行动者,那些人的座右铭是:"看在上帝的份上,停止那些理论化的事情,做一些有点用的事情吧!"我也不会受这种观点影响,即认为哲学家是经济上的寄生虫,除非他们将他们的反思转向实用性的目标。我们有权进行哲学思考,就像我们有权祈祷、聆听音乐,或者在戏剧表演中作为一个观赏者一样。没有人真正为哲学思考买单。有一些哲学家,虽然不是全部,被雇佣为教师;但是,如果我知道有人

---

① 《向威廉·詹姆斯致敬的论文集》(*Essays in Honor of William James*),第 77 页。
② 《创造性智慧》,第 66 页。

因此而非常富有，我会感到惊讶的。养活哲学家，远不是一个要求严肃对待的令人震惊的社会负担。

尽管杜威可能很难同意爱默生（Emerson）的柏拉图唯心主义，以及"超灵就是一切"的教条，但他认同爱默生对于难以战胜的永世与人类相伴随的自然疾病的温和态度。他反对认为我们的食欲和欲望是自然的任性表现的那种观点，因为这一点会使得民主成为不可能。① "人有能力塑造他自己的命运，只要他愿意并且能够运用环境所需要的勇气、智力和努力。生理条件并不会成为不可逾越的障碍。"②但是，如果这是事实，为什么人类还没有运用智力来驱除那些曾经在和平与战争的国家中使当今男男女女的生活变得暗淡的愚蠢残忍呢？ 如果原因不在自然中（人类的或非人类的），除了援引邪恶的超自然的来源之外，还能去哪里寻找呢？ 我们被告知：对于时代的积极潮流要怀有信念。③ 但是，这些潮流有可能会摧毁文明的所有价值。作为一个暂时论者，杜威将黄金时代放在了未来而不是过去。这种希望增强了人类的力量，并且无法被驳倒。但是，一个虔诚瞻仰过人类希望的墓地的哲学家很可能会摇头，而这种态度不会因为被称作绝望的劝告而瓦解。直面事物的本来面目，无所畏惧，这既有一种力量，也有一种安慰。但没有一种哲学是真正人道的，能躲开为人所厌恶的残忍，除非它认识到人类所遭受的痛苦、失败、死亡以及毁灭是必然的，并且能够通过聪明的、有修养的退却来提供一些镇痛剂。

406

只要人类还不具备无限的知识，他们就做不到无所不能，因此就会面对那些不可避免的困难和邪恶。对于必然性的接受，停止"以卵击石"，在我看来，是那些对现实生活问题有敏锐理解的古老的宗教导师们（先不提他们的超自然主义）最大的智慧。这并没有否认人类追求或应该追求广义上的经济目的，也就是增加获取幸福生活的手段。但是，人类同样也渴望去崇拜，让自己屈服，以避免那无法忍受的烦恼——这种烦恼，经常在我们必须以不完善的知识基础作出决定的时候出现。实际上，像伊斯兰和加尔文教这些运动的历史，展现了服从可以怎样释放人类的能量。在自己的挚爱面前成为愉快的奴隶，会比任何人都感到快乐并精力充沛，不论那挚爱是一个人还是一种伟大的非人因素。由于这个原因，否认下面一点是有害的，即人类从接受他们的命运中所得到快乐与从通过努力来改善命运（经常悲剧性地徒劳无功）中所得到的

① 《达尔文的影响》，第 59 页。
② 《哲学的改造》，第 49 页。
③ 同上书，第 212 页。

快乐是一样多的。

我很熟悉这种观点,即如果我们将所有的退却丢在一旁,奋发地致力于对实际情况的提升,就不再需要退却了。但对我来说,这是一种美好的愿景,它需要更多的证据。毫无疑问,有东西叫做愚蠢的顺从。但谁又能否认也有一种东西叫做愚蠢的固执,这种固执拒绝接受我们的局限性并因此把生命浪费在那些毫无结果的(如果不是使事情更坏的话)努力上呢? 我们这些生活在美国的人尤其需要明白:永恒运动可不是一种会受到祝福的生活,精力充沛的人并不是唯一(或许也不是第一批)能够进入天国的人。我并不是在否认努力与工作的必要性。但是我非常想提出一种怀疑,这种怀疑针对每一种过于社会化的道德体系,这种道德体系没有意识到刚才所说的那种在勤勉的生活中享受假期(如果你愿意,也可以说,从压抑恐怖的人类场景以及残忍的斗争中撤退或者逃离)的主张。像其他的智力工作者一样,哲学家必须远离人群,即使像耶稣那样对大众充满同情,也必须独自退却到山里去祈祷。为什么哲学就不应该在这个广阔的宇宙中给予我们一丁点私人的角落,而灵魂在这里可以呼唤它自身呢?

杜威的乐观主义立足于"对人性的积极的敬意,而后者与科学知识相联系"。①他十分敬佩培根,后者因为将哲学从空虚的思索以及逻辑的垄断中解放出来,并将它带回到人类的事务和关怀中(因此,关于自然的知识就成为为人类谋利的力量)而频受赞誉。而培根关于很多人为了提高人类对自然的控制力而工作的乌托邦设想,已经在很多将现代科学应用于机械装置的研究中被广泛地实现了。但其结果,却显然没有摆脱由此进入人类生活中的新型恐怖事件(无论在和平时期,还是在战争中)。杜威当然知道培根的乌托邦的一些失败之处,但是他低估了它们,把它们归结为是因为我们相对缺乏对人性的控制(谁来控制)这种问题的关注。他希望,这些问题在我们的社会科学中得到解决。②他似乎将对后者的忽视看作邪恶的来源。但在我看来,从培根时代开始,政治、经济以及伦理已经远比物理学获得了更多的关注。而那种观点,即过去的社会研究不够科学,并不能证明那种未加批判的假设,即目前的社会研究或者任何我们在不远的将来想要达到的研究,可以得到足够的发展,从而解决那些基本的人类困境。在科学中,这种进步并不简单地取决于我们想追随这种方法或那种方法的意愿。我们面对的是难以克服的困难。此外,当人们真正想学习那些

---

① 《人性与行为》,第 4 页。
② 《人物与事件》,拉特纳编,第 719 页。

控制人性的力量时，结果有时甚至更加可怕。那些著名的成功导师，例如希特勒或者库格林(Coughlin)，神父他们所实践的关于劝导的心理学显示出，对于显而易见的谎言进行持久并富有技巧的重复，能够对那些男男女女的大众们产生比任何一种基于真理的公正论调更加高效的影响。这些观察可能会被抨击为愤世嫉俗，但任何一种忽视这些的哲学都是鸵鸟的智慧罢了。

杜威在一些更加清醒的文字中就不那么乐观了，但他坚持积极的努力是唯一的道路。并且他声称，这种努力意味着面对整个宇宙的某种东西①，但这很难在一种经验的基础上建立。自然对于人类的价值似乎是漠不关心的。它使我们诞生，并且有些时候给予我们愉悦；但它同样给予我们不幸，无论在精神上，还是在身体上。最终，它杀死了所有我们深爱的人。它能够在一瞬间摧毁所有艰难岁月的成果。贫穷、疾病、疯狂以及极度愚蠢的邪恶在所有的社会里盛行，对人类想成为地球上的主宰的自负报以嘲弄。我们不能通过思维就给我们的身高添加一尺，甚至也不能停止癌症增长、动脉硬化以及衰老的步伐，更不用说地球的转动了。知识并不总是帮助我们控制未来。我们总是能预见到必然性而无法改变它。认识到在我们面对宏大的外在的自然世界时的局限性，并不是缺乏勇气，反而是一种真正的智慧。那种认为我们只能认识我们所创造或制作的东西的理论②，如果一以贯之地执行了，将会否认所有关于世界的知识，以及使我们得出这个结论的知识。我们不可能创造一个我们进入其中的世界。确实，对于在我们控制之外的事件，我们不能做单纯的旁观者，无论杜威还是其他任何人都不能只描述邪恶而不为发生了什么负责。在一些地方，杜威就像詹姆斯那样，意识到我们视野的延展超越了我们手工所能达到或控制的程度，并且这种视野本身是一种生命的强化形式。

尽管杜威自己很自然地对普遍观念(比如个体或国家的本性)的分析感兴趣，但他对于普遍性的不信任，使他有时会嘲笑所有试图提炼我们"关于制度、个体、国家、自由、法律、秩序、进步等等范畴的普遍概念"③的努力。尤其是他对于所有关于至善(summum bonum)的讨论，毫不理睬。他主张将注意力集中在排除具体的邪恶上。我认为，这阻碍了他系统地构造出适当的指导性理论——哲学想对各种各样社会问题的分析提供帮助，就应该提供任何阿里阿德涅(Ariadne)式走出经验迷宫的线团。

---

① 《经验与自然》，第 420 页。
② 同上书，第 428 页。
③ 《哲学的改造》，第 193 页；并参阅第 188、190、192 页。

受哲学家们对于抽象问题不同意见的影响，他似乎认为，我们在具体问题上能够达成
更多的共识。① 这在我看来，是忽视了人们在具体社会问题上分歧的强烈程度。如
果理论家不能达成共识（因为实际上，他们不想达成共识），那么，这种不情愿来自实
践生活而非纯理论。此外，我们从那条格言，即所有状况必须确定它自己的善②，得
不到什么帮助。世界不会将它自身打碎成一定数量相分离的、每一个都带着被规定
的善的原子式情境。能够排除经济上邪恶的东西，可能会带来一些更糟糕的政治上
的邪恶，反之亦然。并且，我们没有共同的单位来衡量不同质的社会价值。这驳斥了
那种一次排除一种邪恶的建议。当我们说，在一个情境中，什么是好的东西不能被先
验的回答而要依赖于实际的条件时，这也好不到哪儿去，如果我们对依赖的本性无所
知的话。

在杜威的思想的某个阶段，在他对于进步的信念中，他的确曾试图对至善构造一
个普遍的系统，而那就是：生长是道德上唯一的善。但是，由于所有种类的邪恶也在
生长并传播，这个公式不能帮助我们辨别善恶。然而对于那些因为无药可治或者失
去健康而留在家中的人，或者在无助的环境下慢慢死去的人来说，道德目标在这种观
点中究竟是什么？如果我们不知道什么是"最好"、"最好"如何被找到，那么，"让我们
来做到最好"就是毫无意义的。

指责杜威对于享受的价值毫无感觉，是荒谬的。但是，他的著作看起来不像是能
够理解经典的隐居价值。他的心理学太过行为主义和社会化了。他过于强调频繁地
行进，却没有思考那个走过去是为了停留而不仅仅为了通过的地方。这与他的一种
态度类似，即认为物理科学已经丢弃了实体的观念而发展了功能的观念。不管怎样，
他认为，休息和享受对未来行动是娱乐性的、工具性的；与之相反，我认为，我们应该
认识到它们本身就是目标，如果没有它们，生活就没有意义。与他那明确的否认相
反，我仍然坚持：很多为了使我们能够获得我们想要的东西的工具性活动，都是沉闷
而压抑的。实际上，在这种条件下，大多数人的工作是为了获得那些让生活对他们自
己及其家庭来说更为值得的东西。这完全无法证明我们可以说，享受，或者用他自己
的术语——"圆满的价值"（同样不是工具性的），将在我们的嘴里变为尘土和灰烬。③
在我们必死命运的进程中，所有的生活和活动也会如此。休息不是行动的手段，就像

①《哲学的改造》，第 165 页。
②同上书，第 163 页。
③《经验与自然》，第 365 页。

和平不是战争的手段一样。

古往今来,聪明人已经培养出一种与社会斗争无关的哲学反思,不是因为他们怯懦,或者是某种经济寄生虫的懒惰者;而是因为他们认识到,在对宇宙真理的追寻中,我们很少屈服于命运的不确定的转向,很少使得他人和我们自己一样,承受着种植虚无的希望所带来的痛苦。

在总结这篇不礼貌的故意唱反调的文章时,我必须反复强调自己的这一深刻信念,即在这个病态的、致命的非理性主义的时代中,杜威为在自由思想的基础上保持对启蒙的自由主义信念作出了不可估量的贡献。我的批评更多的并不是指向他的积极的努力,而是指向他的偶然的否定,这些否定归因于他对经典哲学不幸的好辩精神,归因于他对不在自己兴趣中心的事物没有充分的强调。驱动道德学家和人类学者的热情以说服为目标,他们试图说服别人加入我们的教堂或党派而不是在证据并不充分的时候悬置判断。任何人对于社会改良的狂热都是值得敬佩的,但超然和批判态度是那些必须保持理智真诚的科学家或哲学家的特殊职责。过于频繁地献身于暂时的事物,会使哲学之光变成偏狭的热情。而杜威肯定会同意,我们应该在头脑中牢牢地记住爱默生的话:他为所有敢于追求真理的人服务。

2.
杜威关于经验和自然的概念[①]

威廉·欧内斯特·霍金著

411 十年前，当杜威先生还只有 70 岁的时候，协会召开了一个关于他的哲学的会议。我还记得自己在那个会议上朗读了一篇论文。在那篇论文里，我叙述了三十年来全部用来反驳杜威、可杜威却对发生了什么毫不知情的悲剧。

现在我将作一个不同的但欢乐的报告。我要说，不是杜威先生发生了改变，而是我不再怀着争辩的心态去读他的著作：我读他，是为了欣赏他。对此，我获得了更大的成功，事实上，我几乎完全成功了！只是这个问题持续困扰着我，即杜威将之视为是我的进步还是倒退（如果他知道这一点）？

让我简要地扩展一下这个故事。

经验，按照杜威所说，首先并不是由高度理论化的内容组成的，而是由所拥有和所享受的东西组成的。而即使是那些高度理论化的内容，如科学以及哲学，只要它们是这个世界上的一种事实，作为经验主义者，我们也必须把它们首先看作被拥有和享受的东西。杜威甚至认为，他可以将一种超验的哲学纳入这种道路，同样也可以将所有的（其他的？）梦、幻觉、激情、迷信纳入进来。每种思考和感觉的模式都有它的历史；它已经在某处以某种方式发生了；当它在积极的人的心灵中产生和持续的时候，有一个动机伴随着它。简单地说，理论事实上有一个心理晕圈（psychological englobement），它属于人，必然会产生引导性的力量；而通过这种晕圈，经验主义成为 *412* 或者应该成为最令人舒适的心智和态度。所有思考、感觉、猜测、幻想、信仰的模式，在这个经验层面上实现了最终的民主。

[①] 首次发表于《哲学评论》，第 49 期（1940 年 3 月），第 228—244 页。对于杜威的回复，见本卷第 141—154 页。

我想起康德曾阐述过某种类似的民主,但他是从另一个角度来阐发的。当他说"我思"可以被当作一种前缀加诸任何一种观念时,他定义了观念的逻辑晕圈(logical englobement),或者是所谓的"逻辑中心的范畴"。杜威的经验主义实质上作出了相同的评论;但杜威总是附加的"我思"(或者"他们思")前缀,并不仅仅是一种逻辑指称。它带有一点历史性色彩,有时间性,出现在某个实际的思考者或行动者的困境中;它定义的,是那种观念或思想的心理晕圈。①

从表面上看,这种心理学的"我思"的添加,使我们对于整个情境有了一种更完备的视角。但是——而这就是谜题——与这种添加相伴随,有某种东西似乎被遗忘了。说"约翰是个无赖",比起说"我认为约翰是个无赖"不太完整,但是却更有说服力:"我认为"这个前缀,可能会将我们从一种诽谤行为中解脱出来;因为更慎重地说一件真事,会削弱这种断言在外部世界的力量。正是因为禅宗完全被我们当作一种人类自律的经验形式,它就达不到本身想要达到的效果。而如果我就这样接受杜威的哲学,把它看作一种可以在心理的晕圈中被拥有和享受的思想模式的话,那么,我对他的思想的尊重是不够的。心理学上的"我思"(或者"他认为",或者"他们说"),如同太阳,将自己的光芒同等地洒向公正和不公正的事物。它是一个逃避了战斗的绝对物。如果我们仔细地检查一个教师在他教书时的心理状态,可以看到,他的动机包含了一种矛盾的要求,即一方面希望他的命题的个人和历史的起源应该被忘记,另一方面又要求他的教学应该在纯粹的命题性力量中被把握。

由此,我们在今天庆祝约翰·杜威的 80 岁诞辰,因为杜威的哲学并不仅仅是他在今天和昨天所作出的哲学思考,而且是一个与岁月和它们的经历无关的壮丽的思想整体。如果由我来解决这个悖论,我敢断言:历史之所以重要,因为它聚集了超历史的东西;个别事物的意义,蕴含在普遍性之中。② 这是我在这里通过对杜威的概念进行评论而试图阐述的主旨。

我将从经验的概念开始。

I. 经验

杜威在第二次卡鲁斯讲座(Carus Lecture)中,放弃了将经验看作一个含糊不清

---

① 此外,还有生物晕圈,那是杜威思想的基础,被看作隐含在这个术语中;"历史晕圈",可能被用来覆盖这两种意思。
② 这仅仅是片面的真理。普遍性意味着特殊性,这也是正确的。我在这里,希望强调"意义"是一个双向概念这个事实。

的词的说法,代之说经验是一个双重概念。我认为,这种变化暗示了含糊不清这种情况在地位上得到了提高;经过思考发现,残余的双重性是值得被保持的。在经验未分裂的完整性中,可以区分出:(1)经验的材料,以及(2)处理它的方法。如果我们简单地将经验理解为用"谷物"把感知觉的"磨坊"填满,就永远不能认识经验到底是什么。有些人因为得过天花而"体验过这种经验",或者对攀登珠穆朗玛峰"有过经验";在这种表达中,我们习惯性地通过它的主题来指出经验;但这里的关键问题是:他是怎样取得它的? 他对它有过抱怨吗? 他"从中获得乐趣了"吗? 他对它有过了解吗? 关于它有什么故事吗?

为什么任何经验都要引起某种故事? 因为一种被给予的素材可能会被无数种不同的方式所领会。一个内科医生对一个天花病人的病例记录,或者一个探险队的日志,不会成为任何故事;但是,当这种素材被某种方式所领会时,就具有了某种情感、想象、道德以及伦理的意义。而真正的经验主义者会把这些都列入范围,因为它们都在那里。经验是一种混入了领会它的方式的材质。

这种材质必须被视为我们打算对待的东西;而一旦我们打算对待事物而不是感觉材料,对待椅子而不是零散的感知觉、形状、色彩,经验就是属于事物的。为了引起对于构成经验的"做并经受"的注意,杜威并不想把经验的对象消解为知觉。人们"做并经受"种地(举个例子);但是他们的经验不仅仅关于种地,而且涉及农场、田地、小林地、仓库、工具、天气、农作物。经验是我们所关注的对象和对它的关注之间不可分割的统一体,是被爱与被恨的事物与爱和恨的行动之间的统一体。

(到目前为止,我认为,我所阐述的是杜威的观点;并且我相信,如果我作个简单的推断,依然是顺着他的意思来的。经验的对象与它们自己的背景相混合;在我们经验事物的时候,我们在经验事物的环境。这些背景中的一些——例如空间和时间——是共同的背景;而所有具有共同背景的事物的共同环境,我们简略地称之为"自然"。如果情况是这样的,我们就在"经验"和"自然"概念之间的关系上建立了这样一点,即自然在所有的经验里,是一种持久稳固的、不变的对象。经验是属于自然的,可以并入我们的行为和关心之中;或者,经验是我们的行为和关心"渗透进自然并通过它而扩展"。)

对于杜威来说,这种无法分割的完整性是所有思维的起点和终点。它近似于我们一些大陆同胞所称的"具体实在",或者其他人的"存在";而如果我没有犯错的话,它类似于敏斯特伯格(Muensterberg)曾经所称的"纯粹经验"(die reine Erfahrung)。

II. 作为经验的一种功能的思想

现在,对于杜威来说,通过这种具体方式的理解,思想是经验的一种功能。

对于他希望在他的思考方式和其他方式间所作的对比,我的理解是它在于此:他指出了,思维与它粗糙的经验之中的开端和终点经常有一种生动的联系;通过探究,它要解决和澄清一些东西;而思维究竟是什么,必须在时间性的功能中去判断。

由于这个原因,杜威也将科学方法看作哲学的典范。

由于科学的推理过程在任何地方都被理解为是经验的一部分:它在经验中流出;*415*它的终端线也是接地的。如果在这个过程中,概念保持好的状态,那么,它们就应该提供对事件过程的控制,并且扩大最朴素的事实的意义。哲学思维应该扮演相同的角色:它对于经验来说,应该是可利用的,并且可以被经验所验证;它应该能扩大经验的意义。而它的概念具有“实在性”(reality)——如果我们愿意用这个危险的术语——[或者如果我们不愿意的话,可以用“有效性”(validity);而我愿意,因为替代的词更加糟糕]——只是因为(或只要)它们满足了这些条件。

将科学和哲学思维混在一起,我相信,我们可能会重新开始下面的工作。思维是内含经验中的一个功能,它通过扩大我们理解和控制自然的资源(也就是获取经验材质的方式)来重塑经验;而在这个经验和思维中的任何一个过程之外,没有“实在性”。

对思维功能的这种理解,为经验的概念添加了一种重要的特性。经验是历史,在这个历史中,世界(包括自然本身,只要它被“融入进我们的行为和关心中”)渐渐地被思维重塑。卡尔·马克思对效果所作的讽刺性评论——“哲学家忙于解释这个世界,然而任务应该是改变世界”——在这里遇到了那个教条,即在一种真正的经验意义上来解释世界,就是改变世界。

III. 浮现出的问题

对于如此简短的阐述,或者对于其他的阐述,我能提供给杜威先生以及你们的唯一辩护,是一种工具性的辩护;为了现在必须提供的评论,我必须公开这个起点。

对于目前这个概略叙述的经验和自然的概念,我大体上是同意的。这些概念锋芒毕露,大部分它们所砍掉和拒绝的东西在我看来,也是应该被拒斥的。那种在存在的单位的意义上把分析方法的结果设定为崇高的“实在物”的计划,都被排除在外。*416*

感觉材料、物理事物、作为"观念"的精神状态、中性实体、永恒实体或者本质，都似乎与这种雄心不相符。分析在哲学中，的确可以像在科学中那样有所作为；但它无法被用来发现形而上学的原子。

我也同意哲学家的气球必须承认它的飞行半径，而且一旦升空，就不应该让它自身停泊在某个星球的范围之中。除非它回归到它所离开的世界，并且在同样的境遇中开始它追问的旅程，否则，它对于那个问题不能给予任何答案。

杜威的工作已经做得很好了，他的一些在年轻时期有过争论的主张在成熟时期几乎变成了世界公认的道理。但是，我们的兄弟（对这些人来说，思维的游戏是对我们的严肃性最恰当的表达）需要不断地被提醒——人在我们所处理的问题中所占据的重要性，并且需要永远感激那些坚定不移地作出这种提醒的人。

我与已表述的概念的背离之处，首先是有关经验与实在的关系，其次是有关思维的产物和同一种实在性的关系。在杜威对于科学方法的意义的解释中，我开始感到这种分歧；首先让我对这一点说几句话。

科学的问题和答案具有一些杜威归之于它们的优点。它们从粗糙的经验中产生（最终是这样），并且对它们在其中产生的同一个情境作出回应。但是，在途中，这个过程被最大程度地理智化了。问题被改变了，它指向了现存的理论系统；问题变成了：这个理论要怎样修改或发展以用来解释现象 X？而经验被打断了，因而单个感觉材料将会提供找寻答案的线索。实验可能会被定义为对可控事件进行安排，使某种感觉事实变成对一种理论是生是死的判决。那种感觉事实，就如直接可读到的仪表数据一样，处于最近的距离，任何经验都可以直接得到它，从"粗糙的经验"中所具有的最小的认知性就能得到它。

这种在起点和获得答案的终点之间的不一致，是科学事物典型的特征。精炼的思辨在那里被嵌入事实的过程中，没有任何方法能将它驱赶走！地球上的物体重量在我们的经验上始终意味着地球引力，除非我们找到一个更好的理论。当然，有三种方式可以逃脱这个认识：遗忘、艺术家人为的天真、神秘主义所习得的整体性。但是，这些止痛剂都已经过去了，而科学家所做的恶作剧仍然存在着；由于他的职业的本性，他改变了所有人的经验。我们都必须通过他的眼睛来看事物。这就是为什么科学在当今时代及以后都是报纸的头版头条。

我强调的重点在于：这种将认知静观高度理论化的环节（在这里，事实的含义就是理论），在我看来，是典型的科学环节，而不是为了引出将粗糙的经验通过改进的理论提升到一个新的高度这一后续环节。而我相信，事实就是如此，因为将最大限度的

417

理论聚集到小范围的事件之流中的科学认为，它自己接近了那个我们称之为"实在"的目标，而不是让我们远离它。

这将我带到了我的主要问题那里，即经验和实在之间的关系。

唯心主义形而上学被认为具有一种既定的旨趣，即否认表达物理方程的概念性术语具有实在性，否认物理实体如原子、电子、正电子或者其他种种具有实在性，并且声称这些实体只是在那些公开的经验的环节之间的简单并可计算的关系。物理学那严密的理论之网，不多不少地意味着对演替（succession）的完全信赖。它的专用术语在字面意义上是"建构的"，而不是实在的。而当前的物理学倾向于在一定程度上接受唯心主义的分析，声称它对于非现象的实在没有兴趣，只对预测的有效性有兴趣。在这方面，杜威关于经验的概念和唯心主义非常相似，而我发现，在唯心主义迅速赞同的地方，自己开始不能认同。

IV. 经验和实在

"实在"就像"经验"，是一个模糊的词；但是，也像"经验"一样，把它看成是双重性的，会更好些。

在某种意义上，它与经验是同延的（coextensive）。进入经验的每一个事物，无论是物理性的客观对象，还是感情、幻觉、梦、形而上学系统，都像经验到的事物那样真实，也就是说，在它的心理晕圈之中。而在实在的这个层次上，就像杜威正确坚持的那样，认知并不享有特权。

另一方面，"实在"是研究的对象；并且，这个符号（"实在"）表达的不是表层上的东西；而且，当然与拥有并享受的东西不同。在此意义上，"实在"与展示虚假自足性的东西形成对照，并且可能会被定义为（因为简洁而显得有点武断）独立的存在，而其他存在依赖它。这是一个逃不开的概念，因为这种依赖关系自身是经验的一个事件；我们经常发现，那些看起来或者让人感觉是独立的事物（就像我们在我们强健的时候所感觉到的那样），事实却不是这样，而是依赖于其他事物。

只要事物依赖实在，它就解释了它们；与之相反，无论谁在寻找解释，都是在寻找实在，无论是以这个名义还是其他更喜欢的名义。由于独立性是一个程度的问题，C可能依赖于B，同时B依次依赖于A，这里存在着实在的程度。而由于实在具有程度性，就可能有接近实在的途径的程度性；探寻可能会令人信服地接近实在，但永远无法达到它。

只要探寻向着理解（与单纯的描述不同）前进，在定义上，它就是向着实在而运动

418

的。它用于这种运动的器官,就是"假设"或者"理论"。① 因此就有了这条格言:更多的理论,更近的实在。与此形成对照的规则是:思维越多,建构就越是人为的,结果就越是主观的。这与整个康德哲学的假设形成了鲜明的对照:任何被心灵范畴化的东西,改变了事实或者遮蔽了物自体。哲学在这一点上,显然产生了分裂。

杜威、布拉德雷(Bradley)和柏格森(Bergson)的哲学各有不同,在这方面却有所一致,即他们都不相信概念性的判断可以达到实在。对杜威来说,按照我对他的理解,一个在灵光一闪中跳跃到事后被证明为有效的假设上的人,不能获得成功的归纳所具有的快乐,与实在也没有特殊的亲密关系;他的结论是否为真,要被置于这个过程才能显现:它被(1)验证,以及(2)显示了能够带来适应、控制和集成的能力。而我所坚持的不同观点是:灵光一闪也能抓住实在,没有进一步的过程。有更多的理论(如果它是一个真实的理论),就有更多的实在性。让我们来扩展这一点。

接受这条准则,即经验的材料首先是被拥有的,其次才对之进行思考。这种后继的思考通常会这样提出疑问:"这东西是什么?""它依赖什么?"在提出这些总是很适当的问题的过程中,关于"拥有"的经验的相对当下性丢失了;当下的东西中充满了"中介"。这是经验内部一种确定的变化、一种心理上的变化。一个小男孩对于火车头的经验,以某种方式来理解的话,他对黑色的聚集起来的力量羡慕性的第一印象被彻底去除了。但是,这种心理上的变化必须与对象的同一性相融,在整个探究中有前后一致的内涵,否则,探究就不是关于某物的。因此有了这条准则:心理上的关于当下性和中介性的不同一性,必须和它们的对象的同一性相容。

〔这里显示,心理的历史,只要它是认知性的,与相对意义上的非历史对象总是纠缠着的。那么,这种相对不变的物体是被意味着,还是被相信着,或者被观察着?杜威会说,如果客观事物是一把椅子,我的心理活动(当我围绕它行走,并且拥有很多视角)依然被视为对于同样的物理事物的变化着的经验,即我在观察这件事物。他会把这些带入整体的粗糙经验中,并且把那个将视角与视角所从之而出的东西隔离开来的分析,视为一种恶劣的不真实的经验主义,并希望摆脱它。但是,如果对象是组成椅子的木头的分子,或者是分子中的原子,或者是原子中的电子,杜威就不会说我们观察它,而只会说我们思考它。这一点,我同意。但是,这个原子是不是比我所观察到的椅子要不真实呢? 简单地看,区别在这里:单独的椅子(我任何时候都不能看到),已经在空间里被分配了一个固定的位置;在我意识到若干个视角时,也就不可分

---

① 按照定义来说,这是认知探寻。参阅席尔普,第 525 页。

离地意识到了空间。我对于用来解释椅子的很多事实的原子,并没有直接的直觉。然而,原子虽然不拥有一个空间或区域,却有空间指向,而它至少和椅子一样真实,而且是在同样的基础上。有各种各样的现象依赖于它,并且它"解释"或联合这些现象;与它们相关的,是独立的存在和独立的变量;它在变化中持存。]

我准备考察这个原则所带来的结果。比如,先不去管物理学中最近的发展所引导我们进入的想象的不可能性,我必须坚持[以反对像布里奇曼(Bridgeman)这样的操作主义者]我们所关心的实在,并不位于操作或可能的事之中,而是在其行为可以对我们的微分方程进行回应的实体之中。很明显,我们还没有完成对那些实体的定义,或者说还没有完成对我们的等式的制定;但这和说没有这样一种实体,是完全不同的。没有办法去构建这样一种哲学:相信粗糙经验的明显现象,却不相信 X 通过中介性的理论结构所作出的指示。操作主义是一种绝望的建议,但绝望是不被允许的;并且,无论这种哲学与主观的倾向多么意气相投,我们必须拒绝它们的抚慰。

杜威已经充分指出,他并不想走主观主义者的逃避道路。他陈述了他的信仰,比如存在一个先于意识的物理世界,并且为意识的到来提供了某种程度的条件;这证明了这个观点,即思维是对实在的一种眺望,超越了观察的界限,也超越了可能的证实的界限。

但是,接受我在这里列出的两条原则——(1)更多的思维,更多的实在;(2)中介性与直接性的客观同一性——的后果,影响是深远的。这些后果中的一个是:如果理论将经验的原初混合物和自然割裂成两个方面,即精神的和物理的,那么,这种分离必须被接受为更高的真理。它分割了原始的统一性,但向实在迈进了一步,而不是远离实在。

V. 精神与物理

现在,我相信理论的确要求这种分离。笛卡尔有敏锐的嗅觉,他将这种分离推至极致。杜威和怀特海都认为,笛卡尔是现代形而上学混乱的主要负责人。他将经验已结合在一起的东西劈了个粉碎。由于在他的观点中,精神不是身体,而身体不是精神,他不得不用不会听命于他的物质来对他的世界作一番修补。精神不能单方面影响身体,反之亦然;认识的可能性变得可疑。一大堆人工问题冒了出来,而一种真正的经验主义是永远不会遇到这些问题的。杜威哲学的一个主要动机,就是对这些诡辩哲学进行反驳。

我希望,我能接受这种从形而上学的负担中挣脱出来的自由。中国哲学被它的一些解释者所赞美，因为它从来没有切断过精神和身体、物质和心灵。我个人的感觉是：这是一种未得到发展的哲学；它没有遭受过二元论的痛苦，就其目前所做的事来看，它也不能提供治疗的办法。我们不能通过阻止形而上学问题的出现来解决它们。我们不能仅基于对饮用的目的来说未分裂的状态下是更好的，从而拒绝将水分解为氢气和氧气。

需要笛卡尔式区分的这种原则，并不来自笛卡尔；它已经深嵌于新科学之中。这无外乎是因果关系的现代概念。把终极因从我们的自然理论中清除出去，也带来了所有其他的后果。替代终极因的，是一种不要求任何目的（或者没有目的可利用）的因果关系，因为下一个阶段的事件总是被完全决定了的。这个新的并且是严格自给自足的科学描述的模式，被认为（在最初）是一种变化的同一性；原因和效果在数量上是等同的，为了在数量上等同，它们在种类上必须是类似的。然而，如果种类完全相似（一种理想在将所有的物理变化看成是能量流动的描述中达到完满），那么，性质消失，公式产生，而我们必然会处理纯数学问题；在现代物理学的实在世界中，微分方程（包括常量方程与系数方程）描述了所有发生的事情。

这个简洁的结果构成了科学思索的自由宪章，而同时充满了深刻的形而上学困扰。其中一个困扰就是"自然的分叉"；因为如果自然的特性不是科学描述的对象，这些特性就会被降低而成为主观的东西，并且完整的经验被分裂成两部分：实在中的第一性质，心理中的第二性质。为了反对这种分叉，贝克莱（Berkeley）首先作出了响亮的抗议；然后是黑格尔；然后是费希纳（Fechner）；然后是杜威；然后是怀特海。杜威对此的表达在我看来，是最有力且令人信服的，同样也是最极端的；因为他想放回自然的并不仅仅是颜色、声音、味道以及气味，而是一般归于感觉的特性：美、丑、可爱、可怖以及喜欢。

他在某种程度上可以这么做，因为他使这些特性摆脱了主观性——至少从私人心灵的主观性中摆脱出来——并且把以前时代中仅仅从个人的主体角度考虑的性质，变成了自然的非个人的拥有物——我不会说这是享受。

现在，所有这些反对肢解自然的呼声已经得到了很好的辩护。它们让我们对于什么是朴素的经验以及什么是自然，保持清醒的判断。但是我相信，对于分叉所带来的丑闻的各种各样的弥补方法达不到预期效果，因为对于这个困难的理解是错误的。

当我们按照物理秩序来解释知觉，把它解释成是无性质的事物所导致的结果时，这个困难表现得最为明显。我们可以解释任何东西，但却不能解释感知觉中出现的特性。也就是说,我们可以解释任何东西,除了唯一的最要紧的事之外;那就是说,我们根本不会也不能用这些术语来解释感知觉。

然而,现代因果律概念不是用来(*was not intended*)做这项工作的,了解这一点对我们是一种安慰。它的整个功能是规定事件序列的数量特性。在这一点上,它已经完全成功了。而这,就是我们应该对它抱有的所有期望。那些数学秩序是有效的,而在这种情况下,提供公式的理论建构就会趋近"实在"。

将这种建构誉为"实在",的确是一种错误,这等于声称这种数学秩序可以自为地存在。这个宣称不是由科学提供的,因为它并不提出问题。这个错误已经铸成;而所有我们提到过的形而上学困境随之而来。

疗救的办法在于承认:(1)无性质的、干枯的自然是对完满而具体的实在的一种抽象;并且(2)这种抽象对于精神生活有一种无法估量的意义。这种疗救与贝克莱主义的倾向不同,后者拒绝承认空间及其实体性内容具有任何相对的自主性;也与(如果我是对的)杜威和怀特海所采取的倾向不同,这两个人把大量一般被看作精神性的特性归因于自然。他们更确切地认识到,自然的自主性,它的非个人性和精确性,它对于性质和感觉的缺乏,是自由的精神生活的必需品;而且,它自身被理解为是整个精神生活的依靠。

可以观察到——古老的观察——只有存在一个有规律的自然的领地,习惯才可以被建立,对于自然日积月累的精神支配才会被完成;或者不是那么古老的观察——只有存在这样一个领地,它是无生命、无性质的,是非个人化的、干枯的,我们才能在犁田或伐木的时候不会有一种毁灭生命和价值的感觉。开采自然的自由,是无自由彼此利用的必要背景。这样,无意义领地的存在就有了一种积极的含义。并且,在某种意义上,对物理自然的无意义性的感知,是向唯心主义对实在的解释迈出了一大步。

由此,分叉点的丑闻可以被一种客观唯心主义(还需要解决一些细节问题)修补;而当代自然主义用灵魂的性质(我有些不敬地将之描述为一种附赠品)丰富自然的概念时所显示出来的特殊的追求,是需要这种哲学的一种明显证据。

VI. 辩证的经验

现在让我在结尾处简短地重新提一下经验的概念,以及思维在经验中的地位。

思维实际上是一种致力于解决有疑问的情境的探寻。而思维经常会创造一些需要进一步的思考才能解决的难题,这也是真实的。从经验中抽象出自然,这是思维产生的难题之一。思维的历史性概念将一些难题看作增长见识的一个自然的、也许是不可避免的阶段；而这种看法是现代的"辩证法"的来源，根据这一点，经验是辩证的。经验在思维的再造下，被累积的意义（cumulative meaning）的特定秩序所重塑。

我建议将"辩证法"的观点作为哲学中的一种经验方法、一种连续不断的归纳（consecutive induction）。在它最单纯的形式中，它是关于世界本性的一系列假设，每个假设都会在经验中被验证，每一个都依次被发现是不充分的而被更好的假设所代替（当人类足够幸运，能找到一个思想家时）。它在延续它的形而上学探寻的过程中，具有了种族的持久性；它的主要原则在于：存在一种能被思维所理解的实在，并且在良好条件下的思维能够不断接近它。

［更详细地说，人类的辩证法过程的报告者倾向于指出：新的假设，不是以一种零散的或线性的形式出现，而是以成对的互相对照的观点出现，就好像在经验中探索区别（如普遍性和特殊性、精神和物质、事实和价值）的思维丢失了它的平衡，在两边之中偏向其中一方。这样一来，就像杜威已经指出的那样，同样的情况（笛卡尔的二元论）在哲学中导致了主观主义和唯物主义运动；而导致黑格尔哲学之蔓延的同样的情况，也导致左翼以及马克思主义历史观的反抗。］

不过，就让这些作为一种思维过程的经验的形式特质成为它们想成为的东西吧；现在我所考虑的，是那种思维在时间中的到来。辩证法应该达到一种目标，这是可能的吗？经验因此就应该包含一种非过渡性的要素吗？我相信，对于经验的辩证性可以说两点：它永远不会到达，并且永远在到达中。

它永远不会到达，是在这个意义上说的：它的任务完成了，最后一个假设被验证了，对于思维的时间性的兴趣也因此而消失了。因为每一个观念从其本性上说，都是整个观念系统中的一员，所以与任何观念发生关系的实验就是与系统发生关系的实验；在此意义上，所有的观念一直都在经历着实验。从另一方面来说，真理是已经到达了的；并且所有的真理在某个意义上，都是永恒的真理。如果所有的洞见和有效的判断都寄托在这样一些人——他们只有在一个无限的时间序列的最后才会到来，也就是说，他们从不会来到——身上并让他们感受到"这不是我们所生活的世界"的话，我们必须考虑到，这样的世界令人讨厌。我可以引用杜威的话来说明，有这样一种意义，在其中，我们知道；那就是，认知是一种已经被获得的经验。但是，如果认知已经被获得，并且不仅仅是假设我们认知，那么在某些意义上，则存在一种确定的并且绝对的知识。在这个短语中，形容词"绝对"（absolute）仅仅是强调事实而不是改变事实。

在相信某事可能是这样和看到某事必须是这样之间，每个人都从经验上知道这两者的区别。我们的确会有某些偶然的经验来认识到必然性;而当我们拥有这种经验时,时间的进程会产生一些脱离时间的东西。事实上,这就是实验的通常结果。埃及人做了大量关于天文学和测量的好实验;然后,毕达哥拉斯学派(pythagoreans)发现了勾股定理,而更进一步的实验马上就变得不必要了。一旦我们知道一个正方形中的对角线肯定是相等的,继续去测量它们看看是否相等,这是愚蠢的表现而不是聪明的表现了。

我们可以对一个更复杂的难以确定的对象进行实验。例如,我们对民主进行实验。我们并没有在民主上做到完全成功。有一些人把它看作糟糕的工作而放弃了,然后开始做一些极其不同的实验。如果我们对于事物的态度是纯经验性的,那么,可能会对针对任何东西而做的任何实验都没有反对的意识,例如屠杀那些过剩的人口。某个人道主义的法老曾将 80 000 个乞丐投入采石场,说是不仅为了他们,而且为了那些幸存者。为什么不呢? 一种伪装纯真的经验主义应该承认,任何结果可能来自任何原因。当然,我们实际上不相信这一点。这是因为,我们不是纯粹的经验论者。即使我们的这种民主进行得不顺利,也不应该尝试极权主义计划,而应该试其他种类的民主。有一种潜在的信念引导着对于下一个假设的选择。我们想象,有一些关于民主的东西是必须的。这里的一些东西,并不表达那个假设的公理,即"所有人生来平等"。然而,可能会存在一种更好的准则;在对话中,在朋友的小圈子里,在所有形式的合作中,假定了某种平等性;而如果我们捕捉到了这一点,就可能拥有打开一扇更大平等性大门的钥匙。我们可以为我们的绝对准则而丢弃任何公式;但不能在没有回归到一件事的情况下而丢弃它本身。在探讨中——有一些命题,只有在我们暗示了对它的肯定时才能否定它,而且这样的命题一定是正确的——所诉诸的原则有其实验的表达,如平等的合作必须有回报。这种强制性的回报是"绝对"的实验性标志,是隐藏的,但却发挥着作用,并且有一天会看到它;它会作为一个先验的真理,出现在我们的面前。

我认为,在自身的确定性上,我们这个时代的哲学太过容易地接受一种失败者的态度。对准则让步,意义也就丧失了。而这是很严重的,因为真理是不断累积的,这是很根本的;而除非有些获得的东西能够持续,否则是无法累积的。这样一来,我们对于经验的概念必须包含稳定性这个主干的元素,否则就是不完整的。鲜活的生命力,的确要求主干必须新陈代谢;而我们确信,只有这样,才能最好地被保持下来:它较少地以公理是可变化的这个形式出现,更多地以一系列的假设(这是归纳的秘密,或者可否说是经验的脊髓?)具有持久的神秘的方向这个形式出现。

3.

对杜威博士的立场之辩①

宾汉姆顿对于鲁格社会科学教材的禁令被批准

427 致《纽约时报》编辑：

哥伦比亚大学的约翰·杜威博士在《纽约时报》上刊有一封信。在信中，他认为，"被选举出来的任何团体都有权利视察被公共税收支持的学校中所使用的方法和实践"。

但是，他有一种模糊性，即他不喜欢即将到来的对于纽约公立学校系统的国家性调查，也不喜欢戴斯委员会（Dies Committee）对这个国家的教材作者的政治和社会事务的调查。并且，他谈到了最近在纽约宾汉姆顿的公立学校对于鲁格教授的社会科学教材的撤销。"受到法人组织纽约州经济委员会主席的煽动"，它是"对最重要的公共利益的颠覆"。

如果鲁格教授为 12 至 15 岁尚未定型的少年儿童所写的社会科学教材，只限于呈现卡尔·马克思、列宁和托洛茨基的理论，也许会有那么一些人赞成这门课程；尽管大部分人可能不会同意，这么小的孩子怎么有能力去理解各种各样社会系统的不同优点，或者，如果他们有这样的能力，初中是一个教育他们的好场所。

集体主义被视作目标

但是对于作者背景的审查，以及对于教材本身的大部分内容的审查，在我以及其428 他很多人看来，表明了鲁格的这些教材不仅仅在通常意义上教授学生集体主义的知识；而且其实际的目标，是给学生们灌输集体主义观念。

---

① 首次发表于《纽约时报》，1940 年 5 月 9 日，第 22 页。杜威的信，见本卷第 370—372 页；杜威的反驳，见本卷第 373 页。

杜威全集·晚期著作·第十四卷

鲁格教授和他的同事们很明显相信,学校老师应该是新的社会学说的灌输者。他在他那本《伟大的技术》(*The Great Technology*)里,坦白地陈述了他的哲学。在第24页,他说:"因此,我们的任务是发动一场全国范围的成人教育运动,迅速地创造一个对我们的社会秩序进行科学性重建的少数派意见的紧密团体。"还有乔治·康茨(George Counts)教授,同样是哥伦比亚大学的教师,在他的书——《学校敢于建设一种新的社会秩序吗?》(*Dare the School Build a New Social Order?*)中说:"我确信,教师应该有意去攫取权力,然后取得最大的征服。"

鲁格教授在其著作的其他地方,描绘了他对于某种智力闪电战的信仰。他在第231页陈述:"这个工程会包括……两倍甚至是四倍的国家教育预算。"这里提出了一个问题,即鲁格教授的理论以及其他一些所谓进步教育的鼓吹者是否要为这几年学校预算的巨大提升负部分责任?

在第258页,鲁格教授说:"我们相信,所以我们教书。那些我们所相信的,我们所忠于的,很微妙地决定了我们教授的内容和方法。"

没有什么能够更好地解释鲁格教授正在尝试对今天的美国超过 4 000 多所学校系统中被要求阅读他的教材的年轻人做什么。这样说是公正的,因为这些教材中的很多段落贬低了大部分美国私营企业所取得的伟大成就,并且对苏联的社会计划高谈阔论并大加赞扬。而美国人生活中的阴暗部分被图画和文字强化了,广告被说成是垃圾。政府计划,严密的政府控制,这些是自由私营企业必然的替代品。

引用例证

一个例子就够了! 在每六本鲁格的教材中,有一本作为"教师指导"、一本作为学生的练习册。"教师指导"意在告诉教师怎样回答学生的问题。

在一本学生练习册中,这样的问题被提出来:"美国是不是一个对我们所有人来说都有机会的乐土? 为什么?"

下面的内容引用自相应的"教师指导":

"研究显示,大多数学生的观点建立在缺乏事实的基础上——比偏见好不了多少——下面由 315 人组成的高校学生团体的回答说明了:

"在这 315 名学生之中,88%的人认为下面这句话是真实的:'美国毫无疑问是世界上最好的国家。'如果把这两个陈述放在目前我们成千上万的高中学生面前,毫无疑问,他们中的大多数都可能说这是真实的。大部分学生所表露出来的态度,很明显,是我们在班级里并不想提倡的。"

我相信,这样说是公正的:鲁格的这些教材,尽管包含一些优秀的部分,却很明显倾向于破坏学生对于私营企业——在美国的体制之内,而世界上最贵的美国公共教育正是在此之中才能被维持——的信心。

我想,这就是为什么宾汉姆顿从它的学校里废除了这些教材。而且,这就是为什么我们天天收到那么多来自全美国父母的请求:他们想得到信息和建议来指导他们,使他们的孩子远离这些书籍。

杜威博士说,这些教材"有助于解放思想"。在我看来,这是错误的。我认为,它们恰恰就是鲁格教授所鼓吹的工程的一部分——换句话说,"迅速地创造一个对我们的社会秩序进行科学性重建的少数派意见的紧密团体"。正因为如此,它们在美国的学校里不会有任何位置。

莫温·K·哈特

纽约州立经济委员会主席

纽约,1940年5月7日

注释

下面的注释，以目前版本的页码和行号作标记，解释了在标准的文本中看不到的 事项。

141.22　　　　Carus lectures〕在 1939 年 12 月的美国哲学协会年会中，在哥伦比亚大学，易凡达·布拉德雷·麦吉尔瓦雷（Evander Bradley McGilvary）在 12 月 27—29 日三天里作了卡鲁斯讲座的第五个系列，标题是"走向视角实在主义"。

262.11　　　　Robert Morss Lovett〕洛文特在 1921 年（正是在这一年，校际社会主义协会采用了新名称——工业民主联盟）被选为工业民主联盟的主席，并一直服务到 1939 年。参看洛文特，《我们所有的岁月》（纽约：维京出版社，1948 年），第 207—222 页。

320.24;330.5　anthropology〕玛格丽特·米德（Margaret Mead）在 1941 年 11 月 23 日所作的"战争的教训——从人类学角度看"的演说中所说到的。

328.26　　　　Sorokin〕皮提里门·A·索罗金，哈佛大学的社会学家。

358.14　　　　Mayor〕菲奥雷洛·拉瓜迪亚（Fiorello LaGuardia）。

374.1　　　　Statement on Academic Freedom〕在 1940 年 10 月 3 日的教师聚会上，哥伦比亚大学的校长尼古拉斯·默里·巴特勒督促"他的学术同事们辞职，如果他们的信念使他们在'野兽和人类的战争'中与大学所追求的理想发生公开的冲突的话"。关于对他的声明的接受情况的报告，可以看"布特莱先生在参议院的告示"，《纽约时报》，1940 年

10 月 5 日,第 1、7 页。其他的批评者包括:密西西比州的参议员本来特·查木布·克拉克(Bennett Champ Clark)和西弗吉尼亚的拉什·霍尔特(Rush Holt);H·G·威尔士(H. G. Wells);教育委员会主席詹姆斯·马沙尔(James Marshall);社区教会的牧师和美国公民自由协会主席约翰·汉勒斯·霍尔莫斯(John Haynes Holmes);5 区教师联合会主席查尔斯·J·亨得来(Charles J. Hendley)。还可以看"布特莱先生对哥伦比亚同事的演讲",《纽约时报》,1940 年 10 月 4 日,第 14 页。

文本研究资料

文本注释

下面的注释以目前版本中的页码和行号作标记，讨论了在一个审订了的文本中 所采用的有疑问的读法。简短引用中完整的出版信息，在"杜威参考书目"中。

9.8　　　and beliefs〕这个版本反映了对杜威《确定性的寻求》中的这个词"to" (256.4)的修正。在《杜威晚期著作》第 4 卷中(209.29)，它被修正为 "and"。

79.7　　　labor〕尽管这个词在《宗教和我们的学校》第一版中(799.32)被拼写为 "labour"，在《杜威中期著作》第 4 卷中(168.24)被修正为"labor"。

91.5　　　centre〕在"我所相信的东西"公开(*Forum*)出版中(181.37)，这个词被拼写为"center"；在《杜威晚期著作》第五卷中，它被修改为"centre"(275.30)。

228.18　　settlement into〕杜威在《普通人的哲学家》的铅印打样中删除了这些词之间的破折号，但是没有插入一个逗号。情况很可能是排字工人误读了杜威对清样的标记。

321.14　　natural science〕杜威随手划掉了打印词"科学"，并且在字里行间添上了手写的词组——"已被用来发展自然的"；在被删去的词组——"使我们知道，经验所教给我们的在自然科学中是基本的"之上。也可以参考《战争的教训——从哲学的角度看》中的改动。

文本说明

《杜威晚期著作》第十四卷(1925—1953)包含杜威在 1939 年撰写的作品,以及他在 1940—1941 年间的所有著述。出版于 1939 年的两本书——《自由与文化》和《价值的理论》,以及两篇于 1939 年首次在论文集——《现代世界智慧:约翰·杜威的哲学》(*Intelligence in the Modern World:John Dewey's Philosophy*)中出版的论文,收录在《杜威晚期著作》第十三卷之内。在本卷的 44 篇文章里,有 22 篇是论文;其余的,有 5 篇书评、2 篇演讲稿,以及 15 篇关于各个方面的文章。

从 1939 年到 1941 年,杜威仍然是一位活跃的写作者和演讲者。尽管在 1939 年勤奋工作的夏天之后,他承认已经精疲力竭,这使他下决心不出席在 1939 年 10 月 20 日举行的庆祝他 80 岁生日的活动。他在 1940 年以及 1941 年的一些时间里,花很多心血去维护学术自由(与伯特兰·罗素在纽约大学夭折的职位任命有关)。

在本卷中,只有 7 篇文章在杜威生前再版:《经验中的自然》、《詹姆斯心理学中消失的主体》、《命题、有理由的断言与真理》,以及在《人类问题》中的《现代哲学的客观主义与主观主义》;在《普通人的哲学家:为庆祝约翰·杜威 80 岁生日的论文》中的《创造性的民主——我们面对的任务》;在《佛蒙特校友》上的《教育:1800—1939》,以及在《弗吉尼亚季度评论》(*Virginia Quarterly Review*)上刊登的《关于托马斯·杰斐逊》的部分内容。

本卷中有 7 篇文章的打字稿可作范本。电台演讲——《我们的艺术遗产》和《文
化自由委员会》(一封写给《新共和》编辑的信)的原初打字稿复制本保存到现在。杜威的现存打字稿中,有早先未出版的两篇演讲——《给约翰·杜威劳动研究基金朋友们的话》和《战争的教训——从哲学的角度看》。重打的打字稿的副本(不是杜威本人

所打)现存的有:《创造性的民主——我们面对的任务》,他对于《乔治·桑塔亚那的哲学》的评论,以及《关于托马斯·杰斐逊》的三分之二部分。

本卷发表了两篇演说,这是杜威实际演说的录音稿:《我们的艺术遗产》(他向美国艺术家致敬的电台演讲),以及《战争的教训——从哲学的角度看》(他于 1941 年 12 月 7 日在库珀联合会的演讲)。

38 篇文章只用一种形式保存了下来,以它们作为范本。① 对大多数文章来说,只有一种权威文本存在,这排除了文本问题。然而,对于这些文章的起源和接受情况的评论,可以阐明杜威在 1939 年、1940 年以及 1941 年的写作习惯和活动。一些文章的背景及其创造性过程——尤其是《经验、知识和价值:一个回复》《创造性的民主——我们面对的任务》,以及关于《伯特兰·罗素案件》的争论的篇章——在杜威的通信中被揭示出来。关于这些内容,如果没有新的补充性信息,在"文本说明"里就不会讨论。另外,讨论一般遵循本卷中内容的顺序。

《经验、知识和价值:一个回复》

《在世哲学家文库》由西北大学哲学教授保罗·阿瑟·席尔普在 1938 年春天发起。席尔普设计了一套分别用单卷来介绍在世哲学家的丛书,提供了一个讨论他们的哲学的平台。丛书的导言概述了这个模式,每一卷包含:"由这个哲学家思想的主要阐释者和反对者所撰写的说明性和评论性的文章";哲学家自己的回复;哲学家的自传及关于他的权威传记;哲学家著作的参考文献②。

438

席尔普计划将杜威作为"文库"要考察的第一位哲学家。在 1938 年 5 月 20 日写给西北大学的德尔顿·T·霍华德(Delton T. Howard)的一封信中,杜威提到他对纽约的席尔普有过一次个人采访③。计划中的这本书肯定在那次会晤中被讨论过了,因为在 6 月,杜威提醒席尔普:"我不知道我是否说清楚了这一点,在最终将自己交付出来之前,我很希望了解其他当代哲学写作者是否已经同意将自己放入这

---

① 这一版中所遵循的编辑原则和程序,参见弗雷德森·鲍尔斯(Fredson Bowers):《文本的校勘原则和程序》(《杜威晚期著作》,乔·安·博伊兹顿编,卡本代尔和爱德华兹尔:南伊利诺伊大学出版社,1984 年,第 2 卷,第 407—418 页)。
② 席尔普编,"概述",《约翰·杜威的哲学》,《在世哲学家文库》,埃文斯顿和芝加哥:西北大学出版社,1939 年,第 1 卷,第 ix 页。
③ 杜威致霍华德,《在世哲学家文库》档案,卡本代尔:南伊利诺伊大学,莫里斯图书馆,特别收藏(在 LLP 档案之后)。

个文库以内。"①之后，杜威的确同意将自己作为第一卷的主题，并且在那年的 8 月收到那一卷的推荐评论者的名单。杜威于 10 月回复席尔普说，他不为选择写这些文章的人负任何责任。同时，他还补充说："随着时间的流逝，我似乎越来越无法写一篇自传性的概述。所以，如果要这一卷进展顺利的话，你应该考虑选择一些人来写传记性的概述。"②在 12 月 15 日，席尔普将那一卷的推荐作者告诉了杜威③。

在 1939 年 4 月，杜威同意了所选择的投稿者，以及关于那本书的安排。他告诉席尔普："我认为，你的清单出奇地好。"④在从佛罗里达州基韦斯特所写的那张明信片里，他再次提醒席尔普："就像我说的那样，我无法写出一篇自传。"席尔普肯定询问过伊芙琳·杜威(Evelyn Dewey)能否写一篇传记，因为在一封关于那本书的传记内容的信件中，杜威写道，"我的女儿是唯一一位能回答你其他问题的人。我只知道她

439 非常忙，并且在过去曾经谢绝了一些类似的建议"，并且把她的地址告诉了席尔普⑤。

在 1939 年 5 月，杜威开始收到投稿者的稿件。他写信给约瑟夫·拉特纳(Joseph Ratner)：

> 我已经阅读了你的论文——阅读这一卷中如此流畅的一章，让人感到极大的满足(在小的细节之中)。遵循它的观点，不会是一种持久的负担。重要的是：这一章作为本书的第一章，这是极幸运的。如果我可以肯定地说，在打印好的书卷中，其他投稿者能够仔细地阅读其他的投稿而不是他们自己的，那么，我的评论工作将变得很简单⑥。

杜威进一步针对书中文章的相互关系发表了评论，以这段话结束："我预见(一种预感)你的讨论会和[亚瑟·E.(Arthur E)]墨菲的批评相关——那是我的下一篇，只

---

① 杜威致席尔普，1938 年 6 月 14 日，LLP 档案。在通信的引文中，只有很明显的打字错误被修正了。
② 杜威致席尔普，1938 年 10 月 20 日，LLP 档案。
③ 杜威致席尔普，1938 年 12 月 15 日，LLP 档案。
④ 杜威致席尔普，1939 年 4 月 1 日，LLP 档案。
⑤ 杜威致席尔普，1939 年 5 月 5 日，LLP 档案。
⑥ 杜威致拉特纳，1939 年 5 月 16 日，拉特纳/杜威文集，卡本代尔：南伊利诺伊大学，莫里斯图书馆。特别收藏。

是我还没有阅读它。"①

在 5 月中旬,当席尔普想要得到"回复"的时候,他询问席尔普:

你知道我已经有了拉特纳的论文。我在阅读那些论文的时候感到很愉快,并且做了一些笔记,作为我的评论的材料。但是,现在出现的问题是关于那些缺少的章节——例如如果没有斯图尔特(Stuart)的论文,我就很难去评论(乔治•雷蒙德)盖革的论文……

这些评论的重点如下:你打算什么时候要我的"回复"? 我手上有其他工作要做,只要有可能,我尽可能明智地预算接下来几个月的时间。②

四天后,杜威再次写给席尔普:

谢谢你的回复。我非常愿意在 7 月 1 日给你——我的回复,并且只要我能够及时拿到材料,我可以承诺做到这一点。我可能会于 7 月初去我在新斯科舍的小屋,除此以外,我一直在阅读手头的材料并且在做笔记,我喜欢在它们还在头脑中保持新鲜的时候这样做③。

440

关于传记的问题还是没有解决;在 5 月 24 日,杜威写信给席尔普:

很抱歉,我想不出还可以指定谁——就在我收到你的来信之前,我收到了我的女儿史密斯夫人(即伊芙琳)的来信。她说,你认为 1 500 字可能是合适的,但是她离信息源太远了——我已经写信对她说(在听到你的消息之前):只要她愿意接受它,我们家庭中的其他成员包括我自己会尽力帮助填补空白——我不知道,这是否会影响她的态度④。

杜威在 5 月 16 日与拉特纳通信之后,又于 5 月 25 日写了一封信,信里说:"令我

---

① 杜威致拉特纳,1939 年 5 月 16 日,拉特纳/杜威文集,卡本代尔:南伊利诺伊大学,莫里斯图书馆。特别收藏。
② 杜威致席尔普,1939 年 5 月 18 日,LLP 档案。
③ 杜威致席尔普,1939 年 5 月 22 日,LLP 档案。
④ 杜威致席尔普,1939 年 5 月 24 日,LLP 档案。

高兴的是,你和我一样,也看到了你的论文与墨菲的论文之间的联系;我会在我的回复最终成型之前,把他的论文寄给你。我想,我会将我的评论放在他的论文前面,刚好就在你的之后。"①杜威继续写他的回复;他在5月29日寄给席尔普一张明信片:"派亚特(Piatt)以及斯图尔特的论文都在今晨通过航空邮件寄到。兰德尔(Randalls)所走的路线非常特殊,我想,我现在可以开始组织我的评论了。"②杜威在同一天写信给悉尼·胡克(Sidney Hook):

> 我刚收到派亚特的论文——它的整个认识理论如此完美,以至于我情不自禁地要写信给你。他已经回答了墨菲的很多观点,似乎他已经阅读了墨菲的文章——以及一些赖克巴克斯(Reichenbachs)的文章,因为他已经阅读了瑞彻巴赫(Reichenbachs)的《经验与预言》(*Experience and Prediction*)——他的论文使我的工作简化了很多③。

在5月31日,杜威再次就传记问题写信给席尔普:

> 我发现,我大大误解了我女儿。我从她的说明中,了解到你需要1 500字——所以我写信催促她去做这件事,并且说如果需要的话,我会填补空白。今天早晨,我收到了航空邮件,说应该是15 000字——她是如此忙碌,所以我不可能催促她做这件事了④。

杜威建议马克斯·伊士曼(Max Eastman)可以写这篇传记,尽管他告诉席尔普:伊士曼靠写作为生,所以可能需要支付稿费。

在6月19日的一封信中,席尔普询问了杜威关于这一卷中三个非文本的问题。他希望杜威能够在扉页以及封面印花上签上名字:"这意味着,我们需要一些你用好的纯黑色墨水在几页白纸上签名的副本。可以麻烦你寄给我一些这样的东西吗?"⑤

441

---

① 杜威致拉特纳,1939年5月25日,拉特纳/杜威文集。
② 杜威致席尔普,1939年5月29日,LLP档案。
③ 杜威致胡克,1939年5月29日,胡克/杜威文集,卡本代尔:南伊利诺伊大学,莫里斯图书馆,特别收藏。
④ 杜威致席尔普,1939年5月31日,LLP档案。
⑤ 席尔普致杜威,1939年6月19日,LLP档案。

席尔普同时还希望有一张杜威手写材料的传真,以及一张杜威最近的肖像照。席尔普说,他会寄送几页附加页以加入斯图尔特的论文中,并且他希望杜威已经收到兰德尔的论文①。在回复席尔普的请求时,杜威写道:"我将我最后一张照片——一张业余的户外产物——放在一个单独的信封寄送出去了。我怀疑是否可以使用它,所以如果你不使用的话请寄还给我。我附上了我的签名。"②

在同一天,杜威在给胡克的明信片上评论道:"兰德尔做了一件相当漂亮的工作——他不仅仅作了同情的解释,并且对我在我的写作历程中的意图的阐述比我自己所能做的还好。"③他肯定也同样写信给席尔普,因为席尔普在 6 月 23 日写信给杜威说:"我当然非常高兴得到你关于兰德尔论文的建议,并且非常乐意将他的论文作为我们的目录的第二条,紧随拉特纳的论文之后。"席尔普说,他很高兴能得到杜威关于论文顺序的更多建议,并且感谢杜威寄来了他的签名,但是提醒他:"顺便说一句,我想,你忘记了我关于你的手写稿的传真件的请求了,如果你确实有这样的东西的话。——同样的,你提到的照片还没收到。"④

杜威于 7 月 9 日将他在新斯科舍的地址,用一张明信片寄给了席尔普,上面有这样的文字:"照片将在单独的信封中寄出。只要清晰的手稿副本被制作出来,我就会尽快将'回复'寄给你。传记索引材料会在稍晚寄出。"⑤他又添加了附言:"我看不出重制打字稿有什么意义。"之后的一天,杜威又寄出另一张短笺:"照片已经在周六寄出。"⑥

7 月 14 日,杜威在新斯科舍给胡克写信:"我将把包含第 57 页至第 88 页的内容,用单独的信封寄给你;我应该可以最晚在 18 日将其余的部分寄出。感谢你让佩儿(Pearl)做打字的工作。"⑦两天后,杜威写信给席尔普:

> 我会在明天将我对纽约的回复的手稿寄出,以便制作清晰的副本。我已经说过,一份副本会直接寄给你;那可能需要作一些修改。不过,我想,如果我在寄

① 席尔普致杜威,1939 年 6 月 19 日,LLP 档案。
② 杜威致席尔普,1939 年 6 月 21 日,胡克/杜威文集中的副本。
③ 杜威致胡克,1939 年 6 月 21 日,胡克/杜威文集。
④ 席尔普致杜威,1939 年 6 月 23 日,胡克/杜威文集中的副本。
⑤ 杜威致席尔普,1939 年 7 月 9 日,LLP 档案。
⑥ 杜威致席尔普,1939 年 7 月 10 日,LLP 档案。
⑦ 杜威致胡克,1939 年 7 月 14 日,胡克/杜威文集。打字员是佩儿·克鲁格,她在这期间为杜威打印了一部分文档。

给你的副本上作好修改并将包含这些修改的手稿寄给你,那将节省一些时间。

很抱歉,我没有在 7 月 1 日之前完成它。但是,组织我的回复材料比我预期的要更花费时间①。

同一天,杜威写信给胡克:"我会在一些单独的信封中,将我回复中的剩余部分寄出。我无法想象,适合未来哲学的东西会是什么样子。所以,我以一种回顾性的调子来结束我的回复。毕竟我的 80 岁生日就要到来,而回顾比展望要容易一些。"②

7 月 17 日,杜威在给席尔普的信中,提到了席尔普早先提出的关于手稿材料传真件的请求:

我在我的小屋里找到了一些我的旧打字稿,是为写《逻辑学》的某些部分而做准备的。我怀疑这份材料能否以这样的形式使用,因为我想,这是我的早期版本之一。不过,我并不认为这对于你的目标来说有什么区别。我个人不觉得出版这种东西有什么重要性,但既然知道了你的要求,那么,我会寄给你这样一份稿件。③

443　　　杜威于 7 月 21 日寄给席尔普一张明信片:"请你帮我给斯图尔特写封信,并说明在我收到他的最后几页之前就已经把我的材料发给打字员了,所以不可能在回复里对这一部分作出什么评论了。"④第二天,杜威给打字员寄了一张遗漏的页面,并写信给胡克:"感谢你的注意,我对自己的疏忽表示歉意;我已经将遗漏的页面寄给佩儿,并且已经改动了我的说明。这样,原件和副本都可以寄送到我这里;席尔普似乎并没有太大的时间压力。"⑤在 7 月 24 日,杜威将改动告知席尔普:

我被迫改变了我的打印副本的寄送地址,而它们都会寄到这里来。我发现,目前的情况是要作非常多的改变,而将这样的副本寄给你是不会令人满意的。这样的话,你可能会迟一点在本周末收到它。我的小女儿简(Jane)目前正在进

---

① 杜威致席尔普,1939 年 7 月 16 日,LLP 档案。
② 杜威致胡克,1939 年 7 月 16 日,胡克/杜威文集。
③ 杜威致席尔普,1939 年 7 月 17 日,LLP 档案。
④ 杜威致席尔普,1939 年 7 月 21 日,LLP 档案。
⑤ 杜威致胡克,1939 年 7 月 22 日,胡克/杜威文集。

行抄写传记材料的工作,而它也应该会在同一时间到达。不过,它可能需要你的秘书仔细地进行审阅……

对于其他投稿者的文章,除一些细小的文字变化外,我当它们没有改动,因为我的回复基于这些寄给我的材料;如果他们现在作了大的改动的话,那么会变得有些混乱了。①

几天后,他又写信给席尔普:

我会将和我女儿一起做的传记梗概的打字本,用单独的信封寄送出。一份复制本已经寄给了史密斯(Smith)先生。如果你的时间紧迫,我想,任何修正或改动,她都会寄给你,以便你可以进行排版。她会告诉你:她并不想作为作者出现。一些关于原创作者的名单会及时寄给你,可以在排版时插入,作为题目的脚注。

很显然,复制我的回复比预期花费更多的时间,因为我还没有收到副本;应该很快就会收到的。②

三天后,杜威给胡克写了一张纸条:

444

我会于今天将手稿寄给席尔普;感谢你,为此遇到了很多麻烦。佩儿的确做得非常好。

我没有遇到太多的麻烦,就修复了丢失的半页。

我发现,我对斯图尔特的回复是最贫乏的;每个单独的论点都很好,但是并没有被很好地组织成一个整体。不过,我还不打算重写。③

杜威给席尔普寄送的明信片中提到了斯图尔特的文章:"感谢寄给我排版好的斯

---

① 杜威致席尔普,1939 年 7 月 24 日,LLP 档案。
② 杜威致席尔普,1939 年 7 月 28 日,LLP 档案。在《约翰·杜威的哲学》中,伊芙琳·杜威作为《约翰·杜威传记》的编者被列出,并带有一个脚注:"这篇传记由女儿们所写,它的主题来源于他所提供的材料。对于各种影响的强调和哲学部分来说,它可以被看作一篇自传,但是其主题并不对形式以及所有的细节负责。"
③ 杜威致胡克,1939 年 7 月 31 日,胡克/杜威文集。

图尔特文章的副本。如果我现在要在我的回复里作出改动,那必须是在我自己的校样里。我将它……他是到目前为止唯一一作了如此广泛的改动的。"①他于 8 月 8 日给席尔普寄了另一张明信片:"这里没有快递以及航空邮件。我在今天只拿到了校样,并且很难在 12 日之前将它寄回去。所以,我可能会发送至伯灵顿。"②

第二天,杜威在给胡克的便笺里提到了他的回复的题目:"谢谢你的卡片。我会采用你关于回复的标题的建议。"③在 8 月 10 日,杜威将传记的校稿以及他关于回复标题的建议寄送给了席尔普:"我附上了传记材料的校稿,以及需要修改的传记材料(目前收到的)的页面。"杜威又添加了附言:"我想,关于我的回复,应该可以使用一些其他的标题,而不是仅仅用'回复';并且当它们到达的时候,我会在排版中作出一些改动——我的想法是'经验、知识和价值:一个回复'。"④

在离开新斯科舍之前,杜威将他的行程告诉了席尔普:

我们预期于 28 日离开这里,之后第一步到达纽约。在收到这封信之后,如果你有什么需要联系的事宜,我怀疑是否能在这里收到。我希望这份校稿能安全到达你的手里——一个脚注的插入,改变了从那里开始的序号。这是我想到的唯一可能引起一些麻烦的变化。⑤

《经验、知识和价值:一个回复》——杜威对于 17 位投稿者的长长的回复,于 1939 年秋季在保罗·阿瑟·席尔普所编的《在世哲学家文库》(埃文斯顿和芝加哥:西北大学出版社)中(《约翰·杜威的哲学》,第 1 卷,第 517—608 页)发表。本书的首次印刷起到了范本的作用。本书的出版,在时间上巧遇杜威的 80 岁生日。在 9 月 23 日,《学校与社会》(School and society)的一则通知上宣布:"最新设立的《在世哲学家文库》第一卷将在 10 月 20 日出版。在那个日期,约翰·杜威教授(他的著作是这个研究的主题)将会庆祝他的 80 岁生日。"⑥

---

① 杜威致席尔普,1939 年 8 月 2 日,LLP 档案。
② 杜威致席尔普,1939 年 8 月 8 日,LLP 档案。
③ 杜威致胡克,1939 年 8 月 9 日;胡克/杜威文集。
④ 杜威致席尔普,1939 年 8 月 10 日,LLP 档案。
⑤ 杜威致席尔普,1939 年 8 月 20 日,LLP 档案。
⑥《致约翰·杜威 80 岁生日的出版物》(A Publication in Honor of John Dewey's Eightieth Birthday),《学校与社会》,第 50 期(1939 年 9 月 23 日),第 400—401 页。

在这本书出版后,杜威从密苏里的格林塞(他正在看望伊芙琳)写信给席尔普:

> 我应该在更早时候就写信给你,但在我生日期间,我的通信实在太过繁重……我认为,这本书作了一个漂亮的亮相,并且考虑到它的范围,它并不臃肿——再次感谢你,谢谢你的深情厚意!①

《我相信》

杜威对于克利夫顿·法迪曼所编的《我相信:时代杰出人物的个人哲学》(纽约:西蒙-舒斯特出版公司,1939年)中第347—354页的贡献,是他对大概十年前所出版的《论坛》研讨会的论文(法迪于1931年重新以书籍的形式出版)的修正②。该论坛在1929年9月发行的刊物上介绍了"文库",并列出一些参与者的名单,将每篇文章描述为"一种独立的展示,在其中,每个当代思想的伟大人物都呈现了他的生活哲学"。③

法迪曼在对1939年那本书的导言中,重申了最初的邀请:

> 简单地说,我们希望从你们那里得到一个关于你们个人信条的陈述。也就是说,有关你们对于世界本性以及人类本性的信念的陈述。在某种意义上,这可能是一个对我们这个时代的精神的和理智的最后愿望和见证——一种简短的辩解,必然是个人化的,深深接触到你们自己的希望与恐惧,是你们的信仰的主要源泉或者是你们的绝望的推动力。这样一篇文章,与其他放在一起……对于不管任何地方的有思想的读者都是一笔无价的遗产,因为它们可能会提供一种有效的原则和个人的哲学,而我们时代中那些伟大人物的生活和工作都受它们指引。④

法迪曼指出,那些原作者早前所栖息的"全部的文化传统"在1939年已经大不一样了。出版商认为,聚集一系列新的杰出人物的活着的哲学可能是有趣的,甚至具有

---

① 杜威致席尔普,1939年10月22日,LLP档案中的打印副本。
② 《我相信》,《论坛》,第83期(1940年3月),第176—182页(《杜威晚期著作》,第5卷,第267—278页);《活着的哲学》,纽约:西蒙-舒斯特出版公司,1931年,第21—35页。
③ "前言",《论坛》,第82期(1929年9月),第iii页。
④ 法迪曼:"导言",《我相信:时代杰出人物的个人哲学》,第ix页。

社会和理智的意义。他解释道:"这也让我们想到,就像我们对这本书所想的那样,很可能,那些原作者在这十年中改进或修正了他们的观点。"①

"22位原作者中的17位,将他们的"改进的哲学",以21篇新论文的形式发表在了1939年的书里。编辑者希望,读者能够"在比较他们1931年的陈述与在新分组中的更长的论文中发现乐趣"。②

杜威的这篇文章是本卷的范本。

447 《时间与个体性》

杜威于1938年4月21日在纽约大学发表的关于《时间与个体性》的演讲,是第七次詹姆斯·亚瑟讲座的内容。詹姆斯·亚瑟是发明家、制造商以及钟表商,他向纽约大学捐赠了10万美元,作为关于"时间及其神秘性"主题的讲座基金③。从1932年开始,讲座的一套文库从各个不同的观点呈现了"时间"这个主题。杜威在这件事发生前几周,对悉尼·胡克描述了他的讲座:"关于这件事,我并没做太多的计划,就是一些评论和反思。"④杜威的演讲以1936至1939年的四次演讲作为第三组出版,即《时间及其神秘性》(纽约:纽约大学出版社,1940年)的第2部第85—109页,是我们的范本。

对于《时间及其神秘性》的回顾,麦克·威廉姆斯写道:"约翰·杜威展示了他的方法怎样如此成功地采用其他的材料,甚至可以让时间成为意义丰富的多产者。"⑤欧内斯特·纳格尔(Ernest Nagel)几乎将他的回顾的第一段全部用来讨论杜威的演讲,他认为,杜威的论文"有煽动性",但是其论点"令人困惑"。他进一步写道:

> 按照杜威教授的主要论点,我所发现的最奇怪的地方是:他声称,一个个体被常规束缚时,就会丢失他的个体性。他也声称,"我们的行为之所以是可预测的,因为它变成了对前面发生的事的外在安排"。他还说,人类的问题就是在一

---

① 法迪曼:"导言",《我相信:时代杰出人物的个人哲学》,第 x - xi 页。
② 法迪曼:"导言",《我相信:时代杰出人物的个人哲学》,第 xi 页。
③ 《对于时间、太阳、大脑的研究资助》,《纽约时报》,1930年5月9日,第23页。在1925年,詹姆斯·亚瑟将他所收集的超过1400个钟表捐赠给了纽约大学。见 D·W·赫林的《钟表的诱惑》(*The luxe of the Clock*),纽约:纽约大学出版社,1932年,第7—8、114页。
④ 杜威致胡克,1938年4月3日,胡克/杜威文集。
⑤ 麦克·威廉姆斯:《思想》(*Thought*),第16期(1941年),第387—388页。

个给定方向中对变化加以控制。①

《怀特海的哲学》

杜威在 1941 年 1 月寄给保罗·阿瑟·席尔普的一封信中,提到他已经"间接听说怀特海对已经出现的两卷印象非常深刻,并且可能会改变他的拒绝态度"。② 怀特海的确重新考虑并成为《在世哲学家文库》第 3 卷的主题③。4 月 1 日,杜威将他在那本书上关于怀特海的稿件从基韦斯特寄给席尔普,并附了一张字条:

448

> 我发现,如果等我回到纽约,我可能很迟才会将稿件发给你。所以,我在这里就将它完成了,尽管我所有的书都不在这里,而它们可能会派上一些用场。
>
> 对于这糟糕的排版,我很抱歉,因为我这里缺乏设备。我希望这对你制作一个副本来说,已经足够清晰。④

在 1941 年的 5 月,杜威对悉尼·胡克评论了那篇论文:"关于怀特海的那部分,是建立在我几年前在剑桥哲学会议(Cambridge Phil-meeting)的论文上的——多了一些引用,以及不是那么明显的批评——超出了我可能会采纳的建议。"⑤杜威之前的论文已经于 1936 年 12 月 29 日,在马萨诸塞的剑桥美国哲学协会(American Philosophical Association)东部年会中关于怀特海哲学的一个研讨会上被宣读过,并且在之后的春天出版。⑥

杜威的论文《怀特海的哲学》在保罗·阿瑟·席尔普所编的《在世哲学家文库》第 3 卷的第 643—661 页出版,它的第一次印刷本是我们的范本。

---

① 纳格尔:《哲学杂志》,第 39 期(1942 年),第 22—24 页。

② 杜威致席尔普,1941 年 1 月 23 日,LLP 档案。对于第 1 卷《约翰·杜威的哲学》的讨论,可见这一卷的第 437—445 页。杜威对第 2 卷《乔治·桑塔亚那》的评论,可见这一卷的第 295—308 页,以及第 482—483 页。

③ "前言",《阿尔弗雷德·怀特海的哲学》,《在世哲学家文库》,保罗·阿瑟·席尔普编(埃文斯顿和芝加哥:西北大学,1941 年),第 3 卷,第 xii 页。

④ 杜威致席尔普,1941 年 4 月 24 日,LLP 档案。

⑤ 杜威致胡克,1941 年 5 月 5 日,胡克/杜威文集。

⑥ 《怀特海的哲学》,《哲学评论》,第 46 期(1937 年 3 月),第 170—177 页(《杜威晚期著作》,第 11 卷,第 146—154 页)。

《经验中的自然》

作为庆祝杜威 80 岁寿辰活动的一部分（见下文，第 459—466 页），美国哲学协会（APA）在它的年会上召开了一个特别的关于《杜威关于经验与自然的概念》（Dewey's Concepts of Experience and Nature）会议向杜威致敬。该研讨会于 1939 年 12 月，与卡鲁斯讲座（见注释，141.22）一同举行。莫里斯·R·科恩和威廉姆·欧内斯特·霍金提交了与宣布的主题相关的论文。在这之后，杜威给予了回复。

在之前的 6 月，杜威已经向 G·瓦茨·坎宁安（G. Watts Cunningham，项目委员会成员）送去一封短信，上面说："如果能够按时收到两篇论文，我会很乐意寄给你我的评论，以便和霍金以及科恩的论文一同出版。"[①]但是，杜威的回复稿件一直到该年的 12 月才完成。杜威在 12 月 15 日寄给约瑟夫·拉特纳的信中，提到了他的论文：

> 对科恩的回复，我已经有了一份草稿。但是在一年中的这个时候，我不放心把它邮寄出去——我尝试了一种和我们所谈论过的那些方针稍有不同的方案。第二天早晨，我收到了科恩的信，他回复了我写给他的信中指出的四五点问题（我认为，他对这些问题的具体评论走入了歧途，并且以某种方式消除了温和地调侃他的欲望）——但是在这之前的夜晚，我想到，这毫无疑问是我最后一次出席哲学协会的会议，所以我必须努力地陈述问题。这是我从科恩的论文（也包括应接受我感激的引用）中汲取了一些东西所作出的方针。[②]

在 12 月 19 日，杜威把用于 1940 年 3 月的《哲学评论》的"特别的杜威"栏目的照片寄给坎宁安，并附上一条忠告：

> 请将作者名单告诉罗伯特·诺伍德（Robert Norwood）——我现在可以寄给你一份我的稿件的副本。但是，我还没有接到科恩的论文的最终版本。所以，我的一些引用和评论就会显得不切题。我会在会议之后，立刻将它交给你。[③]

[①] 杜威致坎宁安，1939 年 6 月 14 日，《哲学评论》通讯，康奈尔大学，手稿部门与大学图书馆，伊萨卡，纽约。

[②] 杜威致拉特纳，1939 年 12 月 15 日，拉特纳/杜威文集。

[③] 杜威致坎宁安，1939 年 12 月 19 日，《哲学评论》通讯。

杜威遵守了诺言,在1月2日将论文寄给了坎宁安,并附有一张字条:"我附上了对科恩和霍金的回复——很抱歉,它的外形并不太好。"[1]

美国哲学协会研讨会于1939年12月28日在哥伦比亚大学举行。12月29日的《纽约时报》回顾了这次会议:"他(杜威)花了两个小时来倾听这两位杰出的哲学教授所作的批评。"杜威用另外一个小时来回复科恩和霍金,并且说到,他"学到的东西甚于言表",而这是从科恩和霍金那里学到的,并非从其他人身上。"霍金的论文在很大程度上,是对科恩的论文的批评……事实上,这比我自己对科恩的批评还要好",杜威说[2]。

杜威的回复——《经验中的自然》,首次发表在《哲学评论》第49期(1940年3月),第244—258页。这是我们的范本。科恩和霍金的论文作为附录1和附录2,收录于这一期之中。杜威的论文在《人的问题》(纽约:哲学文库,1946年)第193—207页中再版。《人的问题》所作的修改都被接受了,只有三处除外(这三处保留了最初的措辞以体现口头言说的特性):在《哲学评论》的141.2的"向这个会议所宣布的主题",在《人的问题》中修改为"经过考虑的主题";在《哲学评论》的141.5—7的句子——"收到刚刚宣读的两篇论文时,我意识到自己原来的想法很片面。"——在《人的问题》中被删除;在《哲学评论》的141.22—24中涉及卡鲁斯讲座的短语,在《人的问题》中也被删除了。

《命题、有理由的断言与真理》

在1941年1月,当杜威正忙于与人合作写作《伯特兰·罗素案件》(见下文,第466—476页)时,他与悉尼·胡克的通信促成了另一项与罗素有关的项目。在1月10日,杜威从佛罗里达州的基韦斯特写信给胡克:"感谢你的信件和附件。我有一份罗素的书的副本,并且我看到,他有几页是关于我的而我还没有阅读它们;我想你是对的,我应该作一些评论。"[3]

在前一个春季,罗素已经以"语言和事实"这个题目,在哈佛大学1940年的威

---

[1] 杜威致坎宁安,1940年1月2日,《哲学评论》通讯。

[2] 《杜威生日宴上的哲学家抨击》(Philosophers Tilt at Fete for Dewey),《纽约时报》,1939年12月29日,第17页。

[3] 杜威致胡克,1941年1月10日,胡克/杜威文集

廉·詹姆斯讲座作了演讲①,并于当年晚些时候,以《对意义和真理的探究》(*An Inquiry into Meaning and Truth*)一书出版。杜威提到的是第 23 章《有理由的断言》。在这里,罗素讨论了他自己的论文,以及杜威在席尔普的《约翰·杜威的哲学》(见上文,第 437—445 页)中的回复。

几天后,杜威再次写信给胡克,提到了对罗素的回复:

> 我已经阅读了罗素的文章,但是我需要再多加研究——他最初的表述并没有显得那么傲慢。而我认为,作出评论的唯一方式就是试图陈述区别——或者宁愿陈述它的基础而不带有过多我对自己立场的防卫,而不是让它更合理清晰——但是,我想,罗素对他的方法(如果不是他那频繁修改的结论的话)如此肯定,以至于任何他的方法到达不了的事物对他来说,都将永远是晦暗不明的,如果不是绝对的错误的话。
>
> 我的想法有如下几点——他没有注意到我对于确定(affirmation)和断定(assertion)所作的区分——它直接承载了真理的主项,因为我坚持被确定的——命题——不具有真-假属性而具有效力(加强了有效性)以及对立面——不相关性、不完全性、模糊性,等等。
>
> 让我处理起来最踌躇的一点是关于他在第 403 页所说的话,这里有关于从复杂和模糊的"断言"开始,并将它分析为一定数量的具体命题——当然,从我的观点来说,我们根本不会从一个命题**开始**,但是我不知道如何从罗素的观点来解决它——我的意思是:能够让我的观点对他来说,是可理解的。②

在 1 月 23 日,杜威与胡克更为深入地探讨了罗素的《对意义和真理的探究》:

452

> 感谢提醒;我对于有关从复杂命题开始的段落,有着同样的印象;事实上,我考虑这样说,它是那种让我作出罗素会反对的陈述(关于他将命题作为主旨)的段落。但是,我非常高兴能够拥有你的肯定。
>
> 此外,我倾向于相信:他虽然对于命题与事件的关系说了那么多,却并不需要将任何具体命题与具体事件联系起来,这只是个一般的认识理论——是对"主

---

① 《罗素被邀请到哈佛》(Russell Invited to Harvard),《纽约时报》,1940 年 2 月 13 日,第 20 页。
② 杜威致胡克,1941 年 1 月 14 日,胡克/杜威文集。

体"怎样认知性地涉及"客体"这个古老问题的一种不同表达——但是,我不想读那么长时间的书来确定这一点。

我想,尽可能少地描述他的观点可能是一种好策略,因为这可能是传达这样一种感觉的最好方式,即他的描述和我的有多么不相关。他在第 401 页谈到我们之间一个重要的区别,这给了我启发——当然,我需要将那个观点归因于他,即撇开文本语境和命题到达所要通过的程序不说,命题本身内在就有真假——他很难否认他持有这个立场。①

在附言里,他又补充说,"我仅仅完成了我为罗素卷所写的简短的一章",并且,"席尔普希望我为他的罗素那一卷撰写并保留对于罗素的回复,但我不明白这有什么意义"。在同一天,他回复席尔普:

> 我唯一能看到的对于罗素最近那本书的那一章作出回复的意义,是因为它的时效性——尽管他对于那一点的观点,对于读者来说,相当新鲜。但是在我看来,有关这样特殊的一点的部分,在这一卷里对展现罗素哲学的整体并不会有很好的作用。为了让它更合适,我必须对罗素的整体立场作更多的扩展分析,但我没有时间和这种倾向。而在杂志的文章中,我就可以并且应该将自己限制在那些他误解了的观点中。②

杜威于 2 月写信给胡克:"我对于罗素的那一章倾注的心血和时间,比我刚开始时预期或打算的要多。"他进一步解释:

> 对于一篇杂志上的单篇论文来说,也许它确实很长。我把带有阿拉伯数字的部分放进来的一个理由是:让它更容易分成两篇文章——两部分有一个共用的标题。我已经撰写了我并没有将之包含在内的相当大的部分——对于罗素的观点的批判性评论;可能过些时候,我会写一篇单独的关于它们的文章。评论是关于他所说的"真理是一种比知识更广阔的关系",因为如同在月球上的 mt 这个命题,当没有充足的证据的时候是非真即假的,等等。

————————————

① 杜威致胡克,1941 年 1 月 23 日,胡克/杜威文集。
② 杜威致席尔普,1941 年 1 月 23 日,LLP 档案。

我最后的评论对于他所作的这一卷显得重要,并不仅仅是恭维。这是我在撰写我的回复时自然而然出现的结论。我是以一种不耐烦的心态开始的,因为似乎对我来说,他的整个讨论都是徒劳无功的,与关于我的任何批评都是不同的。但是,我得出了这个结论:他在他的因果观中表达了所谓实在主义认识论的真正基础,在这样做时,使得它们显示出来——我们所执持的这样一些观点,应该晚些出来作为唯一合理的选择,即当所有的不同都被定义了的时候。

我附了一封贴有邮票的信封。如果在你作了你认为必要的文字修改之后,你觉得它很令人满意了,请你将它寄给施耐德(Schneider)[赫伯特·W(Herbert W),《哲学杂志》的一位编辑]。如果你还有更好的想法,可以附上建议回寄给我。①

杜威于2月12日感谢胡克帮助他将论文打印出来:

恐怕打字稿的质量比较差,但是我已经检查了句子的结构——"怀疑"这件事就像你说的那样重要——它具有一个应该被引出的时间性观点。但是我想,讨论还可以拓展到"经验"和时间的联系中——用一页或两页来达到这样的效果,即我很难假设,我们中会有人认为目前这种战争形势是可疑的……但是缺少一种对于非人类事件的历史特性的讨论,这个说明就是不完整的。当然(至少我假设,这是理所当然的),他的事件没有时间性的延展。对这个问题,我用了几个段落来讨论——刺杀凯撒(Caesar)这个单独的孤立的事情——在我这里,是持续性的假设;而在他那里,是非连续(atonuity)。但是,这踏入了一个太过宽广的领域。

我可能会在对比知识更广泛的真理的讨论中,利用这一点。但是,他怎样可以将刺杀凯撒这样的事情还原为一种他所谓的简单事物,这对我来说太难理解了。②

在2月21日,杜威对胡克描述了一些最后的改变:

---

① 杜威致胡克,1941年2月3日,胡克/杜威文集。
② 杜威致胡克,1941年2月12日,胡克/杜威文集。

我找到了一些需要作出的文字改动,一些是标点符号,并且在副本中作这些改动,比在校样里作,成本更低。我将稿件寄给了迪恩(Dean)夫人,并附带一个解释我为何这样做的陈述。当然,她有可能直到初稿被送去打印,才能收到这些书页;在那种情况下,她可以在印刷版面中使用它们并节省时间。①

杜威的这篇文章在之后一个月的《哲学杂志》第 38 期(1941 年 3 月 27 日)第169—186 页发表。这是我们的范本。它在《人的问题》(纽约:哲学文库,1946 年)再版(第 331—353 页)。

马克斯·C·奥托于 5 月写信给杜威,陈述了他对于那篇文章的印象:

那篇文章给我留下最深刻印象的东西,也许是根本不该给我留下印象的东西……那就是你向罗素先生解释你的立场时的耐心。在我看来,罗素先生会偶尔允许他自己粗心地进行阅读和写作,所以我们中的一些人已经不仅仅是失望了,甚至对于他的一些表现感到厌恶。当我继续阅读你的文章,并注意到你多么富有耐心地再次解释那些在罗素先生那敏锐的头脑中第一次就应该很清晰的东西时,我不断地脱口而出:"为什么他不让他下地狱呢?"

然而,我很高兴你并没有那么做,而是抓住机会向那些希望理解的人重申你的一部分立场……

如果我不作以下补充的话,我就无法让这封信进行下去:我从你在这篇论文所作的清晰论证中,得到了真正的愉悦。你很直率而且机智,同时也很周到;并且在游戏的过程中,你的眼睛始终都盯着球。这篇论文必然会产生很多好的影响。②

《关于托马斯·杰斐逊》

这是杜威为阿尔弗雷德·曼德尔编的《在世思想丛书》第 14 卷——《托马斯·杰斐逊的思想》撰写的"引言",介绍了托马斯·杰斐逊著作中的一些选文。本书于 1940年在纽约由朗曼-格林出版公司出版,在伦敦由卡塞尔出版公司出版;第二版由卡塞尔出版公司于 1946 年出版。两种来源都为杜威的《关于托马斯·杰斐逊》"引言"

455

---

① 杜威致胡克,1941 年 2 月 21 日,胡克/杜威文集。
② 奥托致杜威,1941 年 5 月 13 日,奥托文集,威斯康星州历史学会,麦迪逊。

(1—30 页)提供了范本。一份打字稿(并不是杜威本人所打)的印刷副本,在《弗吉尼亚季度评论》的编辑档案里(292 - a,档案中心,弗吉尼亚大学图书馆,夏洛茨维尔)。为将近三分之二的文本提供了范本,从 201.2 到 203.19("托马斯·杰斐逊……分开。"),以及从 209.13 到 220.15("杰斐逊……书")。剩余文本的范本是本书的第一次印刷本。

朗曼-格林出版公司的编辑和《弗吉尼亚季度评论》的编辑之间的通信,导致杜威的"引言"在《弗吉尼亚季度评论》上发表。在 1939 年 3 月 21 日,劳伦斯·李(Lawrence lee,《弗吉尼亚季度评论》的编辑)写信给朗曼-格林出版公司的编辑部门:

> 我们已经看到,你们计划在《在世思想丛书》中出版约翰·杜威先生关于托马斯·杰斐逊的文章。我们想知道:你们是否愿意在这个时候,让我们看看手稿,考虑到我们可能从中节选 4 000—5 000 个词,或者可能是 6 000 个词的一部分。我们会为出版支付费用,并且按照我们打印的将近 350 个词每一页为 5 美元的比率来付款。①

他补充说,6 月刊已经在计划之中了。在 4 月 19 日,朗曼-格林出版公司小爱德华·米尔斯(Edwards Mills,Jr.)回复说,杜威在那个冬天还没有开始关于杰斐逊材料的写作,而现在刚刚开始。他说,他会将材料寄送过去,所以他们可以考虑在 9 月的期刊中收录它。②

李回信说,《弗吉尼亚季度评论》仍然对杰斐逊的材料感兴趣,但如果书在 9 月 15 日的期刊之后马上出版的话,就不可能发表那篇文章。如果能给予一个"时间宽限",他会很高兴地去读那些材料。③

直到 1939 年的秋季,手稿才寄送给出版商。杜威在 8 月从新斯科舍的哈贝斯写信给悉尼·胡克说:"尽管我已经阅读得足够多了,杰斐逊的思想仍然需要多加深思,现在的选择基本上是机械性的。"④米尔斯在 10 月 17 日写信给李:

---

① 李致朗曼-格林出版公司,1939 年 3 月 21 日,《弗吉尼亚季度评论》档案,292 - a,档案中心弗吉尼亚大学图书馆,夏洛茨维尔。
② 米尔斯致李,1939 年 4 月 19 日,《弗吉尼亚季度评论》档案。
③ 李致米尔斯,1939 年 4 月 22 日,《弗吉尼亚季度评论》档案。
④ 杜威致胡克,1939 年 8 月 25 日,胡克/杜威文集。

去年春天，你表达了对于约翰·杜威先生为我们准备的有关托马斯·杰斐逊手稿的兴趣……

我现在很高兴地告诉你：杜威先生已经将他的手稿寄给我们，它是一篇出色的文章。如果你还有兴趣从这份材料里节选一部分发表在《弗吉尼亚季度评论》上，请马上通知我，我会将手稿寄给你。①

李说明了他对这份材料持续性的兴趣，并说："请你马上让我们看到这份手稿，并且请告诉这篇文章以书籍形式出版的最近日期。我们不想在太靠近书籍出版的时候发表。"②在10月27日，米尔斯告诉李手稿已经寄出；但是，他说，确切的出版日期还没有确定。他们希望这本书在1940年1月下旬或2月出版③。在收到手稿之后，李向米尔斯解释说：尽管他喜欢这些材料，但为了能在该书出版前两个月先行看到它们，他不得不将之收录在那时即将出版的期刊中，并且需要"缩减这篇文章以与可用的空间相适应"。④

米尔斯回复说，这些条件都是可接受的；但是，他希望能有一个附注来说明该文是从杜威特别为《在世思想丛书》所写的一篇论文中截取的。⑤

李通过回复邮件，表达了一个建议性的回复。他解释说，"对我们来说，不太可能对文章本身加入脚注或一行评注。这篇陈述需要按照作者的注释出现"。⑥ 米尔斯同意了这篇回复的定位，但给李寄去了一篇经过修改的陈述⑦。从杜威的"引言"中提取出来的部分内容，在《弗吉尼亚季度评论》第16期（1940年冬季）第1—13页，以"托马斯·杰斐逊和民主信念"的题目发表了。在附加在支付单据后面的注释中，李补充说："请告诉杜威博士我们对于他的文章的热情。我们感谢你们，让我们有使用这份材料的机会。"⑧

同一时间，杜威在10月对奥托描述了他的杰斐逊项目：

---

① 米尔斯致李，1939年10月17日，《弗吉尼亚季度评论》档案。
② 李致米尔斯，1939年10月19日，《弗吉尼亚季度评论》档案。
③ 米尔斯致李，1939年10月27日，《弗吉尼亚季度评论》档案。
④ 李致米尔斯，1939年10月30日，《弗吉尼亚季度评论》档案。
⑤ 米尔斯致李，1939年10月31日，《弗吉尼亚季度评论》档案。
⑥ 李致米尔斯，1939年11月1日，《弗吉尼亚季度评论》档案。
⑦ 米尔斯致李，1939年11月6日，《弗吉尼亚季度评论》档案。
⑧ 李致米尔斯，1939年12月1日，《弗吉尼亚季度评论》档案。

文本研究资料　　351

我很高兴在第一手材料中熟悉杰斐逊。当然,这个系列······主要是由选集构成的——我仅仅写了一篇很简短的引言。在我收到合约做这份工作之后,潘都沃(Padover)的一本选集出版了①。如果它在之前就出版,我可能不会尝试这份特别的工作了——潘都沃做了很出色的工作。你有权利来预测,如果与杰斐逊更加熟识的话,将会有什么效果——我认为,他是这个世界上最伟大的人物之一。我会请求出版商寄给你一份我的《自由与文化》的副本,在这里面,我运用了我对托马斯·杰斐逊的新知识——它是在匆忙中写成的,而且非常杂乱;而我将它送出去,因为它与杰斐逊有密切的关系。②

杜威在 11 月寄给奥托一份《创造性的民主——我们面对的任务》(本卷第 224—230 页),这是为他庆祝 80 岁生日所写的。他解释说,他对杰斐逊的阅读影响了他的生日演讲,以及撰写《自由与文化》③。

在《在世思想丛书》第 14 卷——《托马斯·杰斐逊的思想》出版之后,奥托赞扬了杜威:

我在阅读一份本地报纸寄给我作评论的、你关于杰斐逊的小书······你和杰斐逊的组合就像在花园的喷泉间喝一口水一样,让人耳目一新。新鲜并富有营养——它是一本一流的书!是的,我知道,这不是一本**大部头的书**。然而,你的引言是那么成熟,那么具有理解力,那么具有启发性,那么客观,但是又具有欣赏力,将杰斐逊的选集结合起来。这本小书是这些令人烦躁不安的时刻中最鲜明的文献。我无法告诉你:我内心有多么满足,以至于忽视了很多我的职责,因为我完全迷醉在这本书里。④

在 4 月 29 日写给奥托的信的最后,杜威对奥托关于杰斐逊那本书的美好赞扬表示感谢,并补充说:"我对做了这项工作感到极大的愉悦,它使我去阅读这位老绅士,

---

① 索尔·K·潘多沃编:《托马斯·杰斐逊的民主》(*Democracy, By Thomas Jefferson*),纽约:阿普尔顿-世纪出版公司,1939 年。
② 杜威致奥托,1939 年 10 月 23 日,奥托文集。
③ 杜威致奥托,1939 年 11 月 28 日,奥托文集。
④ 奥托致杜威,1940 年 4 月 22 日,奥托文集。

我在以前是从来没做过的。"①杜威在夏天向奥托作了一个更深入的评论:"我很高兴看到对杰斐逊的兴趣的复苏——一个真正的人,但被他的党首形象或保守党对头的形象所掩盖。"②

在那一年的晚些时候,柯克帕特里克(E. M. Kirkpatrick)在《美国政治学评论》(*American Political Science Review*)中对那本书发表了评论:

> 在法西斯主义的突进面前,一个又一个国家失去了从残酷中得到热情拯救的信仰。从莫斯科到地中海,美国的民主正在面对历史上最大的挑战……约翰·杜威的托马斯·杰斐逊……真心有助于提醒我们:对普通人的信念是美国传统的实质。③

《创造性的民主——我们面对的任务》

杜威80岁生日纪念庆祝活动的计划,在他1939年10月20日生日的好几个月前,就已经开始实施了。早在1939年3月,杜威就与悉尼·胡克讨论过这个计划。杜威从佛罗里达州的基韦斯特写信说:

> 我感谢对于我生日的提议,并且我可以看到探索民主的要点——除非这个主题现在已经被过度地讨论,但这个想法还是使我感到惊愕,我怀疑我是否能完成它——我想,十年前我所做的工作对自己的一生已经足够了。我目前的想法是:在10月出去,到大牧场——这并不是最终的决定。然而我必须说明:这个计划能否实行,很值得怀疑——我希望,这不会听起来显得不识抬举或者不领情。④

几天后,杜威因为其他事情写信给胡克,并且再次表达了他对于庆祝会感到勉强:"我已经从卡伦那里听说了纪念日的事宜,但我还没有写信给他——我不知道怎

---

① 杜威致奥托,1940年4月29日,奥托文集。
② 杜威致奥托,1940年8月28日,奥托文集。
③ 柯克帕特里克:《美国政治学评论》(*American Political Science Review*),第34期(1940年12月),第1248—1249页。
④ 杜威致胡克,1939年3月22日,胡克/杜威文集。"大牧场"是指他的女儿伊芙琳在密苏里州格林塞的家。

样才能完成它。"①在 3 月 30 日,杜威的确就这件事写信给卡伦:

> 悉尼写信给我,将你关于生日纪念日的建议告诉了我。我想,他已经将我的回复给你看了——为我的反感进行合理的辩护,这对我是有困难的——这似乎是复杂之事的本质——

460

> 悉尼进一步的回复,也许显示了解决的方法——我如果缺席的话,可以撰写一些可供阅读的东西——我懂得这一点,即利用每个合理的场合来使一种观点得到呈现。②

杜威在 4 月与胡克关于此事进行了进一步的商讨:

> 很高兴收到你的信,并且得知你认为你的计划可以在我缺席的情况下得以实施。我之前应该回答过了,不过,我同样还欠卡伦一封信;并且,我感到,我应该对他作出一些回复。他同意你关于我不在场的情况下,会议召开的可能性的观点;可能对我来说,有些复杂——但是不管怎样,我的感受是:70 岁的生日对一个人的一生来说,已经足够。这感受十分强大,以至于无法被忽视。③

在杜威从基韦斯特返回纽约之后,他向他的朋友阿尔伯特·C·巴恩斯表达了对计划中的庆祝会的感受:

> 对我个人来说,你在生日委员会(或者不管它叫什么)之中是令人高兴的。这看起来对我是一种扫兴——29 年后的庆祝;无论如何,我都无法想象我怎样可以两次完成它——在一生中拥有一次似乎就足够了。但是,也许有一些足够不同的东西会被安排。④

---

① 杜威致胡克,1939 年 3 月 25 日,胡克/杜威文集。
② 杜威致卡伦,1939 年 3 月 30 日,卡伦文集,2496 盒,美国犹太人档案馆,希伯来联合学院,犹太宗教研究所,辛辛那提,俄亥俄州。
③ 杜威致胡克,1939 年 4 月 9 日,胡克/杜威文集。
④ 杜威致巴恩斯,1939 年 5 月 29 日,拉特纳/杜威文集。杜威与巴恩斯的通信在巴恩斯基金会,梅里恩,宾夕法尼亚州。杜威和巴恩斯都授权拉特纳为那份材料制作照片影印,而那份材料在巴恩斯基金会的研究中无法使用。这里的参考资料都来自拉特纳/杜威文集中的副本。

杜威于 6 月向杰罗姆·内桑森(Jerome Nathanson,杜威 80 岁纪念日委员会秘书)回复了一项建议性的贵宾名单,并且再次谈论了他对于出席庆祝会有所保留:

> 很抱歉,我拖延了这么久才给你写信。但是,我需要时间来确认自己的想法。在仔细考虑之后,我比任何时候都确定自己最初的想法是正确的。我一向都很规律地于 10 月去看望我在密苏里的家人,当然尽管我今年可以破例一次,也不会带来什么伤害;但我认为,我自己来参加一个精心布置的庆祝会,是不公平的。
>
> 在我之前与卡伦和胡克的通信中,他们认为,这样是可行的,即我如果能够在会议上提交一些可供阅读的东西——关于民主的某些方面。我当然乐意这样做。①

461

委员会在夏季将邀请函发送给了发言者和来宾。

杜威从新斯科舍的哈贝斯回到纽约之后,他写信给卡伦,描述了自己在夏季如何勤奋工作,并且谈到他的生日演讲可能会采取两个方向:

> 我发现自己在结束了三项工作之后,感到非常失望②。过去的三个月,我一直在工作,没有一点放松。直到我把它们做完,我才明白,我如此努力地做这些工作有多大的必要。
>
> 因此,我还未能将我的思考转移到演讲的工作上来。我甚至不知道从哪条路线开始。我附上了字条,提出了两条可能完全不同的进路。③

第一种建议的进路是"半历史性的",从相关的先行条件开始;提及已经出现的改变;提及由于这些改变,现在正浮现出来的问题。目前的条件所强加的对维护民主的要求。

第二个可能的进路是"分析的",从民主是一种生活方式开始——这里的意思是个人的生活方式;对一些个人态度的拥有和使用。在一种民主里,制度是个人感觉、

---

① 杜威致内桑森,1939 年 6 月 27 日,伦理文化学会,纽约。
② 《自由与文化》,纽约:G·P·普特南出版公司,1939 年(《杜威晚期著作》,第 13 卷,第 63—188 页);《经验、知识和价值:一个回复》(见本卷第 3—90 页);《关于托马斯·杰斐逊》(见本卷第 201—223 页)。
③ 杜威致卡伦,1939 年 10 月 5 日,卡伦文集。

思考和行动方式的表达、延伸、投射，而不是相反。因此，教育是重要的，它将这些态度发展为生活的习惯方式，例如对人性的信仰——来对抗不信任、怀疑、狭隘等等。对说服、讨论、磋商等等的信念，以对抗对力量的崇尚——无论是物理的，还是"精神的"——如虐待、恐吓、漫骂。

> 对共同工作的信念。民主，作为对方法的信仰，解放并完善了更多的手段——随着生活的进展而寻机发展自己的目标。①

在同一天，杜威写信给胡克：

> 贺拉斯·卡伦说，他希望尽快得到我的生日演说的副本。我告诉他，我首先会寄给他一些说明作为大纲，并在之后对它们进行详细的讨论。当我坐下来写大纲的时候，我发现：5月中旬，我一直在稳步工作的三件事，正是推动我向前进的事情；而现在，我没有了动力，取而代之的是疲惫的精神。
>
> 我已经思考过两种方式来继续这项工作。我寄给你一份我寄给卡伦的副本，并且会很高兴得到你的回答。如果需要我在这个主题中以自己的感受作参考，那么，我会说：第一个建议似乎对于目前的情况更加适合，第二个——更加理论化——更像是一篇文档，而对于晚宴的听众来说不是特别适合。②

卡伦在杜威 10 月 5 日信件的底部的手写记录中，显示出他在第二天早晨给杜威打了电话，并告诉杜威：第二个——"分析的"，计划更好。他建议的标题是"我们必须做什么来获得自由，这不是一个描述"，而是"作为一种影响听众的态度的方式"。该记录说，杜威会通知雷得菲（Frederick L. Redefer，进步教育协会的执行秘书、纪念委员会的成员）他的选择。③

两天后，杜威给巴恩斯写了一封短信：

> 我被赋予了一项职责，要为自己的生日晚宴写点可供阅读的东西，而我无法

---

① 杜威致卡伦，1939 年 10 月 5 日，附加脚注，卡伦文集。
② 杜威致胡克，1939 年 10 月 5 日，胡克/杜威文集。
③ 杜威致卡伦，1939 年 10 月 5 日，卡伦文集。

获得任何重要的反馈——你所说的,至少已经在沉寂的地方搅动了一些东西——我目前打算说一些关于民主未来的事情——或者民主怎样能拥有一个未来。你所说的关于智力与情感的联合,以某种方式给了我一个引导——尽管他们并没有给我太多的时间去想出什么东西。

你很难期望,一个处于我这个年龄的人在舞台上面对公众演讲——我发现,我无法再次完成所有这些事了;并且,我已经一年多没有去看伊芙琳了。①

在离开密苏里的格林塞之前,杜威向卡伦寄去一张小纸条:

我将我的主题定为"创造性的民主——我们面对的任务"

我发现我没有可能在离开之前写完我的讲演稿——我很抱歉,但是在我完成上上周最后的工作之后就已经脑力耗竭了。我需要休息一下,直到灵感回来——也许这会是一天或者两天。②

在 10 月 13 日,杜威将他的演讲稿从密苏里寄给了卡伦,并写道:"我希望打字员对附件做一个清晰的副本而不带有太多错误。"③

在进步教育协会的赞助下,一个庆祝杜威 80 岁生日的全国性会议于 1939 年 10 月 20—21 日,在纽约宾夕法尼亚酒店(the Hotel Pennsylvania)召开④。10 月 20 日的三个日间会议讨论了杜威的哲学。在 10 月 20 日晚上,大概一千人出席的晚宴时间,卡伦宣读了杜威寄来的为这次活动所写的《创造性的民主——我们面对的任务》的论文⑤。 464

在纪念日的庆祝会之后,杜威感谢了卡伦:"我在这里满怀感激地对你所做的一

———————————

① 杜威致巴恩斯,1939 年 10 月 7 日,拉特纳/杜威文集。
② 杜威致卡伦,1939 年 10 月 8 日或 9 日,卡伦文集。
③ 杜威致卡伦,1939 年 10 月 13 日,卡伦文集。
④ 在进步教育协会会议的项目中被列出的其他组织有:美国民权同盟、美国哲学协会、哲学与科学方法学会、哥伦比亚大学哲学系、约翰·杜威劳工奖学金、社会研究新学院、纽约教师工会,以及纽约市伦理文化学会。
⑤《致约翰·杜威 80 岁生日》,《纽约时报》,1939 年 10 月 21 日,第 19 页;《美国精神的哲学家》(Philosopher of Americanism),《纽约时报》,1939 年 10 月 20 日,第 22 页;萨穆埃尔·约翰逊·伍尔夫的采访,《一位哲学家的哲学》(A Philosopher's Philosophy),《纽约时报》,1939 年 10 月 15 日,第 5、17 页。

切,作一个迟来而又不够的表达——我能说的所有一切都不足以体现感激,所以我只能将它蕴含在这篇单调的陈述里,交付给你的想象力了。"①几天以后,杜威感谢了胡克所作的努力:

> 我应该早在此之前就写信给你,表达我的感谢、极大的感激及欣喜之情。事实上,在过去的一周里,我牺牲了我更亲密的朋友而先与比较远的朋友通了信,尽管如此,我还是没有来得及对所有的问候表示感谢。但是,我希望你知道,对于你所做的一切,我是多么感动,尽管我一直保持着沉默。我希望,你能从你的努力中感到有所收获,即使如果我没有说出来。②

在 11 月 28 日,杜威对奥托评论了他的生日论文:

> 我会寄给你一份我为我的生日庆祝会所写的东西的重印版。我已经在旁边标明的重点——并且,这也是在《自由与文化》中提到过的,我是在参与杰斐逊(Jefferson)选集那一卷的写作时,阅读他的时候想到它们的;杰斐逊不用这些话,但是他的确强烈地意识到,各种情况的结合使得新政府成为可能——同时也担心它不能维持下去。
>
> 那么,奥托,该轮到你以及你们中的其他人——那些依然年轻的——一代来做这份必须完成的工作,即为人类的民主所需要的交互作用创造条件。毕竟我已经 80 岁了——这不是谦逊,而是对事实的描述。许许多多的感谢——而我如果再写什么东西的话,你会发现,它就是你们已经熟悉的东西。③

杜威的演讲——《创造性的民主——我们面对的任务》,在庆祝会四天后的 1939 年 10 月 24 日的《华盛顿邮报》(*Washington Post*)上发表(第 11 页)。进步教育协会将约翰·杜威会议的会议记录(《约翰·杜威与美国的承诺》),发表在《进步教育小册子》第 14 期(俄亥俄,哥伦布:美国教育出版社,1939 年,第 12—17 页)上。

一份重打的打字稿副本(TS),即杜威在他于 10 月 13 日写给卡伦的信中所要求

---

① 杜威致卡伦,1939 年 10 月 22 日,卡伦文集。
② 杜威致胡克,1939 年 10 月 27 日,胡克/杜威文集。
③ 杜威致奥托,1939 年 11 月 28 日,奥托文集。

的那份,收录在约翰·杜威的文集中,特别收藏,卡本代尔:南伊利诺伊大学,莫里斯图书馆,作为那次演讲的范本。那份文档的一份副本肯定发送给《华盛顿邮报》(WP)了,因为这份打字稿(TS)和《华盛顿邮报》(WP)在一些有改动的地方,与其他出版物是一致的:225.34 的"capitol"而不是"capital";229.29 的"goes"而不是"go";229.30 的"It"而不是"They",以及 229.31 的"opens"而不是"open"。《华盛顿邮报》(WP)插入了 4 个副标题:225.14+的"我们必须再造早期民主",226.21+的"对人类的积极信念是需要的",227.25+的"自由集会,最后的保证",以及 228.33+的"像对待一种个人生活方式那样对待它"。通常来说,打字稿副本(TS)和《华盛顿邮报》(WP)在很大程度上是一致的,但由于《华盛顿邮报》(WP)没有权威性,所以在这个历史性的校勘中没有将它包含在内。

　　紧随进步教育协会会议之后,有关哲学与科学方法的会议于 10 月 22 日在纽约社会研究新学院召开①。杜威一直是有三年历史的小组的创始人,该小组由科学、艺术、教育以及哲学的主导人物组成,每半年相聚一次,"讨论自由和权威在科学方法中的角色,并分析科学间的合作模式与冲突"。② 在这个会议之后,西德尼·拉特纳(方法论会议的秘书),编辑了一卷论文集向杜威致敬。在 11 月 15 日,杜威允许拉特纳将生日的论文收录在论文集里,他写道:"对于收录我的论文这个提议,我感到非常荣幸。"③他补充说,他已经通知进步教育协会,他允许拉特纳收录那篇论文,并且应该与他的秘书雷得菲商议。在 1940 年 2 月 21 日,杜威将修改过的排版发送给拉特纳并附带了一张纸条:"感谢您给我机会,让我作一些修正。"④杜威的生日论文——《创造性的民主——我们面对的任务》作为最后一篇论文,再版于《普通人的哲学家:为庆祝约翰·杜威 80 岁生日论文集》,西德尼·拉特纳编(纽约:G·P·普特南出版公司,1940 年),第 220—228 页(PCM)。

466

　　杜威对于拉特纳的书的权威修改,在本卷被接纳了,并被列于修订清单中。它同样服务于对 TS、PE 以及 PCM 的历史性校勘。PCM 中两个不是杜威所作的标点符号的修改,得到了杜威的接受;杜威自己阅读了包含这些修改的校样,并对句子作了

---

① 《为庆祝约翰·杜威 80 岁生日所召开的会议》(Meetings in Celebration of John Dewey's Eightieth Birthday),《学校与社会》,第 50 期(1939 年 10 月 14 日),第 491—492 页。
② 西德尼·拉特纳编,"序言",《普通人的哲学家:为庆祝约翰·杜威 80 岁生日论文集》,纽约:G·P·普特南出版公司,1940 年,第 10—11 页。
③ 杜威致拉特纳,1939 年 11 月 15 日,西德尼·拉特纳文集,普林斯顿,新泽西州。
④ 杜威致拉特纳,1940 年 2 月 21 日。带有杜威手写修改的排版,同样在拉特纳的文集里。

更多的改动:228.4 的"experiences"之后,添加了一个逗号;228.19—20 将短语"even profoundly"用破折号隔开。

关于伯特兰·罗素论战

本卷中的四个部分与伯特兰·罗素在纽约城市大学的职位任命有关:《伯特兰·罗素案件》,第 231—234 页;《社会现实和治安法庭虚构》,第 235—248 页;《〈伯特兰·罗素案件〉序言》,第 357—359 页;《罗素——一个道德问题》,第 369 页。

1940 年 2 月 26 日,纽约城市高等教育委员会任命伯特兰·罗素在 1941 年 2 月 1 日到 1942 年 6 月 30 日之间担任纽约城市大学(CCNY)的哲学教授。这个任命在宣布之后被神职和政治团体所攻击,因为他们认为罗素是反宗教反道德的。杜威、怀特海、柯特·约翰·杜卡斯(Curt John Ducasse),以及威廉·佩珀雷尔·蒙塔古(William Pepperell Montague),这四位担任过美国哲学协会主席的人不顾神职人员的反对,称赞了对罗素的任命[1]。通过委员会来取消对罗素的任命这个不成功的尝试之后,纳税人以布鲁克林(Brooklyn)的珍·凯(Jean Kay)夫人的名义,向纽约最高法院提起诉讼,要求取消对罗素的任命,"基于他是外国人而且是不道德性行为的鼓吹者"[2]。这起案例中的法官麦吉基汉,于 1940 年 3 月 30 日下达了他的判决——废除这个任命。麦吉基汉坚持说委员会没有权利在纽约城市大学任命一名外国人担任教职,而且这份任命"影响了公共健康、安全,以及共同伦理,法庭有责任行动起来"。[3]

学术共同体对于法庭的这种行为,深感震惊。尽管很多人以及组织可能不同意罗素的哲学,但他们维护他的权益,反对侵害学术自由的判决。在法庭颁布判决的后一天,杜威写信给悉尼·胡克说:

> 我必须花时间来处理我对于一个公众会议智慧的怀疑。只要它还会出现在法庭前,那么我想,一个公众会议就注定是一个错误——某种关于上诉是适宜的个人表达,如果导向正确的地方就是可取的。如果美国大学教授协会对于这份

① 见《四位教育家对罗素的维护》(Russell Defended by Four Educators),《纽约时报》,1940 年 3 月 12 日,第 27 页。
② 卡伦:《伯特兰·罗素事件背后》(Behind the Bertrand Russell),在杜威和卡伦所编的《伯特兰·罗素案件》(纽约:维京出版社,1941 年)的第 20 页。
③ 《麦吉基汉法官的判决》(Decision of Justice McGeehan),同上,第 222 页。

上诉可以制作或者发表一个基于学术立场理由的官方详细说明,那么将会是很有帮助的。但是我很怀疑,目前在法庭之外讨论这件案例的适宜性。①

1940 年 4 月 2 日,由杜威、乔治·S·康茨(George S. Counts)、悉尼·胡克以及卡伦基于文化自由委员会的行为而签名的支持罗素的一些信件副本,寄送给了市长菲奥雷洛·拉瓜迪亚(Fiorello LaGuardia)、高等教育委员会主席奥德韦·蒂德(Ordway Tead),以及纽约市政顾问威廉·C·钱勒(William C. Chanler),表达了这样的观点:麦吉基汉的判决是"迄今为止,美国自由教育事业的持续中最严重的倒退"的观点。信件继续写道:

> 法官麦吉基汉的判决,使得伯特兰·罗素像一个放荡者和流氓,这和已知的简单可证实的事实有严重的差异。这些简单的事实,是被罗素曾经执教过的美国大学的主席证实了的……
>
> 如果承认法官麦吉基汉的判决站得住脚,那么有可能会为对于成千上万美国教师的私人信仰的调查铺路。
>
> 我们强烈要求对这个已作出的判决进行上诉,并且已经准备好为罗素教授辩护的简短声明。②

4 月 1 日的《纽约先驱论坛报》社论——《关于罗素的判决》,批评了法庭对于罗素任命的介入;并且认为,这对于"我们学术体制中的理智自由"来说,是一种潜在的危险。杜威写了一封简短的赞同信件作为回复,即《罗素——一个道德问题》,《纽约先驱论坛报》,1940 年 4 月 3 日。

4 月 4 日,美国大学教授协会秘书长拉尔夫·E·希姆斯特德(Ralph E. Himstead)寄给杜威一份美国大学教授协会(AAUP)发给蒂德(Tead)的电报的副本:

> 美国大学教授协会的国家官员们强烈要求纽约高等教育委员会作出上诉。我们认为,这个判决以及法庭对它的支持意见,对于高等教育管理具有深远的影

468

---

① 杜威致胡克,1940 年 3 月 31 日,胡克/杜威文集。
② 康茨、杜威、胡克以及卡伦致拉瓜迪亚、蒂德以及钱勒,1940 年 4 月 2 日,纽约市政档案馆,纽约市图书馆,副本在劳工历史和城市事物档案馆,韦恩州。

响，它们应该按照纽约的章程以及法律在最高等法庭上被重新审视。①

在杜威从《纽约时报》上读到市长拉瓜迪亚试图通过从预算中划掉罗素曾被任命的职位来打发这个问题之后，他给拉瓜迪亚寄了一封信：

469

　　在今天的《纽约时报》上看到你对于罗素案例的行动，我感到震惊。我一直将你看作一位能够被依靠的、可以独立于政治压力而做正直的事的人。我希望，这里的含义并不是说你选择了反对对于麦吉基汉判决进行上诉的立场。如果那个判决成立，那么将是高等教育制度（既包括纳税支撑的机构，也包括私立机构）一个值得担忧的灾难②，这与任职罗素的好坏是完全无关的。

杜威同样写信给一位与杜威有很多共同语言的朋友巴恩斯：

　　看起来，罗素案件已经显示出拉瓜迪亚是多么胆小和怯懦——这令人震惊……我附上了一篇今天的报纸上的社论。上诉的问题现在比任何时候都更加紧迫，并且《纽约先锋论坛报》(H. T.)有足够的识别力来看到它。③

杜威还附上了一封美国大学教授协会的电报的副本，并说道："它还没有被公布出来——我指的是给蒂德的电报——蒂德是否也同样胆怯，我不知道——他的办公室说，如果之后能和其他的一起发表则会更加有效。"4月6日，《纽约先锋论坛报》的社论报告说："紧接在麦吉基汉的判决之后……已经出现了一个学术自由-伯特兰·罗素委员会，这个委员会招募了整个国家主要的哲学教授、大学校长，以及其他教育家们。"④

4月14日，学术自由-伯特兰·罗素委员会秘书、小约翰·赫尔曼·兰德尔寄给

---

① 希姆斯特德致杜威，1940年4月4日，附于杜威4月6日致巴恩斯的信件中，拉特纳/杜威文集。
② 杜威致拉瓜迪亚，1940年4月6日，纽约市政档案馆，见《市长命令下因预算而对罗素裁员的公告》，《纽约时报》，1940年4月6日，第1、15页。
③ 杜威致巴恩斯，1940年4月6日，拉特纳/杜威文集。
④ 《罗素事件还未解决》(The Russell Case Was Not Settled)，《纽约先锋论坛报》，1940年4月6日，第10页。

市长一份拟定好的关于麦吉基汉判决的委员会声明,要求将之转递给麦吉基汉①。威廉·佩珀雷尔·蒙塔古作为委员会主席,在声明上签了字。执行委员会由来自哥伦比亚大学的杜威和弗朗茨·博厄斯,还有其他大学的代表所组成②。委员会表达了以下观点,即麦吉基汉判决所造成的问题并不是"罗素先生对于性的观点的正确与否",而是"一位有能力的学者在美国公共大学被废除教职,是否因为他的著述中批判了普遍被接受的观点"。③

470

对于学术自由-伯特兰·罗素委员会的行为,兰德尔于5月24日写信给罗素的妻子说:

> 我很高兴能够传递一些约翰·杜威刚刚给我的信息,这至少能缓和一下你对于财务状况的担忧。杜威先生为维护你们的利益,已经作出勇敢而又富有成效的努力;他的主旨似乎平等地分成了两个部分,一部分是对于你丈夫的私人关心,另一部分是试图对被牵涉进来的更广泛的问题进行抗争。他已经联系了他的朋友——费城巴恩斯基金的建立者阿尔伯特·C·巴恩斯先生,他对于罗素先生所遭受的攻击感到非常激动,并且用激烈而不宜刊出的措辞公开表达了他的观点。巴恩斯先生有了一个计划,如果你能够接受的话,将保证对罗素先生的生活提供支持。④

巴恩斯给罗素提供了一个在巴恩斯基金当讲师的职位。5月30日,罗素感谢了杜威:

> 请让我对于你的信件,以及你为维护我的权益而表现出来的慷慨的积极性,致以最热烈的感谢。

---

① 兰德尔致拉瓜迪亚,1940年4月14日,纽约市政图书馆。
② 委员会的其他成员是:芝加哥大学校长罗伯特·M·哈钦斯(Robert M. Hutchins)、约翰霍普金斯大学哲学教授阿瑟·O·洛夫乔伊、卫斯理学院院长米尔德里德·H·麦卡菲(Mildred H. McAfee),以及史密斯学院前院长威廉姆·A·尼尔森(William A. Neilson)。
③ 对于法官麦吉汉对伯特兰·罗素事件判决的声明,1940年4月14日,纽约市政档案馆。
④ 兰德尔致帕特丽夏·斯宾塞·罗素,1940年5月24日,伯特兰·罗素档案,麦克马斯特大学,米尔斯纪念图书馆,汉密尔顿,安大略湖,加拿大。巴恩斯基金会是一个宾夕法尼亚州梅里恩私人艺术博物馆和学校,在艺术鉴赏和美学方面开展成人教育课程有20余年。1940年,该基金会决定增加一些"系统性的关于艺术传统发展背后的历史和文化环境"的课程。见巴恩斯的宣传册——《伯特兰·罗素案件对抗民主和教育》(宾夕法尼亚,梅里恩:阿尔伯特·C·巴恩斯),第2页。

你提出的建议基本上是我所能盼望的全部,如果环境允许的话,我一定会非常高兴地接受它……请问:我是否能延缓一段时间再给出最终的答案,直到情势完全明朗?请向巴恩斯先生传达我最真挚的感激。

471　　罗素补充了一段附言:"你可能会被这段话逗乐,天主教期刊《美利坚》(*America*)说,一个粗鲁的罗素的危险性与一个阴险的杜威的危险性比起来什么都不是!"① 杜威立即将罗素的信的副本寄给了巴恩斯,并且附上短信说:

来自罗素的附件解释了它自己。一开始,我想,我会延缓将你的提议写信告诉他,直到局势"自己明朗了"。……但是,我认为,迎风下锚可以减缓他们的个人忧虑,所以我将我们的谈话写信告诉了他。②

巴恩斯于 6 月 3 日回信感谢杜威,并且说他很乐意接纳罗素③。之后,杜威在 6 月 4 日回信给罗素:

我之前在等待你的信件时已经写信给巴恩斯,并且收到了他的回信。他说,就像我所期望的那样,他会——他写道:"我们做不了什么,只能让事情发生,而如果他丢掉了学院的工作,我们会很乐意接受他。"④

我可能已经在我之前的信件里说过,尽管我的确很乐意在任何能够提供给你一个物质保证来对抗那针对你的令人难以置信的刻薄攻击的事情里做一个中间人,但巴恩斯博士的提议是他自己直接提出来的,并没有受到我的鼓动。

这时,杜威对这个问题为《国家》杂志写了一篇文章,包含在罗素案件之中。《伯特兰·罗素案件》刊载于《国家》,第 150 期(1940 年 6 月 15 日),第 732—733 页(本卷第 231—234 页)。杜威于 7 月告知巴恩斯:

罗素案例在纯粹的技术上偏题了——高等法院所倾听的唯一事情,是一个

---

① 罗素致杜威,1940 年 5 月 30 日,附于杜威 6 月 1 日致巴恩斯的信件中,拉特纳/杜威文集。
② 杜威致巴恩斯,1940 年 6 月 1 日,拉特纳/杜威文集。
③ 巴恩斯致杜威,1940 年 6 月 3 日,拉特纳/杜威文集。
④ 杜威致罗素,1940 年 6 月 4 日,罗素档案馆。

城市的管理委员会雇佣另一位律师的权利,而不是机构顾问的权利——后者已经拒绝对麦吉基汉判决进行上诉。我认为,在法庭之前面对真实的问题是不可能的,所以据我了解,罗素在这里出局了。①

巴恩斯回信说,他很乐意接受罗素,并且可以制订一个比之前对罗素所作的概述更加全面的计划。②

根据杜威所说,巴恩斯对于法庭的行为感到不满意;并且认为,对于具有社会重要性的罗素案例所包含的议题,应该有一个公共记录。杜威在 10 月写信给巴恩斯:

> 我在这个早晨收到了一封来自莫里斯·R·科恩的信,附有一封你在 9 月 26 日写给他的信。那个建议很好,我当然会对于那本书做一些力所能及的事情——我间接地明白卡伦对于罗素案例已经做了某种解释……
>
> 我所说的卡伦为文化自由委员会做了一些关于罗素案例的工作——我曾在一开始担任这个组织的名誉主席。你所提议的书,很自然会在基金会的赞助下出版。不过,如果卡伦的工作像我想象得那样广博,那么,委员会会作为辅助赞助者而起作用。③

杜威在同一天写信给约瑟夫·拉特纳,引用了巴恩斯写给科恩的信。

> 在说到基金会与罗素有一个五年的合约之后,他(巴恩斯)说:"我们拥有的最大的王牌可能就是一本书,可以分析每一个被包含的问题的每个阶段"——谈到我所写的一个阶段——我还没有从他那里直接听到这一点,卡伦以及来自耶鲁的沃尔顿·H·汉密尔顿(Walton H. Hamilton)在法律方面的视角。"我委托你(科恩)去看看杜威,并且安排这本书的计划和范围。"我写信给巴恩斯,想获得更多的细节,但是很明显,他建议,需要资金就给予支持。我在还没有听到巴恩斯的消息时就写信给你,这是因为,科恩在他的信里对我说:"也许拉特纳会以一种组织秘书的形式被雇佣来处理这些事情。"直到我从巴恩斯那里听到消息之前,我当然没

---

① 杜威致巴恩斯,1940 年 7 月 10 日,拉特纳/杜威文集。
② 巴恩斯致杜威,1940 年 7 月 11 日,拉特纳/杜威文集。
③ 杜威致巴恩斯,1940 年 10 月 9 日,拉特纳/杜威文集。

有被授权来做任何最终的建议，但是我想，我会让你知道相关的事情。①

杜威同样写信给胡克："我会寄给你那封附件，因为你所说的关于卡伦对罗素案例的分析或者报告，巴恩斯建议出一本关于整个案件的书。"杜威继续说：

473

> 我知道，巴恩斯希望这本书由巴恩斯基金会出版。但是，也许应该提到文化自由委员会——我的来信有些冒失，但我之所以如此做，是因为在心中想着这样可能比较好。②

杜威于 10 月 16 日给拉特纳寄了一封短信，邀请他参加第二十个生日晚宴，并且通知他说："目前关于罗素的书的事宜暂时停止了，情况要等卡伦对这个案例的写作进展而定。"③

杜威于 10 月 18 日与巴恩斯，进一步讨论了计划中的书：

> 当多萝西·诺曼(Dorothy Norman，编辑)寄给我一些来自《一年两次》的校样(无疑你也有)时，我已经阅读了卡伦所写的东西。关于教会，他已经写出了要点；而我认为，其中部分可以"按原样"进入计划中的书——我为《国家》所写的部分，我自己称之为"罗素实际上说了什么(What Russell actually said)"——编辑修改了题目，并且给予它一个比我本来打算的更加宽广的视野，或者那篇文章证明了我可以更进一步发展它，可以与麦吉基汉的指控相联系；同样，也可以与专家对这方面论题所说的相联系，例如手淫，从而来证明他的立场有良好的科学支持。
>
> 你有什么建议？④

杜威提到了之前谈到过的、他为罗素案所写的发表于《国家》上其题目被修改为"伯特兰·罗素的案件"的文章。巴恩斯回信说，他无法再改善杜威在 10 月 18 日信件中所描绘的概况，并且赞成杜威处理有关性的主题，以及展示对罗素的想法的科学

---

① 杜威致拉特纳，1940 年 10 月 9 日，拉特纳/杜威文集。
② 杜威致胡克，1940 年 10 月 9 日，胡克/杜威文集。
③ 杜威致拉特纳，1940 年 10 月 16 日，拉特纳/杜威文集。
④ 杜威致巴恩斯，1940 年 10 月 18 日，拉特纳/杜威文集。卡伦的投稿，《伯特兰·罗素事件背后》，首次发表于《一年两次》，第 5—6 期(1940 年秋季-冬季)，第 441—466 页；并且在修订后，发表于《伯特兰·罗素案件》，第 15—53 页。

支持的建议。①

　　巴恩斯于 10 月 23 日请求杜威安排一次与卡伦和胡克的四人会面,规划一下那474
本书的范围和计划②。第二天,杜威回信说:"你可能已经阅读了卡伦的信,他建议 11
月 18 日。他之所以选择这个日期,我判断是因为罗素那时会在纽约。"他补充说:"如
果这本书现在已经准备好,有出版商想获得它,但他们考虑以后还会作些修改。"③两
天后,杜威再次关于会面的事情写信给巴恩斯:

　　　　在写信给你之后,我和卡伦通过了电话,我们暂时将时间定在下一个周六,
　　即 11 月 2 日的会议午宴期间。我们两人都觉得,没有什么特殊的理由要让罗素
　　在场。希望这个日期对你来说是合适的。我们希望尽快开始这本书的工作。④

在会面之后,杜威写信给巴恩斯:⑤

　　　　我感到其中一个困难是关于主题的事宜;基础似乎被彻底地掩盖了。你能
　　多设想一些主题吗? 它们不需要太密切地联系在一起。事实上,我第一次觉得,
　　在一些陌生的历史主题里,漫无目的地言说似乎是个好主意。

杜威于 12 月 7 日告知巴恩斯,"关于罗素的书,我认为对作者的分配很均匀"。⑥

---

① 巴恩斯致杜威,1940 年 10 月 21 日,拉特纳/杜威文集。
② 巴恩斯致杜威,1940 年 10 月 23 日,拉特纳/杜威文集。
③ 杜威致巴恩斯,1940 年 10 月 24 日,拉特纳/杜威文集。
④ 杜威致巴恩斯,1940 年 10 月 26 日,拉特纳/杜威文集。
⑤ 杜威致巴恩斯,1940 年 11 月 7 日,拉特纳/杜威文集。
⑥ 杜威致巴恩斯,1940 年 12 月 7 日,拉特纳/杜威文集。除杜威、卡伦和巴恩斯之外,其他作者和他
　 们的文章分别是:沃尔顿·H·汉密尔顿(Walton H. Hamilton,耶鲁大学法律教授)的《折磨的审
　 讯,新风格》(Trialby Ordeal, New Style);理查德·麦吉翁(Richard Mckeon,芝加哥大学哲学教
　 授及人文学院院长)的《民主中的教育问题》(The Problems of Education in a Democracy);莫里
　 斯·R·科恩(CCNY 哲学名誉教授)的《对正义的可耻否定》(A Scandalous Denial of Justice);
　 盖伊·埃默里·希普勒(Guy Emery Shipler,编辑、牧师)的《新教圣公会的态度》(The Attitude of
　 the Espicopal Church);卡尔顿·沃什伯恩(Carleton Washburne,温尼卡公共学校主管)的《作为
　 学校管理者来看待这个案例》(The Case as a School Adminstrator Sees It);耶范特·H·克里克
　 里安(Yervant H. Krikorian,CCNY 哲学系主席)的《学院、共同体以及伯特兰·罗素案件》(The
　 College, the Commanity, and the Bertrand Russell Case),以及悉尼·胡克(纽约大学系主任和哲
　 学教授)的《常规模式》(The General Pattern)。

杜威和胡克在1941年1月讨论了对罗素最近的那本书《对意义和真理的探究》
（*An Inquiry into Meaning and Truth*）中与杜威有关的章节作一种回复的可能性。
在1月23日,杜威在附言里向胡克承认:"我才完成了关于罗素的简短的一章(CCNY
卷)——它并不像我预期得那样容易写。"①杜威于3月告知巴恩斯:

> 为罗素那一卷所写的手稿都在卡伦写给我的信中,除了兰德尔的——兰德
> 尔在危地马拉,卡伦已经给他发了电报;它们中的一些已经晚了一个多月。如果
> 你有一些按语,我觉得会很合适,或长或短按照你的意愿来,主要是关于为什么
> 你认为应该有这个纪录和讨论。这本书是你的建议的成果,尽管我的简短引言
> 会写清楚,每一个投稿者的写作并没有通过你或者其他人的指导甚或建议,但是
> 如果没有你关于为什么做这个事是必要的一个陈述,那么,我感到,这卷书就是
> 不完整的。②

杜威补充了一段附言:"当排版被分配去校正的时候,你的稿件就可以被加入
其中。"

巴恩斯肯定很快就给杜威寄去了一篇陈述;因为一周后,杜威写信说:"你的陈述
非常好,我不会修改一个词语。"③

《伯特兰·罗素案件》于1941年6月由维京出版社出版。这本书的首次印刷(明
显的,也是唯一的一次印刷)是杜威导言的范本,第7—10页(本卷第357—359页),
也是《社会现实和治安法庭虚构》这篇文章的范本,第55—74页(本卷第235—
248页)。

彼得·A·卡米高(Peter A. Carmichael)对于《伯特兰·罗素案件》的长篇评论,
在《哲学杂志》和《美国大学教授协会公报》上发表了。他赞扬了这本书,并且唤起了
对于几个章节的特别关注。对于杜威的文章,他说:

> 如果法官麦吉基汉和他那些从事迫害的同事们进行一点点学习,如果他
> 们阅读了杜威教授在这卷书中所提供的文章,他们一定会被扔进一个极端耻

---

① 杜威致胡克,1941年1月23日,胡克/杜威文集。
② 杜威致巴恩斯,1941年3月21日,拉特纳/杜威文集。
③ 杜威致巴恩斯,1941年3月28日,拉特纳/杜威文集。

辱的状况。因为凭借着一种机敏的批评，他指出了他们如果不是无赖，那么就是骗子。①

总体上，对于这本书，卡米高说道："这本书的作者值得受到夸奖，因为他们能够维护理智自由，并为一个伟大的知识分子辩护。"②

在《打扫房屋》(*Clearing House*)中，菲利普·考克斯(Philip W. L. Cox)将这本书描绘成一个永久的记录，认为它记录了当自由的心灵意识到凌驾于独立思考和教育之上的法律审查会侵犯哲学和私人道德领域中的公共教育（就像它在政治经济意识形态领域中所经常做的那样）时所感受到的震惊和反应。③

《我们的艺术遗产》

1940 年 4 月 25 日 10 点钟，在一个由美术和公共建筑管理部门(The Section of Fine Arts of the Public Buildings Administration)和国家广播公司(The National Broadcasting Company)所准备的、在华盛顿(Washington，D. C.)的 WMAl 的特殊夜晚广播中，"美国政府向装饰公共建筑的艺术家们表达了致敬"。艺术部的主席爱德华·布鲁斯(Edward Bruce)，将杜威介绍为"这个国家最文明的市民"。④ 除杜威以外，其他参与者有财政部秘书小亨利·摩根索(Henry Morgenthau，Jr.)、副国务卿萨姆纳·威尔斯(Sumner Welles)、联邦工作管理员约翰·卡莫迪(John Carmody)，以及参议员罗伯特·M·拉福莱特(Robert M. La Follette)。

在 4 月 29 日，曾在前一年以托马斯·杰斐逊纪念委员会(Thomas Jefferson Memorial Committee)成员身份与爱德华·布鲁斯以及美术部门合作过的参议员艾尔伯特·邓肯·托马斯(Elbert Duncan Thomas)，请求把向艺术家们宣读的演讲记录放在第 76 届国会记录之中（第三次会议，1940 年 4 月 29 日，第 15 部分，第 2477—2478 页）。

477

---

① 卡米高:《哲学杂志》，第 38 期(1941 年 10 月 9 日)，第 573—581 页;《美国大学教授协会公报》，第 27 期(1941 年)，第 601—610 页。对于这本书的其他评论，出现在《美国政治和社会科学学院年报》的第 219 期(1942 年)，第 184 页(埃德加·华莱士·奈特);《信息资源库》，第 16 期(1942 年)，第 434 页(菲利普·考克斯);以及《国家》，第 154 期(1942 年 6 月 6 日)，第 664 页。

② 卡米高:《哲学杂志》，第 580 页。

③ 考克斯:《信息资源库》，第 16 期(1942 年)，第 434 页。

④《美国税收支付给建筑艺术家们》(U. S. Tribure Paid Artists on Building)，《华盛顿邮报》，1940 年 4 月 26 日，第 2 版，第 15 页。

一份杜威的《我们的艺术遗产》的打字稿的副本，在杜威文集，序列Ⅱ，第55盒，第2文件夹，特别收集，卡本代尔：南伊利诺伊大学，莫里斯图书馆。这是他的演讲的范本。

1953年，在杜威去世后，一份关于杜威1940年以"我们的艺术遗产"为题的演讲的磁带录音以每分钟转数331/3的记录发行了。这份记录的一些副本在杜威的文集中，序列Ⅳ，第1盒。这份记录首先被提供给国家艺术教育协会会议（主题为"艺术和人类价值"，1953年4月6日至11日在圣路易斯召开）出售。在与杜威的遗孀商谈之后，罗伯塔·H·戈登·赫尔菲什（Roberta，H. Gordon Hullfish）安排进步教育协会来处理录音的分配①。1953年11月，进步教育协会的发行物刊发了一份广告，以4美元的价格，把杜威的录音作为"收藏项目"予以提供②。

这是已知的关于杜威言语的最早录音；口头录音为在开发中的文本提供了一个补充的维度。这份录音被转录，副本被拿来与打字稿和列出的不同版本进行整理比对。《国会记录》的出版（杜威的第三部分被去除了），包括对文本的一些改进和微小的扩充，最大的可能是杜威在一份《国会记录》的副本里所作的。在录音和《国会记录》中，与打字稿存在着十四项不同。《国会记录》中的分段与打字稿不同，这暗示录音广播有一个抄本；并且在《国会记录》出版前，杜威有机会检查这份文稿。有一些措辞在《国会记录》中有所补充，而在打字稿或者录音的255.11—12，255.23—24，256.12，257.14以及257.33—35中却不存在。255.4—5的短语"and in telling her plans"，在打字稿副本中被划掉了，在录音版本中被省略了，但是在《国会记录》中存在。

杜威一定将打字稿作为他在广播演讲中的副本：一些词语和短语被铅笔划出用478 作他的讲话所强调的部分，但是并没有（可能不宜）在《国会记录》中以斜体字的形式出现。这些在《我们的艺术遗产》的变更中被列举了。对于打字稿范本的修改，在录音和《国会记录》中都被接受了。对这个项目的校订清单，是一份对这个演讲的三个版本的历史校勘。所有打字稿中，256.11—12，256.13，256.14，256.19，256.23，256.29以及256.33的大写字母的单词，可能在他的广播演讲中是有所强调的，为了

---

① 见《艺术教育》（*Art Education*），第6期（1953年3月），第9、14页；赫尔菲什致杜威，1953年5月4、7、15日以及19日，赫尔菲什论文集，珍藏本以及特殊选集，哥伦布市：俄亥俄州立大学图书馆。500份录音被生产出来，其中115份在圣路易斯（赫尔菲什致罗伯塔·杜威，1953年6月12日，赫尔菲什论文集）被售出。

② 广告，《进步教育》，第31期（1953年11月），第58页。

迎合《国会记录》的出版形式而被排除了。

《教育:1800—1939》

1939 年 5 月 1 日,杜威在伯灵顿的佛蒙特大学第 46 届年度创始人纪念典礼上,发表了题为"教育:1800—1939"的演讲。杜威于 1859 年在伯灵顿出生,1879 年从佛蒙特大学毕业。《佛蒙特报》(Vermont Cynic)报道说:"我们最杰出的校友之一回来作演讲嘉宾,增加了学院的爱国主义精神。"①

在伯灵顿的时候,杜威在约翰·杜威俱乐部作过演讲,这是 1926 年在乔治·戴奎真(George Dykhuizen)教授的支持下建立的一个哲学以及心理学学生的荣誉社团②。杜威的非正式谈话,被冠名为"过去 60 年中哲学教学的变化"。③

《教育:1800—1939》首次发表于《佛蒙特怀疑者》(1939 年 5 月 1 日,第 7 页),这是我们的范本。这篇演讲稿同样在《佛蒙特校友报》(Vermont Alumnus)第 18 期(1939 年 5 月)第 169—170、188—189 页发表。《佛蒙特怀疑者》提供了一个副标题,这个副标题已被删除并被记录在校勘清单里。

《民主的基本价值和忠诚》

1941 年 5 月,《美国教师》题为"共产主义、法西斯主义或民主"的一期,包含了 13 479 篇讨论共产主义和民主的文章。乔治·S·康茨在他的导言里解释说,美国教师联合会在 1940 年的大会上采取了一种"明确并富有战斗性立场,反对所有形式的极权主义,无论发源于国外还是国内,无论按照信条是共产主义还是法西斯主义"。《美国教师》5 月刊有两个目的:"撕下这些极权主义运动的假面具",以及"为证明……民主可以制造共识而不需要专制的印记,既不需要极权主义,也不需要法西斯主义"。④

杜威的这篇论文发表于《美国教师》第 25 期(1941 年 5 月)第 8—9 页。作为一个

---

① 《在爱尔兰共和军艾伦教堂举行的年度演习》(Annual Exercises Held in Ira Allen Chapel),《佛蒙特报》,1939 年 5 月 1 日,第 1 页。

② 《约翰·杜威回到家乡》(John Dewey Comes Home),《伯灵顿每日新闻》(Burlington Daily News),1939 年 5 月 1 日,第 4 页。

③ 1939 年 4 月 30 日,约翰·杜威俱乐部记录,佛蒙特大学档案馆,伯灵顿。

④ 康茨:《共产主义、法西斯主义或民主》(Communism, Fascism or Democracy),《美国教师》,第 25 期(1941 年 5 月),第 8—9 页。

范本,是为这个题目所写的文章系列的三篇文章中的第三篇,在悉尼·胡克的《共产主义的基本价值与忠诚》和莱茵霍尔德·谢勒(Reinhold Schairer)的《法西斯主义的基本价值与忠诚》之后。

《评〈人类的事业〉》

"我刚刚在《哲学杂志》上对你的《人类的事业》作了一个短评",杜威于 1940 年 4 月 18 日告诉马克斯·C·奥托。他继续说道:

> 我非常抱歉,这不是为了另一个杂志而写的——我不是怀疑我们的哲学家对获得你的观点和方法的需要,而是怀疑他们的能力。不过,自从我带着悲伤和愤怒(至少是愤慨)离开《新共和》后,并没有一般意义上的出气口。①

杜威讨论了一个在他的评论中没有提到的重点:

> 有一个细微之处在我的评论中没有机会对它说什么,即你在第 27—28 页关于詹姆斯和我自己所说的话。我不应该假设你所说的适用于詹姆斯。当我发现这些观点也被归于我时,感到惊讶。你对于我的文章的解释极富同情心和慷慨,我肯定说过一些不是我自己意思的话,而且当然我并不赞成。如果我再次谈及下面这两个主题,会尽自己所能将之阐述得更加清晰:首先,在人类之作为人类的生命经验中,存在着价值;其次,尽管哲学家尝试批判关于它们的信念并去澄清净化它们,但他并不具有对它们最终的发言权,就像他不是他们的创造者和守护者一样。我想我说过很多次,哲学解决不了任何它正在处理的问题——因为它们只能通过行动并且在行动之中被解决。他的批评以及建构,可能对解决实践中的人类问题提供帮助——通过澄清问题是什么,以及提出假设(这个假设是关于行动要采取的方法的,它自身可以影响实际解决过程)。我会使用这个立场

480

---

① 杜威致奥托,1940 年 4 月 18 日,奥托文集。1937 年 5 月,杜威给布鲁斯·比利芬(Bruce Bliren,《新共和》的编辑)写了一封长信,尝试解释为什么他发现自己"越来越缺乏对《新共和》的方针的同情"。他批评它在兑现"让冲突服从于完全公平的讨论方面的民主实践"上的失败,它那有偏袒的图书评论员的"小派系",以及它所发表的有关托洛茨基调查的文章在挑选和风格上的"片面性"(杜威致比利芬,1937 年 5 月 26 日,打字副本附在给胡克的信中,1937 年 6 月 2 日,胡克/杜威文集)。

而不会保留哲学家对于价值的关系。①

4月22日,奥托因为杜威关于杰斐逊的书(见本卷第201—223页及第455—459页)而向杜威道贺,并且讨论了杜威在4月18日的信件中所提到的要点:

> 对于你的《人类的事业》的短评,我的关注不仅仅是出于好奇。我以为,《新共和》有更广泛并更优秀的读者(我一直想知道你为什么不再在那个期刊上出现),但你的评论出现在哪里毕竟并不太重要。对于你所提到的那一点,可能是我错了。我非常后悔以那种形式阐述了那一点,然而我的后悔主要是出于对你的尊敬以及喜爱,而不是出于对分析和策略中的错误的认识。不管怎样,我不会在我所到达的地方停止,我会重新检查整个事项,并且如果情况以新的面貌在我眼前出现,就像我怀疑它可能会的那样,我会大声地这么说,并且这么做。无论如何,一个重新的检查总会给我带来好处。这将会让我对这一点的思维更加清晰。说到底,这个问题也许密切地相关于哲学应该在这个世界中做些什么(就像它把自己塑造的那样)的问题。我完全相信我们需要加强协同努力,不仅仅关于我们的实践,而且关于我们对于想放入实践中的原理和程序的洞察力的获得。对此,我费尽心机。②

杜威在之后回复道:

> 我应该做一份我的评论的副本并寄给你——尤其是就像我暗示过的那样,这本书可能会两边都不讨好——对于一般的读者来说,哲学味太浓;而它对于传统形式的缺乏,可能会误导或者使教授同仁们感到困惑。所以,我所做的一切都是试图向后者以他们更加熟悉的传统语言,指出一些书中的基本哲学假设。我更愿意为其他人以及那些有志的读者来评论这本书,但是自从我告诉《新共和》

481

---

① 杜威致奥托,1940年4月18日,奥托文集。杜威应该提及《人类的事业》第27—28页以下的段落:"然而,威廉·詹姆斯与约翰·杜威并没有打破与传统哲学的某种亲密联系。他们保留了哲学家在理念领域表面上的卓越。尽管他们的目标是建立理念和实在之间那种深刻改变的关系,但将哲学作为所有人类的尺度而放置于价值领域的宝座之上。"
② 奥托致杜威,1940年4月22日,奥托文集。

这个想法后,这种出路便没有了。①

杜威对于奥托的《人类的事业:将哲学和日常生活联系起来的愿望》②的评论,在《哲学杂志》第 37 期(1940 年 5 月 23 日)的第 303—305 页发表,是本文的范本。

一年半之后,杜威仍然被奥托在《人类的事业》中的评论所烦恼。他写了一封短信给奥托,希望能够澄清自己的观点:

我写此封信是出于一个自私的目的。你可能还记得,我对《人类的事业》中关于哲学和价值联系的观点的陈述有一些惊讶。我现在有机会为一些完全不同的东西查阅《经验与自然》,并且碰巧遇见一个关于那个主题的陈述,在第 408 页(《杜威晚期著作》,第 1 卷,第 305 页)。也许我无法违背自己已经写下的观点,因为它代表了我经过深思熟虑的观点③。

《评〈乔治·桑塔亚那的哲学〉》

杜威于 1941 年 1 月寄给保罗·阿瑟·席尔普一封关于《在世哲学家文库》第二卷——《乔治·桑塔亚那的哲学》出版的祝贺信。杜威是这个系列第一卷的主题(见本卷第 3—90 页及第 435—445 页)。杜威补充了一段附言:"我刚收到一封 G·E·摩尔寄来的短信,附带着你对他关于我在《心灵》上的评论的建议。我今天写信给他,说我会做这件事。"④杜威在 3 月发现有必要写信给席尔普,索取桑塔亚那卷的副本,因为他的"丢失"了。他写道:"很不幸,我为我的评论所作的一些笔记留在了那本书里。不过,我觉得基本上能够回想起来。"⑤

杜威于 5 月对他为《在世哲学家文库》关于阿尔弗雷德·诺斯·怀特海的第三卷的投稿(见本卷第 123—140 页)和在写作中的评论向悉尼·胡克作了说明:

我正在为《心灵》写作一篇关于桑塔亚那——席尔普卷的评论。我认为,撇开怀特海和桑塔亚那具有巨大的启发性不说,他们在某一点上是有共识的。他

---

① 杜威致奥托,1940 年 4 月 29 日,奥托文集。
② 纽约:F·S·克罗夫茨出版公司,1940 年。
③ 杜威致奥托,1941 年 10 月 7 日,奥托文集。
④ 杜威致席尔普,1941 年 1 月 4 日,LLP 档案。
⑤ 杜威致席尔普,1941 年 3 月 22 日,LLP 档案。

们对于过去的哲学家都有太多的尊崇——在桑塔亚那那里有一些,在怀特海那里则是全部。在后者那里,我想,相对来说,有一部分原因是他比较晚地从其他学科进入哲学。并且他的解释主要出于自由的想象,而桑塔亚那则经常很武断。有一点我刚刚提到的,某些人应该从细节着手——我想,这一卷中没有哪一位作者甚至提到过这一点——那就是他对于洛克及其追随者的二元心理学的全盘接受。①

483

7月中旬,在从佛罗里达到新斯科舍的旅途中,杜威偶然发现了一份他评论桑塔亚那文章的副本。他将这份副本寄给了贝克·布劳内尔(桑塔亚那卷的一位投稿者),并写信说:

> 我偶然发现一份副本——我将之附上。不过,我没有指出我在口头上的一些细微的改变。
>
> 我把它寄给你,不仅因为我将你的文章作为我的评论的文本,而且因为我对你的整篇文章深深地敬佩。我想比评论中所能允许的程度,将它更加完整并直接地表达出来。我认为,它是将哲学批评和文学批评相结合的杰作。你关于桑塔亚那唯物主义(毕竟它和卢克莱修的观点没什么联系)来源的观点对我来说,是有最终说服力的。我很遗憾,桑塔亚那误解了这一点,并将之作为一个相当个人的传记的主题(不管你写了什么)。我打算对这一点作一个特殊的评论,但是我的评论已经太长了。②

杜威那篇长长的评论,在《心灵》第50期(1941年10月)第374—385页发表。杜威的打字稿的副本,不是由他本人打的。来自伊利诺伊州埃文斯顿西北大学档案室的贝克·布劳内尔的论文集,是这个评论的范本。尽管打字稿没有指出杜威的"微小的修改",但《心灵》所证实的大量的修改可以被假设是杜威所作的,并且被看作对范本的修改。《心灵》按照内部惯例,将杜威对于 color、synthesize、recognize、criticize、humor、connection 以及 reflection 的拼写,都改成了英国的拼写风格。这在该版本中

---

① 杜威致胡克,1941年5月5日,胡克/杜威文集。
② 杜威致布劳内尔,1941年7月14日,贝克·布劳内尔文集,西北大学档案馆,埃文斯顿,伊利诺伊州。

是被排除了的。

《给约翰·杜威劳动研究基金朋友们的话》

1939 年 1 月 28 日，约翰·杜威劳动研究基金（John Dewey Labor Research Fund)宣布说：它将赞助一个 2 月 6 日晚间的戏剧表演——"什么样的人生！"，以便让基金得到益处①。基金的目标是"为杜威博士所判断的会对美国劳工运动产生作用的研究提供基金"。② 通知陈述说："在幕间休息时间，杜威博士将向观众说几句话。"

1 月，杜威在佛罗里达，但是他给基金主席悉尼·胡克寄了一封伴随着提醒的"简短的陈述"："你可以按照你认为合适的方法修复它，而不被指控为伪造。"③胡克一定将事件报告给了杜威，因为杜威在 2 月 11 日写信给他：

> 谢谢你的提醒。如果支票还没有被送出，那么用它在纽约的银行开一个特殊的账户是比较好的……
>
> 我当然很感谢你和其他人的勤奋工作，并且我希望有足够的利益让你感觉到你的劳动是有回报的。④

在同一天，杜威还给胡克寄了一张明信片："在我寄出我的信之后，你的副本就到了。你增加的内容正是我的评论——我觉得自己对这个场合有些太遥远了，很难公正地对待它。你说的，正是应该要说出来的东西。谢谢你！"⑤

1939 年 8 月 13 日，对于约翰·杜威劳动研究基金的筹款竞争（750 美元）由胡克在 1939 年 8 月 13 日的《纽约时报》上宣布。研究奖学金"由杜威教授的朋友和仰慕

---

① "什么样的人生！"（以斯拉·斯通扮演亨利·奥德里奇），在纽约市曼斯菲尔德剧院上演了 11 个月。

② 《杜威基金赞助者剧院获益》(Dewey Found Sponsors Theater Benefit)，《工人时代》(*Workers Age*)，1939 年 1 月 28 日，第 2 页。基金的赞助者包括哥伦比亚大学的威廉姆·H·基尔帕特里克、约翰·L·蔡尔兹、乔治·S·康茨和乔治·W·哈特曼；纽约大学的悉尼·胡克；纽约市立学院的希尔曼·毕夏普；欧内斯特·萨瑟兰·贝茨、阿尔弗雷德·宾汉姆、马格丽特·迪西瓦、索尔·弗瑞斯特、苏珊娜·拉弗丽蒂以及本杰明·斯托尔伯格。

③ 杜威致胡克，1939 年 1 月 31 日，胡克/杜威文集。

④ 杜威致胡克，1939 年 2 月 11 日，胡克/杜威文集。

⑤ 杜威致胡克，1939 年 2 月 11 日，胡克/杜威文集。

者为向他即将到来的 80 岁生日,并对他为劳工运动和人类进步所作的贡献表示感谢而建立"。① 一个更详细地陈述竞争规则的公告,出现在两周后的《工人时代》上②。1940 年 1 月 17 日,仍在佛罗里达的杜威收到了递交来的供考虑的大纲。

杜威于 1 月 18 日将他排在前 6 位的选择回复给了胡克,并附信说:"如果我的判485断和来自其他人值得考虑的范围大相径庭,请只在总数里计为一票。"③没有关于这次竞争结果的记录。

关于杜威"简短陈述"的 1 月 13 日的打字稿(DTS),在胡克/杜威文集,第 1 盒,第 6 文件夹,特别收藏,卡本代尔:南伊利诺伊大学,莫里斯图书馆。这是该项目的范本。胡克在杜威的许可之下,对打字稿进行扩展时所作的修改,在胡克/杜威文集中。这被看作首次发表的杜威的《给约翰·杜威劳动研究基金朋友们的话》的修正。校勘表作为对杜威的话的历史性校对,将 DTS 与 HTS 实质性的及次要的变化都作了记录。

《战争的教训——从哲学的角度看》

杜威的演讲"战争的教训——从哲学的角度看",是 1941 年在纽约市库珀联合会一个关于"战争的教训"每周系列讲座的第三部分。第一个演讲者是玛格丽特·米德,于 11 月 23 日作了题为"战争的教训——从人类学的角度看"的演讲。第二个演讲者是彼得·杜拉克(Peter Drucker),于 11 月 30 日作了题为"战争的教训——从经济学的角度"的演讲。

尽管杜威演讲的那一天——1941 年 12 月 7 日是美国历史上重大的一天,但杜威在他讲话的序言里说:"对于战争,我没有什么,以前没有什么,现在也没有什么直接可说的。"他继续将他的评论呈现为"在本性上是哲学的"。

这一卷发表了杜威演讲的两种形式:一种是预先准备的打字稿,另一种是他在库珀联合会实际演讲的抄本。19 页的打字稿来自新泽西州(N.J.)的新不伦瑞克,罗格斯大学图书馆,特别收藏和档案。打字稿作为一份范本,上面有很多杜威作的修订。这些在"《战争的教训——从哲学的角度看》的变更"中有记录。打字稿在成型之前至486少准备了两周,因为杜威在 320.23—24 谈到玛格丽特·米德关于"战争的教训——

① 《约翰·杜威竞争规则》(John Dewey Contest Set),《纽约时报》,1939 年 8 月 13 日,第 25 页。
② 《杜威为劳工研究提供奖励》(Dewey Offers Award for Labor Study),《工人时代》,1939 年 8 月 26 日,第 3 页。
③ 杜威致胡克,1940 年 1 月 18 日,胡克/杜威文集。

从人类学的角度看"的讲话时说道,"上周在这里所提到的";而在 12 月 7 日,他在 330.4 说道,"两周前这里的演讲者"。杜威演讲的磁带录音,同样来自拉特格斯大学图书馆的收藏,有一些录音瑕疵导致在 326.24、327.31、328.34—35、329.35、329.38、331.1—2、332.6、332.7 以及 334.31 有一些中断。

《〈老龄化问题〉导言》

1930 年 4 月,凯特 • 梅西 • 莱德(Kate Macy Ladd)创立了小约书亚 • 梅西基金(the Josiah Macy, Jr. Foundation),旨在"借助对科学医药和有所提升的卫生保健的协助来促进人类福利"。[①] 杜威是董事委员会的发起成员之一,从 1930 年服务到 1944 年[②]。1937 年的夏天,一个对老龄化问题感兴趣的科学家团体在马萨诸塞州的法尔茅斯举行了一场为期两天的会议。一年多来,基金一直在支持一个关于老龄化问题的出版项目。在国家研究委员会和美国生物社会联盟(the Union of American Biological Societies)的支持下,15 位投稿者会面并汇集了他们的数据及其观点,使这本书成为一本综合性的著作。[③]

1938 年 3 月,杜威向悉尼 • 胡克提到,《逻辑》最后章节的一些工作可能要延缓了,"因为我很早以前就同意为梅西基金会即将出版并已经提上日程的关于老龄化问题的书写一篇序言"。[④] 5 月 6 日,即将出版的书的编辑埃德蒙 • 文森特 • 考德里写信给杜威:"我怀着极大的兴趣阅读了你为这本关于老龄化的书所写的序言的手稿,它相当正确。你一击即中地指出了,当我们将这本书呈现给公众时什么是重要的。"[⑤]5 月 20 日,杜威回信说:

487

> 很抱歉,我对你 6 日的信的回复稍稍迟了一点。首先,我想说,你发现我的序言正是你想要的那种,这让我感到非常高兴。尽管弗兰克博士[弗兰克 • 劳伦

---

① "前言",《小约书亚 • 梅西基金,1930—1955 年》(*The Josiah Macy, Jr. Foundation*,1930—1955),第 2 页。莱德为了纪念她的父亲而为基金会取此名,她从父亲那里继承了一种用财富进行公益活动的责任感。基金会活动的主要形式是:以两种方法将人们和机构连接起来,实现其目的——调查员间歇性的"对话"以及一定数量的人们对某种特定主题感兴趣而召开的"会议"。

② "过去的指导者",同上,第 ix 页。

③ "协商项目",同上,第 13—15 页。

④ 杜威致胡克,1938 年 3 月 16 日,胡克/杜威文集。

⑤ 考德里致杜威,1938 年 5 月 6 日,考德里文集,第 58 盒,FC8,华盛顿大学医学院图书馆,圣路易斯,密苏里州。

斯·K(Frank Lawrence K),梅西基金会执行秘书]给予了我帮助,我依然对于在一个的确不是我自己领域的范围内的冒险,感到有点无把握。①

8月4日,杜威将他在新斯科舍的哈贝斯的演讲稿寄给了考德里,并说:"校稿等将会到我这里。"②那个秋天的后期,杜威就校样的事情写信给考德里:

> 弗兰克博士写信给我,寄给了我一些原始手稿的副本,并指出我已经接受了排版校样。我还没有得到它们——如果它们寄给我了(没有到我这里),如果你的时间很有压力,那么你自己修改校样是可以的。另一方面,如果排版校样能够到达,我会修改并迅速地寄回。③

考德里回信说:

> 非常感谢你在11月8日的提醒。我无法想象,为什么出版商没有将校样寄给你。随函附上一份复制的排版校样。请修改一下,并且和你最初的手稿一起寄回给我。同时,请说明你希望以市场价购买的加印本的数量(最多两百本)。④

5天后,杜威写信给考德里:"我希望这次延误并没有给你造成麻烦——很明显,在寄给我校样的时候出了一些差错。我已经作了一些很微小的修改。"⑤杜威的序言 *488* 于1939年1月在考德里的《老龄化问题:生物和医学视角》(巴尔的摩:威廉姆斯-威尔金斯出版公司,1939年)第 xxvi - xxxiii 页发表,是我们的范本。

《〈教育的趋势〉序言》

《教育的趋势》是西北大学教育学院发行的一份期刊。该刊将11—12月的一期指定为"约翰·杜威专辑",向杜威80岁生日致敬。除杜威的序言以外,这一期还包含5篇献给杜威的文章。由乔治·E·阿克斯特尔(George E. Axtelle)、约翰·J·

---

① 杜威致考德里,1938年5月20日,考德里文集。
② 杜威致考德里,1938年8月4日,考德里文集。
③ 杜威致考德里,1938年11月8日,考德里文集。
④ 考德里致杜威,1938年11月10日,考德里文集。
⑤ 杜威致考德里,1938年11月15日,考德里文集。

德波尔(John J. DeBoer)、德尔顿・T・霍华德(Delton T. Howard)以及贝克・布劳内尔所写的 4 篇文章在西北大学举行的杜威 80 岁生日的庆典上宣读。保罗・阿瑟・席尔普所写的第 5 篇文章,是在进步教育协会伊利诺伊北部海滩分支(Illinois North Shore branch)所作的演讲①。杜威的序言首次在《教育的趋势》第 7 期(1939 年 11—12 月)发表,是我们的范本。

《文化自由委员会》

1939 年 5 月 15 日,《纽约时报》宣布了文化自由委员会的信息。杜威所领导的这个组织,将成为"维护思想自由、反抗极权力量攻击的新委员会"。《纽约时报》将之描述为"部分作家、艺术家以及学者对于最近很活跃的谴责德国和意大利意识形态但对极权主义意识形态保持沉默的委员会的反叛"。《纽约时报》继续报道说,一些成员尽管以前拒绝促进民主之林肯生日委员会(Lincoln's Birthday Committee for Democracy)宣言和人类学家弗朗茨・博厄斯(Franz Boas)率领的思想自由委员会宣言,但已经签署了目前这个宣言②。

489　　看到《纽约时报》的那篇文章之后,杜威给他的同事博厄斯写了一封短信:

> 我看到那篇对于文化自由委员会的公告的报道后,感到惊讶和懊恼……我将完整的发行稿附上并分发出去,以便展示报道者在撰写它的时候多么没有根据……
>
> 我高兴的是,尝试将委员会看作一种对于其他委员会的"反抗"——非常莫名其妙——的报道者至少足够诚实,他将他似乎已经召集起来的人的否认声明公开发表——这个人不是我,因为这张报纸根本没有找过我——我很确定,你知道我对你的巨大的尊敬和钦佩。③

---

① 阿克斯特尔:《约翰・杜威与民主的概念》(John Dewey and the Concept of Democracy),第 6—14 页;德波尔:《约翰・杜威对教育的影响》(The Influence of John Dewey on Education),第 15—19 页;霍华德:《作为哲学家的约翰・杜威》(John Dewey as a philosopher),第 20—22 页;布劳内尔:《约翰・杜威对美国生活和思想的影响》(John Dewey's Influence on American Life and Thought),第 26—29 页;席尔普:《约翰・杜威:美国第一公民》(John Dewey: America's Citizen No. 1),第 23—25 页。

② 《对抗任何自由限制的新团体》(New Croup Fights Any Freedom Crub),《纽约时报》,1939 年 5 月 15 日,第 13 页。

③ 杜威致博厄斯,1939 年 5 月 15 日,附于杜威 5 月 16 日写给胡克的信中,胡克/杜威文集。

博厄斯甚至在还没有收到杜威的信件时就打电话给杜威①,表达了对他们各自的组织之间被暗示的冲突的担忧。杜威同意与博厄斯会面并谈话。博厄斯在5月25日与杜威和悉尼·胡克会面之后,写信给杜威:

> 很确信,最大的错误就是大量的组织试着去做相同的事情,并且将它们的能量分散到过于宽泛的领域中……我相信,对于目前问题最明智的解决方案就是我们对于工作的领域取得一致的意见,并且我们继续在大学、学院以及学校系统工作,而你们继续在自由行业(艺术家、作家、律师、内科医生等)中工作。
>
> 就像我昨天告诉你的:我们发起这次会面的目的,就是比较所有在头脑中具有相似目标的组织实际所达到的东西是什么,这样可以避免不必要的重复。②

在会面之后,杜威将他的想法依次归纳总结给博厄斯:

> 在我们的谈话之后,我曾(现在也是)倾向于认为,这个领域中有足够的区分,所以有空间让一个组织主要处理学校的事宜,另一个处理作家、艺术家等等的事宜。关于协会可能的引导性商谈的决议,在本地委员会30多名成员中一致通过,这显示出任何时候都没有要引起冲突的意图。理论上,至少可以有一个具有两个分支的组织。

490

> 像你所指出的那样,保持组织不要在太过宽泛的领域中分散是很难的。你的组织可能有一些误解,这起因于促进民主和智力自由大学联盟(the University Federation For Democracy and Intellectual Freedom)发表的那篇声明。这个组织和你的组织有相同的名字,除了联盟以外,它强调了对于民主的支持,并有一个直接反抗法西斯主义的部分。而在它的声明中,你的名字作为思想自由附属委员会的主席出现……你可以看到,你的组织被描述成是一个有着宽泛目标的组织的附属委员会,这一事实会使一些人感到困惑的。③

------

① 杜威致胡克的信中有所记录,1939年5月16日,胡克/杜威文集。
② 博厄斯致杜威,1939年5月26日,附于杜威5月27日写给胡克的信中,胡克/杜威文集。
③ 杜威致博厄斯,1939年5月27日,可能附在杜威5月26日写给胡克的信中,胡克/杜威文集。

《国家》刊载了文化自由委员会完整的宣言,以及96位签名者的名单①。委员会的信息也在5月31日的《新共和》上宣布了②。不过,《新共和》没有出版委员会的宣言,一篇社论表达了对委员会的现实感的怀疑。杜威立即回复了这篇社论。在6月2日寄给胡克的明信片上,杜威写道:"布里文(《新共和》的编辑)写信说,他们会在有空间的时候发表我的回复——我的回复比他们一般允许的要长。"③杜威的信件——《文化自由委员会》,在《新共和》第99期(1939年6月14日)第161—162页上发表。杜威的打字稿的副本,在胡克/杜威文集,第1盒,第6文件夹,特别收藏,卡本代尔:南伊利诺伊大学,莫里斯图书馆,是这封信件的范本。来自《新共和》的6处校订已经被接受;同时,打字稿和《新共和》有8处不同,已经从打字稿中修复了。杜威的手写和打字的变化在"《文化自由委员会》的变更表"中被列出。

491

《教育调查》

作为文化自由委员会的代表,杜威写信反对这样一个建议:对于国家的教材,要对作者的政治和社会关系进行调查。这封信于1940年5月6日出现在《纽约时报》第16页,题目是"教育调查";并且出现在《纽约先驱论坛报》第18页,题目是"文化自由"。信件被扩充并作为文化自由委员会的一份声明,于1940年5月18日刊载于《工人时代》(第2页),题目是"杜威对学校所进行的调查抨击为一种教育的危险"。

《纽约时报》和《纽约先驱论坛报》上的信件作为范本,具有同等的权威性,因为它们起源于同一个文档④。来自《工人时代》扩充版的校勘已经被接受。这两份报纸中的副标题和致辞在这一版中被省略,但在校勘表中列出。《纽约时报》的标题被保留下来,因为莫温·K·哈特的回复信件以及杜威的反驳都是基于《纽约时报》发行的版本。

纽约州经济委员会主席哈特写了一封信作为回复,批评了杜威在这个问题上的

---

① "宣言",《民族报》,第148期(1939年5月27日),第626页。

② "自由与共识",《新共和》,第99期(1939年5月31日),第89—90页。

③ 杜威致胡克,1939年6月2日,胡克/杜威文集。

④ 见弗雷德森·鲍尔斯(Fredson Bowers),《多样的权威:新问题与范本的概念》(Multiple Authority: New Problems and Concepts of Copy-text),《关于参考文献、文本以及编辑的论文集》(*Essays in Bibliograppy, Text, and Editing*),夏洛茨维尔:维吉尼亚大学出版社,1975年,第447—487页。

立场。《对杜威博士的立场之辩》一文,刊载于 1940 年 5 月 9 日的《纽约时报》第 22 页(见本卷附录 3)。杜威的反驳——《不受欢迎的审查制度》一文,刊载于 1940 年 5 月 14 日的《纽约时报》第 22 页(见本卷第 373 页)。

安妮·夏普

校勘表

　　除了正式内容中的修改,范本中引入的所有实质性和次要性的修订在下表中都有所记录。没有经过校订的地方,标题不会出现。每一篇作为范本的文章题目会在该校勘表的开头有所说明;对于之前有过单独印刷版本的词项而言,范本内容的缩写不出现在该表中。页面左边的页码和行号来自目前的编辑版本;除页首标题外的所有印刷字行都算在内。左边方括号中的内容来自目前的编辑版本;括号之后紧随的是那些内容第一次出现的地方的缩写。括号之后的缩写顺序显示了这个主题从第一次出现到最后一次出现的年代顺序。最后一个来源的缩写之后,会有个分号;在分号后被抛弃的读法,按照一个相反的年代顺序被列出,最早的版本通常是范本,出现在最后。

　　W 表示著作(works)——目前版本——并且被用来表示此处首次完成的修订。WS 这个符号(著作来源)被用来表示在杜威所引用的材料中,对拼写、大写字母,以及一些其他原始资料中的名词所作的修订。

　　对于标点符号的校订,波纹线～表示与括号前面的词语是一样的;下标插入符号"ʌ",指某个标点符号的缺失。缩写[om.]表示括号前面的内容在该缩写后面所指定的版本和印次中被省略;[not present]用在适当标明没有出现在被识别出的来源中的材料的地方。缩写[rom.]表示罗马字体,并且被用来标明斜体字的省略。Stet 和版本或者印次一同使用,表示后来被修订的版本或印次中所保留的实质性内容。没有采用的变动,在分号之后。在校订页码之前的星号,指出这个内容在文本注释中有所讨论。

　　已对本书通篇作了若干形式或细节上的改正:

1. 对于杜威每篇论文或每章的脚注分配了上标数字。

2. 书籍以及期刊标题使用斜体字;出现在期刊标题前的"the"使用小写罗马字体;文章和书籍节选使用引号。

3. 句号和逗号在引号之内。

4. 如果不处于被引用的材料之中,单引号则改为双引号;不过,左引号或右引号已经在必要并有记录的地方提供了。用于引文的左双引号和右双引号被忽略。

5. 连字已经被分开。

下面括号前的拼写是已知的杜威的习惯用法,对这些拼写的编辑规范如下:

birth-rate]   birth rate 342.6
centre(s)]   center(s) 3.30, 91.5, 91.9, 91.26, 92.20, 155.6(2),
                          353.12, 354.14, 354.16
cooperate (all forms)]   coöperate 109.25, 173.22, 200.11, 342.8
cooperate (all forms)]   co-operate 93.40, 94.5, 95.16, 278.26, 278.27, 279.2
coordinate]   coördinate 151.21
role]   rôle 6.7, 7.1, 40.25, 52n.4, 62.25, 63.17, 74n.1,
                          74n.2, 151.2, 151.4, 151.8, 153.5, 160n.3, 169.3,
                          227.15, 267.12, 284.35, 289.9, 345.18
throughout]   thruout 370.4

《经验、知识和价值:一个回复》

范本首次发表于《约翰·杜威的哲学》,《在世哲学家文库》,保罗·阿瑟·席尔普编(埃文斯顿和芝加哥:西北大学出版社,1939 年),第 1 卷,第 517—608 页。

5.22   some] W; same
*9.8   and beliefs] W; to beliefs
12.24   it] W; is
13.34 – 35   "Instrumentalism"] WS; ∧~∧
14.8   be "a priceless"] WS; "be a priceless
16.1   body";] W; ~;"
16.31   real";] W; ~;"
16n.2   1925] W; 1926
19.1   'everything] WS; ∧~
19.1   natural.'] WS; ~.∧
20.18   "non realistic] WS; "non-realistic
20.29   reduction" of "abstracta] W; ~∧~∧~
35n.9   Logic),] W; ~,)
37.11   mad-house,"] WS; madhouse,"
37n.6   instrumental. And] WS; instrumental ..., while

40.9 – 10	*propria persona*,] W; *persona propria*,
40.20	potentiality] W; potentially
41.17	'inquiry'] WS; ∧～∧
41.31	according] W; acording
42.15	"'ordinary'] WS; "∧～ ∧
42.18	ensue";] W; ～;"
43.35	'knowing'"] WS; ∧～∧"
46.12	"'I am … known'] WS; "∧～∧
46.13	'I know.'"] WS; ∧～ ·∧"
48n.1	245] W; 345
50.16	essays,] W; essay,
50.36	'the true] WS; ∧～
50.37 – 38	knowing.'"] WS; ～·∧"
55.18	word] WS; word itself
57.16	'true'";] WS; ∧～∧;"
59.35	particularity"] W; ～."
59.36	159 – 60]).]W; ～])∧
62.26	between] W; betwen
69.15	self—] W; ～-
71.13	conditions] W; condition
73.16 – 17	independable] WS; undependable
73.17	person";] W; ～;"
73.19	behavior";] W; ～;"
77.6 – 7	proffered] W; proferred
78.27	'which] WS; ∧～
78.28	achievement,'"] WS; ～, ∧"
80.17	re-integrate] WS; reintegrate
83.25 – 26	"resolved"] WS; ∧～∧
83.30	"collapses into immediacy."] WS; ∧～·∧
84.19	'resolved'] WS; ∧～∧
87.21	acquired] W; acqured

《我相信》

范本首次发表于《我相信：时代杰出人物的个人哲学》，克利夫顿·法迪曼编（纽约：西蒙-舒斯特出版公司，1939 年），第 347—354 页。

*91.5	centre] W; center
91.7	life-experience] WS; ～∧～

《时间与个体性》

范本首次发表于《时间及其神秘性》，第 2 部（纽约：纽约大学出版社，1940 年），第

85—109 页。

100.13	superstition] W; superstitution
106.29	ultimate] W; utimate
107.15	the universe] WS; universe
111.13	occurs,] W; ~∧
111.14	occurred∧] W; ~,
111.32	*Hamlet*] W; Hamlet

《我的法哲学》

范本首次发表于《我的法哲学：16 位美国学者的信条》，朱利叶斯·罗森塔尔基金会（波士顿：法律图书出版公司，1941 年），第 73—85 页。

121.28	it is] W; it

《怀特海的哲学》

范本首次发表于《阿尔弗雷德·怀特海的哲学》，《在世哲学家文库》，保罗·阿瑟·席尔普编（埃文斯顿和芝加哥：西北大学出版社，1941 年），第 3 卷，第 643—661 页。

124.23	*must be . . .*] WS; *. . . must be*
127.12	experience";] W; ~;"
131.4	common-sense.] WS; ~∧~.
131.9	certainly] WS; certainty

《经验中的自然》

范本首次发表于《哲学评论》，第 49 期（1940 年 3 月），第 244—258 页。已接受的修订来自它的再版，收录于杜威的《人的问题》（纽约：哲学文库，1946 年），第 193—207 页。

141.2	announced for this session] *stet* PR; under consideration PM
141.5 - 7	When . . . part.] *stet* PR; [*om.*] PM
141.10	reply.] *stet* PR; statement. PM
141.11	versions.] PM; topics.
141.22 - 24	theme . . . this] *stet* PR; [*om.*] PM
142.12	names] PM; terms
143.22	authorized.] PM; authorized to the latter.
144.31	by the continuity] PM; by the point of view of continuity
144.32	I also] PM; From the point of view of a theory which sets up breach of continuity it will be not so much false as nonsensical,

egregiously absurd. I also

144.32	write] *stet* PR; wrote PM
145.18	expressed] PM; that is expressed
145.18 – 19	dualistic opposition] PM; opposition
145n.5	it is] PM; is
147n.13	"disinterested] PM; "distinterested
148.4	defined.] PM; ~,
148.37	one aspect] PM; an aspect
148n.1	36 – 37] W; 10
149.6	action;] PM; action, with criticism of current beliefs and in-stitutions involving value-considerations, on the ground of the cognitive conclusions of science;
149.27	catholic] PM; Catholic
149n.4	*Darwin*,] PM; ~∧
149n.5	will] PM; wil
149n.8	*Intelligence*,] PM; ~∧
150.8	*things*] PM; [*rom.*]
150.11(2)	liberalism] PM; Liberalism
151.4	really] PM, equally
152.3	operationalism;] PM; ~,
152.21	perception.] PM; observation.
153.22	"reality"] PM; "Reality"
153.25	reality,] PM; Reality,
154.6 – 20	In ... view.] *stet* PR; [*om.*] PM
154.24	today] *stet* PR; now PM
154.25	writings,] PM; ~.
154.27 – 30	them, ... writings.] *stet* PR; them. PM

《詹姆斯心理学中消失的主体》

范本首次发表于《哲学杂志》,第 37 期(1940 年 10 月 24 日),第 589—599 页。已

497 接受的修订来自它的再版,收录于杜威的《人的问题》(纽约:哲学文库,1946 年),第

396—409 页。

155.4	by] PM; of
156.6	Exist?"] PM; ~∧"
156.18	doubt] PM; a doubt
156.19	*ultimate*] PM; [*rom.*]
157.17 – 18	skepticism] WS; scepticism
157.18	(pp.304 – 305).] W; (p.305).
158.19	react."[6]] PM; ~.∧[6]
159.4	that defect] PM; the defect
160n.1	pp.333 – 336.] W; pp.333 – 334.

161.16	problem. But it] PM; problem which
161.31	principle] W; principles
162.20	(P.8.)] W; [P.8.]
163.22	parts."] W; ~."¹⁷
163n.3	Vol. I,] W; *Ibid.*,
164n.11	291).] PM; 291.)
165.26	(*Ibid.*, p.302.)] W; [*Ibid.*, p.302.] PM; [*Ibid.*, page 302.]JP
166.27	∧ objects.∧"] WS; '~.'"

《命题、有理由的断言与真理》

范本首次发表于《哲学杂志》,第 38 期(1941 年 3 月 27 日),第 169—186 页。已接受的修订来自它的再版,收录于杜威的《人的问题》(纽约:哲学文库,1946 年),第 331—353 页。

168.7	*Meaning and Truth*] W; *Truth and Meaning*
168.25	'truth.'"] WS; ∧~·∧"
169.10 – 11	'warranted assertibility'] W; "~"
169.18	says,] PM; ~∧
170.19	"redness-here."] WS; "~∧~."
170.34	∧ percept ∧ 'causes'] WS; '~' ∧~∧
173.6	*in*] W; [*rom.*]
175.3	in so far] WS; insofar
175.25	acceptance ∧] PM; ~,
175.30	"*desired*] PM; [*rom.*]
176.24	III] W; IV
177.4	*inquiring*] WS; *enquiring*
178.9	inquiry)∧] PM; ~),
179.23	criticism—∧ as,] PM; ~—; ~∧
180.5	IV] W; V
180.20	a difference] PM; difference
181.32	operational] *stet* JP; operation PM
182.7	'warranted,'] WS; ∧~,∧
182.19	analysed] WS; analyzed
182.24	occurrences?∧] PM; ~?"
182n.1	405, 404.] W; 404, 405.
183.17	V] W; VI
183n.2	intentionally] *stet* JP; unintentionally PM
184.13	"doubtful,"] W; "~∧"
186.17	the view] PM; that view
186.18	indeterminacy] PM; indeterminancy
186n.1	*Knowledge, Fact*] W; *Knowledge and Fact*
187.24	end-terms,] PM; end-term,

188.10 - 31   I add ... mine.] *stet* JP; [*om.*] PM

《现代哲学的客观主义与主观主义》

范本首次发表于《哲学杂志》,第 38 期(1941 年 9 月 25 日),第 533—542 页。已接受的修订来自它的再版,收录于杜威的《人的问题》(纽约:哲学文库,1946 年),第 309—321 页。

190.19	potentialities] PM; possibilities
190n.1	p. 289] W; p. 269
191.10 - 11	conditions] PM; possibilities
191.13	realization;] PM; ~,
194n.2	Vol. II,] W; Vol. I,
195.15	connections.] PM; causal conditions.
196.20	at least in the sense] PM; in the sense at least
198.23	*physical*] PM; [*rom.*]
199.26	functions] PM; function
199.26	things] PM; objects
199.40	philosophy] PM; philospohy

《关于托马斯·杰斐逊》

范本的三分之二(201.2 - 203.19,"Thomas Jefferson ... divide"以及 209.13 - 220.15,"Jefferson, ... book on")来自一份印刷手稿的副本,不是杜威本人所打,收录于《弗吉尼亚季度评论》编辑档案,292 - a,档案中心,弗吉尼亚大学图书馆,夏洛茨维尔。其余的范本来自首次出版的《托马斯·杰斐逊的思想》,约翰·杜威著,《在世思想丛书》,阿尔弗雷德·曼德尔编(纽约:朗曼-格林出版公司,1940 年),第 1—30 页。

203.2	"whig] WS; "Whig
203.2	tory] WS; Tory
203.4	so properly] TJ; [*not present*]
206.6	favor. ... It] W; ~∧ ... ~
206.8 - 9	theories. ... The] W; ~∧ ... ~
207.37	neologisation,] WS; ne-ologisation,
209.7 - 8	emancipation"] WS; ~∧
209.8	future.∧] WS; ~."
209.37	preëminence] WS; preeminence
210.7	oppressors? it] WS; oppressors—it
210.8	first-born] WS; ~∧~
211.19	nor] *stet* TS; or TJ
212.3	the French revolution,] WS; France
212.23	as] *stet* TS; was TJ

213.35	principle] TJ; principles
214.9	appeal which,] TJ; ～, ～∧
214.36	work-shop;] WS; workshop,
215.31	resources] W; sources
216.22	institutions] WS; institution
216.31－32	oppressions....] W; ～∧ ..."
216.36	∧ are "the] WS; "～∧～
217.15	1816] W; 1815
217.34	"states'] W; "～∧
217.38	republic] WS; Republic
218.2	key-stone] WS; keystone
218.16	rights,"] TJ; ～,∧
218n.2	Men] WS; men
218n.3	Creation] WS; creation
218n.3	Rights."] WS; rights."
221.8	d'Angers] W; D'Angers
221.32	nail-making] WS; nailmaking

《创造性的民主——我们面对的任务》

范本来自重打的打字稿(不是杜威本人所打),收录于约翰·杜威文集,特别收藏,卡本代尔:南伊利诺伊大学,莫里斯图书馆。已接受的修订来自已出版的文本,收录于《约翰·杜威与美国的承诺》,《进步教育小册子》,第 14 期(俄亥俄,哥伦布:美国 *500*教育出版社,1939 年),第 12—17 页,以及《普通人的哲学家:庆祝约翰·杜威 80 岁生日论文集》,拉特纳编(纽约:G·P·普特南出版公司,1940 年),第 220—228 页。这份清单作为三篇文档的一份历史性校勘。

224.16	self-governing] PE, PCM; selfgoverning TS
225.16	re-create] PCM; create PE, TS
225.18	the product] PCM; a gift of grace, the product PE, TS
225.18－19	of men and circumstances.] PCM; of circumstances. PE, TS
225.31	solved] PCM; had solved PE, TS
225.34	capital] PE, PCM; capitol TS
225.36	have had] PCM; were in PE, TS
225.38	will] PCM; would PE, TS
226.7	character ∧] PCM; ～, PE, TS
226.10	learn to think] TS, PCM; think PE
226.11	projections ∧] TS, PE; ～, PCM
226.14	applied ∧] TS, PCM; ～, PE
226.15	in] TS, PCM; into PE
226.17－18	beings; that] PCM; beings, so that PE, TS
226.20	individual] PCM; personal PE, TS

226.23   Common Man] TS, PCM; common man PE
226.27   birth∧] TS, PE; ∼, PCM
226.32   insincerity] PCM; of insincerity PE, TS
226.33   if, in our] TS, PCM; in our PE
226.34   color∧] *stet* TS; ∼, PCM, PE
226.36   beings, ... it] PCM; beings and hence in PE, TS
226.36 – 37   for providing] PCM; of providing PE, TS
226.37 – 38   fulfilment] *stet* TS; fulfillment PCM, PE
227.15   role] PCM; method PE, TS
227.16   formation] PCM; forming PE, TS
227.16   opinion,] PCM; ∼∧ PE, TS
227.18   commonsense] *stet* TS; common sense PCM, PE
227.20   assembly∧] TS, PE; ∼, PCM
227.36   wealth∧] *stet* TS; ∼, PCM, PE
227.37   culture∧] TS, PE; ∼, PCM
227.39   that] PCM; which PE, TS
227.40   thereby undermines] PCM; [*not present*] PE, TS
228.1   life.] PCM; life is undermined. PE, TS
228.3   the give and take] PCM; of give and take PE, TS
228.4   experiences,] PCM; ∼∧ PE, TS
228.5   things] PCM; [*not present*] PE, TS
228.5   condition] TS, PCM; conditions PE
228.6 – 7   coercion∧] TS, PE; ∼, PCM
501   228.11²   personal∧] TS, PCM; ∼, PE
228.11 – 12   day-by-day] TS, PCM; ∼∧∼∧∼ PE
228.14   cooperation] *stet* TS; co-operation PCM; coöperation PE
228.17   arise—out] PCM; arise out PE, TS
228.18   violence as] TS, PCM; violence—as PE
*228.18   settlement into] W; settlement, into PCM; settlement—into PE,
                TS
228.19   intelligence∧] TS, PE; ∼, PCM
228.19 – 20   disagree—even] PCM; disagree even PE, TS
228.20   profoundly—with] PCM; profoundly with PE, TS
228.22   controversies∧] TS, PE; ∼, PCM
228.23   cooperative] *stet* TS; co-operative PCM; coöperative PE
228.28   in concentration] PCM; concentration PE, TS
228.28 – 29   cooperate] *stet* TS; co-operate PCM; coöperate PE
228.29 – 30   because of the] PCM; in the PE, TS
228.32   life-experience,] TS, PCM; ∼∧∼, PE
229.4   if in concluding] TS, PCM; if, in concluding, PE
229.15   process of experience is] PCM; process is thus PE, TS
229.21   connection∧] TS, PE; ∼, PCM
229.22   that free] PCM; the free PE, TS
229.29   go] PE, PCM; goes TS

229.30	They] PE, PCM; It TS
229.31	open] PE, PCM; opens TS
229.36	needs$_\wedge$ TS, PE; ~, PCM
229.37	desires$_\wedge$ PE, PCM; ~, TS
229.37	so as to] PCM; that PE, TS
229.37	that] PCM; which PE, TS

《伯特兰·罗素案件》

范本首次发表于《国家》,第 150 期(1940 年 6 月 15 日),第 732—733 页。

233.13	do not] WS; don't
233.14 - 15	impulse,] WS; license,
233.18	licence;]WS; license;
233.32	ethic,] W; ethics,

《社会现实和治安法庭虚构》

范本首次发表于《伯特兰·罗素案件》,约翰·杜威和霍拉斯·M·卡伦编(纽约:维京出版社,1941 年),第 55—74 页。

235.11	sex life] WS; ~-~
235.30	chapter] WS; Chapter
236.5	sex relationship,] WS; ~-~,
236.8	"'If] WS; "$_\wedge$~
236.11	beauty, '"] WS; ~,$_\wedge$"
236.32, 37; 243.37	Penal Law] WS; penal law
236.35	states,] WS; States,
238.18	sex intercourse] WS; sex-/intercourse
240.6 - 7	enhanced. The] WS; enhanced. . . . The
240.19	sex love] WS; sex-/love
240.24	favour."] WS; favor."
242.23	*naturally.*"] W; ~.$_\wedge$
242.24	way.$_\wedge$] W; ~."
243.2	favour] WS; favor
243.3	out-of-doors] WS; ~$_\wedge$~$_\wedge$~

《我们的艺术遗产》

范本来自打字稿的副本,收录于杜威文集,系列Ⅱ,第 55 盒,第 2 文件夹,特别收藏,卡本代尔:南伊利诺伊大学,莫里斯图书馆。已接受的修订来自杜威在 WMAL 的一份广播演讲记录,华盛顿 D. C.,1940 年 4 月 25 日,收录于杜威文集,系列Ⅳ,第

1 版,以及《国会记录》,第 76 届国会,第三次会议,1940 年 4 月 29 日,第 15 部分,第 2477—2478 页。这份清单是对三版演讲稿的实质性变化,以及两份文本的次要性变化的历史性校对。杜威在打字稿中的改动,在"《我们的艺术遗产》的变更"中被罗列。

255.4-5	woman, ... she] CR; woman. She R, TS
255.7	nobody] R, CR; that no one TS
255.8	her. She] TS; her—she CR
255.8(2)	the] CR; The TS
255.10	She] TS; [*no* ¶] She CR
255.10	know,] TS; ∼—CR
255.11-12	at the ... accidents,] CR; [*not present*] R, TS
255.12-13	imperishable,] CR; imperishible, TS
255.13	life and] CR; life, R, TS
255.13	becomes] CR; becoming R, TS
255.14	self. But] TS; self. [¶] But CR
255.14	face,] TS; ∼—CR
255.15	real bearing] R, CR; bearing TS
255.15	upon] CR; on R, TS
255.15	that] CR; which R, TS
255.16	art] CR; Art TS
255.16	which] R, CR; that TS
255.17	pilgrimage ∧] TS; ∼—CR
255.17	the cathedrals] CR; Catherdrals TS
255.18	the paintings,] CR; paintings, R, TS
255.18	literature] CR; literatures R, TS
255.19	art,] CR; Art, TS
255.20	her] R, CR; our TS
255.20	is] CR; is also R, TS
255.22	by themselves] CR; [*not present*] R, TS
255.23-24	an assured place] CR; [*not present*] R, TS
255.25	It] TS; [*no* ¶] It CR
255.25	science ∧] CR; Science, TS
255.25	philosophy,] CR; Philosophy, TS
255.26	and especially] CR; especially R, TS
255.26	by those of] CR; of R, TS
255.26	arts,] CR; Fine Arts ∧ R, TS
255.28	has] TS, CR; had R
255.28	What has] CR; What's R, TS
255.28	peoples] CR; people R, TS
255.29	the measure] R, CR; a measure TS
256.1	nation's] CR; Nation's TS
256.1	rank; it] CR; rank. It TS
256.1-2	admiring memory] CR; memory R, TS

503

256.2	mankind.] CR; Mankind. TS
256.3	There] CR; Now there R, TS
256.4	civilization] CR; Civilizztion TS
256.5	things,] TS; ~∧ CR
256.5	possession] R, CR; possessioned TS
256.5	one ∧] CR; ~, TS
256.6 – 7	intangibles] CR; things R, TS
256.7	art] CR; Art TS
256.7	arts] CR; Arts TS
256.9	race,] TS, CR; [*not present*] R
256.9	creed. The] TS; creed; the CR
256.9	flourish ∧] TS; ~, CR
256.10	owned, and] CR; owned R, TS
256.11	is meant] CR; we mean R, TS
256.11	say that] CR; say R, TS
256.11 – 12	art is universal—] CR; ART IS UNIVERSAL—TS
256.12	is that other intangible,] CR; [*not present*] R, TS
256.13	since] CR; for R, TS
256.13	arts] CR; ARTS TS
256.13	closer] CR; close R, TS
256.13 – 14	emotions and] CR; emotions, the R, TS
256.14	imaginations ∧] CR; imagination, R, TS
256.14	every man.] CR; EVERY MAN. TS
256.14	Accordingly,] TS; [¶] Accordingly, CR
256.15	even whether] CR; whether R, TS
256.16	narrow and] R, CR; narrow, or TS
256.17	attain to] R, CR; attain TS
256.18	do and] CR; do, R, TS
256.18	appreciating,] TS; ~∧ CR
256.18	enjoying,] TS; ~∧ CR
256.19	intangible things] CR; things R, TS
256.19	of which] CR; in which R, TS
256.19	fine arts] CR; FINE ARTS TS
256.19	the outstanding] CR; outstanding R, TS
256.20	esteem] CR; esteme TS
256.20	gratefully ∧] CR; greatly, R, TS
256.21	express,] TS; ~∧ CR
256.22	can,] TS; ~∧ CR
256.22	citizen,] TS; ~∧ CR
256.23	Section] CR; section TS
256.23	of] R, CR; in TS
256.23	Fine Arts] CR; FINE ARTS TS
256.23 – 24	the Public Buildings Administration,] CR; THE PUBLIC BUILDINGS ADMINISTRATION, TS

504

256.24	Works Agency,] CR; WORKS AGENCY, TS	
256.25	significance] CR; significiance TS	
256.27	The] CR; For the R, TS	
256.27	work] CR; work done R, TS	
256.27	symbol ∧] CR; ~, TS	
256.28	inspiring ∧] CR; ~, TS	
256.28	activities,] R; ~∧ CR; activitives, TS	
256.28	which will extend] CR; that, R, TS	
256.29	on ∧] CR; ~, TS	
256.29	far] CR; will extend far R, TS	
256.29	what is done] CR; what it now is doing, R, TS	
256.29	post offices] CR; POST OFFICES TS	
256.30	As] TS; [no ¶] As CR	
256.30	symbol it] CR; symbol, this work R, TS	
256.30	acknowledgement] TS; acknowledgment CR	
256.31	the active] CR; active R, TS	
256.31	of persons] R, CR; from persons TS	
256.32	government,] TS; Government, CR	
256.33	art] CR; Art TS	
256.33	of ability] CR; ability R, TS	
256.33	art products.] CR; ART PROJECTS. R, TS	
256.33	Ned] TS; [¶] Ned CR	
256.33	has shown] CR; showed R, TS	
256.34	the postmaster of one] CR; a postmaster from one R, TS	
256.35	whose public building] CR; where the postoffice R, TS	
256.35	upon] CR; on R, TS	
256.37	included] CR; includes R, TS	
256.37	which] CR; that R, TS	
256.38	project:] CR; ~, TS	
256.39	How ∧] TS; ~, CR	
256.39	indeed ∧] TS; ~, CR	
256.39	an all-around] R; an all-round CR; a rounded TS	
256.39	citizenry] R, CR; citizen TS	
256.40	that development of] CR; [not present] R, TS	
256.41	art to] CR; Art, one to R, TS	
256.41	government, itself,] TS; Government ∧ itself ∧ CR	
256.41	contribute?] CR; ~. TS	
257.1	Our] TS; [no ¶] Our CR	
257.2	the inward] CR; an inward R, TS	
257.2	spirit, while] CR; spirit. But now R, TS	
257.3	often, especially in] CR; often in our R, TS	
257.3	courthouses,] CR; ~∧ TS	
257.3 – 4	they have] CR; these buildings are R, TS	
257.4	been kept] CR; kept R, TS	

505

257.5   As] TS; [*no* ¶] As CR
257.5   Section] CR; section TS
257.6   democracy,] TS; ~∧ CR
257.6 – 7 comparatively limited] CR; limited R, TS
257.7   starve it] R, CR; starve TS
257.9   For] TS; [¶] For CR
257.10   persons∧] CR; ~, TS
257.11   land now have] R, CR; land have, now TS
257.12   had not] CR; have not had R, TS
257.12   developing,] TS; ~∧ CR
257.13   themselves,] TS; ~∧ CR
257.13   being] CR; beings R, TS
257.13 – 14 which never] CR; that hadn't R, TS
257.14   because . . . nourishment,] CR; [*not present*] R, TS
257.15   If] TS; [*no* ¶] If CR
257.15   the arts] CR; our Arts R, TS
257.15   museums] CR; the Museums R, TS
257.17   and thereby parts] CR; and part R, TS
257.17   legitimate heritage] CR; heritage R, TS
257.20   and where] CR; where R, TS
257.21   World] CR; world TS
257.21   have been able to develop] CR; have developed R, TS
257.21   fine arts] CR; Fine Arts TS
257.22   wealthy. Their] CR; wealthy, but their R, TS
257.24   civic] TS, CR; public R
257.25   reason,] TS; ~∧ CR
257.27   yourselves] CR; yourself R, TS
257.28   murals which are] CR; murals R, TS
257.30   values] CR; value R, TS
257.30   arts] CR; Arts TS
257.31   spirit∧] CR; ~, TS
257.31   the accomplishment] CR; those accomplishments R, TS
257.32   strengthens that] CR; strengthen the R, TS
257.32   pride,] TS; ~∧ CR
257.33   citizen!"] TS; ~." CR
257.33 – 35 Secretary . . . triumphs.] R, CR; [*not present*] TS

506

《"背离人性"》

范本首次发表于《民主前沿》,第 6 期(1940 年 5 月 15 日),第 234—235 页。

261.25   simplifications] W; simplications

《工业民主联盟欢迎演说》

范本首次发表于《教育先锋的 35 年——以及展望》(纽约:工业民主联盟,1941年),第 3—6 页。

263.9 - 10	country. 〔¶ So〕W; country. / *The Democratic Ideal and Youth* / 〔¶ So
263.39 - 40	live. 〔¶ But〕W; live. / *Defend Democracy by Extending It* / 〔¶ But
264.29	fail,〕W; fails,

《教育:1800—1939》

范本首次发表于《佛蒙特怀疑者》(1939 年 5 月 1 日),第 7 页。已接受的修订来自《佛蒙特校友报》,第 18 期(1939 年 5 月),第 169—170、188—189 页。

266.14 - 15	others. 〔¶ For〕VA; others./Education, a Measure of Changes/〔¶ For
266.16	institution〕VA; institution
267.3 - 4	land. 〔¶ I do〕VA; land. /Service to the People of Vermont/〔¶ I do
267.25 - 26	attained. 〔¶If〕VA; attained./Growth of an Institution/〔¶ If
268.29	in the〕W; the
268.37 - 38	Germany. 〔¶ I repeat〕VA; Germany./The Purposes of U. V. M./〔¶ I repeat
269.16 - 17	future? 〔¶ These〕VA; future?/Changes to Meet Modern Conditions/〔¶ These
269.37 - 38	whatever. 〔¶ In〕VA; whatever./Science in Industry and Agriculture/〔¶ In
270.24 - 25	apprenticeship. 〔¶ What〕VA; apprenticeship./Trends for Future Education/〔¶ What
271.15	*the*〕VA; 〔*rom.*〕
271.21 - 22	work. 〔¶ I began〕VA; work./Creators of the Future/〔¶ I began

《民主的基本价值和忠诚》

范本首次发表于《美国教师》,第 25 期(1941 年 5 月),第 8—9 页。

277.34	away〕W; way

《评〈社会宗教〉》

范本首次发表于《宗教评论》,第 4 期(1940 年 3 月),第 359—361 页。

287.18   non-Christians] W; non-Christions

《评〈人类的事业〉》

范本首次发表于《哲学杂志》,第 37 期(1940 年 5 月 23 日),第 303—305 页。

291.28   nonexistence] WS; non-existence

《评〈重建时代的人和社会〉》

508

范本首次发表于《星期六文学评论》,第 22 期(1940 年 8 月 31 日),第 10 页。

294.33   clichés.] W; cliches.

《评〈乔治·桑塔亚那的哲学〉》

范本是一份打字稿的副本(不是杜威所打),收录于贝克·布劳内尔文集,西北大学档案馆,埃文斯顿,伊利诺伊州。已接受的修订来自首次发表的《心灵》,第 50 期(1941 年 10 月),第 374—385 页。

295.5 - 6   In . . . second,] M; [*not present*]
295.6   the book] M; [¶] The volume
295.7 - 8   the philosopher . . . discussion.] M; Santayana
295.8   part] M; one
295.8   general] M; [*not present*]
295.8   title of] M; title,
295.8 - 9   "A General Confession" and] M; *A General Confession.* It
295.9   sections] M; parts
295.9   complement] M; supplement
295.10   other.] M; other. Both are reprints of older writings.
295.10   First there comes] M; The first one is a historical account of the origin and growth of his ideas,
295.10 - 11   autobiography,] M; biography,
295.11   previously] M; first
295.11   title of] M; caption
295.11   My] W; *my* M; *My* TS
295.12   and then . . . reprinted] M; the second part is by way of summary and retrospect. It is reprinted
295.13   Preface] M; [*ital.*]
295.13   Collected Edition] M; [*ital.*]
295.13   author's works.] M; Works of Santayana.
295.14   last] M; final
295.14   pages, under] M; pages of the present volume are by the philosopher who is also its subject. Under

295.14	caption] M; title	
295.14 – 15	"Apologia Pro Mente Sua,"] W; "Apologia pro sua Mente", M; *Apologia Pro Sua Mente*, TS	
295.15	restate] M; it restates and justifies	
295.15	doctrines of Santayana] M; tenets of the author,	
295.15 – 16	a view to meeting adverse] M; especial reference to the appraisals, appreciations and adverse	
295.16 – 18	that have ... tenets.] M; forming the intervening contents.	
295.18	There are] M; The latter consist of	
295.18 – 19	commentators ... cover] M; essays by as many different persons and deal with	
295.20	of Santayana's writings,] M; of the writings of Santayana,	
295.20	novel] M; his novel	
295.20	being left out.] M; excluded.	
295.21	A reviewer ... with] M; Perhaps I can best express my embarrassment in hitting upon the right method by which to review	
295.22 – 28	contents.... Nevertheless,] M; contents by saying that the comments of the eighteen contributors upon one thinker's philosophy reminds me, *in petto*, of the results of the responses of a like number of philosophers to the one world at large about which they are supposed to be writing. In spite of the nominal unity of the object there is great variety of provocation and response. And in both cases, the ultimate subject of the responses continues to go the same way in which it was going before, and nevertheless	
295.28	the case ... volume] M; each case	
295.29	that is other] M; which is more	
295.29	nominal.] M; merely topical and nominal.	
295.30	The] M; [*no* ¶] The	
295.30	may be] M; may perhaps be	
295.30 – 31	the book affords] M; there is	
295.31	promise of fulfilling] M; hope that there will be fulfilled	
295.31	quoted] M; that is quoted	
295.33	would] M; might	
296.4	depth of] M; depth and range of	
296.6	putting] M; merely putting	
296.8	the giftl M; a gift	
296.9	are relevant] M; are found by their subject to be relevant	
296.9 – 10	to Santayana as their] M; to their	
296.10	The present book, moreover, is] M; This remark should, however, be safe-/guarded by the further statement that as a case of philosophical discussion and controversy, the present book is	
296.11	based] M; that are obviously based	
296.11	merely upon] M; upon	
296.11 – 12	upon previously fixed] M; upon some previously intellectually fixed	

296.12	systems.] M; system of philosophy.
296.18	altogether, ... welcome] M; altogether welcome	*510*
296.18 – 19	exhibition suggests] M; exhibition in this special instance suggests
296.19	The] M; In any case, the
296.22	further] M; nineteenth
296.22	Hence to make clear] M; So it may contribute to understanding if
296.22 – 23	outset ... say] M; outset I say
296.24	one which] M; one that
296.25	my intellectual] M; my own intellectual
296.26	the philosophy about which] M; what
296.31	with the] M; with much of the
297.5	"from] M; ∧~
297.6	breath,] *stet* TS; breadth,
297.13	"deliverance"] M; ∧~∧
297.15	latter,] M; ~∧
297.15	says,] M; ~∧
297.19 – 20	appreciation,] WS; apprehension,
297.24	indeed,] M; if, indeed,
297.24	is properly] M; is not properly
297.25	empathy.] M; intellectual empathy.
297.29	strain] M; train
297.35	"arise] M; "Arize
297.36	many sided,] WS; ~-~,
298.1	says,] M; ~∧
298.9 – 10	applied to his philosophy,] M; applied,
298.13	if "religious"] M; if the word "religious"
298.13	I believe] M; I can only believe
298.14	this phase] M; that it is this phase
298.14	is that which] M; that
298.15	derived from] M; derived in such large measure from
298.17	face] M; fact
298.19	has, I believe,] M; has
298.20	more:] M; ~∧
298.26	happiness."] M; ~".
298.31	Santayana's] M; Santayana's own
298.31	difficulties ∧] M; ~,
298.31 – 32	indicated] M; justly indicated
298.36	criticisms] M; criticism
298.36	may be] M; legitimately
298.39	be)—the] M; ~) ∧~
299.1	insight] M; insights
299.1	quality to] M; quality of thinking to
299.1	systems.] M; systems: a subordination that is found whenever he
	attempts that systematic kind of formulation that conventionally	*511*

warrants calling a thinker a "philosopher".

299.1 - 2	is the] M; is only the
299.2	his theory] M; the theory
299.6	of Democritus] M; his memory of Democritus
299.6 - 7	"materialism."] M; ∧ naturalism. ∧
299.7	Memory] M; The memory
299.11	experience, resulting] M; experience. It results
299.12	memory is] M; memory is, then,
299.12	of his] M; of the
299.13	thereby] M; hence
299.15 - 16	is thoroughgoing] M; is his thoroughgoing
299.18 - 19	have itself been] M; be itself
299.24	philosophical] M; present
299.25	that seems] M; which would seem
299.26	humanistic] M; own humanistic
299.32	However, there] M; There
299.32	present-day] M; ∼∧∼
299.36	one] M; us
299.39	allotting] M; alotting
300.1	strikes a note] M; strikes, somewhat more clearly, a note
300.2	in sympathetic] M; and in the sympathetic
300.2	and adverse] M; and the adverse
300.5 - 6	"Santayana's Philosophical Inheritance,"] W; " Santayana's Philosophic Inheritance", M; *Santayana's Philosophic Inheritance*, TS
300.7	saying,] M; ∼∧
300.10	contribution,] M; ∼∧
300.11	"Santayana and the Arts,"] M; *Santayana and the Arts*,
300.11	writes,] M; ∼∧
300.14	matter,] M; matters,
300.17	so is his] M; so his
300.21 - 22	the underlying] M; underlying
300.22	would ... themselves] M; appear at times
300.25	a diversity] M; the diversity
300.30 - 31	post-rational,] W; postrational,
300.31 - 32	"The Philosopher ... Critic"] M; *The Philosopher as Poet and Critic*
300.33	while it] M; and also
300.38	Namely, the] M; The
300.39	Lucretius;] M; Lucretium;
300.39	"'should] WS; "∧∼
301.4 - 5	happiness.'"] WS; ∼.∧"
301.7	Santayana's philosophy] M; of the nature
512　301.10	seems] M; seems to me

301.11	place of] M; place held in the system as a whole by
301.12 – 13	the spiritual,] M; spiritual,
301.15	the series] M; series
301.16	is] M; are
301.16	free] M; they are free
301.18	environment,] M; ∼∧
301.21	wish to present] M; present
301.21	happier] M; a happier
301.28	inevitable] M; to be natural to the point of inevitability
301.28 – 29	naturalistic] M; naturalistic in base and intent
301.29	would] M; would now have to
301.29	the connection] M; connection
301.30	the pre-human] M; a pre-human
301.30	base ∧] M; ∼,
301.31	life. It would seem that a] M; life, and that any
301.32	philosophy] M; theory
301.33	It] M; In a way, it
301.37	There] M; In any case, there
301.38	that they] M; they
302.1	existing] M; exists
302.1	alleged naturalistic base of] M; naturalistic strain in
302.2	morally and scientifically] M; what is distinctive in
302.7	being] M; but is
302.8	thought,] M; treatment,
302.8	conclusion] M; conclusions
302.9	paths.] M; methods.
302.11	works. But] M; works, but
302.11	is] M; seems to be
302.17	a human] M; *a* human
302.18	images, ... the essences] M; images—the essences
302.19	But in] M; But also in
302.26	deliquescence] M; deliquescense
302.30	to science] M; to the importance of science
303.5	prophesy] M; prophecy
303.11	the cultural] M; cultural
303.12	has led] M; led
303.14	denial] M; the denial
303.15	although] M; while
303.20	to deny] M; of denying
303.22	rather as] M; rather being
303.24	philosophers,] M; ∼∧
303.26	in this] M; for this
303.28	However, from] M; From
303.32	natural] M; all natural

513

303.33	its] M; the modern	
303.33	sense—as] M; sense as	
303.38 – 39	"Santayana's Materialism"] M; *Santayana's Materialisnm*	
304.1	*existence*] M; [*rom.*]	
304.2	*existence*] M; [*rom.*]	
304.10	and the] M; and is the	
304.11	mental or] M; mental—in the sense of	
304.11	psychological.] M; psychological that can be properly applied to any phenomena.	
304.12	do,] M; do in philosophical discourse,	
304.17	actuality." He] M; actuality", and he	
304.20	his whole] M; his	
304.21 – 22	remark, ... tenet.] M; remark.	
304.33	theme.] M; significant theme.	
304.38 – 39	an assertion that,] M; but must	
304.39	it can be] M; be	
305.2	not] M; neither	
305.2	made,] M; ~∧	
305.2	much less] M; nor	
305.2	anticipated,] M; ~∧	
305.3	much] M; very much	
305.5	that] M; both how	
305.7	"causation";] M; "~",	
305.7	he also shows] M; [*not present*]	
305.8	ideas] M; philosophic ideas	
305.8	spiritual life and of the] M; spirituality of spirit and the	
305.12	organism."] M; ~.∧	
305.13	not.)] M; ~).	
305.14	*character*] M; characters	
305.15 – 16	his belief in] M; [*not present*]	
305.17	an act] M; a kind	
305.17	The] M; As it stands, the	
305.18	one,] M; ~∧	
305.18	phenomenal] M; merely phenomenal	
305.19	up to] M; [*not present*]	
305.27	which in fact are] M; [*not present*]	
305.28	compatible.] M; compatible in one whole.	
305.30	"build] M; ∧~	
305.31	'combining] WS; ∧~	
305.32	anything.'"] WS; ~.∧"	
305.32	is,] M; ~∧	
305.32	accordingly,] M; [*not present*]	
305.40	the natural] M; natural	
514 305.40 – 306.1	events which] M; events,	

306.1	condition] M; conditioning
306.2 – 3	non-vegetable ∧] M; ~,
306.5	that] M; it is found necessary to endow them with
306.5	is said to be] M; as
306.6	their ability] M; ability
306.12	believe."²] W; ~".¹ M; ~". * TS
306.13	on "Tragic Philosophy,"] W; "On Tragic Philosophy", M; *On Tragic Philosophy,* TS
306.19	action"—of] M; action, of
306.21	intimated] M; incidentally intimated
306.22	the foregoing] M; foregoing
306.23 – 24	"Santayana's ... Value,"] M; *Santayana's Theory of Value,*
306.24 – 25	"Animal ... Intuition,"] M; *Animal Faith and the Art of Intuition,*
306.31	Is] M; Are
306n.1	2. Compare] W; ¹~ M; *~ TS
306n.3	pp. 512,518,531,] M; p.512, p.518, p.531,
306n.3 – 4	"My whole ... knowledge."] M; ("~").
307.5	system?] M; view
307.9 – 10	basic problem] M; problem
307.10	for ... Santayana's] M; in interpreting his
307.12 – 13	"Reason ... Spirit,"] M; *Reason in Religion and the Emancipated Spirit,*
307.21	fears'?"] WS; ~?'"
307.27	have called] M; called
307.31	in "spiritual] M; in the truly spiritual aspect of the "spiritual
307.33	the phrase.] M; that phrase.
307.36 – 37	given to] M; given
307.37	is due] M; is a property due
307.38	yet it is said that] M; [*not present*]
307.39	scheme.] M; rational scheme.
308.1	in *pre*-rational] M; of pre-rational
308.4 – 5	It is ... when] M; It is rather that when
308.6	problem, exemplifies] M; problem, this aspect of Santayana's doctrine exemplifies
308.8	to each other] M; [*not present*]
308.8	the elements] M; those elements in nature
308.8	sciences ∧] M; ~,
308.8	(physical,] M; ∧~,
308.9	anthropological)] M; ~,
308.9 – 10	and the moral qualities] M; to the qualities
308.10	human life,] M; the moral life
308.10	widest sense] M; most humane sense
308.10	"moral."] M; "moral life".

515

308.11	standpoint] M; standpoing	
308.12	varied] M; the many varied	
308.15	mention] M; even mention	
308.17	of three] M; of those of three	
308.20	each] M; they	
308.21	the other's] M; each other's	

《给约翰·杜威劳动研究基金朋友们的话》

范本来自一份未发表的打字稿,由杜威所打,收录于胡克/杜威文集,第1盒,第6文件夹,特别收藏,卡本代尔:南伊利诺伊大学,莫里斯图书馆。已接受的修订来自一份由胡克扩充的打字稿,同样收录于胡克/杜威文集中。以下清单是对两份文件的历史性校对,包含了实质性变更和次要性变更。

311.4	in order] HTS; [*not present*]
311.5	you,] HTS; ~∧
311.6	here.] HTS; here in behalf of the cause that is represented.
311.6–15	I feel ... enlightenment] HTS; [*not present*]
311.15	necessary] W; necessay HTS; [*not present*] DTS
311.16–18	for ... effective.] HTS; [*not present*]
311.19	also,] HTS; ~∧
311.19	present,] HTS; ~∧
311.20	S. Feinstone ... Pennsylvania,] W; ~∧ HTS; [*not present*] DTS
311.21	the ... project] HTS; this Benefit
311.21	possible,] HTS; ~∧
311.21–22	as well as] HTS; and also
311.23	play,] HTS; ~∧
311.24	provide,] HTS; ~∧
311.24	audience] HTS; audeience
311.25	having] HTS; their having
311.25	see] HTS; seen and hear
311.25	entertaining] HTS; intertaining and best acted
311.26	should be] HTS; should also be
311.27	I] HTS; [*not present*]
311.27	not] HTS; [*not present*]
311.28	so unstintingly of] HTS; [*not present*]

《战争的教训——从哲学的角度看》

范本的第一部分来自一份未出版的打字稿,由杜威打出并修订;第二部分来自一份杜威的演讲磁带记录。这两部分都收录于约翰·杜威文集,收藏于拉特格斯大学图书馆,新布鲁斯克,新泽西州。杜威对于打字稿的修正,在《战争的教训——从哲学的角度看》的变更"中有所罗列。

312.17	that] W; that that
312.17	the] W; they
313.29	philosophies.] W; philosopies.
313.31;320.39;322.11;323.6	Nazi] W; Nazii
314.6	"spiritual."] W; "～".
315.11	On] W; One
315.41	that] W; that that
316.11	ecclesiastical,] W; eccelsiastical,
317.8	Society] W; Sociity
317.8	vacuum] W; vaccum
317.9	to be] W; to be to be
317.14	requirements] W; resuirements
317.18	scientific,] W; scientiric,
318.32	and] W; ane
318.34	the methods] W; the the mathods
319.32; 321.21	and] W; &.
320.2	recognition] W; recognotion
320.12 – 13	totalitarianism,] W; totalitaritarianism,
320.25	fraternity] W; franternity
320.36	the cause] W; the the cause
*321.4	natural science] W; natural
321.12	representative] W; represenative
321.16	chemistry."] W; ～".
321.19	previously] W; previous
321.24	possession] W; possesssion
321.33	possession] W; poseession
322.2	side] W; saide
322.4	superior] W; superfior
322.8	"Idealism."] W; "～".
322.13	intention] W; attention
322.14	philosophical] W; philosophica
322.24	intrinsic] W; intrinsice
322.28	Naziism] W; Naziim
322.38	acceptance] W; accptance
322.40	Hitler] W; hitler
322.40	menace] W; mance
323.5	ideals] W; ideal
323.15	psychologies] W; pscyhologies
323.23	effect] W; affect
324.20	the particular] W; particular
324.21	systems] W; syatems

517

324.28	emphasis] W; empahsis
324.33	philosophers] W; philosophher
324.34	penance] W; penence
325.8	authority,] W; authoriry,
325.14	on one] W; one one
325.16	basic] W; basis
325.28 – 29	a philosophy] W; for a philosophy
328.2	backward,] W; backward to,
328.16	the contrary] W; is the contrary
333.22	say] W; says
333.29	that the] W; that because the
334.28	doing it] WS; doing

《〈与教师谈心理学〉导言》

范本首次发表于威廉·詹姆斯的《与教师谈心理学》，新版本(纽约:亨利·霍尔特出版公司,1939 年),第 iii — viii 页。该文与威廉·赫德·基尔帕特里克合写。

339.14	training schools"] WS; ～-/～"

《〈老龄化问题〉导言》

范本首次发表于《老龄化问题:生物和医学视角》,埃德蒙·文森特·考德里编(巴尔的摩:威廉姆斯-威尔金斯出版公司,1939 年),第 xxvi — xxxiii 页。

343.27 – 28	economically] W; econonically
343.39	after] W; alter
344.29	dealt with] W; dealt
347.23	*Back to Methuselah*] W; [*rom.*]

518

《〈行动中的社区学校〉序言》

范本首次发表于埃尔西·里普利·克拉普的《行动中的社区学校》(纽约:维京出版社,1939 年),第 vii — x 页。

351.24	'community school.'"] WS; ∧～·∧"

《〈美国经济学与社会学杂志〉导言》

范本首次发表于《美国经济学与社会学杂志》,第 1 期(1941 年 10 月),第 i — ii 页。

362.5	Auguste] W; August

《文化自由委员会》

范本来自一份打字稿的副本,由杜威所打,收录于胡克/杜威文集,第 1 盒,第 6 文件夹,特别收藏,卡本代尔:南伊利诺伊大学,莫里斯图书馆。已接受的修订来自《新共和》中的首次出版,第 99 期(1939 年 6 月 14 日),第 161—162 页。这份清单是对两份文件的历史性校对,包括实质性变更和次要性变更。杜威对于打字稿的修改,在"《文化自由委员会》的变更"中有所罗列。

365.2	*New Republic* ∧] TS; ~, NR
365.2	of⌉ *stet* TS; date of NR
365.2	31∧] TS; ~, NR
365.8	existing] NR; existing existing
365.12 – 13	is made] *stet* TS; is here made NR
365.13	States,] TS; ~∧ NR
365.23	for the] *stet* TS; of the NR
365.23	individual ∧"] TS; ~," NR
365.28	Socialists,] NR; socialists,
365.28 – 29	Socialist] NR; socialist
366.6	Trotsky."] NR; ~".
366.7	disassociates] *stet* TS; dissociates NR
366.7	himself,] NR; ~∧
366.8	way,] NR; ~∧

《"民主的目的需要通过民主的手段才能实现"》

范本首次发表于《新领袖》,第 22 期(1939 年 10 月 21 日),第 3 页。

368.7 – 8	ends. [¶ Our] W; ends. /Neither Complacency Nor Pessimism / [¶ Our

《教育调查》

范本首次发表于《纽约时报》,1940 年 5 月 6 日,第 16 页,标题是"教育调查";并且收录于《纽约先驱论坛报》,1940 年 5 月 6 日,第 18 页,标题是"文化自由"。已接受的修订来自《工人时代》,1940 年 5 月 18 日,第 2 页,标题是"杜威将学校调查抨击为教育的威胁"。这份清单是对这三份文档的历史性校勘。

370.1	Investigating Education] W; Dewey Hits School Probe as Danger to Education/Fears Academic Freedom Will Be Victim/New York City. WA; Cultural Freedom/Professor Dewey Defines It as It Affects Schools/To the New York Herald Tribune : HT; Investigating

Education/Search for "Subversive" Textbooks Is Held Potentially
Dangerous/To THE EDITOR OF THE NEW YORK TIMES NYT

370.2 – 7	The veiled ... education.] WA; [*not present*] HT, NYT
370.8	New York,] NYT, WA; ~∧ HT
370.8	Governor Lehman] NYT, HT; the governor WA
370.10	public school] NYT, HT; ~-~ WA
370.10	Washington ∧] NYT, HT; ~, WA
370.10 – 11	Mr. Martin Dies,] WA; Martin Dies, HT, NYT
370.11 – 12	Committee to Investigate Un-American Activities,] NYT; committee to investigate un-American activities, WA, HT
370.15	have about them a vagueness] WA; have a vagueness about them HT, NYT
370.15 – 16	apprehension] WA; apprehensions HT, NYT
370.16	of all] WA; of progressive educators and HT, NYT
370.18	textbooks,] NYT, HT; ~— WA
370.19	practice,] NYT, HT; practise, WA
370.20	objective ∧] NYT, HT; ~, WA
370.21 – 22	favor. [¶ In] HT, WA; favor./ Right to Examination / [¶] In NYT
370.23	practices] NYT, HT; practises WA
370.23	which are in force] WA; in force HT, NYT
370.24	the schools] WA; schools HT, NYT
370.26	of rights.] WA; of individual rights. HT, NYT
370.26	The investigation] WA; An investigation HT, NYT
370.26 – 28	of public-utilities ... forced] WA; [*not present*] HT, NYT
370.28	the Federal] WA; conducted by the Federal HT, NYT
370.28 – 29	Commission to conduct] WA; Commission HT, NYT
370.29 – 371.1	was ... exposing] WA; at the behest of the Senate, exposed HT, NYT
371.2 – 3	anti-social ends.] WA; ends. HT, NYT
371.4 – 5	A different ... investigation.] WA; [*not present*] HT, NYT
371.5	today is] WA; today, however, is HT, NYT
371.5 – 6	"subversive"] WA; ∧~∧ HT, NYT
371.10 – 11	The belief, ... textbook] WA; For example, to ban as "subversive" a textbook HT, NYT
371.11	which] WA; that HT, NYT
371.12	state ... by] WA; [*not present*] HT, NYT
371.12	Nikolai Lenin] NYT, HT; N. Lenin WA
371.13	is ... "subversive,"] WA; [*not present*] HT, NYT
371.13 – 14	if ... prevail,] WA; be to HT, NYT
371.15	the totalitarian states of] WA; [*not present*] HT, NYT
371.18	in the ... would] WA; for the HT, NYT
371.18 – 19	an intellectual] WA; of HT, NYT
371.19	that is in fact] NYT, WA; that is, in fact, HT

520

371.21	Increasingly,] WA; [*no* ¶] ~ₐ HT; [*no* ¶] ~, NYT
371.22 – 25	because, . . . survive.] WA; [*not present*] HT, NYT
371.25	monthₐ] NYT, HT; ~, WA
371.25	social science] NYT, HT; ~-~ WA
371.25	textbooks] NYT, HT; text books WA
371.26 – 27	Columbia University,] WA; [*not present*] HT, NYT
371.28 – 29	Mr. Merwin K. Hart,] WA; the HT, NYT
371.29	Council.] WA; Council, Inc. HT, NYT
371.29	This] WA; By similar HT, NYT
371.30 – 31	climaxed . . . communities] WA; other groups have for years sought HT, NYT
371.32	alone. In] HT, WA; alone. / Others Also Attacked / [¶] In NYT
371.33	pastₐ] NYT, HT; ~, WA
371.33	Professors] HT, WA; Professor NYT
371.34	victims of similar persecution.] WA; subjected to the same attacks. HT, NYT
371.35	In the] WA; [*no* ¶] In the HT, NYT
371.36	of unfettered] HT, WA; to unfettered NYT
372.5	as a way of life.] WA; [*not present*] HT, NYT
372.10	them.] WA; them. /JOHN DEWEY / Committee for Cultural Freedom / New York, May 3, 1940 HT, NYT

521

《论学术自由》

范本首次发表于《纽约时报》,1940 年 10 月 5 日,第 7 页。

374.13	is meant] W; it meant

《杜威问候教师联合会》

范本首次发表于《美国教师》,第 26 期(1941 年 10 月),第 31 页。

375.2	given] W; ggiven

打字稿中的变更

522 在接下来的三个表中，为《我们的艺术遗产》、《战争的教训——从哲学的角度看》和《文化自由委员会》的打字稿列出了打字机和手写中的变更。杜威在写作和修正中的所有变更都出现在这里。但是，为澄清一个词语而加强的字母、附着在一个词语上的不相干的字母、一个词语的错误的开头、在一个清晰的词语中的字母换位、模糊的字母的修正都不包含在内。杜威对印刷错误的修正，不管是通过打字机改写的，还是通过手写涂改的，没有作为变更被记录下来。只有在那个错误可能是另外一个词或者另外一个词的开始而不仅仅是印刷错误时，才会有记录。

在方括号之前的词语来自原初手稿；如果手稿被修正了，或者拼写被规范化了，在一开头的格子号♯意味着目前版本的读法在变更表中。如果这个词来自目前版本同一行中的两个或更多的词语的时候，为了识别，会增加一些前后词或标点符号；或者用上标号1、2之类，标出这个词在那一行中出现的顺序。

至于出现在方括号右面的杜威的变更，缩略语 *del.* 用来显示用墨水所划出的材料，但当铅笔（*penc.*）被特别提到时除外；用 *added* 标出的任何变更，也是用墨水写的，除非标明是铅笔。单独用 intrl，意味着打出的插写字。所有的补字符号都是手写的；当一个补字符号伴随着一个打出的插写字时，它是用墨水写的，除非标明用铅笔。当补字符号和手写的变化用在一起时，作为变化，它们的媒介是一样的。*x'd-out* 用来表示在打印机中被删除的材料。缩写 *alt. fr.* 用来标明以某种方式从这个词或标点符号的早期形式变化而来的材料；如果是通过手写来改变的，媒介会被给出；如果

523 没有提到媒介，那就假定为变更是打印时作出的。缩略词 *undrl.* 是用墨水写的（除非标明是铅笔）的下划线，*quots.* 指引用符号。

关于位置，当增加的是一个简单的插写字时，公式就是 *intrl.* 或 *intrl. w. caret*；当在插写字中有删除时，*intrl.* 就被放弃了，公式是 *ab. del.* 'xyz'；*w. caret ab del.* 'xyz'；或者 *ab. x'd-out* 'xyz'。*Ab.* 意味着在上面插写，没有补字符号，除非补字符号被标明；*bel.* 意味着在下面插写，没有补字符号，除非标明；*ov.* 意味着是在原初字母中写的，不是插写的。缩略语 *bef* 和 *aft* 指代在同一行所作出的变化，或者是原初行，或者是插写行。缩略语 *insrtd* 所指的增加不能被称作插写字，但属于同一性质。

当一个变更融合了先前的修正，那个修正就在紧跟着它所涉及的单个词之后的方括号之间被描述，或者星号 ∗ 被置于方括号中所描述的第一个词之前。

在《我们的艺术遗产》中的变更

这个文件是三页打印的副本，收录于约翰·杜威文集，系列 II，第 55 盒，第 2 文件夹，特别收藏，卡本代尔：南伊利诺伊大学，莫里斯图书馆。除了 256.11–12 中的破折号和 257.17 中的"man"是用打字机修改的之外，所有的变更都是用铅笔写的。

♯255.5	She] 'S' *ov.* 's'；*aft. del.* 'In telling her plans, ' [*comma added*]
255.6	investments,] *comma added*
255.10	between] *ab. del.* 'in'
255.11	*physical*] *undrl.*
255.11	perishable,] *comma added*
♯255.12–13	imperishible,] *comma added*
255.14	which] *ab. del.* 'that'
255.15	us] *bef. del.* 'together'
255.17	this] *w. caret ab. del.* 'the'
255.18	statues,] *comma added*
♯255.19	Art,] *comma added*
255.19–20	the vision of] *intrl. w. caret*
255.20	life,] *comma added*
255.21–24	*Material ... history.*] *undrl.*
255.25	*in* tangibles] 'in' *undrl.*
♯255.25	Science,] *comma added*
255.26	*especially*] *aft. del.* 'but'；*undrl.*
255.27	themselves] *alt. fr.* 'them-selves'
♯255.28	What's] 'W' *ov.* 'w'；*aft. del.* 'Now'
255.28	*other*] *undrl.*
255.29	*Creation, not*] *undrl.*
255.29	*acquisition,*] *comma added*；*undrl.*
♯255.29–256.2	*is a ... Mankind.*] *undrl.*
♯256.3–5	*Now ... judged.*] *undrl.*

524

文本研究资料　**413**

256.5	things,] *comma added*
♯256.5	*one,*] *comma added; undrl.*
256.5	*excludes*] *undrl.*
256.6	*possession,*] *comma ov. period; undrl.*
256.6	*use,*] *comma added; undrl.*
256.6	*and ... others.*] *undrl.*
256.7 – 9	*The ... wealth,*] *undrl.*
♯256.9	*birth,*] *comma added; bef. del.* 'race'; *undrl.*
256.9	*or creed.*] *undrl.*
256.9	*The ... flourish the*] *undrl.*
256.10	*less*] ab. del. 'more'; *undrl.*
♯256.10	*they ... owned,*] *comma ov. semicolon; undrl.*
256.10 – 11	*the more ... say*] *undrl.*
♯256.11	*ART*] *aft. del.* 'that'; *undrl.*
♯256.11 – 12	*IS UNIVERSAL—*] *dash t. ov. period; undrl.*
256.12	science,] *comma added*
256.14	imagination,] *comma added*
256.15	question] *bef. del.* 'of'
♯256.16	narrow,] *comma added*
256.16	provincial,] *comma added*
256.17	attain] *bef. del.* 'to'
256.17	universal,] *comma added*
256.18	appreciating,] *comma added*
256.18	enjoying,] *comma added*
256.22	citizen,] *comma added*
♯256.23	in] *w. caret ab. del.* 'of'
256.25	a worthy] 'a' *intrl. w. caret*
♯256.27	*both as a symbol,*] *comma added; undrl.*
♯256.27 – 28	*and ... inspiring,*] *comma added; undrl.*
256.28	will extend] *ab. x'd-out* 'which stand far beyond'
256.29	in] *intrl. w. caret*
256.29	public] *intrl. w. caret*
♯256.30	*symbol,*] *comma added; undrl.*
256.30	official] *aft. x'd-out* 'a few'
256.31	sources,] *comma added*
256.31	encouragement] *bef. comma added then del.*
256.32	government,] *comma added*
256.33	and] *intrl. w. caret*
256.34	postmaster] *alt. fr.* 'post-master'
♯256.35	postoffice] *alt. fr.* 'post-office'
256.36	town,] *comma added*
256.37	might] *intrl. w. caret*
♯256.38	project,] *comma added*
256.39	town?"] *question mark added*

525

257.1	buildings] *alt. fr.* 'building'
♯257.3	courthouses] *alt. fr.* 'court-houses'
257.5	symbol,] *comma added*
257.6	democracy,] *comma added*
257.6	*so important,*] *undrl.*
257.7 – 9	*to starve . . . physical*] *undrl.*
257.9	*battlefield.*] *alt. fr.* 'battle-field.'; *undrl.*
♯257.10	thousands of persons,] *ab. x'd-out* 'people,'
♯257.11	have,] *comma added*
♯257.11	now] *intrl. w. caret*
♯257.15	Arts] *alt. fr.* 'Art'
257.15	come] *alt. fr.* 'comes'
257.15 – 16	retired,] *comma ov. semicolon*
257.17	man,] *t. ab. x'd-out* 'man'
257.25	reason,] *comma added*
257.26	which] *w. caret ab. del.* 'that'
♯257.27	*For . . . yourself*] *undrl.*
257.27	*reproductions*] *alt. fr.* 'reproduction'; *undrl.*
257.27 – 32	*of the . . . legitimate*] *undrl.*
257.32	*pride,*] *comma added*; *undrl.*
257.32	*which*] *ab. del.* 'and'; *undrl.*
257.32 – 33	*enables . . . citizen!"*] *undrl.*

《战争的教训——从哲学的角度看》中的变更

这个文件是 19 页的打字稿,收录于杜威文集中,特别收藏,拉特格斯大学图书馆,新布鲁斯克,新泽西州。变更有打出的,有墨水写的,也有铅笔写的。320.40 中的删除符号,是从被抛弃的页码中保留下来的删除符号的终止。

312.5	future] *intrl. w. caret and guideline*
312.7	culminate in] *in ink w. caret ab. del.* 'lay back of'
312.8	would] *aft. del.* 'them'
312.9	main] *aft. x'd-out* 'thought'
312.9	for] *in ink ov.* 'of'; *bef. x'd-out* 'the'
312.9 – 10	centuries.] *period in ink ov. comma*
312.10	Since] *in ink w. caret ab. del.* 'and'
312.10	out] *in penc. w. caret and guideline ab. penc. del.* 'quite'
312.10	question,] *comma in ink ov. period*
312.10	shall] *in ink w. caret ab. del.* 'can only'
312.11	important.] *aft. del.* 'especially'
312.12	In] 'I' *in ink ov.* 'i'; *aft. del.* 'And'
312.12	place,] *comma added*
312.12	especially] *aft. x'd-out* 'to'

526

文本研究资料　　**415**

312.15	Events,] *aft. x'd-out* 'It'
312.16	first.] *period in ink ov. semicolon*
312.16	Reflective] 'R' *in ink ov.* 'r'
312.18	state] *aft. x'd-out* 'chan'
312.18	changed.] *period added; bef. del.* 'so much so they are too remote to have power.'
312.19	functions.] *period added; bef. del.* '* such as [*x'd-out*] of the same sort that all verbalizations exercise.'
312.21	have] *aft. x'd-out* 'are going to'
312.22	inchoate.] *period added; bef. del.* 'and thereby add to their force.'
312.23	provide] *w. caret and guideline ab. x'd-out* 'give'
312.23	with] *intrl. w. caret*
312.23	for what] *aft. del.* 'to be for' [*aft. x'd-out* 'for what']
312.24	making] *aft. x'd-out* 'and'
312.24	the] *aft. x'd-out* 'what'
312.25	in.] *aft. x'd-out period*
312.26	ideology,] *comma added*
312.27	as means] *ab. x'd-out* 'the purpose'
313.1	men] *bef. del.* 'in the movement'
313.1	accomplish;] *semicolon in ink ov. comma*
313.2	hostile] *aft. del.* 'other'
313.2	By] 'B' *in ink ov.* 'b'; *aft. del.* 'In time'
313.4–5	that which once was] *in ink w. caret and guideline ab. del.* 'what was once'
313.5	proposition] *insrtd. w. guideline*
313.6	later] *alt. in ink fr.* 'latter'
313.6	state of] *intrl. in ink w. caret*
313.7	philosophies] *alt. fr.* 'philosophy'
313.9	on] *intrl. w. penc. caret and guideline*
313.10	which had] *in ink w. caret ab. del.* 'having' [*aft. x'd-out* 'whose,']
313.11	beliefs] *aft. del.* 'the'
313.12	earlier] *bef. x'd-out* ', especiall'
313.12	to be] *aft. del.* 'from'
313.12	more] *intrl. in ink w. caret*
313.12	from] *insrtd.*
313.14	economics,] *comma added*
313.14–15	traditionalist] *aft. del.* 'the'
313.15	have] *w. caret ab. x'd-out* 'has'
313.15	also] *intrl. in ink*
313.15	philosophical] *aft. x'd-out* 'a'
313.18	with] *aft. x'd-out* 'into'
313.18	in] *alt. fr.* 'into'

527 (margin mark at 313.11)

313.18	derived] *aft. del.* 'they' [*ab. x'd-out* 'of']
313.18	old] *aft. del.* 'the'
313.20	named] *alt. in ink fr.* 'names'
313.20	empirical] *bef. x'd-out comma*
313.21	When] 'W' *in ink ov.* 'w'; *aft. del.* 'Now'
313.25	historic liberal] *in ink ab. del.* 'the leading principles'
313.25	empiricism and that they] *in ink w. caret ab. del.* 'of this type of thought that'
313.26	conditions] *aft. x'd-out* 'the'
313.27	provided] *aft. del.* 'left open room and'
313.27	the] *intrl. in ink w. caret*
313.29	and if,] 'and if' *intrl. w. caret*
313.30	alike] *intrl. w. caret and guideline*
313.30 – 31	Bolshevik] *bef. x'd-out* 'totalitarianism'
313.31	forget] *bef. del.* 'that'
313.31	there] *alt. in ink fr.* 'the'; *aft. x'd-out* 'it'
313.31	were] *intrl. in ink w. caret*
313.34	When] 'W' *in ink ov.* 'w'; *aft. del.* 'I mention as a significant piece of evidence the fact that'
313.34	for example] *intrl. in ink w. caret*
313.38	even] *aft. x'd-out* 'altho'
313.38	though they wanted to] *intrl. in ink w. caret*
313.38 – 39	employ] *alt. in ink fr.* 'employing'; *aft. x'd-out* 'using' [*aft. del.* 'in']
313.39	them] *bef. del.* 'as means of'
313.39	to] *intrl. in ink w. caret*
313.39	build] *alt. in ink fr.* 'building'
313.40	society.] *aft. del.* 'philosophy of'
314.4	its] *in ink w. caret ab. del.* 'their'
314.5[1]	the] *intrl.*
314.5	life,] *comma added*
314.5[1]	to] *intrl. in ink w. caret*
314.8	today] *aft. del.* 'here'
314.8	stream of] *ab. x'd-out* 'tenor of'
314.9[1]	from] *aft. del.* 'not only'
314.9[1]	and] *in ink. w. caret ab. del.* 'but'
314.9[2]	from] *intrl. in ink w. caret*
314.10	find,] 'find' *bef. del.* 'now'
314.12	if definite] *intrl. in ink w. caret*
314.12	kind] *bef. del.* 'that seems to me'
314.12	definitely] *in ink ab. del.* 'openly'
314.13	protest.] *aft. del.* 'an'
314.17	what] *bef. del. comma*
314.17	*concrete*] *undrl.*

528

314.17	terms] *bef. del. comma*
314.17	are] *undrl.*
314.19–20	in what] *aft. x'd-out* 'thehow'
314.21	suffer.] *aft. del.* 'now'
314.21	point,] *comma added*
314.22	ask] *aft. del.* 'can'
314.23	as engrossed] 'as' *intrl. in ink w. caret*
314.23	as they are said to be] *intrl. in ink w. caret*
314.26	spiritual] *intrl. in ink w. caret*
314.26	the only] *aft. del.* 'the way,'
314.27	way] *bef. del. comma*
314.28	There] 'T' *in ink ov.* 't'; *aft. del.* 'It was intimated that'
314.28	beliefs,] *comma added*
314.29	They] *aft. x'd-out* 'According to'
314.31	supernatural,] *comma added*
314.31	we] *in ink w. caret ab. x'd-out* 'the'
314.33	An] *ab. x'd-out* 'The'
314.34	There] *aft. del.* 'In what was just said I have alluded espe-cially to one aspect of this school — the one that may be called institutional.'
314.35	however] *w. caret ab. x'd-out and del.* 'also'
314.35	others] *in ink w. caret ab. del.* 'those'
314.37	medieval] *alt. in ink fr.* 'medievalism'
314.38	who] *aft. del.* 'but'
314.38	have not,] *aft. x'd-out* 'omit'
314.38	as yet,] *aft. del.* 'at least'
315.1	intellectual and moral] *intrl. w. caret*
315.2	not,] *comma added*
315.2	yet,] *comma added*
315.2	assert] *alt. in ink fr.* 'asserted'
315.2	the] *intrl.*
315.2	truths] *alt. in ink fr.* 'truth'
315.3	is heresy] *aft. del.* 'which has done so much to bring us to our present pass'
315.3	sin.] *aft. x'd-out* 'sense'
315.4	times] *bef. x'd-out comma*
315.4	improvement] *alt. in ink fr.* 'improvements'
315.7	ecclesiastical] *intrl. w. caret*
315.7	of the ... beliefs.] *added*
315.8	at least] *moved w. caret and guideline fr. aft.* 'are not'
315.9	of beliefs] *aft. del.* '* not only' [*intrl.*]
315.9	worked out] *moved w. caret and guideline fr. aft.* 'ingenuity'
315.10	past,] *comma added*
315.10	and also of] *in ink ab. del.* 'but of'

529

315.11	the] *alt. in ink fr.* 'they'
315.12	hand,] *comma added; bef. del.* 'they suffer'
315.12	from] *aft. x'd-out* 'from a pragmatic disadvantage, That'
315.14	or] *intrl. in ink*
315.17	then,] *aft. x'd-out* 'of'
315.18	both] *aft. x'd-out illeg. word*
315.19 – 20	intellectual and moral] *intrl. w. caret*
315.20	expressed] *aft. x'd-out* 'that are'
315.21	situation.] *period added*
315.21	They have done so] *intrl. in ink w. caret and guideline*
315.22	been] *bef. x'd-out* 'themselves'
315.23	clashing] *aft. x'd-out* 'and'
315.24	in] *alt. in ink fr.* 'is'
315.24	is to] 'is' *intrl. in ink w. caret*
315.25	that] *aft. x'd-out* 'of'
315.25	the older] 'the' *intrl. in ink w. caret*
315.27	But] *added*
315.27	for] 'f' *in ink ov.* 'F'
315.27	others] *bef. del.* ', accordingly,'
315.28[1]	go] *bef. del. comma*
315.28	on,] *intrl. in ink w. caret*
315.30	which] *bef. del.* 'serve to'
315.30	distort] *in ink w. caret ab. del.* 'deflect'
315.31	the] *alt. in ink fr.* 'these'; *aft. x'd-out* 'the thi'
315.31 – 32	interests] *aft. x'd-out* 'and'
315.33	then at least] *in ink w. caret ab. del.* 'at least in that case'
315.34[1]	a] *in ink ov.* 'A'
315.34	*New World*] 'N' *in ink ov.* 'n'; *undrl.*; '*New*' *aft. del. quots.* [*added*]
315.34 – 35	topographic] *alt. in ink fr.* 'topographical'
315.36	itself] *bef. x'd-out* 'to'
315.36	in a] *bef. del.* 'more'
315.36	radical] *aft. x'd-out and del.* 'and r'
315.37	all] *in ink ov.* 'the'
315.37	grasp] *aft. x'd-out* 'see just what'
315.38	movements,] *comma added*
315.38	to] *intrl. in ink*
315.39	now] *aft. x'd-out* 'is'
315.41	The] *aft. insrtd.* '¶'
315.41	proposition] 'Assertion' *bel. and x'd-out*
316.2 – 3	and dominant … modern] *intrl. w. penc. caret*
316.4	attempt] *bef. x'd-out* 'to unite them'
316.8	best,] *comma added in penc.*
316.10	free] *bef. x'd-out comma*

530

316.11	was] *intrl. in penc. w. caret*
316.14	neglected,] *comma added in penc.*
316.14	while] *in penc. ab. penc. del.* 'and'
316.14	its] *w. caret ab. x'd-out* 'their'
316.20	beliefs] *aft. x'd-out* 'older'
316.20	principles] *aft. x'd-out* 'attitudes that'
316.20	ancient] *bef. del. comma*
316.21	small] *aft. del.* 'the'
316.22	they] *aft. x'd-out* 'it'
316.23	connection] *aft. del.* 'their'
316.24	faith,] *comma added*
316.27	the] *intrl. in ink w. caret*
316.27	taken] *bef. del.* 'is granted'
316.28	horizons] *alt. in ink fr.* 'horizon'
316.28	man's] *alt. in ink fr.* 'men's'
316.30	their] *in ink w. caret ab. del.* 'its'
316.30 – 31	meanings,] *comma added*
316.33	the] *intrl. in ink w. caret*
316.35	life:] *colon in ink ov. dash*
316.35	political] *aft. x'd-out* 'the'
316.38	little] *aft. x'd-out* 'noting'
316.40	As] 'A' *in ink ov.* 'a'; *aft. del.* 'And'
317.1	period,] *comma added*
317.6	past] *aft. x'd-out* 'an'
317.7	to be] *bef. x'd-out* 'of'
317.7	of avail] *aft. del.* 'wight have been'
317.9	was] *aft. x'd-out* 'once'
317.10	underlying] *aft. x'd-out* 'which'
317.10	the] *alt. fr.* 'these'
317.12	standards] *aft. x'd-out* 'features'
317.13	the] *intrl. in ink w. caret*
317.13	organized] *aft. del.* ', and'
317.13	those] *ab. x'd-out* 'the'
317.13	and] *ab. x'd-out* 'and'
317.14	technologies] *alt. fr.* 'technology'
317.14 – 15	aggressive] *intrl. in ink w. caret aft. del.* 'an' [*intrl. in ink*]
317.16	what] *aft. x'd-out* 'the'
317.18	the] *ab. x'd-out* 'modern'
317.19	the need] *intrl. in ink w. caret*
317.21	modern,] *comma added*
317.21	due] *aft. del.* '*which are*' [*aft. x'd-out* 'due to']
317.23	resolve] *aft. x'd-out* 'solve'
317.23	which] *aft. x'd-out* 'in'
317.24	however] *intrl. w. caret*

531

317.24	positive] *intrl.*
317.24	directive] *intrl. aft. x'd-out* 'practical' [*intrl.*]
317.24	function] *aft. x'd-out* 'value'; *bef. x'd-out comma*
317.25	comprehensive] *aft. x'd-out* 'is capable of being'
317.26	in the present juncture] *intrl. w. caret*
317.28	shall now present] *w. caret ab. x'd-out* 'mention'
317.28	problems] *w. caret and guideline ab. x'd-out* 'problems of issues'
317.29	counterparts] *aft. x'd-out* 'social'
317.29	issues] *aft. x'd-out* 'the'
317.29 – 30	with . . . in] *intrl. w. caret*
317.31	was said earlier] *w. caret and guideline ab. x'd-out* 'has been said'
317.31	about] *intrl. in ink w. caret*
317.31	the conflict] *ab. x'd-out* 'about the'
317.32	set up between] *intrl. aft. del.* '*that has been' [*intrl.*]
317.32	The second has] *w. caret and guideline ab. x'd-out* 'experience has'
317.33	experimental] *alt. fr.* 'experiential'
317.33 – 34	and experiential.] *intrl.*
317.34	between] *aft. del.* 'which has been instituted'
317.35	emotions] *aft. x'd-out* 'the'
317.35	on one] *aft. x'd-out* 'and'
317.38¹	to,] 'to' *intrl. in ink; comma added*
317.38²	to,] *comma added*
317.38	ideal] *aft. del.* 'and'
318.2	separation] *ab. x'd-out* 'dijunction'
318.3	pre-scientific] *aft. x'd-out* 'the'
318.3	of the] *aft. x'd-out* 'the'
318.6	with] *in ink w. caret ab. del.* 'in'
318.10	this] *alt. in ink fr.* 'the'
318.10	nonetheless] *intrl. in ink w. caret*
318.11³	the] *aft. x'd-out* 'o'
318.12	have] *intrl.*
318.12	negatively,] *intrl. w. caret and guideline; comma added*
318.13	life] *comma added*
318.13 – 14	positively,] *comma added*
318.14 – 15	consequences,] *comma added*
318.16	What] *aft. insrtd.* '¶'
318.16	make] *aft. x'd-out* 'derive'
318.17	scientific] *aft. x'd-out* 'new science'
318.18	the industrial] *aft. x'd-out* 'our failure to'
318.19	revolution] *aft. x'd-out* 'new science'
318.20	consequence] *alt. in ink fr.* 'consequences'

532

318.21	from] *in ink w. caret ab. del.* 'of'
318.22	often] *intrl. in ink w. caret*
318.22 – 23	, only ... best,] *intrl. w. caret*
318.23	industry.] *period in ink ov. comma*
318.23	They] *in ink w. caret ab. del.* 'and'
318.24	systematic] *aft. x'd-out* 'whole hearted'
318.27	The heritage of] *ab. x'd-out* 'The intellectual attitu'
318.28	philosophy] *bef. x'd-out comma*
318.29	of the] *aft. x'd-out* 'we'
318.30	and methods] *intrl.*
318.31	technology,] *comma added*
318.31	on the ground] *ab. del.* 'because of the fact that'
318.33	cursed] *w. caret ab. x'd-out* 'baptized'
318.33	"material."] *aft. x'd-out* 'of'
#318.34	the mathods] *aft. x'd-out* 'results'
318.35	processes] *alt. fr.* 'process'; *bef. x'd-out* 'of'
318.36	found to be] *intrl. in ink w. caret*
318.36	social] *aft. x'd-out* 'practical'
318.36	They] 'T' *in ink ov.* 't'; *aft. del.* 'For' [*aft. x'd-out* 'They']
318.37	of any] *aft. x'd-out* 'only'
318.37	kind,] *comma added*
318.37	good, bad or indifferent,] *in ink ab. del.* 'whatever'
318.38	habits and] *intrl. w. caret*
318.38	efforts.] *period added; bef. del.* 'and' [*bef. x'd-out* 'achie']
318.38	The] *alt. in ink fr.* 'this'
318.38	contribution] *aft. x'd-out* 'human'
318.39 – 40	than equal] *intrl. in ink w. caret*
319.1	an] *in ink ab. x'd-out* 'in'
319.1	industrial] *bef. x'd-out* 'and' *and del.* 'economic'
319.1	regime] *alt. in ink fr.* 'regimes'
319.1	am saying] *aft. x'd-out* 'say'
319.2	perpetuation] *aft. x'd-out* 'the effec'
319.2	have] *aft. x'd-out* 'and'
319.3	agents] *bef. del. comma*
319.4	with an] *in ink ab. del.* 'and the'
319.4	of] *in ink ov.* 'is'
319.4	possible] *in ink w. caret ab. x'd-out* 'theor'
319.6	It is] *bef. del.* ', indeed,'
319.8	utility] *alt. in ink fr.* 'utilities'
319.9	the] *intrl.*
319.10	banishing] *aft. del.* 'the'
319.11	generally] *in ink w. caret ab. del.* '* upon the whole' [*aft. x'd-out* 'probably']
319.12	their] *aft. del.* 'the range of'

533 (at 319.1)

319.13	The] 'T' *in ink ov.* 't' ; *aft. del.* 'That the field [*aft. x'd-out* 'scope of'] of industry and technology consists [*aft. x'd-out* 'is'] material things in a [*aft. x'd-out* 'which'] sense that [*aft. x'd-out* 'in'] identifies material with materialistic is'
319.14	is that it is] *in ink w. caret ab. del.* '. It is said to be'
319.15	provision] *aft. x'd-out* 'the'
319.15	for] *in ink ov.* 'of'
319.16	meaningless] *aft. del.* 'almost'
319.16	unless] *insrtd.*
319.16	material] *aft. x'd-out* 'material needs'
319.19	I am not] *aft. del.* 'The alternative view is not that moral judgments and ideas of right'
319.20	be] *aft. del.* 'should'
319.22	industrial] *aft. x'd-out* 'economic and'
319.23	potent] *aft. x'd-out* 'powerful'
319.25	deciding] *in penc. ab. penc. del.* 'and'
319.29	"material"] *aft. x'd-out* 'the' ; *quots. added in penc.*
319.30	scientifically] *aft. x'd-out* 'the'
319.32	their] *intrl. in penc. w. caret*
#319.32²	&] *intrl. w. penc. caret*
319.36	connection] *aft. x'd-out* 'bearing'
319.37	the structure] *aft. x'd-out* 'social'
319.37	society,] *comma added*
319.37	in] *in ink ab. del.* 'and'
319.38	welfare] *aft. x'd-out* 'happiness'
319.38	misery,] *comma added*
319.39	totalitarian] *aft. x'd-out* 'the philosophy'
319.39	present] *intrl. in ink w. caret* 534
319.40	holding the theory of] *intrl. w. caret and guideline aft. x'd-out* 'advanci' [*intrl.*]
319.40	exclusive] *alt. in ink fr.* 'exclusively' ; *aft. del.* 'an'
320.1	phenomena] *bef. x'd-out comma*
320.1	should in fairness] *in ink w. caret ab. del.* 'ought to'
320.2	Marx] *in ink w. caret ab. del.* 'he'
320.3	That] *aft. x'd-out* 'He'
320.5	ideal] *alt. in ink fr.* 'idea'
320.6	so as] *intrl. in ink w. caret*
320.8	actually] *intrl. in ink w. caret*
320.9	like] *aft. x'd-out* 'should'
320.14	take] *aft. x'd-out* 'attempt'
320.16	its] *in ink w. caret aft. del.* 'their'
320.16	also] *intrl. in ink w. caret*
320.17	to try] 'to' *in ink ov.* 'in' ; 'try' *alt. in ink fr.* 'trying'
320.17	its] *insrtd. aft. del.* 'their'

320.17	aggressive] *alt. in ink fr.* 'aggressively'
320.19	that it] *in ink ab. del.* 'as to'
320.19	demands] *alt. in ink fr.* 'demand'; *bef. del.* 'for its realization'
320.19	national] *aft. x'd-out* 'soci'
320.23	would] *in ink w. caret ab. del.* 'only'
320.25	freedom,] *aft. x'd-out* 'the'
320.26	methods] *in ink w. caret ab. del.* 'means'
320.27	has been] *bef. penc. del.* 'in affect'
320.28	*their*] *undrl.*
320.29	not] *intrl. in ink w. caret*
320.31 – 32	the results of physical science] *in ink ab. del.* 'physical technologies'
320.33	liberal] *bel. intrl. and del.* 'the'
320.33	which are distinctly] *intrl. w. caret*
320.34	modern] *intrl. in ink*
320.34	these] *alt. in ink fr.* 'the'
320.35	despotism.] *aft. del.* 'social'
320.35 – 36	heritage] 'heri-' *in ink ab. del.* 'pri-'
320.36	from] *w. caret ab. x'd-out* 'of'
320.36 – 37	the cause of the] *intrl. in ink w. caret*
320.38	played] *aft. x'd-out* 'some liability'
320.38	conditions] *bef. del.* 'involved in the failure'
320.38	have] *alt. in ink fr.* 'has'
320.39	practices] *alt. in ink fr.* 'practice'
320.40	What has] *aft. del.* 'attitudes it has assiduously cultivated concerning material things and the physical world and hence about natural science and industrial and economic *interests and [*intrl.*] activities.'
320.40	so] *intrl. in ink*
321.1	illustration] *aft. x'd-out* 'type'
321.1	of my] *aft. x'd-out* 'I propo'
321.1	proposition] *bef. del.* 'which I have to offer'
321.1	the latter] 'the' *in ink ov.* 'it'; 'latter' *intrl. in ink*
♯321.4	has operated to develop natural] *in ink ab. del.* 'in ebaling us to learn what experience'
321.5	and to produce] *ab. del.* 'teaches is fundamental in natural science and in the development of the'
321.6	The heritage] *aft. x'd-out* 'The so'
321.6 – 7	attitudes] *aft. x'd-out* 'older ph'
321.7	civilization] *bef. del.* 'have [*aft. x'd-out* 'and'] through [*aft. x'd-out* 'in'] the medium of philosophic which canctioned them'
321.7	has] *intrl. in ink w. caret*
321.9	regions] *aft. x'd-out* 'the'
321.9 – 10	interests and fields] *ab. x'd-out* 'those'
321.10 – 11	The latter ... changed.] *added*

535

321.13   the medieval] *aft. x'd-out* 'traditio'

321.13   absolutistic] *in ink w. caret ab. del.* 'transcendental'

321.14   morals] *aft. x'd-out* 'their'

321.17   which] *in ink w. caret ab. del.* 'that' [*aft. x'd-out* 'making']

321.17   detection] *aft. x'd-out* 'correction of'

321.18   for substitution] 'for' *intrl. w. caret*

321.19   ever-renewed] *w. caret ab. x'd-out* 'constant'

321.19   facts] *aft. x'd-out* 'new'

321.19   not] *aft. del. illeg. word*

321.19   known,] *comma added*

321.20[1]   to] *in ink ov.* 'for'

321.20   the kind] *aft. x'd-out* 'any'

321.20   have] *intrl. in ink*

#321.21   & final truths.] *ab. del.* 'and *illeg. word* final'

321.21   issue] *alt. in ink fr.* 'issues'

321.23   professing] *bef. del.* 'to have'

321.24   centres] *alt. in ink fr.* 'centre'

321.24   The claim] *aft. del.* 'One phase of the [*aft. x'd-out* 'thi'] issues that are involved is directly relevant to the question of [*aft. x'd-out* 'what'] what philosophy has to learn from the war.'

321.24   absolute] *alt. in ink fr.* 'absolutes'

321.25   truths,] *comma added*

321.25   of final,] 'of' *intrl. in ink; comma added*

321.25   unalterable] *aft. del.* 'because'

321.25   might] *in ink w. caret ab. del.* 'may'

321.26   conceivably] *alt. in ink fr.* 'conceivable'

321.26   boon,] *aft. del.* 'practical'

321.27   standards,] *comma added*

321.27   were] *intrl. in ink w. caret*

321.30   forget] *bef. del.* 'to take into account'

321.30 – 31   implicit] *aft. x'd-out* 'assertion'

321.31   which] *aft. del.* 'to which they adhere'

321.31   *they*] *undrl.*

321.31   advance] *bef. del. comma*

321.32   which any can accept.] *in ink ab. del.* 'and the only ones possessed of absolute truth'

321.33   first] *aft. x'd-out* 'final'

321.33   in short,] *aft. x'd-out* 'in other words'; *comma added*

321.33 – 34   an appeal] *aft. x'd-out* 'to'

321.34   final] *intrl. w. caret*

321.34 – 35   possession] *aft. x'd-out* 'truth'

321.35   the] *intrl. w. caret*

321.35   should] *aft. x'd-out* 'ma'

536

321.36	anything] *bef. del.* 'verifiable'
321.37	asserted] *aft. del.* 'also'
321.38	nevertheless] *in ink w. caret ab. del.* 'yet'
321.39	possess] *aft. x'd-out* 'be ultimate'
322.1	The only] *in ink w. caret ab. del.* 'If there is any'
322.2	is] *aft. del.* 'it'
322.2	trial] *aft. x'd-out* 'by'
322.2	by] *aft. del.* ' " that of ' [*intrl.*]; *ab. x'd-out* 'of'
322.2	force,] *comma in ink ov. dash*
322.2	the result of which will] *in ink ab. del.* 'to' [*aft. x'd-out* 'if that is thought']
322.3	dogmas,] *comma in ink ov. semicolon*
322.3 – 4	at least for] *in ink w. caret ab. del.* 'for'
322.4	it has] *intrl. in ink w. caret*
322.4	forces.] *period added; bef. del.* 'lies in its hands.'
322.5	I will] 'will' *alt. in ink fr.* 'wish'; *aft. del.* 'in its bearing upon the absolutism inherent in every totalitarian scheme and upon the methods by which totalitarian states enforce their brand of total truth'
322.5	be] *aft. del.* 'to'
322.7	bearing] *alt. in ink fr.* 'bear'; *aft. del.* 'that'
322.9	idealism,] *comma added*
322.9	its] *ov.* 'the'
322.10	physical] *intrl. in ink w. caret*
322.11	imperatives] *alt. in ink fr.* 'imperative'; *aft. del.* 'ideal'
322.11	the ideal,] *in ink ab. del.* 'morals has'
♯322.11	Nazii] *aft. x'd-out* 'the'
322.12	philosophy?] *aft. x'd-out* 'point'
322.12	concrete] *aft. x'd-out* 'and'
322.13	brought] *aft. x'd-out* 'have'
322.14	the influence of a] *in ink w. caret ab. del.* 'any'
322.14	for] *intrl.*
322.15	these] *aft. del.* 'or as an important constituent in' [*ab. x'd-out* 'of']
322.16	and how] *intrl. w. caret*
322.16	occurred] *intrl. in ink w. caret*
322.17	force.] *period added; bef. del.* 'came about.'
322.18	The] *in ink ov.* 'My'
322.19	shocking] *bef. del.* 'to many'
322.19	seem] *intrl. in ink*
322.19	to many persons] *intrl. in ink w. caret*
322.22	just] *intrl.*
322.22	took] *aft. x'd-out* 'also'
322.22	But] *in ink w. caret ab. del.* 'For'

537

322.24	experiences] *alt. in ink fr.* 'experience'; *aft. del.* 'one kind of'
322.26	just ... kind.] *intrl. in ink w. caret*
322.27	probably] *in ink w. caret ab. del.* 'perhaps'
322.28	millions,] *comma added*
322.28	find] *bef. del.* 'idealis'
322.30 – 31	social ... idealistic] *intrl. w. caret aft. x'd-out* 'syste' [*intrl.*]
322.32	factors.] *aft. x'd-out* 'element'
322.33	regarded] *alt. in ink fr.* 'regarding'; *aft. del.* 'in'
322.33	chief] *aft. x'd-out* 'up'
322.33 – 34	absolute and final] *intrl. w. caret*
322.34	progressively] *aft. x'd-out* 'given o'
322.35	democracy.] *period added*
322.35	This belief] *intrl. in ink*
322.36	be used to] *intrl. in ink w. caret*
322.36	use] *aft. bel.* 'their'
322.36	force,] *comma added*
322.37[1]	the] *in ink ov.* 'it'
322.37	use] *in ink ab. x'd-out* 'was the'
322.37	in the] *aft. del.* 'be'
322.37	be] *intrl. in ink w. caret*
322.40 – 323.1	than ... teach] *in ink ab. del.* 'than were those who taught'
323.3	presence] *in ink w. caret ab. del.* 'existence'
323.4	does] *in ink w. guideline bel. del.* 'did'
323.4	of itself] *intrl. w. caret*
323.5	will have] *in ink w. caret ab. del.* 'would manifest'
323.6	it] *ab. x'd-out* 'it'
323.7	historical] *aft. x'd-out* 'junct'
323.8	concerns] *aft. del.* 'from the field of philosophical subject-/ matter'
323.8	dividing-] *ab. x'd-out* 'splitting'
323.9	non-communicating] *intrl. w. caret*
323.11	intellectual] *aft. del.* 'strictly'
323.13	impulses,] *intrl. w. caret*
323.13	everything] *aft. x'd-out* 'impules, all'
323.14	emotional] *aft. del.* 'our'
323.16	which] *in ink w. caret ab. del.* 'that'
323.18	problem] *aft. x'd-out* 'prese'
323.18	of] *in ink w. caret ab. del.* 'occupying'
323.18	philosophy] *alt. in ink fr.* 'philosophers'
323.21	of education] 'of' *in ink ov.* 'in'
323.21	in] *aft. x'd-out* 'and'
323.24	in.] *period added*
323.24	For ... decide] *in ink ab. del.* 'and which thereby'

538

	323.25	run,] *comma added*
	323.25	cumulative] *intrl. w. caret*
	323.25 – 26	consequences] *bef. del.* 'determines'
	323.26	come to] *intrl. w. caret and guideline*
	323.27	socially.] *aft. x'd-out* 'in society'
	323.27	emotions] *aft. del.* 'the'
	323.28	creates] *bef. del.* 'in the course of time when it exists in fact'
	323.28	an intolerable] *bel. intrl. and del.* ', not just in theory,'
	323.30	the policies] 'the' *intrl. in ink w. caret*
	323.31	of those countries,] *in ink w. caret ab. del.* 'said to represent a new order'
	323.31	inferring] *ab. x'd-out* 'assuming'
	323.32	of this sort] *intrl. in ink w. caret*
	323.33	somehow] *intrl. in ink w. caret*
	323.35	is said in] *in ink ab. x'd-out* 'the'
	323.37	lesson] *ab. del.* 'the [*aft. x'd-out* 'less'] ponditions which are expressed in'
	323.37	has] *alt. in ink fr.* 'have'
	323.39	factors] *w. caret ab. x'd-out* 'things'
	323.39	emotional] *aft. del.* 'called'
	323.40	intellectual.] *aft. del.* 'called'
	323.40	It is now commonplace] *intrl. in ink w. caret*
	323.40	that] 't' *in ink ov.* 'T'
539	324.2	nature] *bef. del. comma*
	324.4	admittedly] *intrl.*
	324.6	the] *in ink w. caret ab. x'd-out* 'we have been'
	324.8	between them] *intrl. in ink w. caret*
	324.9	reasonable] *alt. in ink fr.* 'reason'
	324.9	ground] *alt. fr.* 'grounded'
	324.10	believing] *aft. x'd-out* 'holding'
	324.10	what] *aft. x'd-out* 'that'
	324.10	in general] *intrl. w. caret*
	324.12	found] *aft. x'd-out* 'on the'
	324.12	the] *intrl. w. caret; aft. x'd-out* 'the' [*intrl.*]
	324.14	separation,] *comma added*
	324.15	tested] *aft. x'd-out* 'son'
	324.15	can] *insrtd.*
	324.16	providing] *intrl. in ink w. caret*
	324.18	said] *in ink w. caret ab. del.* 'have emphasized'
	324.19	emotion] *aft. x'd-out* 'the'
	324.19[2]	of] *intrl. in ink*
	324.19	not] *in ink ab. del.* 'rather'
	324.20	that] *alt. in ink fr.* 'than'
	324.20	is the lesson.] *intrl. in ink w. caret*

324.20	Historic] 'H' *in ink ov.* 'h'; *aft. del.* 'I must omit [*bel. intrl. and del.* 'stating'] the reasons on account of which * the problem [*aft. x'd-out* 'I'] is emphasised as a problem of paramount importance. I must content myself with saying that'
324.21	faced] *aft. del.* 'adequately'
324.21	the issue.] *aft. x'd-out* 'it'; *period in ink ov. semicolon*
324.21	There] 'T' *in ink ov.* 't'; *aft. del.* 'and that'
324.21	historic] *aft. del.* 'significant'
324.22	dodge] *aft. x'd-out* 'evad'
324.22	it,] 'it' *in ink ov.* 'the issue,'; *comma added*
324.22	a main] 'a' *in ink w. caret ab. del.* 'the'
324.26	effectively ... jobs] *intrl. w. caret*
324.26 – 27	they find] *in ink w. guideline bel. x'd-out* 'we find'
324.27	issues.] *period ov. comma; bef. del.* 'since knowledge is knowledge and ideas are ideas, and hence devoid of any intronsic charge of desire and emotion.'
324.29	philosophy.] *period added; bef. del.* 'which makes' [*aft. x'd-out* 'has']
324.29	A] *in ink ov.* 'a'
324.29	is made] *intrl. in ink w. caret*
324.30	valid] *aft. x'd-out* 'genuine'
324.35	is] *intrl. in ink w. caret*
324.35	in effect] *aft. x'd-out* 'by way of'
324.36	social] *aft. del.* 'issues of a'
324.36	issues.] *in ink ab. del.* 'nature.'
324.36	is no] *in ink w. caret ab. del.* 'hasnot'
324.37	an] *aft. x'd-out* 'co'
324.39	emotive] *ab. x'd-out* 'emtional'
324.40	what] *bef. del.* 'what'
325.1	needed] *intrl. w. caret and guideline*
325.1	for] *aft. x'd-out* 'in ad'
325.2	the] *aft. x'd-out* 'of'
325.3	warranted] *in ink ab. del.* 'justified'
325.4	possibly] *intrl. in ink w. caret*
325.4	desires] *in ink w. caret ab. del.* 'those'
325.4	are] *intrl.*
325.5	evaded.] *aft. del.* 'thereby'; *period added*
325.5	Yet] *in ink ab. del.* 'and'
325.5	we] *aft. x'd-out* 'is'
325.6	if] *bel. intrl. and del.* 'and when'
325.6	ask] *in ink w. caret ab. del.* 'inquire'
325.7	either] *intrl. in ink w. caret*
325.7 – 8	external] *aft. x'd-out* 'or'
325.8	or] *in ink ov.* 'and'

540

325.9	not] *alt. in ink fr.* 'no'; *aft. del.* 'having'
325.9	controlled] *alt. in ink fr.* 'control'
325.9	by] *aft. del.* 'through or'
325.10	indicates] *in ink w. caret ab. del.* 'is an indication fo'
325.11	now] *in ink w. caret ab. del.* 'coming to be'
325.12	I] *aft. x'd-out* 'the'
325.12	it,] *aft. x'd-out* 'this'
325.13	language,] *comma added*
325.13	is] *bef. del.* 'also'
325.13	the] *in ink ov.* 'a'
325.15	only] *in ink ov.* 'but'
♯325.16	one basis] *in ink w. caret ab. del.* 'a prime'
325.17	concerns] *in ink ov.* 'is'
325.19	have said,] *comma added*
325.19	is said,] *in ink ab. del.* 'during the time that has passed is said,'
325.19	obviously,] *comma added*
325.20	philosophy,] *comma added*
325.20	with] *intrl. in ink w. caret*
325.21	upon] *insrtd.*
325.23	harmful] *intrl. w. caret*
325.24	past,] *comma added*
325.25	has not] *aft. x'd-out* 'is not'
325.26	existing] *aft. del.* 'the'
325.26	have] *intrl. in ink w. caret*
325.27	social] *intrl. in ink w. caret*
325.28	that] *aft. del.* 'of and in social life'
325.28	contain] *alt. in ink fr.* 'contains'
325.28	themselves] *aft. x'd-out* 'itself'
325.28	of creating] *ab. x'd-out* 'of'
325.29	interests] *aft. x'd-out* 'and'
325.31	this kind of] *in ink w. caret ab. del.* 'a'
325.31	philosophy.] *period added; bef. del.* 'that will fulfill the requirement this [*ov.* 'the'] possibility opens to us.'

541 appears in left margin at line 325.26.

《文化自由委员会》中的变更

这个文件是两页未标明的 20-lb 纸上的打字副本,收录于胡克/杜威文集,第 1 盒,第 6 文件夹,特别收藏,卡本代尔:南伊利诺伊大学,莫里斯图书馆。变更是打出的,也有用蓝黑笔写的。

| 365.5 | or] *ab. x'd-out* 'and' |
| 365.7 | to cultural] 'to' *ab. x'd-out* 'of' |

365.7	found] *intrl. in ink w. caret*
365.12	that] *aft. x'd-out* 'of'
365.12¹	is] *intrl. in ink w. caret*
365.13	States,] *comma added*
365.13	its] *in ink ov.* 'the'
365.14	here.] *aft. del.* 'of the danger' [*bef. x'd-out period*]
365.16	even] *aft. x'd-out* 'the'
365.17	what] *intrl. in ink w. caret*
365.19	statements] *alt. in ink fr.* 'statement'
365.24	socialist] *aft. x'd-out* 'communist'
365.25	issued] *alt. in ink fr.* 'issues'
365.29 – 30	notion] *aft. x'd-out* 'ide'
365.31	his] *in ink ov.* 'their'
365.31	name] *alt. in ink fr.* 'names'
365.31	suggested,] *comma added*
366.1	in] *intrl. in ink w. caret*
366.1	fashion,] *comma added*
366.2	would] *aft. x'd-out* 'is too'
366.4	he] *w. caret ab. x'd-out* 'is'
366.6	the anti-libertarian] *intrl. w. caret*
366.7	disassociates] *aft. x'd-out* 'is'
366.8	charge] *bel. intrl. and x'd-out* 'direct'
366.9 – 10	means to charge] *w. caret ab. x'd-out* 'charges' 542
366.10	with] *insrtd.*
366.10	double] *aft. del.* 'of'
366.10	dealing,] *comma added*
366.13	shall] *aft. x'd-out* 'will'
366.13	embrace] *aft. x'd-out* 'accept'
366.14	probably] *intrl. w. caret*
366.14	anti-fascism.] *aft. x'd-out* 'probably'
366.16	that] *in ink w. caret ab. del.* 'why'
366.18	anti-fascist] *alt. in ink fr.* 'antifascist'
366.18 – 19	is required] *moved w. caret and guideline fr. aft.* 'country'
366.19	against] *aft. x'd-out* 'was'
366.19	totalitarian] *alt. fr.* 'totalitarianism'
366.19	influence in this] *ab. x'd-out* 'is needed'

行末连字符列表

I. 范本表

以下是编辑给出的一些在范本的行末使用连字符的、可能出现的复合词：

12.2	socio-biological	131.12	time-tables
13.2	neo-realism	137.18	thoroughgoing
32.17	non-cognitive	144.27 – 28	cross-section
33.6 – 7	non-cognitive	147.15 – 16	subject-matter
37.13	*pre*-artistic	149.2 – 3	subject-matter
42.31	rewrite	155.19	*thoroughgoing*
50.8	subject-matter	163.18	backfiring
61.25 – 26	non-cognitive	181.11 – 12	nonscientific
63.4	readjustment	181.19	ready-made
65.21	first-hand	185.7	interactivity
75.21	supernatural	185.17	restate
78.32	supernaturalism	198.3	cooperation
79.38	"supernatural"	199.11	subject-matter
79.39	supernaturalism	235.7	household
81.25	thunder-shower	261.33	onesided
83.22	antedates	263.19	lifelong
85.34	non-cognitive	266.15	cooperative
92.1	cooperation	343.12	re-employment
95.37	self-governing	353.24	household
99.1	seashore	366.14	anti-fascism
118.26	over-idealized	368.18	ever-increasing
124.31	self-origination	368.35 – 36	cooperative
126.10	self-restraint	370.13	textbook
129.33 – 34	oversimplifying	370.25	textbooks

II. 校勘文本表

在本版的复本中,被模棱两可地断开的、可能的复合词中的行末连字符均未保留,但以下的除外:

10.12	super-scientific	226.20	deep-seated
17.4	pre-eminence	227.16	self-corrective
28.36	subject-matter	239.23	high-minded
33.6	non-cognitive	239.28	high-minded
35.19	subject-matter	253.23	anti-social
61.25	non-cognitive	267.39	semi-private
77.16	non-relatedness	277.13	anti-semitism
117.17	*inter*-activities	297.33	non-material
126.7	care-free	299.7	psycho-physical
134.30	self-attainment	300.30	post-rational
144.12	extra-natural	305.14	pre-continuous
147.15	subject-matter	306.2	non-vegetable
147n.7	subject-matter	318.21	pre-industrial
149.2	subject-matter	327.40	pre-modern
149.13	subject-matter	328.21	ready-made
156.13	non-existence	343.21	re-definition
177.10	subject-matter	346.14	re-adaptation
197.4	non-directly	371.2	anti-social
197.18	first-named	372.2	critical-minded

引用中的实质性变更

杜威在引用中的实质性变更被认为是非常重要的,它使这样特殊的列表具有可靠性。杜威通过多种方法使用原初的资料,从记忆性的复述到逐字逐句的引证。有些地方,他完整地引用原初的资料,有些地方只提到作者的名字,还有一些地方则把整个文献都忽略了。所有引号里的材料,除了那些明显被强调的和被重述的内容之外,都被搜索出来了;我们还对杜威的引用作了查证,必要时作了修改。除了在下面的段落中指出的以及在校勘表中记录的修正之外,所有的引用都按照它们在范本中的原貌保持不变。

杜威像那个时代的许多学者一样,对于形式上的准确性不大留心,这样在印刷过程中就很容易导致许多引用上的变化。例如,我们对比杜威的引文和原文可以看出,一些编辑和排字工人将被引用的材料和杜威自己的文字糅在一起来排版。因而,在目前版本中,原文的拼写和大写一律从旧;这些变化在校勘表中被记录下来,作为对原文的修正(WS)(著作就是目前的版本,修正来源于杜威的原文)。相似的是,在可能的排版或印刷的错误中,恢复了原初的读法的修正(或是实质性的,或是次要性的)被记录为 WS 修正。在引用的材料中,杜威经常改动或省略所引材料的标点符号;当这样的改动具有实质性的意义时,我们便恢复原文的标点符号;这些改动在校勘表中,也会用符号 WS 记录下来。

杜威经常不指出他省略了所引的资料中的一些东西。我们在这里列出那些省略的短语,长一点的省略,就用一个被括起来的省略号([……])来表示。原文中的斜体字,作为实质用词来处理;杜威省略掉或加上的斜体字,都在这里标示出来。对于杜威的引用与可归属于引用所出现的语境的原文之间的细小差异,例如数字和时态上的变化,就不作记录了。

　　这个部分的标注方法遵循下面的格式:首先是目前版本的页号和行号,随后是主旨词,随后是半个方括号;方括号之后是原文形式,随后是作者的姓名、"杜威的参考书目"中资料来源的标题简称,以及所引文字的页码,所有这些都在圆括号里。

《经验、知识和价值:一个回复》

3.28	clarifications] "clarification" (Piatt, "Logical Theory," 106.1)
3.29	initial] underlying (Piatt, "Logical Theory," 106.2)
7.5	function] principle (Dewey, *Democracy and Education*, 395.22) [*Middle Works* 9:349.28]
7.6	and of] and that of (Dewey, *Democracy and Education*, 395.23) [*Middle Works* 9:349.29]
7.31 – 32	relation to] relation and opposition to (Murphy, "Epistemology," 204.29 – 30)
8.25	heritage] heritage always (Randall, "Interpretation," 91.33 – 34)
9.2	about values] about the values (Dewey, *Quest for Certainty*, 255. 22) [*Later Works* 4:204.15]
9.3	problem of] problem of modern life. It is the problem of (Dewey, *Quest for Certainty*, 255.23 – 24) [*Later Works* 4:204.16 – 17]
9.7 – 8	*due to natural science*] [*rom.*] (Dewey, *Quest for Certainty*, 256. 4) [*Later Works* 4:204.28 – 29]
9.8	*values*] [*rom.*] (Dewey, *Quest for Certainty*, 256.5) [*Later Works* 4:204.29]
10.11	characterizing] characteristic of (Dewey, *Quest for Certainty*, 219. 24 – 25) [*Later Works* 4:175.22]
13.2 – 3	snobbish aristocracy] aristocratic snobbery (Dewey, "Pragmatic America," 185.1.50) [*Middle Works* 13:307.7]
13.3	English and the] English; the (Dewey, "Pragmatic America," 185. 1.51) [*Middle Works* 13:307.7 – 8]
13.33 – 34	science is carried] science is sport, carried (Dewey, *Experience and Nature*, 151.10) [*Later Works* 1:121.14]
13.34 – 35	"Instrumentalism"] But "instrumentalism" (Dewey, *Experience and Nature*, 151.11) [*Later Works* 1:121.15]
13.36 – 37	science,] science, what is (Dewey, *Experience and Nature*, 151.13 – 14) [*Later Works* 1:121.17]
14.4	*structure*] [*rom.*] (Dewey, *Experience and Nature*, 203.20) [*Later Works* 1:158.29]
14.5	it does] and it does (Dewey, *Experience and Nature*, 203.21) [*Later Works* 1:158.29]
14.5	*objects*] [*rom.*] (Dewey, *Experience and Nature*, 203.21) [*Later Works* 1:158.29]

15.29	the environment;] its environment; (Santayana, " Naturalistic Metaphysics, " 256.37)
16.30	only] nothing but (Santayana, "Naturalistic Metaphysics," 255.18)
19.2 – 3	*understanding ... immediate.*] [*rom.*] (Santayana, "Naturalistic Metaphysics," 258n.3 – 4)
19.3 – 4	immediate emanates] immediate — sensation, for instance, or love — emanates (Santayana, "Naturalistic Metaphysics," 258n.5)
19.34	things,] [*ital.*] (Reichenbach, "Theory of Science," 162.8)
19.34	qualities.] [*ital.*] (Reichenbach, "Theory of Science," 162.8)
22.1	*individual*] [*rom.*] (Dewey, *Quest for Certainty*, 241.18) [*Later Works* 4:192.28]
25.31	Dreams,] dream, (Reichenbach, "Theory of Science," 165.16)
25.32	anything in] anything else in (Reichenbach, "Theory of Science," 165.17)
25.39 – 26.1	*doings of nature*] [*rom.*] (Dewey, *Quest for Certainty*, 239.22) [*Later Works* 4:191.14]
26.26	particular the] particular for the (Reichenbach, " Theory of Science," 165.24)
26.27	action.] actions. (Reichenbach, "Theory of Science," 165.24)
30.12	*continuity*] [*rom.*] (Dewey, *Quest for Certainty*, 234.25) [*Later Works* 4:187.17]
31.40	way they] way in which they (Russell, "Dewey's New Logic," 139.27)
33.34	unification] [*ital.*] (Dewey, *Logic*, 531.13 – 14) [*Later Works* 12:523.26]
33.34 – 35	reflective mediate stage] mediate reflective phase (Dewey, *Logic*, 531.14) [*Later Works* 12:523.26 – 27]
33.38	*individual problematic situation.*] [*rom.*] (Dewey, *Logic*, 531.17) [*Later Works* 12:523.29 – 30]
34.2 – 3	*resolution ... situations,*] [*rom.*] (Dewey, *Logic*, 531.21 – 22) [*Later Works* 12:523.33 – 34]
34.3	consist of] consist in (Dewey, *Logic*, 531.22) [*Later Works* 12:523.34 – 35]
35.21	so far] as far (Dewey, *Quest for Certainty*, 235.22) [*Later Works* 4:188.5]
37n.7	central and] central, while (Pepper, "Dewey's Esthetics," 376.23 – 24)
37n.7	organicism only] organicism, though quality is not actually neglected, it is only (Pepper, "Dewey's Esthetics," 376.24 – 25)
38.3	philosophical] philosophic (Dewey, *Art as Experience*, 134.10) [*Later Works* 10:139.9]

| 41.17 | reader] inquirer (Murphy, "Epistemology and Metaphysics," 196.11) |
| 41.17 | the theory] Dewey's theory (Murphy, "Epistemology and Metaphysics," |

196.11)

41.17 – 18   in his] in the (Murphy, "Epistemology and Metaphysics," 196.11)

41.18   the theory of Nature] of 'experiences' (Murphy, "Epistemology and Metaphysics," 196.12)

41.19   offered he] offered, he may well feel he (Murphy, "Epistemology and Metaphysics," 196.13)

41.34   environment] 'antecedent' environment (Murphy, "Epistemology and Metaphysics," 201.14)

42.15   theory] view (Murphy, "Epistemology and Metaphysics," 204.2)

42.17   means of] means for (Murphy, "Epistemology and Metaphysics," 204.7)

42.24   that is] i.e., (Murphy, "Epistemology and Metaphysics," 208.27)

43.34   as far] in so far (Murphy, "Epistemology and Metaphysics," 208.26)

43.35   are not] will not be (Murphy, "Epistemology and Metaphysics," 208.26)

44.37 – 38   and analyses] and the analyses (Murphy, "Epistemology and Metaphysics," 203.5)

44.38 – 39   to finding] to is finding (Murphy, "Epistemology and Metaphysics," 203.6 – 7)

44.39   whatever] whatever it is that (Murphy, "Epistemology and Metaphysics," 203.7)

44.39   inquiry] inquirer (Murphy, "Epistemology and Metaphysics," 203.7)

46.13   pragmatic] appropriate pragmatic (Murphy, "Epistemology and Metaphysics," 203.36)

46.32 – 33   estate being different] estate [...] is essentially distinct (Murphy, "Epistemology and Metaphysics," 203.13 – 15)

46.33   a conclusion based] knowledge [...] based (Murphy, "Epistemology and Metaphysics," 203.15 – 17)

46.33   evidence] adequate~ evidence (Murphy, "Epistemology and Metaphysics," 203.17)

46.33 – 34   and proper] or arrived at by a (Murphy, "Epistemology and Metaphysics," 203.17 – 18)

48.32   had.] [*ital.*] (Dewey, *Quest for Certainty*, 243.7) [*Later Works* 4:194.7]

51.14 – 15   purchase scientific] purchase a scientific (Dewey, *Quest for Certainty*, 196.15) [*Later Works* 4:157.7]

52.24   truth] truism (Dewey, *Quest for Certainty*, 198.4) [*Later Works* 4:158.19]   549

52.26   *inquiry.*] methods. (Dewey, *Quest for Certainty*, 198.7) [*Later Works* 4:158.22]

53.14   book] book [...] (Dewey, *Logic*, 143.36 – 37) [*Later Works* 12:146.26 – 27]

53.15   *part ... inquiry*] [*rom.*] (Dewey, *Logic*, 143. 37 – 38) [*Later Works* 12:146. 27 – 28]

55.25   text is] text that follows is (Russell, "Dewey's New *Logic*," 148. 32)

56n. 3   just by] by just (Parodi, "Knowledge and Action," 233. 28)

56n. 4 – 5   or experimental] or an experimental (Parodi, "Knowledge and Action," 233. 30)

56n. 5   effects] affords (Parodi, "Knowledge and Action," 233. 31)

56n. 6   ordering.] ordering of them. (Parodi, "Knowledge and Action," 233. 31)

56n. 7   that ... it] the belief that one would want to make of thought (Parodi, "Knowledge and Action," 233. 33 – 34)

57. 7   of inaccuracy] of its inaccuracy (Russell, "Dewey's New *Logic*," 144. 23)

57. 16   proposition investigated] proposition which is investigated (Russell, "Dewey's New *Logic*," 145. 1)

59. 29 – 30   an idea or theory] the inferred idea (Dewey, *Logic*, 157. 31) [*Later Works* 12:160. 1 – 2]

59. 35   verified by] verified (or the opposite) by (Dewey, *Logic*, 157. 30) [*Later Works* 12:159. 40]

62. 4   view yields pure] view would yield a pure (Savery, "Significance," 509. 11 – 12)

65. 38   is the] is obviously the (Stuart, "Ethical Theory," 293. 26)

68. 1   not] [*ital.*] (Stuart, "Ethical Theory," 305. 18)

68. 11   a situation presents] the situation presenting (Stuart, "Ethical Theory," 295. 25)

68. 11   *to the knower*] [*rom.*] (Stuart, "Ethical Theory," 295. 25)

68. 11 – 12   as doubtful] is first of all and characteristically doubtful (Stuart, "Ethical Theory," 295. 25 – 26)

68. 15   *knower's*] [*rom.*] (Stuart, "Ethical Theory," 296. 6)

68. 15   *method.*] [*rom.*] (Stuart, "Ethical Theory," 296. 6)

70. 2   situation taken] situation at first taken (Stuart, "Ethical Theory," 294. 16 – 17)

70. 9 – 10   The ... accordingly] It is accordingly an environment in itself inherently precarious that must (Stuart, "Ethical Theory," 294. 8 – 9)

70. 10 – 11   detachment and fortitude] fortitude and detachment (Stuart, "Ethical Theory," 294. 9 – 10)

71. 38   arise.] emerge. (Stuart, "Ethical Theory," 296. 13)

73. 17   potential] [*ital.*] (Dewey and Tufts, *Ethics*, 179. 31) [*Later Works* 7:169. 24]

73. 20   Every choice] every such choice (Dewey and Tufts, *Ethics*, 317. 10) [*Later Works* 7:286. 40]

79. 9   and science.] and in science (Dewey, "Religion and Our Schools,"

799.34) [*Middle Works* 4:168.26]

79.10 – 11   of all these] of these (Dewey, "Religion and Our Schools," 808.10) [*Middle Works* 4:176.14]

79.12   all it] all that it (Dewey, "Religion and Our Schools," 808. 11) [*Middle Works* 4:176.15]

80.17 – 18   in the] into the (Parodi, "Knowledge and Action," 230.33)

80.18   reality and natural processes.] universal evolution, (Parodi, "Knowledge and Action," 230.33 – 34)

83.18   is an] is [...] an (Murphy, "Epistemology and Metaphysics,"221. 18 – 21)

83.22   which antedates] which long antedates (Murphy, "Epistemology and Metaphysics," 221.25 – 26)

83.24   that our] that all our (Murphy, "Epistemology and Metaphysics," 221.27)

83.26   state and nothing] situation and to nothing (Murphy, "Epistemology and Metaphysics," 221.29)

84.19   state and nothing] situation and to nothing (Murphy, "Epistemology and Metaphysics," 221.29)

85.27   ground] basis (Murphy, "Epistemology and Metaphysics," 216.24)

86.13   *But they ... science.*] [*rom.*] (Dewey, *Quest for Certainty*, 222.2 – 3) [*Later Works* 4:177.15 – 16]

《我相信》

91.6   the individual] an individual (Dewey, "What I Believe," 1.38 – 39) [*Later Works* 5:275.31]

《怀特海的哲学》

124.14   deal only] only deal (Whitehead, *Adventures,* 287.22)

129.24   that refuses] which refuses (Whitehead, *Adventures,* 237.23)

129. 25   the description of experience] descriptions of human experience (Whitehead, *Adventures,* 237.24 – 25)

129.26   enter also] also enter (Whitehead, *Adventures,* 237.25)

129.26   description] descriptions (Whitehead, *Adventures,* 237.25)

134.31   out for] out as for (Whitehead, *Adventures,* 227.24)

137.24   a general] the general (Whitehead, *Adventures,* 285.32)

138.3 – 4   is the] lies at the (Whitehead, *Adventures,* 125.30)

551

《经验中的自然》

144.26   complications] complication (Dewey, *Experience and Nature,* 110. 1) [*Later Works* 1:91.37]

144.27 – 28   certain cross-section] cross-section（Dewey, *Experience and Nature*, 110.3）[*Later Works* 1:91.39]

146.19   have] alike have（Dewey, *Experience and Nature*, 109.31）[*Later Works* 1:91.35]

150.29   scientific process] process（Hocking, "Dewey's Concepts," 233.33）[*Later Works* 14:416.27]

151.13   observe them,] observe that,（Hocking, "Dewey's Concepts," 237.5）[*Later Works* 14:419.37]

151.13   think them.] think it.（Hocking, "Dewey's Concepts," 237.5）[*Later Works* 14:419.37]

152.24   independent being] [*ital.*]（Hocking, "Dewey's Concepts," 235.17）[*Later Works* 14:418.10]

152.24 – 25   upon ... depend] *on which other being depends*（Hocking, "Dewey's Concepts," 235.17 – 18）[*Later Works* 14:418.10 – 11]

《詹姆斯心理学中消失的主体》

155.17   *toward*] towards（James, *Principles*, 1:218.28）

155.18   till] until（James, *Principles*, 1:218.29）

157.8   as logical] as a logical（James, *Principles*, 1:304.25）

157.27 – 28   out of which] of which（James, *Radical Empiricism*, 3.18 – 19）

158.29   pursuance . . . ends] [*ital.*]（James, *Principles*, 1:8.11）

158.29   and choice] *and the choice*（James, *Principles*, 1:8.11）

158.29 – 30   of means ... attainment] [*ital.*]（James, *Principles*, 1:8.11 – 12）

158.30   are the] *are thus the*（James, *Principles*, 1:8.12）

158.30   mark and criterion] [*ital.*]（James, *Principles*, 1:8.12）

158.30   of presence] *of the presence*（James, *Principles*, 1:8.12）

158.30   of mentality] [*ital.*]（James, *Principles*, 1:8.13）

160.10   of doing,] of my doing,（James, *Principles*, 2:333.32）

163.27   is a] is of a（James, *Principles*, 1:224.8）

165.7 – 9   'Self ... the head] [*ital.*]（James, *Principles*, 1:301.27 – 29）

165.9   and the throat.] *and throat.*（James, *Principles*, 1:301.29）

165.13   in the] of the（James, *Principles*, 1:301.18）

165.16 – 17   hindrances,] hindrances in my thinking,（James, *Principles*, 1:99.27）

165.17   of tendencies that] tendencies which（James, *Principles*, 1:99.27 – 28）

165.18   and that] and tendencies which（James, *Principles*, 1:99.28）

《命题、有理由的断言与真理》

169.10   helps explain] helps to explain（Dewey, *Logic*, 9.4）[*Later Works* 12:16.33]

169.10 – 11   assertibility] assertion (Dewey, *Logic*, 9.5) [*Later Works* 12:16. 34]

169.12   the latter] these latter (Dewey, *Logic*, 9.6) [*Later Works* 12:16. 35]

170.34   say a] say that a (Russell, *An Inquiry*, 200.15)

170.35   sentence?] a sentence? (Russell, *An Inquiry*, 200.16)

172.17   inference] inferences (Russell, *An Inquiry*, 154.5)

172.21 – 22   as a whole] as the whole (Russell, *An Inquiry*, 154.10)

174.6   of new] of the new (Russell, *An Inquiry*, 154.17)

174.6 – 7   by perception] from perception (Russell, *An Inquiry*, 154.17 – 18)

175.16   *they lead*] they may lead (Dewey, *Logic*, 120.13 – 14) [*Later Works* 12:123.13]

175.20   properties] properties that are (Dewey, *Logic*, 120.21) [*Later Works* 12:123.20]

177.3   inquiry] investigation (Russell, *An Inquiry*, 361.8)

177.3   *about*] concerning (Russell, *An Inquiry*, 361.9)

178.15   events and *events* and the (Russell, *An Inquiry*, 403.2)

178.16   propositions] [*ital.*] (Dewey, "Experience, Knowledge and Value," 573.25) [*Later Works* 14:57.20]

179n.5   would] wishes to (Russell, *An Inquiry*, 408.21)

184.16   write] speak (Russell, *An Inquiry*, 407.7)

187.10 – 11   manipulations] manipulation (Dewey, *Logic*, 106.6) [*Later Works* 12:110.1]

《现代哲学的客观主义与主观主义》

189.7   ancients or moderns] ancient or modern, (Whitehead, *Adventures*, 287.22)

189.7   deal only] only deal (Whitehead, *Adventures*, 287.22)

190.4   for data] for the data (Whitehead, *Adventures*, 289.17)

190n.2   constant] a consistent (Whitehead, *Adventures*, 269.4 – 5)

190n.2   activity] perception (Whitehead, *Adventures*, 269.5)

193.31 – 32   two types:] two distinct types: (Benedict, "Animism," 66.54)

193.39   under one] under the one (Benedict, "Animism," 66.30 – 31)

553

《关于托马斯·杰斐逊》

201.17 – 18   of Independence,] of American Independence, (Ford, *Writings*, 10:396.19 – 20)

201.18   the statute] of the statute (Ford, *Writings*, 10:396.21 – 22)

201.18   liberty,] freedom, (Ford, *Writings*, 10:396.23)

202.11   take part] take a part (Washington, *Writings*, 5:432.33)

204.31   a useful] an useful (Washington, *Writings*, 1:176.12)

205.2	husbandry,] husbandry in the country, (Washington, *Writings*, 9: 482.37 – 483.1)
205.25	fermentation] to fermentation (Washington, *Writings*, 6:73.12)
205.26	making bread,] to the making of bread, (Washington, *Writings*, 6: 73.13)
205.26	incubating eggs,] to the incubation of eggs, (Washington, *Writings*, 6:73.14)
206.1	myself lived] lived myself (Washington, *Writings*, 5:107.3)
206.3 – 4	the annual] the dresses of the annual (Washington, *Writings*, 5: 107.6)
206.10	of the effect] on the effects (Washington, *Writings*, 5:107.32)
206.12	the subject] it (Washington, *Writings*, 5:108.25)
207.18 – 19	was ... peoples.] as the best proof we can ever obtain of the filiation of nations. (Washington, *Writings*, 5:599.15)
208.24	fostering bloated] bloated (Washington, *Writings*, 7:102.10)
208.25	toward] towards (Washington, *Writings*, 7:102.10)
208.32	afternoon in which] afternoon (Washington, *Writings*, 6:383.29)
208.32	disengaged in] disengaged, for a summer or two, in (Washington, *Writings*, 6:383.29 – 30)
208.34	that] which (Washington, *Writings*, 6:383.31)
209.28	no matter how] however (Washington, *Writings*, 7:66.9)
209.28	it may be in] in (Washington, *Writings*, 7:66.10)
209.40	should] would rather (Washington, *Writings*, 6:37.8)
210.5	science,] sciences, (Washington, *Writings*, 5:582.18)
211.30 – 31	earth ... living;] [*ital.*] (Washington, *Writings*, 3:103.13)
212.4	*whetted up*] [*rom.*] (Washington, *Writings*, 7:390.17)
212.13	words so firm and plain] terms so plain and firm (Washington, *Writings*, 7:407.20 – 21)
212.13 – 14	command assent.] command their assent, (Washington, *Writings*, 7:407.21)
213.1	man] he (Washington, *Writings*, 8:113.25)
213.9	States are] States, you know, are (Washington, *Writings*, 6:589.18)
213.14	jointly with] jointly indeed with (Washington, *Writings*, 6:589.25)
213.15	its] the (Washington, *Writings*, 6:589.26)
213.27	*more or less*] [*rom.*] (Washington, *Writings*, 6:608.19 – 20)
216.31 – 32	oppressions, ... oppressions. ...] oppression, rebellion, reformation; and oppression, rebellion, reformation, again; and so on forever. (Washington, *Writings*, 7:17.6 – 8)
216.33	inalienable] unalienable (Washington, *Writings*, 7:359.16)
217.13	Cato concluded] Cato, then, concluded (Washington, *Writings*, 6: 544.23)
217.25 – 26	the poor, roads,] their poor, their roads, (Washington, *Writings*, 6:225.34)

217.26	nomination] the nomination (Washington, *Writings*, 6:225.34 – 35)
220.12	the time,] time, (Washington, *Writings*, 7:65.12)
220.21	many requiring] many of them requiring (Washington, *Writings*, 7: 254.27)
222.8	away my] away all my (Washington, *Writings*, 1:322.14)
223.7 – 8	impossibilities, so] impossibilities, [...] so (Washington, *Writings*, 7:109.11 – 12)
223.8	to the] to their (Washington, *Writings*, 7:109.12 – 13)
223.8	of others,] as well as our own, (Washington, *Writings*, 7:109.13)
223.9 – 10	a reasonable] that reasonable (Washington, *Writings*, 7:109.14)

《伯特兰·罗素案件》

| 233.17 | doctrine I] doctrine that I (Russell, *Marriage*, 319.19) |

《社会现实和治安法庭虚构》

235.15	recent books] recent flood of books (Benedict, "Russell and Marriage," 5.1.13)
235.25	of high] of such high (Watkin, "Russell," 732.1)
235.26	of undoubted] of such undoubted (Watkin, "Russell," 732.2)
235.28	undoubtedly] undeniably (Watkin, "Russell," 731.31)
236.21	by cunning] that by cunning (Kallen, "Behind the Russell Case," 21.3)
236.24 – 25	for misleading] for the purpose of misleading (Kallen, "Behind the Russell Case," 21.9)
236.30	freedom was] freedom (McGeehan, "Appendix I," 222.25)
236.34	Americans,] Americans from that day to this, (McGeehan, "Appendix I," 223.9 – 10)
236.35	defended] and defended (McGeehan, "Appendix I," 223.11)
236.37	violation] violations (McGeehan, "Appendix I," 223.15)
238.8	hunger. Sex] hunger. [...] Sex (Russell, *Marriage*, 294.24 – 27)
238.9	life, lyric] life. The three that seem paramount are lyric (Russell, *Marriage*, 295.1 – 2)
238.12	repeat,] repeat, however, (Russell, *Marriage*, 292.22)
238.12	that an] that I regard an (Russell, *Marriage*, 292.23)
238.13	is] as (Russell, *Marriage*, 292.24)
238.14	of fallacies] fallacies of the conventional moralists (Russell, *Marriage*, 297.12)
238.17	are more] are much more (Russell, *Marriage*, 294.8)
238.19	own ideals] own proper ideals (Russell, *Marriage*, 128.3)
239.16	thought he] thought that he (Russell, *Marriage*, 288.8)
240.2 – 3	consequence] consequences (Russell, *Marriage*, 315.11)

240.19	through] throughout (Russell, *Marriage*, 309.9)
240.34	or adolescents:] or to adolescents: (Russell, *Marriage*, 311.11)
240.39	is impossible] is therefore impossible (Russell, *Marriage*, 315.5)
242.23	*whenever ... naturally.*] [*rom.*] (Russell, *Marriage*, 116.13)
242.29	the sense] a sense (Russell, *Marriage*, 116.22 – 23)
242.30	is mystery,] is a mystery, (Russell, *Marriage*, 116.23)
243.1	are many] are also many (Russell, *Marriage*, 116.27)
243.2	*suitable circumstances*] [*rom.*] (Russell, *Marriage*, 117.1 – 2)
243.35	abet, encourage] abet, or encourage (McGeehan, "Appendix I," 222.2)
244.22	in the law which] of the law in this respect which (Russell, *Marriage*, 110.24 – 25)
244.24	but] though (Russell, *Marriage*, 110.22)
244.28	matter knows is an] subject knows that this law is the (Russell, *Marriage*, 110.27 – 111.1)
244.37	a normal] normal (McGeehan, "Appendix I," 225.12)
245.9 – 10	Provided the] provided that the (Rees, "Sexual Difficulties," 253. 25 – 26)
245.12	heterosexuality.] hetero-sexual interest. (Rees, "Sexual Difficulties," 253.28)
245n.3	persons of the same] people of her own (Rees, "Sexual Difficulties," 253.21)

556

《评〈人类的事业〉》

289.13	emerged —] emerged from the wrestling of the centuries — (Otto, *Human Enterprise*, viii.31 – 32)
291.32	nontheist is] nontheist I have in mind is (Otto, *Human Enterprise*, 340.25)
291.32	to an uncommon] to uncommon (Otto, *Human Enterprise*, 340.26)

《评〈重建时代的人和社会〉》

293.18	the trend] the future trend (Mannheim, *Man and Society*, 6.11)
293.19	planning ... dictatorship,] planning, and so avoid the negative aspects of the process: dictatorship, (Mannheim, *Man and Society*, 6.12 – 13)

《评〈乔治·桑塔亚那的哲学〉》

297.3	glowing,] plastic (Brownell, "Santayana," 41.6)
297.7	the sea,] a sea, (Brownell, "Santayana," 41.12)
297.17	work in] work, that is to say, in (Santayana, "Apologia," 568.19)

297.17	emotion it can] emotion that it could (Santayana, "Apologia," 568. 19 – 20)
297.18	*at ... moment,*] [*rom.*] (Santayana, "Apologia," 568.20)
297.18	understands] understood (Santayana, "Apologia," 568.21)
297.35	arise in] arise, both of them, in (Brownell, "Santayana," 47.12)
297.38	them, in] them, mystical rather than logical in (Brownell, "Santayana," 47.17 – 18)
297.39	experience. Essence] experience. [...] Essence (Brownell, "Santayana," 47.19 – 21)
298.3	intuition] intuitions (Santayana, "General Confession," 21.17)
298.23	Santayana is] Santayana, however, is (Brownell, "Santayana," 36. 22)
298.25	and his] and on his (Brownell, "Santayana," 36.24)
298.34	memories of scholasticism] scholastic memories (Brownell, "Santayana," 48.21 – 22)
300.18	realm turns] realm thus turns (Boas, "Santayana," 245.32)
301.25	source] principle (Santayana, "Apologia," 502.19)
302.23 – 24	a name] the name (Edman, "Humanism," 306.7)
303.18	dynamic material] dynamic (Santayana, "Apologia," 541.33)
304.16	the] this (Santayana, "Apologia," 521.15)
305.32	heart disowning] heart ever disowning (Vivas, "*Life of Reason*," 317.15)
306.15	and categories] and the categories (Santayana, "Tragic Philosophy," 376.4)
306.16 – 17	the product] products (Santayana, "Tragic Philosophy," 376.6)
306n.2	*encountered*] [*rom.*] (Santayana, "General Confession," 19.26)

557

《战争的教训——从哲学的角度看》

334.15	of no] no (Collingwood, *Autobiograhhy*, 51.8)
334.18	one] man (Collingwood, *Autobiograhhy*, 51.12)
334.20	they] anybody (Collingwood, *Autobiograhhy*, 51.14)
334.21	their] his (Collingwood, *Autobiograhhy*, 51.15)
334.21 – 22	the motives ... bad.] his motives bad. (Collingwood, *Autobiograhhy*, 51.16)
334.23	these men] the realists (Collingwood, *Autobiograhhy*, 48.30)
334.25	and politics,] or politics, (Collingwood, *Autobiograhhy*, 49.2)
334.27	things] private gains (Collingwood, *Autobiograhhy*, 49.4)

《〈与教师谈心理学〉导言》

339.16	they give] they will give (James, *Talks to Teachers*, 35.13)

《〈行动中的社区学校〉序言》

351.23   A great] There is a great (Clapp, *Community Schools*, 61.10)

351.23   is said] said (Clapp, *Community Schools*, 61.10)

《文化自由委员会》

365.24   is certainly] is true of fascism, it is certainly ("Liberty and Common Sense," 89.2.44 – 45)

365.24   the socialist] a socialist ("Liberty and Common Sense," 89.2.46)

杜威的参考书目

这个部分对杜威所引用的每本著作都提供了完整的出版信息。只要可能，就列出杜威个人图书馆（杜威文集，特别收藏，卡本代尔：南伊利诺伊大学，莫里斯图书馆）中的书籍。当杜威给出参考书目的页码时，他所使用的版本可以通过确认引文的位置而得到确切的辨识。此处列举的其他引用的版本出自他可能用到的各种版本之一，或者根据出版的地点和时间，或者根据往来通信和其他材料，以及那个时期通常可以得到的图书，而那个版本很有可能是他用过的。

Allport, Gordon W. "Dewey's Individual and Social Psychology." In *The Philosophy of John Dewey*. Library of Living Philosophers, edited by Paul Arthur Schilpp, 1:263 – 290. Evanston and Chicago: Northwestern University, 1939.

Banfi, Antonio. "The Thought of George Santayana in the Crisis of Contemporary Philosophy." In *The Philosophy of George Santayana*. Library of Living Philosophers, edited by Paul Arthur Schilpp, 2:475 – 494. Evanston and Chicago: Northwestern University, 1940.

Beard, Charles A., and Mary R. Beard. *America in Midpassage*. Vol. 3. New York: Macmillan Co., 1939.

——. *The Rise of American Civilization*. 3 vols. New York: Macmillan Co., 1927.

Benedict, Ruth. "Animism." *Encyclopaedia of the Social Sciences*, 2:65 – 67.

——. "Bertrand Russell and Marriage." *New York Herald Tribune Books*, 20 October 1929, p.5.

Bentley, Arthur F. *Behavior, Knowledge, Fact*. Bloomington, Ind.: Principia Press, 1935.

Boas, George. "Santayana and the Arts." In *The Philosophy of George Santayana*. Library of Living Philosophers, edited by Paul Arthur Schilpp, 2: 241 – 261. Evanston and Chicago: Northwestern University, 1940.

Broad, Charlie Dunbar. *Scientific Thought*. International Library of Psychology,

Philosophy and Scientific Method, edited by C. K. Ogden. New York: Harcourt, Brace and Co., 1923.

560   Brownell, Baker. "Santayana, The Man and the Philosopher." In *The Philosophy of George Santayana*. Library of Living Philosophers, edited by Paul Arthur Schilpp, 2:31–61. Evanston and Chicago: Northwestern University, 1940.

Clapp, Elsie Ripley. *Community Schools in Action*. New York: Viking Press, 1939.

Cohen, Morris R. "Some Difficulties in Dewey's Anthropocentric Naturalism." *Philosophical Review* 49 (March 1940): 196–228. [*The Later Works of John Dewey, 1925–1953*, edited by Jo Ann Boydston, 14:379–410. Carbondale and Edwardsville: Southern Illinois University Press, 1987.]

Collingwood, Robin George. *An Autobiography*. London: Oxford University Press, 1939.

Cory, Daniel M. "Some Observations on the Philosophy of George Santayana." In *The Philosophy of George Santayana*. Library of Living Philosophers, edited by Paul Arthur Schilpp, 2:93–112. Evanston and Chicago: Northwestern University, 1940.

Cowdry, Edmund Vincent, ed. *Problems of Ageing: Biological and Medical Aspects*. Baltimore: Williams and Wilkins Co., 1939.

Dennes, William Ray. "Santayana's Materialism." In *The Philosophy of George Santayana*. Library of Living Philosophers, edited by Paul Arthur Schilpp, 2:417–443. Evanston and Chicago: Northwestern University, 1940.

Dewey, John. *Art as Experience*. New York: Minton, Balch and Co., 1934. [*Later Works* 10.]

——. *Democracy and Education*. New York: Macmillan Co., 1916. [*The Middle Works of John Dewey. 1899–1924*, edited by Jo Ann Boydston, vol. 9. Carbondale and Edwardsville: Southern Illinois University Press, 1980.]

——. *Experience and Nature*. Chicago: Open Court Publishing Co., 1925. [*Later Works* 1.]

——. *The Influence of Darwin on Philosophy*. New York: Henry Holt and Co., 1910.

——. *Logic: The Theory of Inquiry*. New York: Henry Holt and Co., 1938. [*Later Works* 12.]

——. *The Quest for Certainty: A Study of the Relation of Knowledge and Action*. New York: Minton, Balch and Co., 1929. [*Later Works* 4.]

——. *The Significance of the Problem of Knowledge*. University of Chicago Contributions to Philosophy, vol. 1, no. 3. Chicago: University of Chicago Press, 1897. [*The Early Works of John Dewey, 1882–1898*, edited by Jo Ann Boydston, 5:3–24. Carbondale and Edwardsville: Southern Illinois University Press, 1972.]

561   ——. *Studies in Logical Theory*. Chicago: University of Chicago Press, 1903.

——. *Theory of Valuation*. International Encyclopedia of Unified Science, vol. 2, no. 4. Chicago: University of Chicago Press, 1939. [*Later Works* 13:189–251.]

——. "Introduction." In *Essays in Experimental Logic*, pp. 1–74. Chicago: University of Chicago Press, 1916. [*Middle Works* 10:320–365.]

——. "The Need for a Recovery of Philosophy." In *Creative Intelligence: Essays in the Pragmatic Attitude*, by John Dewey et al., pp. 3 – 69. New York: Henry Holt and Co., 1917. [*Middle Works* 10:3 – 48.]

——. "Pragmatic America." *New Republic* 30 (12 April 1922): 185 – 187. [*Middle Works* 13:306 – 310.]

——. "Religion and Our Schools." *Hibbert journal* 6 (1908): 796 – 809. [*Middle Works* 4:165 – 177.]

——. "What I Believe: Living Philosophies — VII." *Forum* 83 (March 1930):176 – 182. [*Later Works* 5:267 – 278.]

Dewey, John, and James Haydon Tufts. *Ethics.* Rev. ed. New York: Henry Holt and Co., 1932. [*Later Works* 7.]

Dewey, John, and Horace M. Kallen, eds. *The Bertrand Russell Case.* New York: Viking Press, 1941.

Edman, Irwin. "Humanism and Post-Humanism in the Philosophy of Santayana." In *The Philosophy of George Santayana.* Library of Living Philosophers, edited by Paul Arthur Schilpp, 2: 293 – 312. Evanston and Chicago: Northwestern University, 1940.

Ford, Paul Leicester, ed. *The Writings of Thomas Jefferson.* 10 vols. New York: G. P. Putnam's Sons, 1892 – 1899. [Vol. 2, 1893; vol. 7, 1896; vol. 10, 1899.]

Friess, Horace L., and Henry M. Rosenthal. "Reason in Religion and the Emancipated Spirit." In *The Philosophy of George Santayana.* Library of Living Philosophers, edited by Paul Arthur Schilpp, 2:351 – 376. Evanston and Chicago: Northwestern University, 1940.

Geiger, George Raymond. "Dewey's Social and Political Philosophy." In *The Philosophy of John Dewey.* Library of Living Philosophers, edited by Paul Arthur Schilpp, 1: 335 – 368. Evanston and Chicago: Northwestern University, 1940.

Hart, Merwin Kimball. "Dr. Dewey's Stand Disputed." *New York Times,* 9 May 1940, p. 22. [*Later Works* 14:427 – 429.]

Hartshorne, Charles. "Santayana's Doctrine of Essence." In *The Philosophy of George Santayana.* Library of Living Philosophers, edited by Paul Arthur Schilpp, 2:135 – 182. Evanston and Chicago: Northwestern University, 1940.

Hocking, William Ernest. "Dewey's Concepts of Experience and Nature." *Philosophical Review* 49 (March 1940):228 – 244. [*Later Works* 14:411 – 426.]

James, William. *Essays in Radical Empiricism.* New York: Longmans, Green and Co., 1912.

——. *The Principles of Psychology.* 2 vols. New York: Henry Holt and Co., 1893.

——. *Talks to Teachers on Psychology: and to Students on Some of Life's Ideals.* New York: Henry Holt and Co., 1899.

——. "Does 'Consciousness' Exist?" *Journal of Philosophy, Psychology and Scientific Methods* 1 (1904):447 – 491.

Jefferson, Thomas. *The Writings of Thomas Jefferson,* edited by Paul Leicester Ford. 10 vols. New York: G. P. Putnam's Sons, 1892 – 1899. [Vol. 2, 1893; vol.

562

7, 1896; vol. 10, 1899.]

——. *The Writings of Thomas Jefferson: Being His Autobiography, Correspondence, Reports, Messages, Addresses, and Other Writings, Official and Private,* edited by H. A. Washington. 9 vols. New York: Taylor and Maury, 1853–1854.

Kallen, Horace M. "Behind the Bertrand Russell Case." In *The Bertrand Russell Case,* edited by John Dewey and Horace M. Kallen, pp. 13–53. New York: Viking Press, 1941.

Kallen, Horace M., and John Dewey, eds. *The Bertrand Russell Case.* New York: Viking Press, 1941.

Lamprecht, Sterling P. "Animal Faith and the Art of Intuition." In *The Philosophy of George Santayana.* Library of Living Philosophers, edited by Paul Arthur Schilpp, 2:113–134. Evanston and Chicago: Northwestern University, 1940.

Laplace, Pierre Simon. *A Philosophical Essay on Probabilities.* Translated from the 6th French ed. by Frederick W. Truscott and Frederick L. Emory. New York: John Wiley and Sons, 1902.

"Liberty and Common Sense." *New Republic* 99 (31 May 1939): 89–90.

McGeehan, John E. "Appendix I. Decision of Justice McGeehan." In *The Bertrand Russell Case,* edited by John Dewey and Horace M. Kallen, pp. 213–225. New York: Viking Press, 1941.

Macintosh, Douglas Clyde. *Social Religion.* New York: Charles Scribner's Sons, 1939.

Mannheim, Karl. *Man and Society in an Age of Reconstruction.* New York: Harcourt, Brace and Co., 1940.

Munitz, Milton K. "Ideals and Essences in Santayana's Philosophy." In *The Philosophy of George Santayana.* Library of Living Philosophers, edited by Paul Arthur Schilpp, 2:183–215. Evanston and Chicago: Northwestern University, 1940.

563   Murphy, Arthur E. "Dewey's Epistemology and Metaphysics." In *The Philosophy of John Dewey.* Library of Living Philosophers, edited by Paul Arthur Schilpp, 1:193–225. Evanston and Chicago: Northwestern University, 1939.

Otto, Max C. *The Human Enterprise: An Attempt to Relate Philosophy to Daity Life.* New York: F. S. Crofts and Co., 1940.

Parodi, Dominique. "Knowledge and Action in Dewey's Philosophy." In *The Philosophy of John Dewey.* Library of Living Philosophers, edited by Paul Arthur Schilpp, 1:227–242. Evanston and Chicago: Northwestern University, 1939.

Pepper, Stephen C. "Santayana's Theory of Value." In *The Philosophy of George Santayana.* Library of Living Philosophers, edited by Paul Arthur Schilpp, 2:217–239. Evanston and Chicago: Northwestern University, 1940.

——. "Some Questions on Dewey's Esthetics." In *The Philosophy of John Dewey.* Library of Living Philosophers, edited by Paul Arthur Schilpp, 1: 369–389. Evanston and Chicago: Northwestern University, 1939.

Piatt, Donald A. "Dewey's Logical Theory." In *The Philosophy of John Dewey.* Library of Living Philosophers, edited by Paul Arthur Schilpp, 1: 103–134. Evanston and Chicago: Northwestern University, 1939.

Randall, John Herman, Jr. "Dewey's Interpretation of the History of Philosophy."
In *The Philosophy of John Dewey*. Library of Living Philosophers, edited by Paul
Arthur Schilpp, 1: 75 - 102. Evanston and Chicago: Northwestern University,
1939.

Rees, J. R. "Sexual Difficulties in Childhood." In *A Survey of Child Psychiatry*,
edited by R. G. Gordon, pp. 246 - 256. Oxford Medical Publications. London:
Oxford University Press, 1939.

Reichenbach, Hans. *Experience and Prediction: An Analysis of the Foundations
and the Structure of Knowledge*. Chicago: University of Chicago Press, 1938.

———. "Dewey's Theory of Science." In *The Philosophy of John Dewey*. Library of
Living Philosophers, edited by Paul Arthur Schilpp, 1: 157 - 192. Evanston and
Chicago: Northwestern University, 1939.

Rice, Philip Blair. "The Philosopher as Poet and Critic." In *The Philosophy of
George Santayana*. Library of Living Philosophers, edited by Paul Arthur Schilpp,
2: 263 - 291. Evanston and Chicago: Northwestern University, 1940.

Rosenthal, Henry M., and Horace L. Friess. "Reason in Religion and the
Emancipated Spirit." In *The Philosophy of George Santayana*. Library of Living
Philosophers, edited by Paul Arthur Schilpp, 2: 351 - 376. Evanston and Chicago:
Northwestern University, 1940.

Russell, Bertrand. *Education and the Modern World*. New York: W. W. Norton
and Co., 1932.

———. *An Inquiry into Meaning and Truth*. New York: W. W. Norton and Co.,   *564*
1940.

———. *Marriage and Morals*. New York: Liveright Publishing Corp., 1929.

———. *Principles of Social Reconstruction*. London: George Allen and Unwin,
1916.

———. "Dewey's New *Logic*." In *The Philosophy of John Dewey*. Library of Living
Philosophers, edited by Paul Arthur Schilpp, 1: 135 - 156. Evanston and Chicago:
Northwestern University, 1939.

———. "The Philosophy of Santayana." In *The Philosophy of George Santayana*.
Library of Living Philosophers, edited by Paul Arthur Schilpp, 2: 451 - 474.
Evanston and Chicago: Northwestern University, 1940.

———. "As a European Radical Sees It." *Freeman* 4 (8 March 1922): 608 - 610.

"The Russell Decision." *New York Herald Tribune*, 1 April 1940, p. 14.

Santayana, George. *The Life of Reason; or, The Phases of Human Progress*. 5
vols. New York: Charles Scribner's Sons, 1905 - 1906.

———. *Scepticism and Animal Faith: Introduction to a System of Philosophy*. New
York: Charles Scribner's Sons, 1923.

———. *Three Philosophical Poets; Lucretius, Dante, and Goethe*. Cambridge:
Harvard University Press, 1910.

———. "Apologia Pro Mente Sua." In *The Philosophy of George Santayana*. Library
of Living Philosophers, edited by Paul Arthur Schilpp, 2: 495 - 605. Evanston and
Chicago: Northwestern University, 1940.

———. "A Brief History of My Opinion." In *Contemporary American Philosophy*, edited by George P. Adams and William Montague, pp. 239 – 257. New York: Macmillan Co. , 1930.

———. "Dewey's Naturalistic Metaphysics." In *The Philosophy of John Dewey*. Library of Living Philosophers, edited by Paul Arthur Schilpp, 1: 243 – 261. Evanston and Chicago: Northwestern University, 1939.

———. "A General Confession." In *The Philosophy of George Santayana*. Library of Living Philosophers, edited-by Paul Arthur Schilpp, 2: 1 – 30. Evanston and Chicago: Northwestern University, 1940.

———. "Tragic Philosophy." *Scrutiny* 4 (March 1936):365 – 376.

Savery, William. "The Significance of Dewey's Philosophy." In *The Philosophy of John Dewey*. Library of Living Philosophers, edited by Paul Arthur Schilpp, 1: 479 – 513. Evanston and Chicago: Northwestern University, 1939.

Schaub, Edward L. "Dewey's Interpretation of Religion." In *The Philosophy of John Dewey*. Library of Living Philosophers, edited by Paul Arthur Schilpp, 1: 391 – 416. Evanston and Chicago: Northwestern University, 1939.

565 ———. "Santayana's Contentions Respecting German Philosophy." In *The Philosophy of George Santayana*. Library of Living Philosophers, edited by Paul Arthur Schilpp, 2:399 – 415. Evanston and Chicago: Northwestern University, 1940.

Schilpp, Paul Arthur. "Santayana on *The Realm of Spirit*." In *The Philosophy of George Santayana*. Library of Living Philosophers, edited by Paul Arthur Schilpp, 2:377 – 398. Evanston and Chicago: Northwestern University, 1940.

Schilpp, Paul Arthur, ed. *The Philosophy of George Santayana*. Library of Living Philosophers, vol. 2. Evanston and Chicago: Northwestern University, 1940.

———. *The Philosophy of John Dewey*. Library of Living Philosophers, vol. 1. Evanston and Chicago: Northwestern University, 1939.

Soskin, William. "Books on Our Table." *New York Evening Post*, 15 October 1929, p. 15.

Souriau, Paul. "La conscience de soi." *Revue Philosophique* 22(1886):449 – 472.

Strong, C. A. "Santayana's Philosophy." In *The Philosophy of George Santayana*. Library of Living Philosophers, edited by Paul Arthur Schilpp, 2: 445 – 449. Evanston and Chicago: Northwestern University, 1940.

Stuart, Henry W. "Dewey's Ethical Theory." In *The Philosophy of John Dewey*. Library of Living Philosophers, edited by Paul Arthur Schilpp, 1: 291 – 333. Evanston and Chicago: Northwestern University, 1939.

Sullivan, Celestine J. , Jr. "Santayana's Philosophical Inheritance." In *The Philosophy of George Santayana*. Library of Living Philosophers, edited by Paul Arthur Schilpp, 2: 63 – 91. Evanston and Chicago: Northwestern University, 1940.

Vivas, Eliseo. "From *The Life of Reason* to *The Last Puritan*." In *The Philosophy of George Santayana*. Library of Living Philosophers, edited by Paul Arthur Schilpp, 2:313 – 350. Evanston and Chicago: Northwestern University, 1940.

Washington, H. A. , ed. *The Writings of Thomas Jefferson: Being His Autobiography, Correspondence, Reports, Messages, Addresses, and Other Writings, Official and Private*. 9 vols. New York: Taylor and Maury, 1853 – 1854.

Watkin, E. Ingram. "Bertrand Russell — Religious Atheist." *Catholic World* 11 (6 March 1923):731 – 742.

Whitehead, Alfred North. *Adventures of Ideas.* New York: Macmillan Co., 1933.

——. *Process and Reality: An Essay in Cosmology.* New York: Macmillan Co., 1929.

——. *Science and the Modern World.* New York: Macmillan Co., 1925.

索 引[①]

Adelard of Bath，394，巴斯的阿德拉德

Absoulte：绝对
ends，121-122，～目的；vs. experimental，317，～与实验相对；space，105，～空间；time，105，～时间

Absolute truths：绝对真理
vs. experience，321-322，～和经验

Academic freedom：学术自由
Butler's denial of，xix，374，431，巴特勒对～的否认；related to Russell，231，237，246，248，357-359，与罗素相关的～

Adams，John，203，208，209，210，218，约翰·亚当斯

Adjustment：调整
James on，165，詹姆斯论～

Adventures of Ideas（Whitehead），124-140，189-190，190n，《观念的历险》（怀特海）

Affirmation：确定
and judgment，175，～和判断

Ageing：老年化
social and psychological problems of，341-350，～的社会和心理问题

Agricultural societies，204，农业学会

Albertus Magnus，Saint，394，圣·阿尔伯图斯·马格努斯

Allen，Ira，266，艾拉·艾伦

All our years（Lovett），431，《我们所有的岁月》（洛文特）

Allport，Gordon W.，5，15，戈登·W·奥尔波特；Dewey replies to，38-41，杜威对～的回复

America in Midpassage（Beard and Beard），283-285，《途中的美国》（比尔德和比尔德）

American Association of University Professor，274，美国高校教授协会

American Federation of Labor，375，美国劳动者联盟

American Federation of Teachers：美国教师联盟
25th anniversary of，375，～25 周年

American Journal of Economics and Sociology，362-363，《美国经济学与社会学杂志》

American Philosophical Association，431，美国哲学协会

"Animal Faith and the Art of Intuition"（Lamprecht），306，《动物信念和直觉的艺术》（兰普雷克特）

Animism，193-194，194n，383，万物有灵论

Anthropocentrism，143，人类中心主义；Cohen on Dewey and，380，381，科恩论杜威和～

Anthropology：人类学

---

① 本索引中每个条目后所附的页码为英文原书页码，即本书边码。——译者

and the war，320，330，431，～和战争

"Anthropology and Law"，xxii，《人类学和法学》

Apologetics，326，护教学

"Apologia Pro Mente Sua"（Santayana），295，"向您辩解"（桑塔亚那）

Appearance：表象

and reality，25，26 和 n，196，197，～和实在

Apprehension：把握

vs. comprehension，53－54，～与理解

Archiv für Rechts-und Sozialphilosophie，xxiv n，《法哲学-社会哲学文汇》

Aristotle，109，123，140，193，299，304，387，391，392，394，400，亚里士多德；

Cohen on，398，科恩论～

Art：艺术、技艺

Beards on，283－285，比尔德论～；elements in，36－38，～中的元素；importance of，255－257，～的重要性；individualism in，37－38，113－114，～中的个人主义；Jefferson on，208，杰斐逊论～；Public buildings administration and，255－257，公共建筑管理与～；vision of future in，113－114，在～中对未来的洞察

Art as Experience，x，34，35，38 and n，《作为经验的艺术》

"Art as Our Heritage"，xix，《我们的艺术遗产》

Arthurdale，W. Va.：W・瓦・阿瑟戴勒

school at，351，353，在～的学校

Assertibility，warranted：有理由的可断定性

as end of inquiry，180－182，～作为探究的目的；meaning of，168－169，～的意义

Assertion：断言，断定

and judgment，175，～和判断

Associationism：联想主义

James on，156，158，詹姆斯论～

Astronomy：天文学

Cohen on，388，科恩论～

Athens，Greece，316，希腊雅典

Atomicity：原子性

vs. continuity，134，与连续性相对的～

Atomism：原子主义

Greek，193，希腊～

Atoms：原子

lack individuality，103，～缺乏个体性

Augustine，Saint，xix，圣奥古斯丁

Austin，John，xxii，120，约翰・奥斯汀

"Austin's Theory of Sovereinty"，xxii，《奥斯汀的主权论》

Ayer，A. J.，xv，A・J・艾耶尔

Back to Methuselah（Shaw），347，《回到玛土撒拉》（肖）

Bacon，Francis：弗兰西斯・培根

Cohen on，407，科恩论～；empirical method of，390，392，～的经验方法；on experience，191，～论经验；on skill in inquiry，69，～论探究的技术

Banfi，Antonio，308，安托尼奥・班菲

Barnes，Alber C.：阿尔伯特・巴恩斯

interest in Russell case，357，～对罗素案件的兴趣

Barnes Foundation，xxi，357，巴恩斯基金会

"Basis for Hope，The"，xviii，《希望的基础》

Beard，Charles A.，283－285，查尔斯・比尔德

Beard，Mary R.，283－285，玛丽・R・比尔德

Becker，Carl L.，371，卡尔・L・贝克尔

Behavior：行为

vs. deliberation，64－65，69，～和审慎；determinative of experience，185－186，经验的决定者；reciprocity of social，118，社会～的互动性；role of，in perception，20－21，24－25，～在知觉中的角色

Behavior，Knowledge，Fact（Bentley），186n，《行为、知识和事实》（本特利）

Behaviorism：行为主义

in Dewey's psychology，39，杜威心理学中

Carus Lectures：卡鲁斯讲座

in 1922，xv，413,1922 年的～；in 1939，141,431,1939 年的～

Catholic World：《天主教世界》

on Russell，235 - 236，～论罗素

Causality：因果性

Hocking on，421,422,霍金论～；reality and，146,实在性和～

Causation：原因、因果

Greeks on，195,希腊人论～；laws of，179 - 180,180n,因果律；in perception，54,170 - 171,知觉中的～；in Santayana's philosophy，305,桑塔亚那哲学中的～

Cavendish，Henry，397,亨利·卡文迪许

Censorship：审查

intellectual，371,理智～；oftextbooks，373,教科书～

Certainty：确定性

Laplace on，107,拉普拉斯论～

Chance：机遇

belief in，98,对～的信念

Change：变化

control of，113,对～的控制；history of thought on，98 - 101,关于～的思想的历史；measurement of，105,对～的测量

Character：个性

in Santayana's philosophy，305,桑塔亚那哲学中的～

Characters and Events，13 and n,《性格和事件》

Chicago，University of，4,芝加哥大学

Childs，John L.，4,约翰·L·蔡尔兹

China：中国

Dewey in，xx,杜威在～

Chinese philosophy，421,中国哲学

Christianity：基督教

attitude of，toward change，99,～对变化的态度；social aspects of，286 - 288,～的社会方面

Church：教会

enjoins revival，214 - 215,～的复兴；practical role，149 - 150,～的实践角色

Circularity：循环性

in philosophy，xiii - xiv,哲学中的～

Civil liberties：公民自由

importance of，93,～的重要性

Clapp，Elsie Ripley，351 and n,埃尔西·里普利·克拉普

Classical philosophy：古典哲学

related to，313,与文化相联系的～

Class war：阶级斗争

as means for social change，75 - 76,作为社会变化手段的～

Cohen，Morris Raphael，xiii，154,莫里斯·拉斐尔·科恩；critiques Dewey，379 - 410,～批评杜威；Dewey replies to，xii，143 - 150,杜威回复～

Collectivism：集体主义

private and state，92 - 97,私人的和国家的～

College of the City of New York（CCNY），xxi，231，357,纽约市立大学；*see also* Russell，Bertrand,也见:伯特兰·罗素

Collingwood，Robin G.：罗宾·G·科林伍德

on English philosophy，334,～论英国哲学

Columbia University，xix，4,哥伦比亚大学；academic freedom at，374,431,～的学术自由

Commission of Inquiry into the Charges Made against Leon Trotsky in the Moscow Trials，xix - xx,针对莫斯科审判加在列夫·托洛斯基的罪名的调查委员会

Committee for Cultural Freedom：文化自由委员会

New Republic on，365 - 366,《新共和》论～；role in fostering freedom，367 - 368,～在促进自由上的作用；and Russell case，357,～和罗素案件

Common Faith，A,79,《共同的信仰》

Common Law，*the*（Holmes），xxii,《论习惯

法》(霍姆斯)

Common man:普通人

Cohen on，396，科恩论～；essential to democracy，226 - 227，～是民主的基础

Communication:交往

related to philosophy，325，与哲学有关的～；suppression of，89，对～的抑制；as value in democracy，275 - 276，～在民主中的价值

Communism:共产主义

and war，250，～和战争

Community:社区

interdependence of school and，351，353 - 354，学校和～的互相依赖性

Community Schools in Action（Clapp），351，《行动中的社区学校》(克拉普)

Comprehension:理解

vs. apprehension，53 - 54，～和把握

Comte, Auguste，362，奥古斯都·孔德

Conflict:冲突

as factor in generating art，36，艺术生产中～的因素

Conformal transference:共形转化

Whitehead on，134 - 135，怀特海论～

Congressional Record，xix，《国会记录》

Connectedness:联系

of nature，127 - 128，137，自然中的联系

Connections:联系、关联

in experience，18 and *n*，20，23，经验中的～

Consciousness:意识

Bergson on，101，柏格森论～；Cohen on，385 - 386，科恩论～；flux of，131，～流；James on，156 - 157，166，詹姆斯论～；relation of, to physical events，80，82，～和物理事件的联系

Consequences:结果、影响

as criteria of truth，179 - 180，180*n*，183，作为真理的标准的～；and moral action，73 和 *n*，74*n*，～和道德行动；potentiality understood in，109 - 110，～中所理解的潜能性；relative to antecedents，146 - 147，与前提相关的～；role of, in inquiry，55，61，184 和 *n*，186 - 187，～在探究中的角色；as standard of law，121 - 122，作为法律标准的～；as test for truth，169*n*，171 - 172，用来检验真理的～；use of, in philosophical method，138，～在哲学方法中的使用

Consequences of Pragmatism（Rorty），xvii and *n*，《实用主义的结果》(罗蒂)

Conservatism:保守主义

and ageing，343，344 - 345，～和老年化

Constitution，xxiv，219，宪法；Jefferson's views of，215 - 216，杰斐逊论～

"Construction of Good, The"，66，67，《善的构建》

Context:语境、情境

role of, in inquiry，44，85，～在探究中的作用；in Santayana's thinking，296 - 297，桑塔亚那思想中的～

Contextualism，85，语境主义者

Contigency:偶然性

in nature，82 - 83，自然中的～；and time，112，～与时间

Continuity:连续性

vs. discreteness，134，～与分离性；of inquiry，56，153，探究的～；meaning of，384 - 385，～的意义；in nature，30，108，127 - 128，137，144 - 145，自然中的～

Contradiction:矛盾

principle of，389，～律

Cooperation:合作

to achieve social ends，93 - 94，95，达到社会目的的～；need for, in democracy，228，民主对～的需要

Cooper Union, New York City，312*n*，纽约市库珀联合会

Cornell Law Quarterly，xxiii，《康奈尔法律季刊》

in, 192 - 194,195,199,～中的宇宙学

Greek science, 389,392,希腊科学

Grotius, Hugo, 120,胡果·格劳修斯

Habit:习惯

and human nature, 258 - 259,260,～与人性；Hume on, 131,休谟论～；James on, 159,詹姆斯论～；routine vs. intelligent, 7,日常～与理智～；source of lawin, 118 - 119,法律在～中的起源

Hamilton, Alexander, 203,亚历山大·汉密尔顿

Hamlet (Shakespeare), 111,《哈姆雷特》(莎士比亚)

Hart, H. L. A., xxiv, H·L·A·哈特

Hart, Merwin K.：莫温·K·哈特
on Rugg's textbooks, 427 - 429,～论鲁格的教科书；371,373,哈特与教科书调查

Hartshorne, Charles, 308,查理斯·哈茨霍恩

Harvey, George, 239,乔治·哈维

Harvey, William, 393,395,威廉姆·哈维

Hatch, Roy, 371,罗伊·哈奇

Hegel, Georg Wilhelm Friedrich, xi, xiv, 29,186,313,乔治·威廉·弗里德里希·黑格尔；Cohen on, 394,398,399 - 400,科恩论～；Hocking on, 422,424,霍金论～

Heglians:黑格尔主义者
Russell on, 172,罗素论～

Heidgger, Martin, xviii - xix,马丁·海德格尔

Heisenberg, Werner:维尔纳·海森堡
indeterminacy principle of, 32,106 - 107, 384,～的不确定性原则

Helmholtz, Hermann Ludwig Ferdinand von:赫尔曼·路德维希·费迪南得·赫尔姆霍茨
on sensations, 159 - 160,～论感觉

Henry, Patrick, 201,帕特里克·亨利

Heraclitus, 131,赫拉克利特;on change,

101,～论变化

"Historical Background of Corporate Legal Personality, The", xxiii,《公司法律人格的历史背景》

History:历史
art related to, 255 - 256,与～有关的艺术；Beards on, 283 - 285,比尔德论～;of democratic government, 264 - 265,民主政府的～;of epistemology, 45 - 46,认识论的～;experience related to, xii - xiii, 与～相关的经验;of human emergence, 145 - 146,人类出现的～; individual, 102 - 103,412 - 413,个人～; influences present and future philosophy, 312 - 313,326 - 327,影响现在和未来哲学的～;of League for Industrial Democracy, 262,工业民主联盟～; of liberalism, 252 - 253,自由主义的～; philosophy's contributions to, 315,哲学对～的贡献; as record of habits, 258 - 259,作为习惯记录的～;of thought on change, 98 - 101,关于变化的思想～

Hitler, Adolf, 263,322 - 323,332,阿道夫·希特勒;Cohen on, 407,科恩论～

Hobbes, Thomas:托马斯·霍布斯
Cohen on, 382,399,科恩论～

Hocking, William Ernest, xiv, 382,威廉·欧内斯特·霍金;critiques Dewey, 411 - 426,～对杜威的批评;Dewey replies to, xii, 150 - 154,杜威对～的回复

Holism:整体主义
in Dewey's philosophic system, xi, xii - xiii, xxiv, 29,54,杜威哲学体系中的～

Holmes, Oliver Wendell, xxii, xxiv,奥利弗·温德尔·霍姆斯

Hoover, Herbert:赫伯特·胡佛
and war, 364,～和战争

House Committee to Investigate Un-American Activities, 370,研究非美国的活动的白宫委员会

的～

Intrinsic character：内在的本性

　　in Santayana's philosophy，305，桑塔亚那哲学中的～

Intuition：直觉

　　Bergson on，101，柏格森论～

Investment：投资

　　political protection of，94，～的政治保护

Islam，406，伊斯兰

Italy，275，365，意大利

James，William，x，ix，xviii，5，301，307，337 and *n*，338 - 340，399，威廉·詹姆斯；Cohen on，408，科恩论～；on experience，18*n*，21*n*，～论经验；psychology of，39，155 - 167，～的心理学；on time，100 - 101，～论时间

Japan，275，日本

Jefferson，Thomas，xxiv，托马斯·杰斐逊；activities and duties of，201，204，220 - 221，～的行动与责任；on books，208，～与艺术；221 - 22，～的传记；on books，208，～论书籍；character of，202 - 203，204，～的性格；democratic faith of，219，～的民主信仰；educational plan of，210 - 211，～的教育计划；on Franklin，223，～论富兰克林；on government，209 - 210，212 - 213，214 - 215，216 - 218，～论政府；influence of France on，210 - 212，法国对～的影响；interest in language，207 - 208，～对语言的兴趣；interest in science，205，206，209，～对科学的兴趣；on liberty，209 - 210，～论自由；on literature，208，～论文学；moral philosophy of，203，212 - 213，219 - 220，～的道德哲学；on natural rights，212 - 213，～论自然权利；political career of，222 - 223，～的政治事业；political philosophy，201 - 202，203，211 - 212，213，217 - 218，～的政治哲

学；on religious liberty，215，～论宗教自由；theism of，218 - 219，～的有神论

Jesus：耶稣

　　Macintosh on，286，287 - 288，麦金托什论～

John Dewey Labor Research Fund，311，约翰·杜威劳动研究基金

Johnson，Edwin C.，355 and *n*，埃德温·C·约翰逊

Journal of Philosophy，16*n*，387*n*，《哲学杂志》

Judgement：判断

　　contents of，153 - 54，～的内容；as outcome of inquiry，175，作为探究结果的～

Kallen，Horace M.，224*n*，235*n*，357*n*，霍拉斯·卡伦

Kant，Immanuel，xi，304，305，331，伊曼努尔·康德；Cohen on，382，394，395，399，科恩论～；on experience，190，～论经验；on good will，73*n*，～论良善意愿；Hocking on，412，418，霍金论～；on law，120，～论法律；pragmatism attributed to，11，归诸～的实用主义

Kay，Jean，240，243，吉恩·凯；*See also* Russell，Bertrand，也见：伯特兰·罗素

Kepler，Johannes，392，393，395，约翰尼斯·开普勒

Kilpatrick，William H.，4，威廉·H·基尔帕特里克

Knowledge：知识

　　attained，43，46，47，获得的～；Cohen on，390 - 391，396，401，科恩论～；as correspondence，9，作为一致性的～；dependence of，on inquiry，171，～对探究的依赖；vs. emotions，317，与情感相对的～；experiential effects of，32，～的经验效果；experiental effects of，12 - 14，实验性的～；and futurity，60 - 61，～和未来性；Hocking on，425，霍金论～；immediate vs. mediated，53 - 54，当下的～和中介的～；instrumental value of，48 - 49，49n，172 - 176，～的工具价值；vs. intelligence，6 - 7，～和理智；knowledge of，17 - 19，～的知识；object of，49 - 52，152 - 153，～的对象；science vs. moral，62 - 63，66 - 72，科学～和道德～；terminates in experience，83 - 86，～终结在经验中；theories of，45 - 46，47，～的理论；vs. warranted assertibility，169 and n，～和有理由的断定性；Whitehead on，132，怀特海论～

Labor：劳动
　　fund in behalf of，311，代表～的基金
LaGuardia, Fiorello，247，358，431，菲奥雷洛·拉瓜迪亚
Laidler, Harry，262，哈里·莱德勒
Lamprecht, Sterling P.，306，斯特林·P·兰普雷克特
Land：土地
　　tenure and taxation，94，～占有与税收
Lang, Andrew：安德鲁·朗
　　on animism，193，～论万物有灵论
Language：语言
　　general theory of，xvi，xvii，xviii，xix，～的一般理论；Jefferson and，207 - 208，杰斐逊与～；limitations of，139，～的界限；related to philosophy，325，与哲学有关的～
Language, Truth and Logic（Ayer），xv，《语言、真理和逻辑》（艾尔）
Laplace, Pierre Simon, marquis de：皮埃尔-西蒙·拉普拉斯
　　on certainty，107，～论确定性
Lavoisier, Antoiner Laurent，391，396，397，安托万·洛朗德·拉瓦锡
Law：规律、法律
　　causal，179 - 180，180n，因果～；end as standard of，121 - 122，作为～的标准的·

目标；immutability of natural，100，自然～的不变性；philosophy of，xxiii，115，116，～哲学；related to custom，xxi - xxii，118 - 119，与惯例相关的～；scientific，104，105 - 108，科学～；as social process，xxiv，117 - 119，122，作为社会过程的～；sources of，115 - 116，118 - 119，120 - 121，～的源泉
Leibniz, Gottfried Wilhelm，379，394，戈特弗里德·威廉·莱布尼茨
League for Industrial Democracy（LID），262 - 265，431，工业民主联盟
Legal freedom，247 - 248，法律自由
Legal philosophy，120 - 121，法律哲学
Legal positivism，xxii - xxiii，法律实证主义
Legal realism，xxiii - xxiv，法律实在主义
Lehman, Herbert Henry，370，赫尔伯特·亨利·莱曼
Lenin, Nikolai（Vladimir Ilyich），371，427，尼古拉·列宁（弗拉基米尔·伊里奇）
"Lessons from the war-in Anthropology"（Mead），431，《战争的教训——从人类学的角度看》（米德）
Lewis, C. I.，xvii，C·I·路易斯
Liberalism：自由主义
　　affect by war，250，战争所影响的～；allied with empiricism，192，与经验主义结盟的～；in history，313，历史上的～；in Macintosh's theology，288，麦金托什神学中的～；meaning of，252 - 254，～的意义
Liberty：自由
　　Jefferson on，209 - 210，杰斐逊论～；necessary for individuality，91 - 92，对个体性是必要的～；religious，215，宗教～；in U. S.，365，美国的～
Library of Living Philosophers（Schlipp），xi，xiiin，184n，295，《在世哲学家文库》
Life：生命、生活
　　Bergson on，101，柏格森论～；vs. dreams，

索引　**469**

16,～与梦想；education related to, 346 - 347, 与 ～ 相 关 的 教 育；modern vs. ancient, 316 - 317, 327 - 328, 现代生活与古代生活

Life and Mind of John Dewey, The (*Dykhuizen*), xx and *n*,《约翰·杜威的生平和思想》(戴奎真)

Life of Reason, The (*Santayana*), 301, 302, 303,《理性的生活》(桑塔亚那)

Lincoln, Abraham, 102, 110 - 111, 亚伯拉罕·林肯

Literature: 文学
Jefferson on, 208, 杰斐逊论～

Living Philosophies, 91,《活着的哲学》

Llewellyn, Karl, xxiv, 卡尔·卢埃林

Locke, John, 299, 约翰·洛克；Cohen on, 382, 科恩论～；on experience, 190, ～论经验；on quality, 105, ～论性质

Logic: 逻辑
analytic and synthetic, xii, 分析的～与综合的～；Cohen on, 386 - 387, 388 - 390, 科恩论～；of inquiry, 42 - 52, 探究的～；and law, xxiii, ～与法律；in psychology, xvii, 心理学中的～

Logical: 逻辑的
meaning of term, 175*n*, ～这一术语的意义

"Logical Method and Law", xviii,《逻辑方法与规律》

Logical Positivism, xv, 逻辑实证主义

Logic: The Theory of Inquiry, x, xii, xiv, xvi - xvii, 34 and *n*, 35*n*, 41, 42, 43, 45, 46, 50, 53, 55, 56*n*, 59, 64, 65, 84, 169 and *n*, 173, 174, 175 and *n*, 180 and *n*, 181*n*, 184 - 185, 185*n*, 187 and *n*, 386 and *n*,《逻辑学：探究的理论》

Lovejoy, Arthur Oncken: 阿瑟·O·洛夫乔伊
on Dewey's theory of knowledge, 46, ～论杜威的知识理论

Lovett, Robert Morss, 262, 431, 罗伯特·摩斯·洛维特

Luck: 运气
belief in, 98, 对～的信念

Lucretius, 193, 299, 300, 393, 卢克莱修

Luther, Martin, 400, 马丁·路德

McDermott, John, xxi and *n*, 约翰·麦克德谟特

McGreehan, John E.: 约翰·E·麦克基汉
and Russell, 231, 236 - 237, 240, 242 - 245, 246, 247, 357, 358, ～与罗素

McGilvary, Evander Bradley, 431, 易凡达·布拉德雷·迈克杰瓦雷

Macintosh, Douglas Clyde: 麦金托什

Madison, James, 203, 詹姆斯·麦迪逊

Man: 人
Cohen on, 382 - 383, 科恩论～；and nature, 127 - 128, ～和自然；perfectability of, 100, ～的完美性

Man and society in an Age of Reconstruction (*Mannheim*), 293 - 294,《重建时代的人与社会》(曼海姆)

Manchester Guardian:《曼彻斯特卫报》
Russell's "obituary" in, xxi, 在～上的罗素的"讣告"

Manifesto: 宣言
of Committee for Cultural Freedom, 365, 文化自由委员会～

Mankind: 人类
Otto's philosophy related to, 289 - 292, 奥托的与～相关的哲学

Mannheim, Karl, xxiv, 293 - 294, 卡尔·曼海姆

Marrige: 婚姻
Russell on, 245 - 246, 罗素论～

Marriage and Morals (Russell), 235 - 236, 237 - 238, 239 - 241, 244,《婚姻和道德》(罗素)

Mars in Civilian Disguise (Johnson), 355,《以平民作伪装的战神》(约翰逊)

Marx, Karl, xix, 319 - 320,371,427,卡尔·马克思;on philosophy, 415,〜论哲学

Marxists:马克思主义者

adopt technocracy, 96,〜采纳了技术统治论

Mass:质量

scientific concepts of, 104 - 105,〜的科学概念

Material:物质、材料

related to economics, 319,329,332 - 333,与经济学有关的〜;role in art in, 37,〜在技艺中的角色;vs. spiritual, 314,317 - 318,328 - 330,331,〜与精神

Materialism:唯物主义

dialectical, 75 - 76,辩证〜;fixed reality of, 99,〜的固定实在;vs. naturalism, 86 - 88,〜与自然主义;psychology of, 156,〜的心理学;in Santayana's philosophy, 303 - 304,307,桑塔亚那哲学中的〜

Mathematics:数学

Cohen on, 386 - 387,397,科恩论〜;influence of , on whitehead, 136,147,139,140,〜对怀特海的影响;related to philosophy, 333 - 334,与哲学有关的〜;role of, in science, 151 - 152,〜在科学中的角色

Matter:物质

meaning of term, 86 - 87,〜的含义;in Santayana's philosophy, 303 - 304,桑塔亚那哲学中的〜

Maturity:成熟

vs. ageing, 347 - 348,〜与老年化

Mead, George Herbert, 4,乔治·赫尔伯特·米德

Mead, Margaret, 431,玛格丽特·米德

Meaning:意义

Cohen on, 400,科恩论〜;function of, xv,〜的功能;Hockong on, 413 and n,霍金论〜

Means:手段

related to ends, 72 - 74,与目的相关的〜

Mechanism:机械论、机械主义

Bergson and James on, 101,柏格森和詹姆斯论〜;fixed reality of, 99,〜的固定实在;vs. naturalism, 64,〜与自然主义

Medicine:医药、医疗

advances in, 341 - 342,〜的进步;socialization of, 95,〜的社会化

Mentality:精神

James on, 158 - 159,詹姆斯论〜

Merion, Pa. , xxi, 357,帕·梅里奥

Metaphysics, xxi, 形而上学; and dualism, 104,145,〜与二元论; materialistic vs. spiritualistic, 86 - 88,物质的〜与精神的〜;problem of quality in, 105,〜中的性质问题;Whitehead's, 124 - 140,怀特海的〜

Method:方法

Cohen on, 386, 388 - 389,科恩论〜; experimental, applied to morals, 147,应用于道德问题的实验〜;genetic-functional, 147n,生成的-功能的〜;supremacy of, 65 - 66,68 - 69,75,〜的至上性;Whitehead on, 127 - 129,136 - 140,怀特海论〜

Middle Ages, 313,327,中世纪

Military force:军事力量

vs. democracy, 367 - 368,〜和民主

Military projects:军事计划

in schools, 355 - 356,学校中的〜

Mill, John Stuart, xi,约翰·斯图亚特·密尔

Mind, 156,《心灵》

Mind:心智、心灵

as accumulated meaning, 48,作为累积意义的〜;Hocking on, 421 - 423,霍金论〜;James on, 156 和 n,詹姆斯论〜;meaning of, 6,〜的意义

"Modern spirit":"现代精神"

opposed to supernaturalism, 78,与超自然主义相对的〜

Monism:一元论

problems of, 29,〜问题

Parodi, Dominique：多米尼克·帕罗迪

　　Dewey replies to, 80 - 83,杜威对～回复；
on Dewey's theory of truth, 5,56n,～论
杜威的真理理论

Past：过去

　　immanence of, in present, 131,135,～潜
存于现在中；influences philosophy, 312 -
315,～对哲学的影响

Pasteur, Louis, 342,路易斯·巴斯德

Patriotism：爱国主义

　　in U. S., 250,美国的～

Pearl, Raymond, 391,雷蒙德·佩尔

Peirce, Charles Sanders, x, xiii, xiv, xviii,
5,390,查尔斯·桑德斯·皮尔士；
compared with Dewey, 387 and n,～和杜
威相比较；definition of truth of, 56 - 57,
57n,～对真理的定义；fallibilism of,
171,～的可错主义

Peking, China, xx, xxi,中国北京

People, the：人民

　　as foundation of government for Jefferson,
209 - 210,214 - 215,216 - 218,对杰斐
逊来说,～是政府的基础

Pepper, Stephen C., 5,306,斯蒂文·C·佩
珀；criticizes Dewey, 15,～对杜威的批评；
Dewey replies to, 34 - 38,杜威对～的回复

Perception：知觉

　　James on, 160,161,詹姆斯论～；and ob-
servational propositions, 54,170 - 171,
～和观察性命题；role of behavior in,
20 - 21,24 - 25,行为在～中的角色

Person：个人

　　defined, 27 - 28,对～的定义

Personal identity：人格同一性

　　James on, 156 - 157,157n, 165 - 166,詹姆
斯论～

Personality：人格

　　theory of, 40,～理论

Perspectives：视角

　　Philosophical, 141 - 142,154,哲学～

"Philosopher as Poet and Critic, The"（Rice），
300 - 301,《作为诗人和批评者的哲学家》
（赖斯）

Philosophes, 205,209,哲学家们（法语）

Philosophical Review, xxiii,《哲学评论》

Philosophy：哲学

　　analytical, xvii,分析～；characteristics of
Greek, 192 - 194,195,199,316,希腊～
的特征；Chinese, 421,中国～；circularity
in, xiii - xiv,～中的循环；classical, 313,
古典～；Cohen on, 394 - 395,398 - 400,
402 - 406,407,408,科恩论～；definition
of, 381,对～的定义；Dewey's, ix - x,
xxiii, xxiv,杜威的～；experience related
to, 124 - 126,138,与～相关的经验；fact
vs. value in, 323,～中的事实和价值；
genetic-functional method in, 147n,～中
的生成-功能方法；in Germany, 313,322 -
323,德国～；history of, 3,4,98 - 101,
142, 313,～的历史；human nature
related to, 324 - 325,333 - 334,与～相
关的人性；of individuality, 92,个体～；
infuence of history on, 312 - 313,326 -
327,历史对～的影响；influence of
industry on, 318 - 319,329,工业对～的
影响；influence of psychology on, 11,心
理学对～的影响；language related to,
325,与～相关的语言；of law, xxiii,
115,116,120 - 121,法律～；lessons from
past for, 312 - 315,过去对～的教训；
lessons from war for, 312, 315, 324,
334,战争对～的教训；Marx on, 415,马
克思论～；mathematics related to, 333 -
334,与～相关的数学；mind/body
dualism in, 167,～中的心物二元论；
modern vs. ancient, 190 - 195, 199 -
200,315 - 316,317,327,现代～和古代
～；morals inherent in, 148 - 150,内含
在～中的道德问题；perspectives of, 141 -
142,154,～的视角；postulates in, 123,

~中的假设；purpose of，89，~的目的；related to humanity，289 - 90，与人性相关的~；science related to，316 - 19，329，330 - 331，与~相关的科学；social movements influence，312 - 313，326，社会运动对~的影响；source of modern problems in，8 - 12，现代~问题的源泉；subjectivism in，39，~中的主观主义；subject-matter of，148 - 150，~的内容材料；totalitarian，275，313，317，319 - 320，323，330 - 331，极权主义~；transformational，xix，转变性的~；use of postulates in，123，~中对公设的使用；Whitehead vs. Dewey on role of，136 - 140，怀特海和杜威论~的任务

Philosophy and Civilization，383n，《哲学与文明》

Philosophy of George Santayana，*The* (Schilpp)，295 - 308，《乔治·桑塔亚那的哲学》(席尔普)

Philosophy of John Dewey，*The* (McDermott)，xxi and n，《约翰·杜威的哲学》(麦克德谟特)

Philosophy of John Dewey，*The* (Schilpp)，xii，xiii n，418n，《约翰·杜威的哲学》(席尔普)

Physics：物理学

　　atomicity in，134，~的原子性；Cohen on，384，385，科恩论~；field idea in，28 - 29，~中的场观念；influences Whitehead，131，135，影响怀特海的~；Newtonian，126 - 127，128，牛顿~

Piatt，Donald A.，3，4，多纳德·A·派亚特；on Dewey's naturalism，14，~论杜威的自然主义；on rationalism，23 - 24，24n，~论理性主义

Plato，x，140，299，柏拉图；Cohen on，398，399，科恩论~；cosmology of，193，~的宇宙论；"seven notions" of，136，137，~的"七观念"

Pluralism：多元主义

　　atomistic，29，原子~

Poetry：诗

　　in Santayana's philosophy，297 - 298，299，桑塔亚那哲学中的~

Poincaré，Jules Henri，386，约勒斯·亨利·彭家勒

Political economy，362，政治经济学

Political parties，203，政治党派

Politics (Aristotle)，394，《政治学》(亚里士多德)

Politics：政治学、政治

　　Beards on，284，比尔德论~；influence of age on，343，年龄对~的影响；Jefferson's philosophy of，211 - 212，213，217 - 218，杰斐逊论~；LID and，262 - 265，工业民主联盟与~；method of intelligence applied to，74 - 76，应用到~中的理智方法；as social science，362，作为社会科学的~

Population：人口

　　age make-up of，342，~的年龄构成

Postulates：公设

　　in philosophy，123，哲学中的~

Potentiality：潜能性

　　as category of existence，109 - 111，作为存在范畴的~

Pragmatism：实用主义

　　attributed to Kant，11，归之于康德的~；defined，55，~的定义；and esthetics，34 - 35，38，~和美学；of James，160 and n，詹姆斯的~；in U. S.，12 - 13，美国的~

Pragmatists，xviii，实用主义者

Prehension，132，前见

Prejudice，367，偏见

Present：现在

　　immanence of past in，131，135，过去潜存于~中

Priestley，Joesph，205，约瑟夫·普里斯特利

Principia Mathematica (Russell)，xiv，xv，

《数学原理》(罗素)

Principles:原则

  first, 123,第一～

Principles of Psychology(James), x, 155 - 157,《心理学原理》(詹姆斯)

Principles of Reconstruction(Russell), 236,《重建原理》(罗素)

Probability:可能性

  applied to science, 106 - 107,111,应用到科学上的～;and induction, 58,～与归纳法

"Problem of Counterfactual Conditionals, The"(Goodman), xvi,《反事实条件句问题》(古德曼)

Problems of Ageing(Crowdry), xxiv, 341,《老龄化问题》(考德里)

Proceedings of the Sixth International Congress of Philosophy, 382n, 400,《第16届国际哲学大会会议记录》

Process and Reality(Whitehead), 136n,《过程与实在》(怀特海)

Productivity:生产

  Government restriction of, 94,政府对～的限制

Progress:过程

  prospect for, 112 - 113,～中的期望

Propaganda:宣传

  for military project, 355 - 356,为军事计划作～;in schools, 373,学校里的～;and totalitarianism, 275,～与极权主义;and World War I, 364,～与第一次世界大战

Propositions:命题

  existential, 61,存在性～;instrumental character of, 46 - 47,174 - 179,182 - 183,～的工具性价值;observational, 54,170 - 171,观察～;operational nature of, 181,～的操作性质;relation of, to events, 178,187,188,～和事件的联系;role in inquiry of, 57,174 - 179,～在探究中的角色;verification of, 55,59,～的

证实

"Propositions, Warranted Assertibility, and Truth", x, xv - xvi,《命题、有理由的断言与真理》

Psychologist's fallacy:心理学家的谬误

  James on, 164,詹姆斯论～

Psychology, 379,《心理学》

Psychology:心理学

  Dewey's, 38 - 41,杜威的～;influences philosophy, 11,～影响哲学;of James, 39,155 - 167,詹姆斯的～;James on, 337,詹姆斯论～;logic in, xvii,～中的逻辑;related to ageing, 343 - 344,348 - 350,与老年化有关的～;social relation, 40,社会关系～

Ptolemy, Claudius, 393,克劳迪乌斯·托勒密

Public Buildings Administration:公共建筑管理局

  art projects of, 255 - 257,～的艺术项目

Putnam, Hilary, xvin,希拉里·普特南

Pythagoras, 392,425,毕达哥拉斯

Quality:性质

  metaphysical status of, 105,～的形而上学身份;in nature, 63 - 64,144 - 145,自然中的～;relational treatment of, 22,把～作为关系;relation of, to scientific objects, 80 - 83,～和对象的关系;"sensible", 171,"可感觉的"～;sensory, 162 and n,感觉～;tertiary, 25 - 26,28,第三～

Quest for Certainty, The, x, xviii, 7 and n, 9 and n, 10 and n, 21 - 22,22n, 25 - 26, 26n, 30 and n, 35,48 - 49,49n, 51,52 and n, 65 - 67,67n, 69,147n, 148n, 395n,《确定性的寻求》

Quine, Williad V., xv 和 n, xvii,威拉德·奎因

"**R**abbi Ben Ezra"(Browning), 348,《本·埃

兹拉·拉比》(布朗宁)

Randall, John Herman, Jr., 4,6,88,约翰·赫尔曼·小兰德尔;on philosophy, 8,～论哲学;on political technology, 75n,～论政治技术

Rationalism:理性主义

Dewey's avoidance of, 387,杜威对～的回避;vs. empiricism, 394 - 395,～和经验主义;faults of, 151,～的错误;James on, 156,158,詹姆斯论～;Piatt on, 23 - 24,24n,派亚特论～

Ratner, Joesph, 4, 约瑟夫·拉特纳; on Dewey's theory of knowledge, 6,48,～论杜威的知识理论

Real:实在

meaning of term, 25 - 26,26n,～这个术语的含义

Realism, xiii, xiv,实在主义;Dewey's attack on, 383,杜威对～的攻击;epistemological, 188,认识论～;essences of, 99,～的本质;influence of, on Dewey, 7 - 8,～对杜威的影响

Realistic idealism:现实理想主义

of Otto, 290,奥托的～

Reality:实在

and appearance, 25,26 and n, 196,197,～和表象;and causality, 146,～和因果性;Hocking on, 415 - 416,417 - 420,423,霍金论～;Otto's philosophy related to, 289,290 - 291,奥托与～相关的哲学;and thought, 152 - 153,～与思想;and time, 98 - 101,～和时间;ultimate, 314 - 315,最终～

Reason:理性

vs. desire, 323 - 324,～与欲望;during the enlightenment, 100, 在启蒙中的～; historical views of, 191 - 192,～的历史观点

Receptivity:接受性

in social behavior, 118,社会行为的～

Reciprocity:互动性

in social behavior, 118,社会行为中的互动性

Reconstruction in Philosophy, x, 386,387n, 388n, 389n, 394 and n, 395n, 396n, 398 and n, 401 and n, 402 and n, 405 and n, 408 and n, 409n,《哲学的改造》

Reductionism, xiii, 还原主义

Rees, J. R. :J·R·瑞

on homosexuality, 245,～论同性恋

"Reflex Arc Concept in Psychology, The", xii,《心理学中的反射弧概念》

Reichenbach, Hans, 5,15,61,汉斯·瑞彻巴赫;Dewey replies to, 19 - 28,58 - 59,杜威对～的回复;on Dewey's theory of knowledge, 63, ～论杜威的知识理论;on "external world", 27n,～论"外在世界"

Relations:关系

in art, 37 - 38,艺术中的～;empirical vs. rational, 20,23,经验的～和理性的～

Religion:宗教

Cohen on, 406,科恩论～;Jefferson on, 215,杰斐逊论～;modern development in, 77 - 80,～的现代发展

Religion Today and Tomorrow (Macintosh), 286,《宗教的今天和未来》(麦克托什)

Representation:表现

in art, 37,艺术中的～

Resistance:冲突

role in esthetics of, 36 - 37,～美学的角色

Reverie:幻想、想象

important in understanding nature, 144 - 145,384,～在理解自然中的作用

Revival:复兴

enjoined by Church, 214 - 215,教会所获得的～

Revolution:革命

of 1800,214,216,1800 年的～;as process, 76,作为过程的～

Rice, Phillip, Blair:飞利浦·布莱尔·赖斯

注物理规律；cultural effects of，100，～
的文化影响；dualism of morals and，62，
66－67，67n，68，70，道德和～的二元
论；education at University of Vermont，
267－268，269－270，在佛蒙特大学的～
教育；Franklin and，205，209，富兰克林
和～；fund for，311，～基金；Hocking
on，416－417，霍金论～；importance of，
in Dewey's philosophy，xiii，xiv，～在杜
威哲学中的作用性；Jefferson on，205，
206，209，杰斐逊论～；mathematics
related to，151－152，和～相关的数学；
matter and energy defined in，87，在～中
物质和能量的定义；objects of，20－25，
28，61－62，80－83，103－105，151－152，
196－197，～的对象；probability applied
to，106－107，111，应用到～中的可能
性；related to philosophy，316－319，
329，330－331，与哲学相关的～；
religious value in，78－79，～的宗教价
值；role of thought in，150－153，思想在
～中的角色；in Santayana's philosophy，
302－303，桑塔亚那哲学中的～；subject-
matter，194－198，～的主题内容；vs.
tradition，8－10，～与传统；verification
in，59－60，～中的证实

Science and the Modern World（Whitehead），
130，《科学与现代世界》（怀特海）

Scientific method：科学方法
  character of，65－66，～的性质；vs.
  prescientific method，12，～与前科学方
  法；for valuation，51，价值判断的～

Scientific Thought（Broad），21n，《科学思
想》（布罗德）

Sectarianism：宗派主义
  in religion，78，宗教中的～

Section of Fine Arts（Public Buildings
  Administration）：艺术部（公共建筑管理
  局）
  art projects of，256－257，～的艺术项目

Self：自我
  formation of，in inquiry，70－71，73，～在
  探究中的形成；Hocking on，411－412，
  霍金论～；James on，164－166，詹姆斯
  论～

Sensa：感觉材料
  and observational propositions，170－171，
  ～和观察性命题

Sensations：感觉
  empirical theory of，99，～的经验理论；
  experience and，125，191，经验和～；159－
  160，162－163，詹姆斯论～；relation of，
  to physical events，80－81，～与物理事
  件的关系

Sense data：感觉材料
  experience reduced to，191，还原成～的
  经验

Senses：感觉
  organs of，171，～器官；related to under-
  standing，197，与理解相关的～

Sexual ethics：性伦理
  Russell on，232－235，238－240，241－
  243，244－246，罗素论～

Shakespeare，William，98，111，威廉·莎士
比亚

Shaw，George Bernard，95，347，乔治·白纳
德·肖

Situation：境遇、情境
  concept of，28－34，～的概念；doubtful，
  183－187，怀疑性～；as end of inquiry，
  43，47－48，56，83－85，作为探究目标的
  ～；indeterminate，as control of inquiry，
  180－181，181n，不确定的～，对探究的
  控制；problematic，44，46，56，69－72，
  76，81n，问题～

Sleeper，R．W．，xxivn，R·W·斯利珀

Smith，Theobald，397，西奥博尔德·史密斯

Social：社会的
  meaning of term，117，～这个术语的含义

Social behavior：社会行为

educators influence, 360 - 361,教育家影响～;interaction in，117,118,～中的交互活动

Social change:社会变化

critical vs. gradual, 76,激进的～和渐进的～;human nature related to, 258 - 261,与～有关的人性;individuals influence,96,个体影响～

Social conflict:社会冲突

Cohen on, 403,科恩论～

Social function:社会功能

of schools, 352 - 354,学校的～

Socialism:社会主义

as collectivist movement, 92 - 93,95,作为集体主义运动的～

Socialists, 365 - 366,社会学家

Social movements:社会运动

influence on philosophy of, 312 - 313,326,～对哲学的影响

Social planning:社会计划

in behalf of freedom, 294,代表自由的～

Social problems:社会问题

Cohen on, 402 - 410,科恩论～;method of intelligence applied to, 74 - 76,应用到～上的理智方法;related to ageing, 341 - 350,与老年化相关的～

"Social Realities *versus* Police court Fictions",xxi,《社会现实和治安法庭虚构》

Social relations:社会关系

psychology of, 40,～心理学

Social Religion（Macintosh）, 286 - 288,《社会宗教》（麦金托什）

Social responsibility, 402 - 406,社会责任

Social science:社会科学

affects law, xxiv,～影响法律;Cohen on,385, 407, 科 恩 论 ～; influenced by technology, 318 - 319,受到技术影响的～;interdependence of subjects in, 362 - 363,～中主题的相互依赖性;related to democracy, 320, 与 民 主 相 关 的 ～;

related to philosophy, 330,与哲学相关的～

Social theory:社会理论

grounded in philosophy, 150,植根于哲学中的～

Society:社会

affected by medical and technical improvements, 341 - 343,受到医疗进步和技术进步影响的～;critique of, 14 and *n*, 对～的批评;law as fact of, 117 - 122,作为～事实的法律;personal responsibility in, 17*n*,～中的个人责任

Socrates, xix, 102,390,苏格拉底

"Some Stages of Logical Thought", xvi and *n*,《逻辑思想的几个阶段》

Sorokin, Pitirim, 328, 431,皮提里门·索罗金

Soul:灵魂

James on, 156 and *n*,詹姆斯论～

Souriau, Paul, 157,保罗·苏里奥

Sovereignty:主权

Dewey on, xxii - xxiii,杜威论～;as source of law, 120 - 121,作为法律源泉的～

Soviet Union. 苏联;*see* Russia,参见:罗素

Space:空间

absolute, 105,绝对～;concepts of, 103,～的概念;terms referring to, 170 - 171,指涉～的术语

Spencer, Herbert, 399,赫尔伯特·斯宾塞;on animism, 193,～论虚无主义;on evolution,100,～论进化;on industrialism, 96,～论工业主义;psychology of, 158,～的心理学

Spinoza, Benedict, 299, 304,399,本尼迪克特·斯宾诺莎

Spiritual:精神的

vs. material, 314, 317 - 318, 328 - 330,331,～与物质的

Stahl, Georg Ernst, 206,乔治·恩斯特·斯泰尔

Stalin, Joseph, xx,约瑟夫·斯大林

译后记

　　接到《杜威晚期著作》第十四卷书稿翻译和校订的任务,是在 2013 年 11 月。当时,我在复旦大学参加一个学术活动,遇到尚健在的汪堂家老师。汪老师对我说:《杜威晚期著作》第十四卷的翻译初稿已经出来,但是存在不少问题,且附录部分和文本研究资料部分没有翻译出来。他希望我"救场",接手这个任务:对已完成的译稿进行再加工,并且翻译尚未完成的部分。他对我说,这也是刘放桐老师的建议。我欣然允诺了。

　　考虑到时间的紧迫,我找到在复旦大学哲学系攻读博士的马寅集师弟,请他负责翻译本卷的附录和文本研究资料部分,他也欣然应允了。这样,我们两人开始分头工作。我主要是对已完成的初稿进行译校。为了赶时间,我后来还承担了"打字稿中的变更"以后部分(边码 522 页以下)和索引部分的翻译工作。

　　当时已完成的译稿分为两部分,由两位译者分别译出:中国政法大学副教授王今一翻译导言和论文部分;中国人民大学副教授李石翻译书评、演讲、杂记部分。尽管她们为译稿付出了艰辛的劳动,但或许由于对杜威思想的把握尚有欠缺,或许还缺乏翻译经验,译稿确实存在不少问题。

　　针对译稿中存在的问题,我做了细致的译校和再加工工作。我将译文与英文原书逐一地进行核对,不放过任何一个句子和词语。在这个过程中,我润色了不通顺的地方,修改了理解不准确的词语;对不符合通行译法的概念作了订正;对涉及语法结构和意义把握上错误的地方,则撇开原译文重新进行翻译。

　　近代翻译家严复曾为翻译工作提出了三项标准:信、达、雅。信是最基本的,这是我在整个译校工作中牢牢把握的一点。由信而达则要求文从字顺,这就要求译者对原文有准确的理解,同时敢于调整相关词语和语法的结构,以使它适合汉语表达的习惯。在这一点上,我作了相当的突破,把原译者的译文向前推进了一步。由达而雅最难,在这个过程中,我深感自己对杜威思想的宏观把握还不够,对中西语言和文化的同异把握的还不够。我相信,在这一点上是无止境的。当然,作为本卷的最终校订者,理应为译文中所出现的错误负责,本人愿意接受方家和读者的批评指正。

2014年5月,我译校完了导论、论文、书评、演讲、杂记部分,开始收到马寅集师弟发来的译稿,于是继续以同样的态度和方式进行译校,并协助翻译相关部分。这样陆陆续续,到7月终于完稿。这是我对本卷译稿所进行的第一轮校订工作。

同年10月,华东师范大学出版社编辑曹利群老师给我发来了一审后的书稿,上面满是红笔修改的字迹。刘放桐和曹利群两位老师希望我精益求精,对译稿再作一遍校订工作。于是,我投入了第二轮校订工作。这一次,我在文从字顺上下了一番功夫,又抓出了不少翻译错误,还补充了一些疏漏。编辑对译稿的细致修改给了我较大的帮助,使我在第二轮校订工作中明白如何进一步提高翻译的质量。这样,经过两个月左右密集而艰苦的工作,我完成了第二轮的校订工作。至此,本卷的翻译和校订工作终于告一段落。

从接手到完成,前后一年有余。在这一年中,有艰辛,也有欣慰。这里有很多需要感谢的人,值得一一列举:感谢我的导师刘放桐先生,他对我的信任和关心是我开始这项工作的源头;感谢把任务交给我并给予我鼓励的汪堂家老师,汪老师在2014年4月英年早逝,他的去世令人悲痛;感谢参与本书翻译的王今一、李石、马寅集三位同仁,他们为我的工作奠定了坚实的基础;感谢华东师范大学出版社编辑在我译校书稿的过程中所给予的帮助和指导,在此一并表示由衷的敬意。此外,还要感谢一路走来、陪伴在我身边的亲人和朋友,尤其是我的妻子罗婷女士,她全力支持我的工作,协助我做了大量辅助性的工作。在深夜时分,与她一起斟酌某个词语在译文中如何使用,是我在翻译和校订工作中最愉悦的时光。

马 荣

2015年1月于盐城

图书在版编目(CIP)数据

杜威全集.晚期著作:1925～1953.第14卷:1939～1941/(美)
杜威著;魏忠洪译.—上海:华东师范大学出版社,2015.1
ISBN 978-7-5675-3066-9

Ⅰ.①杜…　Ⅱ.①杜…②魏…　Ⅲ.①杜威,J.(1859～1952)—
全集　Ⅳ.①B712.51-53

中国版本图书馆 CIP 数据核字(2015)第 035596 号

国家社科基金重大项目资助(项目批准号:12&2D123)

杜威全集·晚期著作(1925—1953)
第十四卷(1939—1941)

著　　者　(美)约翰·杜威
译　　者　马　荣　王今一　李　石　马寅集
策划编辑　朱杰人
项目编辑　王　焰　朱华华
审读编辑　曹利群
责任校对　王丽平
装帧设计　高　山

出版发行　华东师范大学出版社
社　　址　上海市中山北路 3663 号　邮编 200062
网　　址　www.ecnupress.com.cn
电　　话　021-60821666　行政传真 021-62572105
客服电话　021-62865537　门市(邮购)电话 021-62869887
地　　址　上海市中山北路 3663 号华东师范大学校内先锋路口
网　　店　http://hdsdcbs.tmall.com

印 刷 者　上海中华商务联合印刷有限公司
开　　本　787×1092　16 开
印　　张　33
字　　数　551 千字
版　　次　2015 年 4 月第 1 版
印　　次　2015 年 4 月第 1 次
印　　数　1—2100
书　　号　ISBN 978-7-5675-3066-9/B·913
定　　价　108.00 元

出 版 人　王　焰

(如发现本版图书有印订质量问题,请寄回本社客服中心调换或电话 021-62865537 联系)